혁신적 창의 학습법

스마트 러닝 포스

Smart Learning Force

한성국 저

빛이 되어 주신

유복을 할머님과 김한봉 할아버님이

그립습니다.

인터넷과 정보통신을 비롯한 과학기술의 비약적 발전으로 세상이 천지개벽하고 있습니다. 정보 혁명을 가져 온 컴퓨터가 스마트폰과 같은 손안의 정보기기로 변모하여 언제 어디서나 원하는 정보 서비스를 받을 수 있게 되었습니다. 이제는 스마트 시계, 스마트 안경, 스마트 밴드 등 웨어러블 컴퓨터wearable computer가 일반화되면서, 사람과 함께 생활하면서 원하는 정보 서비스를 제공하는 동행 컴퓨터 시대가 되었습니다. 소셜 네트워크 서비스social network service는 세상의 모든 사람을 연결하여 소통의 혁명을 가져 왔으며, 이제는 사람뿐만 아니라 세상에 존재하는 모든 사물과 소통할 수 있는 사물인터넷의 초연결 사회가 현실로 나타나고 있습니다. 미래과학자가 예견하고 있는 것처럼, 인류는 엄청난 진화 발전의 소용돌이 속에 있으며, 인류 사회는 전혀 다른 세상으로 진입하고 있습니다.

인간과 함께 생활하면서 동반자의 역할을 하는 지능 로봇, 언어의 장벽을 허물어 막힘없는 소통을 이어주는 실시간 통번역기, 목적지까지 스스로 알아서 찾아가는 무인 자율주행 자동차, 외국으로 유학을 가지 않더라도 유명 대학의 강의를 수강하고 학위를 취득할 수 있는 MOOC, 혈압 · 혈당을 측정하여 건강 상태를 항상 관리해 주는 손목 위의 주치의 스마트 헬스 밴드, 요리에서 항공기까지 무엇이든지 만들 수 있는 3D 프린터, 하늘을 날아 신속하게 배달하는 드론drone 등 주변을 잠시 둘러 보면 세상이 변화하고 있는 실상을 확실하게 실감할 수 있습니다. 5년 전, 10년 전 사회와 비교해 보면 전혀 다른 신세계에 와 있음을 느낄 수 있습니다. 과학기술과 사회는 상호 진화하는 공진화co-evolution 과정을 통해 서로의 발전을 유도하면서 급격하게 발전하고 있습니다. 이러한 변화는 가속화 될 것이며, 사회는 우리의 상상을 뛰어 넘는 이제까지 경험하지 못한 전혀 새로운 사회로 진화할 것입니다. 그럼에도 불구하고, 사회 변혁을 실감하지 못하는 것은, 항공기 안에서는 항공기의 속도를 실감할 수 없는 것처럼, 우리가 변화의 중심에 있기 때문에 변화의 실상을 인식하는 감각이 무디어졌기 때문입니다. 사회 변혁의 실상을 직시하고 변혁의 본질에 대한 인식을 새롭게 하여야 할 것입니다.

[새로운 시대는 새로운 혁신적 인재를 요구하고 있습니다.]

과학기술의 비약적 발전으로 인한 사회 변화의 두드러진 현상 중의 하나는 정보 또는 지식의 생산량이 엄청나게 증가하였다는 것입니다. 지속적으로 급속한 변화와 혁신을 거듭해 온 정보 기술은 2007년에 스마트폰을 등장시켜 스마트 정보기술로의 놀라운 패러다임 변화를 예고하였습니다. 스마트폰, 웹과 사물인터넷 등 수많은 네트워크에서 엄청난 양의 정보가 생산되고 있습니다. IDC의 조사 보고서에 의하면, 우리나라에서는 2011년에 약 27,237PB(페타바이트petabyte. 1PB=10^{15}바이트)가 되었다고 합니다. 책 1권을 1MB(메가바이트. 1MB=10^{6}바이트)라 하면, 한반도 해안선 길이가 약 8,593km이므로, 한반도 연안선을 따라 책으로 폭 100m, 높이 70m의 장벽을 쌓을 수 있는 엄청난 양입니다. 뿐만 아니라, 대용량의 기억장치도 값싸게 구입할 수 있게 되어, 테라바이트 기억장치가 소모품으로 사용되고 있습니다.(1테라바이트terabyte=10^{12}. 세계 최대의 도서관으로 알려진 미국 국회도서관의 장서를 모두 기억장치에 저장하면 약 10테라바이트가 된다고 합니다.) 이처럼 우리는 전례가 없는 '지식의 빅뱅 시대'에 살고 있습니다. 우리는 더 이상 많은 지식을 기억하는 것으로 평가 받던 '지식의 양적 소유 시대'에 살고 있지 않습니다. 또한, 몇 번의 터치나 몇 번의 클릭만으로도 원하는 지식을 알 수 있는 시대가 되었습니다. 다시 말하여, 지식을 암기하고 저장하는 것이 중요하지 않은 시대가 되었습니다. 지식의 진화 발전도 가속화되어, 어제의 지식은 버려야 할 낡은 지식이 되는 등 지식의 수명이나 라이프 사이클도 크게 단축되고 있습니다. 지식 습득과 암기 위주의 교육은 무의미해 지고 있는 것입니다.

정보 기술은 유비쿼터스 컴퓨팅ubiquitous computing을 실현하여 공간과 시간의 장벽을 무너뜨렸습니다. 무너진 것은 공간과 시간뿐만 아닙니다. 그 동안 과학, 예술, 스포츠 등 각 영역을 둘러쌓고 있었었던 지식의 경계 역시 무너졌습니다. 지식을 공유하고 협력하는 지식 융합convergence의 시대가 도래한 것입니다. 지식의 융합은 희귀한 현상이 아닙니다. 스마트폰은 전화, 인터넷, 카메라 등의 융합의 산물이고, 서적과 컴퓨터 애니메이션 등을 융합하여 전자 서적을 만들었습니다. 이미 오래 전에 생물학과 화학 등이 융합하여 유전공학의 새로운 영역을 개척하였으며, 경제학과 생물학이 융합한 진화 경제론 등 새로운 영역이 탄생하고 있습니다. 이처럼 지식의 융합은 이미 우리 사회 전반에 새로운 흐름으로 정착되고 있습니다. "최악의 과학자는 예술가가 아닌 과학자이며, 최악의 예술가는 과학자가 아닌 예술가다."라는 프랑스 물리학자 아르망 트루소Armand Trousseau의 말처럼, 지식을 융합할 줄 모르는 사람은 최악의 전문가가 되는 시대가 되었습니다. 우리는 지금까지 더 많은 지식, 더 깊은 지식을 추구하여 왔습니다. 그러나, 이제는 경계를 넘어 융합하고 새로운 것을 창조하는 역량이 필요합니다. 점수를 위하여 죽기 살기로 경쟁하는 지식의 전사가 아니라, 창의적으로 융합할 줄 하는 생각하는 인재가 요구되고 있습니다.

인터넷과 웹 기술 덕분에 고급 지식이 넘쳐나고 있고 원하는 지식도 쉽게 구할 수 있게 되었습니다. 학교에서 배우는 것보다도 더 수준 높은 지식을 언제든지 접할 수 있게 되었습니다. 이제는 수동적인 지식의 습득은 그다지 중요하지 않게 되었습니다. 지식을 능동적으로 활용하는 역량이 더욱 중요하게 되었습니다. 실제로 지식이 새로운 창조의 밑바탕이 될 때, 지식의 진정한 가치가 발현되었다 할 것입니다. 요리사가 여러 재료를 활용하여 새로운 음식을 개발하는 것처럼, 창의적 문제해결 역량이 지식에 생명을 불어 넣을 수 있습니다. 정답만을 찾는 문제 풀이 방식의 지식 활용으로는 창의력을 배양할 수가 없습니다. 지식의 본질을 이해하며 경계없는 생각으로 독창적인 아이디어를 만들어 내어야 합니다. "상상력은 지식보다 더 중요하다."는 아인슈타인Albert Einstein의 유명한 말처럼, 한계를 초월하여 생각하여야 합니다. 그럼에도 불구하고 대부부의 사람들이 아무런 생각없이 지식 검색에만 매달리고 있고, 생각하는 능력을 상실해 가고 있습니다. 생각을 하고 창의적으로 지식을 활용하는 인재가 세상을 바꿀 수 있습니다.

시대에 따라 사회 발전을 주도하던 인재가 있었습니다. 농경 시대에서는 육체 노동자, 산업 시대에서는 공장 근로자, 정보 시대에서는 지식 근로자가 시대를 선도하는 주역이었습니다. 다양한 모습으로 떠오르고 있는 새로운 시대는 이전의 시대와는 질적으로나 수준적으로나 전혀 다른 시대로 새로운 인재를 요구하고 있습니다. 지식을 암기하고 저장하는 것이 아니라 지식의 본질을 이해할 줄 알며, 단편화된 전문 지식에 매몰되지 않고 경계를 넘어 지식을 융합하고, 지식의 습득이 아니라 생각하고 창조하는 인재가 필요합니다.

[교육은 세상을 바꾸는 가장 강력한 무기입니다.]

과학기술이 혁신적으로 진화 발전하여 세상이 천지개벽하고 있지만, 시대를 이끌어 가는 것은 시대 정신에 부합하는 인재들입니다. 시대의 인재들이 없다면, 과학기술의 발전도 기대할 수가 없습니다. 시대를 막론하고 선구자적인 인재들이 발전의 원동력이 되었습니다.
새로운 시대는, 스티브 잡스Steve Jobs에서 보는 바와 같이, '지식을 이해하고, 융합하고, 생각하며 창조'하는 인재가 이끌어 가고 있습니다. 많은 미래학자들은 '열정, 전문성, 창의성, 인성'을 갖춘 인재들의 육성을 강조하고 있습니다. 이를 위해, 미래 학자 마티아스 호르크스Matthias Horx는 "미래사회에서는 지식을 아는 것보다 지식과 정보를 새로운 방식으로 연결하여 부가가치를 창출하는 것이 더 중요하다. 급변하는 미래를 지속 가능하게 하는 핵심은 교육에 있다."라고 교육의 중요성을 역설하고 있습니다. 교육은 시대가 요청하는 인재를 육성해 왔지만, 그 어느 때보다도 교육의 임무와 책임이 중요해지고 있습니다. 교육만이 시대가 요구하는 인재를 육성하여 세상을 바꿀 수 있기 때문입니다.

[교육 · 학습을 혁신하여야 합니다.]

교육의 근본가치는 변하지 않지만 시대에 따라 추구하는 목표와 교수학습 방법론은 변하게 마련입니다. 그렇다면 지금 우리의 교육 현실은 어떠한가요? 우리의 교육은 '지식을 이해하고, 융합하고, 생각하며 창조'하는 인재를 육성하고 있는가요?

지식의 생명 주기가 짧아지고, 학교 졸업과 동시에 과거의 지식으로 전락하고 있음에도 불구하고 봉건 시대로부터 물려받은 암기 중심의 교육이 아직도 중요한 위치를 차지하고 있습니다. TV 방송에서는 암기력을 자랑하는 퀴즈 프로그램이 방영되고 있고, 학교에서는 객관성을 담보하기 위해 생각 없는 단답형 질문이 학습의 도구로 이용되고 있습니다. 학원이라고 하는 지식의 주유소에서 생각 없이 지식을 주유하고 있기도 합니다. 학습자들은 깊이 생각하지 않으며, 스마트폰부터 꺼내어 지식을 검색하는 것을 학습으로 간주하고 있습니다. 지식의 본질에 대한 이해가 없이 죽은 지식만을 탐구하고 있습니다.

학교에서는 통합 교과적 학습이 진행되고 있지만, 지식의 융합을 위한 다양한 시각에서의 접근은 제한적으로 이루어지고 있습니다. 학습의 효율성을 위해 활발한 질문과 토론이 기피되고 있고, 융합적 사고보다 전문적 사고가 권장되고 있기도 합니다. 융합적 사고력을 억제하는 4지선다형 객관식 문제와 암기력을 측정하는 단답형 주관식 문제가 평가에 사용되고 있습니다. 문제해결 중심의 교육은 과정보다 결과에 치중하여 성과를 달성하고 있지 못합니다.

교육은 정답을 가르치는 것이 아니라, 학습자에 새로운 영감과 질문을 던져 주어야 합니다. 정답만을 되뇌는 앵무새는 창의적 인재가 될 수가 없습니다. 아직도 창의력보다는 학습성과가 더 큰 가치를 점유하고 있어 논리적, 비판적 사고를 위한 교수 · 학습이 생활화되고 있지 못합니다. 이로 인하여 빠른 추종자fast follower는 있지만, 혁신적이고 창의적인 퍼스트 무버first mover는 찾아 보기 어렵습니다. 학습자에게 입시 교육을 시킬 것이 아니라, 혁신과 창의력을 준비시켜야 합니다. 이를 위해서는 우리 - 특히, 부모 세대 - 의 의식이 스마트하게 혁신되어야 할 것입니다.

인터넷과 정보기술로 인하여 교육 환경에 충격적인 변화가 일어나고 있습니다. 스마트 기기의 등장으로 교과서가 전자 교과서로 대치되고 있으며, 인터넷을 활용한 이러닝e-Learning이 중요한 교수 · 학습으로 자리매김 하였습니다. '거꾸로 학습'flipped learning과 같은 새로운 교수 · 학습 모델이 등장하여 교육에 새로운 바람을 일으키고 있습니다. 평생학습이 정착되면서 다양한 학습 콘텐츠가 개방되어 무료로 제공되고 있고, MOOC와 같은 글로벌 환경에서의 교수 · 학습이 일상화 되고 있습니다. 학습자가 원하면 언제든지 수준 높은 학습을 할 수 있는 환경이 구축되어 있습니다.

새로운 시대를 위하여 교수 · 학습이 혁신되어야 합니다. 그 동안 교수법은 변화하는 시대에 적응하기 위해 혁신적 모델을 지속적으로 개발하여 왔습니다. '프로젝트 중심 교수법', '창의적 교수법'이나 '거꾸로 학습'은 이런 노력의 산물이기도 합니다. 그러나 대부분의 교수법은 교수자 관점에서 학습자를 지도하는 교수법에 중점을 두고 있어, 학습자가 스스로 학습하는 방법을 이해하기에는 미흡합니다. 이제는 학습자의 학습 방법을 혁신하여야 합니다. 평생 학습 시대가 도래하여, 학습은 일상생활의 중요한 활동이 되었고 학습만이 새로운 미래를 창출할 수 있기 때문입니다. 학습은 사람을 사람답게 만드는 가장 중요한 요소이며, 스스로 학습하는 역량은 사람의 가장 기초적인 능력에 속합니다. 그러나, 교육제도와 급속한 학습 환경의 변화로 학습자는 교수자에 의존하여 스스로 학습하는 능력을 상실해 가고 있습니다. 새로운 시대는 학습자의 잠자고 있는 학습 역량을 깨워 창의적 사고를 하는 혁신적 퍼스트 무버가 될 것을 요구하고 있습니다.

학습자를 위한 자기주도 학습self-directed learning과 같은 방법이 알려져 있지만, 학습자 스스로가 접근하기 어려운 점이 있습니다. 대부분의 학습자는 '공부법'으로 알려진 방법에 따라 하고자 합니다. 그러나, 공부법과 관련된 대부분의 서적이 '김○○의 학습법', '박○○의 학습비법', '공신들의 학습비밀'과 같이 입시 위주의 개인적 경험을 나열한 것으로 개인의 우월성만이 보일 뿐입니다. 스마트 시대에 어울리도록 자기 스스로 주도하고 창의적 사고를 샘솟게 하는 지속 가능한 학습으로 혁신하여야 합니다.

[일상생활은 학습의 연속입니다.]

평생학습 시대가 되어 일상생활 자체가 학습이 되었습니다. 그럼에도 불구하고 대부분의 사람들이 학습을 어려워하고 두려워합니다. 특히, 학습자는 업으로 생각하여 스트레스에 시달리고 학습을 기피하는 경향이 있습니다. 이러한 생각은 일상생활을 망치고 나아가 자신의 인생까지 멍들게 합니다. 사람은 대상을 어떻게 인식하느냐에 따라 다르게 행동합니다. 자전거 타기가 쉽다고 생각하면 쉽게 배울 수 있지만, 자전거 타기를 두려워하면 배울 수가 없습니다. 학습에 대한 인식부터 확고하게 재정립하여 합니다.

학습을 업으로 생각하는 것은 작은 학습을 해 본 경험이 전혀 없는 사람들의 그릇된 학습관일 뿐입니다. 이런 현상은 성적 위주의 경쟁을 부추기는 우리 사회의 학습 환경과 무관하지 않습니다. 학습은 절대로 업이 아니며, 스트레스의 주범도 아닙니다. "나는 평생 동안 하루도 일하지 않았다. 그것은 모두 재미있는 놀이였다."라고 한 에디슨처럼, 위대한 업적을 남긴 과학자와 예술가는 공통적으로 학습을 인생의 즐거움으로 생각하였습니다. 학습을 방해하는 두려움의 족쇄를 끊고 자신감을 가지고 인생의 즐거움을 찾아야 할 것입니다. "천재는 노력하는 자를 못 당하고, 노력하는 자는 즐기는 자를 못 당한다"는 말처럼 학습을 즐길 수 있을 때, 창의적 사고도 솟아 날 것입니다. "나는 항상 내가 할 수 없는 일을 한다. 혹시 내가 그 일을 어떻게 하는지 배우게 될지도 모르니까."라고 한 피카소처럼 실수나 성적을 두려워하지 말고, 진지하게 배우는 자세로 학습을 즐겨야 합니다.

[학습자가 자발적으로 학습하여야 합니다.]

지식의 생명주기가 짧아져 원하는 지식을 학교나 학원에서 배우는 것이 어려워졌습니다. 지식과 정보가 다양한 방법으로 제공되고 있어 학교나 학원에서 배울 필요도 없어졌습니다. 학습자 스스로 자기 주도적으로 학습할 수 있어야 합니다. 자기주도 학습능력은 새로운 시대에서 누구나 갖추어야 할 기본 역량이기도 합니다.

학습을 자기 주도적으로 진행하려면, 학습목표와 실행계획을 세울 줄 알아야 합니다. 전통적인 교육에서는 교수자가 학습목표와 실행계획을 세워 학습을 진행하였지만, 학습자 주도 학습에서는 학습자 스스로가 학습목표와 실행계획을 세워야 합니다. 학습목표와 실행계획 없이 주도적을 나갈 수 있을까요? 방황만이 있을 뿐입니다. 학습목표와 실행계획은 학습성과를 담보해 주고 효과적인 시간관리로 스트레스 없는 여유있는 학습 생활을 만들어 줍니다.

[생각하는 학습을 하여야 합니다.]

지난 시대의 교육은 백과사전적 지식 주입에 치중하여 왔으며, 많이 아는 박식한 사람이 우대를 받았습니다. 그러나, 몇 번의 터치나 클릭만으로 수많은 지식을 얻을 수 있는 시대에는 지식의 양이나 기억은 무의미하게 되었습니다. 인터넷과 정보기술의 발전으로 지식을 편리하게 활용할 수 있게 되었지만, 한편으로 심각한 부작용도 발생하고 있습니다. 지식을 쉽고 편리하게 얻을 수 있게 되어, 사람들은 더 이상 생각하지 않게 되었습니다. 우리 스스로가 생각할 수 있는 능력이 나날이 사라져 가고 있는 것입니다. 이로 인하여, 지식의 본질에 대한 이해력이 저하되고, 비판적 사고 능력과 통찰력 등이 마비되어, 인간 고유의 창의력을 점점 상실해 가면서 기술에 종속되어 가고 있습니다.

학습은 생각하는 능력을 키우는 것입니다. 과학기술의 발전으로 지식의 양이나 기억을 걱정하지 않고, 지식의 본질에 대하여 깊이 생각하고 통찰력과 창의적 사고력을 키울 수 있는 좋은 환경이 마련되었습니다. 지난 시대에는 지식을 '안다'는 것과 '찾을 수 있다'는 것에 중점을 두었다면, 이제는 학습을 혁신하여 '생각한다'에 초점을 두어야 합니다. 생각하지 않는 학습은 죽은 학습입니다. 생각하는 학습으로 마비되고 있는 생각하는 능력에 활력을 주어야 합니다. "나는 생각한다. 그러므로, 나는 학습한다."가 되어야 하겠습니다.

[스마트하게 학습을 하여야 합니다.]

학습을 하였으면 성과가 나타나야 합니다. 성과가 없는 학습은 스트레스를 야기하고 자신감을 떨어뜨려 학습의 악순환을 만들어 냅니다. 학습성과는 학습동기를 고취하고 의욕을 강화시켜 주기 때문에, 즐기는 학습을 위해서도 중요합니다. 그렇다고 학습성과에 몰두하라는 것은 절대로 아닙니다. 학습성과에 집착하게 되면, 학습의 목적과 목표가 변질되어 학습이 부패하게 됩니다. 어느 경우에도 학습성과가 학습의 목적이나 목표가 될 수 없습니다. 학습성과는 생각하는 창의적 학습에 자연스럽게 동반하는 부산물입니다. 그러므로, 학습성과에 집착하지 말고, 학습성과를 생산해 낼 수 있는 시스템을 구축하여야 할 것입니다. 황금알을 얻으려고 서두르지 말고, 황금알을 낳는 거위를 키어야 하는 것과 같습니다.

뇌과학의 발전으로 학습 기능에 대한 많은 비밀이 밝혀졌습니다. 오른쪽 뇌는 비언어적, 기호적, 감성적 기능을, 왼쪽 뇌는 언어적, 논리적, 이성적 기능을 하고 있음을 알았고, 해마의 기억 기능에 대하여도 알게 되었습니다. 두뇌의 학습 작용에도 일정한 패턴과 흐름이 있다는 것도 알았습니다. 두뇌의 이러한 학습 기능을 이해하고 이에 적합한 학습 전략을 실행할 때, 학습성과를 극대화할 수 있을 것입니다. 무작정 열심히 학습하지 말고 스마트하게 학습하여야 합니다.

[학습의 기본은 여전히 유효합니다.]

음악에 타고난 재능이 있다고 해도 기본기를 익히지 않으면, 사라사테Pablo de Sarasate의 지고이네르바이젠Zigeunerweisen같은 명곡을 연주할 수가 없습니다. 김연아 선수의 코치였던 브라이언 오서가 쓴 <한 번의 비상을 위한 천 번의 점프>을 보면 피겨 스케이팅의 정상에 도달하기 위해서는 탄탄한 기본기를 갖추어야 함을 절감할 수 있습니다. 학습 환경이 좋아지고 학습 기술이 발전하였다고 해도, 학습에도 변하지 않는 기본기가 있습니다. 기본기를 익혀야 자신감을 가지고 자기 주도적으로 학습을 이끌어 갈 수 있습니다. 그럼에도 불구하고, 학습자들은 기본기를 배우지 않고 바로 학습에 투입됩니다. 학교에서도 학습의 기본기를 가르쳐 주지 않고 곧바로 지식을 주입하고 문제풀이 방법만 이야기합니다. 결국, 학습자는 시행착오를 통해서 학습의 기본기를 습득하여야 하는데, 이런 방법으로는 견실한 학습을 효과적으로 만들기 어렵습니다. 학습의 기본기는 학습의 기초 체력입니다.

[호기심을 깨우고 소통하는 학습이 되어야 합니다.]

학습의 천재는 어린 아이들입니다. 어린 아이들은 처음 접하는 세상에 대한 놀라움과 호기심으로 끊임없는 질문을 통해 세상을 배워 나갑니다. 어린 아이들의 학습 과정을 살펴 보면, 호기심과 질문이 최고의 학습 방법임을 알 수가 있습니다. 그런데, 어린 시절의 주도적 학습이 학교 교육에 의해 주어진 지식만을 습득하는 수동적 학습으로 변모해 갑니다. 생각의 지평선을 넓히고 창의적 사고와 주도적 학습을 하기 위해서는 호기심을 일깨우고 끊임없이 질문을 하여야 합니다. "나는 특별한 재능이 있는 게 아니다. 단지 열정적인 호기심이 있을 뿐이다."라고 아인슈타인은 말합니다. 열정적 호기심은 새로운 관점에서 창의적으로 인식하고 학습의 몰입도를 높여 주어 창의적 학습 성과를 만듭니다. 호기심에 가득 차 질문하는 것은 창의적 문제 해결의 출발점입니다.

질문과 더불어 다른 학습자와 소통하는 토론은 생각의 시야를 넓히고 수준을 깊게 하는 효과적 학습 도구입니다. 토론은 비판적 사고력, 논리적 사고력으로 학습을 새로운 차원을 이끌어 갑니다. 상생하고 시너지synergy를 만드는 학습을 위해서는 토론을 활성화 하여야 합니다. 토론능력은 학습자뿐만 아니라 세상을 이끌어 가는 리더의 기본 역량이기도 합니다.

[배웠으면 가르쳐야 합니다.]

학습자는 자신의 역할을 배우는 사람으로 제한하는 경향이 있습니다. 그래서, 교수자가 가르치는 것을 배우고 기억하는데 전력하게 됩니다. 이런 수동적 학습자는 온실의 화초나 양식장의 물고기처럼 키워질 뿐입니다. 주도적으로 학습을 이끌지 못하고 창의력을 발휘하기도 어렵습니다. 학습자는 배우는 사람을 넘어 가르치는 사람이 되어야 합니다. 다른 사람의 멘토가 되고 새로운 지식을 창조하는 능동적 학습자가 되어야 합니다.

'가르친다'는 것은 또 다른 형태의 학습입니다. 많은 과학자와 예술가들은 '가르칠 수 없다면 모르는 것이다.'라고 단언합니다. 따라서, 이해하기 위해서는 배워야 하고, 가르치면서 배우는 것입니다. '가르쳐-배우기'는 학습을 훈훈하게 만들기도 합니다. TED, 지식 콘서트 등 지식 나눔 행사가 새로운 문화로 자리잡고 있습니다. 여러 사람들과 함께 하는 '가르쳐-배우기'의 실천이라고도 할 수 있습니다.

[창의력이 새로운 세상을 만듭니다.]

무엇이 우리를 새로운 세상으로 이끌어 갈까요? 인터넷, 스마트폰처럼 새로운 생각이 새로운 세상으로 이끌어 갑니다. 새로운 기술, 새로운 문화, 새로운 아이디어와 같은 새로운 창조가 세상을 이끌어 가는 것입니다. 구글의 공동 창업자 래리 페이지Larry Page는 "세상에 존재하지 않는 것을 만들어야 한다."는 생각을 항상 한다고 합니다. 창의력이 세상을 움직이는 원동력입니다.

미래 사회 혁신관한 세계적 석학인 리처드 플로리다Richard Florida 교수는 <창조 계급의 부상> 등에서, 미래 사회는 창조계급에 의해 주도될 것이므로, 개인이 자신의 창의력을 발휘하도록 하는 것이 우리 시대의 최고의 과제라고 강조하고 있습니다. 그러므로, 학습의 궁극적인 목적은 지식을 배워 새로운 창조를 하는데 있다고 할 것입니다. 학습을 통해 창의적 문제 해결 능력을 가진 미래형 인재가 되어야 합니다.

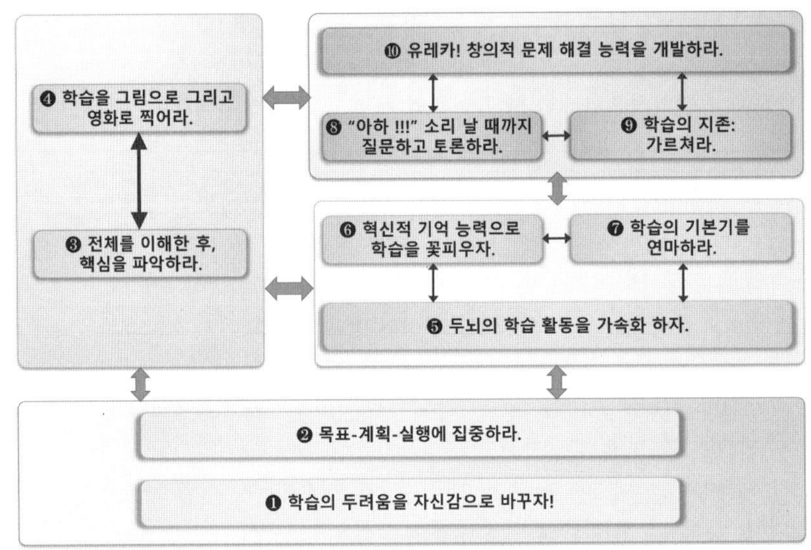

시대와 사회가 혁신적 변화를 하고 있는 것처럼, 미래 사회의 선두 역할을 할 교육도 변하여야 합니다. 특히, 미래 사회를 주도할 인재들의 학습 방식을 혁신하여야 합니다. 이 책은 그림과 같이 미래 인재의 필수 역량을 체계화하여 효과적으로 학습을 할 수 있도록 하였습니다. 제1장과 제2장은 학습의 즐거움을 이해하고 학습 의지를 굳게 하여 주도적으로 학습을 선도하는 방법에 대하여 이야기하고 있습니다. 생각하는 학습에 필요한 역량에 대하여 제3장과 제4장에서 설명하였습니다. 스마트 학습을 위해 필요한 뇌과학의 기초 지식과 두뇌 학습 전략, 학습의 기본기를 다지는 방법을 제5-7장에 보였습니다. 학습의 궁극적 목적인 창의적 문제 해결 능력에 배양에 대하여 제8-10장에 자세히 설명하였습니다.

우리 사회는 국가, 인종, 언어를 넘어 글로벌화 되는 것처럼, 각 분야의 경계가 허물어지고 있습니다. 학문간의 경계도 허물어져 지식과 상상으로 융합과 통합이 가속화 되고 있습니다. 전문가보다 멀티플레이어를 필요로 하고 있으며, 지식인이 아니라 창의적 문제 해결력을 가진 창조인을 요구하고 있습니다. 르네상스 시대의 레오나르도 다빈치, 미켈란젤로와 같이 왕성한 지식 창조 활동에 필요한 자신의 역량을 발굴하는데 이 책이 도움이 되기를 바랍니다.

학습의 두려움을 자신감으로 바꾸자!

2 CHAPTER

목표-계획-실행에 집중하라.(Goal-Plan-Do-See)

3 CHAPTER

전체를 이해한 후, 핵심을 파악하라.

4 CHAPTER 학습을 그림으로 그리고, 영화로 찍어라.

5 CHAPTER 두뇌의 학습 활동을 가속화 하자.

6 CHAPTER 혁신적 기억 능력으로 학습을 꽃피우자.

7 CHAPTER 학습의 기본기를 연마하라.

8 CHAPTER "아하!!!" 소리 날 때까지 질문하고 토론하라.

9 CHAPTER 학습의 지존: 가르쳐라.

유레카! 창의적 문제 해결 능력을 개발하라.

제 [1] 장

학습의 두려움을 자신감으로 바꾸자!

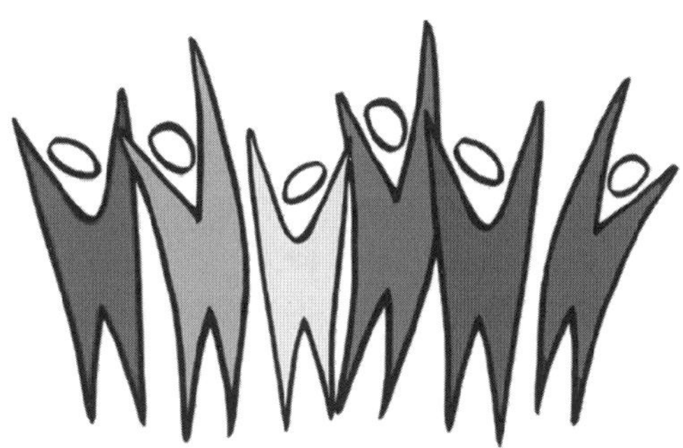

병원에서 주사기를 들고 있는 간호사를 보기만 하여도 겁먹고 까무러치게 우는 아이들이 많다. 또한, 다른 아이가 우는 것을 보고 무서워서 덩달아서 따라 우는 아이도 있다. 주사기에 대한 두려움으로 발버둥치는 것이다. 만약 울지 않고 주사를 잘 맞는 아이들의 동영상을 보여주면 어떤 현상이 벌어질까? 우는 아이들이 확실하게 줄어든다. 그리고 주사를 맞아 본 경험이 있는 아이는 주사가 별 것이 아니라는 것을 알고는 울지 않는다.

학습은 모르는 것을 배우는 과정이다. 그러기 때문에 미지의 세계에 대한 두려움과 불안이 생길 수 있다. 그러나 학습의 두려움은 어린 아이들의 주사기에 대한 두려움과 같은 공허한 것이다. 인류는 학습에 의해서 발전하여 왔고, 모든 사람들이 평생 학습을 하고 있다. 학습은 보편적인 일상생활이며 크나큰 즐거움을 얻을 수 있는 지적 활동이다. 학습을 두려워하는 사람은 학습의 어린 아이이다. 학습의 두려움을 재미와 자신감으로 바꾸어 큰 사람으로 성장하여야 한다.

두려움 따위는 어디에도 없다. 그건 네 상상일 뿐이다.
- 살바도르 달리Salvador Dali

1.1 학습에 대한 잘못된 선입관을 타파하자.

학습은 일반적으로 알지 못하는 것, 모르는 것을 배워나가는 과정이다. 때문에, 학습자는 학습에 대하여 막연한 불안감과 두려움을 갖고 임하게 된다. 캄캄한 한밤중에 덤불이 우거진 숲속 길을 배회할 때, 나뭇가지에 부딪치지는 않을지, 발을 헛디뎌 떨어지지 않을지, 돌부리에 채여 넘어지지 않을지 두려움을 느끼는 것처럼, 학습자는 생소하고 모르는 것을 배워야 한다는 중압감을 느끼게 된다. 이러한 불안감과 두려움으로 인해 학습을 재미없고 귀찮은 일로 기피하게 된다.

또한, 학습은 필수적으로 학업 성취도 평가, 즉 시험과 성적을 수반한다. 부모님을 포함해서 선생님, 친구 등 주변 사람들의 기대와 요구에 부응하기 위해서는 좋은 성적을 올리지 않으면 안 된다. 시험과 성적 부진에 따른 부담감, 우수한 성적을 올린 친구와 비교하였을 때의 열등 의식, 실수에 대한 자책과 의욕 상실 등의 후유증으로 인하여 학습에 대하여 심한 스트레스를 느끼게 된다. 뿐만 아니라, 학습 때문에 운동이나 게임 등 하고 싶은 재미있는 일들을 너무도 많이 포기해야 한다는 억울한 생각이 들어, 학습에서 해방되고 싶은 강한 욕구를 느끼게 된다.

이처럼 대부분의 학습자는 학습에 두려움을 느끼고 재미없는 것으로 생각하고 있다. 학습은 어렵고 힘들며 재미없는 짐일까? 공부는 재미없는 것, 어려운 것이라고 생각하는 학습자들이 있는가 하면, <공부가 가장 쉬웠어요.>의 장승우나 <공부의 신>의 공신처럼, 공부가 너무 쉽고 재미있다고 생각하는 학습자들도 있다. 일반적으로 학습자들의 학습에 대한 인식을 조사해 보면 이처럼 극과 극의 차이가 있다. 왜 이러한 양극화된 현상이 나타나는 것일까?

수영을 배우는 경우를 생각해 보자. 수영을 처음 배울 때는 물에 뜨는 것조차 어렵고, 물에 들어가기만 하면 물을 잔뜩 먹게 된다. 몇몇은 이로 인하여 물에 대한 공포심이 생기게 되고, 결국은 수영을 포기하게 된다. 그리고는 수영은 어렵다고 생각하여 두 번 다시 수영을 배우지 않게 된다. 그러나 이러한 고비를 넘기고 계속 수영을 배우게 되면, 한 달여 만에 자유자재로 수영을 할 수 있게 된다. 이때가 되면 수영은 너무 재미있고 신나는 스포츠라고 자신 있게 말하게 된다.

학습을 재미없고 어렵다고 생각하는 학습자는, 물에 몇 번 들어가 물을 먹고는 수영이 어렵다고 하는 것처럼, 진지한 노력을 해보지도 않고 처음부터 학습은 어렵다는 선입견에 사로 잡혀 있는 사람이다. 애당초 학습을 시도해 보지도 않고 겁부터 내는 겁쟁이에 지나지 않는다. 일부 학습자는, 운전 방법을 몰라서 자동차 운전을 하지 못하는 것처럼, 어떻게 학습해야 할지 학습 방법을 몰라서 어렵다고 생각하는 경우도 있다. 때로는 시험으로 인하여 학습에 대한 부정적 선입견이 만들어 지기도 한다. 열심히 학습했는데도 문제를 풀지 못했거나 기대했던 성적을 얻지 못하게 되면, 학습을 두렵고 어려운 것으로 생각하게 된다. 시험에서 어려움을 겪었다고 해서 학습은 어려운 것이라고 생각하는 것은 비논리적이다. 성적이 좋지 않다고 해서 학습 자체를 두려운 것으로 왜곡해서는 안 된다.

사람이 사물을 어떻게 인식하고 있는가 하는 것은, 그 사람의 사고 체계와 행동 양식을 결정하는 중요한 요소가 된다. 고대 철학자 에픽테투스Epictetus는 "인간은 사물 자체에 의해서가 아니라, 사물에 대해 갖는 생각에 의해서 괴로움을 받는다."라고 하였다. 학습자는 학습에 대한 자신의 생각으로 인하여 두려움을 느끼고 있는 것이다. 학습에 대한 학습자의 인식은 학습 태도와 학습 성과에 깊은 영향을 주게 된다. 따라서, 학습자가 자신이 갖고 있는 학습에 대한 인식을 진솔하고 분명하게 들여다보는 것은 효과적인 학습 전략을 수립하는 첫 단계가 된다. 학습 때문에 심적으로 어려움을 겪고 있거나 학습을 귀찮은 것이라고 생각한다면, 더더욱 학습에 대한 학습자의 인식을 분명하게 분석하여 학습에 대한 선입관을 타파하여야 한다. [그림 1-1]은 학습자가 우선적으로 나쁜 선입관을 타파하여 학습의 자신감을 회복하는데 중요한 요소를 요약한 것이다.

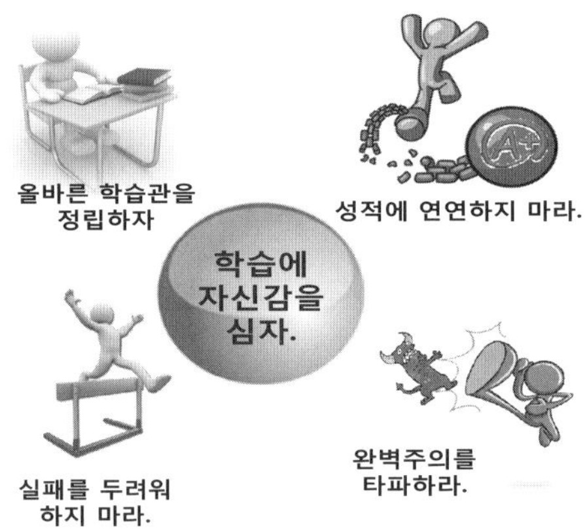

【그림 1-1】 학습의 선입관을 타파하자.

올바른 학습관을 정립하자.

사람들은 자신의 시각으로 바라보고 이해한다. 고양이를 보고 귀엽다고 생각하여 반려동물로 기르는 사람이 있는가 하면, 고양이는 날카로운 발톱을 갖은 사나운 동물로 생각하여 멀리하는 사람도 있다. 고양이를 싫어하는 사람은 결코 고양이를 키울 수가 없다. 학습에 대해서도 재미있고 신나는 일이라고 생각하는 학습자가 있는가 하면, 손사래를 치며 싫어하는 학습자들도 있다. 학습을 싫어하는 학습자들이 학습과 함께 생활하는 것이 어려운 것은 당연하다 할 것이다. 그런데, 일반적으로 학습자들은 학습이 무엇을 뜻하는 것인지 진지하게 생각해 볼 기회가 적었다. 부모님이나 선생님이 하라고 하니까, 친구들이 공부하니까 별 생각 없이 학습하여야 되는 것으로 알고 있을 뿐이다.

학습이 무엇인지 분명하게 이해하고 있어야, 학습에서 좋은 성과를 거둘 수가 있다. <심리학의

원리>The principle of Psychology를 저술한 윌리엄 제임스William James는 다음과 같이 널리 알려진 말로도 유명하다.

- 생각이 바뀌면 행동이 바뀌고,
- 행동이 바뀌면 습관이 바뀌고,
- 습관이 바뀌면 인격이 바뀌고,
- 인격이 바뀌면 운명까지도 바뀐다.

학습에 대한 생각이 바뀌면, 학습하는 태도가 달라지고, 학습 습관이 변화하게 되어, 학습에 커다란 성과를 만들어 낼 수 있다. 학습이 무엇인지 정확하게 이해하고, 학습에 대한 생각이 바뀌어야 한다. 그렇지만, 대부분의 학습자들은 학습에 대한 나쁜 경험과 강압적인 분위기로 인하여 부정적인 생각만을 갖고 있다. 학습에 대한 부정적인 생각은 학업 성취에 있어서도 부정적인 결과만을 만들어 낼 뿐이다.

부정적인 생각이 만들어 내는 현상을 설명하는 것으로 제임스 윌스James Wilson와 조지 캘링George Kelling의 "깨진 유리창"Broken Windows의 법칙이 있다. 깨진 유리창을 방치하면, 사람들은 건물 주인과 주민들이 건물을 포기했으며 그곳을 아무도 관리하지 않는 무법천지로 인식한다는 것이다. 그래서 더욱 마구잡이로 행동하게 되어 건물이 망가지고 그 지역 전체가 망하게 된다는 것이다. 학습자들이 갖고 있는 학습에 대한 부정적인 시각을 방치하면, "깨진 유리창"의 법칙처럼 학습 전제를 망칠 수 있다. 학습에 대하여 정확하게 인식하고 있는지, 그렇지 않으면 잘못 생각하고 있는지 확인해 볼 필요가 있다.

[표 1-1]의 학습 인식 분석표에 학습에 대한 자신의 생각을 있는 그대로 솔직하고 진솔하게 적어 보자. 말로 하거나 생각하는 것만으로 불충분하며, 직접 써보아야 자신의 생각을 분명하게 표현할 수 있다. 작성된 분석표를 세심하게 고찰하여 학습자의 이러한 생각이 올바른 것인지 확인해 보자. 데이비드 번즈David Burns는 그의 저서 <자신감에 이르는 10일>Ten days to self-esteem에서 사람들의 왜곡된 생각의 유형을 [표 1-2]로 정리하였다. [표 1-2]의 유형을 살펴보고, 자신의 생각이 이러한 유형에 속하지는 않는지 곰곰이 생각해 보도록 하자. 그리고 자신의 생각이 그릇된 것이라면, 어떻게 바뀌어야 하는지를 [표 1-1]에 써보도록 하자.

[표 1-1] 학습 인식 분석표

학습에 대한 나의 인식	긍정적 인식	왜곡된 인식
학습에 대한 학습자의 생각, 의견, 견해를 진솔하게 기술한다.	학습에 대한 나의 생각 중 현실적, 긍정적 인식을 써본다.	학습에 대한 나의 생각 중 잘못된 점이 있는지 생각해본다.

성적에 연연하지 마라.

지금의 교육제도는 봉건사회와 산업사회를 거쳐 이루어진 낡은 제도로 일방적 교육과 수동적 습득을 통해 학습활동이 이루어진다. 이러한 교육제도에서는 성적이라는 획일적 수단으로 학습을 평가하게 된다. 때문에 '공부=성적'이라는 그릇된 고정 관념이 뿌리내렸고 학습자들은 성적 바이러스에 감염되어 신음하고 있다. 많은 사례에서도 분명하게 드러나지만 학습의 목적은 성적에 있지 않다. 학습은 사물의 본질을 이해하고 통합적 사고 능력과 창의적 문제 해결 능력을 배양하는 과정이며, 성적이 최종 결과물은 절대 아니다. 노벨상을 수상한 과학자들이 노벨상을 목적으로 연구하는 것이 아닌 것처럼, 성적을 목적으로 학습하는 것이 아니다. 아인슈타인Albert Einstein을 비롯한 많은 창조적인 사람들의 학교 성적이 대체로 변변치 못했음을 보아도, 성적이 학습을 대표하는 것은 아니다. 노벨 물리상은 물리학 시험을 치러 성적이 우수한 사람에게 수여하는 것이 아니다.

학습의 목적이 성적 향상에 있지 않음을 자신 있게 말할 수 있어야 한다. 성적 바이러스나 성적지상주의에서 탈피하여, 학습 그 자체를 즐길 줄 알아야 한다. 부자가 되는 비결을 설명한 데이브 램지Dave Ramsey의 <부자가 되는 비결>을 보면, 부자가 되고자 하면 돈을 쫓아 다녀서는 안 된다고 한다. 돈이 따라주어야 한다고 한다. 성적을 원하면 성적을 따라 다녀서는 안 된다. 학습을 즐겁게 생각하고 성적이 따라 올 수 있게 만들어야 한다.

완벽주의를 타파하라.

학습의 결과는 대부분이 학업 성취도를 평가하는 점수로 나타난다. 일부에서는 학업의 질적 수준을 평가하는 정성적 평가 방법을 이용하기도 하지만, 평가의 편리성과 획일성을 위해서 점수가 널리 활용되고 있다. 점수가 학습 성과의 우수성을 나타내는 지표가 됨에 따라, 학습자들은 모두 100점, A+를 목표로 학습하게 된다. 학습의 목표가 점수 올리기로 전락한 것이다. 학습자들은 100점 또는 A+가 아니면 경쟁에서 뒤떨어진 것으로 생각하여 낙담하고 자책하게 되며, 학부모는 자녀가 공부에 열중하지 않았다고 생각하게 된다. 학생이나 학부모 모두는 은연중에 학습의 완벽주의perfectionism에 빠져 있다.

학습의 완벽주의는 학습자를 패배자로 만드는 아주 나쁜 사고방식이다. 학습 목표를 100점이나 A+로 설정하면 이를 달성할 수 있을까? 대부분의 학습자가 100점이나 A+를 달성하지 못하여 학습의 패배자의 굴레를 벗어 날 수 없게 된다. 100점이나 A+는 애초부터 달성 가능성이 거의 없는 잘못된 학습 목표이다. 반면에, 학습 목표를 학습자의 역량에 맞도록 80점 또는 70점이나 B 또는 C로 설정하면 어떻게 될까? 이런 목표는 달성 가능성이 충분하고 노력 여하에 따라 달성할 수 있다. 만약 80점을 목표로 하였는데 85점이 나왔다면, 이는 목표 초과 달성으로 축하할 일이 된다. 설사 75점이 나왔다고 해도, 자신이 얼마큼 부족한지를 알 수 있고 얼마나 더 노력하여야 될지도 알 수 있다.

[표 1-2] 잘못된 완벽주의의 유형

유형	내용	예
전부-아니명-전무	사물을 절대적이고 흑백논리로 판단한다.	• 공부를 못하면 낙오자가 된다. • 수능 성적은 영어가 좌우한다.
지나친 일반화	부정적 사건을 과장해서 생각한다.	• 좋은 대학에 들어가지 못하면, 친구들에게 망신당하고 나를 바보로 취급해서 왕따시킬 거야.
색안경 끼고 보기	부정적 측면만을 강조하고 긍정적인 측면을 무시한다.	• 수학을 못하는 애들은 머리가 나쁘다. • 운동하면 학업에 지장이 있다.
장정 깍아 내리기	자신의 성취나 긍정적인 특성은 중요하지 않다고 생각한다.	• 어쩌다 한번 홈런 친거지. • 영어 잘한다고 밥 먹여주냐.
속단하기	명확한 증거없이 부정적으로 결론을 내린다.	• 수학은 공식을 암기해야 하니 어렵다. • 논술에서 실패할거야.
과장 또는 축소하기	사실을 부풀리거나 중요성을 축소한다.	• 영어는 적어도 5만 단어를 알아야... • 국어는 읽을 줄만 알면 돼.
감정적 추론	막연한 느낌을 갖고 스스로 판단한다.	• 과학을 싫어하는 것을 보면 창의석이 없나봐. • 공부가 답답하니, 공부 체질이 아닌가보다.
당위적 진술	"~해야한다.", "~해서는 안된다."식으로 단호하게 비판한다.	• 적어도 8시간을 공부해야 한다. • 이것을 암기하지 못하면 포기해야 한다.
이름붙이기	"나는 바보다.", "나는 실패자" 같이 부정적 이름을 붙인다.	• 나는 컴맹이다. • 나는 삼류 학생이다.
자책 또는 비난하기	자신의 책임이 아닌데도 자책하거나, 자신의 책임을 무시하고 다른 사람을 비난한다.	• 조금만 더 침착했으면 문제해결 할 수 있었는데... • 친구 때문에 망쳤다.

완벽주의는 일을 섬세하고 깔끔하게 마무리하는 장점이 있지만, 그 폐해는 아주 심각하다. 학업에 열중해야 한다는 중압감과 스트레스, 학업진도가 잘 나가지 않고 성적이 오르지 않을 때의 불안감과 우울증, 공부 시간을 늘리기 위해 친구를 기피하게 되고 이로 인한 고독감, 공부를 잘 하는 학생에 대한 질투와 분노, 시험을 잘 보아야 한다는 강박증과 성적이 떨어졌을 때 자책감과 의욕상실 등 엄청난 스트레스를 가져 오게 된다. 이러한 스트레스로 인하여, 오히려 학습이 지겨워지고 성적이 떨어지는 악순환이 반복된다.

완벽주의는 학습에 대해 부정적인 선입관을 심어주고 학습을 망치는 원인이 된다. 학습하는 학생들은 완벽주의에 물들지 말아야 하며, 선생님과 학부모도 완벽한 학습을 요구하지 말아야 한다. 일부의 학생, 학부모, 선생님은 병적으로 완벽주의를 추구하는 경향이 있는데, 이는 학습을 망치고 인생을 불행하게 만든다. 데이비드 번즈David Burns는 그의 저서에서 완벽주의는 자신감을 파괴하고 인간관계를 어렵게 하는 등의 심각한 부정적 폐해가 있음을 강조하고 있다. 그는 완벽주의 대신에 긍정적이고 유연한 사고로 자신의 잠재력을 유여 있게 개발하여 최고의 경지에 도달하는 최고를 향한 건강한 추구healthy pursuit of excellence를 강조하고 있다. 완벽주의가 아니더라도 최고의 경지에 도달할 수 있는 방법은 아주 많다. 완벽주의는 최고의 경지에 도달하는 것을 오히려 방해할 뿐이다.

학습의 완벽주의는 100점, A+ 성적에서 뿐만 아니라, 학습태도 등 여러 형태로도 나타난다. 일반적으로 학습자는 학습 내용을 완벽하게 이해한 후에야 다음으로 진도를 넘어간다. 이와 같은 학습 태도는 효과적으로 학습을 관리할 수 없고 학습 효율도 떨어진다. <초학습법>의 저자인 노구치 유기오는 학습의 원칙으로 80% 목표 원칙을 강력하게 권장하고 있다. 80%를 이해하였으면 다음으로 넘어가라는 것이다. 20% 때문에 다음으로 넘어가지 못하면, 더 중요한 것을 학습하지 못하게 되고, 결국에는 20%에 걸려 넘어지기 때문이다.

파괴적 완벽주의	건강한 우월성 추구
주변의 기대때문에 학습에 스트레스를 느끼고, 실패의 두려움때문에 어쩔 수 없이 학습한다.	학습의 즐거움을 느끼며 창의적 사고의 기쁨으로 열정을 가지고 학습한다.
자신의 학습 성과에 만족하지 못한다.	자신이 노력했다는 자체에 즐거움과 만족을 느낀다.
남들에서 사랑받고 존경받기 위해서는 학습 성과로 인정받아야 한다고 생각한다.	남들에게 좋은 성과를 보여야 사랑과 우정을 얻을 수 있다고 생각하지 않는다. 남들이 나를 있는 그대로 인정한다고 생각한다.
실수나 목표 달성에 실패하면, 자신을 비판하고 인간으로 실패한 것으로 생각한다.	실수를 두려워 하지 않는다. 실패는 새로운 성공을 위한 기회로 생각한다.
자신은 항상 강해야 하고, 기분을 스스로 통제하여야 한다고 생각한다.	자기의 미흡한 점을 두려워 하지 않고, 자신의 감정을 다른 사람과 소통한다.

【그림 1-2】 완벽주의의 폐해와 건강한 우월성 추구

실패를 두려워하지 마라.

학습에 대한 콤플렉스의 주된 원인은 자기 내면에 자리 잡고 있는 실패에 대한 두려움 때문이다. 실패로 야기될 수 있는 주변의 모욕, 창피와 수치심이 복합 작용하여, 시도도 하지 않고 포기하게 만든다. 특히, 100점이나 All A와 같은 학습의 완벽주의가 학습 콤플렉스를 더욱 부채질하게 된다.

발명왕 에디슨Thomas Edison의 1093개의 특허는 한 번에 얻어진 것이 아니다. 수많은 실패를 거듭한 끝에 얻어진 발명이다. 에디슨이 백열 전구의 필라멘트를 발명할 때의 실패 이야기는 유명하다. 그의 조수가 "선생님, 필라멘트를 발명하려고 벌써 90가지의 재료로 실험을 해보았지만 모두 실패했습니다. 결국 필라멘트를 발명한다는 것은 불가능한 일인 것 같으니 중지하는 것이 어떻겠습니까"하고 제안했다. 그러자, 에디슨은 "무슨 소리야. 자네는 그것을 왜 실패로 생각하나. 우리들은 실패한 것이 아니고, 안 되는 재료 90가지나 알아낸 아주 성공적인 실험이었다네." 에디슨은 2399번의 실패를 거쳐 2400번 만에 전류를 통해도 타지 않고 빛을 내는 필라멘트를 만드는데 마침내 성공하였다. 에디슨의 백열 전구는 밤에도 태양과 같은 빛을 가져와 인류 발전에 획기적 계기를 마련하였다. 실패가 없는 성공은 있을 수가 없다. 그래서, 실패는 성공의 어미니라고 하는 것이다.

어떤 사람은 다른 사람보다 스키 타는 법을 더 빨리 배우는데, 그 이유는 간단하다. 그런 사람은 넘어지는 것을 두려워하지 않기 때문이다. 어떤 학생은 다른 학생보다 수학 문제를 잘 푸는데 그 이유는 간단하다. 실수를 두려워 하지 않기 때문이다. 실패할 것이 두려워 주눅이 든다면 성공할 수 있다는 생각도 버려야 한다. 영화 '타이타닉'과 '아바타'를 만들어 세계 흥행 1, 2위를 기록한 제임스 카메론James Cameron 감독은 "실패는 해도 괜찮지만 두려워해서는 안 된다"고 강조한다. 모르는 것을 배우는 학습에서 실패는 아주 당연한 것이다. 실패나 실수로 인하여 자신에게 돌아오는 꾸중이나 창피를 부끄럽게 생각하지 말고, 오답 노트에 적어 아름다운 추억으로 간직할 수 있는 마음의 여유를 기르자.

이 세상에 열정없이 이루어진 위대한 것은 없다.
- 게오르크 빌헬름Georg Wilhelm

1.2 숨어 있는 학습 욕구를 깨워라.

5~7살 나이의 어린 아이를 생각해 보자. 어린 아이들은 귀찮을 정도로 많은 질문을 한다. 비행기가 어떻게 해서 하늘을 날을 수 있는지, 왜 해는 동쪽에서 떠서 서쪽으로 지는지, 바닷물은 왜 짠지 알고 싶어 하는 것이 너무 많다. 세상에 보이는 모든 것이 신기하여 호기심이 저절로 생겨 쉬지 않고 질문한다. 질문을 한다는 것은 학습에 대한 욕심이 있다는 것이다. 사람들 모두는 본래 학습에 대한 강한 욕심을 갖고 태어났으며, 학습하는 것을 즐거운 일로 생각하고 있다.

어린아이들이 갖고 있는 호기심 또는 학습에 대한 욕구를 일정 나이가 되면 학교에서 체계적이고 전문적으로 교육하게 된다. 일반적으로 인간으로서 생활하는데 필요한 사고방식과 지식을 배우는 데는 12년이 필요하다고 한다. 그래서 초등학교 6년, 중학교 3년, 고등학교 3년의 12년 동안 학교에서 체계적이고 전문적으로 인간으로서 필요한 소양과 지식을 배우게 된다. 수학시간에는 논리적 사고방식을, 역사 시간에는 인류 발전과 역사의 교훈을, 음악시간에는 아름다움과 정서적 평화를, 국어 시간에는 효과적인 언어생활을 배우게 되는 것이다. 학교에서 공부하는 것은 세상을 보다 명확하게 이해하고 인간으로서 그리고 사회 구성원으로서 원만하게 사회생활을 하는 기본 지식이 된다. 이처럼 학습은 우리가 갖고 있는 호기심을 해결해 주고, 인간으로서 원만한 사회생활을 하도록 도와주는 재미있고 유익한 것이다.

그렇지만 학습자들은 학습을 두려워하고 싫어한다. 실제로는 학습이 두려운 것이 아니라, 학습의 결과로 나타나는 성적이 두려운 것이다. 학교에서의 학습은 성적으로 평가되므로, 성적이 나쁘게 나올까 봐 성적을 두려워하게 되고 학습을 싫어하게 된다. 학습과 성적은 전혀 별개의 것임에도 학습자들은 학습=성적으로 생각하여, 학습에 대한 그릇된 공포심을 갖게 된다. 학교를 다니면서 갖게 되는 이러한 잘못된 두려움이 지속되어 학습을 멀리 하게 된다. 학습과 성적은 별개의 것임을 명심해야 한다. 어린 시절 호기심에 충만해 있던 자신의 모습을 생각하고 잃어버린 호기심을 깨워야 한다. 호기심을 깨워서 잠자고 있는 학습의 욕심을 되찾아야 한다. 학습에서 성적이라는 단어를 삭제하자.

학습의 즐거움을 느껴 보자.

학습은 모르는 것을 배워나가는 과정이다. 모르는 것을 깨달았을 때의 희열은 말로 표현하기가 어렵다. 잘 알려진 아르키메데스Archimedes의 일화를 생각해 보자. 아르키메데스는 시라쿠스Syracus의 왕 히에로 2세Hiero II로부터 왕금이 순금으로 만들어져 있는지를 감정하라는 엄명을 받는다. 세공장이가 순금 대신에 값싼 은을 섞었다는 혐의가 있기 때문이다. 노심초사 고민하고 있던 어느 날, 아르키메데스는 목욕탕 욕조에 몸을 담갔을 때, 자신의 몸이 가벼워지는 것과 물이 넘쳐 흐르는 것을 보고 드디어 증명할 방법을 알아내었다. 아르키메데스는 형언할 수 없는 기쁨에 휩싸여 "유레카!"Eureka라고 소리치며, 벌거벗은 채로 거리를 뛰어 나갔다는 일화는 유명하다. 학습은 그 어느 것과 비교할 수 없는 놀라운 기쁨과 즐거움을 준다. 학습이 주는 이러한 놀라운 환희를 체험할 수 있도록 하여 보자.

[그림 1-3]은 라파엘Raphel Sanzio이 그린 유명한 명화 <아테네 학당>The School of Athens이다. 이 그림에는 고대 철학자와 과학자 54명이 각기 다른 모습으로 표현되어 있을 뿐, 명화로서의 특이한 느낌이 떠오르지 않을 수도 있다. 중앙 좌측의 플라톤Plato은 그의 저서 <티마오스>Timaeus를 들고 서 있다. 라파엘이 그의 스승 레오나르도 다빈치Leonardo da Vinci를 모델로 그린 플라톤은 하늘을 향해 오른손을 들고 있는데, 이는 그의 핵심 이론인 이데아idea를 상징하는 것이다. 중앙 우측의 아리스토텔레스Aristotle가 저서 <니코마스 윤리학>Nicomachean Ethics을 들고 있다. 아리스토텔레스는 오른손 바닥을 땅을 향해 내밀고 있는데, 이는 자연과 생물을 중시했던 아리스토텔레스의 사상을 상징하는 것이다. 이외에도 <아테네 학당>에는 철학자와 과학자의 생전 활동 모습이 생생하게 담겨 있다. 이러한 사실을 알고 그림을 보게 되면, 그림의 진정한 의미를 만끽하는 즐거움을 맛볼 수 있다. 아는 만큼 보이고, 아는 만큼 즐거운 것이다. 학습은 세상을 보는 시야를 넓게 해주며 지적 즐거움을 선물하는 최고의 방법이다.

【그림 1-3】 아테네 학당

어린아이는 모두 예외없이 호기심 넘치는 질문을 한다. 이것은 사람 모두가 학습에 대해 강렬한 열정이 있다는 것을 의미한다. 성장하면서 이런 열정이 다소 식었을 뿐이다. 학습이 주는 놀라운 즐거움을 이해한다면, 학습을 통해 더 넓은 신세계를 볼 수 있다는 것을 이해한다면, 자신 안에서 잠자고 있는 학습의 열정을 다시 깨울 수 있을 것이다.

강력한 학습 동기를 만들자.

학습이 즐겁고 재미있는 것이라고 하여도, 왜 나는 학습을 하여야 하는가에 대한 자신만의 충분한 동기가 있어야 한다. 아무도 이유없이 무작정 운동장을 뛰어 다니지 않는 것처럼, 이유도 없이 공부만 하는 것은 바보스런 행동이다. 왜 학습하여야 하는지 분명한 이유, 즉 학습 동기가 있어야 목적을 가지고 힘차게 열정적으로 학습에 매진할 수 있을 것이다. 학습 동기는 학습을 움직이는 엔진인 것이다.

학습 동기는 "환경보존을 통해 인류 사회에 봉사하려고 공부한다. 소외된 사람들의 권익을 보호하기 위해서 공부한다."처럼 거창할 필요는 없다. 소박하더라도 솔직한 학습 동기를 분명하게 갖고 있어야 한다. 또한, 학습 동기의 내용을 부끄러워해서는 안 된다. 학습 동기는 남에게 보여주기 위한 것이 아니라, 자신이 학습하는 이유를 스스로 다짐하기 위한 것이다.

- 나는 높은 지위로 출세하려고 공부한다.
- 좋은 직장에 들어가 행복한 사회생활을 하려고 공부한다.
- 대중의 사랑을 받는 연예인이 되려고 공부한다.
- 돈을 많이 벌려고 공부한다.
- 한의학의 과학적 원리를 규명하려고 공부한다.

학습 동기는 내용이 중요한 것이 아니라, 학습 동기의 강도가 중요하다. 학습 동기는 학습자마다 다를 것이다. 그러나, 학습 동기를 성취하기 위해서는 강렬한 동기가 되어야 한다. 막연하게, "원하는 대학에 진학할 수 있으니까, 장학금을 받을 수 있으니까"와 같은 맹물같은 학습 동기는 학습을 강력하게 추진할 수 없다. 강력하고 간절한 학습 동기가 학습효과를 극대화 할 수 있다.

【그림 1-4】 학습 동기를 작성하자.

학습 동기는 학습에 대한 학습자의 신념을 나타내는 것이다. 학습 동기가 강력하지 않다는 것은 학습에 관심과 자신감이 없다는 것이다. 학습자는 내재적 동기든, 외재적 동기든 관계없이 강력한 동기를 갖고 있어야 한다. 왜 학습하여야 하는지, 왜 학교에 다녀야 하는지 전혀 알지 못하는 무동기나 '부모님 때문에 공부한다'와 같은 회피적 또는 도피적 동기는 학습을 망치는 원인이 된다. 기필코 세계 신기록을 달성하고 말겠다는 집념을 전력 질주하는 육상 선수처럼 학습자는 학습하고자 하는 강력한 의지가 있어야 한다.

4 자기 이미지를 창조하자.

학습 동기는 내재적이든 외재적이든 강렬하여야 한다. 강력한 학습 동기를 갖는 방법의 하나로 자기 이미지self-image 형성이 있다. 자기 이미지란 학습을 통해 이루고자 하는 것을 성취한 자신의 모습을 분명하게 상상해 보는 것이다. 물리, 화학 등 과학 과목에 수재가 되어 맥가이버처럼 위기의 순간에 과학 지식을 활용해서 악당을 퇴치하는 자신의 모습을 상상할 수 있을 것이다. 또는 영어를 유창하게 하는 자신이 유엔 총회 단상에 올라 각국 대표를 향해 연설하는 자기 이미지를 그려 볼 수도 있다. 자기 이미지가 분명할수록 학습하고자 하는 동기가 더욱 강해질 수 있다.

최신기술과 기발한 착상으로 <쥬라기 공원>, <인디아나 존스> 등과 같은 영화를 제작하여 영화 산업의 새로운 활로를 개척한 할리우드의 명감독 스티븐 스필버그Steven Spielberg는, 12살 때부터 영화 감독이 되어 아카데미 시상식에 오는 모습을 생생하고 간절히 상상했다. 그리고 9년 뒤, 유니버설 스튜디오에서 그의 열정에 감복한 투자자에 의해 아카데미의 꿈을 이뤘다. 애국가의 작곡가 안익태 선생은 어려서부터 "나는 반드시 런던 교향악단을 지휘하겠다."고 음악가의 꿈을 키웠다. 일제 치하에 있던 당시의 여건으로는 세계적인 교향악단을 지휘한다는 것은 거의 불가능한 일이었지만, 그는 자신이 런던 교향악단을 지휘하는 꿈을 놓지 않았고, 결국, 세계적으로 유명한 교향악단을 무려 230여 회나 지휘하여 꿈을 실현하였다. 이처럼 자신이 이루고자 하는 자기 이미지를 마음속으로 반복하여 그려보고 자신감을 가지면, 자신도 모르는 사이에 자신의 이미지가 실제로 이루어진다. 이와 같은 현상을 자성 예언self-fulfilling prophecy, 피그말리온 효과Pygmalion effect, 로젠탈 효과Rosenthal effect, 플라시보 효과placebo effect 등으로 부르며, 자기 계발과 성취에 중요한 원리가 되고 있다. '말이 씨가 된다'는 속담이 있는 것처럼, 마음속으로 간절하게 바라는 자기 이미지를 가지고 있으면 그것이 현실이 되어 나타나게 된다.

학습을 통하여 얻고자 하는 것을 강렬하게 자성 예언하면 반드시 그대로 이루어 질 수 있다. 자기 이미지를 확고히 하고, 이를 실제로 성취하기 위해서는 자기 암시, 마인드 콘트롤, 자기 칭찬을 할 필요가 있다.

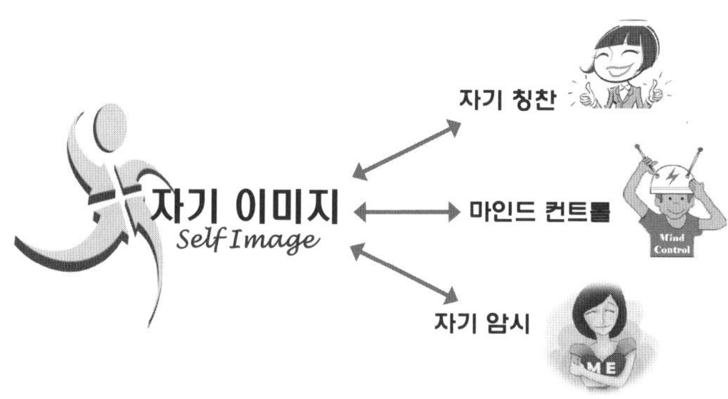

【그림 1-5】 자기 이미지 만들기

[자기 암시]

자기 암시는 자기 스스로 의식적으로 잠재의식에 자기 이미지를 꾸준히 심어주는 것이다. 자기 암시는 반복적으로 말이나 행동에 의해, 자기 이미지가 느껴지고 상상될 수 있을 때 자신의 내면에 자리 잡게 된다. 현재 자기 이미지의 능력을 실제로 갖고 있느냐는 중요치 않다. 중요한 것은 자기 이미지를 실현 할 수 있다고 믿고 꾸준히 반복해서 자기 이미지를 강화하는 것이다. 매일 아침 거울을 보면서 자기 이미지를 상상할 수도 있고, 자기 이미지를 구체적으로 적은 암시문을 암송할 수도 있다. 자기 이미지를 그림으로 그려 책상 앞에 붙여 놓거나, 지갑에 넣고 다니며 틈틈이 볼 수도 있다.

2008년 베이징 올림픽에서 여자 장대높이뛰기 최고 스타인 옐레나 이신바예바Yelena Isinbayeva의 이상한 행동을 기억할 것이다. 경기 전에 커다란 수건으로 얼굴을 덮고 있다가, 경기가 시작되면 무언가를 중얼거리며 뛰어 나가는 것을 볼 수 있었다. 이신바예바는 "수건 속에서 주변의 관심을 끊고 몰입한다. 주문은 내 안의 에너지를 불러일으키고 경기에 집중할 수 있도록 도와준다."고 말하였다. 자기 암시를 통해서 자신의 내면에 축적된 잠재 능력을 끌어내는 것이다.

자기 암시는 자기 이미지를 실현할 수 있는데 필요한 충만한 에너지를 제공한다. 인간의 능력은 종종 빙산으로 비유된다. 바닷물에 대해 빙산의 비중이 약 0.9로, 빙산의 10%가 바닷물 위로 나타나고 나머지 90%는 바닷물 속에 숨겨져 있다. 인간의 능력도 빙산과 같아서 전체 10% 정도만이 평소에 사용되고 나머지 90%는 사용되지 않고 내면에 잠재되어 있다. 잠재된 90%를 끌어내어 사용할 수 있다면, 우리가 생각한 것 이상의 일을 할 수 있다. 자기 암시가 깊어지면 잠재능력의 에너지가 발휘되어, 자성 예언처럼 자기 이미지가 현실로 나타난다.

[마인드 컨트롤]

자기 암시를 하다 보면 부정적인 생각으로 인하여, 자기 이미지에 집중할 수 없는 경우가 있다. 자기 이미지가 구체적으로 나타나도록 자신의 마음을 스스로 통제하여야 한다. 마인드 컨트롤을 통해서 부정적인 잡념을 버리고 밝고 긍정적인 이미지가 나타나도록 하여야 한다. "정말, 나는 나의 이미지를 실현 할 수 있을까? 이것 때문에 다른 것을 놓치는 것은 아닐까?"하는 불신과 우려, "공부 잘하는 사람은 이기적인 사람이 된다고 하는데…"와 같은 소극적인 태도를 버려야 한다.

한 제자가 붓다에게 물었다. "제 안에는 마치 두 마리의 개가 살고 있는 것 같습니다. 한 마리는 매사에 사랑스럽고 온순하며 활달한 놈이고, 다른 한 마리는 성질이 사납고 나쁘며 매사에 부정적인 놈입니다. 이 두 마리가 항상 제 안에서 싸우고 있습니다. 어떤 녀석이 이기게 될까요?" 붓다는 생각에 잠겨 잠시 침묵을 지켰다. 그리고는 짧게 한마디 말을 건넸다. "네가 먹이를 주는 놈이다."

생각의 주체는 자기 자신이며, 자기 자신만이 자신의 생각을 통제 할 수 있다. 자기 이미지에 신념을 가지고 실제로 실현되도록 자신의 생각을 통제하여야 한다.

[자기 칭찬]

케네스 블랜챠드Kenneth Blanchard는 <칭찬은 고래도 춤추게 한다.>Whale Done!에서 칭찬의 힘에 대해서 역설하고 있다. 칭찬은 긍정적인 힘에 더욱 집중할 수 있게 한다는 것이다. 칭찬은 인간관계에 긍정적인 효과를 가져 오고 행복을 잡아 올리는 그물과 같은 역할을 한다. 존경받는 성공한 사람이 되기 위해서 많은 칭찬을 하여야 한다. 그러나 사람들은 칭찬하는데 인색하다. 칭찬을 하면 속보이게 아부하는 것 같고, 때로는 자존심이 상한다고 생각하기 때문이다. 더욱이 자기 자신을 스스로 칭찬하는 것은 낯 뜨거운 일로 생각하고 금기시 하고 있다. 자기가 그린 그림을 스스로 칭찬하는 것을 비난하는 '자화자찬'이라는 말도 있다. 그래서 가정이나 사회에서도 자기 자신을 칭찬하는 것을 합당치 않고 건방진 행동이라고 가르치고 있다. 그러나 자신을 낮추고 남을 칭찬하는 것을 겸양의 미덕이라고 한다면, 자신의 성취와 성공을 스스로 칭찬하는 것은 자부심의 인정이라고 할 수 있다. 자기 자신을 칭찬하는데 인색한 사람은 남을 칭찬하는데도 인색하다. 칭찬하고자 하면, 자기 자신부터 칭찬할 줄 알아야 한다.

자기 칭찬은 자신을 아름답게 생각하고 자신의 성취를 칭찬하고 격려하는 것이다. 자신이 이룩한 성취와 성공을 스스로 축하함으로써 더욱 큰 힘을 얻게 되고 긍정적인 이미지를 강화할 수 있게 된다. 즉, 자기 이미지에 대한 긍정적인 생각과 행동에 더욱 집중할 수 있게 된다. 뿐만 아니라 자기에게 칭찬을 받으면, 다른 사람에게서 칭찬을 받는 것보다도 더 큰 힘이 난다.

아무리 작은 성과라도 칭찬하자. “오늘 수학 3문제 정말 잘 풀었어, 이제는 수학에 도사가 될 거야”처럼 작은 성과가 있더라도 자기 스스로 칭찬해 보자. 칭찬은 성과의 크기가 중요한 것이 아니라, 자신이 이루었다는 것에 의의가 있다.

잘한 점을 구체적이고 분명하게 집어내어 칭찬하여야 한다. 막연한 칭찬은 자만심을 키워 줄 수 있다. “연립방정식을 풀 때, 행렬식을 이용한 것은 진짜 기발하고 멋진 생각이었어. 아주 잘 했어.”처럼 잘한 점을 진심으로 칭찬하여야 한다. 결과 보다는 과정을 칭찬하자. “탐구 시간 발표 자료 작성 때, 인터넷에서 이미지와 동영상을 다운받아 실감나는 자료를 만든 것은 정말 좋았어. 모두들 놀랐잖아.”와 같이 학습한 과정을 칭찬해 보자. 학습이 잘 풀리지 않을 때 더욱 칭찬하자. “지난번에는 이보다도 더 어려운 문제를 풀었잖아. 조금만 더 생각하면 멋지게 풀릴 거야” 긍정적인 생각과 태도를 갖는 것이 중요하다.

자신이 이룩한 성과를 찾아내어 3분간 칭찬해 보자. 아름다운 꽃을 가꾸는 심정으로 자기 칭찬으로 자신을 가꾸어 나가자. 자기 칭찬이 습관화되면, 다른 사람이 잘 한 것도 진심으로 칭찬해 줄 수 있게 된다.

오늘의 비교는 타인과 하는 것이 아니라, 어제의 자신과 하는 것이다.
- 격언

1.3 자신을 분석하라.

“너 자신을 알라.”Know thyself는 델피Delphi의 아폴로Apollo 신전에 새겨진 말로서 소크라테스Socrates가 인용하여 유명해진 말이다. 초등학생조차 알고 있는 이 말은 때로는 ‘너의 분수를 알라’는 말로 왜곡되어 사용되기도 한다. 하지만, 이 말의 원 뜻은 신에 대한 믿음에서 벗어나 먼저 자기 자신부터 성찰해 보라는 의미를 갖고 있다. 넓은 세상을 향해 나가기 위해서는 자신의 능력과 역량을 되돌아보고, 자신을 발견하여야 한다. 내가 무엇을 할 수 있는지도 모르는 채 거친 바다로 치닫는 것은 무모한 행동이다. 학습에서도 가장 중요한 요소는 우선 자신을 이해하고 발견하는 것이다. 학습의 중요성을 이해하고, 자기 이미지를 실현하고자 하는 학습 의욕에 충만해 있다면 무엇을, 어떻게 실천에 옮길 것인가를 파악하기 위해서 먼저 자신의 참 모습을 발견하는 것이 중요하다.

자신을 발견하기 위해서는 자신을 분석하고, 진단하여야 한다. 자신을 발견하는 방법으로 인성검사와 적성검사를 해 보거나, 선생님, 부모님, 친구 등 주변 사람들로부터 자신의 장점과 단점을 들어보는 방법도 있다. 다양한 방법을 사용하여 자신을 분석하고 진단해 보는 것은 학습전략 수립뿐만 아니라 활기찬 사회생활을 꾸려 나가는데 기초가 된다. 자신을 발견하는 간편한 방법으로 기업에서 활용하고 있는'스왓'SWOT 분석을 자기 자신에게 적용해 볼 수 있다.

나의 SWOT 지도를 작성하자.

스왓SWOT는 Strength(강점), Weakness(약점), Opportunity(기회), Threat(위협)의 약자로, 기업의 내부 역량과 외부 환경 변화를 함께 분석하여, 기업의 경쟁력 강화를 위한 전략적 과제를 도출하고 대응 전략을 수립하는 도구로 널리 사용되고 있다. 스왓 분석은 기업뿐만 아니라, 개인의 경쟁력 강화를 위한 자기 개발 분석에도 사용할 수 있다. 자신의 내부 역량을 분석하여 강점과 약점을 발견하고, 외부 환경을 분석하여 기회와 방해 요소를 찾아내어, 이를 토대로 강점은 더욱 살리고, 약점은 죽이고, 기회는 활용하고, 방해는 억제하는 학습 전략을 수립할 수 있다.

스왓 분석의 이해

스왓 분석은 강점(S), 약점(W), 기회(O), 방해(T)의 4가지 요소로 구성된다. 강점과 약점은 자신이 갖고 있는 내부 역량을 요약한 것이며, 기회와 방해는 자신의 주변에서 일어나고 있는 외부 환경 변화를 요약한 것이다. 강점과 약점의 내부 역량은 과거로부터 지금까지 쌓아온 자신의 모습이고, 기회와 방해의 외부 환경은 앞으로 헤쳐 나가야 할 미래의 당면문제이다. 이들을 도표로 작성한 것이 [표 1-3]의 스왓 분석표이다.

[표 1-3] 스왓(SWAT) 분석표

내부 역량 / 외부 역량	강점(S)	약점(W)	→	전략과제
기회(O)	SO	WO		
방해(T)	ST	WT		

외부환경 분석: 기회(O)와 방해(T)

자기 자신을 제외한 주변 환경의 모든 정보를 수집해서 기록한다. 좋은 쪽으로 작용하는 것은 기회(O), 나쁜 쪽으로 영향을 미치는 것은 방해(T)로 분류한다. 자신에게 긍정적인 효과를 주는 것은 기회(O), 부정적 영향을 주는 것은 방해(T)에 기록한다. 같은 내용이라 하더라도 자신의 입장에 따라 다르게 분류될 수 있다. 예를 들어, 논술에 강한 학습자는 대학의 논술 고사 강화가 기회(O)가 될 수 있지만, 그렇지 못한 학습자에게는 방해(T) 요인이 된다. 외부 환경 요인 사이에 인과 관계가 있다면, 화살표로 연결하면 도움이 된다.

기회(O)	자기 자신을 제외한 가정, 학교, 사회 등 여러 영역에서, 자기 자신에게 유리한 흐름, 분위기 조성, 국가정책, 경제 및 기술 발전 등을 기록한다. [예] • 기회 균등 입학제도가 확대 된다. • 수준 높은 인터넷 동영상 강의를 수강 할 수 있다.
방해(T)	자기 자신에게 불리한 정치, 경제 및 사회적 흐름, 나쁜 영향을 미치거나 공부에 스트레스를 가중 시키는 요인을 기록한다. [예] • 영어 논술이 도입된다. • 학습 동아리 모임이 해제된다.

내부 역량 분석: 강점(S)과 약점(W)

내부 역량 분석은 자기 내부의 강점과 약점을 분석하는 것이다. 사람은 누구나 자신만의 장점 또는 강점을 갖고 있으며, 동시에 단점도 갖고 있다. 이를 분명하게 발견하여, 자기 자신을 평가하는 것이 내부 역량 분석이다.

강점(S)	체력, 대인관계, 경제상황, 보유하고 있는 문자와 시간, 인간성 등 모든 영역에서 자신만이 갖고 있는 장점 또는 경쟁력을 기록한다. [예] • 컴퓨터 활용 능력이 뛰어나다. • 사교성이 좋아 친한 친구가 많다.
약점(W)	자신의 주변 여건, 동원 가능한 물자와 시간, 경제력, 성격들의 모든 영역에서 자기의 단점 또는 부족한 점을 기록한다. [예] • 학습에 자신감이 부족하다. • 상급학년이라서 기초를 공부할 시간이 부족하다.

"나는 장점이 없는데"라고 생각하는 과소평가 비관파나, "나는 모든 것을 잘 할 수 있어"라는 과대평가 낙관파 모두는 솔직하게 자신을 되돌아보고 자신의 장점과 단점을 파악해 볼 필요가 있다.

[표 1-4]의 어느 학생의 스왓 분석표를 참고 하기 바란다. 스왓 분석 시 각 칸에 기입할 때는 정확하게 기입하여야 한다. 강점(S)에 기입하여야 할 것을 기회(O)에 기입하는 경우가 많은데, 기회(O)는 미래의 유리한 주변 조건을 기입하는 것이다. 마찬가지로, 약점(W)에 기입하여야 할 것을 위협(T)에 기입하는 경우도 있는데, 위협(T)은 미래의 불리한 여건을 기입하는 것이다. 스왓 분석을 할 때는, 외부 환경 분석을 먼저 실시한 후, 내부 역량 분석을 하는 것이 좋다.

[표 1-4] SWOT 분석 예

외부 역량 \ 내부 역량	강점(S)	약점(W)
	• 학습 동기가 확실하고 강함 • 수학에 뛰어남 → 논리적 사고능력 우수 • 부모님의 적극적 조언과 지원 • 친구들과 두터운 우정 • 컴퓨터 도사	• 스스로 찾아서 공부하는 능력 부족 • 언어 영역 능력 미흡 • 쉽게 포기하고 집중력 이 약함
기회(O) • 대학 경쟁률 저하 → 대학 입학이 쉬워짐 • 수준 높은 교육 방송 → 원격 강의 콘텐츠 많음 → 학원에 다니지 않아도 됨 • 다양한 학과 신설 → 적성에 맞는 학과 선택 가능	SO • 논리적 사고 능력이 중요한 학과 중에서 적성에 맞는 학과 선정 • 인터넷 원격 강의를 활용해서 학습 효과 증진	WO • 언어 및 논술 영역 교육 방송 청취 • 인터넷 원격 강의 수강으로 집중력 배양
방해(T) • 논술 비중 강화 → 언어영역 중요 • 교과목의 사회봉사 활동 필요 • 어학 비중이 높아지고 있음	ST • 논리적 사고 능력을 논술에 활용 • 친구들과 토론식 학습으로 어학 및 논술 능력 배양	WT • 정확성과 집중력이 요구되는 분야에서 사회 봉사 활동 • 친구들과 그룹 스터디하며 공부 방향 설정

전략과제
• 언어 및 논술 분야의 교육 방송과 인터넷 원격 강의 수강 • 친구들과 학습 동아리를 만들어 그룹 스터디 • 정확성과 집중력이 요구되는 분야에서 사회봉사 활동

스왓 분석에서 자기 발전 학습 전략 수립 방법

스왓 분석에서 무성의하게 기입하거나 빈칸을 남겨 두는 것은 바람직하지 않다. 자기 자신을 정확하게 분석하기 위해서는 상세하게 칸을 채워야 한다. 스왓 분석표가 작성되었으면, 이를 기초로 하여 자기 발전을 위한 전략을 수립한다. 자기 발전 전략 수립은 외부 환경 분석과 내부 역량 분석을 일치시켜 작성한다. 이때 4부분에서 발전 전략 수립이 가능하다.

SO 전략	• 강점(S)-기회(O)전략 : 도약전략 자신의 강점으로 외부의 유리한 여건을 활용하기 위한 적극공략 전략
ST 전략	• 강점(S)-방해(T)전략 : 극복전략 자신의 강점으로 외부의 방해요인을 극복하기 위한 기회탐색 전략
WO 전략	• 약점(W)-기회(O)전략 : 활용전략 외부의 유리한 환경을 이용해서 자신의 약점을 보완하고 극복하는 전략
WT 전략	• 약점(W)-방해(T)전략 : 회피전략 자신의 약점을 최소화 하고, 외부 방해 요인을 회피하기 위한 생존 전략

4부분의 발전 전략이 잘 떠오르지 않는 경우가 많다. 사람들은 자기 자신의 문제에만 집착하고 해결 방안은 등한시하기 때문에 새로운 아이디어가 떠오르지 않는 것은 당연하다 할 것이다. 그러나 생각의 관점을 바꾸어 적극적인 발상으로 발전 전략을 찾아 낼 수 있도록 노력하여야 한다. [표

1-4]의 예를 참고해 보자.

전략 과제 설정

스왓 분석에서 수립된 자기 발전 전략은 자신이 나가야 할 방향을 제시해 준다. 이제는 도출된 4가지 자기 발전 전략을 기반으로 방향의 목적지를 설정해야 한다. 즉, 자신이 수행하여야 할 전략 과제를 설정하여야 한다. 전략 과제는 자신을 한층 더 발전시키기 위해 집중적으로 수행하여야 할 핵심 과제 이다. 전략 과제는 자신의 핵심 학습 역량을 강화하고 더 높은 차원으로 도약하기 위한 실질적 학습 목표라 할 수 있다. 수립된 자기 발전 전략을 자세히 검토해 보면, 손쉽게 전략 과제를 도출할 수 있을 것이다. [표 1-4]의 예를 살펴보도록 하자.

스왓 분석은 어떤 문제에 대하여 내부와 외부의 모든 요인을 고려하여, 문제를 객관적으로 이해하고 분석하여 전략 과제를 도출하는 체계적인 방법을 제공한다. 따라서 스왓 분석은 지금까지 설명한 바와 같이, 학습전반에 대한 전체적 분석뿐만 아니라, 특정 문제의 세부 분석에도 적용할 수 있다. 예를 들어,

- 어떤 학과에 진학할 것인가?
- 대학 졸업 후 대학원에 진학하여 학업을 계속할 것인가, 취업을 할 것인가?
- 창의적 문제 해결 능력을 어떻게 배양할 수 있을까?
- 어떻게 하면 영어 회화 능력을 신장할 수 있을까?

이처럼, 특정 문제를 분석하고 해결 방안을 도출하는데도 활용할 수 있다. 문제가 있을 때는, 스왓 분석을 적용해서 해결책을 발견하도록 해 보자.

절대로 고개를 떨구지 마라. 고개를 치켜들고 세상을 똑바로 바라보라.

- 헬렌 켈러Helen Keller

1.4 너 자신을 믿어라.

스왓 분석을 통해서 자신의 학습을 혁신할 수 있는 전략과제가 도출되었으면, 이 전략 과제를 집중해서 실행하여야 한다. 그러나 많은 학습자들이 시간과 노력이 수반되는 전략과제 실행을 망설이거나 두려워하는 경향이 있다. 이러한 현상의 근원에는 "과연, 내가 이러한 일들을 해 낼 수 있을까?"하는 자신감 상실과 자기 불신이 자리 잡고 있다. 앞서 이야기한 바와 같이, 자신에 대한 부정적인 편견과 선입관은 자신을 망치는 지름길이다. 찰리 채플린은 이런 말을 하였다. "사람은 누구나 자신을 믿어야 한다. 이것이야 말로 성공의 비결이다." 성공하고 싶다면, 공부를 잘하고 싶

다면, 자신의 잠재력을 믿고 자신 있게 전략과제 실행에 집중하여야 한다. 심리학자들은 이구동성으로 인간에게는 무한한 잠재력이 있다고 강조한다. 자신에게 무한한 능력이 있고, 이것을 계발할 수 있다는 믿음을 가져야 한다. 자신의 능력에 대한 과소평가는 자기에 대한 모독이다.

하버드 경영대학원의 캔터 교수Rosabeth Moss Kanter가 쓴 <자신감>Confidence은 운동경기에 얽힌 풍부한 일화를 통해 삶의 연패에서 벗어나 연승으로 가는 지름길을 안내하고 있다. 캔터 교수는 승자와 패자의 차이는 자기 신뢰에 대한 자신감 여부에 달려 있다고 한다. 자기가 자신을 믿고 신뢰할 수 있을 때, 자기 인생의 주인이 될 수 있다. 인생의 주인이 되어 학습이든 운동이든 자신의 운명을 선택하고 주도 하여야 한다. 만약 자신의 능력을 불신하고 자기 인생의 중심이 되지 못하여, 다른 사람이나 환경에 의해 움직이게 되면 결국은 실패한 인생으로 끝나게 될 것이다.

학습 성취의 비밀

아주 건실한 은행이 있었다. 그런데, 이 은행이 망해 가고 있으며, 고객이 예금을 인출할 수 없을 것이라는 헛소문이 돌기 시작했다. 소문을 들은 많은 고객들이 서둘러 은행으로 달려가서 예금을 인출해 갔다. 은행의 잔고는 금방 바닥이 났고, 결국 파산하고 말았다. 단지 소문이었던 일이 사실이 되어 버린 것이다. 이 이야기는 자성 예언의 대표적 사례이다. 자성 예언은 기대하면 기대와 같은 결과가 발생한다는 것이다. 다시 말해서, 믿는 대로 일이 진행되고 결과가 나타난다는 것이다. “이 전략과제는 할 수 없어”라고 생각하면 결국은 할 수 없게 된다. “나는 영어를 원어민처럼 유창하게 할 수 있을 거야”라고 자신을 신뢰하게 되면, 그렇게 되어 진다. 자신의 능력에 대한 신뢰와 자성 예언이 학습이나 일을 성취하는 기폭제가 된다.

일전에 인생의 비밀을 밝혀냈다고 하는 론다 번Rhonda Byrne의 <시크릿>The Secret이 베스트셀러가 된 적이 있다. <시크릿>은 세상의 위대한 스승들, 불후의 명성을 얻은 사상가, 예술가와 과학자들, 정치, 경제, 사회의 분야에서 성공한 사람들의 인생비밀은 <끌어당김의 법칙>law of attraction 한마디로 요약하고 있다. <끌어당김의 법칙>은 마음이 원하는 것을 생각하고, 그 생각이 마음에 가득 차게 할 수 있다면, 그것이 그대로 실현된다는 것이다. 다시 말하면, 피그말리온처럼 간절하게 원하고, 이루어진다는 믿음과, 이룰 수 있다는 자신감이 성공의 원동력이라는 것이다. 학습에 대한 강렬한 소망, 학습목표를 달성할 수 있다는 자기 능력에 대한 신뢰와 자신감이 학습을 성취하는 비법이다.

의사가 “이 약은 특별하게 제조한 특효약입니다. 이 약을 복용하시면 틀림없이 완쾌될 것입니다”라고 하면서, 환자에게는 가짜 약을 준다. 환자는 의사의 말에 따라 특효약으로 믿고 복용하여, 실제로 병을 치유하게 된다. 이러한 현상을 플레시보 효과placebo effect 또는 가짜 약 효과라 한다. 미국 시카고 대학 가정의학 교수인 존 히크너John Hickner 박사 팀은 2008년 일반 내과학 저널Journal of General Internal Medicine 신년호에서 의사의 45%가 환자 진료에 플레시보 효과를 이용하고 있다고 발표하였다. 플레시보 효과는 이 약을 복용하면 질병을 치료할 수 있다는 환자의 믿음에 근거하고 있다. 믿음이 질병까지 치료할 수 있다는 것이다. 학습에 문제가 있다면, 학습을 잘 할 수 있다는 믿음을 가지면 치료할 수 있다. 학습자의 학습 능력에 대한 믿음이 학습의 치료약인 것이다.

과거의 어두운 환상에서 깨어나자.

자기 믿음self-confidence을 방해하거나 깨뜨리는 데는 여러 원인이 있지만 자기 콤플렉스에 의한 열등의식이 주된 원인이다. 자기 콤플렉스는, 자신의 실수에 대해 다른 사람들의 비판과 비난으로 마음에 상처가 만들어져서, 자신도 모르게 열등감이 성격의 일부가 되어, 의식적 또는 무의식적으로 작용하는 것이다. 학급 대항 축구 시합 결승전에서 절호의 슛팅 찬스에 실수로 헛발질 하여 경기에 패하게 되었다 하자. 이 때문에 친구들로부터 비난과 모욕을 당한 후, 축구에 공포심이 생기고 운동경기가 싫어지는 축구 콤플렉스가 만들어지게 된다. 수학 모의고사에서 +와 -를 실수해 중요한 문제를 틀렸을 때, 선생님이나 친구들에게 놀림을 당하게 되면 마음에 깊은 상처를 입고 수학 콤플렉스가 형성될 수도 있다.

자기 콤플렉스는 자신의 실수에 대한 마음의 상처에서 형성되지만, 더러는 사회적 편견에서 만들어 지기도 한다. '키 작은 사람은 농구선수로 적합하지 않다.', '외모가 뛰어나야 연예인이 될 수 있다.'처럼 사회의 집단적 편견에 의해 신체 콤플렉스가 만들어지기도 한다. 그러나 대부분의 자기 콤플렉스는 과거 때 겪었던 마음의 상처에서 유래한다. 자기 콤플렉스는 과거에 얽매인 검은 환상에 불과하다. 실체가 없는 이러한 과거의 환상으로 인하여 미래를 향하는 학습이 지장을 받는다면, 자신의 미래는 과거에 의해 조정되는 비참한 꼭두각시에 불과하게 된다. 학습과 함께 미래로 나가려면 과거의 검은 환상에서 깨어나야 한다. 이미 지나가서 보이지도 않는 과거에 얽매이는 것은 미래를 상실한 노예와 같다. 망령된 과거의 부정적인 자기 최면에서 깨어나 자신의 능력으로 직시해야 한다.

자신을 사랑하고 격려하라.

좀 오래된 책이지만 <혼잣말을 할 때 무슨 말을 하는가>What to say when you talk to yourself의 저자 섀드 햄스테터Shad Helmstetter는 마음속 대화의 80% 이상이 자신의 결점을 생각하는 것이라고 한다. 앞에서 살펴 본 바와 같이, 사람들은 자신을 칭찬하는데 인색할 뿐만 아니라, 틈만 나면 자신의 결점과 단점을 끄집어내는데 몰두하고 있다. 학습자들 역시 자신이 잘 하는 장점보다는 단점이나 실수에 연연하고 괴로워한다. 그 결과 학습에 대한 좋지 못한 생각만을 마음에 쌓아 두어 학습 콤플렉스를 자초하게 된다. 자신을 사랑하고 격려하지 않으면서, 자신을 향해 어떻게 공부하자는 말을 할 수 있겠는가? 혼자 있을 때조차도 자신을 사랑하고 격려하는 생각을 하여야 한다. 불후의 명작을 많이 남긴 소설가 헤밍웨이Ernest Hemingway도 소설을 집필할 때의 어려움을 자기 격려로 극복하였다. "나는 새로운 소설을 앞에 두고 어떻게 시작할지 막막할 때 벽난로 앞에 앉아 작은 오렌지 껍질을 불 속으로 던지며, 피어나는 푸른 불꽃을 응시하곤 했습니다. '걱정 마. 넌 전에도 언제나 썼고 지금도 쓸 거야. 지금 중요한 것 먼저 제대로 된 한 문장을 쓰는 거야. 네가 아는 가장 제대로 된 한 문장을 쓰는 거야.' 마침내 나는 제대로 된 한 문장을 써냈고 거기서부터 출발할 수 있었습니다."

설혹 한 가지 단점이 생각나면, 두 가지 장점을 찾아내고, 어려움에 부딪혀 있을 때는 긍정적이고 사기를 북돋는 말로 자신을 격려하여야 한다. 이렇게 하면 학습의 과정이 강화되고, 스트레스가 줄어들며, 학습에 자신감이 생기게 된다.

자기 이미지를 각인하라.

동물 심리학자 로렌츠 박사Konnad Lorenz는 알에서 갓 태어나 새끼 오리들이 태어난 순간에 처음 본 대상을 어미 오리로 인식(각인)하고 따라 다니는 현상을 관찰하고 이를 각인효과imprinting effect라 불렀다. 각인이란 도장을 새기듯 우리 마음에 강렬하게 이미지를 새기는 것을 뜻한다. 우리 마음속에는 이미 여러 이미지들이 각인되어 있다. 예를 들어, MP3-(iPod), 피겨스케이팅-(김연아), 클래식 음악-(조수미)가 단번에 생각이 나는 것처럼, 여러 이미지들이 은연중에 각인되어 있다. 광고의 주목적은 소비자에게 제품을 각인시키는데 있다. 그래서 제과 업체에서는 '아이스크림'하면 바로 이미지가 떠오를 수 있도록 다양한 수단을 동원하여 각인 작업을 하고 있다.

학습에서 성공한 자기 이미지를 학습자의 마음속에 각인시켜야 자기 신뢰와 자신감을 강렬하게 할 수 있다. 첫 만남에서 상대방에게 좋은 첫인상을 남기는 것처럼, 학습에 몰입하고 있는 자기 이미지는 학습에게 좋은 인상을 줄 수 있다. 또한, 상업 광고처럼, 친구, 선생님, 부모님 등 주변 사람들에게 학습에 정진하고 있는 학습자의 이미지를 각인시킬 필요가 있다. 소비자에게 각인된 제품이 매출이 상승하는 것처럼, 주변 사람들에게 성실한 학습자로 각인된 자기 이미지를 갖고 있는 학습자는 학습효과를 끌어 올리고 학습에 좋은 성과를 얻을 수 있다.

멘토를 모셔라.

학습을 하다 보면, 지치거나 학습 의욕을 상실하는 슬럼프slump에 빠지는 경우가 있다. 슬럼프는 인간인 이상 어느 누구도 피해갈 수 없는 자연스러운 현상이다. '골프 황제' 타이거 우즈Tiger Woods는 1997년 프로 골프 선수가 된 이후로 2009년까지 13시즌 동안 무려 69승이나 거뒀다. 그 기간 중 단 한 해도 우승을 거두지 못한 해가 없었다. 그랬던 그가 2010년과 2011년 2년 동안은 단 한 번도 우승하지 못했다. 이처럼 슬럼프는 누구에게나 발병하는 환절기 독감과 같은 것이다.

성공하는 사람과 실패하는 사람의 차이는 의외로 간단하다. 성공하는 사람은 슬럼프를 재빨리 극복하여 도약의 기회로 삼는 반면에, 실패하는 사람은 슬럼프에 묻혀 포기를 위한 핑계를 만든다. 슬럼프는 성공으로 향하는 징검다리이지, 나락으로 떨어지기 위한 함정이 아니다. 슬럼프는 자신의 진성한 모습을 발견할 수 있는 절호의 기회이기도 하다. 슬럼프는 암세포와 같아서 조기에 치료하지 않으면 불치병이 된다. 학습의 슬럼프는 자기신뢰와 자신감으로 극복할 수도 있지만, 주변의 후원자나 지지자의 도움으로 극복하는 것도 좋은 방법이다.

대한민국을 대표하는 프로 축구 선수 박지성. 2002년 한일 월드컵과 2006년 독일 월드컵에 국가 대표로 출전하였고, 잉글랜드 프리미어 리그의 맨체스터 유나이티드 등 여러 팀에서 활동하였으며, 아시아 선수로는 최초로 꿈의 무대인 유럽 챔피언스 리그 결승전에 참가한 화려한 경력의 한국 축구의 영원한 캡틴이다. 그 역시 슬럼프에 빠져 있을 때, "박지성은 정신력이 뛰어나 성공할 수 있다."라고 던진 히딩크Guus Hiddink 감독의 감동의 한마디가 박지성을 만드는 원동력이 되었다. 체구도 왜소하고 평발인 박지성은 '정신력이 훌륭하다.'는 1분도 채 안 되는 히딩크 감독의 한 마디가 자신의 인생을 바꾸었다고 말한다. "만약 내가 히딩크 감독님을 만나지 못했으면 지금의 나도 없었을 것이고, 감독님을 평생 갚아도 못 갚을 은혜를 베풀어 주신 은사로 생각하고 있다."고 이야기 한다.

이처럼 어려움을 당했을 때, 정신적 지주가 되어 주거나 수호천사가 되어 자신을 도와주고 후원해 주는 사람을 일컬어 멘토mento라고 한다. 그리스 신화에서 유래한 멘토는 자신을 지도하고 안내하는 정신적 스승 또는 자신이 존경하고 본받고자 하는 선망의 대상을 뜻한다. 멘토가 있으면 백만 대군을 얻은 것처럼 든든하고 자신감이 저절로 생기게 된다. 학습에 있어서도 멘토는 학습을 가속화하고 슬럼프를 도약의 징검다리로 만들어 주는 역할을 한다. 효과적으로 학습하고자 하면, 멘토부터 모셔야 한다.

멘토로 스티브 잡스Steve Jobs나 링컨 대통령Abraham Lincoln처럼 유명 인사를 선택할 수도 있지만, 언제든지 자신을 격려하고 도와 줄 수 있는 훌륭한 선배, 친구, 또는 선생님도 멘토가 될 수 있다. 효과적으로 학습하기 위해서는 역할에 따라 여러 멘토를 모시는 것도 좋다. 과목별로 멘토를 두거나, 자신의 장점을 발전시켜 주고 단점을 일깨워 주는 분야별 멘토를 모실 수도 있다. 그러나 멘토는 학습자가 닮고 싶고 격려하고 후원해 주는 사람이지, 과외 선생이나 경쟁자가 아님을 확실하게 이해하여야 한다.

멘토가 선정되면 [표 1-5]에 멘토를 모시도록 한다. 멘토를 모실 때는 멘토가 되는 타당한 이유와 자신이 본받고자 하는 점이 분명하여야 한다. [표 1-5]에 자신이 선정한 멘토를 기록하고, 학습에 지치거나 어려움을 느낄 때 도움을 청할 수 있도록 한다. 반면에, 반면교사는 학습자가 닮고 싶지 않은 행동을 하는 사람으로 자신의 부정적 사고와 행동을 예방하는데 도움이 될 수 있다. 반면교사가 될 사람이 없다면, 자신이 해서는 안 될 사고방식이나 행동을 생각해 보는 것도 좋다.

[표 1-5] 멘토와 반면교사

	성 명	닮고 싶은 사고방식 · 행동
닮고 싶은 멘토		

	성 명	닮고 싶지 않은 사고방식 · 행동
닮고 싶지 않은 반면교사		

멘토처럼 생각하고 행동하라.

멘토는 학습과 생활에 귀감이 되어 줄 정신적 지주로서 학습자를 이끌어 주고 격려하는 후원자와 상담자의 역할을 하게 된다. 학습이 슬럼프에 빠져 있을 때, 학습에 제대로 성과가 나타나지 않을 때, 학습이 재미없거나 두려워질 때는 즉시 멘토를 마음속에 떠올려 보도록 한다. 그리고 "이런 때 멘토는 어떻게 할까?" 생각해 보도록 한다. 멘토가 그 해결 방안을 알려 줄 것이다. 멘토를 만날 수 있다면, 멘토를 만나서 진솔하게 자신의 상황을 설명하고 함께 해결 방안을 찾도록 한다. 학습에 문제가 생긴다면, 혼자서 해결하려고 하지 말고, 멘토를 생각하고 만나야 한다. 병이 났을 때는 의사를 찾아 상담하고 치료 받는 것이 현명한 방법이다. 멘토처럼 생각하고 행동하며, 멘토와 상의하는 것이 학습자 자신이 다른 사람의 멘토가 되는 길이기도 하다.

제 [2] 장

목표-계획-실행에 집중하라.

(Goal-Plan-Do-See)

2.1 학습이 관통할 목표를 세우자.
2.2 목표로 향하는 로드맵을 만들어라.
2.3 스터디 플래너를 애용하자.
2.4 실행에 몰입하라.
2.5 자신의 학습을 자신이 평가하라.

콜럼버스Christopher Columbus가 신대륙을 발견하고자 머나먼 항해를 할 때, 가도 가도 망망대해만 보일 뿐, 신대륙이 보이지 않자 선원들이 동요하고 불안해하였다. 그러나, 콜럼버스는 굳은 믿음으로 서쪽으로, 서쪽으로 항해를 하여 마침내 신대륙을 발견하였고, 인류 역사에 획기적인 전환점을 만들었다. 콜럼버스는 말한다. "네가 어디 있느냐가 중요한 것이 아니라, 네가 어디로 가고 있느냐 하는 것이 중요하다."

학습도 지식의 바다를 항해하는 것과 같다. 분명한 목표, 이에 도달할 수 있는 확실한 계획이 준비되어야 한다. 그런 연후에, 굳은 신념과 의지로 추진해 나갈 때, 학습 창조의 신세계에 도착할 수 있다.

목표가 없는 사람은 목표가 있는 사람을 위해 평생 일해야 하는 종신형에 처해져 있다.
- 브라이언 트레이시Brian Tracy

2.1 학습이 관통할 목표를 세우자.

목표 설정의 중요성을 강조, 역설하는 것을 듣거나 읽은 적이 많을 것이다. 목표 설정을 누누이 강조함에도 불구하고, 대부분의 학습자들이 목표 설정이 주는 강력한 효과성을 경시하고 있기 때문에, 학습의 시작 단계부터 어려움을 겪게 된다. 성공한 사람들이나 공부의 달인들이 제일 먼저 하는 일이 목표 설정임을 깨달아야 한다.

영화의 한 장면처럼 지금 갑자기 공간 이동하여 낯선 외국에 떨어졌다고 하자. 그러면 어느 누구든지 어디로 가야 할 지, 무엇을 할지 모르기 때문에 당황하여 그 자리에서 망연자실 할 수밖에 없을 것이다. 만약, 한국 대사관을 찾아 가자고 목표를 정한다면, 이제는 가야 할 곳과 무엇을 어떻게 하여야 할 지 분명히 알게 될 것이다. 이와 같은 일은 학습 공간에서도 마찬가지이다. 처음으로 접하는 망망한 학습공간에서 목표를 설정하지 않는다면, 무의미한 방황으로 시간만을 낭비하게 된다. 목표는 인간으로 하여금 나가야 할 방향을 제시해 주고, 거기에 도달할 수 있도록 자신의 역량을 조준하도록 만드는 강력한 수단이자 도구이다. 분명한 목표 설정은 학습 달인의 필수 조건이다.

학습 목표 설정의 중요성을 인정하면서도 대부분의 학습자들이 학습 목표를 갖고 있지 않다. 자신이 학습 목표를 갖고 있지 않다면, 거기에는 반드시 이유가 있을 것이다. 학습자들이 학습 목표를 설정하지 않는 이유를 조사해 보면 [표 2-1]과 같다. [표 2-1]을 보면서 자신에게 해당되는 사항이 있는지 확인해 보고, 이것이 자신의 학습 목표 설정에 어떠한 영향을 주는지 생각해 보자.

목표 설정과 관련하여 분명한 사실이 하나 있다. 목표 설정이 되지 않으면 올바른 방향으로 움직일 수 없다는 것이다. 움직인다 하여도 전혀 쓸모없는 방황이 될 뿐이다. 학습 목표가 설정되지 않다면 무엇을 어떻게 학습하여야 할지 모르기 때문에, 현실에 안주하거나 방황만 하게 된다. 정지한 물체를 움직이기 위해서는 외부에서 힘이 가해져야 한다는 것이 자연 현상에 대한 뉴턴의 법칙이다. 자신의 학습이 현실 속에 정지되어 있으면, 분명히 외부의 힘에 의해 억지로 학습을 강요당하게 된다. 학습을 강요당하지 않기 위해서라도 자기 주도적으로 학습 목표를 설정하는 것은 꼭 필요하다.

학습 목표 설정의 중요성에도 불구하고 대부분의 학습자가 학습 목표를 소홀하게 생각하는 원인은, 자신의 학습을 진지하게 고민하지 않는 게으름 때문이다. 학습자들은 자신이 무엇을 원하며, 무엇을 해야 하는지, 무엇을 하고 싶은지, 무엇을 할 수 있는지 고민하지 않는다. 당연히 자신의 학습에 무책임하게 된다. 또 다른 이유는 자기 믿음이 없고 자신감이 결여 되어있기 때문이다.

[표 2-1] 학습 목표를 설정하지 않는 이유

학습 목표를 설정하지 않는 이유	확인
• 목표 설정의 중요성을 깨닫고 있지 못하다. 학교나 학원에서 하는 대로, 따라 하기 학습만으로 충분히 목표를 달성할 수 있기 때문에 목표 설정이 필요 없다.	
• 자신이 공부해야 할 내용이 무엇인지 모른다. 부족한 부분이 무엇인지 알지 못하고, 어떻게 해야 할지 모르기 때문에 목표를 설정하지 못하고 있다.	
• 현재 상태에 만족하고 있다. 공부의 달인 수준이 되지는 못하지만, 다른 학생만큼 하고 있어 불만이 없다.	
• 목표를 갖게 되었을 때의 부담감이 싫다. 목표를 설정하면, 그것을 달성하기 위해 노력하고 희생하여야 하는데, 그러한 부담이 싫다.	
• 공부보다는 즉각적인 만족감을 주는 곳에 관심이 있다. 공부는 효과가 늦게 나타나지만 게임, 채팅, 인터넷 등은 항시 재미있기 때문에 학습 목표 설정에 관심이 없다.	
• 목표 성취에 자신감이 부족하고, 실패하였을 때 창피하다. 목표를 달성할 수 있을지 확실한 자신감이 없고, 실패하면 자존심이 상하기 때문에 목표를 갖지 않는다.	
• 목표를 어떻게 설정하는 것인지 알지 못한다. 목표를 설정하고 싶어도 구체적으로 어떻게 설정하는 것인지 알지 못해서 설정하지 못하고 있다.	

자신이 과연 목표를 달성할 수 있을까 하는 부정적 의구심과 실패했을 때의 꾸중이나 비난을 두려워한다. 자신의 학습에 대해 진지하게 고민하고 야심차게 목표 달성에 최선을 다하는 학습 자세가 필요하다.

불우한 가정에서 태어나 고등학교를 중퇴하고 식당의 접시닦이, 세차원, 경비원, 청소부, 공사장 일꾼, 화물선 선원 등을 전전하면서 떠돌아 다닌 사람이 있었다. 23세 때, 방문 판매원이 되어 집집이 돌아다니면서 물건을 파는 세일즈맨이 되었다. 온 종일 돌아 다녀 겨우 물건 하나 팔아서 푼돈을 벌어 싸구려 모텔에서 잠을 청할 수 있었다. 그러던 어느 날, 그는 "이렇게 살 수는 없어"라고 되뇌며, 손에 쥔 A4 백지위에 그 자신조차도 믿을 수 없는 목표를 써 내려가기 시작 했다. '방문 판매를 통해서 매달 1000달러를 번다.' 목표를 적은 종이를 가슴에 품고 나니, 그의 행동이 달라지기 시작하였다. 전에는 "우리 집에 그런 물건 있어요. 안 사요"하면 힘없이 돌아 섰지만, 목표가 생긴 뒤에는 "잠깐만요. 이건 신제품입니다. 기능도 좋고 값도 아주 쌉니다. 써 보시면 얼마나 좋은지 확실하게 진가를 아실 수 있을 겁니다."하고 적극적인 사람으로 변하였다. 처음에는 터무니없는 목표로 생각되었지만, 30일후에 기적처럼 목표를 달성할 수 있었고 그의 인생은 송두리째 바뀌었다. 브라이언 트레이시Brian Tracy, 세계 최고의 경영 컨설턴트이며 최고의 전문 강사된 브라이언 트레이시의 이야기이다. 브라이언 트레이시는 46개국 500개 이상의 기업에 경영 자문을 하여 주고 있으며, 200만 명이 넘는 사람들에게 최상의 교육 훈련을 제공한 강사로 매년 25만 명이 넘는 사람들에게 열정적인 강연을 하고 있다. 42권의 세계적 베스트셀러 저자이며, 25개국 언어로 번역되어 52개국에서 출판되었다. 또한, 세계적인 인력개발기업인 <브라이언 트레이시 인터내셔널>의 회장으로 성공적인 삶을 살아가고 있다. 브라이언 트레이시는 말한다. "성공하고 싶으냐, 그러면 목표를 설정해라."

택시기사 P는 하루 종일 이리저리를 바쁘게 운전하고 다녀도 좀처럼 수입을 올릴 수가 없었다. 경제가 침체되어 손님이 줄어든 것이라고 생각만 할 뿐이다. 어느 날, 교차로에 정지하고 있는데 친구인 K의 차가 옆으로 다가왔다. P가 반가워하면서 물었다. "야, 너 얼마 벌었냐?" K가 말하기를 "3만4천원" "뭐야, 나는 고작 8천원 벌었는데… 야, 너 재주 좋다." K가 대답하였다. "그렇지. 나는 매일 그 날의 목표를 세워서 일 한다네" 신호등이 바뀌자 K씨는 자신 있게 달려 나갔다.

학습 성과를 향상하고자 하면, 먼저 학습 목표를 세울 필요가 있다. 학습 목표가 설정되면 무엇을 어떻게 학습하여야 할지 분명히 이해하게 되므로 자신감을 갖고 학습할 수 있다. 또한, 학습 성과 달성을 위해 시간 관리와 성과 관리를 효과적으로 수행할 수 있게 되어, 적은 노력으로도 큰 성과를 얻을 수 있으며, 학습 만족도도 높아진다. 학습의 시작과 성패를 학습 목표 설정에 달려 있음을 명심해야 한다.

스마트하게 학습 목표를 설정하라.

학습자들이 설정한 학습 목표를 살펴보면 주먹구구식의 학습 목표가 대부분인 것을 발견하게 된다. "영어 어휘력을 향상시키자", "수학공부를 좀 더 열심히 하자", "논술에 대비해서 고전을 많이 읽자" 이와 같은 것은 올바른 학습목표가 아니다. "토익TOEIC성적을 750점 이상으로 끌어올리자", "수능에서 350점 이상 받자", "전국 과학 경시 대회에서 대상을 타자"와 같은 것도 올바른 학습 목표가 아니다. 잘못 설정된 학습 목표는 오히려 학습에 지대한 역효과를 주게 되므로, 올바른 학습 목표를 설정할 줄 알아야 한다. 잘못 설정된 목표가 어떤 결과를 가져오는지 살펴보자.

K는 충북 괴산 근처에 물 좋은 저수지가 있는데, 겨울잠에서 깨어난 물고기가 가득하다는 이야기를 들었다. 따사로운 봄날 토요일. K는 그 곳으로 붕어 낚시하러 가기로 목표를 정하고 집을 나섰다. 내비게이션이 없던 시절이라 K는 지도를 보거나 물어 보면서 차를 운전하여 낚시터로 향하였다. 서너 시간을 달려도 낚시터를 좀처럼 찾을 수가 없었다. 그렇게 한참을 가고 있는데, 한 무리의 낚시꾼들이 오토바이에 낚시도구를 가득 싣고 가는 것을 발견 하였다. K는 저 낚시꾼들도 소문을 듣고 낚시터를 찾아 가고 있을 것이라 생각하여, 낚시꾼들의 오토바이를 쫒아갔다. 1시간을 달려도 낚시터가 나오지 않자 K는 오토바이 앞에 차를 세우고 낚시꾼에게 물었다. "지금 소문난 낚시터를 찾아 가시는 거죠?" 낚시꾼이 대답하였다. "낚시 끝내고 지금 집에 가는 길인데요."

학습 목표를 제대로 설정하지 않으면, 엉뚱한 일에 시간을 낭비하게 되고 원하는 학습 성과를 달성할 수가 없게 된다. 그렇다면 효과적인 학습목표는 어떻게 세워야 할까? 심리학자들은 효과적인 목표 설정을 위해서 SMART 규칙(스마트 규칙)을 시행할 것을 권하고 있다. SMART는 목표 설정의 5가지 중요 요소의 영어 단어 첫 글자로서 [표 2-2]에 SMART 규칙을 요약하였다.

[표 2-2] 목표 설정을 위한 SMART 규칙

S (Specific)	• 구체적이고 명확해야 한다. 모호하거나 불분명한 내용은 목표가 될 수 없다. "언젠가는 우등생이 될 거야", "이 분야의 초고가 될 거야"라는 식의 목표는 성취 가능성이 희박하다. '우등생'이 무엇이고, '최고'가 무엇을 뜻하는지 불분명하고 '언젠가'가 어느 때인지 알 수가 없기 때문이다. 구체적으로 누가, 어디서, 무엇을, 언제, 그리고 어떻게 하겠다는 것이 분명히 표현되어야 한다. 적어도 "5개월 안에 토익 700점 이상 받겠다.", "3일에 한번씩 200자 원고지 3장 분량의 논술을 6개월간 쓰겠다."라는 것처럼 분명하고 명확해야 한다.
M (Measurable)	• 목표 달성을 측정할 수 있어야 한다. 자신이 세운 목표를 달성했다는 사실을 구체적으로 확인할 수 있어야 한다. 이를 위해서는 수치로 나타낼 수 있는 측정 방법이 있어야 한다. "토익 700점"처럼 분명하게 수치로 표현되어야 한다. "보다", "잘", "최고"처럼 측정 불가능한 것은 목표에 사용하지 않아야 한다.
A (Action-oriented)	• 행동 중심이어야 한다. 목표는 행동으로 실천할 수 있어야 한다. "친절한 사람", "공부 잘하는 학생"을 목표로 하면 달성하기 어렵다. 왜냐하면 목표에 행동이 포함되어 있지 않아서 실천할 수 없기 때문이다. "매일 5번 이상 웃는 얼굴로 인사한다.", "공부시간에 1번 이상 질문한다."처럼 행동이 포함되어야 한다.
R (Realistic)	• 현실적으로 실현 가능해야 한다. 스스로 판단해서 자신이 노력하면 달성 가능한 목표를 설정해야 한다. 남에게 보이기 위한 거창한 목표는 필요없다. "노벨상을 타겠다.", "위대한 예술가가 되겠다."는 식의 목표는 허황된 꿈일 뿐이다. 큰 목표를 달성하려면, 반드시 달성 가능한 작은 목표를 하나씩 성취대 나가야 한다.
T (Timely)	• 마감시간이 있어야 한다. 목표 달성을 위한 마감 시간을 정해야 한다. "오늘부터 7주간", "7월 15일까지"처럼 목표가 끝나는 시점을 구체적으로 설정해야 한다. 마감시간이 너무 짧지도 길지도 않도록 능력에 적합한 마감시간을 설정해야 한다. 그리고 마감시간 내에 완수할 수 있도록 구체적인 실천계획을 작성해야 한다.

[학습목표는 구체적이어야 한다(Specific)]

막연한 학습 목표는 무엇을 어떻게 학습하여야 할지를 안내하지 않으므로 목표라 할 수 없다. 목표가 구체적이고 분명할수록 달성 가능성도 높아진다. 구체적인 학습 목표는 분명하게 그림으로 그릴 수 있기 때문에, 심리적 부담도 줄고 곧 바로 실행할 수 있다. 또한 실행 과정을 생생하게 확인할 수 있다.

막연한 학습 목표	구체적 학습 목표
논술을 대비하여 세계명작을 열심히 읽자.	세계 명작을 매주 1권씩 5개월 동안 20권을 읽자.

[학습 목표는 측정 가능하여야 한다(Measurable)]

학습 목표가 달성되었음을 증명할 수 있는 방법이 있어야 한다. 학습 목표를 수치화 하여 진행 과정과 달성 여부를 판정할 수 있도록 하여야 한다. 측정 가능한 학습 목표는 목표에 얼마큼 도달했는지를 정확하게 알려주므로 목표 도달 가능성을 높여준다.

측정 불가능한 학습 목표	측정 가능한 학습 목표
영어 어휘력을 높이자.	매일 단어 10개씩 두 달 동안 600개의 새로운 영어 단어를 암기하자.

[학습 목표에는 행동이 들어 있어야 한다(Action-oriented)]

'과학 탐구에서 좋은 성적을 내자', '열심히 공부하는 학생이 되자'와 같은 생각 중심의 학습 목표는 생각만으로 끝나기 때문에 달성이 불가능하다. 학습 목표가 무엇이던 간에 행동에 의해서만 목표 달성이 가능하다. 목표를 성취하고 싶다면, 생각 중심의 목표가 아닌 행동 중심의 목표를 세워야 한다.

생각 중심의 학습 목표	행동 중심의 학습 목표
시간을 아껴 열심히 공부하자.	쉬는 시간에는 기초 한자를 쓴다.

[학습 목표는 실현 가능해야 한다(Realistic)]

목표는 달성하기 위해서 만드는 것이지 거창하게 보이기 위해서 만드는 것이 아니다. 100m를 20초에 뛰는 능력을 가진 육상 선수에게 "100m를 9.7초에 돌파하자."는 실현 불가능한 목표이다. 학습 목표는 지금 당장 시작하여 달성할 수 있는 목표이어야 한다. "100m를 18초에 달리자"는 성취 가능한 목표이다. 큰 목표는 반드시 실현 가능한 수준의 작은 목표로 나누어 단계별로 성취하는 것이 중요하다.

실현 불가능한 학습 목표	실현 가능한 학습 목표
고전 음악을 모두 독파한다.	매주 일요일 마다 고전음악 하나를 감상한다.

[학습 목표에는 달성 마감 시간이 있어야 한다(Timely)]

마감 시간이 있어야 시간을 적절히 배분하고 계획을 세워 실천할 수 있다. 학습 목표의 크기를 고려해서 자기 능력에 알맞도록 마감 시간을 설정한다. 마감 시간이 짧으면 심적 스트레스를 받게 되고, 길면 나태해 진다. 계획을 세웠으면 반드시 실천하고, 학습 목표 달성 과정을 점검할 필요가 있다.

마감 시간이 없는 학습 목표	마감 시간이 있는 학습 목표
국어 교과서를 끝까지 읽는다.	5월31일까지 국어 교과서를 한번 읽는다.

자신에게 적합한 학습 목표를 설정하는 것은 쉬운 일이 아니다. 학습 목표 설정 방법에 대하여 배운 적이 없기 때문에 당연한 일이다. 성공학의 대가인 브라이언 트레이시는 그의 베스트셀러 <목표, 그 성취의 기술>Goals!에서 9단계의 목표 설정 기법을 제시하고 있기도 하다. 학습 목표는 다음 3단계 순서대로 하면 효과적으로 설정할 수 있다.

[1단계: 무엇이 왜 필요한지를 생각하여 학습 목표를 이끌어 낸다.]

우리는 앞에서 자기 분석을 하는 스왓(SWOT)분석을 통해서, 자신의 강점, 약점, 기회, 방해 요인을 밝혀내어 전략 과제를 도출하였다. 도출된 전략 과제를 참고하여, 자신의 학습 향상에 무엇이 왜 필요한지를 진지하게 생각해 보고, 필요 사항을 모두 적어 본다. 자신의 학습에 무엇이 왜 필요한지 생각해 보는 것이 중요하다. 백지에 [표 2-3]과 같이 도표를 만들고 자신이 생각한 학습 목표를 기록해 보자. 전략 과제를 도출하지 않고 학습 목표를 세울 때에도 [표 2-3]의 양식을 활용하면 학습 목표를 효과적으로 이끌어 낼 수 있다.

[표 2-3] 학습 목표 이끌어 내기

무엇(what)	왜(why)	얼마큼(how)

자신의 생각을 백지에 적어 보는 것이 중요하다. 여러 개의 학습 목표가 나올 수도 있을 것이다. 이때는 중요도를 부여하고 우선순위를 정하여 계획적으로 실행한다. 이것에 대해서는 계획세우기에서 다시 살펴보도록 한다.

[2단계: 학습 목표를 한 문장으로 작성해서 백지에 쓴다.]

1단계에서 이끌어 낸 학습 목표는 제대로 형태를 갖추고 있지 못하다. 이를 잘 정리해서 하나의 문장으로 만들어, 학습 목표를 종이에 또박또박 쓴다. 학습 목표를 한 문장으로 만들어 종이에 반드시 적어야 한다. 학습 목표를 써보는 것이 중요하다.

1979년부터 1989년까지 하버드 대학교 MBA과정 졸업생들을 대상으로 목표 설정에 관한 연구가 수행되었다. 졸업생 중 3%는 자신의 목표와 그것을 달성하기 위한 계획을 세워 종이에 기록해 놓았다. 13%는 목표를 설정 했지만 기록해 두지 않았고, 84%는 목표를 설정조차 하지 않았다. 10

년 후 목표를 설정했던 13%의 졸업생은 목표가 없던 84% 보다 평균 2배의 수입을 올리고 있었다. 목표를 설정하고 분명하게 기록해 두었던 3%는 나머지 졸업생 97% 보다도 무려 10배의 수입을 올리고 있었다. 이것이 기록의 효과이다. 학습 목표를 한 문장으로 또박또박 기록하자.

[3단계: SMART 규칙에 의해 분석하고, 수정한다.]

학습 목표가 SMART 특성을 가질 때, 달성 가능성이 높아진다. 2단계에서 설정한 학습 목표가 SMART 특성을 갖고 있는지 확인해 볼 필요가 있다. 학습 목표의 SMART 특성 분석 시에는 [그림 2-1]과 같은 도표를 만들어, 학습 목표 안에 SMART가 포함되어 있는지 하나씩 분석한다. 학습 목표의 SMART 특성이 미흡할 경우에는 적합하도록 수정, 보완한다. 최종적으로 확정된 학습 목표는 백지에 크게 써서 책상 앞에 붙여 두거나 수첩에 기록해 두고 항상 살펴 볼 수 있도록 한다.

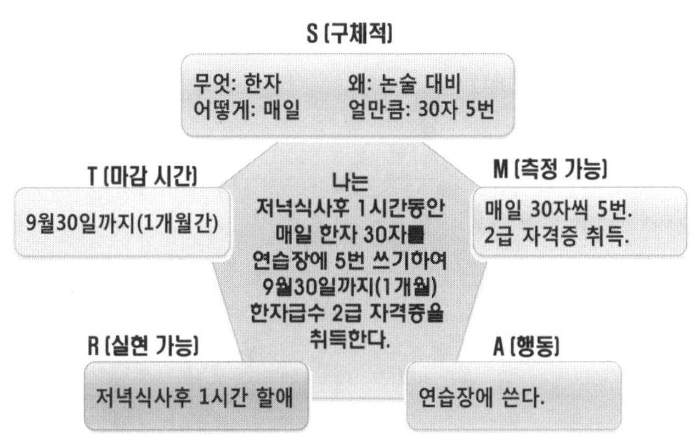

【그림 2-1】 학습 목표의 SMART 분석

많은 심리학자들의 연구와 성공한 사람들의 경험에 의하면, 인간의 두뇌에는 목표 성취를 안내해 주는 나침반이 작동되고 있다고 한다. 목적지가 설정되면 자동으로 항로를 안내하는 항공기의 자동 항법 장치처럼 인간을 목표에 도달할 수 있도록 조절한다고 한다. 두뇌의 이러한 작용 덕분에 목표를 명확히 하고 끈기 있게 계속 집중하기만 하면, 어떤 목표에도 도달할 수 있다. 성취의 핵심 기술은 목표를 설정하는 것이다. 브라이언 트레이시는 단언한다. "목표를 적어라! 그러면 이루어지리라." 수많은 선각자를 비롯하여 수많은 책들이 강조하고 있는 것처럼 목표를 갖은 사람만이 원하는 것을 성취할 수 있다. 단계별 순서대로 차분하게 자신에게 적합한 학습 목표를 설정하도록 한다. 설정된 학습 목표는 반드시 적어두고 항시 확인할 수 있도록 한다.

학습 목표를 분할하라.

알렉산더 대왕Alexandros the Great은 세계를 정복하여 동서양을 연결하는 거대한 제국을 건설하고, 그리스 문화와 오리엔트 문화가 융합된 헬레니즘 문화 시대를 열었다. 헬레니즘 문화는 인도의 간다라 미술뿐만 아니라, 중국과 우리나라에도 커다란 영향을 주었다.

페르시아의 다리우스 3세Darius Ⅲ와의 가우가멜라 전투Battle of Gaugamela는 알렉산드로스 대왕의 동방원정에 전환점이 되었던 전투이다. 다리우스 3세의 25만 대군을 맞이하여, 알렉산더 대왕은 4만 병력으로 전투에 임하게 된다. 수적으로나 장비 면에서 열세인 만큼 특별한 전술이 필요하였다. 알렉산더 대왕이 페르시아군의 중앙을 돌파하여 페르시아 군을 좌우로 분할해서 제거할 계획을 말하자, 수하의 장군 모두는 무모한 전술이라고 만류하면서 야간 기습 작전을 건의한다. 알렉산더 대왕은 "나는 승리를 훔치러 온 것이 아니다."라고 단호하게 말하면서, 대낮에 일전을 지시한다. 작전대로 알렉산더 대왕이 이끄는 기동대가 페르시아군의 중앙으로 진격하여 페르시아 군을 좌우로 양분하고 분산된 병력을 격파해서 대승을 거두게 된다.

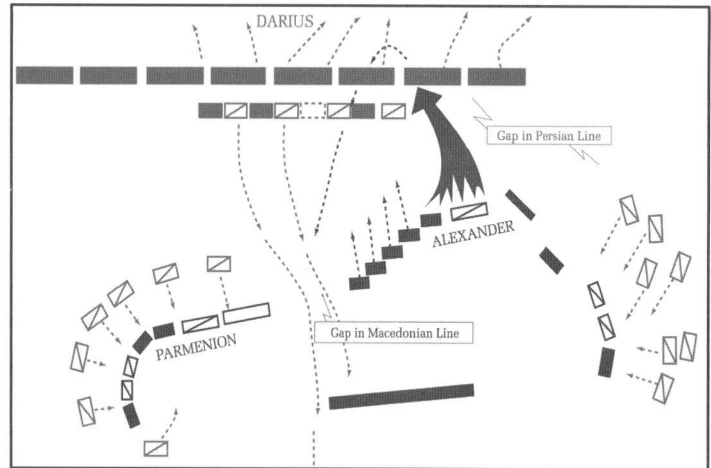

【그림 2-2】 역사를 바꾼 알렉산더 대왕의 가우가멜라 전투

25만 명 보다는 둘로 나누어진 12만 5천명이 쉽고, 12만 5천명 보다는 6만여 명이 더 다루기 쉽다. 큰 것 보다는 작은 것이 관리하기가 더 쉬운 것은 자명한 진리이다. 큰 것을 작은 것으로 분할하여 해결하는 방법은 문제 해결의 기본 기법 중의 하나로 분할 정복divide-and-conquer라 한다. 분할 정복은 문제 해결이나 목표 달성에 가장 널리 활용 되는 방법이다. 문제나 목표가 있을 때 이를 달성하기 쉬운 작은 것으로 분할할 줄 아는 지혜가 필요하다.

큰 학습 목표 보다는 이를 작은 학습 목표로 세분화하는 것이 성취 가능성을 높여준다. 설정한 학습 목표를 자신이 부담 없이 실행할 수 있는 작은 단위로 분할하도록 한다. 작은 학습 목표는 심적 부담을 거의 주지 않을 뿐만 아니라, 성취도 관리가 용이하고 실천 계획 수립이 쉬운 장점도 있다. 학습 목표 분할의 핵심은 설정한 학습 목표의 내용을 분석하여, 자신에게 부담을 주지 않는 작은 학습 목표로 체계화하는데 있다. 학습 목표 분할 시에는 [그림 2-3]과 같은 양식을 사용하여 작은 학습 목표들을 조직화 하도록 한다.

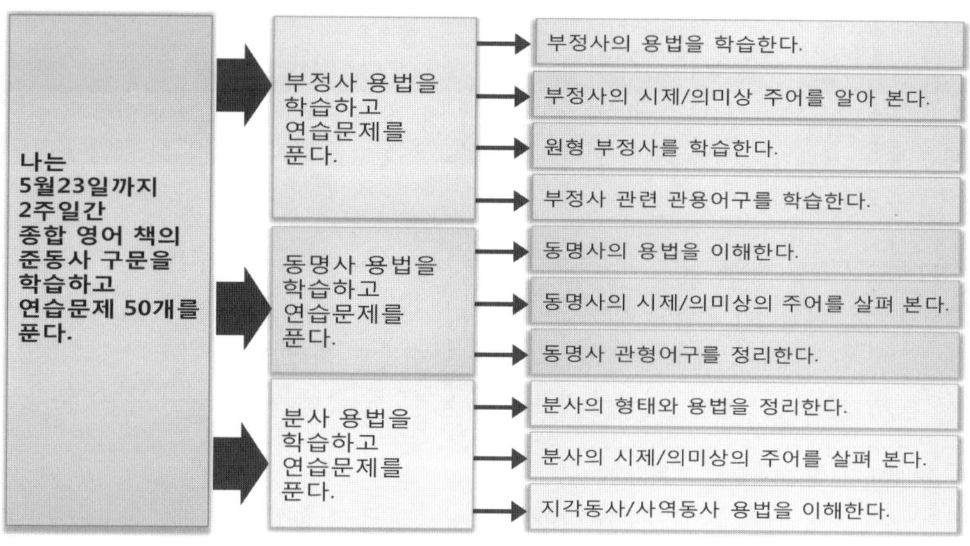

【그림 2-3】 학습 목표의 분할 예시

학습 목표 분할은 자신이 학습하기 편리한 수준까지 세분화 한다. 세부화 된 작은 학습 목표에 대해서도 구체성, 측정 가능성, 행동성, 실현 가능성, 마감 시간의 SMART원칙을 적용하여 관리한다. 세부 분할된 학습 목표는 설정된 학습 목표 달성에 징검다리 역할을 하게 된다.

학습을 시작할 때마다 학습 목표를 생각하라.

결승점을 모른 채 무작정 달리기만하면 골인할 수 없다. 표적을 보지 않고 화살을 쏘아 목표를 명중시킬 수는 없다. 학습 목표는 학습을 시작하기 전에 반드시 설정해 두어야 할 종착점이다. 학습 목표가 없는 학습은 왜 공부하는지도 모르고 시키는 대로만 하는 로봇이 될 수 있다. 자신이 학습에 주도권을 갖고 스스로 학습하고자 하면 학습 목표는 필수조건이다. 학습 목표를 성정할 때는 다음 사항에 유의하도록 한다.

[학습 목표는 반드시 설정하고 기록한다.]

학습을 시작하기 전에 SMART 원칙에 따라, 자신에 적합한 학습 목표를 설정하고 반드시 종이에 기록한다. 학습목표는 머릿속에 간직하면 안 된다. 문장으로 작성하여 책상 앞에 붙여 두거나 수첩에 적어두어 항상 확인할 수 있도록 한다. 실천할 수 있고, 달성 가능한 학습목표를 세워야 한다. 학습 목표는 남에게 보여 주거나 자랑하기 위한 것이 아니다. 자신의 학습이 나갈 방향을 정하는 것이다. 학습 목표는 거창할 필요가 없다. 자신에게 필요하고, 실천하여 달성할 수 있는 것을 학습 목표로 설정한다.

[즐거운 마음으로 학습 목표를 설정한다.]

자신에게 적합한 학습 목표 설정은 쉽지 않기 때문에 다소 시간이 걸릴 수 있다. 그렇다고 학습 목표 설정에 소요되는 시간을 아까워해서는 안 된다. 학습 목표는 목표 달성 시간을 단축시켜 주기 때문에 더 효과적임을 명심해야 한다. 학습 목표 설정이 숙달되면 짧은 시간 안에 학습 목표를 설정할 수 있게 된다.

[장단기 학습 목표를 세운다.]

자신의 학습 계획이나 전략에 따라, 장단기 학습 목표를 세운다. 한 학년 또는 한 학기 전체에 대한 장기적 학습 목표를 세워 큰 방향을 설정하고, 단원별, 과제별로 단기적 학습 목표를 세워 조직적으로 관리하고 실행한다. 이렇게 하면 적은 노력으로 큰 효과를 만들어 낼 수 있다.

[필요할 때마다 학습 목표를 세운다.]

학습 목표는 학기 초나 매월 초와 같이 시점을 정해 놓고 설정하는 것이 절대로 아니다. 시험 준비, 과제나 발표준비 때도 목표를 세워 실행하는 것이 효과적이다. 새 단원을 시작할 때도 학습 목표를 설정해서 체계적으로 공부한다. 사회봉사나 여가활동 때도 목표를 세워 실행한다. 과제가 있을 때는 목표부터 설정하는 것을 습관화 하는 것이 중요하다.

【그림 2-4】 학습 목표 설정 시 유의 사항

계획 없는 목표는 한낱 꿈에 불과하다.
- 생텍쥐페리Antoine de Saint-Exupéry

2.2 목표로 향하는 로드맵을 만들어라.

마이클 스코필드(연기 웬트워스 밀러Wentworth Miller)는 부통령의 동생을 살해한 혐의로 폭스리버 감옥에 수감되어 사형 집행을 기다리고 있는 유일한 혈육인 형 링컨 버로우스(연기 도미닉 퍼셀Dominic Purcell)를 탈옥시키기로 목표를 정한다. 마이클은 자신의 뛰어난 전문지식을 활용해서 폭스리버 감옥의 건축 설계도를 치밀하게 분석하여 탈출 계획서를 작성한다. 탈출 계획서를 잊어버릴 만일의 경우를 대비해서, 탈출 계획서를 암호화한 그림으로 만들어 몸 전체에 문신으로 새긴다. 마이클은 은행 강도를 가장하여 체포되고 형이 있는 폭스리버 감옥에 수감된다. 마이클은 자신이 만든 엄청난 탈출 계획을 단계별로 진행시켜 나간다. 결국, 감방 벽을 뚫고 지하 환기구를 통해 의무실로 진입한 다음, 담을 넘어 탈옥에 성공한다.

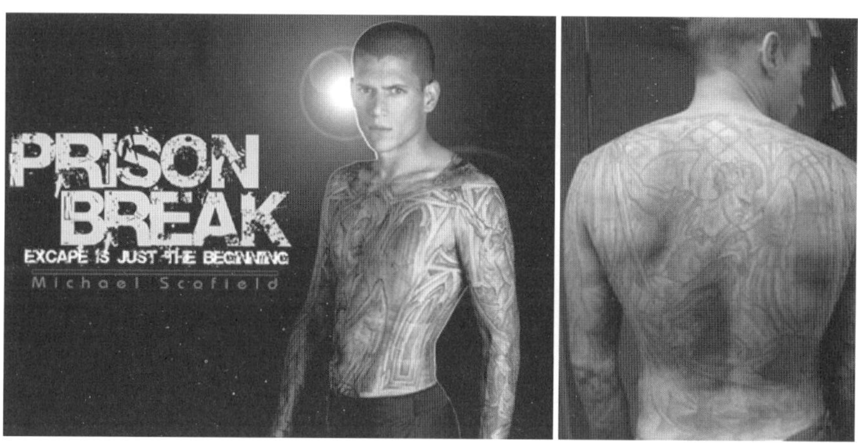

【그림 2-5】 드라마 프리즌 브레이크: 계획서를 각인하라.

이는 잘 알려진 미국 드라마 프리즌 브레이크Prison Break의 줄거리이다. 대부분의 감옥을 주제로 한 영화나 드라마의 목표는 탈옥이다. 드라마는 예측 불가능한 상황에서 기상천외의 계획을 세워 어떻게 실행하는가를 보여 준다. 드라마에서 보는 것처럼, 아무리 목표가 분명하더라도 상황에 적합한 계획서를 작성하지 않으면 목표를 달성할 수 없다.

계획서는 목표 달성으로 향하는 로드맵road map의 역할을 한다. 계획서대로 따라 가기만 하면, 설정된 목적지에 도달할 수 있게 된다. 목표 달성은 전적으로 계획서 작성에 의해 결정된다 할 것이다. <손자병법>은 전쟁에 나가서는 하는 일은 각국의 전쟁 설계도(전쟁 계획서)가 얼마나 훌륭한지 또는 조잡한지를 두 눈으로 똑똑하게 확인하는 것뿐이라고 말하고 있다. 손자에게 있어 전쟁의 승리는 전쟁터에서 발휘하는 용맹으로 쟁취하는 것이 아니라, 전쟁 계획서에 의해서 획득되는 것이다. 학습도 마찬가지이다. 무작정 용맹스럽게 죽어라 공부만 한다고 해서 학습 목표를 달성하고 성과를 낼 수 있는 것이 아니다. 철저한 계획에 의해서만, 원하는 학습 목표에 도달할 수 있다. 학습 목표가 분명하게 설정되었다면, 학습 목표에 도달하기 위한 학습 계획서를 작성하여 가슴 깊숙이 심어야 학습 목표에 성공적으로 안착할 수 있다.

시간을 정복하라.

계획서는 시간이란 재료를 사용해서 만드는 설계도이다. 좋은 계획서, 좋은 설계도를 만들기 위해서는 재료인 시간을 효과적으로 활용할 줄 알아야 한다. 조각가가 재료인 나무나 돌을 마음대로 다룰 수 있어야 명작을 제작할 수 있는 것처럼, 시간을 원하는 대로 관리할 수 있어야 명품 인생을 만들 수 있다.

시간은 다른 재료와는 달리 묘한 특성이 있다. 올림픽에서 메달을 딴 <김연아>나 <박태완>, 성공한 연예인인 <유재석>과 <강호동>, 정치가, 경제인, 선생님, 학생 등 지위고하를 막론하고 모든 사람에게는 공평하게도 하루는 똑같이 24시간이다. 모든 사람들이 똑같이 하루 24시간을 갖고 있음에도 불구하고 누구는 성공하고 누구는 실패하는 이유는 무엇일까? 시간을 돈이라고 생각하여, 하루 24시간을 24만원이라고 가정해 보자. 모든 사람들에게 똑같이 24만원이 주어졌을 때, 어떤 사람들은 24만원을 자기 발전을 위해 효과적으로 투자하고 활용하지만, 어떤 사람들은 유흥비로 탕진하여 패가망신하기도 한다. 돈의 사용 방법에 따라 효과가 달라지는 것처럼 시간 사용 방법에 따라 인생의 성공과 실패가 결정되기도 한다. 아주 상식적인 이야기지만, 성공한 사람들은 시간을 자신의 발전을 위해 투자하지만, 실패한 사람들은 헛되이 낭비한 사람들이다. 학습에 성공하고자 하면 시간을 낭비하지 않고 효과적으로 활용할 줄 아는 지혜가 있어야 한다. 유명한 경영학자 피터 트러커Peter Drucker는 "시간을 경영하지 못한다면 아무것도 경영할 수 없다"고 하였다. 시간을 효과적으로 경영하고 관리하지 않고는 인생에서 아무것도 얻을 수 없을 뿐만 아니라 학습에서도 원하는 성과를 얻을 수 없다.

시간을 효과적으로 경영하는 것은 어려운 일이 아니다. [그림 2-6]과 같은 4가지 관리 전략을 실천하면, 시간의 주인이 될 수 있다. 시간을 자기 마음대로 경영하지 못하면, 시간에 노예가 되어 끌려 다니게 되고, 항상 시간이 부족하여 과로와 스트레스에 시달리게 된다. 여유있는 학습을 즐기고자 하면, 시간 경영학부터 배워야 한다. 대부분의 학습자들이 시간 경영학을 알지 못하기 때문에 귀중한 시간을 낭비하고는 시간이 없다고만 한다. 시간 경영은 학습 목표 달성의 필수 기법일 뿐만 아니라, 성공하는 인생의 기술이기도 하다.

【그림 2-6】 시간 경영의 4대 전략

시간 도둑을 잡아라.

학습자들은 시간이 무제한 있는 것으로 생각한다. 그러나 하루는 24시간으로 그 한계가 분명하게 정해져 있다는 사실을 절감해야 한다. 올림픽 양궁 결승전에서 쏠 수 있는 화살의 개수는 12개뿐이다. 화살 한발이 승부를 가를 수 있기 때문에, 선수들은 정신 집중과 혼신의 힘을 다하여 역량을 결집한 후에야 피 말리는 시위를 당기게 된다. 시간도 마찬가지이다. 하루는 24시간뿐이기 때문에 한 시간 한 시간이 인생의 승부를 가르는 화살로 생각하여 최선을 다해야 한다. 그런데 이렇게 중요한 시간을 도둑맞고 있다면 얼마나 억울할까? 나의 사정을 배려하지 않고 제멋대로 걸려오는 핸드폰의 전화, 학습에 전혀 도움이 되지 않는 문자 보내기, 습관적으로 해보는 인터넷 게임이나 모바일 게임, 심심풀이로 보는 TV 오락 프로그램, 필요하지도 않는 것을 찾아 인터넷 구석구석 다니기 등 전혀 쓸데없는 일에 귀중한 시간을 마구 내팽개치고 있다. 이러한 것들은 나의 귀중한 시간을 마구 훔쳐가는 시간 도둑들이다. 시간 도둑들이 하루에 얼마의 시간을 훔쳐 가는가 생각해 보라. 틀림없이 놀랄 것이다. 시간 도둑으로 인하여 우리의 학습은 매일 죽어 가고 있다. 미하일 엔데Michael Ende의 소설에 나오는 <모모>Momo처럼, 시간 도둑을 잡지 않으면 죽어가는 학습을 회생시킬 수 없다.

르네상스 시대의 천재 예술가 미켈란젤로Michelangelo Buonarroti가 조각한 불후의 명작 <피에타>Pietà에 감격하여 어떤 사람이 물었다. "보잘 것없는 화강암 바위로 어떻게 이런 훌륭한 작품을 만들 수 있었습니까?" 미켈란젤로가 대답하기를 "그 조각은 처음부터 화강암 속에 그대로 있었습니다. 나는 단지 불필요한 부분을 깎아 냈을 뿐입니다." 시간에 대해서도 같은 원리가 적용 된다. 시간 도둑을 잘라낸다면 학습의 명작, 인생의 명작을 만들 수 있다. 시간 경영의 첩경은 한정된 시간을 시간 도둑에게 도둑맞지 않도록 하는 것이다.

우리 생활 곳곳에 숨어 있는 시간 도둑을 잡아내어 죽어 가는 시간을 살아 있는 시간으로 만들어야 한다. 그러나 시간 도둑을 방지하는 것만으로는 효과적인 시간 경영에 충분하지 않다. 보다 적극적이고 능동적으로 유용한 시간을 만들어 낼 필요가 있다.

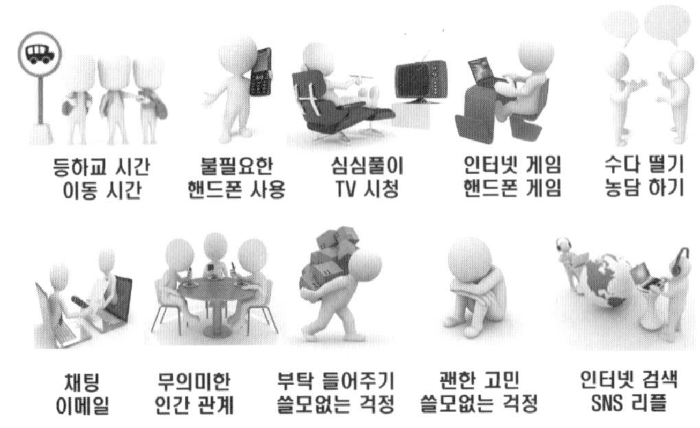

【그림 2-7】 시간 도둑의 예

옛날 두 선비가 깊은 산 속 암자에서 과거 시험공부를 하고 있었다. 최 선비는 동쪽 산속 암자에서, 박 선비는 서쪽 산속 암자에서 공부하고 있었다. 암자에는 물이 없었기 때문에, 최 선비와 박 선비는 암자에서 멀리 떨어진 마을까지 내려와 물을 길어가지 않으면 안 되었다. 두 선비를 종종 우물가에서 만나 여러 이야기를 나누곤 하였는데, 여러 날 최 선비가 보이지 않았다. 최 선비가 병이 나지 않은 것인지 걱정된 박 선비는 동쪽 산에 있는 암자로 최 선비를 찾아 갔다. 하지만 최 선비는 건강한 모습으로 공부에 열중하고 있는 것이 아닌가. 박 선비가 "최 선비, 요즈음 물 길러 우물가에 내려오시지 않더군요."하고 말을 꺼내자 "예… 그 동안 운동 삼아 땅을 조금씩 파곤 하였습니다. 아~~ 그랬더니 며칠 전부터는 물이 솟아나더군요. 그래서 물을 길러 멀리 마을까지 내려갈 필요가 없게 되었습니다. 덕분에, 공부할 시간도 많아 졌고요." 최 선비처럼 능동적으로 시간을 만들어 내도록 하여야 한다. 습관적으로 낭비하고 있는 시간을 찾아내어 학습 시간으로 전환할 수 있는 방법을 모색하여야 한다.

자투리 시간을 학습 시간으로 활용하라.

시간 활용 계획을 세심하게 세워 시간 경영을 철저하게 한다 하여도 일상생활을 하다 보면 이런 저런 중요한 일들 사이에 끼어 버려지는 시간이 있기 마련이다. 학교나 학원에 가기 위해 이동하는 시간, 식당에서 줄서서 기다리는 시간, 화장실에서 보내는 시간 등 중요한 일들의 틈새에 끼어 무의미하게 버려지는 시간이 있다. 이러한 자투리 시간을 무의미하게 흘려 보낼 것이 아니라, 학습에 유용한 시간으로 만들어야 한다. 이민규 교수는 <1%만 바꿔도 인생이 달라진다.>에서 서울대학교의 우수 학생과 학사징계를 받은 학생의 생활 태도를 비교분석 한 적이 있다. 우등생은 대부분 비어 있는 강의 시간에는 이전의 배웠던 내용을 복습하거나 배울 내용을 예습하였다. 버스나 지하철로 이동할 때, 식당에 줄서서 기다릴 때, 걸어 다닐 때조차도 공부했던 내용을 머릿속으로 검토하거나 할 일을 점검하는 등 생산적으로 시간을 활용하였다. 그러나, 학사 징계를 받은 학생 중에는 자투리 시간을 생산적으로 활용하는 경우가 거의 없는 것을 발견하였다. 자투리 시간의 활용이 우등생과 학사 징계 학생을 만든다고 할 것이다.

자투리 시간이 적은 시간이라고 무시해서는 안 된다. "티끌모아 태산"이라는 속담처럼 자투리 시간도 활용하기에 따라, 엄청난 성과를 만들어 낼 수 있다. 철학자 볼테르Voltaire가 프랑스 최고의 판사라고 칭송한 프랑스의 재상 다그쏘Henri d'Aguesseau는 음식이 나오길 기다리는 시간에 100여권의 책을 썼고, <종의 기원>을 집필하여 생물학의 새로운 역사를 개척하고 학문과 과학 발전에 지대한 영향을 끼친 찰스 다윈Charles Darwin은 마차를 타고 시골 집을 전전할 때 미리 준비한 메모장에 생각을 적어두는 방식으로 자신의 거의 모든 책들을 집필하였다. 뛰어난 업적을 남긴 사람들은 시간을 따로 내어 업적을 쌓은 것이 아니라 자투리 시간을 활용하여 큰 성과를 거둔 사람들이다. 시간은 많고 적음의 크기가 중요한 것이 아니라, 어떻게 활용하느냐가 중요한 것이다.

자투리 시간을 활용하기 위해서는 짧은 시간을 언제든지 학습에 활용할 수 있도록 계획하고 준비하는 것이 필요하다. 이를 위해서 다음 사항을 염두에 두어야 한다.

① 자투리 시간에 대비하여 항상 준비한다.

등하교 시간 버스나 전철에서 보내는 이동 시간처럼 주기적으로 발생하는 자투리 시간도 있지만, 예기치 못한 상황에서 발생하는 자투리 시간이 많다. 이러한 자투리 시간 활용 계획을 세우고 필요한 도구, 예를 들어, 영어 단어집, 수첩, 다이어리, 메모장, 포스트잇 등을 항상 휴대하여 자투리 시간을 효과적으로 이용할 수 있도록 한다. 자투리 시간에 영어 단어 암기, 중요한 수학 공식의 복습 등을 할 수 있고, 학습 계획을 재차 확인하고 실행 상태를 분석, 점검할 수도 있다. 또는, 스마트폰으로 동영상 강의를 시청할 수도 있을 것이다. 예기치 못한 자투리 시간의 활용 계획을 세우고, 자투리 시간이 생기면 무엇을 할 것인지 항상 준비된 상태가 되어 있어야 한다.

② 정보 기기를 효과적으로 활용한다.

PC, 노트북, 태블릿, 스마트폰 등 학습을 지원하는 정보 기기가 널리 보급되어 있다. 이들 정보 기기 사용법을 습득하여 학습에 적극 활용할 수 있도록 한다. 정보 기기는 시간을 절약할 수 있도록 도와준다.

- 서점에서 책을 구입하는 것보다 인터넷 서점이용
- 은행에 직접 가는 것보다 인터넷 뱅킹 활용
- 도서관에서 자료 찾는 것보다 인터넷 검색 이용
- 간단한 물품은 인터넷 쇼핑몰에서 구입

또한 정보 기기는 학습 관리를 효과적으로 지원해 준다.

- 학습 관리 프로그램을 활용하여 체계적인 학습 관리
- 파워포인트 등을 이용한 학습 내용의 요약, 정리

- 원 노트OneNote, 에버 노트EverNote 등을 활용한 노트 정리
- 마인드 맵 프로그램을 이용한 개념 정리
- 전자사전, 백과사전 등 학습 참고자료 활용

휴대용 정보 기기를 활용해서 동영상 강의 시청, 오디오북 청취 등을 할 수도 있다. 정보 기기는 자투리 시간 활용에 적합한 특성을 갖고 있어 시간 활용도를 높여 준다. 자투리 시간이 날 때마다 스마트폰으로 채팅, 게임, 드라마 시청 등에 과몰입하는 것은 스마트폰 중독을 야기하고 두뇌 발달을 저해하여 학습에 치명적 악영향을 준다. 자투리 시간을 스마트폰으로 낭비하는 것은 스마트폰의 노예가 되는 지름길임을 명심하여야 한다.

③ 시간을 창조할 수 있는 방법을 생각한다.

자투리 시간이 발생하는 원인을 분석하여, 시간 낭비를 줄일 수 있는 방안을 모색한다. 등교 시간이 많이 걸리면, 교통 혼잡을 피하여 좀 더 일찍이 등교하거나 자전거를 활용하는 방법을 고려할 수 있을 것이다. 스마트폰이 시간을 잡아먹는 도둑이라면, 스마트폰 사용을 억제하거나 음성 녹음으로 전환하여 용건을 녹음하게 한 후, 한꺼번에 처리할 수도 있다. 인터넷 뉴스는 RSS을 이용해서 필요한 분야만을 구독하는 것이 좋다. 의미 없이 낭비되는 시간을 회수해서 학습에 많은 시간이 투자 될 수 있도록 노력한다. 무심코 버려지는 자원을 활용하여 신제품을 생산하는 것처럼, 버려지는 자투리 시간을 학습으로 연결하여야 한다.

4 미루기 습관을 버려라.

작심삼일. 아무리 굳을 결심을 하여도 3일을 넘기지 못한다는 뜻이다. 훌륭한 계획을 세우고도 3일을 넘기지 못하고 흐지부지 되어 버린다면 계획 세우는 시간만 낭비한 것이 된다. 학습자뿐만 아니라 모든 사람들은 일을 뒤로 미루고 싶은 욕망이 있다. 자신이 없거나 재미가 없다고 생각되는 과목을 공부해야 할 때는 더욱 더 '두었다가 나중에 하자'고 하는 마음이 생기게 된다. 그런 후에는 '핑계 없는 무덤 없다.'라는 속담처럼 여러 핑계를 만들어내서 계획을 미루게 된다. 학습자들은 왜 이처럼 계획을 미루려고 생각하는 것일까?

- **공부가 신나지도 않고 즐겁지도 않다.** 재미없는 일은 하고 싶지 않은 것이 인간의 본성이다. 공부를 재미있는 일이라고 생각하지 않게 되면 당연히 핑계를 만들어 계획을 미루게 된다.
- **주변의 유혹에 현혹된다.** 학습자들은 친구들과 함께 하는 활동에 더 많은 관심이 있다. 자극적이고 스릴있는 육체적 활동을 선호한다. 생활 주변에는 학습자를 유혹하는 시설이나 이벤트가 너무 흔한 것이 현실이다. 더욱이, 스마트폰이 일상화 되면서 현실 공간뿐만 아니라 인터넷 사이버 공간까지 학습자를 유혹하는 다양한 환경이 조성되어 있다. 주변에서 일어나는 일에 관심을 두다 보면, 자연스럽게 마음이 움직이게 되고 계획을 미루게 된다.
- **성과나 실패를 두려워한다.** 계획된 성과를 달성하지 못했을 때의 자책감, 실패하였을 때의 창피감

에 대한 선입관이 강하여 계획 실행을 주저하게 된다. 특히, 자신을 위한 학습이 아니라 남에게 보여 주는 학습을 하고 있을 때 실패에 대한 두려움을 더욱 크게 확대된다.

계획을 미루는 원인은 대부분이 학습에 대한 두려움과 자신감 상실이라 할 수 있다. 그런데, 학습에 대한 열정, 강력한 믿음과 자신감이 있고, 확실한 학습 목표가 설정되어 있음에도 불구하고 종종 학습을 미루는 경우가 있습니다. 학습을 미루는 것은 자신감 넘치는 여유가 아니라 학습을 돌보지 않고 내다 버리는 것과 같다. 그럼에도 불구하고, 계획된 학습을 미룬다면 어떤 결과가 발생하게 될까?

- **학습을 미루었다고 해서 해결되는 것은 아무것도 없다.** 오히려 학습을 뒤로 미루면 미룰수록 해야 할 학습이 점점 더 많아져 괴물이 되어 버린 학습에 허덕이게 된다. 미루어진 학습은 짐으로 남게 되고 스트레스의 원인이 된다.
- **미루었다고 해도 언젠가는 하여야 하기 때문에 벼락치기로 학습하게 된다.** 그 결과, 좋은 성과도 얻을 수 없으며 몸과 마음이 모두 피곤하게 된다.
- **친구나 주변 사람들에게 피해를 주게 된다.** 학습을 미루면 그 여파가 자신에 국한되지 않고 다른 사람에게까지 피해를 줄 수 있다. 예를 들어, 친구들과 그룹 스터디하기로 하고 제대로 약속을 지키지 않게 되면, 친구에게 피해를 주게 되고 인간관계가 부실하게 된다.

시간 경영의 출발점은 설정된 계획을 뒤로 미루지 않는 것이다. 계획을 작성하는 것은 일을 미루지 않고 차근차근 처리하겠다는 의지의 표현이며 자신과의 약속이다. 그러한 계획을 뒤로 미룬다면 학습의 근본 뿌리가 흔들리게 된다. 해야 할 학습을 미루게 되면 해당 과제에만 국한 되지 않고 연쇄반응을 일으켜 학습 계획 전체가 위태롭게 된다. 그렇다면, 미루기 습관을 버리려면 어떻게 해야 할까?

- **계획된 일은 일단 시작한다.** '시작이 반'이라는 속담이 있다. 준비가 미비하더라도 미루지 말고 일단 시작하는 것이 중요하다. 실수가 발생하더라도 겸허하게 인정하고 다시 분발하도록 한다.
- **마감시간을 정해서 일한다.** '수요일 오후 7시까지 끝내자.'하고 결심하면 책임감과 동기부여가 확실하게 된다. 의욕과 열정이 생겨나 자기 주도적으로 일을 수행하게 된다. 마감시간을 정하면 학습에 대한 긴장감이 높아지고 집중력이 향상되는 효과도 있다.
- **자기와의 약속 또는 친구나 주변 사람과 학습 후를 약속한다.** '한국 근현대사의 구국 민족 운동 전개를 끝낸 후 20분간 컴퓨터 게임을 하자', '효리야, 화학 탄소 화합물 끝내고 아이스크림 먹으러 가자.'처럼 학습이 끝난 후의 보상을 약속하면 즐거운 마음으로 학습에 열중할 수 있다.

어렵게 작성한 학습 계획을 절대로 미루지 말아야 한다. 미루기 습관은 학습 계획을 부정하고 무력화 시키는 것으로 무계획보다도 나쁜 습관이다.

시간 경영 매트릭스를 작성하라.

시간 경영의 목적은 더 많은 학습을 효과적으로 실행 하는데 있다. 시간 경영의 달인들은 시간을 효과적으로 경영하려면, 먼저 해야 할 일(학습 과제)들을 체계적으로 관리하여야 한다고 한다. 왜냐하면, 일을 실행하려면 필수적으로 시간이 요구되므로, 할 일 관리를 통해서 시간을 관리할 수 있기 때문이다.

<성공하는 사람들의 7가지 습관>, <소중한 것을 먼저 하라>의 저자 스티븐 코비Stephen Covey나 <시간 관리>의 저자 자이베르트Lothar Seiwert 등 수많은 시간 관리 전문가들은 해야 할 일은 중요성과 긴급성의 두 가지 기준에 의해 할 일을 분류할 것을 권하고 있다. 제2차 세계대전 당시 연합군의 총사령관이었고 미국의 34대 대통령이 된 아이젠하워Dwight Eisenhower도 일의 중요성과 긴급성에 따라, [그림 2-8]과 같이 해야 할 일을 4등분하여 관리함로써 효과적으로 업무를 수행할 수 있었다고 한다. [그림 2-8]은 시간 경영 전략 수립의 기초 도표로 시간 경영 매트릭스time management matrix라 한다.

시간 경영 매트릭스	긴급함	긴급하지 않음
중요함	(중요하고 긴급한 일: M) • 내일 시험, 내일 과제 발표 • 세미나 참가 접수 • 학습동아리 운영 회의	(중요하지만 긴급하지 않은 일: V) • 학습 역량 강화 계획 작성 • 창의 학습법 책 읽기 • 배낭 여행 계획 작성
중요하지 않음	(중요하지 않으나 긴급한 일: F) • 불필요한 전화 받기 • 불시에 방문한 사람 만나기 • 영화 상영 시간에 입장	(중요하지도 긴급하지도 않은 일: W) • 수다 떨기, 참견하기 • TV 시청 • 스마트폰 게임, SNS 채팅

【그림 2-8】 시간 경영 매트릭스

[중요하고 긴급한 일]

내일 모의고사를 보거나 과제 발표가 있다면, 지금 당장 준비하여야 할 것이다. 이처럼 중요하고 긴급한 일은 중요하기 때문에 피하거나 미룰 수가 없고, 긴급하기 때문에 즉각적으로 하여야 할 일들이다. 이러한 일들을 M 태스크라 하자. M 태스크는 즉시 시간을 할당해서 처리하지 않으면 안 된다. 중요하고 긴급한 일을 잘 처리하면 유능하고 똑똑하다는 칭찬을 들을 수 있다. 그러나, M 태스크에 속하는 일이 많아지면 어떤 현상이 발생하게 될까? 지금 당장 하여야 할 일들이 쌓여 있기 때문에 정신없이 바쁘게 일에 몰두하여야 한다. 휴식할 틈도 없이 일에 매달려야 하고, 때로는 준비가 소홀하여 실수하거나 성과가 나지 않으면 스트레스의 원인이 된다.

[중요하지만 긴급하지 않은 일]

학습 역량 강화나 자기 개발과 같이 중요하지만 지금 당장 하지 않아도 되는 일이다. 이러한 일들을 V 태스크라 하자. V 태스크는 중요하기 때문에 꼭 실행하여야 한다. 그런데, 시간 제약이 크지 않기 때문에 충분한 여유를 갖고 계획을 수립해서 차근차근 실행할 수 있다. 앞서 수립한 학습 계획은 대부분 V 태스크에 속한다. V 태스크는 마감 시간이 멀어서 미루거나 소홀하게 취급될 우려가 있으므로 반드시 계획을 수립해서 실행하여야 한다.

[중요하지 않으나 긴급한 일]

아는 사람이 용건도 없이 갑자기 찾아오거나 저녁 때 재미있는 영화를 함께 보자고 보채는 일처럼 중요하지 않지만 당장 처리해야 하는 일들이다. 이러한 일을 F 태스크라 하자. F 태스크는 중요하지 않기 때문에 자신에게 도움이 되지 않지만, 긴급하여 어쩔 수 없이 하여야 하는 일들이다. 결국, F 태스크는 시간을 허비하게 만들고 심신을 피곤하게 한다.

[중요하지도 긴급하지도 않은 일]

스마트폰 게임, TV 시청, 수다 떨기처럼 학습에 전혀 도움이 되지 않으며, 하지 않아도 그만인 일들이다. 이러한 일들은 즐거움을 주기는 하지만 공연히 시간만 낭비하도록 만들고, 이런 일에 몰두하게 되면 쾌락만을 쫓게 되어 건전한 생활을 할 수 없게 된다. 이런 일들을 W 태스크라 하자.

이처럼 해야 할 일을 중요성과 긴급성을 기준으로 4가지 형태로 분류하면, 일의 특성을 고려하여 조직적으로 관리할 수 있게 된다. 일을 조직적으로 관리할 수 있게 되면, 더불어서 시간을 효과적으로 경영할 수 있게 된다. 시간 경영의 달인들이 말하니 일 정복의 원칙은 다음과 같다.

- 중요한 것을 먼저 하라. 즉 M 태스크와 V 태스크를 우선해서 관리한다.
- 시간 도둑을 잡아라, 즉 F 태스크와 W 태스크를 최소화 한다.
- V 태스크 관리에 역점을 두라.

자신에게 중요한 일을 우선해서 관리하는 것이 당연하다. M 태스크와 V 태스크는 나의 발전의 원동력이 되는 중요한 일들이므로 이들을 우선적으로 배려하여 관리하도록 한다. 중요하지 않은 F 태스크와 W 태스크는 대부분이 시간 도둑들이다. 가능하면 F 태스크와 W 태스크를 최소화하도록 일 관리할 필요가 있다. V 태스크는 중요하지만 시간 여유가 있어 체계적으로 시간 계획을 세워 조직적으로 관리 하는 것이 가능하다. V 태스크는 자기 발전을 약속하는 일들로 일 관리와 시간 경영의 핵심 포인트이다.

시간 경영 매트릭스는 현재 자신이 하고 있는 일들에 대하여 더 잘 이해할 수 있도록 도와 주고, 효과적으로 시간을 경영 관리할 수 있는 지침을 제공한다. 시간 경영 매트릭스는 일 관리를 시간 관리와 연계시켜 주고, 현재의 상황을 분석하고 이해하는데 도움을 준다. 자신의 1주일 또는 하루 일과 시간 사용 내역을 시간 경영 매트릭스로 작성해 보자. 그러면 자신이 일과 시간을 어떻게 활용하고 있고, 어떻게 하면 일과 시간을 효과적으로 관리할 수 있을 지를 발견할 수 있다.

시간 경영 매트릭스	긴급함	긴급하지 않음
중요함	[M 태스크] • 내일 제출할 숙제 (60분) • 컴퓨터 바이러스백신 설치 (40분) • 학습 동아리 계획 작성 (50분) • 경시대회 참가신청서 제출 (30분) • 동호회 모임 연락 (30분) • 치과 병원 (40분) 30%	[V 태스크] • 물리·화학 중요공식 정리 (90분) • 수학 문제집 풀기 (60분) 17%
중요하지 않음	[F 태스크] • 친구들과 농구 시합 (120분) • 전화 통화, 문자 메시지 (50분) • 전철 타고 이동 (110분) 33%	[W 태스크] • 인터넷 사용 (30분) • 컴퓨터 게임 (30분) • TV 오락시청 (30분) • 만화책 보기 (30분) • 스마트폰 사진 정리 (30분) 20%

【그림 2-9】 P군의 하루 일 수행과 시간 사용 내역

[그림 2-9]는 P군의 하루 일과 시간 사용 현황을 시간 경영매트릭스로 표현해 본 것이다. P군의 일과 시간 활용 상태를 시간 경영 원칙에 의해 분석해 보면 다음과 같은 사항을 쉽게 발견할 수 있다.

P군은 중요치 않은 긴급한 일, 즉 F 태스크에 많은 시간을 소비하고 있다. 이는 P군이 친구들에게 인기를 얻고 싶어 하찮은 일을 거절하지 못하는 성격을 갖고 있는 것으로 생각된다. 중요치 않은 일에 시간을 소비하는 비중이 53% 이상 되는 것은 학업 보다는 불필요한 일들에 더 많은 관심을 갖고 있음을 알 수 있다. 또한 M 태스크 비중이 30%인 것은 시간 계획 없이 그때그때 일 처리하고 있음을 알 수 있다. 자기 발전의 핵심인 V 태스크가 17%로 상대적으로 낮은 것은 학습 목표나 학습 계획이 설립되어 있지 않음을 나타낸다. 자신의 비전이나 장기 발전 계획을 가지고 있지 않아서 이런 일이 발생한다. P군은 무엇보다도 먼저 학습 목표를 설정하고 이에 따른 학습 계획을 수립해서 자신의 학습을 체계적으로 관리할 것이 요청되고 있다.

시간을 어떻게 배분하는 것이 이상적인가에 대해서는 정답이 없다. 시간 경영의 달인들이 말하는 시간 경영의 원칙을 지키도록 노력하는 것이 중요하다. 그래도 학습자들의 효과적인 학습 시간 계획 수립을 위해 어떻게 시간을 배분하는 것이 좋을지 생각해 볼 수는 있을 것이다. 학습자의 학습 환경을 고려해서 다음과 같은 식을 만들었다.

· 중요한 일: 중요하지 않은 일 = 8 : 2

· 긴급한 일: 긴급하지 않을 일 = 4 : 6

이러한 경우, [그림 2-10]과 같은 시간 배분을 얻을 수 있다. 그러나, 학생 또는 직장인처럼 매일 하여야 할 정해진 일 또는 업무가 있는 경우에는 의무적으로 수행하여야 할 일에 가중치를 주어서, M 태스크를 50%, V 태스크를 30%로 할 수도 있을 것이다. 일과 시간의 비율을 어떻게 배분하느냐 하는 것은 자신의 목표, 여건, 성향 등을 고려하여 이상적인 비례식을 설정하여 일과 시간 배분 비율을 정할 수 있을 것이다. 어떤 비율이 되던 간에 시간 경영의 원칙과 V 태스크에 역점을 두어야 한다는 것은 변함이 없다.

시간 경영 매트릭스	긴급함	긴급하지 않음
중요함	[M 태스크] 30%	[V 태스크] 50%
중요하지 않음	[F 태스크] 10%	[W 태스크] 10%

【그림 2-10】 시간 경영 매트릭스의 일과 시간 배분의 예

변명 중에서도 가장 어리석고 못난 변명은 "시간이 없어서"라는 변명이다.

- 에디슨Thomas Edison

2.3 스터디 플래너를 애용하자.

시간 경영 방법을 이해하였으면 이제는 실질적으로 일정을 관리하는 도표를 작성할 때이다. 그동안 여러 형태로 일정 관리 시간표를 작성해 본 경험이 있을 것이다 초등학교 시절에는 방학 숙제인 탐구 생활의 동그란 시간표를 누구나 작성해 보았을 것이다. 계획만 잔뜩 세워 놓고는 방학이 끝날 때까지 제대로 실천하지 못한 추억이 있을 것이다. 일정 관리 작성도 시대가 발전하면서 많은 변화가 있었다. 이것을 단계 별로 정리해 보면 [그림 2-11]과 같다.

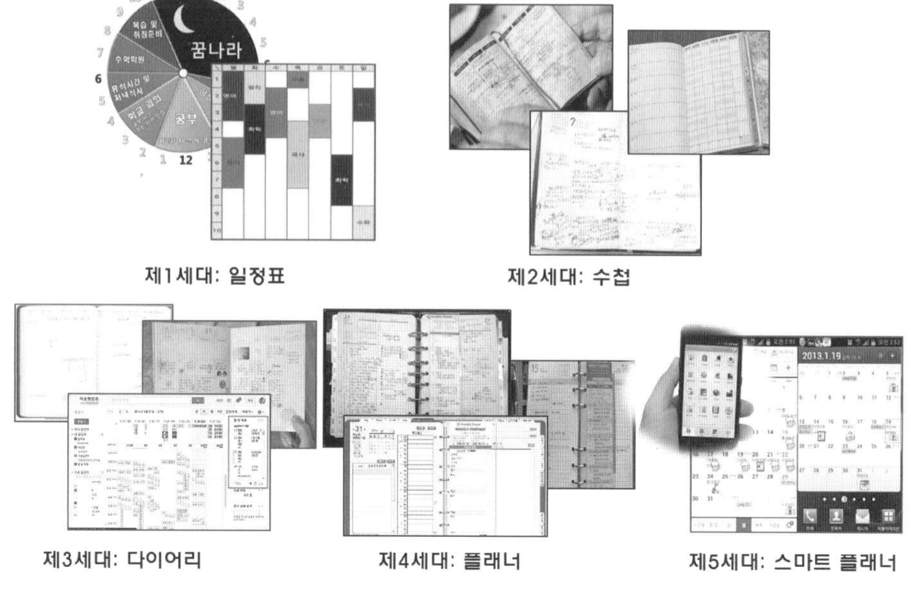

【그림 2-11】 시간/일정 관리 도구의 변천

[제1세대: 동그란 일정표]

책상 앞에 붙여 놓기 좋게 만든 초간편 일정표로 주로 유치원이나 초등학생을 위해서 사용한다. 일정이 변함없고 고정되어 있어 시간 관리용이라기보다는 자신의 각오를 표현하는 장식용으로 사용 된다.

[제2세대: 수첩]

메모 노트 형식으로 제작되어 휴대가 편하고, 일정이나 메모를 간편하게 기록할 수 있다. 특정 형식이 없이 자유스럽게 생각나는 대로 일정이나 메모를 기록하는데 사용한다. 학교에 따라서는 학사 일정이 나와 있는 학생 수첩을 제공하기도 한다.

[제3세대: 다이어리diary]

주로 일기 형식으로 하루 일정을 정리하는데 사용한다. 그러나 시간 관리의 중요성이 확산되면서 다양한 형태의 다이어리가 출판되고 있다. 한때는 <도로시 다이어리>, <츄츄 다이어리>, <몰스킨 다이어리>, <S 다이어리> 등이 청소년 사이에 유행한 적이 있다. 판매되고 있는 다이어리는 예쁜 캐릭터, 이미지, 사진 등으로 형형색색 시각적 효과를 높이고 있어 청소년층에서 애용되고 있다. 다이어리의 구성이나 내용에도 큰 차이가 있지만 대체적으로 일일 계획을 중심으로 해서 주간, 월간 계획을 관리하도록 되어있다. 다이어리는 일정뿐만 아니라 주소록, 강의 시간표, 전철 노선도 등 유용한 일상생활 정보를 수록하고 있다. 다이어리는 개인의 일상생활에 항시 붙어 다니는 비서, 동반자 역할을 한다.

[제4세대: 플래너planner]

다이어리보다 진화된 신 개념의 시간/일정 관리 도구로 플래너가 널리 사용되고 있다. 플래너는 시간 관리뿐만 아니라, 자신의 가치관에 기초해서 원칙 있는 목표와 행동으로 성공적인 인생을 살아 나갈 수 있도록 자신을 관리하는 도구이다.

플래너의 시초는 미국 독립전쟁시기의 정치가, 과학자, 교육자로 유명한 벤자민 프랭클린Benjamin Franklin이 만든 프랭클린 플래너에서 시작되었다. 벤자민 프랭클린은 자서전에 다음과 같이 적고 있다. "나는 50년 이상 나의 수첩(플래너)에 인생을 위한 13가지 덕목을 항상 기록해 왔다. 그리고 이 항목을 실행했는가 못했는가를 체크했다. 항상 행복한 인생을 걸어올 수 있었던 것은 이 수첩 덕분이었다. 후손들에게도 알려주고 싶다."

벤자민 프랭클린의 수첩을 프랭클린 코비사의 공동 창업자인 하이럼 스미스Hyrum Smith가 현대화 한 것이 프랭클린 플래너이다. 프랭클린 플래너는 이처럼 인생의 가치관과 덕목에 기초하여 목표를 설정, 일을 관리하고 시간을 관리해서, 성공적인 인생을 실천하는 것을 목적으로 하고 있다. 이러한 플래너의 정신을 학습에 적용한 것이 학습 플래너이다. 학습 플래너를 활용하면, 학습의 중요성과 우선순위에 따라 목표지향의 효과적 학습을 계획할 수 있다. 그러나, 학습 플래너는 사용법이 다소 복잡하고 어려워 활용 습관이 무척 중요하다.

[제5세대: 스마트 디지털 플래너]

정보통신 기술의 발달에 따라, 종이 중심의 플래너가 디지털 기기와 결합한 디지털 플래너가 개발 되었다. 플래너의 제반 기능을 수행하는 <플랜플러스>와 같은 여러 소프트웨어가 개발되어, PC, 노트북, 스마트폰, 태블릿 등에서 플래너를 사용할 수 있다. 또한, 구글 캘린터처럼 웹과 스마트폰에서 사용할 수 있는 플래너도 있다. 디지털 플래너는 다양하고 편리한 기능을 내장하고 있어 효과적인 일정 관리가 가능하다. 최근에는 스마트폰의 기능 고도화에 따라 플래너를 전용 플래너를 내장한 플래너폰이 판매되고 있을 정도로 일정 관리의 새로운 장을 열어가고 있다.

스마트폰에는 다이어리와 유사한 기능을 가진 캘린더 앱이 수없이 많다. 이런 앱들은 스마트폰의 다른 앱들과 연동하면서 아주 편리한 일정 관리 기능을 제공하고 있다. 이런 앱들을 활용하여 상시 일정 관리를 하도록 하여야 할 것이다. 브라이언 트레이시로부터 '기록하면 이루어진다.'는 목표 성취의 원리를 배웠다. 일과 시간 관리도 일정표를 작성하여 실천하면 그대로 이루어진다. 자신에게 적합한 일정 관리 도구를 선택하여 일과 시간 관리를 습관화 하는 것이 학습 목표 성취의 지름길이다.

4 플래너 작성 요령

저명한 시간 관리 전문가인 줄리 모건스턴Julie Morgenstern은 <능력있는 사람의 시간 관리>에서 뒤죽박죽 엉망진창으로 물건을 쌓아 놓은 창고와 질서 정연하게 물건을 배열한 창고를 비교하면서 시간 관리도 이와 같다고 하였다. 시간은 1일 24시간, 1주일 7일, 1년 365일로 한정 되어 있다. 한정된 시간 안에 수행하여야 할 학습 과제를 어떻게 배치하느냐는 창고의 물건 쌓기와 같다할 것이다. 플래너에 학습 일정을 효과적으로 배치하기 위한 요령을 알아보자. 플래너 작성 시에는 다음 5가지 기본 원칙을 항상 생각 하도록 한다.

① 큰 돌부터 배치하라.

다음 [그림 2-12]와 같은 퀴즈 문제를 본적이 있을 것이다. 큰 돌 1상자, 작은 돌 1상자, 물 1상자, 모래 1상자가 있다. 이들은 모두 하나의 1상자에 담으려면 어떻게 하여야 할까?

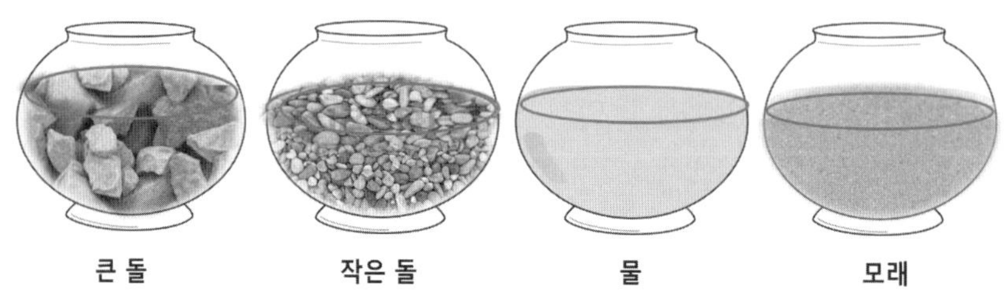

【그림 2-12】 큰 돌/작은 돌/ 물/ 모래 항아리 채우기

잘 알고 있는 것처럼, 큰 돌을 먼저 채우고 작은 돌을 사이사이에 잘 넣고 흔든 다음, 모래를 먼저 채우고 물을 부으면 모두 한 상자에 담을 수 있다. 한정된 공간에 여러 개를 담으려면 작은 것이 아니라, 큰 것부터 채워야 모두 담을 수 있다. 일정표의 한정된 시간에 여러 학습 계획을 채우려면 큰 것부터 채워야 한다. 위의 예에서 큰 돌은 V 태스크, 작은 돌은 M 태스크, 모래는 F 태스크, 물은 W 태스크라 할 수 있다. 일정표에 담을 때는 중요한 것부터 차례로 담아야 한다.

【그림 2-13】 항아리 채우기와 일정 채우기 비유

② 멀리서 본 후에 가깝게 보라.

빈센트 반 고흐Vincent Willem van Gogh의 명화 전시회에 참석하여 그림을 감상한다면 멀리 서서 전체를 감상한 후에 가까이 다가가서 세부적으로 감상하는 것이 순서이다. 일정 계획 수립 때에도 멀리 서서 전체 일정을 관찰한 다음, 가까운 일정을 생각하여야 한다. 장기적 일정을 세우고, 그 후에 중기적 일정을, 그 다음에 단기적 일정을 차례로 설정하는 것이 바람직하다. 이와 같은 것은 복잡한 문제를 해결하는 분할 정복의 원리와도 일맥상통 하는 것이다.

【그림 2-14】 멀리서 본 후에 가까이 보라.

장기적 일정은 중학 시절, 고교 시절 또는 대학 시절처럼 학제에 따른 큰 계획이라면, 중기적 일정은 학년 또는 학기에 따른 일정이다. 단기적 일정은 월, 주, 일일 단위의 일정이 될 수 있다. 그렇다고 꼭 이러한 방법으로 하라는 것은 아니다. [그림 2-15]처럼 큰 목표에 따른 큰 일정(그림)을 만든 후에, 작은 일정(그림)을 만들라는 의미이다. 즉, 전체를 보고 난 후에 세부적으로 생각하라는 의미이다.

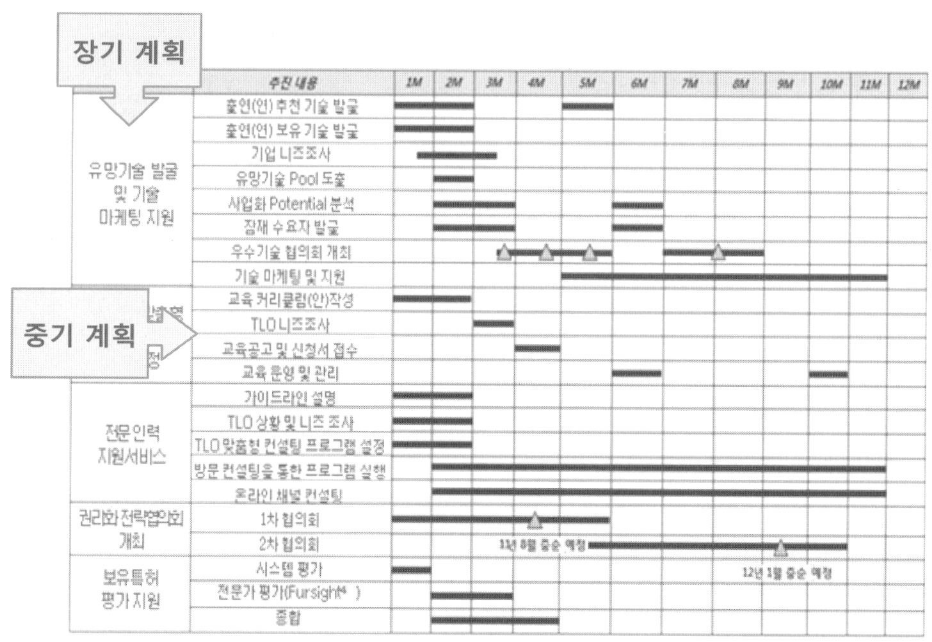

【그림 2-15】 장기 계획-중기 계획 수립

③ 학습자의 상황을 반영하라.

일반적으로 학습자는 학교가 정한 고정된 수업시간에 출석하여야 하므로 일정 관리를 자기 마음대로 할 수가 없다. 학교의 학사 일정과 수업 시간표 같은 규정된 일정과 조화되는 일정표를 작정하여야 한다. 이때는 고정된 일정 보다는 자신이 마음대로 설계할 수 있는 여유 시간 관리에 관심을 집중하도록 한다. 또한, 학습 효과를 높이기 위해서는 예습과 복습이 필수적이다. 제7장에서 설명하는 예습 복습 전략에 따라, 반드시 예습과 복습 시간이 주기적으로 포함되도록 한다. 예습과 복습이 포함되지 않은 학습 일정은 학습 효과를 기대하기 어렵다.

④ 학습 과제를 중심으로 작성하라.

학교의 수학 시간에 선생님께서 등차수열에 대해 설명하시다가 50분 수업시간이 다 지나면, "오늘은 여기까지, 다음 시간에 계속해서 하자."고 한다. 이와 같은 시간 중심의 일정표는 학습 목표를 달성하기 전에 시간이 만료될 수 있기 때문에 학습 목표 달성을 보장할 수 없다. 학습 도중에 일정이 끝날 수 있으므로 불합리하다. 따라서, 학습의 최종 목표가 포함된 학습 과제 단위로 일정을 작성해야 한다. 즉, 학습 과제의 목표와 내용에 따라, 학습량, 학습의 질적 수준, 학습자의 학습 역량을 고려하여 적합한 시간을 추정하여 배정한다. 학습 목표 달성에 무리하지 않은 시간을 배정하도록 하고, 시간이 충분하지 않을 때는 학습 목표를 조정하도록 한다.

⑤ 자투리 시간에 대비한 학습 과제를 준비하라.

수업 시간 사이의 휴식 시간, 등하교 시간, 식사 시간 등과 같이 무의식적으로 버려지기 쉬운 자투리 시간에 대비한 학습 과제를 항상 준비해 둔다. 이러한 자투리 시간은 티끌모아 태산으로 커다란 학습 효과를 가져 올 수 있다. 자투리 시간을 활용해서 하루에 영어 단어 30개를 외울 수 있다면, 한 달에 900 단어를 마스터 하게 된다.

플래너 작성은 학습 목표를 중심으로 적합한 시간을 배정 하는 것이다. 위에서 설명한 5가지 기본 원칙을 생각하면서, 학습자의 학습 능력에 적합한 시간 배정을 하여야 한다. 장단기 학습 목표가 분명하게 설정된 경우에는 주 단위 일정이 가장 중요하다. 플래너 작성은 주 단위로 일정을 작성하도록 한다.

플래너 작성 순서

세계적인 바이올리니스트이자 작곡가이며 난해한 찌고이네르바이젠Zigeunerweisen의 연주로 유명한 사라사테Pablo de Sarasate는 어려서부터 음악의 천재라 불려왔다. 그럴 때면, 그는 "뭐라고요 천재요? 저는 37년간 매일 같이 14시간 이상 바이올린 연주를 연습을 하고 있는 데도 저를 천재라고 하는 사람이 있네요."라고 말하곤 하였다. 사라사테가 유명한 음악가로 지금도 기억되고 사랑받고 있는 것은 그의 끊임없는 노력의 결과이다. 투자 없이 성과를 얻을 수 없고, 노력 없이 성취할 수 없다. 일정 관리의 달인들도 처음부터 달인이 된 것이 아니라, 꾸준한 노력의 결과로 달인이 된 것이다. 실제로 프랭클린 플래너를 효과적으로 활용하기 위해서는 전문 교육을 받아야 한다. 그러나 플래너 작성이 복잡한 것처럼 보이지만 1~2주 동안 사용해서 습관화되면 그 효력을 실감하게 된다. 지금 즉시 플래너 작성을 시작하고 습관화 하도록 하자. 플래너 작성은 [그림 2-16]과 같은 5단계 작성 순서에 따라 단계별로 작성하면 쉽게 체계적이고 효과적으로 일정을 작성할 수 있다.

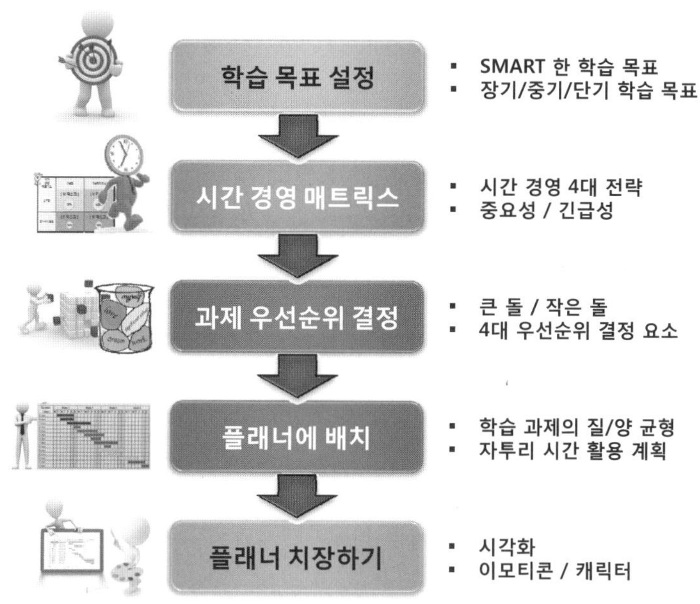

【그림 2-16】 플래너 작성 5단계

① 제1단계: 학습 목표 설정

플래너는 학습 목표 달성을 위해 작성하는 것이므로 반드시 학습 목표가 설정되어 있어야 한다. 학습 목표는 SMART규칙에 따라 장기, 중기, 단기 학습 목표를 세운다. 학습 목표 설정 시에는 '멀리서 본 후에 가깝게 보라'에 따라, 장기 목표, 중기 목표, 단기 목표의 순으로 세운다. 또한, 학습 목표는 분할 정복이 가능하도록 세분화 화는 것이 중요하다.

학습 목표 설정은 학습에만 적용 되는 것이 아니다. 친구들과의 여행준비, 백화점에서의 쇼핑 전시회나 음악 콘서트 참석, 사회봉사 활동은 일상생활의 일정을 세울 때도 그대로 적용된다. 일정을 작성할 때는 먼저 목표부터 설정해야 한다. 새로운 어떤 일을 시작하게 되면 목표부터 설정한다는 것을 명심하도록 하자.

② 제2단계: 시간 경영 매트릭스 작성

[그림 2-8]의 시간 관리 4대 요소를 참고하여 시간 경영 매트릭스를 만든다. 학습과제와 일상생활 활동 모두를 시간 경영 매트릭스로 관리하고 [그림 2-10]과 같이 자기 개발 중심의 여유 있는 생활을 할 수 있도록 시간을 배정한다.

시간 경영 매트릭스 작성 시에는 2.2장의 요령에 따라, 반드시 예습 복습을 고려하도록 한다. 예습, 복습은 학습 효과 창출의 핵심 요소이다.

③ 제3단계: 배치 순위 결정

일정을 배치할 때는 큰 돌부터 해야 한다. 학습 과제 또는 일정의 크기를 결정하여, 플래너에 기입할 순서를 결정한다. 학습 과제 또는 일정의 크기를 결정할 때는 [표 2-4]처럼 4가지 크기 결정 요소를 고려한다.

[표 2-4] 학습 과제 및 일정의 크기 결정 요소

요소 / 순서	시간 경영 매트릭스	우선순위	학습성과	학습 난해성
1	M 태스크	반드시 해야 할 과제	아주 많음	아주 어려움
2	V 태스크	해두면 좋은 과제	많음	어려움
3	F 태스크	해도 그만 안해도 그만	보통	보통
4	W 태스크	도움이 안 되는 과제	적음	쉬움

우선순위는 중요성이나 긴급성과는 다소 차이가 있다. 예를 들어 중간고사 시험 준비를 위해 '예상문제 풀기'와 '시험 범위 요약 정리'라는 학습 과제가 있다 하자. 두 학습 과제는 모두 중요하고 긴급한 학습 과제이다. 그러나 '예상문제 풀기'는 반드시 하는 것이 좋지만 '시험 범위 요약 정리'는 시간 여유가 있을 때 해주면 좋은 과제이다. 때문에 '예상문제 풀기'가 '시험 범위 요약 정리'보다 우선적으로 하여야 할 학습 과제가 된다. 이처럼 학습 과제의 특성을 4가지 관점에 분석하여 배치 순서를 결정한다. 예습과 복습 과제는 반드시 해야 할 학습 과제로 우선순위가 높은 과제로 다루어야 한다. [표 2-4]를 살펴보면, 다음과 같은 순서로 학습해야 함을 알 수 있다.

- M-V-F-W 순으로 학습하고 일하라.
- 우선순위가 높은 것부터 먼저 하라.
- 학습 성과가 높은 것부터 먼저 하라.
- 어려운 것부터 먼저 하라.

④ 제4단계: 플래너 배치

결정된 학습 과제의 순서에 따라 학습 과제를 플래너에 배치한다. 주간 학습 과제인 경우, 주간 일정표에 학습 과제의 배치 순서 순으로 적합한 요일과 시간을 배정한다. 플래너에 학습 과제를 배치할 때는 학습 과제의 양과 질의 균형을 고려하는 것이 중요하다. 특정 요일에 학습 과제가 몰리거나 학습 부담이 과도해 지는 것을 피하여야 한다. 또한 자투리 시간에 대비한 학습 과제 목록을 작성하여 예기치 않게 발생하는 자투리 시간을 활용할 수 있도록 준비한다.

⑤ 제5단계: 치장하기

확정된 일정을 강조하고 알아보기 쉽도록 컬러펜이나 형광펜을 사용하여 예쁘게 치장한다. 또는 이모티콘이나 캐릭터를 활용해서 일정에 생동감과 친근감이 느껴지도록 한다. 일정표는 제출하는 숙제나 과제물이 아니고 자신이 참고하기 위한 것이므로 반듯하고 깨끗하게 작성할 필요는 없다. 자신이 일정을 효과적으로 파악할 수 있게 시각화 하는 것이 중요하다. 필요하다면 보충 설명을 추가하거나 학습 과제간의 관계를 선으로 연결하는 등 일정 내용을 쉽게 파악할 수 있도록 한다.

플래너는 자기주도의 효과적 학습의 관제탑 역할을 할 뿐만 아니라, 학습자의 일생 생활을 기록하는 역사 기록물이기도 하다. 플래너 안에는 목표를 향한 나침반, 자신의 위치를 파악할 수 있는 지도, 지금이 어느 때인지 알려주는 시계, 여행에 필요한 각종 도구들이 모두 들어 있어, 학습이란 여행을 즐겁고 기쁜 마음으로 떠날 수 있게 하여준다.

학습에서 플래너가 차지하는 기능과 역할을 이해하여 플래너 작성을 습관화 하도록 한다. 하루 1440분 중에 취침 직전에 5분(0.3%)만 할애하여 내일의 일정을 계획해 보라. 5분의 시간이 내일을 기쁘고 즐거운 날로 만들어 줄 것이다. 1주일 10080분 중 매주말에 20분(0.2%)만 내어 다음 주 일정을 계획해 보라. 20분이 1주일을 행복하게 하여 줄 것이다. 플래너 작성은 복잡하고 성가신 일이 아니라 학습의 수호천사이다. 플래너를 적성하지 않으면 학습의 수호천사를 잃어버리게 된다.

4 시간 경영의 진정한 목적을 이해하자.

시간이 위대한 이유는 변화를 만들어 낼 수 있기 때문이다. 1961년 8월 4일 태어난 아프리카 출신의 흑인 미국인 버락 오바마Barak Obama가 미국의 44대 대통령이 될 것이라고는 누구도 상상하지 못하였다. 48세의 젊은 나이의 흑인이 기라성 같은 유명 정치인들을 뒤로 하고 미국의 대통령이 되는 역사가 현실로 나타났다. 시간은 이처럼 기적 같은 변화를 창조한다. 인간은 시간 속에서 생활하고 있기 때문에 시간은 인간의 생명 그 자체이다. 그런데 이런 시간이 무제한 있는 것이 아니라, 한정된 양 밖에 없다는데 문제가 있다. 자신에게 할당된 한정된 시간을 소중하게 생각하고 유익하게 사용하여야 함은 당연하다.

우리는 시간을 관리하고 통제하는 효과적인 방법을 살펴 보았다. '시간은 소중한 것이다. - 시간을 헛되이 보내지 마라. - 자투리 시간을 절약하라. - 시간을 절약해서 효과적으로 학습하라.' 등의 여러 사항을 살펴 보았다. 그러나 시간을 관리하고 통제하는 목적은, 더 빨리 학습하고 더 많이 학습하는 학습의 노예가 되기 위한 것이 절대로 아니다. 시간 경영의 진정한 목적은 보람 있고 여유 있는 풍요로운 인생을 살기 위한 것이다. 시간을 효과적으로 관리 하여, 자신을 위하여 그리고 세상을 위하여 의미 있고 보람 있는 꿈을 실현하는데 더 많은 시간을 보내고, 인간다운 삶과 행복한 생활에 더 많은 시간을 사용하기 위한 것이다. 시간 경영은 시간을 절약하는데 목적이 있지 않고, 자신과 세상을 위하여 시간을 활용하여, 시간의 가치를 높이는데 목적이 있다.

집중만이 전부다. 공연할 때, 나는 사람들이 무슨 말을 해도 들리지 않는다.
- 루치아노 파바로티Luciano Pavarotti

2.4 실행에 몰입하라.

분명한 비전, 확실한 목표, 체계적인 시간 계획을 수립하였음에도 불구하고, 어떤 사람은 성공하는데, 어떤 사람은 실패하는 것일까? 비전, 목표, 시간 계획이 아무리 우수하다 하더라도 실행하지 않으면 그림의 떡이 된다. 구슬이 서 말이라도 꿰어야 보배라는 속담처럼, 목표와 계획이 있어도 실행되어야 진가가 나타나게 된다. 래리 보시디Larry Bossidy와 램 차란Ram Charan은 <실행에 집중하라.>에서 "아인슈타인이 상대성 이론을 증명하기까지에는 10년 이상의 연구가 필요했다. 그의 위대함은 천재적 직관보다는 집요하게 매달린 그의 실행력에 있다"고 실행력의 중요성을 역설하고 있다. 또한 그들은 성공한 기업과 망하는 기업의 차이가 실행력의 차이에 있음을 밝히고 있다. 학습도 마찬가지이다. 성공하는 학습과 망하는 학습의 차이는 실행력의 차이라 할 수 있다. 세상의 모든 일은 실행 없이 저절로 이루어지지 않는다. 학습 목표를 달성하고자 하면, 플래너를 들여다 볼 것만 아니라, 지금 당장 실행에 옮겨야 한다. 정성을 다한 학업 계획이 작심삼일이 되지 않도록 즐거운 마음으로 실행할 수 있는 방법을 생각해 보자.

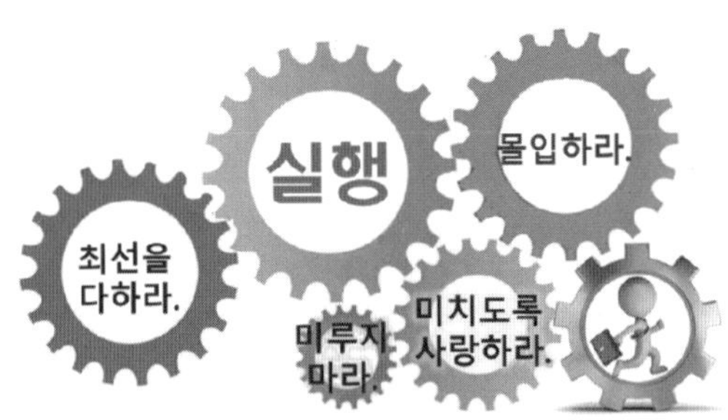

【그림 2-17】 실행에 집중하라.

학습을 미치도록 사랑하고 즐겨라.

재미있는 영화를 보면 시간이 빨리 간다. "어? 벌써 끝난 거야"할 정도로 시간의 흐름을 느끼지 못한다. 사랑하는 사람과 이야기할 때도 마찬가지이다. 시간가는 줄 모르고 이야기 속에 파묻히게 된다. 사람들은 재미있는 일을 하면 시간이 빨리 가고, 재미없는 일을 하면 시간이 늦게 간다고 느낀다. 심리적으로 느끼는 시간은 이처럼 상대적이고 커다란 차이가 있다. 설계된 학습 일정을 미루지 않고 실행하려면 학습 시간을 재미있는 시간으로 즐길 줄 알아야 한다.

학습 속에는 <반지의 제왕>과 같은 이야기, <불멸의 이순신>의 역동적 역사, <매트릭스>의 철학, <쥐라기 공원>속의 과학, <굿 윌 헌팅>에서의 수학은 등 온갖 재미가 듬뿍 들어 있는 종합 선물 세트이다. 학습 속에 들어 있는 맛있고 재미있는 요소를 발견하고 즐길 줄 알아야 한다. 학습을 무조건적으로 해야만 하는 의무로 생각하지 말고, 그 속안에 감추어진 진실한 재미를 찾아내어야 한다. 그리고는 마음껏 학습을 즐겨야 한다. "천재는 노력하는 사람을 이길 수 없고, 노력하는 사람은 좋아하는 사람을 이길 수 없으며, 좋아하는 사람은 즐기는 사람을 이길 수 없다."라는 말이 있다. 전설적인 무용가 바슬라프 니진스키Vaslav Nijinsky, 20세기를 그림으로 그린 파블로 피카소Pablo Picasso, 수학을 진정으로 사랑했던 폴 에어디쉬Paul Erdős 등 위대한 유산을 남긴 사람들은 학습을 사랑하고 즐겼던 사람들이다. 이들뿐만 아니다. 바둑을 공부하는 사람은 잠자리에 누워도 천장이 바둑판으로 보이고, 당구를 배우는 사람은 밥상에 놓인 그릇이 당구공으로 보인다. 학습에 재미를 느끼게 되면, 학습을 즐기게 되고, 즐거운 마음으로 학습 일정을 실행할 수 있고 편안하게 학습 목표를 달성할 수 있다.

악마의 유혹에 빠져 미루지 마라.

작심삼일. 굳게 결심한 마음이 사흘도 못 간다는 속담이다. 실제로 힘들여 계획을 세우고 굳게 결심해도 작심삼일이 되는 경우가 종종 있다. 우리 일상생활이 계획한 대로 기계처럼 진행되는 것은 아니지만, 학습 계획을 세워 놓고 실행하지 않으면 심적 스트레스로 인해 학습에 부정적인 결과를 초래하게 된다.

작심삼일이 되는 대부분의 원인은 미루기 때문에 발생한다. 미국의 한 설문 조사에서도 조사 대상자의 40%가 계획된 일을 미루고 있으며, 이로 인해 생활에 지장을 받았다고 응답하고 있다. 계획된 학습을 미루는 원인은 현실에 대한 안일한 생각과 학습 회피의 핑계 때문이다.

- **안일함**: 잘 될 거야. 아직 시간이 남아 있어. 내일 해도 되잖아.
- **회피**: 공부한다고 될 일이 아니야. 공부할 기분이 아니야. 공부는 힘든 거야.

일반적으로 학생들은 학습에 대한 부담감과 열등감으로 인해 계획된 학습을 미룰 핑계를 찾아 자기 방어 하고자 하는 경향이 있다. 핑계거리를 주는 악마의 속삭임은 달콤하여 계획된 학습을 일시적으로 미루는데 위안이 될지는 모르지만, 일을 미루었다는 수치심을 심어 주고 학습 목표를 달성하지 못한 자책감으로 심리적 고통을 유발한다. 학습을 미루라는 악마의 속삭임이 들리면 다음을 생각해 보자.

- 지금 나에게 가장 소중한 것은 무엇인가?
- 계획된 학습을 미루는 것이 현명하고 현실적인가?
- 일정을 미루어도 학습 목표를 달성할 수 있는가?

사소한 상황에 휘둘리지 말고, 위의 물음을 통해서 계획을 미룰 것인지 아니면 계획에 충실한 것인지를 현명하게 판단하고 결정하여야 한다. 계획된 학습을 미루지 않고 실행하려면 다음과 같은 사항들을 살펴보는 것이 좋다.

- **학습 목표를 분명하게 말할 수 있다.** 학습자는 학습 일정이 학습 목표와 어떤 관계가 있는지를 이해하고, 이에 대하여 설명할 수 있어야 한다.
- **학습 일정은 현실적이고 합리적으로 설정한다.** 항상 현실적이고 합리적으로 생각하고 실행한다. 학습자의 학습 의지와 학습 목표를 소중하게 생각한다.
- **목표 100% 달성에 연연하지 않는다.** 완벽주의자는 학습을 망치는 경우가 많다. 목표 100%를 달성해야 한다는 강박 관념에서 벗어나야 한다. 목표 80% 달성해도 훌륭한 성과라고 칭찬하자.
- **학습 일정을 완수 했을 때, 적절한 보상을 주도록 하자.** 예를 들어, 30분간 자신이 좋아하는 운동을 하거나 음악을 듣는 것처럼, 학습 일정 완수를 자축하도록 하자.

자주 듣는 명언 중의 하나가 "오늘 할 일은 내일로 미루지 마라."일 것이다. 오늘 할 일을 내일로 미룬다면, 내일은 분명히 엄청 힘들 날이 될 것이다. 결국에는 오늘도 망치고 내일도 망치게 되는 것이 미루는 습관이다. 악마의 속임수에 넘어가지 않는 현명한 사람이 되도록 하여야 할 것이다.

4 주어진 시간에 몰입하라.

미국의 저명한 교육 심리학자인 미하이 칙센트미하이Michaly Csikszentmihalyi교수는 비범한 업적을 이룬 대가들에게는 한 가지 공통점이 있다는 것을 발견하였다. 그것은 바로 몰입이었다. 그는 <몰입의 즐거움>, <플로: 미치도록 행복한 나를 만나다>, <몰입의 기술> 등 여러 서적은 출간하여 몰입의 중요성을 설파하고 있다. 몰입이란, 어떤 행동에 깊이 몰두하여 시간의 흐름이나 공간적 감각, 더 나아가서 자신에 대한 생각까지도 잊어버리게 되는 심리적 상태를 말한다. 토마스 에디슨이 연구에 집착한 나머지 끊는 물에 달걀 대신 시계를 넣었다는 너무 잘 알려진 이야기가 바로 몰입 상태이다.

불평 · 불만이 많은 청년이 왕을 찾아와서 인생의 성공 비결을 가르쳐 달라고 요청하였다. 왕은 잔에 포도주를 가득 부어 청년에게 주면서 말했다. "포도주 잔을 들고 시내 한 바퀴를 돌아오면 성공 비결을 가르쳐 주겠다. 그러나 포도주를 한 방울이라도 흘리면 네 목을 베겠다. 청년은 땀을 뻘뻘 흘리며 시내 한 바퀴를 돌아 왔다. 왕이 청년에게 물었다. "시내를 돌면서 무엇을 보았느냐? 물건을 팔고 사는 사람들을 보았느냐? 놀이터에서 노는 아이들이 무슨 노래를 부르더냐?". 청년 대답하기를, "포도주 잔에 신경을 쓰느라고 아무것도 보고 듣지 못했습니다." 그러자 왕이 말을 하였다. "바로 그것이 성공의 비결이다. 목표를 명확하게 세우고, 그 일에 집중해서 실행하면 주위의 유혹과 잡념을 물리칠 수 있다."

학습 계획을 실행할 때는 그 시간에 주어진 학습 과제에만 몰입한다. 주변의 여러 잡음에도 불구하고 포도주 잔을 흘리지 않으려고 모든 노력을 기울인 청년처럼, 오직 주어진 학습 과제에만 집중한다. 다른 것은 모두 다 잊고 오로지 주어진 학습 과제에만 몰두하는 것이다. 영어를 공부하면서 수학을 생각하거나, 수학을 공부하면서 국어를 생각하는 것은 어리석은 일이다. 이미 철저한 학습 계획을 작성하였기 때문에 다른 학습을 걱정할 필요가 절대로 없다. 100m 단거리 경주에서 결승점을 향해 질주하듯이, 볼록렌즈가 빛을 모아 종이를 태우듯이, 오직 주어진 학습 과제에만 몰입하도록 한다. 간혹 주위가 산만하여 집중을 어려워 하는 학습자가 있는데, 단거리 경주를 하고 있다고 생각하면서 학습 목표에 몰입하도록 한다. 분명한 목표가 있다면 주변의 잡음에도 흔들리지 않고 몰입할 수 있다.

커다란 업적이나 성공을 이룩한 사람들은 몰입 능력이 뛰어났음을 기억하자. 그들은 천재라서 몰입 능력이 높은 것이 아니라, 몰입 능력이 높아서 천재가 된 것이다. 자신의 모든 역량을 집결하여 주어진 학습 과제에 몰입할 때 학습 목표도 쉽게 달성된다.

실행에 최선을 다하자.

수영 선수가 되고 싶다면 어디에서 시간을 가장 많이 보내야 할까? 물속이다. 그렇다면 생각해 보자. 학습의 달인이 되려면 어디에서 시간을 가장 많이 보내야 할까? 학습이다. 계획된 학습 과제 실행에 최선을 다하여야 원하는 목표에 도달할 수 있다. 주변 환경이 여의치 않더라도 계획된 학습은 꼭 실행한다는 각오로 최선을 다하도록 한다. 그렇다고 학습 과제에 억눌리거나 학습 목표 달성에 집착할 필요는 없다. 여유 있게 넉넉한 마음으로 학습을 즐기면서 최선을 다한다는 마음자세로 노력하면 된다. 학습 목표도 100% 달성하면 좋지만 80%만 되어도 훌륭한 것이다. 어떤 경우에도 학습에 노예가 되어서는 안 된다. 학습에 의무적으로 끌려 다닐 것이 아니라, 학습자가 최선을 다하여 주도하여야 한다. 그래서 자신의 능력에 맞게 최선을 다하는 것이 필요하다.

반성하지 않는 삶은 가치가 없다.
- 소크라테스Socrates

2.5 자신의 학습을 자신이 평가하라.

어느 나라에 건장하고 용감한 청년을 살고 있었다. 어느 날, 마을에 방이 나붙었다. 난폭한 야생마 한 마리가 돌아다니는데, 이 말을 붙잡는 사람을 왕으로 추대한다는 내용이었다. 청년은 야생마를 잡으려고, 사력을 다하여 쫓아 다녔다. 야생마가 워낙 빨리 달리는지라, 몇 날을 쫓아 다녀도 야생마를 잡을 수가 없었고 청년은 탈진 상태가 되었다. 기진맥진한 청년을 본 노인이 청년에게 한마디 하였다. "여보게, 말을 쫓아다니지 말고 말이 지나가는 길목을 지키게나."

작성한 학습 계획을 무작정 실행한다고 해서 뛰어난 학습 성과를 이룰 수 있는 것은 아니다. 청년처럼 무작정 학습 계획을 쫓아다닐 것이 아니라 스마트하고 현명하게 계획을 실행하여야 한다. 또한, <토끼와 거북이 경주>의 토끼처럼 먼저 뛰어갔다고 자만하여 잠을 자서도 안 된다. 항시 처음 시작할 때의 마음 그대로 초지일관되게 실행에 몰입하여야 한다. 그러기 위해서는 자신의 학습 실행 과정을 학습자가 스스로 평가하고 문제점을 보완하여, 최상의 학습이 이루어지도록 하여야 한다. 학습자의 학습 실행 과정을 학습자 스스로 평가할 줄 알아야 하는 것이다.

학습 과정에서 학습자 평가는 아주 중요한 의미가 있다. 첫째로, 학습자가 자신의 학습 목표와 학습 계획을 확인하고, 새로운 마음의 각오를 다지는 계기가 된다. 학습 의욕 강화는 학습을 추진하는 원동력이고, 에너지이다. 둘째로, 학습의 수준과 질을 관리할 수 있게 된다. 학습의 문제점을 학습자 스스로 파악하여 개선함으로써 항시 최고의 학습 상태를 유지하게 된다. 학습 목표를 더욱 세련되게 초점화 하고 시간 계획을 학습자 수준에 맞추어 조정함으로써 자기 주도적으로 학습을 이끌어 나가게 된다. 셋째로는, 평가는 가치 판단의 능력의 하나로 학습에 중요한 요소이다. 교수-학습 및 교육 평가 분야에서 유명한 교육 심리학자 벤자민 블룸Benjamin S. Bloom은 교육 목표 분류 체계에서 평가evaluation를 학습의 최상위 인지 능력으로 설정하고 있다. 학습자 스스로가 자신를 평가해 봄으로써 최상위 인지 능력을 배양하는 부수적인 효과를 얻을 수 있게 된다. 이처럼 학습자 평가는 자기 주도적으로 학습을 개선하고 촉진하면서 학습 의욕을 고취하는 중요한 학습 활동이다.

즐거운 마음으로 평가하자.

학습 평가란 학습과 관련된 모든 것을 체계적이고 과학적으로 관찰, 측정, 분석하여, 수행한 학습의 가치와 질적 수순을 알아보는 것이다. 학습자 자신이 학업에 최선을 다했다면, 학습자는 자신이 어떠한 성과를 만들어 내었는지 당연히 알아보아야 한다. 그러나 학습자들은 평가를 시험 성적으로 오해하여 심한 거부감과 두려움을 갖고 있으며, 석차로 표현되는 경쟁 요소에 스트레스를 느끼고 있다. 학습 평가의 이러한 부정적 측면만을 생각하기 때문에, 학습자는 학습 평가를 기피하고 학습 성과를 확인하지 않아 학습 노력을 헛되게 만들어 버린다. 또한, 학습자는 학습이 어느 수준에서 어떤 방향으로 진행되는지 알지 못하기 때문에, 학습을 개선하고 혁신할 수 있는 기회를 상실하게 된다. 학습 평가는 학습자의 학습 상황이나 성과를 객관적으로 판단하는 것이지, 다른 사람들과 비교하는 것이 아님을 명심해야 한다. 학습 평가는 학습자의 모습을 거울에 비추어 보는 행위라 할 수 있다. 학습 평가의 목적은 일반적으로 [그림 2-18]과 같다. 학습 평가는 더 낫은 학습으로 나아가기 위해 학습자 자신을 되돌아보는 과정이지, 다른 사람과 비교하기 위한 것이 결코 아님을 알 수 있다.

【그림 2-18】 학습 평가의 목적

학습 평가는 평가 목표, 평가 시기, 평가 대상, 평가 주체, 평가 방법 등에 따라 다양한 형태가 있다. 이에 따라, 학교에서는 진단 평가, 형성평가, 총괄 평가를 여러 종류의 평가 방식을 활용하고 있다. 또한 선생님이 학습자가 학습 과제를 수행하는 과정이나 결과를 직접 관찰하여 판단하는 수행 평가 방법도 널리 활용되고 있다. 그러나 학습자 평가는 학습자(평가주체) 자신이 설정한 학습 목표와 학습 계획(평가대상)이 만족할 만큼 성취 또는 달성(평가목표)되었는지를 필요 시(평가시기) 마다 알아보는 것이므로 학교에서의 평가와는 차이가 있다. 학습자 평가는 학습의 질적 수준을 자기 주도적으로 꾸준하게 관리하기 위한 것으로 평가evaluation보다는 종합 판단assessment의 특성이 있다. [표 2-5]는 이런 한 특성을 고려하여, 학습자가 신속하고 효과적으로 자신의 학습을 평가할 수 있도록 도와주는 도구이다. [표 2-5]의 자기 학습 평가를 하는 데는 별로 시간이 들지 않는다. 자기 학습 평가는 학습 성과를 추수하여 곡간에 보관하는 과정이므로 정기적으로 또는 필요시마다 자기 학습 평가를 실시하도록 한다. 학습 성과를 내버리지 말고, 꼭 추수하여 보관하도록 하자.

[표 2-5]의 자기 학습 평가는 학습 과정 전반을 평가하기 위한 것이다. 그러므로 특정 학습 과제에 대하여 학습이 잘 진행 되었는지를 알아보기에는 어려움이 있다. 학습 과제 수행을 평가하고자 할 때는 [표 2-6]을 사용한다. 학습의 목적은 내용을 확실하게 이해하고 정리하여 문제 해결 능력을 배양하는데 있다. 학습 과제 평가는 학습 성과를 중심으로 [표 2-6]으로 평가한다.

- **요약 정리 능력:** 학습 내용을 이해하고, 이를 체계적으로 요약 정리하여 노트, 마인드 맵 등으로 작성하였는가?
- **발표 지도 능력:** 학습 내용을 친구에게 설명해 주거나 발표할 수 있는가? 발표 연습을 하여 보았는가?
- **분석 통합 능력:** 다른 학습 과제와 연관성을 생각해 보았는가? 유사 과제에는 어떤 것이 있는지 설명할 수 있는가?
- **문제 해결 능력:** 어떤 상황에 응용할 수 있는지를 이해하고 있으며, 응용문제를 풀 수 있는가?

[표 2-5] 자기 학습 평가표

자기 학습 평가표		
일자 :		
항목	평가 내용	종합 판단
학습 환경	• 학습 환경과 학습 시간을 만족하는가?	1 2 3 4 5 6 7 8 9 10
	• 선생님, 부모님, 친구 등이 나의 학습에 만족해하고 있는가?	1 2 3 4 5 6 7 8 9 10
자신감	• 스스로 학습하고자 하는 주도적 의지는 강한가?	1 2 3 4 5 6 7 8 9 10
	• 학습에 대한 스트레스는 스스로 해결하는가?	1 2 3 4 5 6 7 8 9 10
기획력	• 학습 목표를 체계적으로 설정하였는가?	1 2 3 4 5 6 7 8 9 10
	• 학습 계획은 적합하게 수립하였는가?	1 2 3 4 5 6 7 8 9 10
실행력	• 학습 플래너를 작성하고 상시 관리하는가?	1 2 3 4 5 6 7 8 9 10
	• 학습 계획에 의거하여 학습을 수행하는가?	1 2 3 4 5 6 7 8 9 10
	• 학습 시간에는 과제에 몰입하여 학습하는가?	1 2 3 4 5 6 7 8 9 10
성취도	• 설정한 학습 목표는 달성하였는가?	1 2 3 4 5 6 7 8 9 10
	• 학습 내용을 친구에게 설명할 수 있고, 응용문제를 풀 수 있는가?	1 2 3 4 5 6 7 8 9 10
만족도	• 자신의 학업 성취도에 만족하는가?	1 2 3 4 5 6 7 8 9 10
	• 향후 학습에 대해 관심과 기대가 있는가?	1 2 3 4 5 6 7 8 9 10

종합 평가	
잘한 점	개선할 점

[표 2-6] 학습 과제 수행 평가

<table>
<tr><th colspan="4">학습 과제 수행 평가</th></tr>
<tr><td>학습 과제</td><td colspan="3"></td></tr>
<tr><td>학습 목표</td><td colspan="3"></td></tr>
<tr><td>요약 정리 능력</td><td>발표 지도 능력</td><td>분석 통합 능력</td><td>문제 해결 능력</td></tr>
<tr><td>5</td><td>5</td><td>5</td><td>5</td></tr>
<tr><td>4</td><td>4</td><td>4</td><td>4</td></tr>
<tr><td>3</td><td>3</td><td>3</td><td>3</td></tr>
<tr><td>2</td><td>2</td><td>2</td><td>2</td></tr>
<tr><td>1</td><td>1</td><td>1</td><td>1</td></tr>
<tr><td colspan="4"></td></tr>
<tr><td colspan="2">학습 과제에서 얻은 내용</td><td colspan="2">보충 개선할 내용</td></tr>
<tr><td></td><td></td><td></td><td></td></tr>
</table>

하나의 학습 과제를 완수 하게 되면, 반드시 학습 과제 수행 평가를 작성해서, 학습을 통해서 어떤 능력이 배양되었는지를 확인하도록 한다. 학습 과제가 끝나면, 수행 평가서를 작성한 후에, 다음 과제를 나가도록 습관화 한다.

자기 학습 평가의 목적은 학습자 자신이 수행한 학습의 가치와 질적 수준을 되돌아보기 위한 것이다. 다른 사람과 비교하거나 성적을 올리기 위한 것이 결코 아니다. 때문에 자기 학습 평가에는 전혀 부담감을 느낄 필요가 없으며, 편안한 마음으로 자기 학습을 되돌아보도록 한다. 사람이 하루 생활을 반성해 보면서 더 나은 내일을 설계하는 것처럼 자신의 학습을 되돌아보고 자기 주도적으로 스마트하게 학습을 혁신해 나가도록 한다. 평가 결과에 연연할 필요도 부담감을 가질 필요도 없다. 자기 학습 평가를 통해 향후 학습이 나가야 할 목표와 전략을 세우는 계기를 만드는 것이 중요하다.

제 [3] 장

전체를 이해한 후, 핵심을 파악하라.

'산속에서 나무를 보지 말고, 한걸음 물러서서 숲을 보라.'는 말이 있다. 사소한 부분에 집착하여 큰 그림Big Picture을 보지 못하는 것을 경계하는 말이다. 산속에서 나무만 보다가는 길을 잃고 조난당하기 십상이다. 산속에서 물러나서 숲을 보아야 산의 참모습을 볼 수 있다. 학습도 마찬가지이다. 사소한 학습에 집착하게 되면, 학습의 참모습을 보지 못하고 핵심도 파악하지 못하고 방황만 하게 된다. 아무리 열심히 노력해도 원하는 성과를 얻지 못하고 미로 속을 헤매일 뿐이다.

학습의 전체holistic를 파악하여야 주도적으로 효과적 학습을 수행할 수 있다. 기업의 경영자CEO는 기업의 전체를 파악하고 있지만, 직원은 자신의 업무 이외에는 알지 못한다. 학습의 경영자가 되고자 하면 학습의 전체부터 파악하여야 한다. 학습 과제의 본질과 핵심을 이할 때 비로소 성과가 샘솟는 즐거운 학습이 될 수 있다.

목표의 견고함이 없다면 천재는 모순의 미로 속에서 노력을 낭비하게 된다.
- 필립 체스터필드Philip Chesterfield

3.1 학습의 미로에 빠지지 마라.

제주도는 많은 용암동굴을 가진 아름다운 화산섬으로 중앙에 1950m 높이의 한라산과 백록담이 있는 바다와 산이 어우러진 환상적인 풍경을 간직하고 있는 동화와 같은 세계이다. 이러한 제주도는 2007년 유네스코에 의해 세계 자연 유산으로 선정되어 그 아름다움을 보존할 수 있게 되었다. 제주도에 가면, 만장굴과 김녕사굴 사이에 김녕 미로공원이 있다. 김녕 미로는 세계적으로 유명한 미로 디자이너인 에드리안 피셔Adrian Fisher의 디자인을 바탕으로 1987년 만들어진 아시아 유일의 거대한 미로로, 조랑말, 고인돌등 제주도의 여러 상징을 미로로 표현하고 있다. 미로의 총 연장길이는 932m이고 입구에서 출구까지 짧은 코스는 10분이고 평균 25분 정도가 소요된다. 미로공원에는 높이가 약 2.5m인 영국산 랠란디 나무 약 1,232그루가 미로의 벽을 형성하고 있다. 미로의 장벽을 둘러싼 나무의 키가 커서 일단 미로에 진입하면 하늘밖에 보이지 않는다.

이제 자신이 미로의 한 가운데 갇혀 있다고 상상하고 생각해 보자. 미로에서 탈출할 수 있을까? 무작정 미로 속에 들어갔다면, 보이는 것은 오직 하늘과 높이 둘러싸인 나무 벽뿐이므로, 자신이 어디에 있는지, 어디로 가야할지, 무엇을 해야 할지 알지 못하므로 탈출하는 것은 전혀 불가능하다. 미로 속에 묻혀 자신의 현재 상황을 알지 못하면 길을 잃고 헤매게 될 뿐이다. 만약, 미로 지도를 가지고 있고 자신의 현재 위치를 알고 있다면, 어떻게 될까? 출구로 향하는 통로를 발견하고 쉽게 탈출할 수가 있을 것이다. 미로를 탈출하기 위해서는 미로 속에 있어서는 안 되고, 미로 밖 높은 위치에서 자신이 어디에 있는지를 볼 수 있어야 한다.

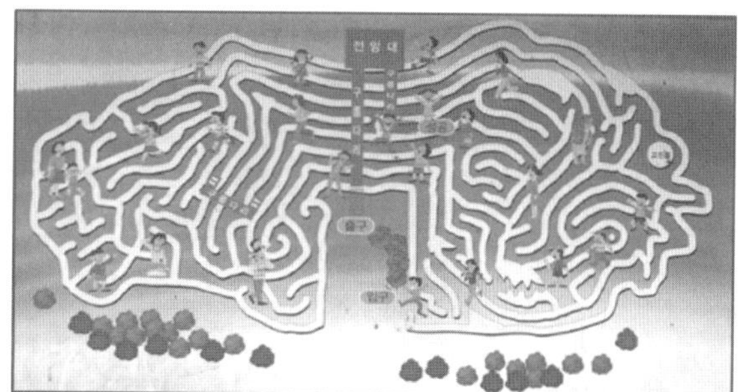

【그림 3-1】 미로 탈출

학습도 미로 탈출과 유사하다. 학습의 미로에 빠져서 학습의 진행 상황을 알지 못한다면 아무리 열심히 학습해도 학습의 미로 속만 헤매게 된다. 열심히 학습했는데도 무엇을 학습했는지 기억나지 않는다고 하는 낙담하는 학습자가 많다. 이런 학습자는 자신의 학습 능력을 의심하기도 하는데,

이는 학습 능력의 문제가 아니다. 학습자는 열심히 공부했다고 생각하지만 실제로는 학습의 미로에서 길을 잃고 방황하였을 뿐이다. 열심히 학습하고 있는 것으로 생각하는 학습자 중에는 실제로는 학습의 미로 속에서 열심히 방황하고 있는 학습자가 의외로 많다. 제대로 학습하기 위해서는 학습의 미로에서 벗어나 높은 위치에서 자신의 학습을 내려다 볼 수 있어야 한다. 숲속 안에서는 숲을 볼 수 없고, 숲을 보려면 숲 밖에서 높이 올라가야 한다. 학습의 미로에서는 자신의 학습을 볼 수 없고 학습 밖에서 내려다보아야 한다. 네비게이터가 길을 안내할 때 하늘에서 도시를 내려다보고 하는 것처럼, 학습의 미로 밖 높은 위치에서 학습을 내려다보아야 한다. 벽에 똑바로 글씨를 쓰려면 멀리 떨어져서 글씨가 제대로 쓰여 있는지를 살펴야 한다. 마찬가지로 학습이 똑바로 진행되고 있는지를 알려면, 멀리서 학습 전체를 살펴보아야 한다.

【그림 3-2】 밖에서 전체를 보자.

제대로 학습하고자 한다면, 학습 속에 파묻혀서는 안 된다. 학습 밖에서 학습 전체를 살펴 볼 수가 있어야 한다. 명화의 깊은 감동을 이해하려면 멀리 떨어져서 그림 전체를 보아야 하고, 바둑에서 형세 판단을 정확하게 하려면 바둑 전체를 보아야 한다. 전체를 살펴 볼 수 있어야 효율적으로 학습을 진행할 수 있다. 전체를 파악하는 능력은 학습의 고수, 학습의 신이 되기 위한 필수 요구 조건이다.

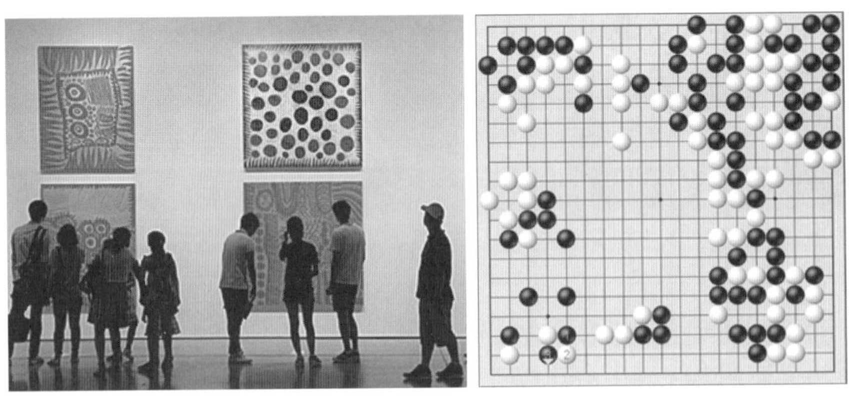

【그림 3-3】 전체를 이해하자.

그림이나 바둑처럼 학습에서도 학습 전체를 보지 못한다면, 학습자는 하고 있는 학습이 무엇인지 확실하게 알 수 없고, 학습의 장님이 되어, 결국에는 학습의 미로에서 방황하게 된다. 코끼리 코만으로 코끼리를 정확하게 이해할 수 없는 것처럼, 일부분만을 보아서는 학습 내용을 이해할 수 없다. [그림 3-4]처럼 일부분만을 띄엄띄엄 보게 되면 학습의 내용을 명확하게 이해할 수 없다. 전체를 보는 것은 학습의 첫걸음으로, 전체를 보고 나서 학습을 시작하여야 한다.

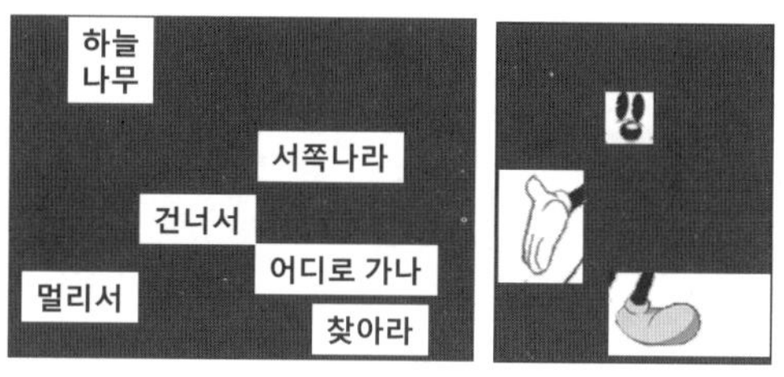

【그림 3-4】 무엇일까?

학습의 전체를 본다는 것은 [그림 3-3]처럼 학습 내용을 학습 밖에서 내려다보는 것뿐만 아니라, 다양한 측면에서 살려보는 것도 포함된다. 사물의 한쪽 면만 보아서는 사물의 실체를 정확하게 파악할 수가 없다. 전후, 좌우, 상하 등 다양한 측면에서 보아야 사물의 실체를 보다 확실하게 이해할 수 있다. 마찬가지로 학습도 다양한 측면에서 고찰하여야 학습 내용의 의미를 명확하게 이해할 수 있다. 학습을 다양한 측면에서 전개하기 위해서는 학습의 전체를 보아야만 한다.

【그림 3-5】 다양한 측면에서 보자.

학습의 제1원칙: 전체를 파악한 후, 핵심을 찾아라.

멀리 떨어진 높은 곳에서 학습 내려다 보거나 여러 측면에서 학습을 자세하게 살펴보는 것은 학습을 시작하기 전에 학습의 전체 형태와 내용을 분명하게 파악하기 위한 것이다. 외국의 여행을 떠나기 전에 그곳의 상황을 요모조모 살펴 보는 것처럼 학습을 시작하기 전에 학습의 전체를 이해하여 준비하는 것이다. 학습의 전체를 파악하지 않고 학습을 하게 되면, 필연적으로 길을 잃고 학습의 미로에 빠져 방황하게 된다. 학습의 전체를 이해한 후에 학습을 시작하는 것은 학습의 제1원칙이라고 할 수 있다. 학습의 전체를 파악하는 것을 좀 더 구체적으로 살펴보면, [그림 3-6]과 같다.

【그림 3-6】 전체를 파악하라.

학습의 전체를 파악하는 것은 학습 내용을 상세하고 자세하게 이해하는 것이 아니라, 전체의 대강, 윤곽, 골격 또는 학습 과제의 아우트라인을 파악하는 것이다. 전체의 구조를 파악한 후에, 학습을 구성하고 있는 핵심 과제를 찾아내고 핵심 과제들을 연결하여 학습 내용의 큰 틀을 이해하는 것이다. 궁극적으로는 학습 내용의 본질을 깨닫도록 하는 것이다. 학습의 전체를 파악하는 효과적 방법은 [그림 3-7]과 같다.

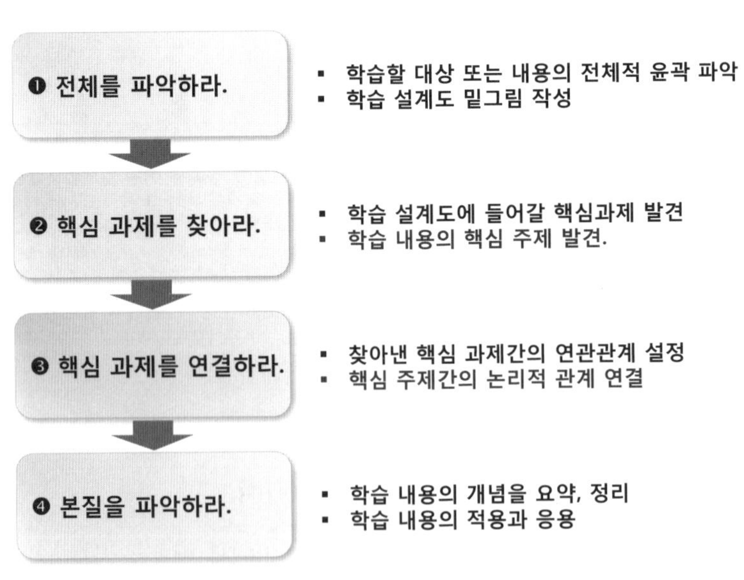

【그림 3-7】 학습의 전체를 파악하는 순서

아무리 중요한 역할이라고 하여도 전체 중 일부에 지나지 않는다.
- 찰리 채플린Charles Chaplin

3.2 학습의 전체를 파악하라.

중국 송나라시대의 유명한 문인 소동파의 시 중에 제서림벽題西林壁이 있다. 중국의 대표적 명산 중에 하나인 여산廬山을 보고 소동파가 읊은 시이다.

가로로 보면 고개요, 세로로 보면 봉우리라.

멀리서 가까이에서

높은데서 낮은데서 각기 다르구나.

여산(廬山)의 참모습을 알 수 없는 것은

단지 내가 이 산 가운데 있기 때문이리라.

소동파는 산 속에 있기 때문에 여산의 아름다움을 제대로 볼 수 없음을 한탄하고 있다. 산의 아름다움을 보고자 하면, 산속에서 나무만을 보지 말고 산 밖에서 산 전체를 보아야 한다. 앞서 말한 바와 같이 학습도 학습의 숲 속에서 벗어나, 멀리서 학습의 전체를 보아야 한다.

재일교포 2세로 정보통신 분야의 신화적인 존재로 알려진 일본 소프트뱅크의 손정의 회장은 큰 그림을 그렸기 때문에 사업에 성공할 수 있었다. "배를 탔을 때 사람들이 멀미를 하는 이유는 너무 가까이 보기 때문이다. 수 킬로미터 밖의 바다와 산이 어우러진 광경을 보고 있으면 멀미 할 이유가 없다." 손정의 회장의 말처럼, 전체를 볼 수 있다면 심리적 안정감까지도 얻을 수 있다. 학습의 전체적 모습을 못 보고 자질구레한, 세부적 학습 내용에만 매달리게 되면 멀미하게 된다. 학습에서 멀미하지 않으려면 학습의 전체의 모습을 보라.

효과적 학습 능력은 무엇이 중요한지를 알고, 중요한 곳에 집중하는 능력이다. 학습은 중요한 사항을 파악한 후에 살을 붙여 나가는 것이 효율적이다. 학습의 큰 줄기를 세운 다음, 곁가지를 붙여 나가는 것이다. 다음의 3가지 요령을 활용하여 학습의 전체 모습을 체계적으로 파악하도록 하자.

학습의 전체를 파악하는 요령 1: 상세한 내용은 치워두라.

학습은 그림 그리기와 매우 유사하다. 그림을 그릴 때는 먼저, 그리고자 하는 대상의 대략적 윤곽을 스케치하고 각 부분을 점진적으로 상세하게 그려 나가게 된다. 학습도 학습 과제의 윤곽, 골격 또는 구성을 먼저 이해한 후에, 점차 자세하게 보충해 나가면 최종에는 완성된 학습에 도달하게 된다.

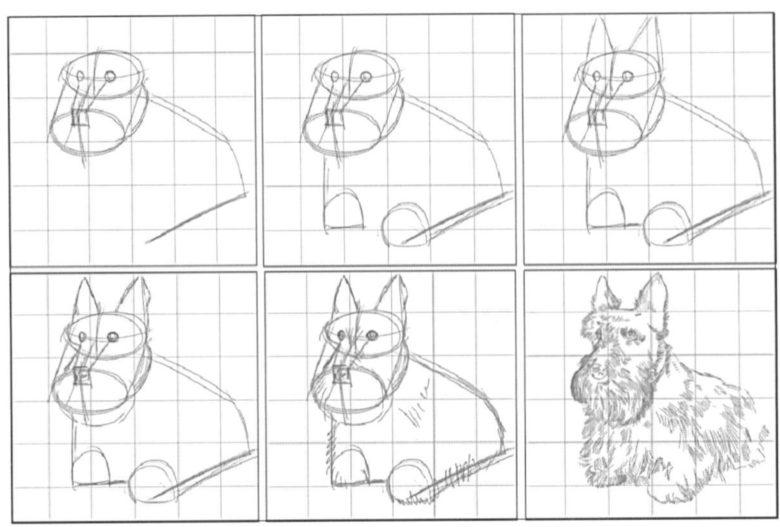

【그림 3-8】 그림 그리기와 학습

학습의 전체를 파악한다는 것은 핵심 학습 과제를 찾아내는 것이다. 그러기 위해서는 학습 전체를 보고, 상세한 것, 사소한 것, 복잡한 것 등을 제외하고, 학습에 뼈대가 될 핵심 학습 과제를 가려내어야 한다.

- 처음부터 끝까지 쭉 훑어보면서
- 상세한 것, 사소한 것, 복잡한 것을 제외하면서
- 핵심 학습 과제에 해당하는 것을 찾아낸다.

학습의 전체 파악은 말 그대로 학습의 전체 구조를 파악해서, 세부 학습 과제가 무엇인지를 알아내어 학습을 계획하는 준비단계이다. 처음부터 끝까지 훑어보면서 어떤 내용이나 어떤 과제가 있는지를 살펴 보는 것이다.

훑어보기skimming은 학습 대상의 전체 구조, 뼈대 또는 골격을 이해하기 위해서 처음부터 끝까지 부담없이 살펴 보는 것을 말한다. 즉, 거시적 관점에서 학습 대상 전체를 관찰하는 것이다. 관찰이란 단순히 보는 것이 아니라. 목적을 가지고 무엇인가 발견하고 이해하기 위해 적극적으로 탐색하는 것이다. 건성으로 훑어보기를 할 것이 아니라, 학습 과제의 전체적 구성, 핵심 개념, 핵심 단어들이 무엇인지를 파악하여야 한다. 학습할 대상에 따라, 학습의 전체를 파악하는 요령을 [표 3-9]에 설명하였다. 다른 학습대상에 대해서도 유사한 방법으로 학습의 전체를 파악할 수 있을 것이다.

학습의 전체를 파악하였으면, 반드시 학습의 전체 설계도를 작성하여야 한다. 학습 전체 설계도는 학습의 전체 내용을 보여 줄 뿐만 아니라, 학습 계획, 학습의 진행 방향을 알려주는 학습의 네비게이터navigator의 역할을 한다. 학습의 전체 설계도를 보면, 자신이 어느 위치에 있는지. 어디로 가야하는지 알 수 있기 때문에, 학습의 미로에서 헤매는 일이 절대로 없다. 학습의 전체 설계도 작성에 대하여는 아래에서 자세히 설명한다.

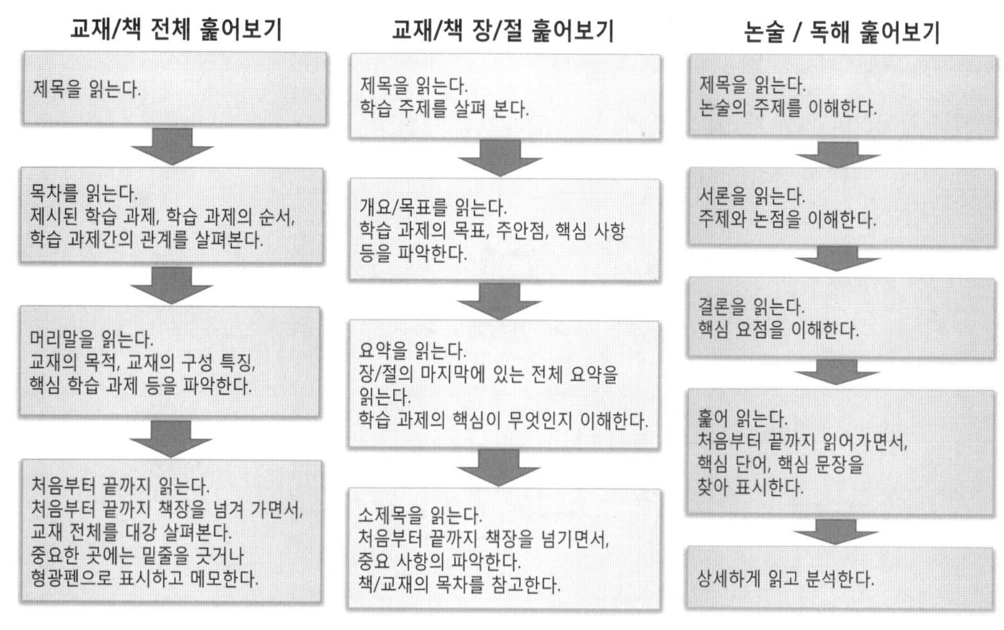

【그림 3-9】 학습의 전체 파악 요령

학습의 전체를 파악하는 요령 2: 학습 설계도를 그려라.

"눈 덮힌 알프스 산은 무척 아름답다."라고 하는 것보다, 한 장의 사진을 보여주는 것이 알프스 산의 아름다움을 확실하게 이해할 수 있다. 이처럼 그림은 전체적인 내용을 실감나게 한 눈에 보여 줌으로써 이해를 빠르게 하는 마력이 있다. 최고의 물리학자이고 노벨 수상자이며 명강의자였던 리차드 파인만Richard Feynman은 "나는 문제의 형태적 특징을 먼저 봅니다. 특징을 파악하는 것은 그림 그리는데 절대적으로 필요한 것입니다."라고 그림 그리기의 중요성을 강조하였다. 아인슈타인 역시 한 인터뷰에서, "나는 언어로 생각하지 않습니다. 생생하게 움직이는 형태와 그림으로 생각합니다."라고 하였다. 이처럼 그림 그리기는 효과적 학습과 창의성 개발에 필수적이다. 교육의 아버지로 칭송받는 페스탈로찌John Pestalozzi는 "시각적 이해"를 가르치는 일이 다른 어떤 교육보다도 선행되어야 한다고 강조하였다. 인간의 두뇌 역시 그림으로 시각화된 내용을 더 빨리 흡수하며, 뇌의 기억구조는 2차원 평면의 네트워크 형식으로 알려지고 있다. 실제로 1970년대 토니 부잔Tony Buzan에 의해서 개발된 마인드 맵mind-map은 뇌가 기억하는 구조를 그대로 그림으로 표현한 것이다. 이처럼 그림 그리기는 가장 중요한 학습 활동이라고 할 수 있다. 그림 그리기의 중요성을 고려하여 제4장에서 그림 그리기에 대하여 상세하게 설명한다.

학습의 전체 내용도 그림으로 그려야 빠르게 이해된다. 학습의 전체 설계도는 학습 과제를 보여 줄 뿐만 아니라, 학습 계획을 수립하는데 기초 자료가 되고, 학습 진행 상황을 파악하고 방향을 알려주는 안내자의 역할을 하기 때문에 더욱 중요하다. 학습의 전체 설계도는 핵심 과제와 이들 간의 관계를 파악하기 위한 것이므로 학습의 구체적 내용이 아니라 학습 과제에 중점을 두어 작성한다.

- 학습의 세부 핵심 과제를 찾아내고
- 핵심 과제간의 연관 관계를
- 한 장의 그림으로 작성한다.

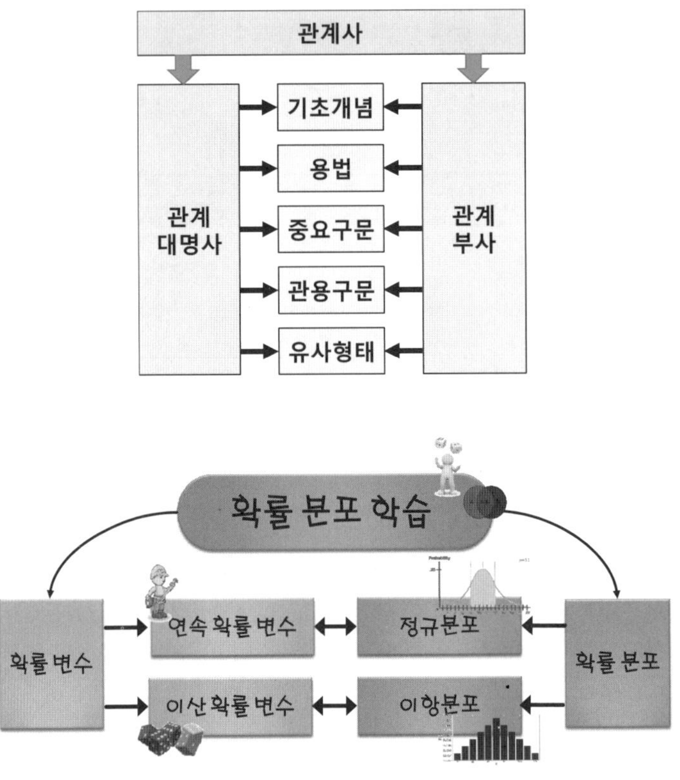

【그림 3-10】 학습의 전체 설계도 예

학습의 전체 설계도는 반드시 한 장을 그리는 것이 좋다. 한 눈에 학습의 전체를 파악할 수 있어야 학습 설계도의 목적을 달성할 수 있다. 학습 설계도를 그리는 방법에는 여러 가지가 있다. 제4장에서 설명하는 마인드 맵, 차트, 지식 지도, 매트릭스, 다이어그램 등 다양한 그래프 구성자graphic organizer 등을 이용하여 학습의 전체 설계도를 그린다. 그림 그리는 방식에 얽매이지 말고, 학습의 전체 과제가 효과적으로 표현될 수 있도록 하는 것이 중요하다. 또한, 이해를 돕기 위해 컬러펜을 사용하고 아이콘icon 등 간단한 그림을 활용하여 내용을 강조하는 것도 기억에 도움이 된다.

[그림 3-10]은 학습의 전체 설계도의 예를 보인 것이다. 영어의 관계사 학습에 중요한 핵심 학

습 과제를 한 눈에 파악할 수 있을 것이다. 수학의 경우, 확률변수나 확률분포 간의 관계를 확실하게 파악할 수 있다. 이처럼 학습의 전체 설계도를 통해 무엇을 학습하여야 할지를 분명하게 파악할 수 있게 되고, 이를 활용하여 제2장에서 설명한 학습 계획도 체계적으로 작성할 수 있다.

지식을 얻으려면 공부를 해야 하고, 지혜를 얻으려면 관찰을 해야 한다.
- 마릴린 보스 사번트Marilyn vos Savant

3.3 핵심을 찾아내어 연결하라.

어느 날 동물원의 관리인이 우리 밖으로 뛰어나온 캥거루들을 발견하였다. 동물원측은 긴급 회의를 열어서 10m 높이의 캥거루 우리를 20m로 높이기로 하였다. 캥거루가 우리 밖으로 뛰쳐 나온 것은 우리가 너무 낮기 때문이라고 판단 한 것이다. 그런데 다음날, 관리인은 또다시 우리를 빠져 나온 캥거루를 발견하였다. 이번에는 다시 우리를 30m로 높였지만, 문제는 거기서 끝나지 않았다. 캥거루는 다음날도, 그 다음날에도 계속 우리 밖으로 뛰쳐 나왔던 것이다. 동물원 관리인들은 캥거루의 점프 실력에 혀를 내두르며 우리를 50m로 높이기로 결정하였다. 어느 날, 캥거루에게 옆 우리에 있는 기린이 물었다. "애들아, 관리인들이 언제까지 우리를 높일 것 같니?". "글쎄, 잘 모르겠어. 우리 문을 잠그는 것을 잊는다면, 아마도…"

일상생활에서도 이처럼 사태의 핵심을 파악하지 못하면 바보같이 엉뚱한 일만 하게 된다. 학습 역시 학습 과제의 핵심을 파악하지 못하면 엉뚱한 곳에서 쓸모 없는 노력을 하게 되고, 결국에는 학습의 미로에 빠지게 된다. 학습에서 종종 마주하게 되는 실제 예를 간단한 물리 문제를 통해서 알아보자.

물 500g이 들어있는 비커가 있다 여기에 부피 40㎤, 무게 30g의 나무 조각을 넣었더니, 나무 조각의 20㎤가 물에 잠겼다. 이때 전체의 무게는 얼마인가?

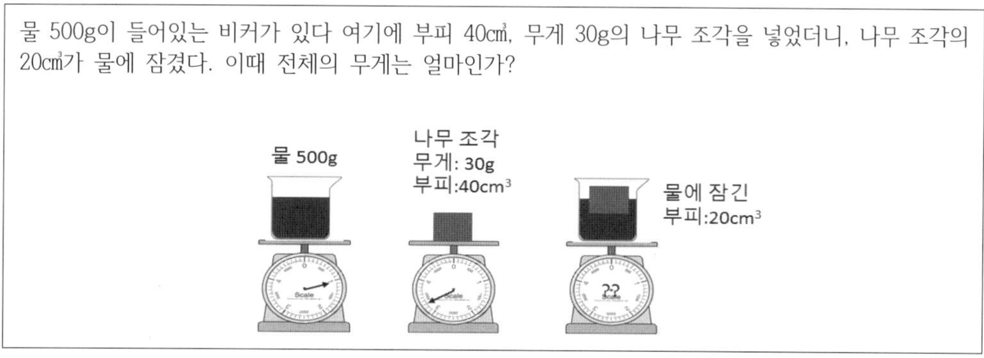

위의 간단한 물리 문제의 핵심은 무게의 개념이다. 무게가 질량 × 중력 가속도(mg)인 물리량임을 알고 있다면, 전체 무게가 530g이 됨을 쉽게 간파 할 수 있다. 그러나 핵심 개념을 이해하고 있지 못하면 아르키메데스의 부력의 원리를 적용하는 등 복잡한 계산을 하게 되고 결국에는 엉뚱한

답을 하게 된다.

핵심을 파악하는 것이 학습의 기본이다. 핵심 파악은 학습 과제에 대하여 충분한 지식을 가지고 있어야 하며, 문제 분석, 추론, 통합 등의 종합적 사고력이 요구된다. 따라서 핵심을 파악하는 일은 쉬운 일이 아니기 때문에, 평소에 관심을 갖고 지속적으로 사고력을 개발하여야 한다.

학습 과제의 핵심파악은 조개 껍질이 널려있는 해변가에서 숨어 있는 진주를 찾는 것과 같으며, 효과적으로 진주를 발견하기 위해서는 통합적 사고력이 요구된다. 그럼에도 불구하고, 핵심 파악 요령을 간단히 요약하면 다음과 같다.

- **사소한 것을 제거하고**
- **핵심 특징을 찾아내라.**

불필요하거나 사소한 조개 껍질을 제거하고 나면 진주를 발견할 수 있는 것처럼, 사소한 학습 내용, 덜 중요한 학습 내용을 무시하면, 핵심 학습 내용을 발견할 수 있다. 사소한 것을 무시하고 핵심 특징을 찾아내는 방법을 추상화abstraction라고 하는데, 창의사고의 중요한 능력 중 하나이다.

언어 능력이 핵심 파악의 기초이다. 글의 핵심을 파악하라.

핵심을 파악하는데 가장 중요한 것은 언어 능력이다. 인간의 모든 생각과 지식은 일차적으로 언어로 표현된다. 수학의 공식이나 과학의 법칙도 모두 언어로 표현된다. 넓은 의미에서 음악이나 미술도 언어 표현의 한 형식으로 간주할 수도 있다. 따라서 언어 능력이 있어야 학습 내용의 핵심을 발견할 수 있다. 언어 능력은 생각의 표현, 지식의 습득, 창의적 문제 해결의 원동력이 되는 중요한 요소이다. 학습 능력을 키우기 위해서는 무엇보다도 언어 능력을 키워야 함은 말할 것도 없다. 수학, 과학, 사회, 예술, 심지어 영어를 잘 하려면 먼저 국어에 대한 언어 능력이 뒷받침 되어야 한다. 국어에 대한 언어 능력이 없으면 어떤 사고력도 기대하기 어렵다.

언어 능력을 키우기 위해서는 무엇보다도 글text의 핵심을 파악하는 능력을 키워야 한다. 글의 핵심을 파악할 줄 알면 학습 과제의 본질을 이해하게 되고 주도적으로 학습을 이끌어 나갈 수 있게 된다. 논술문의 예를 통해서 글의 핵심을 파악하는 방법을 알아보도록 한다.

먼저 글의 조직구성에 대하여 살펴보자. 일반적으로 글의 구성은 [그림 3-11]처럼 요약할 수 있다. 개별 문장이 모여서 문단(단락)을 이루고, 문단이 모여서 글이 완성된다. 이때, 문단은 하나의 통일된 생각을 표현하는 생각의 덩어리로 글을 구성하는 중요한 요소가 된다. 따라서 글의 핵심 파악은 문단이 아주 중요한 역할을 한다. 그러면 다음 논술문을 읽고, 요약, 주제 그리고 제목을 알아보자.

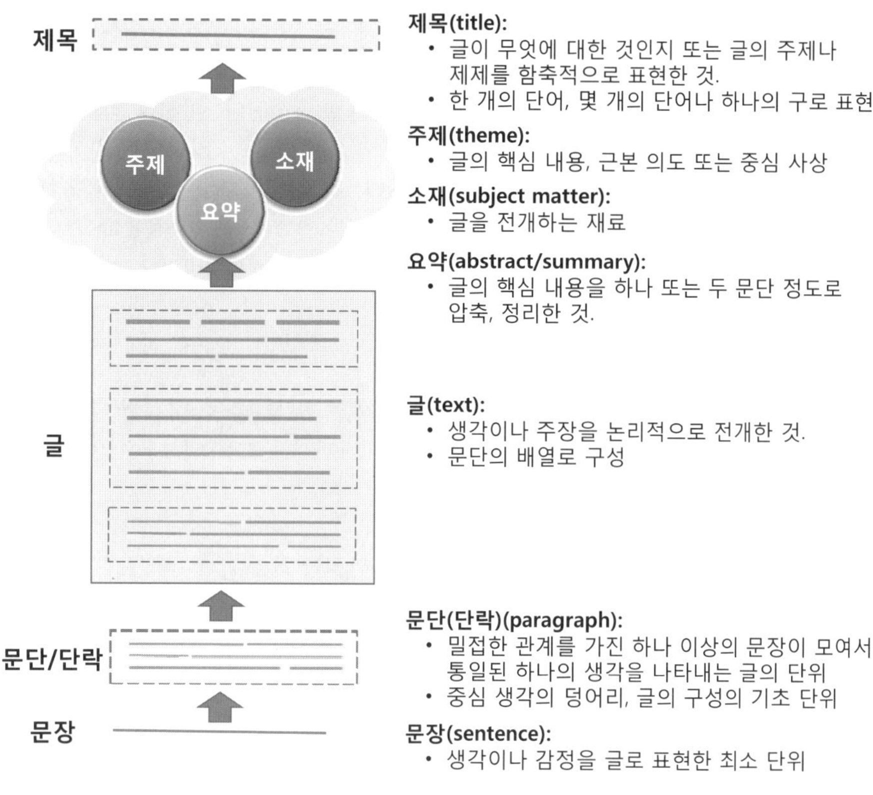

【그림 3-11】 글 구성의 구조

음악은 시간 예술이다. 회화나 조각과 같은 공간예술과는 달리, 음악에서는 시간이 흐르면서 사라지는 음을 기억하기 위한 방법이 필요하다. 작곡가들은 그 방법의 하나로 반복을 활용했다. 즉 반복을 통해 어떤 일이 어떻게 일어났는지를 기억하여 악곡의 전체를 쉽게 파악할 수 있도록 한 것이다. 이러한 반복의 양상과 효과는 <비행기>와 같은 동요에서도 확인할 수 있다. 이 동요에서는 반복되는 선율이 노래를 하나로 묶어 주고 있다. 무반주 성악곡을 즐겨 부른 르네상스 시대의 다성 음악 양식에서는 입체적인 효과를 주기 위한 기술적인 방법으로 '모방'을 선택했다. 이때 모방은 노래의 시작 부분에서 돌림 노래와 비슷한 방식을 적용함으로써 구현된다. 예를 들어 소프라노 성부의 노래에 뒤이어 알토 성부가 시간차를 두고 같은 선율로 시작하는 반복 기법을 적용하는 것이다. 이렇게 돌림 노래처럼 시작한 후에는 각 성부가 서로 다른 선율로 노래를 이어간다. 이로써 다성 음악 양식에서는 성부의 독립성을 추구하면서 통일감을 느끼게 해 주는 짜임새가 만들어졌다. 다성 음악의 시대를 지나 바로크 시대로 들어서면 성악 음악을 구현하는데 모방은 더 이상 효과적인 기법이 아니었다. 이제 음악가들은 화성을 중시해서, 여러 성부로 이루어진 음악을 연주하기보다 화성 반주에 맞추어 하나의 선율을 노래하는 짜임새를 선호하게 되었다. 화성 반주의 악보 중에는 저음 성부에서 일정한 패턴이 반복되는 경우가 있다. 이때 고음 성부에서는 선율이 반주에 맞춰 변화되는 이른바 장식적 변주가 나타난다. 이로써 반복의 일관성과 변주의 다양성을 통해 조화된 아름다움을 이룰 수 있게 되었다. 고전 시대에는 반복이 악곡의 형식을 결정하는 요소로 사용된다. 이 시대에 널리 쓰인 소나타는 주제가 다른 여러 악장이 음악적 대조를 이루는데, 마지막 악장은 첫 악장에 비해 상대적으로 쉬운 음악으로 구성된다. 마지막 악장의 이런 성격을 표현하는 데에는 론도 형식이 적합하다. 이 형식은 악장의 주제를 주기적으로 반복하는 사이사이에 이와 대조되는 새로운 주제들을 삽입하는 방식이다. 각 시대의 작곡가는 입체적인 모방, 장식적인 변주, 형식적인 반복 등 다양한 방법을 통해, 시간의 흐름 속에 구현된 악곡 전체의 모습을 파악할 수 있게 하였다. 결국 음악은 시대마다 그 양상은 다르지만, 반복을 기본 원리의 하나로 활용하여 만들어진 것이다.

논술문의 제목이나 주제가 알려져 있지 않은 경우에는 바로 훑어 읽기를 하여야 한다. 이런 경우, 글의 핵심 파악은 [그림 3-12]와 같이 단계별로 체계적으로 수행하는 것이 효과적이다.

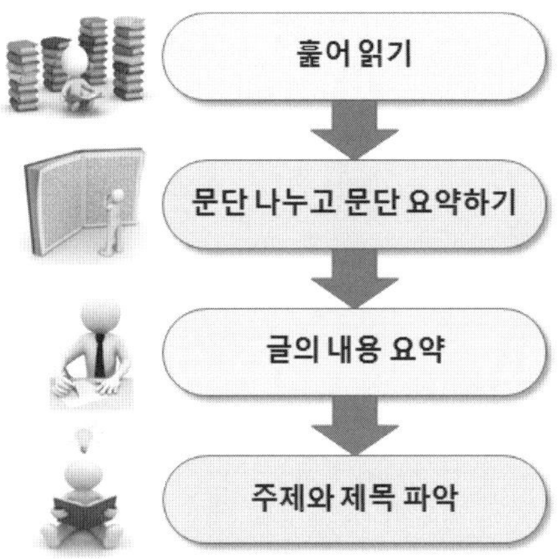

【그림 3-12】 글의 핵심 파악 절차

[그림 3-11]의 글의 조직 구성과 비교해 보면, 이렇게 단계별로 수행하여야 요약, 주제, 소제와 제목을 파악할 수 있음을 알 수 있다. 논술문의 핵심 파악은 이와 같이 반드시 단계별로 수행하여야 하며, 조금만 노력하면 쉽게 숙달할 수 있다.

① 훑어 읽기

핵심파악의 기본 요령은 "사소한 것을 제거하고, 핵심특징"을 찾아내는 것이다. 훑어 읽기에서는 처음부터 한 문장씩 문장 단위로 읽어가면서 사소한 수식어, 중요하지 않거나 덜 중요한 것을 제거하고 문장의 핵심내용을 간략하게 압축한다.

세상이 각박해지고 자기만 아는 사람들이 많아지고 있지만, 두고두고 우리들의 마음을 촉촉하게 적시는 미담의 주인공들도 늘어나고 있다.

위의 문장에서 중요하다고 생각되는 단어를 찾아 밑줄을 쳤다. 위의 긴 문장은 밑줄 친 단어를 중심으로 다음과 같이 압축할 수 있다.

- 자기만 아는 사람들이 많지만, 우리들의 마음을 적시는 미담의 주인공들도 늘어나고 있다.
- 우리의 마음을 적시는 미담의 주인공들도 늘어나고 있다.
- 미담의 주인공들이 늘어나고 있다.

사소한 것을 버리고 핵심을 압축하면 뜻이 분명해진다. 어디까지 압축할 것인가는 학습자의 언어 능력이 이해할 수 있는 수준까지 하는 것이 좋다. 훑어 읽기는 처음부터 한 문장씩 재빠르게 읽어 가면서, 사소한 것을 버리고, 핵심 단어를 찾아 밑줄을 긋는 것이다. 위 논술문의 경우, 훑어 읽기로 다음과 같이 밑줄을 그을 수 있을 것이다. 밑줄을 그을 때는 좀 더 압축된 짧고 단순한 구조의 문장이 만들어지도록 하는 것이 키 포인트이다.

> 음악은 시간 예술이다. 회화나 조각과 같은 공간예술과는 달리, 음악에서는 시간이 흐르면서 사라지는 음을 기억하기 위한 방법이 필요하다. 작곡가들은 그 방법의 하나로 반복을 활용했다. 즉 반복을 통해 어떤 일이 어떻게 일어났는지를 기억하여 악곡의 전체를 쉽게 파악할 수 있도록 한 것이다. 이러한 반복의 양상과 효과는 <비행기>와 같은 동요에서도 확인할 수 있다. 이 동요에서는 반복되는 선율이 노래를 하나로 묶어 주고 있다. 무반주 성악곡을 즐겨 부른 르네상스 시대의 다성 음악 양식에서는 입체적인 효과를 주기 위한 기술적인 방법으로 '모방'을 선택했다. 이때 모방은 노래의 시작 부분에서 돌림 노래와 비슷한 방식을 적용함으로써 구현된다. 예를 들어 소프라노 성부의 노래에 뒤이어 알토 성부가 시간차를 두고 같은 선율로 시작하는 반복 기법을 적용하는 것이다. 이렇게 돌림 노래처럼 시작한 후에는 각 성부가 서로 다른 선율로 노래를 이어간다. 이로써 다성 음악 양식에서는 성부의 독립성을 추구하면서 통일감을 느끼게 해 주는 짜임새가 만들어졌다. 다성 음악의 시대를 지나 바로크 시대로 들어서면 성악 음악을 구현하는데 모방은 더 이상 효과적인 기법이 아니었다. 이제 음악가들은 화성을 중시해서, 여러 성부로 이루어진 음악을 연주하기보다 화성 반주에 맞추어 하나의 선율을 노래하는 짜임새를 선호하게 되었다. 화성 반주의 악보 중에는 저음 성부에서 일정한 패턴이 반복되는 경우가 있다. 이때 고음 성부에서는 선율이 반주에 맞춰 변화되는 이른바 장식적 변주가 나타난다. 이로써 반복의 일관성과 변주의 다양성을 통해 조화된 아름다움을 이룰 수 있게 되었다. 고전 시대에는 반복이 악곡의 형식을 결정하는 요소로 사용된다. 이 시대에 널리 쓰인 소나타는 주제가 다른 여러 악장이 음악적 대조를 이루는데, 마지막 악장은 첫 악장에 비해 상대적으로 쉬운 음악으로 구성된다. 마지막 악장의 이런 성격을 표현하는 데에는 론도 형식이 적합하다. 이 형식은 악장의 주제를 주기적으로 반복하는 사이사이에 이와 대조되는 새로운 주제들을 삽입하는 방식이다. 각 시대의 작곡가는 입체적인 모방, 장식적인 변주, 형식적인 반복 등 다양한 방법을 통해, 시간의 흐름 속에 구현된 악곡 전체의 모습을 파악할 수 있게 하였다. 결국 음악은 시대마다 그 양상은 다르지만, 반복을 기본 원리의 하나로 활용하여 만들어진 것이다.

훑어 읽기를 빠르게 하기 위해 안구 운동이나 속독이 소개되기도 하였다. 이런 방법도 다소 효과가 있을지는 모르지만, 중요한 것은 속도가 아니라 내용 파악이다. 학습을 즐겁게 하여야지 부담감으로 스트레스를 느끼면서 학습하게 되면 오히려 효과가 감퇴하게 된다.

② 문단 나누고 문단 요약하기

문단은 글을 구성하는 논리적 기초 단위이다. 때문에 문단을 파악하는 것은 글의 주제나 제목을 밝히는데 필수적이다. 문단은 여러 문장이 뭉쳐서 통일된 하나의 생각을 표현하는 것이므로, 문단 나누기는 상호 연관성이 있는 문장들을 그룹화 하는 것이다. 일반적으로 선행 문장과 뒤따르는 후행 문장은 의미적 또는 논리적 연결 관계로 연결된다. 이러한 연결 관계가 있는 문장은 같은 문단에 속하며, 연결 관계가 없는 문장을 다른 문단에 속하게 된다. 문단을 나누기 위해서는 먼저 선행 문장과 후행 문장간의 연결 관계를 파악한 후, 연결 관계로 묶여 있는 그룹을 분간해 내어야 한다.

[표 3-1] 압축 문장 간의 연결 관계를 파악

문장번호	압축 문장	연결 관계
①	음악은 시간 예술이다.	도입
②	음악은 사라지는 음을 기억하는 방법이 필요하다.	문제제기
③	작곡가는 반복을 활용했다.	해결방안
④	즉, 반복을 통해 기억하여, 악곡 전체를 파악하도록 하였다.	보충설명
⑤	이러한 반복은 동요에서도 확인된다.	예시
⑥	동요에서는 반복되는 선율이 노래를 묶어 준다.	보충설명
⑦	르네상스 시대의 음악에서는 모방을 선택했다.	새 사실
⑧	모방은 돌림 노래 방식으로 구현된다.	보충설명
⑨	예를 들어, 성부 간 시간차를 두고 반복 기법을 적용한다.	설명
⑩	노래를 시작한 후 각 성부는 다른 선율로 이어간다.	보충설명
⑪	이로써 독립성과 통일감을 느끼는 짜임새가 만들어졌다.	요약정리
⑫	바로크 시대에는 모방이 효과적인 기법이 아니었다.	반대전환
⑬	음악가들은 화성을 선호하게 되었다.	새 사실
⑭	화성 반주 악보 중에는 저음 성부에서 반복되는 경우가 있다.	예시
⑮	이때, 고음 성부에서는 장식적 변주가 나타난다.	보충설명
⑯	이로써, 반복의 일관성과 변주의 다양성을 통해 아름다움을 이루었다.	요약정리
⑰	고전 시대에는 반복이 악곡 형식을 결정했다.	새 사실
⑱	소나타는 마지막 악장은 첫 악장보다 쉬운 음악으로 구성된다.	예시
⑲	마지막 악장의 성격에 론도 형식이 적합하다.	특징보완
⑳	이 형식은 주제가 반복되는 사이사이에 대조되는 주제를 삽입한다.	보충설명
㉑	각 시대의 작곡가는 다양한 방법으로 악곡 전체를 파악할 수 있게 하였다.	통합정리
㉒	결국 음악은 반복을 기본 원리로 만들어진다.	요약정리

위에서 예를 든 논술문의 경우, 훑어 읽기에서 압축된 문장 간의 연결 관계를 파악해 보면 [표 3-1]과 같다. 이해를 돕고자 훑어 읽기를 통해 압축된 문장의 예도 함께 보였다. 압축된 문장을 살펴보면서 전후 문장 간의 의미적 연결 관계를 생각해 보자. 전후 문장 간의 의미적 관계는 제시설명, 사실보충, 원인결과, 대등병렬, 나열선택, 화제전환, 비유예시, 환언요약 등 다양한 연결 관계가 있으므로 일률적으로 결정하는 것은 어렵다. 문장의 의미를 중심으로 전후 문장이 의미적, 논리적으로 연결 가능한가를 생각하여야 한다. 이때 접속어(그리고, 또한, 그러므로, 따라서, 혹은, 이로써, 즉, 다시 말하면…)와 지시어(이것, 저것, 그것…)을 참고하면 전후 문장의 연결 관계를 파악하는데 도움이 된다. 위에서 예를 든 논술문의 경우, 압축 문장을 중심으로 [표 3-1]처럼 전후 문장의 연결 관계를 파악할 수 있다.

전후 문장 간의 관계가 파악되었으면, 상호 연결된 문장을 그룹화 하여 문단을 형성할 수 있다. 문장간 연결 관계가 있고 그룹화 되어 하나의 주제를 표현할 수 있을 때 함께 묶을 수가 있다. [표 3-1]의 전후 문장의 연결 관계와 서술된 내용을 종합하면, [표 3-2]처럼 5개의 문단으로 나눌 수 있다.

문단을 형성하고 있는 문장 간의 연결 관계와 이들이 나타나는 독립적인 개념 또는 생각에 대하여 살펴보기 바란다.

[표 3-2] 문단의 요지

번호	구성문장	문단 요지	문단의 성격
1	① - ⑥ (소주제문:3)	음악은 시간의 예술이므로, 시간에 따라 사라지는 음을 기억하는 방법이 필요하다. 작곡가는 이를 위해서 반복기법을 활용하여 악곡전체를 기억하도록 하였다.	도입 (서론)
2	⑦ - ⑪ (소주제문:7)	르네상스 시대의 음악은 돌림 노래 방식으로 구성되는 모방을 선택했다. 성부가 시간차를 두고 시작한 후 각 성부가 다른 선율을 이어가는 방식이다. 이로써 독립성과 통일감을 느끼는 짜임새를 구현하였다.	전개 설명
3	⑫ - ⑯ (소주제문:13)	바로크 시대에는 화성을 선호하였다. 화성 반주에서는 저음부에서는 반복, 고음부에서는 장식적 변주가 나타난다. 이로써, 반복의 일관성과 변주의 다양성을 통해 아름다운 음악을 만들었다.	전개 설명
4	⑰ - ⑳ (소주제문:17)	고전 시대에는 반복이 악곡의 형식을 결정했다. 소나타는 여러 악장이 대조를 이루는데, 마지막 악장에서는 주제가 반복되는 사이사이에 대조되는 주제가 삽입되는 론도 형식을 이용하였다.	전개 설명
5	㉑ - ㉒ (소주제문:22)	각 시대의 작곡자는 다양한 방법으로 악곡 전체를 파악하도록 하였으며 결국 반복이 기본 원리가 되었다.	요약 (결론)

일반적으로 문단(단락)은 중심이 되는 소주제문topic sentence과 이를 보완, 설명하고 뒷받침해 주는 문장으로 구성된다. 문단의 소주제문을 중심으로 문단을 구성하는 문장의 내용을 간명하게 축약해서, 문단의 요지를 작성할 수 있다. 표의 각 문단의 요지를 살펴보도록 하자.

글을 전개하는 기본 원칙에는 통일성의 원칙, 연결성의 원칙과 강조의 원칙이 있다. 이러한 원칙으로 인하여, 문단은 글이 표현하고자 하는 주제를 향해서 통일적으로 연결되어 있다. [표 3-2]의 문단 요약을 살펴보면, 전후 문단 간의 확실한 연결 관계가 있음을 알 수 있으며, 각 문단의 역할도 이해할 수 있다. 문단 1은 글의 도입에 해당하는 서론의 역할을 하고 있다. 문단 2, 3, 4는 문단 1에서 제기한 내용에 대한 구체적 전개 상황과 변화 형태를 설명하는 본론이다. 문단 5는 글의 내용을 종합적으로 요약 정리하는 결론에 해당한다. 예를 든 논술문을 더 축약한다면, 서론, 본론, 결론의 3단 구성이 되며 결론이 글의 뒤에 위치한 미괄식 논술문이다.

③ 글의 내용 요약

이제 글의 내용을 요약해서 요약문 또는 요지를 작성할 단계이다. 문단 요지를 작성할 때처럼, 문단의 주제문을 중심으로 한두 문장으로 더 축약하고, 각 문단간의 연결 관계에 유의하여, 요약문을 작성한다. [표 3-3]에 요약문을 작성하는 과정을 보였다.

[표 3-3] 요약문 작성 과정

1	음악은 시간에 따라 사라지는 음을 기억하는 방법으로 반복 기법을 활용하고 있다.
2	르네상스 시대의 음악은 성부가 시간차를 두고 시작한 후, 각 성부가 다른 선율을 이어가는 독립 노래 방식의 모방을 선택했다.
3	바로크 시대에는 저음부에서는 반복, 고음부에서는 장식적 변주가 나타나는 화성을 선호하였다.
4	고전 시대에는 주제가 반복되는 사이사이에 대조되는 주제가 삽입되는 론도 형식을 이용하였다.
5	다양한 방법으로 악곡 전체를 파악하도록 하였으며, 반복이 기본원리가 되었다.
요약문	음악에서는 음을 기억하는 방법으로 반복 기법을 활용하였다. 르네상스 시대에는 돌림노래 형식의 모방을, 바로크 시대에는 반복과 장식적 변주가 나타나는 화성을, 고전 시대에는 주제가 반복되는 사이에 대조 주제가 삽입되는 론도 형식을 활용하였다. 결국, 반복은 음악의 기본 원리 중 하나인 것이다.

글의 요약문을 통해서 글의 핵심을 확실하게 파악할 수 있을 것이다. 앞서 말한 바와 같이, 핵심 파악은 글뿐만 아니라 모든 분야에서 중요한 학습 능력이다. 핵심이 파악되면, 모든 내용이 분명하고 확실하게 들어나고 쉽게 이해할 수 있다. 글의 요약문을 작성할 때 주의할 점은, 자신의 생각을 작성하는 것이 아니라, 글쓴이의 생각을 정리한다는 것이다. 각 문단의 내용을 더 간단히 축약하기만 하면 된다. 구태여 자신의 생각을 보태려고 해서는 안 된다.

④ 주제와 제목 파악

[그림 3-11]의 글의 구성에서 보는 바와 같이, 요약문이 작성되면 이제는 글의 제목, 주제, 소재 등을 생각해 봐야 한다. 먼저 [표 3-4]에 요약한 각각의 의미를 살펴 보도록 하자. 예를 살펴보면서, 제목, 주제, 소재의 차이점을 이해하도록 하자.

[표 3-4] 소제, 주제, 제목의 개념

항목	의미	예
제목 (title)	글이 무엇에 대한 것인지 또는 글의 주제나 제재를 함축적으로 간결하게 표현한 글의 명칭. 일반적으로 한 두 단어나 어절로 표현되며, 주제 또는 제재가 제목을 사용되기도 함.	• 심청전 • 소나기(황순원)
주제 (theme)	글의 중심이 되는 내용 글의 목적이나 주장 글의 핵심 사상이나 의도	• 효성이 지극하면 소원성취하고 부귀영화를 누린다. • 어린 시절의 순수한 사랑
소재 (subject matter)	글을 작성하는데 필요한 재료	• 효성이 지극한 심청, 눈먼 심봉사, 공양미 3백석 • 소년과 소녀, 소나기

위에서 예를 든 논술문의 경우에 적용해 보면, [표 3-5]와 같이 정리할 수 있다.

[표 3-5] 소제, 주제, 제목 도출

제목	음악의 기본 원리로써의 반복
핵심어	음악, 반복
주제문	반복은 음악의 기본 원리 중 하나이다.
주제	음악에서의 반복
소재	음악 악곡의 형식, 르네상스 음악, 바로크 음악, 고전 음악

제목, 주제, 소재로 논술문에서 주장하고자 하는 것의 핵심을 명쾌하게 이해할 수 있고, 글쓴이의 의도와 목적 등을 파악할 수 있다.

이렇게 하여 핵심 파악의 전체 과정이 마무리된다. 핵심 파악 과정을 통해서 깨달을 수 있었겠지만, 핵심 파악은 중요한 것과 사소한 것을 구분하여, 사소한 것을 지속으로 반복해서 제거하여 핵심이 들어 나도록 하는 것이다. 사소한 것에 연연하면, 핵심을 찾지 못하고 학습의 미로에서 쓸데없이 방황만 하게 된다. 중요한 것과 사소한 것을 구분하고 사소한 것을 과감하게 제거하여 핵심이 들어나도록 하는 능력은 학습의 미로에서 탈출하는 원동력이 된다.

로마 바티칸 산 피에트로 대성당에 들어서면 입구 오른쪽에 미켈란젤로Michelangelo Buonaroti가 제작한 걸작중의 걸작 조각상, 피에타La Pieta가 있다. 성모 마리아가 죽은 그리스도를 무릎에 안고 애통해 하는 모습을 담은 조각상은 보는 이에게 애통한 마음이 그대로 느껴지는 명작이다. 사람들이 조각상에 경탄하며, 미켈란젤로에게 물었다. "어떻게 저런 명작을 만들 수 있었습니까?" 미켈란젤로가 대답하길, "조각상은 대리석 돌 속에 원래 들어 있던 것입니다. 저는 다만 불필요한 돌을 떼어냈을 뿐입니다." 학습도 이와 유사하다. 사소한 것을 제거하여 핵심을 찾는 능력을 배양하여, 학습의 예술가가 되도록 하자.

【그림 3-13】 대리석과 미켈란젤로의 피에타

핵심을 연결하라.

핵심파악에서 예를 든 논술문의 핵심 요소간의 상호관계를 그려보면, [그림 3-14]처럼 된다. 그림은 말로 서술 하는 것 보다 많은 것을 표현하는 강력한 능력이 있다. [표 3-3]의 요약문과 [그림 3-14]를 비교해보라. 어느 것이 이해하기 쉽고 논술문의 내용을 잘 표현하고 있는지는 자명할 것이다. 논술문의 경우, 요약 정리하고 제목, 주제 등을 결정하고 논술문 전체의 이해를 위해 그림을 그릴 수도 있지만, 문단의 내용을 파악한 후, 문단의 내용과 관계를 중심으로 그림을 그린 후, 이를 활용해서 제목과 주제를 결정하는 것이 바람직하다. 그림을 먼저 그리고, 이를 기반으로 해서 핵심을 파악하는 것이 더 좋은 방법이라 할 것이다.

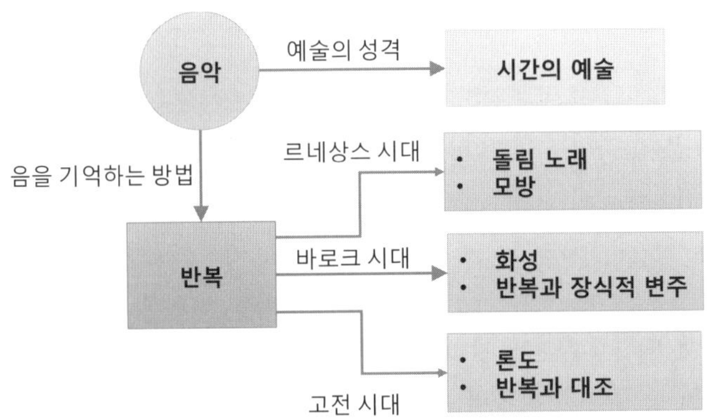

【그림 3-14】 핵심 요소간의 관계

본질을 제대로 파악하여야 한다. 대충 넘어가지 말고 꼼꼼하게 관찰하고 생각하여야 한다.
- 스티브 잡스Steve Jobs

3.4 본질을 이해하라.

이어령 교수는 <축소지향의 일본인>에서 일본인의 의식 구조와 문화의 정체성를 명쾌하게 보여주었다. 탁월한 관찰, 논리적 분석과 감추어진 본질을 꿰뚫어 보는 날카로운 통찰력으로 감추어진 일본 정신 문화의 원형을 들어내 보였다. 이어령 교수는 대표적인 일본 문화라고 알려진 일본식 정원, 분재, 꽃꽂이, 인형, 가면, 접는 부채와 우산, 이쑤시개, 트랜지스터 라디오, 심지어 일본 문자 등에 내재한 일본의 본질을 '축소지향'이라고 하는 한마디로 꼭 집어 낸 것이다. 서로 관계가 없는 것으로 보였던 다양한 일본 문화 현상의 내면을 관통하고 있는 본질을 정곡의 찌르는 통찰력으로 밝혀내었다.

본질을 안다는 것은 근본 원리, 지식의 참 뜻을 깨닫는 것을 뜻한다. 사과가 나무에서 떨어지는 낙하현상을 보고, 아무도 그 속에 감추어진 근본 원리를 알아채지 못하였지만, 뉴튼Isaac Newton은 낙하 현상의 본질이 만유인력임을 알았다. 본질을 알게 되면, 그동안 이해하지 못했던 다른 현상들도 저절로 명쾌하게 이해된다. 만유인력을 통해서 밀물과 썰물의 조수 현상뿐만 아니라, 우주 행성의 운동도 이해할 수 있게 되었다. 본질을 알게 되면, 진리를 깨우친 수도자처럼 모든 관련 현상들을 선명하게 이해할 수 있는 혜안이 생긴다. 그러므로 학습의 궁극적인 목적은 본질을 깨닫는데 있다 할 것이다.

위대한 수학자인 가우스Carl Friedrich Gauss에 관해 잘 알려진 일화가 있다. 선생님이 학생들을 조용하게 하려고 1부터 100까지 더하도록 시켰다. 선생님은 학생들이 이것을 계산하려면 꽤 오랜 시간 고생할 것으로 예상하였다. 그러나 가우스가 거의 즉시 정확한 답을 제출하여 놀라지 않을 수 없었다. 가우스는 수의 규칙성에 대한 본질을 이해하였던 것이다.

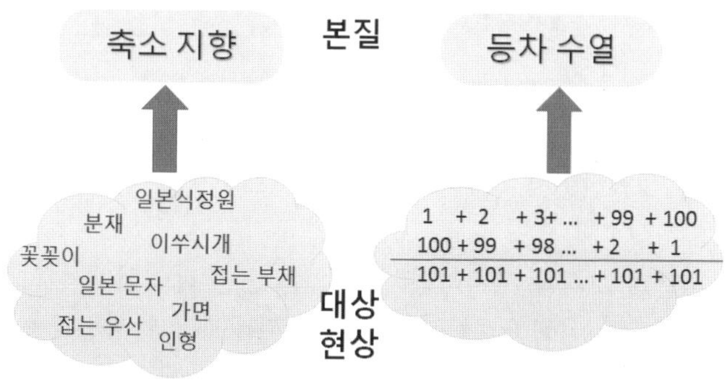

【그림 3-15】 본질의 발견

핵심과 본질 사이에는 차이가 있다. 핵심은 학습 과제 또는 학습 대상의 중심 내용이다. 이에 반해, 본질은 핵심에 내재되어 있는 근본 원리 또는 근본 특성이다. 쉽게 이해하자면, 핵심은 '무엇 'What에 대한 해답이라고 한다면, 본질은 '왜'Why에 대한 인식이다. 잘 알려진 예를 살펴보자. 에콰도르 서쪽 바다에 위치한 갈라파고스 군도Galápagos Islands는 여러 개의 섬으로 이루어진 생태계의 보고로 알려져 있다. 갈라파고스 군도 여러 섬에는 다양한 동물들이 서식하고 있는데 대표적인 핀치 새가 있다. 그런데, 섬마다 부리의 크기와 형태가 다른 핀치새가 서식하고 있다. 예를 들어 A섬의 핀치새는 길고 둥근 부피를 갖고 있고, B섬의 핀치새는 작고 예리한 부리를 갖고 있다. 또한 C섬의 핀치새는 가늘고 끝이 휘어진 부리를 하고 있다. 여기서 갈라파고스 각 섬의 핀치새는 부리의 크기와 모양이 다르다고 하는 것은 관찰을 통해서 얻은 핵심 사실이라 할 수 있다. 반면에 왜 핀치새의 부리가 다른가 하는 의문을 갖은 것은 본질을 파악하는 사고방식이 된다. 이러한 의문에 따라, 핀치새의 부리는 각 섬의 특이한 생태 환경에 따라 핀치새의 부리가 적합한 모양으로 변형 또는 진화된 것을 알아냈다면 본질을 파악한 것이다. 실제로 다윈Charles Darwin은 이러한 본질을 찾는 사고를 통해서 20세기 과학의 위대한 업적으로 평가되는 진화론을 정립한 것이다. 이처럼 본질 파악은 창의적 사고의 출발점이며, 학습이 성취해야 하는 궁극적 가치인 것이다.

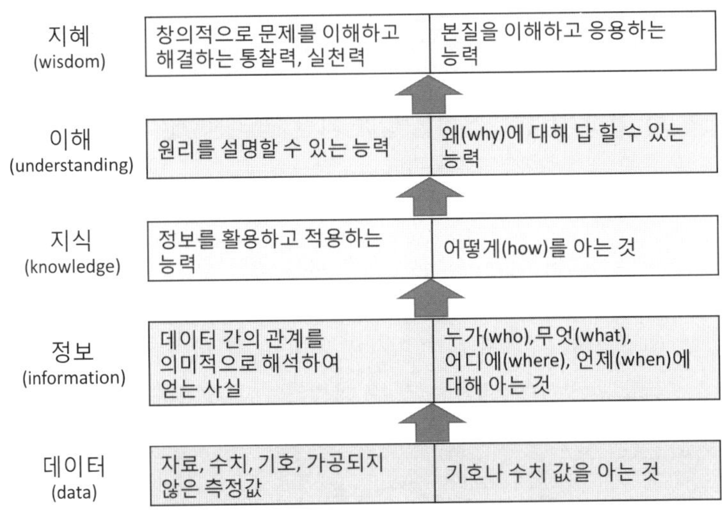

【그림 3-16】 지식 발전 단계 이론

지식의 발전 단계를 설명하면서 러셀 액코프Rusell Ackoff는 [그림 3-16]과 같은 5단계 발전모형을 제시하였다. 학습 조직론Learning Organization의 선구자인 토빈Daniel Tobin도 학습 단계설을 설명하면서 이와 유사한 4단계 모형을 제시하였다. 학습은 단순 데이터에서 시작하지만 정보와 지식의 단계를 거쳐, 대상의 실체를 이해하고 궁극적으로는 지혜에서 완성된다는 것이 이들이 공통된 주장이다. 이는 역사 발전을 이끌어온 창의적 과학자나 예술가에게서 공통적으로 발견되는 사고 과정으로, 학습이 추구하는 본질적 목적이다.

[그림 3-16]의 학습 발전과정에서 알 수 있는 바와 같이, 한번도 풀어 본적이 없는 문제를 해결하기 위해서는 적어도 '어떻게'How와 '왜'Why에 대하여 답변할 수 있는 능력이 있어야 한다. 특히 '왜'라고 하는 의문은 학습 대상의 본질에 접근하는 첩경이므로, 학습에서는 항상 의문을 품고 질문을 해야 한다. 질문하지 않으면 아무도 가르쳐 주지 않고 아무것도 배울 수 없다. 학습을 암기로 생각하는 것은 두뇌를 하드 디스크와 같은 기억장치로 생각하여 정보를 마구 저장하는 것과 같다. 두뇌는 생각하는 생체 기관이지 저장하는 기억장치가 아님을 명심해야 한다.

학습 대상의 본질 파악은 직관뿐만 아니라 고수준의 사고와 경험을 통해서 얻어지는 능력이므로 핵심 파악 때처럼 체계적인 과정을 만들 수 없다. 또한, 본질 파악은 학습의 최상위 경지이기 때문에 그 방법을 설명하기도 쉽지 않다. 그러나 로버트 루트번스타인Robert Root-Bernstein과 미셸 루트번스타인Michele Root-Bernstein이 공동 저술한 <생각의 탄생>Sparks of Genius에서 보여 준 것처럼 학습과 훈련을 통해서 본질 파악 능력을 키울 수 있다. <생각의 탄생>에는 13가지 생각의 도구가 제시되어 있지만, 그 중에서도 본질 파악의 핵심적 사고 능력을 정리하면 [그림 3-17]과 같다.

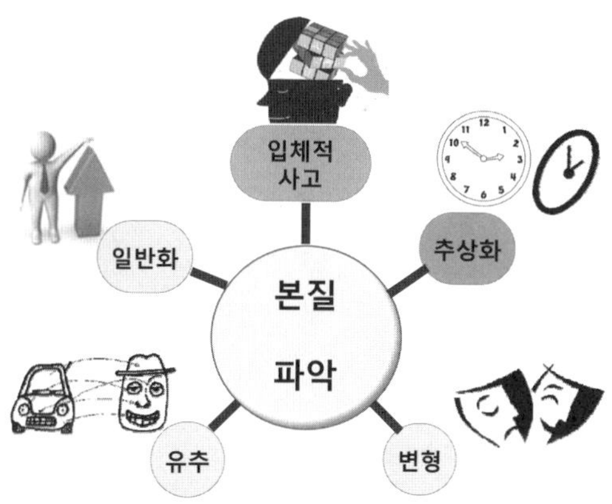

【그림 3-17】 본질 파악의 핵심적 사고 능력

유추

유추analogy란 둘 혹은 그 이상의 대상 또는 현상 사이에 기능적 유사성이나 일치하는 특징을 찾아내는 비유에 의한 추론이다. 유추하기 위해서는 대상의 본질적 관계를 파악하여야 한다. 유추는 창의적 사고의 강력한 도구임을 루트번스타인의 <생각의 탄생>에서도 강조되고 있다.

지구가 사과를 끌어당기는 힘이 있다면, 이 힘은 하늘 위로 뻗쳐 갈 것이고 달도 끌어 당길 수 있고 우주 행성도 끌어 당길 수 있을 것이라는 유추를 통해서 뉴튼은 물리학의 혁명을 이끌어 냈다. 내과 의사인 르네 레덱René Laennec은 왕진을 갔을 때 환자가 너무 뚱뚱해서 심장 박동 소리를 들을 수가 없었다. 그때 어린 시절 긴 막대의 한쪽 끝에 귀를 대고 반대쪽에서 긁으면 소리가 또렷이 들렸던 경험을 생각하고, 이를 유추해서, 막대를 한쪽을 환자의 가슴에 대고 다른 쪽 끝에 귀를 대었더니 심장 박동 소리를 분명하게 들을 수가 있었다. 이렇게 해서 청진기가 발명된 것이다. 이처럼 과학이나 예술에서 유추를 통해 위대한 업적을 남긴 예는 수없이 많다.

유추가 본질을 파악하는 사고 능력에 아주 중요하기 때문에 인간의 지적 능력을 테스트하는데 널리 사용되고 있다. 기업의 직무 적성 시험, 적성 검사에도 중요하게 활용되고 있으며, 심지어 IQ 148 이상인 사람들의 모임인 멘사Mensa에서도 유추적 사고는 중요한 도구로 사용되고 있다. 다음은 유추 능력을 살펴보는 문제들이다.

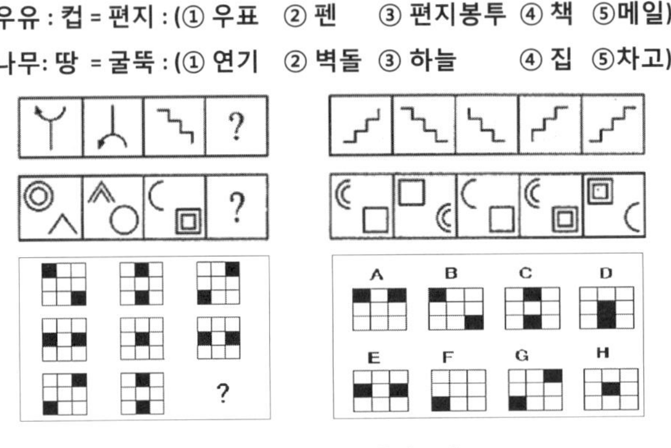

【그림 3-18】 유추 예

유추는 대상이나 상황 사이의 관계적 성질이 관한 것으로 패턴pattern이나 법칙을 다루는 수학과 과학 학습에 강력한 도구이다. 예를 들어, 2차원 좌표 평면상의 두 점 (x_1, y_1), (x_2, y_2) 사이의 거리 d가 $d=\sqrt{(x_2-x_1)^2+(y_2-y_1)^2}$라면, 3차원 공간의 두 점 (x_1, y_1, z_1), (x_2, y_2, z_2) 사이의 거리 d는 $d=\sqrt{(x_2-x_1)^2+(y_2-y_1)^2+(z_2-z_1)^2}$임을 유추를 통해서 알 수 있다. 또한, 이들은 피타고라스 정리 $c^2 = a^2 + b^2$와도 연관성이 있음을 알 수 있다. 처음 대하는 문제가 나왔을 때는 유추적 사고를 적용하는 것도 좋다. 이러한 사고를 통해서, 사고의 깊이와 폭을 넓혀야 한다. 유추의 진정한 의미는 지식을 제한된 테두리 안에 가두어 두지 않고, 더 넓은 세계로 확장해 나아가는데 있다.

- 이 문제와 유사한 문제는 무엇인가?
- 알고 있는 지식 중에서 유사한 어떤 지식을 적용할 수 있지 않을까?
- 이 문제의 본질과 같은 문제는 무엇인가?

변형

앞서 설명한 바와 같이, 주어진 문제를 간단하고 이해하기 쉬운 형태로 표현하는 것을 변형transformation이라고 한다. 창의적 사고를 위해서는 문제를 다양한 관점에서 관찰하고 좀 더 확실하게 이해 할 수 있는 형태로 변형할 줄 알아야 한다. 변형은 또한 자신이 이해한 문제의 본질을 다른 사람들이 이해하도록 하는데도 필요하다. 마이클바이찌Zbigniew Michalewicz와 포겔David Fogel은 <문제 풀이 방법론>How to solve it: Modern Heuristics에서 창의적 문제 해결방법으로 모델의 중요성을 강조하면서 [그림 3-19]와 같은 문제-모델-해답의 3단계 구조를 제시하였다. 여기서 모델은 문제를 이해하기 쉬운 형태로 변형한 것을 뜻한다.

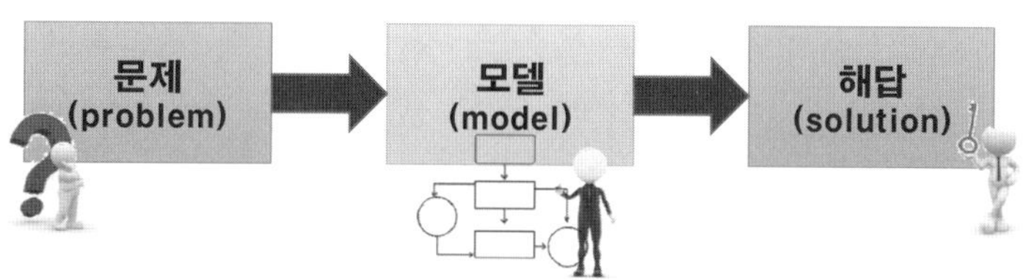

【그림 3-19】 문제-모델-해답의 3단계 구조

수학의 지수 계산에서 x^n은 x를 n번 곱한 값으로써 2^3은 2×2×2=8로 쉽게 계산할 수 있다. 그러면 $2^{3.45}$값은 어떻게 구할 것인가? 2를 세 번 곱하고 2를 쪼개서 0.45번만큼 곱할 것인가? 이러한 난감한 문제를 해결하기 위해서 지수를 다른 형태로 변환하는 로그가 도입되었다. 우리는 로그 계산으로 이처럼 난감한 지수 계산을 할 수 있을 뿐만 아니라, 지수의 새로운 본질에 대해서도 이해할 수 있게 되었다. 방정식의 근을 구하는데도 변형을 이용한다. 방정식의 미지수 값은 결국 계수에 의해서 결정되기 때문에 계수만을 관찰하는 것이 편리하다. 방정식을 계수만의 관계로 변형한 것이 행렬식이다. 이러한 관점에서 보면, 변형은 수학을 이해하는 핵심적 사고라 할 수 있다. 인수분해 등을 이용해서 수식을 바꿔 쓰는 것도 일종의 변형이라 할 수 있을 것이다. 공학에서 널리 사용하는 라플라스 변환Laplace transformation만을 보더라도 변형이 수학에서 차지하는 위치와 문제 해결능력을 얼마나 강력한지를 알 수 있다.

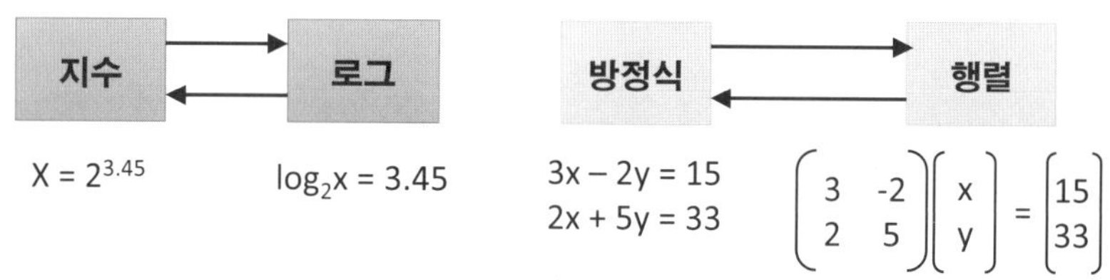

【그림 3-20】 수학에서의 변형 예

변형은 학습대상의 본질을 파악하는데도 중요할 뿐만 아니라. 변형을 통해서 감추어져 있던 또 다른 본질을 발견할 수 있다는데 더 큰 중요성이 있다. 지수를 로그로 변환함으로써 지수의 특성을 새롭게 발견하게 되었다. 근대 수학의 아버지로 불리는 데카르트René Descartes는 기하학의 도형을 좌표평면의 수식으로 변환하여 새로운 수학인 대수 기하학을 정립하여 수학의 패러다임을 바꾸었다. 문제의 본질을 파악하고 창의적으로 문제를 해결하고자 하면 변형적 사고력은 필수적이다.

- 이 문제의 본질을 좀 더 쉬운 형태로 변형할 수 있을까?
- 이 문제의 모델로는 무엇이 적합할까?
- 모델 생성에 적합한 시각적 도구나 수학적 방법은 무엇일까?

추상화

앞에서도 설명하였지만, 추상화abstraction는 작은 것, 사소한 것, 중요하지 않을 것을 과감하게 버려 본질을 찾아내는 사고방식이다. 상식적으로 생각해 보아도, 중요하지 않은 것을 버린다면 무엇이 남겠는가? 핵심 본질만 남게 된다. 추상화는 단지 사소한 것만을 버리기만 하면 되기 때문에 다른 본질 찾기 사고방식보다 상대적으로 쉬운 방법이라 할 수 있다. 그러나 대부분의 학습자는 학습이란 자세하고 상세하고 철저하게 파헤치는 것으로 오해하여 추상화 능력을 제대로 발휘하고 있지 못하다.

아무리 복잡한 수학이나 과학 이론이라고 하여도 기초 원리는 아주 단순하다. 우주 행성의 운동이 복잡한 것 같아도 뉴튼의 3가지 운동 법칙으로 설명할 수 있다. 리처드 파인만은 "현상은 복잡하다. 법칙은 단순하다. 버릴 것을 알아내라"고 단호하게 말한바 있다. 창의적 천재들은 사소한 것을 과감하게 버려 그 속에 감추어진 본질, 원리, 법칙을 찾아 낸 사람들이다. 모든 것을 추상화하여 단순하게 한 줄로 요약할 수 있어야 한다. 그렇지 않으면 진정한 본질을 파악하지 못한 것이다. 영국의 역사학자인 아놀드 토인비Arnold Toynbee는 그의 명저 <역사의 연구>에서 "역사는 도전과 응전이다"라고 한마디로 정의하였다. 1980년 앨빈 토플러Alvin Toffler는 미래 사회의 도래를 '제3의 물결'The Third Wave라고 한마디로 요약하고 있다. 유명한 오컴의 면도날 법칙Ockham's Razor도 추상화와 연관성이 있다. 진리는 복잡하지 않고 단순해야 한다는 것이 오컴의 생각이다. 만약 동일한 현상을 설명하는데 상충되는 2개의 주장이 있다면, 그 중에서 단순한 것이 진리라는 것이다. 사소한 것을 과감하게 버리고 본질을 찾아내어 단순화하는 것이 창의적 학습의 기본이다.

우리는 일상생활에서 추상화된 사고를 늘 사용하고 있다. 주어진 글의 주제를 파악하거나, 영화나 드라마를 보고 그 의미를 이야기하거나, 경제 사회의 변화를 한마디로 요약해서 말하는 것 등은 모두 추상화된 사고라 할 수 있다. 친구에게 만나기로 한 카페의 약도를 그려줄 때를 생각해 보라. 중요한 건물, 중요한 도로만을 그려 줄 것이다. 이것이 바로 추상화적 사고방식인 것이다. 약도를 그릴 줄 아는 사람은 모두 추상화의 사고 능력이 있다 할 것이다.

- 가장 중요한 것이 무엇일까?
- 좀 더 단순하게 만들 수 없을까?
- 한마디로 표현하면 무엇이라고 할 수 있을까?

일반화

천연두는 가장 무서운 공포의 질병 중 하나였다. 18세기 말엽까지 무수히 많은 사람들이 천연두에 걸려 죽었다. 에드워드 제너Edward Jenner는 어느 날 진찰 받으러 온 마을의 우유 짜는 여자로부터 자신은 우두에 걸린 적이 있기 때문에 천연두에 걸리지 않는다는 말을 듣게 된다. 우두란 젖소에서 옮기는 병으로 사람에게는 치명적이지 않아 병이라고도 할 수 없는 것이다. 제너는 그 말을 듣고 생각했다. 그렇다면 우유를 짜는 사람뿐만 아니라, 일반인이 우두 병에 걸리면 천연두에는 걸리지 않지 않겠는가? 이렇게 해서 일반인들에게 우두를 접종하여 병에 걸리게 한 뒤, 인류를 천연두의 공포로부터 해방시켰다. 제너는 백신을 만들어 의학 발전에 지대한 공헌을 하였고, 천연두 균은 지구상에서 사라졌다.

지식을 좁은 분야에만 한정시키지 않고 다양한 분야에 확대 적용함으로써 본질을 더 잘 이해하고 발전시킬 수 있다. 이러한 사고방식을 일반화generalization이라고 한다. 본질이 포괄하는 범위를 넓혀, 본질을 한 차원 높게 승화시키는 것이 일반화이다. 파스퇴르는 제너의 백신을 모든 일반 질병에도 적용시킬 수 있다고 확신했다. 그렇기 때문에, 광견병, 독감, 황열병 등 병원체가 발견되지 않는 병도 병원체가 존재하며 그것으로 백신을 만들 수 있다고 믿었다. 실제로 파스퇴르는 광견병 백신개발에 성공하였다. 제너와 파스퇴르는 본질을 일반화하여 면역학이라는 새로운 의학 분야를 정립하였다.

일반화와 상대되는 개념으로 상세화specialization가 있다. 일반화를 귀납적 사고, 상세화를 연역적 사고로 설명하기도 한다. 먼저 귀납적 사고에 대하여 살펴보자.

삼각형의 외각의 합은 360°이다.(개별사실)

사격형의 외각의 합은 360°이다.(개별사실)

오각형의 외각의 합은 360°이다.(개별사실)

…

삼각형, 사각형, 오각형은 다각형이다.(개별사실)

그러므로 모든 다각형의 외각은 합은 360°이다.(일반화 결론)

위의 귀납적사고 예처럼, 개별 사실들의 집합으로부터 일반화된 결론을 이끌어 내는 것을 귀납적 사고라 한다. 다음 논술문의 예로 귀납적 사고로 작성된 것이다.

> 그 부인은 어느 날 시장에 갔다가 마늘 값이 무척 비싸다는 것을 알았다. 그 이유인 즉 시골에서 마늘이 흉년 들어 많이 올라오지 못하였기 때문이었다. 고추, 깨 등의 값도 비쌌다. 그것도 또한 공급이 달리기 때문이었다. 여기서 그 부인은 공급이 모자라면 값이 올라간다는 사실을 다시금 실감할 수 있었다.

귀납적 사고는 개별 사실들을 통합하여 그 속에 내재한 일반사실을 찾아내는 방법이다. 반면에, 연역적 사고는 역으로 일반 사실로부터 개별 사실을 추론하는 것이다.

모든 사람은 감정의 동물이다.(일반 사실)

철학자도 사람이다.(한정된 사실)

그러므로 철학자는 감정의 동물이다.(특수화된 결론)

연역적 사고는 삼단논법적 사고로도 알려져 있다. 다음 논술문은 연역적 사고로 작성된 예이다.

모든 사람은 감정의 동물이다. 사람이 누구나 이성과 함께 감정을 가진다는 것은 아무도 부인하지 못한다. 만약 사람에게서 감정을 빼버린다면 목적과 다름이 없을 것이다. 그런데 세상에 철인으로 알려진 강심장을 가진 이도 사람의 범주를 벗어날 수 없다. 그런 사람도 꼬집으면 아프고 기쁜 일을 보고는 웃음을 터뜨리며, 슬픈 일을 당해서는 심통한 마음을 가진 점에서 철인은 보통 사람과 같을 수밖에 없다. 따라서 어떤 철인이라도 감정의 동물임에는 틀림이 없다. 그런 이는 감정을 겉으로 드러내지 않을 수는 있겠지만, 그것이 전혀 없다고는 말할 수 없다.

귀납적 사고와 연역적 사고는 대조적인 사고방식으로 요약해 보면 [그림 3-21]과 같다. 여기서 본질 탐구의 한 방법으로 일반화를 강조하고 있기 때문에 귀납적 사고를 권장하는 것으로 오해해서는 안 된다. 논리적으로 생각할 때는 두 가지 사고방식을 적절하게 활용하는 지혜가 필요하다.

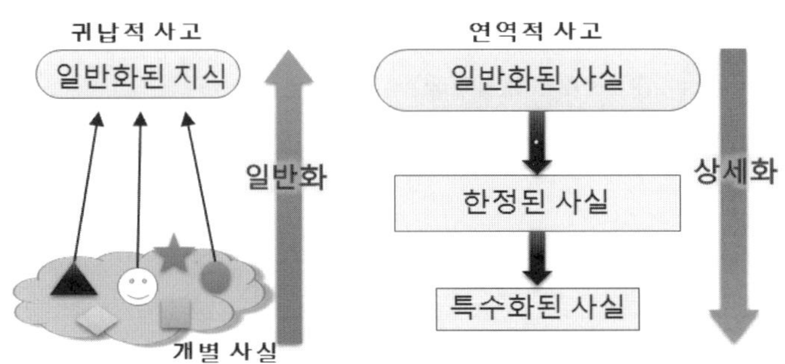

【그림 3-21】 귀납적 사고와 연역적 사고

또한 본질 탐구로서의 일반화는 귀납적 사고와는 차이가 있다. 여기서 말하는 일반화는 본질을 다양한 분야에 확대 적용하여 본질의 유용성을 승화시키는 것이다. 예를 들어, 렌즈의 본질은 빛을 초점에 모으는 것이다. "빛은 파동인데 렌즈가 빛을 초점에 모을 수 있다면, 전파도 초점에 모을 수 있지 않을까? 전파를 초점에 모으면 어떤 현상이 나타날까?"와 같이 본질을 확대 적용하여 본질의 효용성을 높이고 본질에 내재한 본질을 탐구하는 과정이 일반화이다.

- 이와 유사한 본질에는 어떠한 것이 있는가?

• 이것을 어떤 분야에 적용할 수 있을까?
• 본질의 진정한 의미는 무엇일까?

입체적 사고

다음과 같이 이상한 행동을 하는 사람이 있다. 왜 그런지 그 이유를 생각해보자. 고층빌딩 30층에 근무하는 남자가 있다. 출근 때마다 엘리베이터를 타고 25층에서 내린 후에 30층까지 걸어 올라간다. 퇴근 때에는 30층에서 바로 1층으로 엘리베이터를 타고 내려간다. 그가 매일 이렇게 하는 이유가 무엇일까? 우리는 이 남자의 이상한 행동에 대하여 여러 가지 이유를 생각할 수 있다. 25층에 출근부가 있어 날인하기 위해, 25층 식당에서 아침을 먹기 위해, 아침 운동하기 위해, 업무지시를 받기위해, 애인에게 아침인사를 하기 위해 등등 자유스럽게 많은 이유를 생각해 볼 수 있다. 이 문제는 논리적 사고로는 그 이유를 찾기가 어렵다. 사실 이 남자는 키가 작아서 25층 이상의 엘리베이터 버튼을 누를 수가 없었다. 우리가 위 문제에 대하여 자연스럽게 여러 이유를 궁리해 본 것처럼, 고정 관념에 얽매이지 않고 생각과 개념의 변화를 통해 새롭고 다양한 각도에서 문제를 접근하고자 하는 사고방식을 수평적 사고lateral thinking이라고 한다.

수평적 사고의 제안자인 에드워드 드 보노Edward De Bono는 그의 저서 <수평적사고>New Think에서 재미있는 예화로 수평적 사고의 유용성을 설명하고 있다. 옛날 한 상인이 돈이 필요해서 고리대금 업자에게 돈을 빌려 달라고 요청하였다. 고리대금 업자는 상인의 예쁜 딸에게 눈독을 드리고 있던 터라 흉계를 꾸며 다음과 같이 제안하였다. "돈을 갚지 못하면, 주머니에 검은 돌과 흰 돌을 하나씩 넣어 너의 딸에게 꺼내자 하자. 검은 돌을 꺼내면 빚을 면제해 주는 대신 너의 딸이 나에게 시집을 와야 하며, 흰 돌을 꺼내면 아무 조건 없이 빚을 면제해 주겠다. 어떠냐! 공평하지 않느냐?" 상인은 고리대금 업자에게 돈을 빌렸으나 약속한 날짜까지 갚을 수가 없었다. 고리대금 업자는 상인을 불러 약속한대로 정원에서 돌 두개를 주워 주머니에 넣고 딸보고 꺼내라 하였다. 이때 엉큼한 고리대금 업자가 검은 돌 두개를 주머니에 넣는 것을 상인의 딸이 눈치 챘다. 이 상황에서 딸은 어떻게 하여야 불행으로부터 벗어날 수 있을까?

앞의 예와 유사하게 다양한 방법을 생각해 볼 수 있다. 약속대로 돌을 꺼내 울면서 시집을 가거나, 주머니에 검은 돌이 두개 있다고 속임수를 폭로하고 약속 위반을 주장하거나, 다음에 다시 하자고 자리를 피하거나, 주머니가 마음에 들지 않으니 다른 주머니로 하자고 제안하는 등 여러 생각을 할 수가 있다. 만약 상인의 딸이 수평적 사고를 한다면, 주머니에서 돌을 하나 꺼내서 정원 연못에 슬쩍 빠뜨리고, "어머, 제가 실수해서 돌을 빠뜨렸네요. 그렇지만 염려하지 마세요. 주머니 속에 남아 있는 돌을 보면 제가 무슨 돌을 꺼냈는지 알 수 있잖아요." 사고의 틀에 얽매이지 않고 자유스럽게 생각하여 새로운 각도에서 문제에 접근하는 것이 수평적 사고이다. 이 문제의 본질은 돌이다. 꺼내는 돌에만 집착할 것이 아니라, 남아있는 돌로 관점을 바꿀 줄 아는 것이 수평적 사고이다. 수평적 사고는 고정 관념을 깨뜨려 기존의 개념과 인식을 변화시키는 사고 기법이다. 수평적 사고는 본질을 다양한 관점에서 고찰할 수 있는 능력을 제공한다.

수평적 사고와 대조되는 것이 수직적 사고vertical thinking이다. 수직적 사고는 앞서 살펴 본 귀납적 사고와 연역적 사고와 같은 논리적 사고를 의미한다. 수평적 사고와 수직적 사고를 비교 정리하면, [표 3-6]과 같다. 여기서 수평적 사고를 창의적 사고로 오해해서는 안 된다. 수평적 사고가 본질 파악이나 문제 해결에 효과가 있는 경우도 있다. 그러나 창의적 사고는 수평적 사고와 수직적 사고가 상호 보완적으로 결합되어 시너지 효과를 발휘할 때 표출된다. 뿐만 아니라, 본질에 대한 이해가 뒷받침되어야 사고가 활성화 될 수 있다. 본질을 이해하지 못하였다면, 그것이 무엇인지, 어떻게 응용할 것인지를 모른다는 것이다. 본질에 대한 이해 없이 사고력은 생기지 않는다. 수직적 사고, 수평적 사고, 그리고 본질 이해력이 통합적, 입체적으로 결합되어야 창의적 문제 해결 능력이 생긴다.(이에 대하여는 제 10장에서 자세하게 살펴 보기로 하자.) 영화나 TV도 3차원 입체 3D가 대세이다. 생각도 입체적으로 해야 한다.

- 이 문제 해결의 도발적 대안에는 어떤 것이 있을까?
- 생뚱 맞은 답변을 한다면?
- 본질에서 파생될 수 있는 것에는 어떤 것이 있을까?

[표 3-6] 수평적사고와 수직적 사고 비교

수직적 사고	수평적 사고
지식이 주체	지혜가 주체
객관적 사고	주관적 사고
고정적 사고 흐름	동적, 가변적 사고흐름
전문성 추구	다양성 추구
문제에 집중	문제를 확대
분석적 해결	도발적 해결
사고 싶이 중심	사고 넓이 중심
문제해결 방법 활용	문제해결 방향 생성

제 [4] 장

학습을 그림으로 그리고, 영화로 찍어라.

선사시대의 동굴 벽화나 고대 무덤의 벽화에서 볼 수 있는 것처럼 인간은 역사를 기록하거나 지식을 전달하기 위하여 그림을 애용하여 왔다. 그림이 문자보다 지식을 더 효과적으로 전달할 수 있기 때문이다. 피카소의 명화 게르니카보다 전쟁의 참혹함을 더 직관적으로 전달할 수는 방법은 없을 것이다. 그림은 지식을 표현하고 전달하는 최상의 도구이다.

사람은 그림을 인식과 기억하는 유별난 재주를 가지고 있으며 이런 특성을 그림 우월성 효과pictorial superiority effect라고도 한다. 존 메디나John Medina가 저술한 <브레인 룰스>Brain Rules에 의하면, 사람은 며칠이 지나도 2,500개 이상의 그림을 적어도 90% 이상 정확하게 기억할 수 있다고 한다. 인간의 두뇌는 그림으로 이해하고, 그림으로 학습하는데 최적화 되어 있다고 한다.

그림은 사물의 본질과 핵심을 사실적으로 표현하는 방법이기도 하다. 1953년 4월, 학술 논문지 네이쳐Nature에 게재되었던 'DNA의 구조'에 대한 한 장의 그림은 유전자 구조의 본질을 규명하여 인류의 역사를 바꾸기도 하였다. 그림 그리기는 학습의 수준을 높여 주고 창의력을 신장시켜 주는 두뇌 친화적 학습 방식이다.

한편, 사람들은 재미있는 소설을 읽거나 영화를 보고 나서는 세세한 내용까지 잊지않고 기억하는 재주가 있다. 소설이나 영화가 이야기로 되어 있기 때문이다. 인간의 두뇌는 유독 이야기를 아주 잘 기억하는 특징이 있다. 월드컵에서 어느 팀이 우승했는지는 기억하지 못해도, 한국팀이 어떻게 결승골을 넣었는지는 자세하게 이야기할 수 있다. 문자가 없던 시기에는 역사가 이야기의 형태로 구전되어 온 것을 보아도 이야기가 기억의 중요한 수단임을 알 수가 있다.

그림과 이야기는 학습의 눈과 귀의 역할을 한다.

나는 내가 보는 것을 그리는 것이 아니라, 내가 생각한 것을 그린다.

- 피카소Pablo Picasso

4.1 학습을 그려라, 그러면 이해하리라.

학습은 오감을 통해 정보와 지식을 습득하여 두뇌에 기억해두고, 이를 활용해서 창의적으로 문제를 해결하는 능력을 키워 나가는 과정이다. 저명한 심리학자인 티모시 윌슨Timothy D. Wilson은 자기 성찰에 관한 책 <나는 내가 낯설다>Strangers to ourselves에서 인간은 매순간 오감을 통해 1100만 개의 정보를 받아 드리지만, 그중에서 의식적으로 처리하는 것은 크게 잡아도 40개를 넘지 않는다고 하였다. 인간의 의식 세계가 이렇게 허술하고 정보와 지식 습득이 엉성한데, 인류 발전을 이끌어 온 창의적 인재들은 어떠한 방법으로 학습하여 위대한 업적을 남길 수 있었을까? 그들은 생각만 한 것이 아니라, 자신이 무엇을 생각하고 있는지를 분명하고 정확하게 그림으로 표현할 수 있었다. 과학자, 수학자, 화가, 발명가, 조각가 등 다재다능한 능력을 보유하여 천재중의 천재로 알려진 레오나르도 다빈치Leonardo da Vinci는 아이디어가 떠오르면 생각만 한 것이 아니라 그림을 그리고 모형을 만들었다. 다빈치는 생각과 아이디어를 그림으로 그려내는 독특한 재주를 가지고 있었다. 그의 독창적인 아이디어는 모두 실현되지는 못하였지만, 다빈치의 노트에는 그 당시에는 누구도 상상할 수 없었던 비행기, 장갑차, 대포, 잠수함과 헬리콥터 등의 그림들이 생생하게 묘사되어 있다. 위대한 발명가이며 무선으로 전기를 전달하고자 하였던 전기공학자 니콜라 테슬라Nikola Tesla는 "나는 어떤 생각이 떠오르면 그것의 모양을 당장 머릿속에 그려본다. 그리고 마음 속에서 구조를 바꾸거나 작동을 시켜 본다."고 하였다. 테슬라에게도 생각은 바로 그림이었던 것이다.

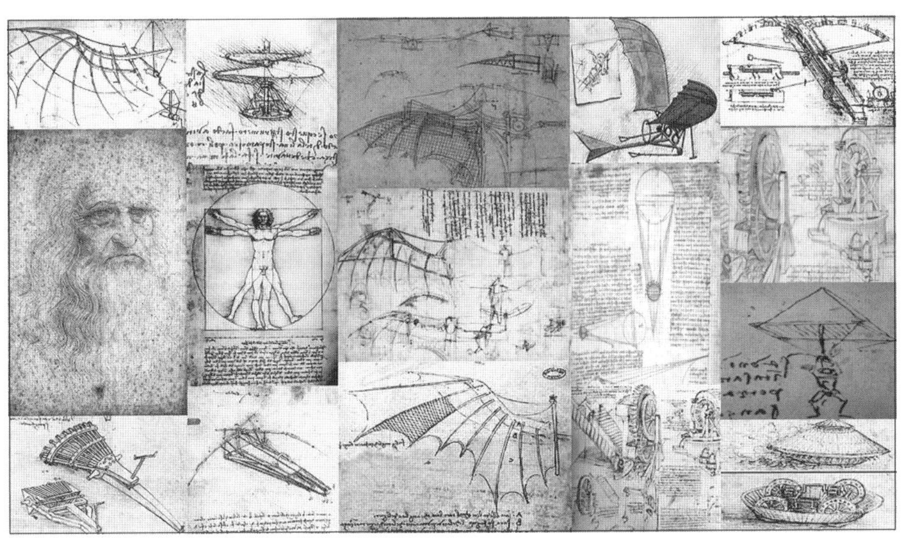

【그림 4-1】 다빈치의 발명 노트 그림

과학자들뿐만 아니라, 문학가들도 그림을 그렸다. <두 도시 이야기>A Tales of Two cities, <크리스마스 캐롤>Christmas Carol을 쓴 영국의 문호 찰스 디킨스Charles Dickens도 소설이란 머릿속의 그림을 글로 적은 것에 불과하다고 하였고, <반지의 제왕>The Lord of the Rings의 J.R.R 톨킨J. R. R. Tolkien도 같은 생각을 하였다. 그림으로 생각하는 능력visual thinking은 이들 모두에게는 창의력의 원동력이 되었던 것이다.

수학은 원래 도형을 공부하는 기하학에서 출발하였다. 유클리트 기하학이 데카르트에 의해 해석기하학으로 전환되면서 해석학이 수학의 주류가 되었다. 그러나 현대 수학의 창시자라 할 수 있는 힐베르트David Hilbert조차 "함수의 연속성과 같은 어려운 정리를 완벽하게 증명하는데 그림을 사용하지 않고 가능하겠는가?"하면서 그림의 중요성을 역설하였다. 수학자 하다마드Jacques Hadamard와 폴리아George Polya도 "그림은 기하 문제의 대상이 될 뿐만 아니라, 전혀 기하학적이 아닌 모든 문제 풀이에 중요한 도움이 된다."고 하였다. 컴퓨터 분야에서도 그림으로 생각하는 능력은 무척 중요하다. 인간처럼 생각하는 컴퓨터를 연구하여 인공지능 artificial intelligence의 창시자로 불리는 마빈 민스키Marvin Minsky교수는 마음속에 있는 아이디어를 잘 연결하여 그림으로 표현할 수 있어야 하며, 그것이 진정한 생각이라고 하였다.

그림은 생각을 위한 세계 공동 언어이다. 그림은 화가의 전유물이 아니라, 과학자, 건축 설계가, 프로 스포츠맨, 소프트웨어 전문가, 요리사, 패션 디자이너 등 모두가 그림을 생각의 기본으로 하고 있다. 그림으로 생각하는 능력, 즉 시각적 사고는 창의적 천재들의 전유물이거나 특정 분야의 전문 지식을 위한 것으로 오해하는 경우가 있다. 시각적 사고가 새로운 개념처럼 보이지만, 우리 모두는 오래전부터 일상생활 속에서 능숙하게 시각적 사고를 활용해오고 있다. 우리가 주변에서 흔히 보는 교통 표지판은 대부분 그림으로 되어있다. 그림이 글자보다 직관적이고 빨리 이해될 수 있기 때문에, 순간적 이해가 요구되는 교통 표지판에서는 글자보다 그림을 채택한 것이다. 유치원생, 노인, 또는 낯선 외국인조차 쉽게 이해할 수 있도록 문자 대신 사용하는 픽토그램pictogram도 그림이 문자보다 뛰어난 설명력을 갖고 있기 때문이다. 컴퓨터에서 사용자 인터페이스의 도구로 사용되고 있는 아이콘icon이나 메뉴방식도 문자보다는 그림을 사용하고 있다. 예로부터 '백문이 불여일견'百問不如一見이라는 속담이 있을 정도로 우리는 보는 것을 최상의 사고 수준으로 생각하였다. 이처럼 우리 모두는 시각적 사고와 친숙하며, 이를 다방면으로 활용하고 있다. 다만, 수동적 입장에서 시각적 사고를 잘 수용하고 있지만, 능동적으로 시각적 사고를 발산하는데 미숙할 뿐이다. 이제는 시각적 사고를 수용하고 생산적으로 시각적 사고로 발산할 수 있는 온전한 시각적 사고력을 갖추어야 한다.

시각적 사고력은 예술적 훈련이나, 재능 또는 지적 능력과는 아무런 관계가 없다. 가드너Howard Gardner는 다중지능multiple intelligence theory에서 8가지 지적 능력을 말하고 있지만, 시각적 사고는 언어 능력처럼 누구나 갖고 있는 천부적 사고 능력이다. 그동안 무관심하게 방치해온 시각적 사고의 잠재 능력을 깨워야 할 때다.

【그림 4-2】 다양한 시각 언어

90년대 뇌 과학의 활발한 연구덕분에 뇌에 관한 많은 새로운 사실들이 규명되었다. 더불어 뇌가 주체적인 역할을 하는 학습 이론에서도 새로운 진전이 있었다. 인간의 뇌는 좌뇌와 우뇌의 두 부분으로 구성된다.(뇌에 관한 자세한 지식은 제5장을 참고하자.) 좌뇌는 언어적, 수리적, 논리적, 이성적 처리 기능을 갖고 있다. 수직적 또는 연역적 사고 능력은 좌뇌의 작용이다. 우뇌는 예술적, 공간적, 직관적, 감성적 처리를 담당하고 있다. 우뇌는 주로 수평적, 귀납적 역할을 수행한다. 시각적 사고는 좌뇌와 우뇌의 기능을 유기적으로 통합, 연결하여 양쪽 뇌의 기능을 최대로 활성화 한다. 시각적 사고는 뇌 구조와 가장 부합되는 사고방식인 것이다.

대표적인 서양 격언인 '한 장의 그림은 천 개의 단어보다 값지다.'A picture is worth than a thousand words.라는 것이 있다. 수천의 단어로도 표현하기 어려운 복잡한 개념을 한 장의 그림으로 간결하고 이해하기 쉽게 표현할 수 있다. [그림 4-3]은 잘 알려진 생태계의 순환에 관한 개념을 그림으로 표현한 것이다. 이 그림의 내용을 말이나 문자로 설명해 보라.

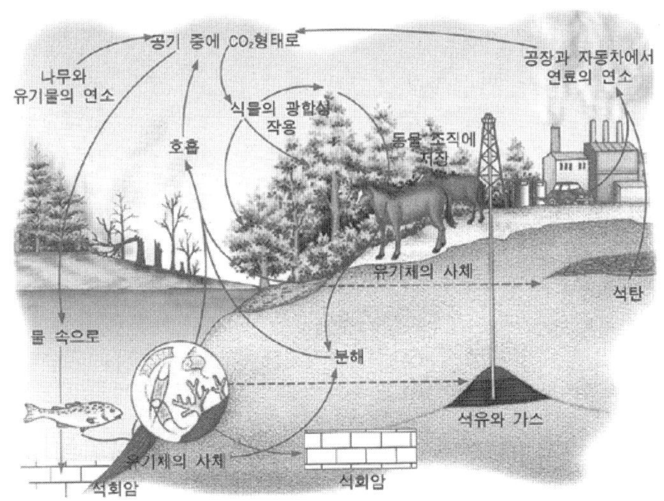

【그림 4-3】 생태계의 순환에 관한 개념

그림이 표현하는 개념이나 지식을 말 또는 문자로 명확하게 표현하는 것은 참으로 어렵다. 그림은 이처럼 지식을 표현하는 강력한 능력을 갖고 있다. 그림으로 생각하는 시각적 사고는 수천의 문자로 된 지식을 간명한 그림으로 대체하여 강력한 지식 체계를 구출할 수 있다. 시각적 사고는 다음과 같은 장점이 있다.

- **자기 주도적**self-initiated, **자기 발견적**heuristic, **총체적**holistic **학습 능력을 배양할 수 있다.** 학습자가 이해하고 있는 개념이나 지식을 이미지화 하고 시각화 함으로써 학습자만의 독특한 학습 세계를 창조하고 견고한 지식 체계를 구축할 수 있다.
- **좌뇌와 우뇌를 균형 있게 활용하여, 수평적, 수직적 사고가 조화된 역동적 사고를 할 수 있다.** 이를 통해서 사고의 유연성을 신장시키고 지식의 본질을 본능적으로 파악하게 된다. 또한 창의적 문제 해결 능력을 스스로 습득하게 된다.
- **핵심 개념을 확대해 나가는 발산적 사고**divergent thinking**로 사고의 폭을 확대하고 두뇌의 잠재력을 깨우게 된다.** 연상 능력을 활용해서 지식을 두뇌에 각인하고 두뇌의 학습 네트워크를 조직화하게 된다.
- **전체와 부분간의 관계를 이해하고 핵심을 도출해서, 지식의 본질을 빠르게 깨달을 수 있다.**
- **친숙한 그림에 쉽게 집중하게 되어 학습 몰입이 가능하고 확실한 학습 성과와 학습 효율성을 증대할 수 있다.** 그림을 그리기 때문에 공부에 취미와 여유를 갖게 된다.

시각적 사고는 가장 간단하면서도 강력한 생각의 방법이며, 학습자가 반드시 구비하여야 할 필수 소양이다. 옥스퍼드 대학교에서는 학습자의 학습 역량을 강화하기 위해 시각적으로 구성된 전문 교재를 편찬하기도 하였다.

【그림 4-4】 옥스퍼드 대학교의 시각화된 전문 교재

창의적 인재는 유연한 사고를 하고, 자기 주도적으로 본질을 깨닫고, 지식, 개념, 원리 법칙을 탐구하고 유추하여, 추상화, 일반화를 통해 창의적 문제 해결 능력을 갖고 있다. 바로 시각적 사고의 효과인 것이다. 창의적 인재가 되고자 하면 시각적 사고로 무장하여야 한다.

네 마음의 눈을 뜨게 하라.

- 존 러스킨John Ruskin

4.2 시각 패턴으로 무장하라.

인류 문명의 역사는 도구 발전의 역사라 해도 과언이 아닐 것이다. 사냥이나 낚시에서부터 건축이나 요리에 이르기까지 인류는 다양한 도구를 개발하여왔다. 간단한 외과 수술을 하는데도 핀셋이나 메스 등 수십 종류의 도구가 필요하다. 땅을 삽으로 파는 것과 포크레인으로 파는 것을 비교해 보면 도구의 효용성을 확실히 이해할 수 있을 것이다. 작업을 하기 전에는 반드시 작업에 필요한 도구부터 챙겨야 작업의 능률을 향상시킬 수 있다. 그러나 대부분의 사람들은 어리석게도 도구의 중요성을 무시하고 무작정 작업으로 달려든다. 효율을 생각한다면 도구부터 챙겨야 한다.

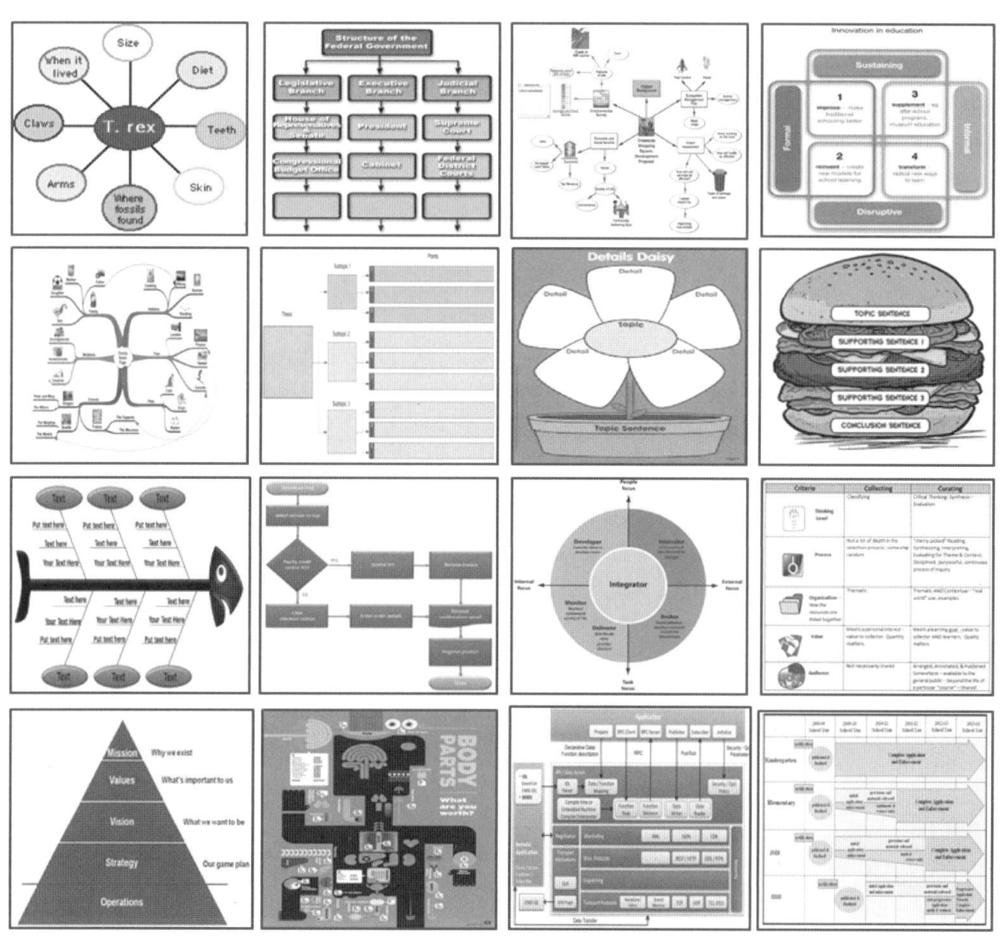

【그림 4-5】 다양한 형태의 시각 패턴

시각적 사고를 활성화 하려면 어떤 도구를 사용하여야 할까? 교육학자들을 비롯하여 경영 전략가, 과학자등은 생각의 도구의 중요성을 인지하고 잘 알려진 마인드 맵mind map을 비롯하여 수많은 다양한 시각 도구를 개발하였다. 시각적 도구는 접근 방식에 따라 그래픽 구성기graphic organization, 풍부한 그림rich picture 등 다양한 명칭으로 불리기도 한다. 여기에서는 시각적 사고를 목적으로 하는 이러한 모든 도구를 총칭해서 시각 패턴visual pattern라 하자. 일반적으로 시각 패턴이라 하면 마인드 맵만이 유일한 형태라고 생각하는 경향이 있는데, [그림 4-5]에서 보는 것처럼 수많은 시각 패턴이 있다. 마인드 맵은 이러한 시각 패턴의 한 종류일 뿐이다. 시각 패턴은 생각을 시각적으로 활성화하고 가시화시켜 주어, 시각적 사고의 최종 산출물 생산을 도와 준다. 또한 시각 패턴은 시각적 사고의 효율성을 높여 주는데 결정적 역할을 하는 강력한 학습 도구이다. 학습 상황에 따라, 적합한 시각 패턴을 선정하여 유효 적절하게 활용할 수 있어야 참된 시각적 사고를 할 수 있다.

수많은 형태의 시각 패턴이 활용되다 보니, 이를 체계적으로 정리하는 것도 어려운 과제가 되었다. <정보 그래픽스>Information Graphics의 로버트 해리스Robert Harris는 형태를 중심으로 차트chart, 그래프graph, 맵map, 다이어그램diagram, 테이블table의 5가지 형식으로 분류하고 있으며, <시각적으로 생각하기>Thinking Visually의 말콤 크레이그Malcom Craig는 작업 능률향상의 관점에서 14가지 형태로 제안하고 있기도 하다. 여기서는 창의적 학습 관점에서 6가지 형식을 설명한다. 그러나 시각 패턴 활용의 기본 원칙은 시각적으로 생각하라는 것이다. 시각 패턴의 형태나 종류에 얽매이지 말고 자연스러운 시각 패턴을 스스로 창작하여 활용하는 능력을 배양하여야 한다. 여기서 설명하는 6가지 형식은 그런 능력을 키우기 위한 안내자일 뿐이다. 또한, 한 가지 패턴만 사용하지 말고, 학습 과제에 따라 여러 패턴을 복합적으로 활용하여 시각적 효과를 극대화하여야 한다.

시각 패턴 활용 원칙:

- 시각적으로 생각하라.
- 시각 효과를 극대화하라.

【그림 4-6】 시각 패턴의 6가지 형식

다양한 형태의 시각 패턴을 [그림 4-6]처럼 6가지 형식으로 분류하였지만, 분류와 관계없이 시각 패턴은 시각적 사고를 지원하는 기능 측면에서는 본질적으로 동일하다. 시각 패턴의 특징을 고려하여 적재적소에 적합한 시각 패턴을 활용하는 것이 중요하다. 시각 패턴 활용에는 공통적으로 적용되는 원칙이 있다. 이 원칙을 중심으로 시각 패턴의 개별 특성을 고려하여 학습 과제와 생각을 시각화 하도록 한다. 시각 패턴에 공통으로 적용되는 기본 원칙을 [표 4-1]과 같다.

[표 4-1] 시각 패턴에 공통으로 적용되는 그리기 기본 원칙

1	한 장에 그려라	• A4 또는 B3 복사지 한 장에 그린다. • 한 장에 그려야 한 눈에 파악할 수 있고, 한 번에 기억할 수 있다.
2	핵심부터 그려라	• 가장 중요한 핵심 요소가 중앙에 위치하도록 한다. 핵심 요소의 비중에 따라, 문자의 크기, 색깔 등을 차별화하여 입체감과 생동감이 살아나도록 한다.
3	관계를 부여하라.	• 요소간의 관계가 분명하게 드러나도록 하고, 관계를 명확하게 표현한다. • 상하관계, 주종관계, 인과관계 등 요소간의 관계 네트워크를 만든다. • 논술문의 전후 문장간에 관계가 있는 것처럼, 요소간의 관계로 시각 패턴의 맥락을 형성한다.
4	단순하게 그려라	• 가능하면 요약 정리하여 핵심 요소만을 그린다. • 복잡한 내용을 단순화, 추상화하여 본질이 드러나도록 한다.
5	눈을 즐겁게 하라	• 시각 패턴은 예술 작품을 만드는 것이 아니다. • 잘 그리려 하지 마라. 화가가 되려고 하지 마라. • 다양한 클립아트, 아이콘, 도형 등을 사용하고, 4-5 컬러펜을 사용하여 눈이 즐겁도록 한다.
6	형식을 탈피하라	• 마인드 맵 등 기존 시각 패턴이나 6가지 형식에 집착하지 않는다. • 필요에 따라 여러 패턴을 복합적으로 사용하는 유연한 사고를 한다. • 학습 과제에 적합한 것이 가장 좋은 것이다.
7	자신의 패턴을 창작하라	• 기존 형식과 다른 사람의 시각 패턴을 참고하여, 자신만의 패턴을 그린다. 또한 새로운 시각 표현 방법을 창작한다.

지식지도Knowledge Map

인간의 학습과 기억을 담당하는 등 생각의 중추기관 역할을 하고 있는 두뇌는 신경세포(뉴런neuron)들이 시냅스synapse에 의해 연결된 거대한 신경망이다.(두뇌에 대한 자세한 내용은 제5장을 참고하자.) 인간은 거대한 두뇌 네트워크 곳곳에 지식을 저장, 연결해 두고, 이를 활용해서 사고를 한다. 두뇌의 학습 인지 동작과 동일한 사고방식을 학습에 적용하기 위해 개발된 것이 지식지도knowledge map이다.

지식지도는 핵심 개념을 중심으로 관계되는 개념들이 나무처럼 뻗어 나가, 지식의 전체 구성 체계를 하나의 네트워크 형태로 표현한 것이다. 지식지도는 두뇌의 신경망을 모방한 것으로 지식을 개념화, 조직화, 시각화하는 강력한 시각 패턴이다. 두뇌의 신경망과 같은 지식지도를 활용하면 좌

뇌와 우뇌의 기능을 유기적으로 통합하여, 두뇌의 사고 능력도 증대시킬 수 있고 잠재된 창의력을 일깨우는데도 효과적이다.

1974년, 토니 부잔Tony Buzan에 의해 개발된 마인드 맵이 커다란 호응을 받으면서, 마인드 맵은 지식지도의 대표가 되었다. 시각적 사고하면 마인드 맵이 생각날 정도로 가장 널리 애용되는 대표적 시각 패턴이 되었다. 그러나 학습한 지식 구조를 지도형태로 시각화하는 데는 마인드 맵 이외에도 스파이더 맵spider map, 개념지도concept map, 풍부한 그림rich picture 등 수많은 형태가 개발되었다. 지식지도의 명칭이나 형태가 중요한 것이 아니라, 두뇌의 확산적 사고방식과 네트워크적 기억 방식을 모방하여, 학습한 지식을 개념화, 조직화, 시각화하는 것이 중요하다. 이러한 방법으로 학습 능력을 향상시키고 창의적 문제 해결 능력을 제공하는 것이라면, 명칭이나 형태에 관계없이 모두 지식지도가 될 수 있다. 지식지도를 그리는 방법은 생각보다 간단하다. [표 4-1]의 시각 패턴 그리기의 기본 원칙을 준수하면서 핵심 개념을 가운데에 위치시키고 부수되는 관계 개념을 나뭇가지가 뻗어나는 것처럼 확산적으로 그리면 된다. 지식지도의 대표적 사례를 통해서 지식지도를 그리는 상세한 방법을 알아보자.

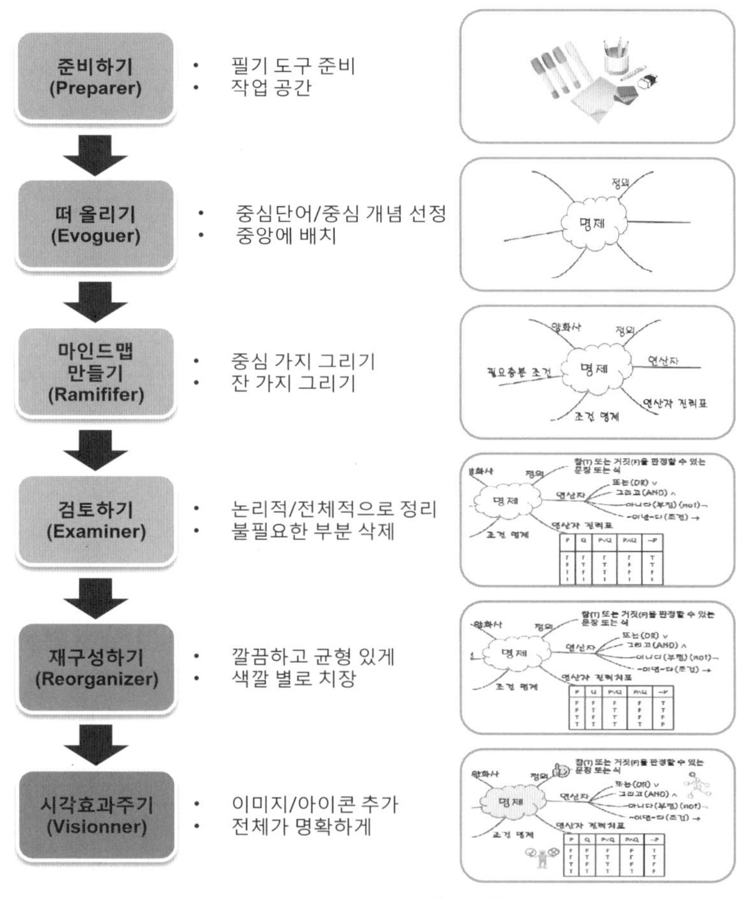

【그림 4-7】 마인드 맵 그리기

[마인드 맵]

마인드 맵은 가장 널리 사용되는 대표적인 지식지도이다. 마인드 맵에 대해서는 여러 경로를 통해서 기본적인 사항을 들어 본 적이 있을 것이다. 드니 르보Denis Rebaud 등이 공동 저술한 <생각정리의 기술>에서 설명하고 있는 페레르브PERERV 방식의 6단계 마인드 맵 그리기 방법이 잘 알려져 있다. 마인드 맵은 [그림 4-7]처럼 단계별로 차근차근 그려나가면 효과적으로 훌륭한 마인드 맵을 그릴 수 있다.

'연습이 완벽을 만든다.'Practice makes perfect.는 속담처럼, 마인드 맵을 많이 그리고 항시 활용해야 익숙해질 수 있다. 다른 사람이 그린 마인드 맵도 참고하여 자신만의 스타일을 만드는 것도 중요하다. [그림 4-8]에 보인 마인드 맵을 살펴보고, 각각 특징과 장단점을 살펴보도록 하자.

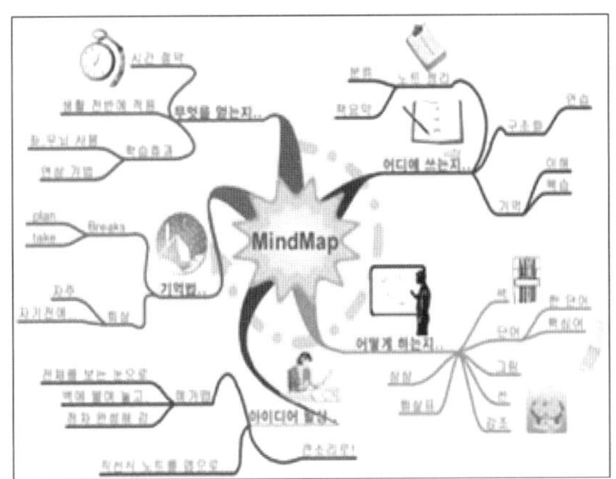

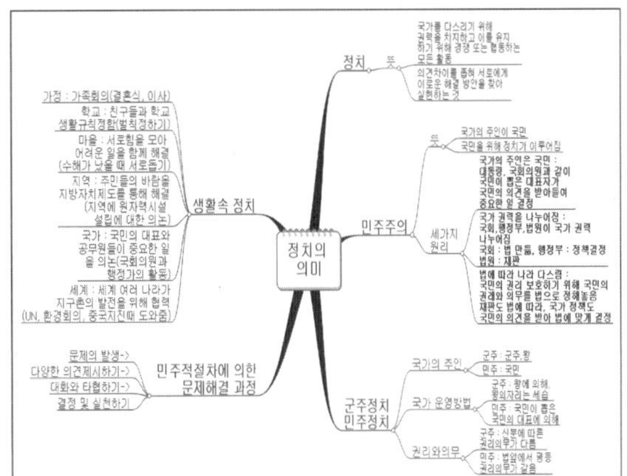

【그림 4-8】 마인드 맵 예

[개념지도]

개념지도는 중요개념 간의 상호관계를 이해하는데 활용된다. 1970년대 코넬대학교의 요셉 노박Joseph Novak교수에 의해 제안된 시각 패턴으로 교육학의 구성주의constructivism 이론에 기반을 두고 있다. 개념지도는 개념과 개념간의 두 요소로 단순하게 구성된다.

- **개념**: 사각형 또는 원형으로 표시하며 통일성이 있도록 구분한다.
- **관계**: 개념 간을 화살표로 연결하고, 그 위에 관계 내용을 기술한다.

그러나 필요에 따라서 개념과 관계가 분명하게 표시된다면 유연하게 변형해서 사용해도 좋다. 또한 이미지나 아이콘, 색깔을 적정하게 사용해도 된다. [그림 4-9]의 대표적 개념지도 예를 살펴보고, 개념지도의 특성과 작성방법을 이해하도록 하자.

마인드 맵은 하나의 핵심 개념을 중심으로 부수되는 개념을 나뭇가지처럼 확장해 가는데 비하여, 개념지도는 전체적 관점에서 여러 개념간의 관계를 표현하는데 사용한다.

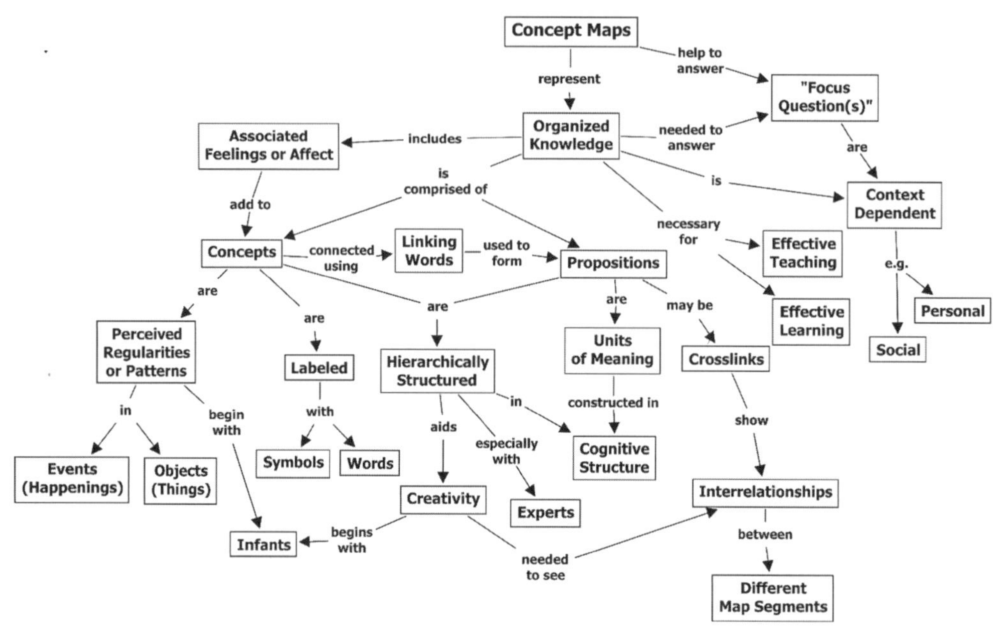

【그림 4-9】 개념지도 예

[스파이더 맵]

스파이더 맵은 모양이 거미처럼 생긴데서 붙여진 이름이다. 스파이더 맵은 중앙에 핵심 개념(또는 과제)을 배치하고 연관되는 중요 개념을 가지로 그린다. 그런 다음 각 가지의 중심 개념에 대한 상세한 설명을 항목별로 요약해서 기술한다.

스파이더 맵은 다양한 관점에서 핵심 개념의 여러 특징이나 속성을 분석하는데 적합하다. 즉, 스파이더 맵은 분석적 사고력을 체계적으로 습득하는데 도움을 준다. [그림 4-10]은 대표적인 스파이더 맵이다. 이를 살펴보고, 스파이더 맵 작성 방법과 특징을 살펴보도록 하자.

일반적으로 스파이더 맵에서는 컬러나 이미지를 사용하지 않고 주로 자세한 설명을 기록한다. 이러한 특징으로 인해 논술문 작성 시 내용 설계에 많이 이용되고 있다. 그러나 다른 시각 패턴처럼 필요에 따라 적절하게 변형해서 사용하는 것이 좋다.

지식지도에는 이외에도 토픽 맵topic map, 스토리 맵story map, 버블 맵bubble map 등 수많은 형태가 있다. [그림 4-11]에 지식지도의 또 다른 형태들을 참고로 보였다. 그러나 지식지도의 다양한 형태보다도 지식지도의 본질을 이해하는 것이 중요하다. 지식지도는 두뇌의 인지 체계와 기억 방식에 따라, 지식을 개념화, 조직화, 시각화하여 표현한 것이다. 두뇌의 학습 과정을 그대로 옮겨 놓은 것으로 생각할 수 있다. 따라서 두뇌의 학습 내용에 따라 지식지도가 그려지고, 지식지도를 그리는 것처럼 두뇌가 학습하게 된다. 지식지도를 산뜻하고 명쾌하게 그리는 것도 중요하며, 지식지도의 형식에 얽매이지 않고 이해한 대로 자연스럽게 표현하는 것도 중요하다. 학습자의 학습 방식에 적합한 지식지도를 창의적으로 만들어 보는 것도 좋을 것이다.

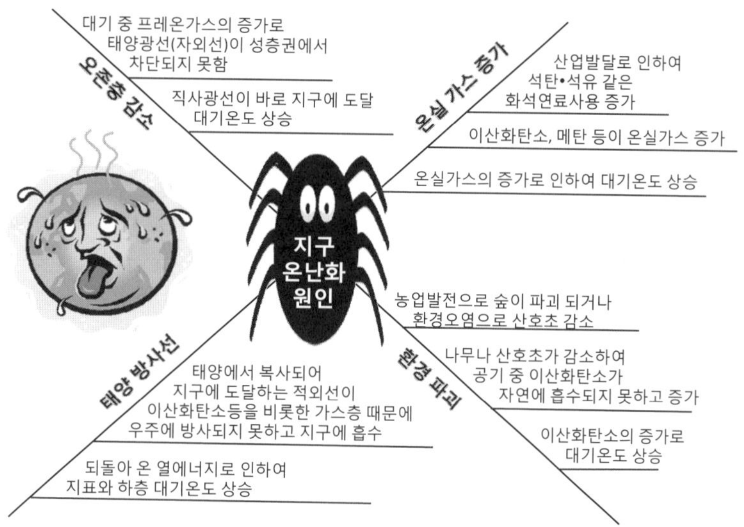

【그림 4-10】 대표적인 스파이더 맵의 예

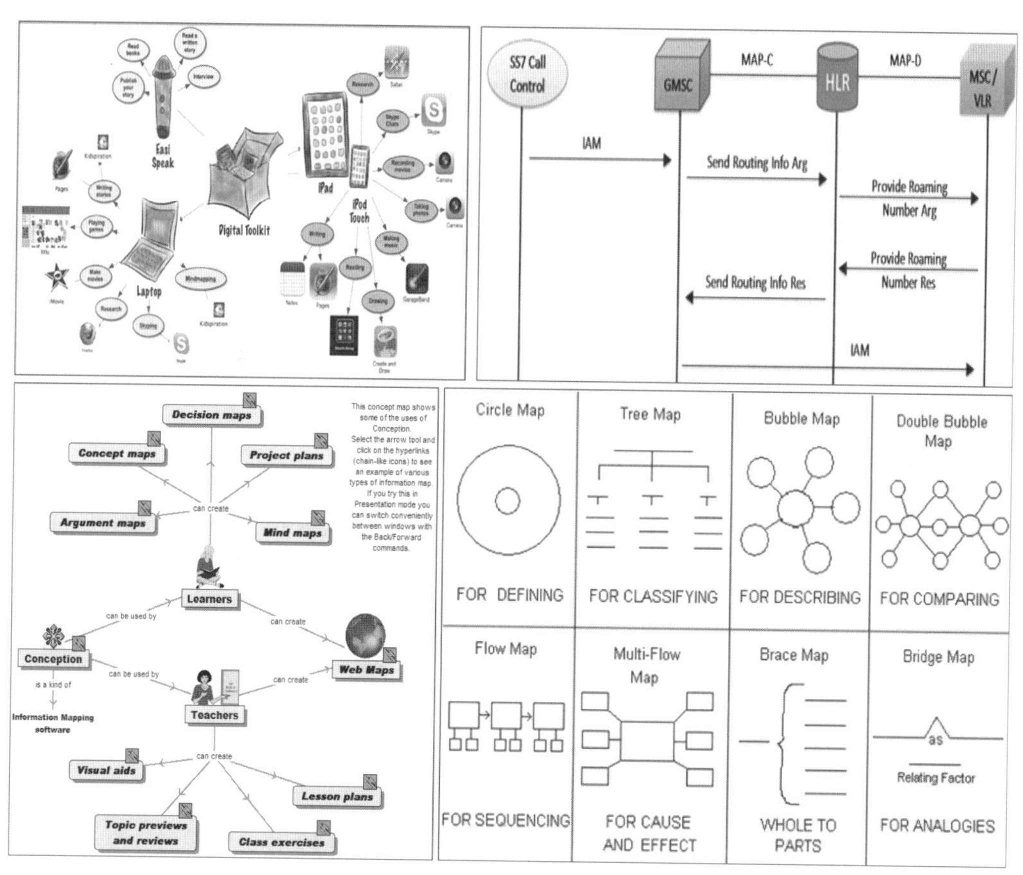

【그림 4-11】 지식지도의 여러 가지 형태

매트릭스matrix

일상생활에서 자료를 정리할 때 가장 흔하게 사용하는 것이 표이다. 기업체 근무자가 항시 사용하는 업무 프로그램에 엑셀Excel이 있다. 기업체 근무자는 하루가 엑셀로 시작해서 엑셀로 끝났다고 할 정도로 엑셀은 업무관리의 필수 프로그램이 되었다. 실제로, 엑셀로 하지 못하는 업무가 없을 정도로 엑셀의 기능은 다양하게 활용되고 있다. 엑셀은 스프레드 시트spread sheet를 작성하는 업무 프로그램으로, 1979년 댄 브릭클린Dan Bricklin과 그 친구들에 의해, 성적처리 때문에 고생하는 교수님을 도와주기 위해서 처음 개발되었다. 그 후 스프레드 시트의 놀라운 업무처리 효율성이 입증되면서, 다양한 형태와 기능의 스프레드 시트 프로그램이 개발되었으며, 이제는 업무처리에서 없어서는 안 될 필수 프로그램이 되었다. 실생활에서 알 수 있는 것처럼, 2차원 형태의 표 또는 양식은 간단하고 간편하지만 막강한 정보 정리 능력을 갖고 있다. 실제로 컴퓨터 응용의 기본 정보를 제공하는 데이터베이스database도 내부적으로 표의 형태로 정보를 구조화하여 관리하고 있다.

표는 수집한 정보를 2차원 형태로 정리, 분류, 구조화 하는 시각 패턴이다. 표는 통계 데이터나 실험 데이터 표현, 복잡한 과학 개념의 정리, 주소록이나 명함 정리, 시험 응시원서, 이력서, 다이어리의 일정관리 등 모든 분야에서 항시 사용되는 정보 구조화를 위한 시각 패턴이다. 표의 강력한 정보 구조화 능력과 유용성으로 인하여, 테이블table, 양식form, 매트릭스matrix, 그리드grid 등의 여러 명칭으로 불리기도 한다. 여기서는 2차원적인 표의 형태로 정보를 구조화하는 시각 패턴을 매트릭스라고 총칭한다.

매트릭스는 2차원 형태로 정보나 지식의 내용을 다양한 관점에서 시각화하는 것으로 다음과 같은 목적에 주로 사용되고 있다.

- 흩어져 있는 정보를 한 곳에 모아서 체계적으로 정리
- 관련되는 정보를 일목요연하게 비교 또는 대조
- 연관 정보들을 특성에 따라 분류 또는 분석
- 정보 또는 지식의 속성을 구조화 또는 조직화

[표 4-2]는 대표적인 매트릭스로, 이것을 관찰해 보면, 매트릭스의 특징과 목적을 이해할 수 있을 것이다. [표 4-2]에서 알 수 있는 것처럼, 흩어져 있던 정보를 한 눈에 파악할 수 있으며, 세부내용을 상호 비교하여 확실하게 이해할 수 있다. 이러한 매트릭스의 시각화는 지식 관리능력을 신장시켜줄 뿐만 아니라, 기억력을 향상시켜 주고 창의적 사고에 필요한 기초 지식을 이해하는데 커다란 도움이 된다. 이러한 이유로 인하여, 수능 시험 등에서는 매트릭스를 제시하고 이로부터 새로운 지식을 추론하는 문제가 자주 출제되고 있다.

매트릭스를 그리는 정해진 방법은 없다. 일반적으로 매트릭스는 가로와 세로축에 각각 정보 구별 요소를 부여하며 매트릭스를 만들고 칸 또는 셀cell에 해당 내용을 기입한다. 수학의 X-Y 좌표 평면을 만드는 것과 유사하다. 예를 들어 [표 4-2]의 경우, 가로축은 고려시대 역사서이고, 세로축

은 역사서의 속성이다. 매트릭스로 시각화하고자 하는 정보를 모두 한곳에 수집한 다음, 이들의 정보 특성을 분석하여 가로축과 세로축이 될 정보 구별 요소를 설정하여 매트릭스를 만든다. 매트릭스로 형성된 각 칸에는 일반적으로 주제어 또는 키워드 등 단어나 어절, 숫자 등을 기입하지만, 이러한 제한에 얽매여서는 안 된다. 필요에 따라, 각 칸의 그림, 도형, 사진, 이미지 등 다양한 내용을 기입할 수 있다. 시각 패턴은 생각을 시각화하는 본질이 중요하므로, 시각 패턴의 형식이나 형태에 얽매여서는 절대로 안 된다. [표 4-3]은 단어나 어절 대신에, 그림을 활용한 매트릭스의 예이다. [표 4-3]과 같이 매트릭스를 작성해보면 대조되는 개념이 분명하게 드러나고 상호 연관성도 파악할 수 있다.

[표 4-2] 고려시대 편찬 역사서

구분 \ 서명	삼국사기	해동고승적	동명왕편	삼국유사	제왕운기
저자	김부식	각 훈	이규보	일 연	이승휴
시대	인종 23년(1145년)	고종(1215년)	고종(1241년)	충렬왕 7년(1281년)	충렬왕 13년(1287년)
서술방식	기전체	불교사	영웅 서사시	기사본말체	역사시
내용	신라, 고구려, 백제 3국의 흥망과 변천	삼국시대에서 당대까지 고승들의 전기	동국이상집에서 고구려 건국신화를 웅장하게	고조선과 고대국가, 삼국과 가야의 흥망, 신화, 전설	상권은 중국역사 하권은 고조선에서 충렬왕까지 역사를 시로 표현
특징	• 최초의 편찬역사서 • 유교적, 사대주의적	• 중국불교와 대등강조 • 민족문화 자주성	• 자주적, 민족주의적 • 고구려 이상 계승	• 단군 건국 신화 • 불교적, 민족적, 자주적	• 독자적 자주성, 주체성 • 단순설화, 단일민족 • 발해를 고구려 계승국으로 인정

[표 4-3] 그림을 활용한 매트릭스의 예

형태		도형	$a = \propto$	$r < a < \propto$	$a = r$	$f < a < r$	$a = f$	$a < f$
거울	오목 거울		$b = f$ 점	$f < b < r$ 도립 축소 실상	$b = r$ 도립 동일 실상	$r < b < \propto$ 확대 도립 실상	$b = \propto$ 상 없음	$b < 0$ 정립 확대 허상
	볼록 거울		$-f < b < 0$ 정립 축소 허상					
렌즈	오목 렌즈		$-f < b < 0$ 정립 축소 허상					
	볼록 렌즈		$b = f$ 점	$f < b < r$ 도립 축소 실상	$b = r$ 도립 동일 실상	$r < b < \propto$ 확대 도립 실상	$b = \propto$ 상 없음	$b < 0$ 정립 확대 허상

본질을 이해하여, 참신하고 유연한 발상으로 지식을 시각화하는 능력이 필요하다. 스마트폰의 화면, 디지털 이미지의 화소pixel, 원소 주기율표 등도 모두 이러한 매트릭스적 발상이다. 멘델레예프Dmitri Mendeleev는 원소들의 특성을 매트릭스 형태로 배열하여 원소의 성질과 상호 연관된 특징을 이해할 수 있도록 하여 화학의 기초를 확립하였으며, 아직 발견되지 않은 미지의 원소를 예측하기도 하였다. 멘델레예프는 이러한 공로로 1906년 노벨 화학상을 수상하였다.

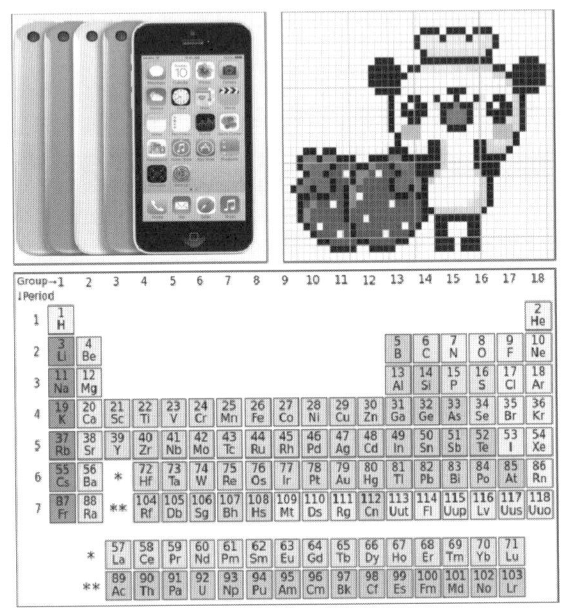

【그림 4-12】 매트릭스 활용 사례

매트릭스의 구조와 형식에 대해서도 시각화의 본질을 실현하는 유연한 사고가 필요하다. 표의 형식이나 시각적 형태, 셀의 구성과 내용도 학습 과제에 적합하도록 자유스럽게 변형하여 사용할 줄 알아야 한다. [그림 4-13]은 그러한 매트릭스의 형태를 예시해 보인 것이다.

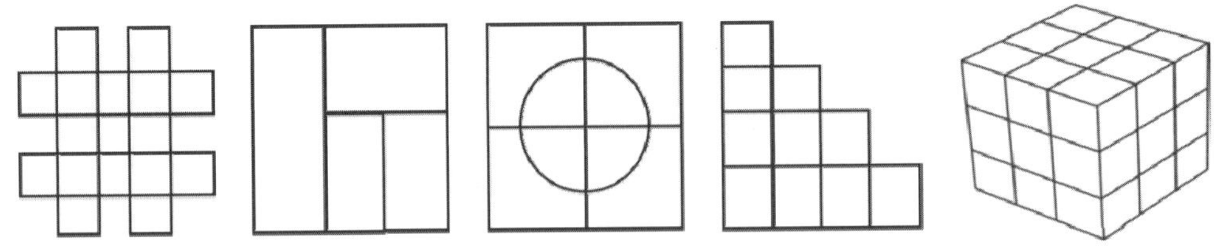

【그림 4-13】 다양한 형태의 변형된 매트릭스

[표 4-4]처럼 칸의 크기로 자유스럽게 조절하고 필요에 따라 색깔로 구분하여 시각적 효과를 높일 수도 있다. 2차원뿐만 아니라, 3차원 형태의 매트릭스도 생각해 볼 수 있을 것이다.

[표 4-4] 칸의 크기를 자유스럽게 조절한 매트릭스의 예

<table>
<tr><th colspan="2">어제, 오늘 그리고 내일</th><th>17세기 이전</th><th>18세기</th><th>19세기</th><th>20세기</th><th>오늘</th><th>내일</th></tr>
<tr><td>시대의 변화</td><td>앨빈 토플러</td><td>농업혁명(제1의 물결)</td><td colspan="3">산업혁명(제2의 물결)</td><td>정보화혁명(제3의 물결)</td><td>인간성의 혁명(제4의 물결)</td></tr>
<tr><td>지식의 변화</td><td>피터 드러커</td><td colspan="2">제품지식</td><td colspan="2">작업지식</td><td>지식에 지식을 적용</td><td>지혜와 창조성</td></tr>
<tr><td>세계화</td><td>토머스 프리드먼</td><td colspan="2">세계화 1.0시대(국가)</td><td colspan="2">세계화 2.0시대(기업)</td><td colspan="2">세계화 3.0시대(개인)</td></tr>
<tr><td>부의 원천</td><td>앨빈 토플러</td><td>토지</td><td colspan="3">공장, 에너지</td><td>정보, 지식</td><td>창의력</td></tr>
<tr><td>관련 기술</td><td>피터 드러커</td><td>문자(5000년 전)</td><td colspan="2">인쇄술(500년 전)</td><td colspan="2">컴퓨터(50년 전), 인터넷</td><td>융합기술</td></tr>
<tr><td>권력의 이동</td><td>앨빈 포플러</td><td colspan="2">국가</td><td colspan="2">국가</td><td colspan="2">개인</td></tr>
<tr><td colspan="2">지피지기</td><td colspan="2">투쟁</td><td colspan="2">경쟁</td><td>이기적 협동</td><td>이타적 협력(Compassion)</td></tr>
<tr><td colspan="2">기업의 대응 전략</td><td colspan="4">생산성, 규모의 경제</td><td>집중화, 핵심역량</td><td>디자인과 감성, 사회적 책임</td></tr>
<tr><td colspan="2">개인의 대응 전략</td><td colspan="2">성실, 부지런함</td><td colspan="2">관리와 통제, 전문성</td><td>차별화, 네트워크</td><td>영성, 감성, 이야기</td></tr>
</table>

매트릭스는 ① 학습 자료를 요약 정리해 주고, ② 요약된 학습 자료를 시각화 해 주며, ③ 누락된 내용이 없는지 확인시켜 주는 장점이 있다. 예를 들어, 시험 응시원서나 서적 주문서 등과 같이 미리 정해진 양식을 매트릭스 형식으로 만들어 놓으면 중요 정보가 누락되지 않게 된다. 매트릭스의 이러한 효과를 이용하여 자신만의 매트릭스 형식을 미리 만들어두는 것도 좋다. [표 4-5]의 예처럼, 자신만의 매트릭스를 만들어 활용하면 체계적으로 생각을 정리하고 문제를 해결하는데 큰 도움이 된다.

[표 4-5] 자신만의 매트릭스 활용 예

<table>
<tr><th>문제</th><th>출제의도</th></tr>
<tr><td>로그 방정식
$(log_3x)^2$-log_3x^3+2=0의 두 근을 α, β라 할 때, $\alpha+\beta$의 값을 구하라.</td><td>• 로그의 기본 성질
• 인수 분해</td></tr>
<tr><th>핵심 요소</th><th>요구 지식</th></tr>
<tr><td>x의 두 근 α, β</td><td>로그의 성질
• $log_ab=x \Leftrightarrow a^x=b$
• $log_ab^n=nlog_ab$
인수분해</td></tr>
<tr><th colspan="2">풀이 및 해답</th></tr>
<tr><td colspan="2">로그의 성질에 의하여 주어진 방정식은
$(log_3x)^2-3log_3x+2=0$
$log_3x=t$라 하면, 방정식은
$t^2-3t+2=0$
$(t-2)(t-1)=0$
$\therefore \quad t=2, 1$
그러므로, 두근은
$t=log_3x=2, x=3^2=9$
$t=log_3x=1, x=3^1=3$
따라서
$\alpha+\beta=9+3=12$</td></tr>
</table>

학습 활동을 정리, 기록, 평가하는데도 매트릭스는 여러모로 유용하다. 학습 계획을 세우거나 학습 일정을 관리할 때 매트릭스를 활용할 수 있으며, 목표 달성 평가도 매트릭스로 시각화 할 수 있다. 학습 활동에 있어 예습(선행학습)은 자기 주도적 학습으로 커다란 의의가 있으며 학습효과도 높다. 예습 활동을 정리, 기록, 평가하는데 [표 4-6]과 같은 매트릭스로 실행하는 것도 좋을 것이다.

[표 4-6] 예습관리 KWAL 매트릭스

K (알고 있는 것)	W (배울 것)	A (질문할 것)	L (배운 것)
등차수열 • 일반항 • 등차수열 합의 공식	등비 수열 • 공비 • 일반항 • 합의 공식	등비 수열 응용 예	등비 수열

지금까지 살펴본 바와 같이, 매트릭스는 흩어져 있는 학습 내용을 한 곳에 모아 일목요연하게 정리하고, 핵심 요소를 중심으로 학습 내용을 구조화하여 시각화하는데 적합한 시각 패턴이다. 매트릭스로 학습 과제를 정리할 수 있는 능력은 창의적 학습의 기초를 다지는 것이다. 학습 과제를 다양한 형태의 매트릭스로 시각화하도록 하고, 자신만의 매트릭스를 개발하여 학습 전반에 매트릭스를 항시 응용하도록 하자.

다이어그램diagram

일반적으로 다이어그램은 도형이나 기호를 사용하여 정보를 시각적으로 표현한 것을 총칭한다. 다이어그램의 정의가 너무 포괄적이고 그 형태가 다양해서 다이어그램이 아닌 것이 없다고 할 정도이다. 위키피디아Wikipedia에서는 트리 다이어그램tree diagram, 순서도flow chart, 막대 그래프bar chart, 지하철 노선도 등의 그래프graph, 차트chart 등 2차원적 시각화 형태를 모두 다이어그램 형태로 간주하고 있다. 앞서 설명한 지식지도나 매트릭스도 넓은 의미에서는 모두 다이어그램의 일종이라고 할 수도 있다. 우리가 교과서, 서적, 인터넷, 방송 등에서 접하는 지식 또는 정보와 관련된 그림들도 대부분이 다이어그램이라고 할 수 있다. 이처럼 학습에 다이어그램이 다양하게 활용되고 있으므로, 다이어그램을 이해하고 응용하는 것은 학습에 무엇보다도 중요하다. 여기서는 학습 활용의 효용성을 고려하여, 핵심 개념과 개념간의 관계를 도형이나 기호를 사용해서 지식의 내용을 시각화하는 것을 다이어그램이라고 하자. 그러나 이런 정의 역시 포괄적이기 때문에 먼저 다이어그램의 예를 통해서 이해해 보도록 한다. [그림 4-14]는 대표적인 다이어그램의 예이다.

다이어그램은 다른 시각 패턴들보다도 시각화의 유연성과 자유도가 뛰어나다. 다이어그램을 작성할 때는 [그림 4-14]의 예처럼 대칭적이고 기하학적 통일성을 고집할 필요가 없다. 지식의 내용과 구조를 분명하게 시각화 할 수 있으면 충분하다.

[그림 4-15]에 자주 볼 수 있는 다이어그램의 형식을 참고로 보였다. 다이어그램은 인간의 시각

적 직관에 호소하기 때문에 친숙하고 내용 각인이 빠른 장점이 있다. 수학, 과학을 비롯한 모든 학문 분야에서 지식의 시각화를 다이어그램을 애용하고 있는 이유이다. 학문 발전의 역사는 다이어그램 작성이라고 해도 과언이 아닐 정도로 지식 표현에 지대한 공헌을 하였다.

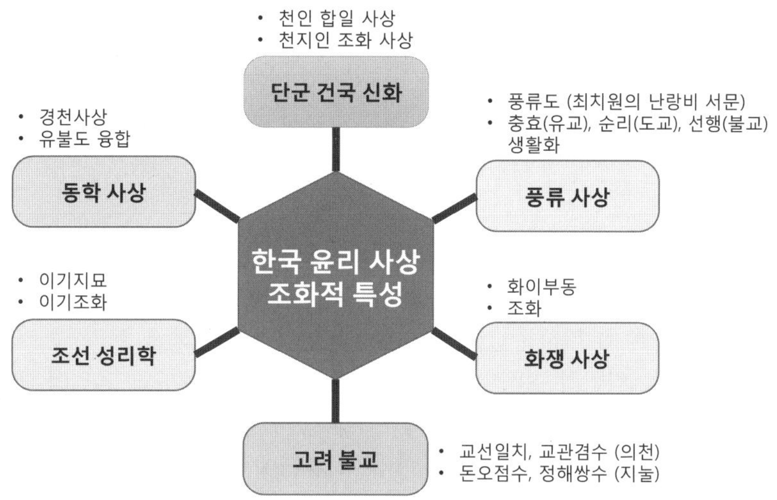

【그림 4-14】 다이어그램의 대표적 예

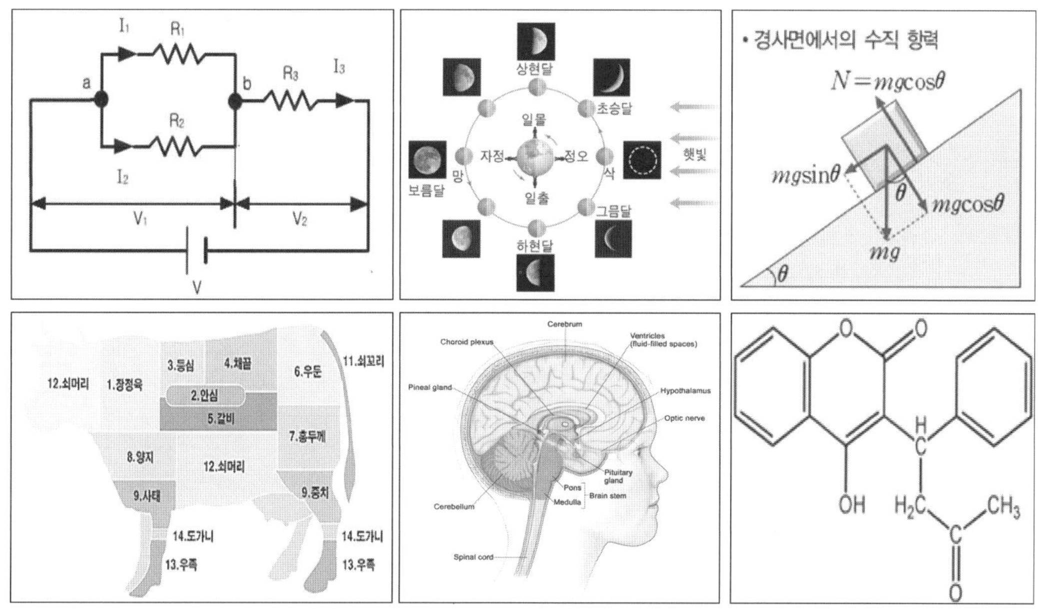

【그림 4-15】 다양한 형태의 다이어그램

다이어그램을 그리는 정해진 순서나 방법은 없다. [표 4-1]의 시각 패턴 작성의 기본 원칙에 입각하여 해당 지식의 구조와 내용을 파악해서 이에 적합한 도형이나 기호를 사용해서 시각화하면 된다. 지식의 구조와 내용을 정확하게 이해하지 못하면 다이어그램을 그릴 수가 없고, 참신한 창의적 아이디어를 내지 않으면 명쾌한 다이어그램을 그리기가 어렵다. 그러므로 먼저 해당 지식을 확실하게 이해한 후에 지식의 본질을 드러낼 수 있는 도형을 창작하도록 한다. 파워포인트가 교수·학습에 필수 도구로 사용되고 있어 다이어그램으로 학습 지식을 시각화하는 것이 일상화되고 있다. 학습 과제를 파워포인트로 제작하는 등의 경험을 통해서, 다이어그램을 활용하는 시각화 능력을 키워 나가야 할 것이다.

[계층도]

다이어그램 중 일상적으로 활용되는 것에 계층도hierarchy diagram가 있다. 계층도는 사장-전무-실장-부장-팀장-직원과 같은 기업 조직 구성표처럼 개념의 상하관계를 중심으로 지식을 구조화 또는 분류하여 시각적으로 표현하는 것이다. 나무처럼 생겼다고 해서 트리 구조tree diagram라고도 한다. 수학의 함수 분류, 영어의 품사 분류, 생물학의 계통도나 멘델의 유전의 법칙, 물리학의 입자 분류 등 거의 모든 지식을 계층도로 시각화 할 수 있다. 계층도는 고대 희랍시대부터 사용해온 지식 구조화 방식으로 지식의 시각화에 원조이다. 컴퓨터에서의 파일을 저장하는 파일 폴더의 구조, 책의 목차도 모두 계층 구조이다. 계층도는 이처럼 다방면에서 활용되는 시각 패턴으로 이를 적재적소에서 활용하면 학습 효과를 크게 증진할 수 있다. [그림 4-16]은 계층도의 대표적 형태이다. 이를 살펴보고, 계층도의 본질을 파악해 보도록 하자.

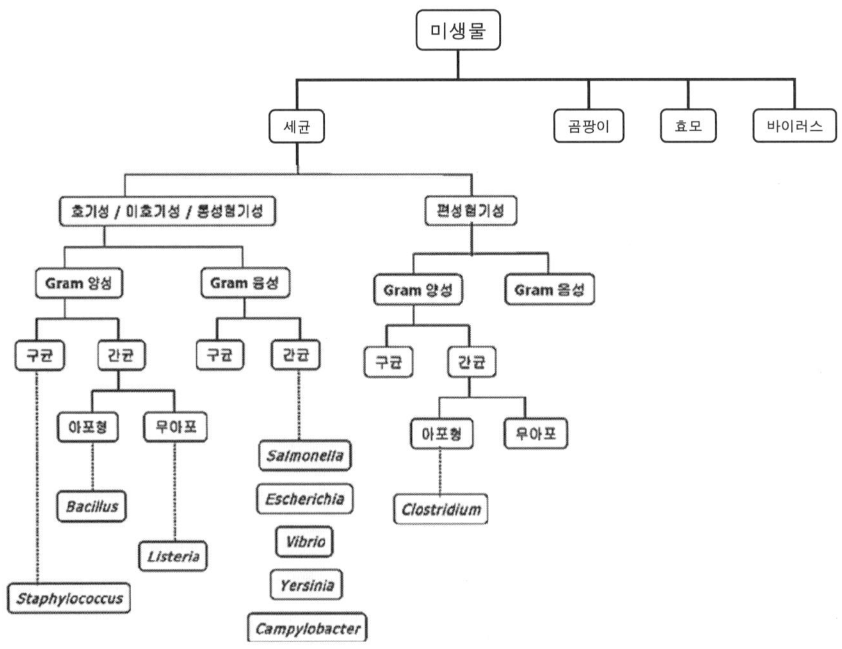

【그림 4-16】 대표적 계층도

다른 시각 패턴과 마찬가지로 계층도 역시 다양한 변형이 가능하다. 계층 관계 또는 개념의 상하 관계를 위에서 아래로만 전개할 필요는 없다. 개념의 상하 관계 또는 포함 관계가 명시적으로 나타나기만 하면 되기 때문이다. [그림 4-17]은 계층도의 다양한 변형 형태를 보인 것이다. 계층도의 특성을 이해하도록 하자.

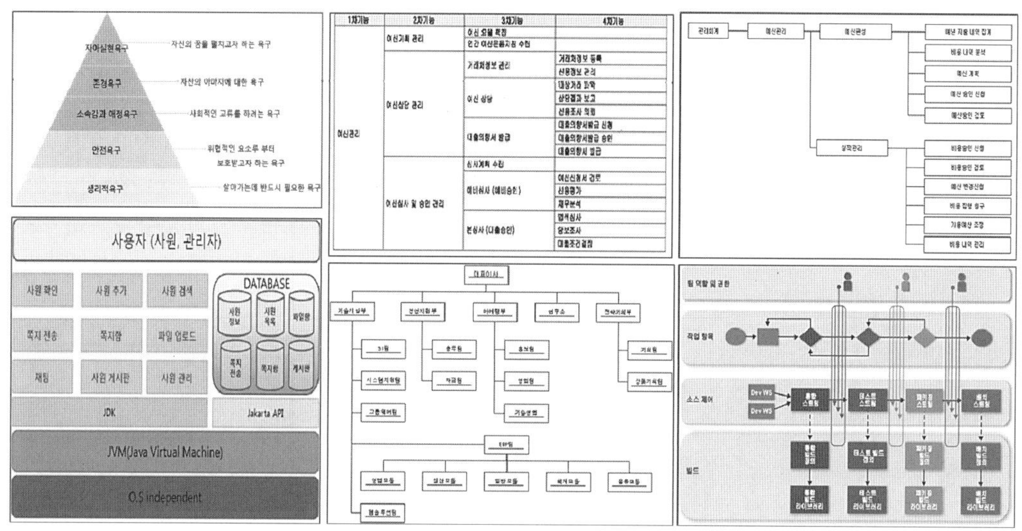

【그림 4-17】 대표적인 계층도의 변형 형태

계층도는 개념의 상하 관계, 포함 관계를 표현하는 훌륭한 시각 패턴일 뿐만 아니라, 지식의 구조를 분해, 조직화하는데도 활용된다. 예를 들어, 논술문 작성시 계층도를 활용해서 논술문의 설계도를 작성할 수 있다. [그림 4-18]은 "소프트웨어 산업 육성이 시급하다."라는 주제의 논술문 설계도이다. 논술문의 전체 구조와 논리 전개 과정의 맥락을 한 눈에 파악할 수 있다. 논술문의 계층도를 활용해서 논리 전개가 매끄럽지 못한 부분이나 내용이 미흡한 부분을 미리 파악할 수 있다. 제 3-2장의 논술 분석도 실제로는 계층도를 기반으로 한 것이다. [그림 4-18]을 이용해서 실제로 논술문을 작성해 보면, 논술문을 아주 쉽고 편하게 작성할 수 있음을 알 수 있을 것이다.

계층도는 수직적 사고의 대표적 결과물이다. 이를 잘 활용하면 수직적 사고 능력, 논리적 사고 능력을 배양하는데 큰 도움이 된다.

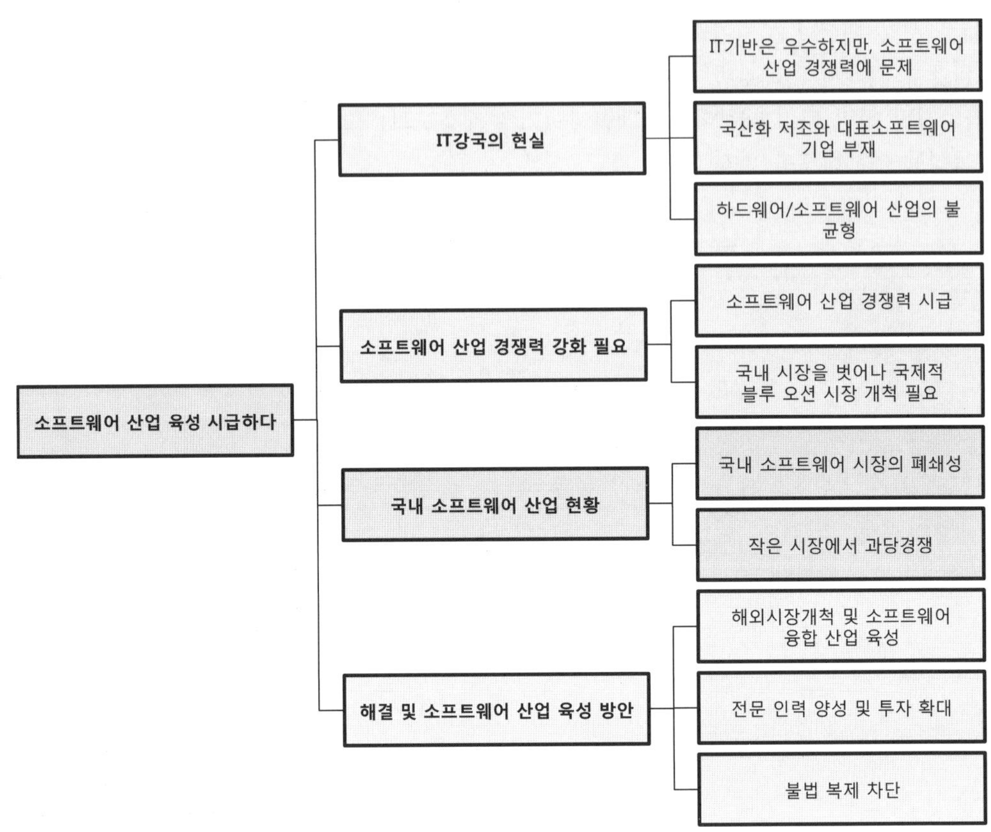

【그림 4-18】 계층도를 이용한 논술문 설계

[물고기뼈 다이어그램]

닭이 먼저냐 달걀이 먼저냐를 놓고 친구들과 논쟁을 하는 경우가 있다. 달걀은 닭이라는 원인의 결과로 생겨나는 것이며, 닭은 달걀이 원인이 되어 탄생하는 것이기 때문에 무엇이 먼저인지 헷갈리게 된다. 세상의 모든 것은 그것이 발생하는 원인이 반드시 존재한다. 철학은 자연 현상의 근본 원인을 탐구하는 데서 시작하였으며, 자연과학 역시 원인과 결과의 인과론에 기반을 두고 있다. 종교도 착한 사람은 복을 받고 악한 사람은 벌을 받는다는 인과응보를 기초로 하고 있다. 원인과 결과는 현상의 본질을 이해하는데 중요한 요소이다. 이 원인과 결과를 시각화한 것이 물고기뼈 다이어그램fishbone diagram이다.

[그림 4-19]는 청년실업의 원인을 보여주는 물고기뼈 다이어그램이다. 물고기 머리에 해당하는 곳에 결과를 배치하고, 등뼈에 해당하는 중심축 위에 결과의 핵심 원인 또는 연관된 중요 사실을 잔뼈로 그린다. [그림 4-19]에서는 4가지 잔뼈, 즉 원인 또는 사실이 그려져 있다. 원인에 대한 구체적 설명을 추가할 때에도 화살표를 사용해서 보충 설명을 추가할 수 있다. 그림에서는 구직자의 눈높이와 세계 경제 침체 지속에 대한 보충 설명이 추가되어 있다. 물고기뼈 다이어그램에서 화살표는 상세 설명을 표시한다고 이해하면 좋을 것이다.

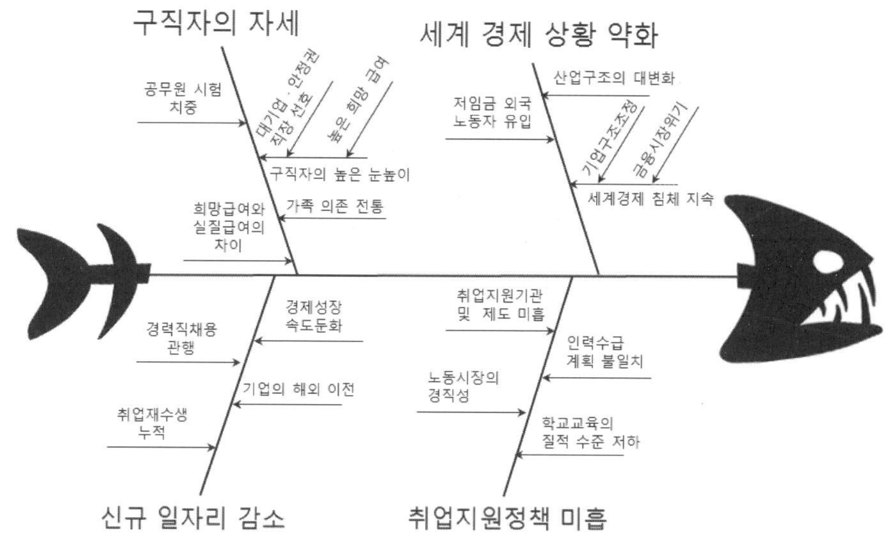

【그림 4-19】 청년실업의 원인과 결과를 분석한 물고기뼈 다이어그램

원인과 결과는 모든 현상의 보편 원리이기 때문에 물고기뼈 다이어그램을 그리면 그 원인-결과의 관계가 분명해진다. 학습에서 물고기뼈 다이어그램은 학습 내용의 원인-결과의 보편 원리, 즉 학습 내용의 본질을 이해하는데 도움이 된다.

[상태 변화도]

인지 심리학자, 컴퓨터 과학자, 인공지능 연구자들은 지식을 가시적으로 표현하는 방법에 대하여 오랫동안 연구하여 왔다. 지식표현 방법을 이해하면 컴퓨터에게 인간과 같은 지능적 인지 기능을 부여할 수 있다고 생각하였기 때문이다. 많은 연구에 의해 두뇌의 연상 작용association이 규명됨에 따라, 개념간의 관계를 중심으로 한 지식표현 방법이 여러 분야에 응용되어 큰 성과를 거두었다. 앞서 살펴본 시각 패턴들도 관계 중심의 지식표현 방식이라 할 수 있다. 관계 중심의 지식 표현은 지식의 정적 특성을 이해하는데 효과적이다.

그러나 어떤 지식은 정적 특성보다 동적 특성을 표현해야 하는 경우가 있다. 예를 들어, 물의 성질을 이해하기 위해서는 고체, 액체, 기체일 때의 성질을 이해하여야 하며, 물이 어떻게 변화하는지를 살펴야 한다. 이와 같은 변화하는 지식의 특성을 동적 특성이라고 하며, 일반적으로 상태state를 중심으로 표현한다. 상태는 지식의 상황, 현상, 동태 등을 표현하는 방법이다. 자연 현상은 끊임없이 변화하고 있기 때문에, 변화 양상을 파악하여야 자연 현상의 본질을 확실하게 이해할 수 있다. 학습 과제를 분석해 보면 상태의 개념으로 이해하는 것이 효과적인 것이 많이 있다.

상태를 중심으로 지식을 시각화하는 것이 상태 변화도state transition diagram이다. 상태 변화도는 지식의 물리적 또는 논리적 상태를 표시하는 노드node와 상태 변화의 원인, 조건 또는 사건을 표시하는 연결가지arc의 두 요소로 구성된다. 일반적으로 노드는 원형으로, 연결가지는 화살표로 각각 시각화한다. [그림 4-20]은 상태 변화도의 대표적 예이다.

상태 변화를 분명하게 표시하기 위해서 연결가지에 원인/결과, 입력/출력, 조건/결과 등을 표현하는 경우도 있다. [그림 4-20]에 이러한 예를 보였다. 상태 변화의 원인과 파생되는 결과를 이해할 수 있어 전체 시스템의 동작 상황을 일목요연하게 이해할 수 있다.

상태는 지식의 동적 변화를 표현하는 유용한 방법이다. 전체적 관점에서 지식의 다양한 측면을 관찰 할 수 있을 뿐만 아니라 지식의 동적 특성을 이해하게 된다. 이러한 다양한 관점에서의 이해는 창의적 문제 해결을 위한 사고력 증진의 원동력이 된다. 실제로 상태 변화도는 인공지능, 컴퓨터 설계 등 여러 분야에서 문제 해결을 위한 중요한 지식 표현 방법으로 활용되고 있다.

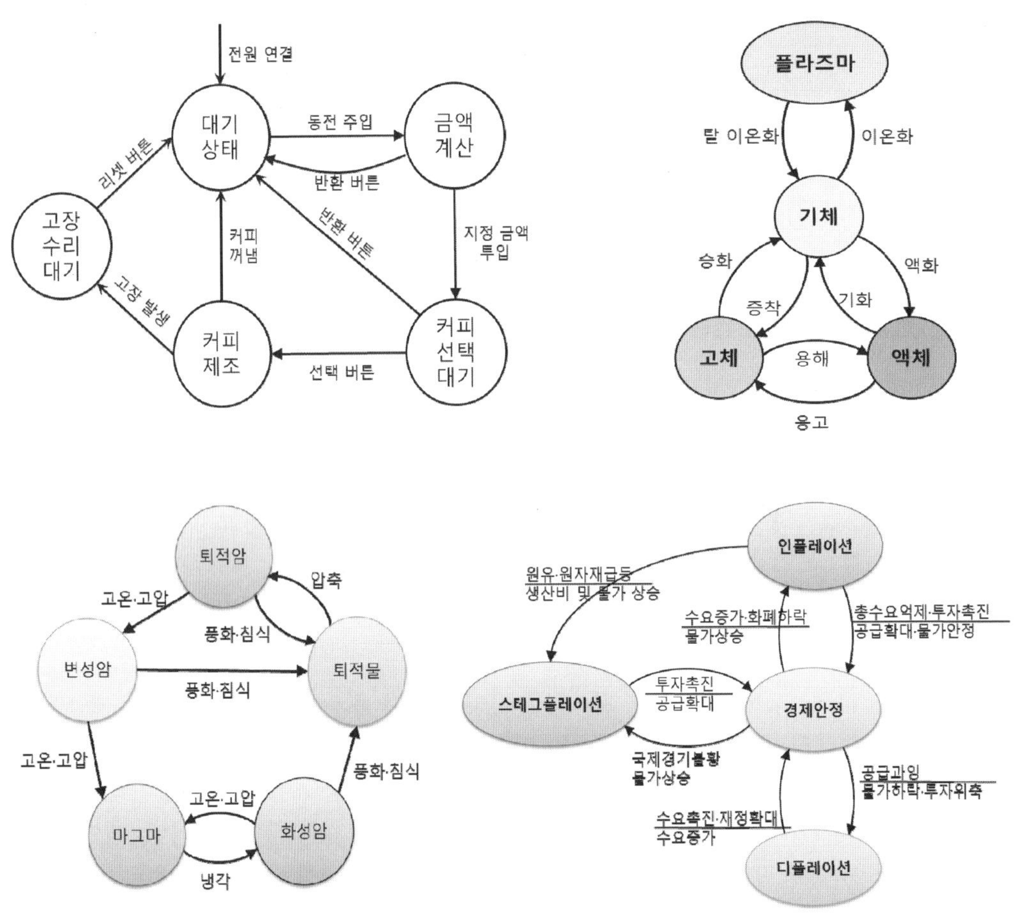

【그림 4-20】 상태변화도의 대표적 예

지식 결합 이미지

"눈이 보배다, 눈은 마음의 창이다"라는 속담이 있다. 인식과 사고에서 시각적 직관이 얼마나 중요한가를 강조하는 말이다. 오래전에 만난 친구의 얼굴은 생생하게 떠오르지만 이름은 생각나지 않는 경우가 있다. 이미지는 이처럼 강력하게 두뇌에 각인되고 직관적으로 이해된다. 이미지가 주는 시각 효과를 학습에 활용하기 위해 서적에는 많은 그림들을 삽입한다. 강의에서도 이미지와 아이콘이 포함된 파워포인트 슬라이드를 활용하는 것이 보편화 되고 있다. 이미지를 활용하면 학습 효과를 크게 높일 수 있고 시각적 사고 능력도 자극할 수 있기 때문이다. 이러한 이미지 효과와 두뇌의 연상 작용을 결합한 시각 패턴이 지식 결합 이미지이다. 지식 결합 이미지에는 [표 4-7]과 같이 다양한 형태가 존재한다.

- **묘사도**: 인체 해부도, 도시설계도, 입자 가속기 모형도와 같은 실제 대상을 사실적으로 묘사한 그림
- **원리 설명도**: 빛의 굴절과 반사, 철광석 제련과정, 지층의 지각 운동처럼 현상의 원리를 설명하는 그림
- **데이터 표시도**: 일기예보도, 인구분포도와 같은 데이터나 정보를 표시한 그림
- **기억 촉진도**: 애완동물, 아이스크림 등 주변 사물과 지식을 결합한 기억 촉진을 위한 그림

[표 4-7] 지식 결합 이미지의 다양한 형태

묘사도

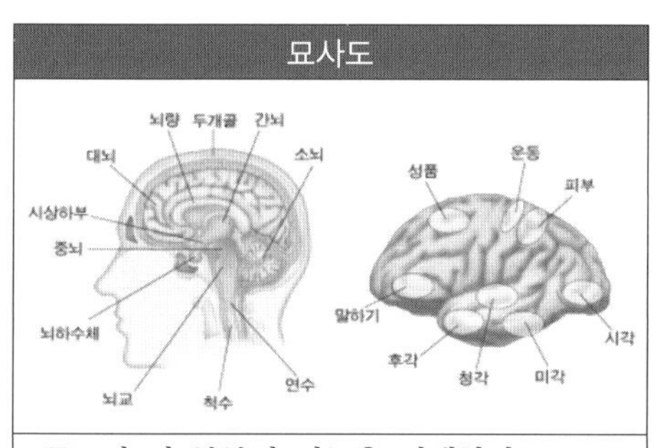

- 구조와 각 부분의 기능을 이해한다.
- 각 부분의 연계작용을 이해한다.

원리 설명도

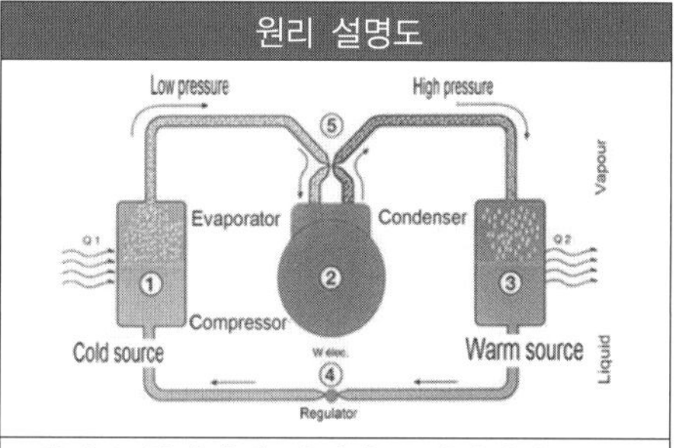

- 원리를 확실하게 이해하고 설명한다.
- 관련 수식(공식)을 유도한다.

데이터 표시도

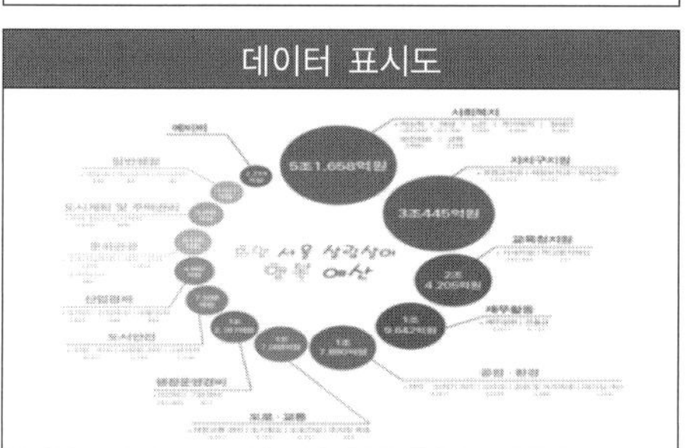

- 데이터가 표현하는 의미를 해석한다.
- 숨어있는 지식을 추론한다.

기억 촉진도

- 재치있게 창의적으로 그림을 그린다.
- 연상기억에 활용한다.

묘사도는 대상의 전체적 구조를 이해하고 각 부분의 명칭을 습득하는데 유용하다. 원리 설명도는 문자 그대로 현상에 대한 원리 설명이므로, 확실하게 원리를 이해하고 설명할 수 있도록 한다. 뿐만 아니라, 원리에서 파생되는 수식이나 지식을 그림으로부터 유도할 수 있어야 한다. 묘사도와 원리 설명도는 사실에 입각한 그림이므로 학습자는 내용을 이해하고 설명할 수 있는 능력을 가져야 한다.

데이터 표시도는 그림과 데이터를 결합한 형태로 뉴스 보조자료, 통계 등에서 널리 사용하는 형태이다. 주로 정부기관, 언론사 또는 연구자 등이 그림 속에 내재한 지식과 데이터를 결합할 목적으로 작성한다. 따라서 데이터 표시도에는 겉으로 들어나지 않은 정보가 숨어 있기 때문에, 데이터 표시도를 보고 그 내용을 해석, 추론할 수 있는 능력이 중요하다. 그림만 보지 말고 그 속에 숨어 있는 의미를 찾아내고 그림이 전달하고자 하는 지식의 실체를 논리적으로 추론할 수 있어야 한다. 한 장의 그림은 천개의 단어보다 더 많은 지식을 표현하기 때문이다. 일상생활에서 데이터 표시도를 자주 접하게 되므로, 데이터 표시도를 해석, 추론하는 능력은 학습자의 필수적 기본 소양이 되고 있다.

기억 촉진도는 그림의 시각 효과와 두뇌의 연상 작용을 이용해서 두뇌에 지식을 각인하여, 기억 효과를 크게 할 목적으로 그린다. 기억 촉진도에서는 강아지, 장미꽃, 연예인, 햄버거, 스마트폰 등 주변에서 흔히 볼 수 있는 이미지 또는 학습자에게 커다란 의미가 있는 그림이나 아이콘에 지식을 결합한다. 평소 주변 사물에 대하여 관심을 갖고 관찰하면 기억 촉진도에 사용할 좋은 이미지를 발굴할 수 있을 것이다. [그림 4-21]은 기억 촉진도의 예이다. 다른 시각 패턴과 마찬가지로 예술 작품을 만드는 것이 아니므로, 그림을 잘 그리려고 고민할 필요가 없다. 이미지의 시각 효과가 두뇌의 연상 작용과 결합할 수 있으면 좋다.

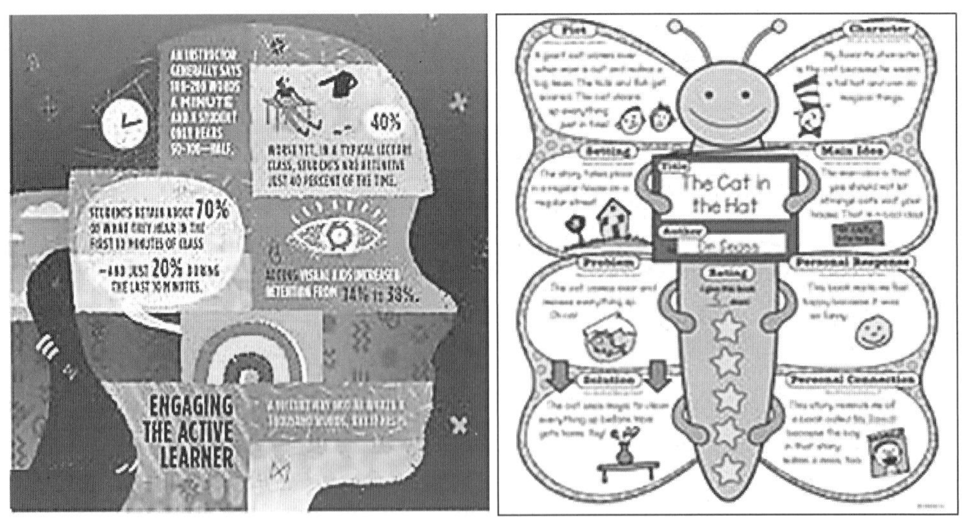

【그림 4-21】 기억 촉진도의 예

④ 순차 도형

일반적으로 업무 처리, 학습 활동, 시스템 동작 등에서는 일의 처리 순서나 절차가 중요한 의미를 갖는다. 과학 실험은 절차에 따라 수행하여야 하며, 수학 문제를 푸는데도 순서가 중요하다. 일상생활의 경우, 기차나 항공기를 탑승할 때도 정해진 순서가 있으며, 공공 기관에서 업무를 처리하는데도 단계별 순서가 있다. 어떻게 보면 절차나 순서는 시스템 운영의 기반이라 할 수 있다. 이런 절차나 순서를 시각적으로 표현하는 패턴을 순차 도형이라 한다. 여기에서는 대표적 순차 도형인 순서도flow chart, 갠트 차트Gantt chart, PERT 차트에 대하여 살펴보기로 한다.

[순서도]

순서도는 컴퓨터 개발 초창기에, 소프트웨어 설계에 널리 사용해온 시각화 패턴으로 업무 처리 과정이나 진행 과정을 일목요연하고 명료하게 표현한다. 순서도에서는 소프트웨어 개발에 필요한 다양한 기호를 사용하고 있지만, 작업을 표현하는 사각형, 조건 판단을 표현하는 마름모, 그리고 작업의 진행순서를 나타내는 화살표가 많이 사용된다.

[그림 4-22]는 순서도의 대표적 예이다.

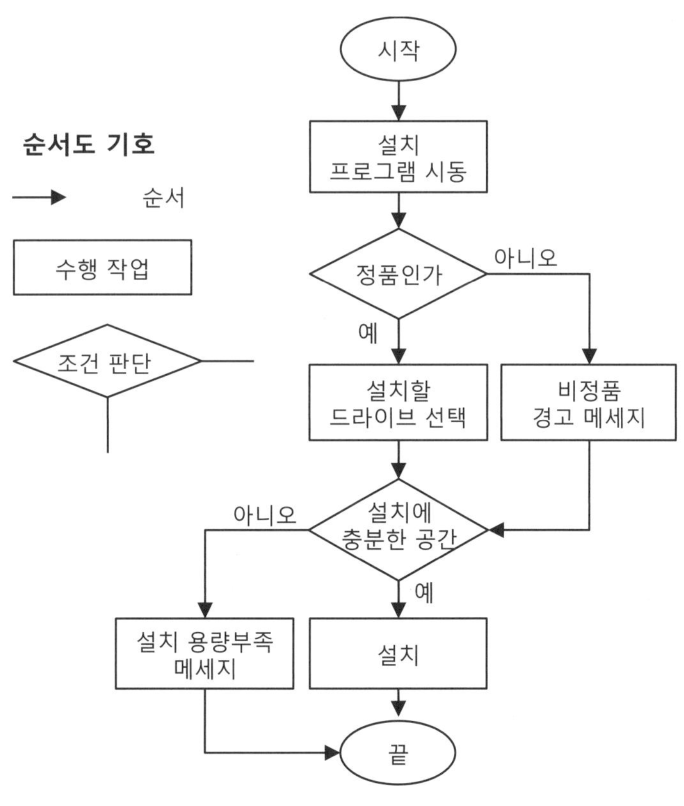

【그림 4-22】 순서도의 대표적 예

순서도는 기본적으로 작업의 순서, 처리의 과정을 표현하지만, 생각의 순서 또는 문제 해결 과정을 표현하는데 응용되고 있다. 비행기 조정, 중장비 설치, 자동차 고장 수리 등 단계별 또는 순차적으로 생각하여야 하는 과정을 표현하는데 자주 사용된다. [그림 4-22]의 순서도는 자동차 고장 정비 순서를 표현하고 있다.

순서도는 [그림 4-23]처럼 반복 수행되는 작업을 아주 쉽게 표현할 수 있다. 이러한 반복 작업 표현 기능은 작업의 본질을 이해하는데 도움이 된다. 그러나 반복 기능은 순서도의 제작을 어렵게 하는 원인이 되기도 한다. 순서도가 표현하는 반복 기능을 정확하게 분석, 이해할 수 있는 능력이 필요하다. [그림 4-23]은 그러한 능력을 확인하는 문제이다.

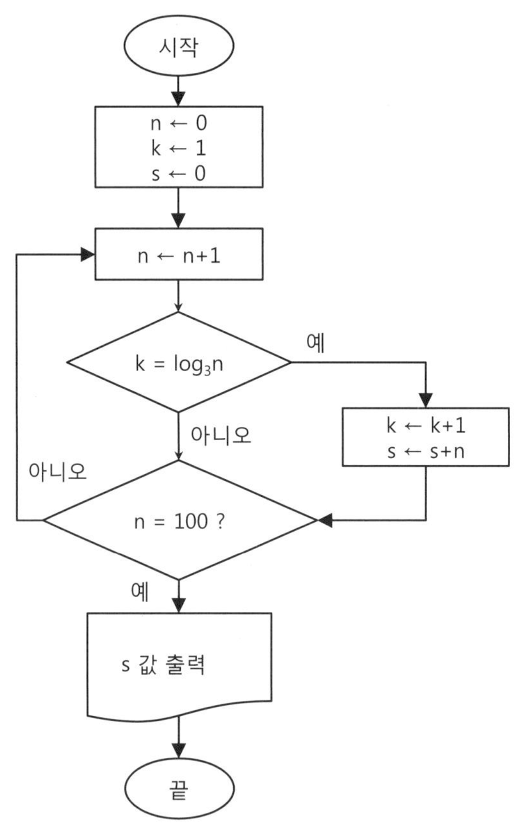

【그림 4-23】 반복 수행되는 작업을 표현한 순서도

순서도도 다른 시각 패턴처럼 꼭 정해진 형태만을 고집할 필요가 없다. 순서를 명료하게 표현할 수 있는 다양한 형태로 변형해서 사용해도 좋다. [그림 4-24]는 순서를 명확하게 표현하도록 변형된 순서도라 할 수 있다.

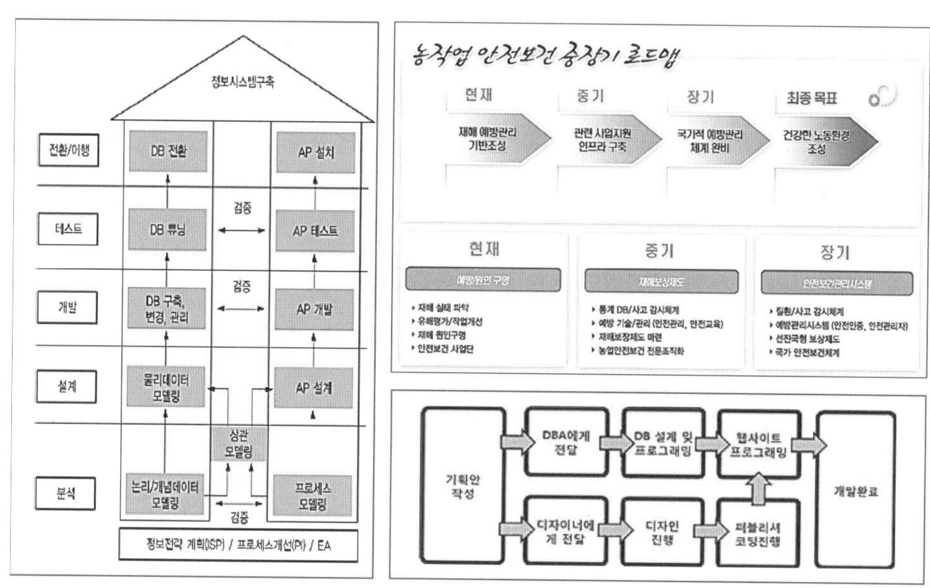

【그림 4-24】 변형된 순서도의 예

[갠트 챠트]

계획관리 또는 일정관리에는 갠트 챠트가 통상적으로 사용된다. 갠트 챠트는 1910년대 헨리 갠트Henry Gantt가 고안한 일종의 막대 그래프로 프로젝트 관리자, 일정 관리자들이 주로 사용한다. [그림 4-25]는 갠트 챠트의 대표적인 예이다. 갠트 챠트는 과제를 세부 과제로 분할하여 실행 일정 계획을 수립하고 진도를 가시적으로 관리할 수 있도록 도와준다. 그러므로 적합한 갠트 챠트를 그리려면 전체 과제를 세부 과제로 분할할 수 있는 능력이 있어야 한다. 갠트 챠트는 세부 과제 수가 많지 않은 소규모 프로젝트의 일정 관리에 적합하다. 다른 시각 패턴과 마찬가지로 갠트 챠트도 한 장에 보기 좋게 그려야 한다.

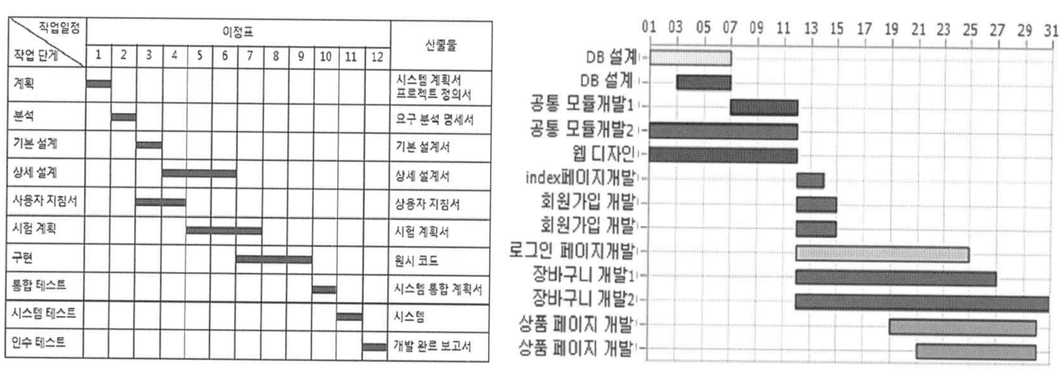

【그림 4-25】 갠트 차트의 대표적인 예

제2장에서 학습 계획을 수립하는 방법에 대하여 자세히 살펴보았다. 주간 학습계획 또는 장단기 학습계획을 갠트 챠트로 그려서 관리하면 효과적으로 진도와 성과를 관리 할 수 있다. 프로젝트나 시험처럼 마감일자가 정해진 과제의 일정을 관리하고자 할 때 갠트 챠트는 적절한 방법을 제공한다.

[PERT 챠트]

복잡한 일정 관리을 위한 다이어그램에 PERTProgram Evaluation and Review Technique 챠트가 있다. PERT 챠트는 주어진 프로젝트 또는 과제가 얼마나 완성되고 있는지를 동적으로 분석하는 방법으로 각각의 세부 과제 수행에 필요한 시간과 소요자원을 계산하여 최소 과제 완료시간 산출, 과제 수행에 치명적인 위험 요소 파악 등에 활용되고 있다. [그림 4-26]은 대표적인 PERT 챠트의 예를 보인 것이다.

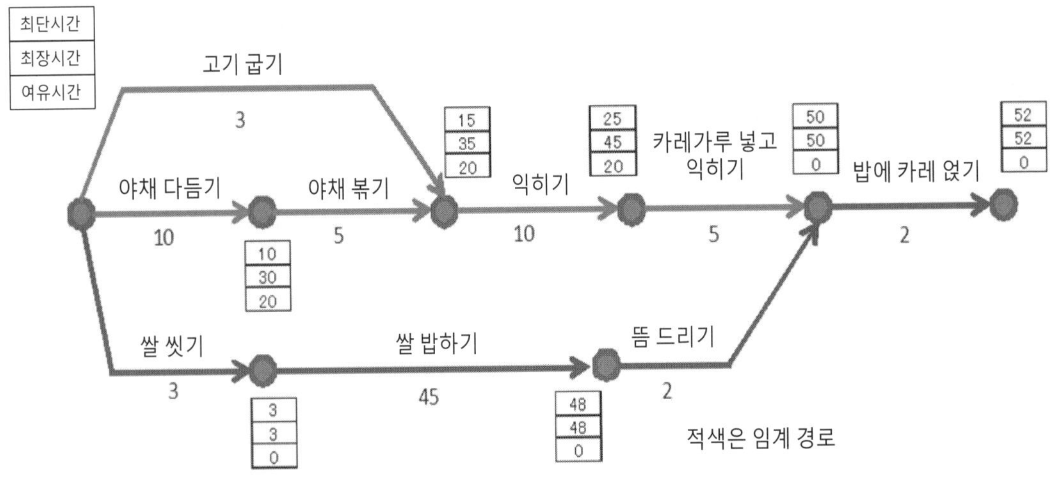

【그림 4-26】 PERT 차트의 예(카레 라이스 요리)

PERT 차트에는 다양한 형태가 있지만, 과제의 단계를 표시하는 노드node와 다음 과제로 진입하는데 필요한 소요시간과 자원을 표시하는 화살표로 구성되는 네트워크 형태가 많이 이용되고 있다. PERT 챠트를 그리기 위해서는 갠트 챠트와 유사하게, 전체 과제에 대하여 세부 수행 과제와 단계를 분석하여야 한다. 즉, 과제 시작에서 종료까지 과제 수행 과정에 돌출하는 중요한 징검다리 milestone 요소를 찾아내어야 한다. 징검다리 또는 세부 중간 단계는 과제 진행 상황을 확인하는 중요한 지점이다. 징검다리가 도출되면 이들을 상호 연결하여 네트워크를 구성하고, 징검다리를 건너가는데 필요한 시간과 소요자원을 기록하여 PERT 챠트를 완성한다.

PERT 챠트는 과제 수행에 필요한 시간과 자원을 종합적으로 평가하여 사전에 문제점을 파악하고, 실제 과제 수행 중 예기치 않게 돌출하는 변화와 변경에 능동적으로 대체할 수 있는 방법을 제공한다. 그러기 때문에, 빌딩 건축 공정, 소프트웨어 개발 계획, 선박 건조 공정 등 실무 분야에서 필수적으로 사용되는 프로젝트 관리 도구이다. PERT 챠트의 정보를 체계적으로 분석, 관리하기 위한 다양한 전문 소프트웨어도 개발되어 있으며, 실제로 이러한 소프트웨어를 활용해서 PERT 챠트를 작성하여 프로젝트를 관리하고 있다.

PERT 챠트를 활용하려면 이에 대한 전문지식이 필요하다. 일반 학습자가 이용하기에는 부담이 만만치 않기 때문에 참고하는 정도로 살펴 보면 좋을 것이다. 그러나 과제를 분석, 평가하여 소요시간과 비용 등을 과학적으로 관리하고, 예기치 않은 돌발사건 발생 시에 적합한 대안을 발견하는 등 전문적으로 과제나 프로젝트를 관리하고자 하는 경우에는 PERT 챠트 사용을 고려할 필요가 있다.

데이터 그래프

과학실험이나 여론 조사 등에서 얻어진 데이터 값을 데이터의 특성에 따라 시각적으로 표현하는 도구를 그래프graph 또는 차트chart라 한다. 여러 명칭이 혼용되어 사용되고 있으므로, 데이터 값을 시각화하는 도구를 총칭해서 데이터 그래프라 하자. 데이터는 통상적으로 수치 값으로 채워진 표의 형태로 작성되지만, 이러한 표만으로는 데이터 속에 담긴 정보를 파악하기 어렵다. 데이터 값을 시각화하여야 데이터의 특성을 직관적으로 이해할 수 있다.

데이터 그래프에는 [그림 4-27]에서 보는 것처럼 다양한 형태가 있다. 대표적으로 막대 그래프, 선 그래프, 파이 차트, 너비 그래프area graph 등이 애용되고 있다. 각 형태마다 고유의 특징과 장점을 있으므로, 데이터 분석 목적에 따라 적합한 형태를 활용하여야 한다. 예를 들어, 데이터 값의 변화 추세를 파악하고자 할 때는 선 그래프가 적합하고, 데이터의 구성 비율을 표현하고자 할 때는 파이 차트를 이용하는 것이 좋다.

데이터 그래프를 작성할 때는 데이터 값뿐만 아니라, 데이터 값의 관계가 명확하게 돌출되도록 작성한다. 데이터 그래프는 형태에 따라 작성 방법도 다소 차이가 있지만, [그림 4-28]과 같은 시각화 요소가 포함된다. 데이터 그래프에서는 데이터 값을 정확하게 표현할 수 있어야 하고, 무엇보다도 데이터 값 간의 관계를 이해할 수 있도록 하는 것이 중요하다.

데이터 그래프 작성 요소들을 적절하게 활용하고 대비되는 컬러를 사용하여 시각 효과를 높이도록 한다. 데이터 그래프는 일상 업무에 필수 도구이기 때문에 데이터 그래프를 저작하는 다양한 소프트웨어가 개발 되어 있다. 이러한 소프트웨어를 활용하여 다양한 데이터 그래프를 작성해 보고 상호 특징을 비교해 보도록 하자.

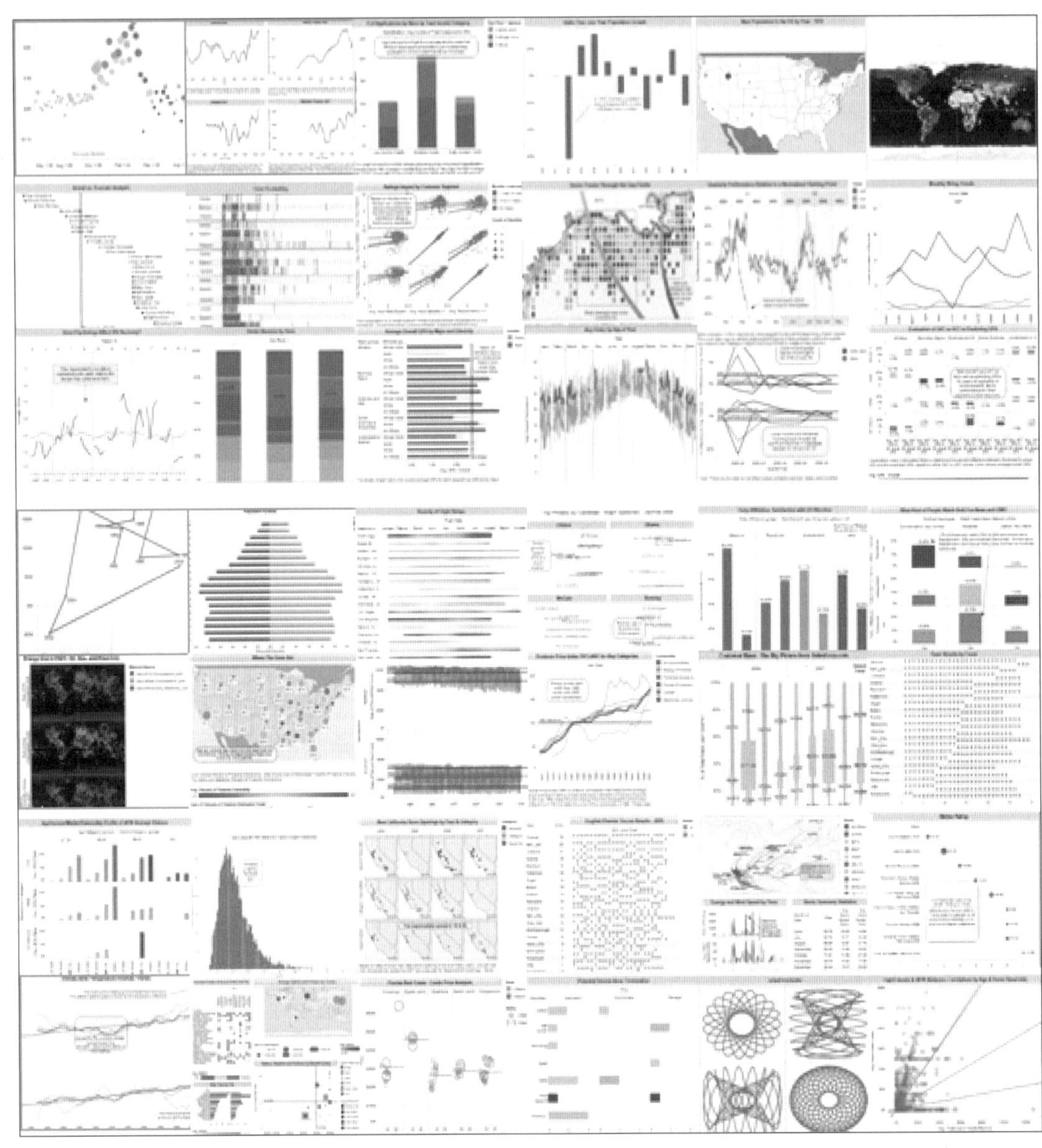

【그림 4-27】 다양한 형태의 데이터 그래프

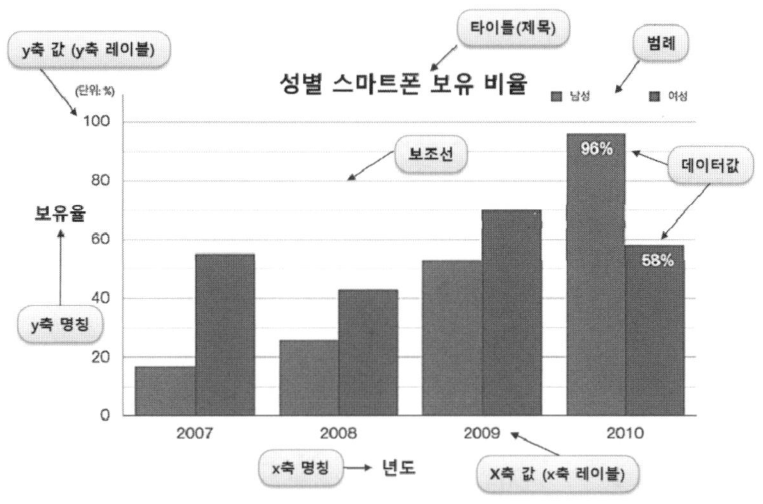

【그림 4-28】 데이터 그래프의 기본 형태

동일한 데이터 그래프라 할지라도 그리는 방법에 따라. 정보전달의 시각 효과가 크게 달라진다. [그림 4-29]의 데이터 그래프를 보면, 표현법칙이 시각효과에 어떤 영향을 미치는가를 분명하게 깨달을 수 있을 것이다.

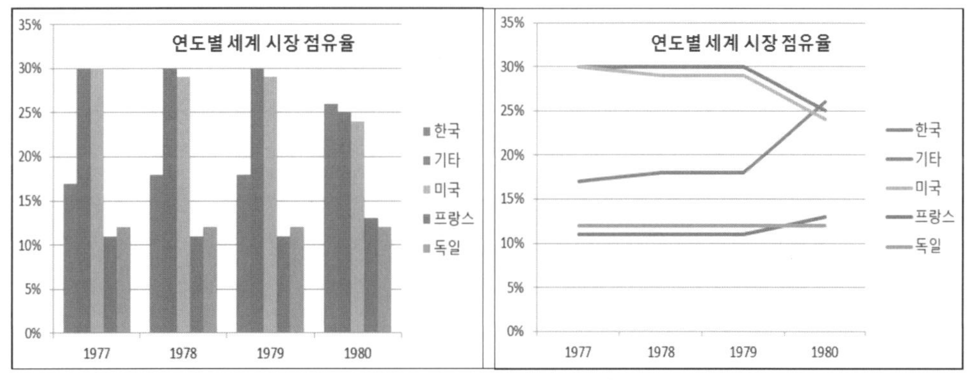

【그림 4-29】 데이터 그래프의 특성 비교

데이터 그래프는 작성도 중요하지만, 읽는 방법도 중요하다. 대부분의 통계 자료나 과학 실험 데이터가 데이터 그래프 형태로 제공되므로, 데이터 그래프를 관찰하여 그 속에 담긴 정보의 실체를 이해하고 추론할 줄 알아야 한다. 즉, 데이터 그래프를 정확하게 해석할 수 있어야 하며, 나아가서 창의적으로 추론하는 능력을 키워야 한다. 신문, 잡지, 학습 자료 등에 데이터 그래프는 상시 등장하기 때문에 데이터 그래프를 해석하는 능력은 현대 지식인의 기초 소양이 되고 있다. [그림 4-30]에 보인 데이터 그래프 해석과 관련된 몇 가지 간단한 문제를 살펴 보고 맞는 것을 찾아 보기 바란다.

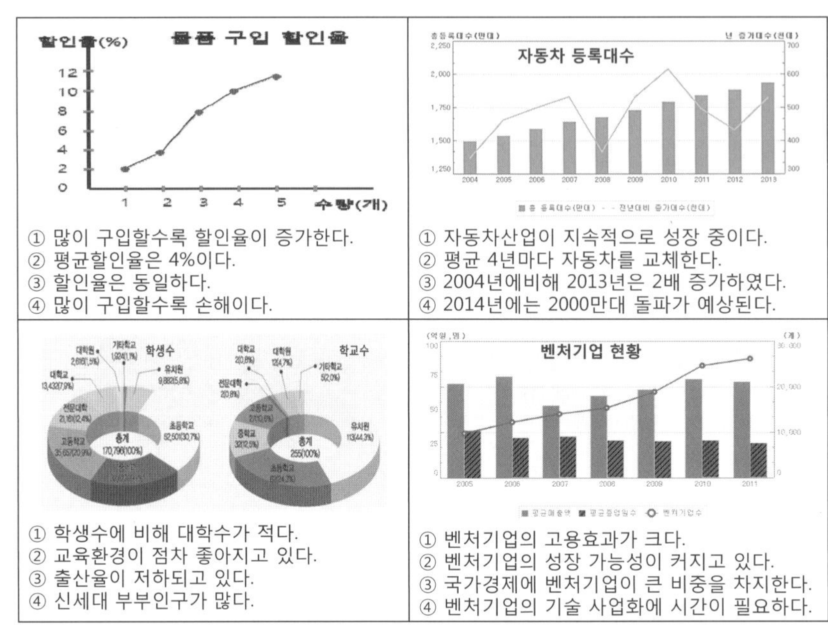

【그림 4-30】 데이터 그래프 해석과 관련된 몇 가지 간단한 문제

시각 도구로 학습을 요리하라.

사람은 누구나 맛있는 음식을 먹고 싶어 한다. 경제적 여유가 있으면, 종종 좋은 음식점을 찾아가서 맛있는 음식을 즐기고 싶어 한다. 음식은 단순히 맛만을 위한 것이 아니라, 가족이나 친구들이 함께 즐거워 할 수 있는 사랑의 촉매제이다. 맛있는 음식을 만드는 주방에 가 보면, 음식을 만드는데 수많은 주방 도구가 사용되고 있음을 볼 수 있다. 이러한 주방 도구는 음식에 생명을 부여하는 요리사의 손이요 악기라 할 수 있다. 음식을 먹을 때도 수저뿐만 아니라, 다양한 도구가 사용된다. 특히 양식에는 각양각색의 도구가 제공되어 어리둥절하게 만들기도 한다.

【그림 4-31】 각양 각색의 주방 도구

학습도 마찬가지이다. 학습은 노트와 연필만을 가지고 하는 것이 아니다. 다양한 학습 도구를 활용하여 학습의 즐거움과 맛이 우러나도록 하여야 한다. 요리의 달인처럼 학습자는 학습 도구를 활용하여 살아있는 지식을 재창조하여야 한다. 앞서 살펴 본 시각 패턴은 학습을 요리하고 지식을 재창조하는 강력한 힘을 제공한다. 학습의 달인, 창조적 학습자가 되고자 하면, 먼저 시각 패턴 활용에 달인이 되어야 한다. 학습 활동전반에 걸쳐 시각 패턴을 활용을 체질화할 필요가 있다. 학습 활동과 시각 패턴의 관계를 예시적으로 설명하면 [표 4-8]과 같다. 그러나 이것은 예시이며, 꼭 이런 방식으로 활용하라는 것이 아님을 이해하여야 한다. 시각 패턴의 효과성을 간파하여 유효 적절하게 활용하는 것이 학습을 창의적으로 이끌어가는 원동력이다.

[표 4-8] 학습활동과 시각 패턴의 관계를 예

학습 활동		유용한 시각 패턴	주안점
분야	내용		
전체 개요 작성	• 학습 내용 전체 파악 • 학습 계획서 작성 • 학습 과제 목차 작성	• 다이어그램(계층도) • 지식지도 • 순차도형	• 전체 개요를 단순하게 • 전체 계층과 흐름이 드러나게
핵심 정리	• 학습 내용 요약정리 • 노트 필기 • 학습 내용 기억 및 정리	• 지식지도 • 매트릭스 • 다이어그램 • 지식 결합 이미지	• 학습 내용을 명료하게 • 이해하기 쉽게 • 기억에 남도록
과제(문제) 분석	• 학습 내용 분석 • 문제 세부 내용 분석 • 문제 출제 의도 분석 • 복잡한 문제 단순화	• 매트릭스 • 다이어그램 • 순차도형(순서도) • 지식 결합 이미지	• 과제의 본질이 드러나도록
발표 자료 작성	• 발표 자료 작성 • 회의 자료 작성 • 토론 자료 작성 • 그룹 스터디 자료	• 지식지도 • 매트릭스 • 다이어그램 • 순차도형(순서도)	• 전달하고 설명하기 쉽게 • 이해하기 쉽게
포스터 작성	• 전체 학습 내용 요약정리 • 학습 과제 종합 정리	• 지식지도 • 다이어그램(계층도, 개념 관계도) • 지식 결합 이미지	• 시각 패턴 총동원 • 한 장으로 정리

컴퓨터가 학습 필수 기기가 되면서, 다양한 시각 도구 기능을 지원하는 소프트웨어 들이 개발되어 학습 효과 증진에 사용되고 있다. 컬러펜, 형광펜 등으로 시각 패턴을 그릴 수도 있지만, 발표 자료나 보관용 요약정리 등에 시각화 소프트웨어를 활용할 필요가 있다. 시각화 소프트웨어로 작성한 자료는 모양이 산뜻하고 보관이 편리할 뿐만 아니라, 문서편집, 발표, 블로그, 위키 등 다양하게 이용할 수 있는 장점이 있다. 시각화 소프트웨어는 그래픽 구성자graphic organizer, 마인드 맵, 시각 도구visual tool 등의 여러 명칭으로 불린다. 인터넷을 검색해보면, 수많은 시각화 소프트웨어가 개발되어 있음을 발견할 수 있다. 기능, 성능, 활용, 가격 등에서 천차만별이므로 역시 자신에게 적합한 소프트웨어를 사용하는 것이 중요하다. [표 4-9]는 널리 사용되고 있는 시각화 소프트

웨어를 참고적으로 정리한 것이다.

[표 4-9] 널리 사용되고 있는 시각화 소프트웨어

명칭	내용	참고
Edraw	다양한 그래픽 구성자를 쉽게 그릴 수 있는 범용 도구	http://www.edrawsoft.com
Inspiration	간단한 시각화를 위한 도구	http://www.inspiration.com
Creately	초중생을 위한 템플레이트 기반 시각화 도구	http://creately.com
SmartDraw	개념도 작성	http://www.smartdraw.com
Gliffy	순서도, 구성도 작성	http://www.gliffy.com
XMind	마인드 맵 도구	http://www.xmind.net
알마인드	마인드 맵 도구	http://www.altools.co.kr/Download/ALMind.aspx
ThinkWise	마인드 맵 위주의 시각화 도구	http://www.thinkwise.co.kr/main/main.asp
MindManger	마인드 맵 도구	http://www.mindjet.com

인간은 은유로 생각하고 이야기로 배운다.

– 메이 배터슨Mary Catherine Bateson

4.3 학습을 영화로 찍어라. 그러면 저절로 알게 되리라.

소설가 안정효의 젊은 날의 고뇌와 문제의식이 고스란히 담겨 있는 소설 <헐리우드 키드의 생애>의 주인공 임병석은 어린 시절부터 광적으로 영화에 집착한다. 공부와는 거리가 멀어지지만, 영화만큼은 첫 장면부터 끝 장면까지 한 장면도 빼놓지 않고, 옥의 티까지도 세세히 기억해 낸다. 우리 주변에는 병석과 같은 친구를 종종 발견하게 된다. 어떻게 하나의 장면도 빼놓지 않고 기억할 수 있는 기적과 같은 능력을 가지고 있는 것일까? 학습에 이런 능력을 활용할 수는 없는 것일까? 이것은 기억 능력의 차이가 아니라, 영화와 학습의 차이에서 나타나는 현상이다. 영화에는 손에 땀이 나고 가슴 조마조마한 극적인 이야기가 있어 세세하게 기억할 수 있지만, 학습에는 이러한 극적 요소가 없기 때문에 어렵게 학습한 것도 쉽게 잊어 버리게 된다. 예를 들어, 다음 단어들을 잠시 살펴본 후 빼놓지 않고 차례로 기억해보자.

아이네아스 트로이 얀키네스 아프로디테 이탈리아 카르타고 디도

제우스 하데스 시빌레 카론 탄탈로스 헬리시온 라티움 라비니아

한번 살펴보고 단어들을 기억해 내려고 하면 쉽지가 않다. 그러나 영화 속 이야기와 같은 다음 문장을 읽어보자.

> 아이네이아스는 트로이의 왕 얀키세스와 여신 아프로디테의 아들이다. 트로이가 멸망하자 아이네이아스는 새로운 왕국을 세우기 위해 이탈리아로 떠난다.
>
> 이탈리아로 가는 도중, 카르타고의 여왕 디도를 만나 운명적인 사랑을 하게 되지만, 제우스의 명령으로 다시 이탈리아를 향해 떠나게 된다. 여왕 디도는 절망하여 결국 저주를 남기고 자살한다.
>
> 마침내 이탈리아에 도착한 아이네아스는 꿈의 계시에 따라, 저승 세계 하데스로 가기로 결심하고 아폴로 신전의 여사제 시빌레에게 도움을 청한다. 황금가지를 꺾어 가지고, 저승세계로 가서 뱃사공 카론에게 황금가지를 보여주며 간청하여, 저승의 강을 건넌다.
>
> 탄달로스 지옥에서 고통 받는 영혼들을 뒤로하고 축복의 땅 헬리시온에 도착하여 아버지 얀키세스와 상봉한다. 아버지 얀키세스로부터 앞으로 해야 될 이야기를 듣고 지상으로 귀환한다. 그 후 아이네이아스는 라티움 왕 라티누스의 딸 라비니아와 결혼하여 라비니움을 세우는데, 이는 로마의 전신이 되었다.

이야기를 생각하면, 무의미 했던 단어들이 의미가 분명해지고 단어 모두를 쉽게 기억할 수 있다. 아시아 여러 국가에서 한류 열풍의 도화선이 되었던 것은 TV드라마 <대장금>이었다. 이야기가 너무 재미있고 진지하다 보니, <대장금> 방영시간이 되면, 사람들 모두가 일을 제쳐두고 TV 시청을 위해 귀가하여 거리가 한산해지기도 하였다. 물론 오래 전에 방영된 이야기도 생생하게 기억하면서, 앞으로 전개될 이야기에 가슴조리며 몰입하게 된다. 이처럼 이야기는 호기심을 자극하여 몰입하게 하는 강력한 마력이 있다. 이야기는 무미건조한 죽은 지식을 살려내어 생명을 불어 넣는 신비한 명약인 것이다. 학습에 이야기를 도입하면, 학습에 생기가 솟아 난다. <헐리우드 키드의 생애>의 주인공 병석처럼 학습이 영화처럼 재미있게 되어 시간 가는 줄 모르고 학습에 몰두하게 된다.

이야기는 우리를 이야기 속으로 몰입하게 만들 뿐만 아니라, 두뇌에 기억을 각인시키는 역할도 한다. 영화나 TV 드라마 줄거리를 두뇌에 각인시켜, 오랜 세월이 지난 후에도 이야기를 생생하게 기억할 수 있도록 한다. 이른 봄철에 인기 연예인 유재석이 촬영 차 동해안에 갔다 갑작스러운 비바람으로 촬영을 못하고 대관령을 넘어 귀가 하던 중, 산불을 만나서 낭떠러지로 추락할 뻔했다는 얘기를 들었다고 하자. 그리고 그것이 푄Föhn 현상에 의한 높새바람 때문이었다는 사실을 알게 된다면 푄 현상에 대한 내용을 잊지 않고 기억하게 될 것이다.

우리나라는 바둑강국으로 많은 유명한 기사들이 맹활약을 하고 있다. 바둑 한판을 두는데 보통 200-300수가 필요하다고 한다. 바둑기사들은 바둑이 끝난 후에, 바둑 내용을 다시 검토(복습)하는데 이를 복기라 한다. 바둑기사들은 처음부터 끝까지 순서 하나 틀리지 않고 똑같은 바둑을 복기할 수 있다. 어떻게 수많은 복잡한 수순을 모두 기억하는 일이 가능할까? 바둑을 하나의 이야기로

(에피소드)로 만들면, 순서 하나 틀리지 않고 복기하는 것이 가능하다고 한다. 이야기로 두뇌에 각인된 내용은 언제든지 정확하게 재생할 수 있기 때문이다.

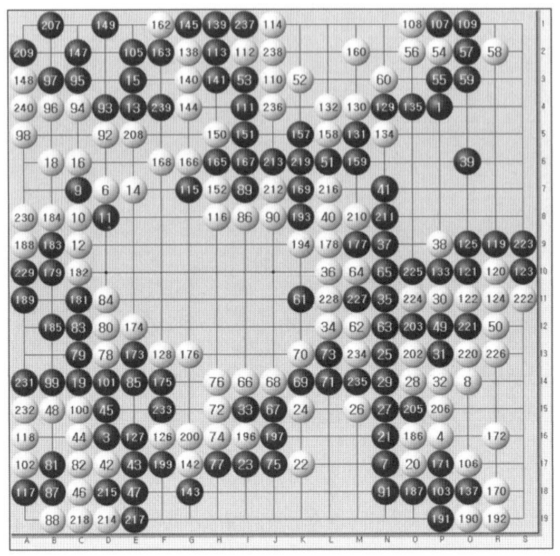

【그림 4-32】 한 수도 틀리지 않고 복기하는 바둑

이야기는 재미를 유발하여 몰입하게 만들고, 내용을 두뇌에 각인시키는 등 탁월한 효과와 효능이 있기 때문에, 다양한 분야에서 이야기는 주무기로 활용되고 있다. 테트리스와 같이 밋밋한 게임은 더 이상 재미가 없다. 리니지, 메이폴 스토리, 던전앤파이터 등 탁월한 스토리로 무장하지 않으면 인기를 얻을 수가 없다. 게임 개발의 성패는 탄탄한 구성의 이야기 개발에 달려 있다. 베스트셀러 서적도 이야기로 무장하고 있다. 조엔 롤링Joan Rowling의 <해리포터>시리즈뿐만 아니라, 스펜서 존슨Spencer Johnson의 <누가 내 치즈를 옮겼을까?>는 생쥐이야기를 통해서 삶의 지혜를 일깨우고 있으며, 케네스 블렌차드Kenneth Blanchard의 <경호>는 다람쥐, 비버, 기러기를 중심으로 한 이야기를 통해서 경영 혁신 방법을 제시해 주고 있다. 딱딱하고 어려운 수학과 과학 이론을 이야기로 만든 미국 드라마 <넘버스>Numbers나 디즈니의 애니메이션 영화는 이야기의 효용성과 중요성을 보여 주고 있다.

학습도 게임처럼, 소설이나 우화처럼, 그리고 영화처럼 이야기를 만들어야 살아있는 학습이 될 수 있다. 학습에서 이야기의 중요성이 부각되면서 교과목의 내용을 이야기화 하려는 노력이 가속화되고 있다. 이미 수학은 스토리텔링 수학으로 새롭게 변신하여 보급되고 있기도 하며, 조만간 모든 교과목에 스토리텔링이 활용될 것이다.

이야기는 지식 전달에 아주 중요한 수단이다. 호머Homer는 <일리아드>Iliad와 <오딧세이>Odyssey에서 고대 그리스의 역사를 이야기로 만들어 전해 주었다. 우리의 할아버지와 할머니는 옛날 이야기로 삶의 지혜를 전해 주었다. 인간이 이야기를 하고 이야기를 듣기를 좋아하는 것은 원초적 학습 본능에 기인한 것이라 할 수 있다. 인공지능의 초창기 연구자인 로저 생크Roger Schank는 인간은 지식을 이야기로 구성하여 스크립트script 형태로 두뇌에 저장한다고 주장하며, 스크립트 기반의 인공지능 시스템을 개발하기도 하였다. 로저 생크는 그의 이론을 강화하여, 이야기를 중심으로 한 학습 경험이 가장 강력한 교사이며, 이야기가 가장 풍부한 학습 자원이라고 하는 이야기 중심 학습을 주장하고 있다.

지난 20여 년 동안 뇌과학은 놀라운 진보를 이루었으며, 21세기는 뇌과학의 시대가 될 것으로 예견하기도 한다. 뇌과학의 발전에 따라, 인간의 기억에 대한 비밀로 많은 부분이 밝혀지고 있는데, 인간의 강력한 영구적 기억 능력이 에피소드 기억episodic memory에 의해 이루어지고 있음이 밝혀졌다. 에피소드 기억이란 주변에서 일어났던 일에 대한 이야기를 기억하는 것으로 인간만이 갖고 있는 특수한 기억 능력이다. 예를 들어, 등산 도중에 불의의 사고로 실신한 친구를 업고 병원으로 달려간 이야기나 과학 작품 발표대회에서 금상을 수상한 일들은 아무리 세월이 흘러도 잊혀 지지 않고 오래 기억된다. 뿐만 아니라, 어린 시절의 추억이나 2002년 월드컵 8강 신화와 같은 극적인 이야기도 오래 기억된다. 모두가 에피소드 기억이기 때문이다. 에피소드 기억은 기억하려고 하지 않아도 자동적으로 기억되며 오랫동안 잊혀 지지 않는 특징이 있다. 이처럼 에피소드(이야기)는 두뇌의 본래 작용과 밀접한 관계가 있음을 알 수 있다. 두뇌의 능력을 최대한 활용하여 효과적으로 학습하고 학습 내용을 오래 기억하려면 학습을 에피소드로 만들어야 한다. 생각해 보라, 화학 시간에 강제로 암기한 중화 반응과 친구들과 실험하면서 배운 중화 반응 중 어느 것이 더 확실하고 오래 기억될 것인가를. 이야기는 두뇌작동 원리이며, 태초부터 인간이 지식을 축적하고 전달하는 방법이었다.

에피소드는 학습의 비타민

최근 스토리텔링storytelling이란 용어가 다방면으로 각광을 받고 있다. '2% 부족할 때'와 같은 스토리텔링 광고, '겨울연가'를 중심으로 한 스토리텔링 관광, 신화를 게임으로 만든 '갓 오브 워'의 스토리텔링 게임, '신화창조'를 하는 스토리텔링 경영, 영어로 이야기를 만드는 스토리텔링 영어 등 사회 전반에 스토리텔링의 바람이 불고 있다. 그런가하면, 영화 감독이자 극작가인 마이클 티어노Michael Tierno가 쓴 <스토리텔링의 비밀>을 비롯한 수많은 서적도 출간되어 있으며, 스토리텔링을 전문적으로 연구하는 학회도 만들어져 있다.

<드림소사이어티>의 저자 롤프 엔센Rolf Jensen은 정보화 사회 다음에 드림 소사이어티Dream Society가 도래할 것으로 예견하고 있는데, 드림 소사이어티는 이야기와 신화 속에 담긴 감성이 새로운 가치를 창조하는 사회이다. 이는 모두 이야기가 갖는 강력한 효과를 입증하는 사례들이다. <스토리텔링: 대화와 협상의 마이더스>의 저자 아네트 시몬스Annette Simmons는 '이야기는 진실에 따뜻한 옷을 입힌 것과 같다.'하였다. 이야기(에피소드)는 지식을 감싸서 만든 학습의 비타민이다. 학습 효과에 절대적 영향을 미치는 몰입력, 기억력, 표현력, 창의력의 원천이 이야기이다.

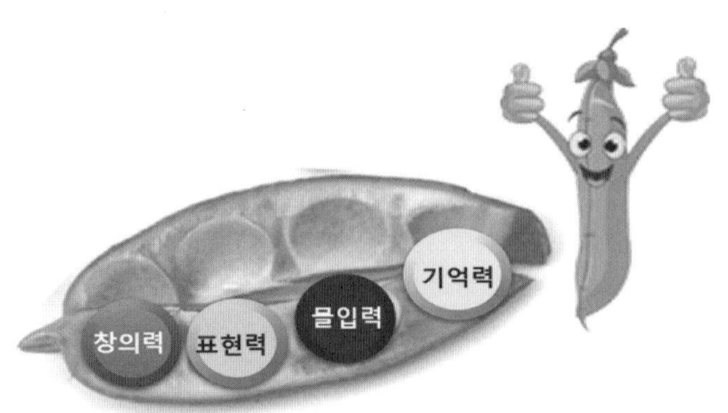

【그림 4-33】 에피소드(이야기)의 학습 효과

[몰입력]

몰입은 학습의 시작이다. 오랜 시간 학습하였다 하여도 몰입 상태가 아니라면 학습효과를 기대하기 어렵다. 귀중한 시간과 애꿎은 노력만 공연히 낭비하게 된다. 몰입은 어디에서 오는가? 몰입에 원조라 할 수 있는 칙센트미하이Mihaly Csikszentmihalyi는 <몰입의 즐거움>에서 일과 놀이를 비교하여 책을 써내려 갔다. "연구하는 것을 즐겁게 논다고 생각하세요. 책과 함께 놀고 시간과 함께 노는 것입니다. 숙제와 업무도 일종의 놀이로 생각하세요. 직장 상사를 만날 때도 거래처 사람을 만날 때도 그것을 즐기세요, 지금 이 순간, 제 자신을 생각해 볼 때 저는 평생 즐기면서 지낸 것 같아요. 일과 연구를 즐긴 것입니다." 토마스 에디슨이 한 말이다. 재미와 즐거움은 몰입으로 유인하는 최면제이다. 학습을 재미있는 에피소드(이야기)로 만들고 즐거운 놀이가 되게 하라. 그러면 자기도 모르게 저절로 학습에 몰입하게 된다.

[기억력]

기억은 학습의 결과이다. 정성들여 학습을 하였는데도 막상 기억에 남는 것이 없다면 효과적인 학습을 하였다 할 수 없다. 기억하지 못하는 학습은 고비용 저효율일 뿐이다. 생각하려고 애쓰지 않더라도 기억의 저 편에 자리하고 있다가 저절로 튀어 나오는 생각에는 어떤 것이 있을까? 겨울날 버스타고 가면서 운전기사님에게 '보일러' 틀어달라고 했던 에피소드, 친구들과 과학관 견학을 갔을 때 자전거 페달을 너무 열심히 밟아 백열 전등을 폭파시킨 사건, 그리고 그것이 플레밍의 오른손 법칙을 실험하는 발전기라는 것을 알았던 일들처럼, 자신이 실제로 겪었던 체험이나, 에피소드는 뇌리에서 잊혀 지지 않고 오랫동안 기억된다. 인간의 두뇌는 전달받은 지식보다 경험을 통해서 얻은 체험이나 에피소드를 더 오래 더 깊이 기억한다. 이야기, 즉 에피소드는 두뇌 기억의 기본 원리이며, 두뇌에 에피소드 기억을 형성하는 철근이고 콘크리트이다.

[표현력]

표현은 학습의 선물이다. 학습이 효과적으로 수행되면 사물에 대한 명확한 이해력과 논리적 사고력의 향상을 당연하게 기대할 수 있다. 지진과 쓰나미에 대하여 흥미진진하게 전문적으로 설명할 수 있으며, 고령화 사회의 원인과 대책에 대한 논리적 주장을 전개할 수 있다. 이러한 것은 한 편의 소설이나 시나리오과 같다. 등장 인물의 성격이 다르고 내용에서 학술적이라는 차이가 있지만, 전문적 설명이나 논리적 주장은 잘 짜여진 이야기와 같다. 서론-본론-결론의 구성을 갖춘 논술문은 발단-전개-위기-절정-결말의 구성을 갖은 소설과 별 차이가 없다할 수 있다. 효과적인 학습은 학습자를 논리적 표현 능력이 탁월한 이야기꾼으로 만든다.

학습자도 유능한 이야기꾼이 될 수 있도록 학습을 통해서 이해력과 논리력 배양에 집중해야 한다. 하버드 대학교의 심리학 교수 하워드 가드너Howard Gardner는 우리시대의 리더는 모두 이야기꾼, 스토리텔러storyteller라고 하였다. 철학자 플라톤 역시 '이야기를 하는 사람이 사회를 지배 한다'고 하였다. 실제로 역사상 뛰어난 사상가나 정치가는 모두 이야기꾼 이었다. 로마의 줄리어스 시저 Julius Caesar, 영국의 윈스톤 처칠Winston Churchill 수상, 미국의 케네디John F. Kennedy대통령 등 역사의 한 장면을 장식한 인물은 모두 이야기꾼이었다. 이것이 학습을 이야기(에피소드)로 만들어야 하는 또 다른 이유이기도 하다.

[창의력]

창의는 학습의 궁극적 목표이다. 학습은 단순히 암기하고 기억하는데 목적이 절대로 있지 않음을 삼척동자도 이해할 것이다. 학습한 지식을 기반으로 다양한 문제를 창의적으로 해결하고 새로운 지식을 창조하는데 목적이 있음은 자명한 상식이다. 그러기 때문에 창의적 교육을 하고 창의적 천재들의 사고방식을 따라 하기도 한다. 미하이 칙센트미하이 <창의성의 즐거움>에서 창의성은 모든 사람에게 반드시 필요한 것이라고 역설한다. 창의성은 복잡 다양한 속성을 갖고 있어 일률적으로 규정하기는 어렵지만, 수학, 과학, 예술 등에서 눈부신 업적을 남긴 창의적 천재들은 공통적으로 이야기의 천재였음을 발견하게 된다. 그들은 창조적 상상, 창조적 이야기에서 시작하여 이를 실체화하여 커다란 업적을 만들었다. 새처럼 창공을 날고자 하였던 라이트 형제의 이야기가 비행기로 실체화 된 것이다.

이야기는 아인슈타인과 같은 천재과학자나 셰익스피어와 같은 작가들만이 만들 수 있는 전유물이 아니다. 인간의 삶 자체가 모두 소설같은 이야기이다. 우리는 종종 "내가 살아온 이야기를 책으로 쓰면 한 권으로는 모자랄 걸"하고 으쓱대는 말을 듣곤 한다. 우리 모두는 이야기의 작가인 것이다. 누구든지 학습을 이야기로 만들 수 있다. 그렇게 만든 이야기가 창의력의 발전소가 되는 것이다. 학습을 이야기로 만들어라, 그러면 창의력은 더불어 얻어질 것이다.

때로 현실은 아주 복잡하다. 이야기만이 현실을 표현한다.
- 장-뤽 고다르Jean-Luc Godard

4.4 에피소드를 만들면, 창의 학습이 보인다.

'귀한 자식일수록 여행을 보내라'는 속담이 있다. 실제로 여행을 떠나 보면, 고생을 통해 가족의 소중함을 새삼 느끼게 되고 세상을 보는 다양한 시선과 인류 문화와 공동체에 대한 새로운 인식을 직접 체험할 수 있다. 그래서 여행에서 돌아온 사람들은 하나같이 모두 큰사람으로 변화되어 있는 것을 볼 수 있다. 여행은 체험을 통해서, 경험을 통해서 우리를 가르치고 일깨우는 큰 스승이다. '젊어 고생은 사서도 한다.'라는 속담도 있다. 직접 체험하고 경험함으로써 크게 배울 수 있다는 의미를 표현한 것이다.

배운다는 관점에서 생각해 보면, 체험이나 경험은 에피소드(이야기)를 만드는 것이고, 여행이나 고생은 에피소드를 만들 수 있는 방법과 기회를 제공하는 것이다. 학습도 마찬가지이다. 학습을 에피소드로 만들기 위해서는 에피소드를 만들 수 있는 효과적인 방법과 기회를 적극적으로 활용해야 한다. 여행이나 고생처럼 학습을 체험하고 경험할 수 있는 방법을 통해서 학습의 에피소드를 만들어야 한다.

학습의 에피소드를 만드는 대표적 방법에는 [그림 4-34]와 같은 방법이 있다. 이들은 학습의 여행이요, 고생이라고 할 수 있다. 체험하기, 질문하기, 가르치기는 직접적인 체험을 통해 에피소드를 만드는 방법이고, 보고읽기, 작성하기, 참석하기는 간접체험을 통한 에피소드 만들기이다.

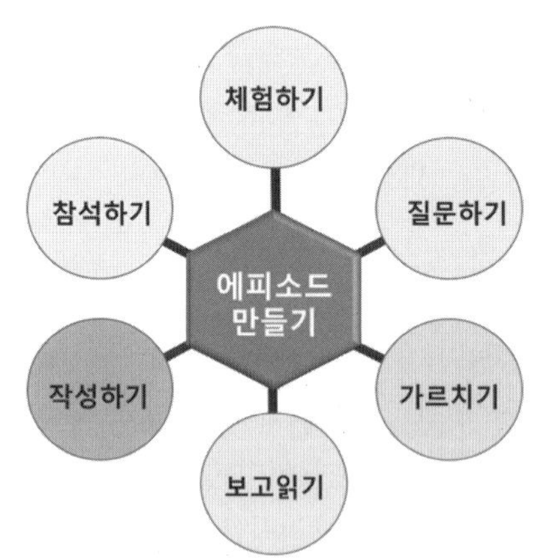

【그림 4-34】 에피소드를 만드는 대표적 방법

학습을 체험하라.

학습은 강의실에서 책으로 할 것이 아니라, 온몸으로 체험하여야 온전 학습이 이루어진다. 빛의 입자성을 공식으로만 암기하는 것보다 실제 광전효과를 실험해보면 분명하게 이해되고 원리를 파악할 수 있다. 중화 반응도 실험을 해보면 눈으로 반응을 확인할 수 있다. 이렇게 실험을 통해서 학습을 하면 해당 지식뿐만 아니라 부수적인 지식까지도 확실하게 이해할 수 있다. 우리나라 근·현대사를 알아보고자 친구들과 함께 국립박물관이나 독립기념관을 방문하여 사진과 유물을 살펴보고 안내자의 설명을 들은 후에 친구들과 토론하였다고 하자. 강의실에서 얻을 수 없는 만족감과 보람을 느낄 수 있을 것이다. 자신이 의병대장이 되어 항일 무장 독립운동을 하는 모습을 상상해 보면, 그때의 상황을 정확하게 파악할 수 있게 된다. 계층 간의 갈등 해소에 노력하고 있는 시민단체에서 봉사활동을 하면, 우리 사회의 계층간 갈등 원인과 현상을 온몸으로 체험하게 된다. 이러한 것은 책에서 배울 수 없는 살아있는 지식이다. 비누를 만드는 방법을 배웠다 해서, 비누를 만들 수 있는 것은 아니다. 직접 만들어 보아야 한다. 아무리 영어 문법에 통달하였다 해도 영어를 말할 수 있는 것은 아니다. 직접 영어로 대화를 해보아야 한다.

달걀을 따뜻하게 품어주면 병아리가 된다는 이야기를 듣고 에디슨은 달걀을 품었다고 한다. 학습한 지식을 실제로 체험하고, 체험을 통해서 학습하여야 한다. 학습을 체험하는 방법에는 실험과 실습, 답사와 탐방, 봉사활동 등 다양한 방법이 있다. 이러한 방법을 활용해서 즐겁게 학습을 체험하고 이야기를 만들어 보도록 하자.

질문하라. 지식을 얻으리라.

철학자 소크라테스는 독특한 대화법을 사용하여 그리스 아테네 청년들을 일깨웠다. 그는 끊임없이 질문하는 산파술을 이용해서 <너 자신을 알라>고 가르쳤다. 소크라테스의 이러한 교육방법은 학습자 중심 교육의 원조로 평가되고 있으며, 구성주의 교육에 큰 영향을 주었다.

좁은 의미에서 학습이란 모르는 것을 배워 나가는 과정이다. 모르는 것이 있으면, 즉시 질문을 해서 배워야 한다. 그러므로 질문은 학습의 시작이라 할 수 있다. 질문하지 않는 것은 학습을 포기하는 것과 같다. 대부분의 학습자는 모르는 것이 있어도 질문하기를 주저한다. 질문했다가 핀잔을 듣거나 창피당하는 것을 두려워하고 또는 자신의 무지가 들어나는 것이 염려되어 질문하기를 절대적으로 기피하고 있다. 그러나 창피가 두려워 질문하지 않으면, 추후에 무식해서 더 큰 창피를 당하게 된다. 용기를 내어 과감하게 질문하는 학습자만이 지식을 얻을 수 있다. 설령, 질문하다 창피를 당했다고 해도 이는 에피소드가 된다. 질문은 에피소드를 만드는 적극적인 방법이다. 모르는 것을 다음에 혼자서 공부하려고 생각하지 말자. 다음 기회는 절대로 주어지는 법이 없으므로 모르면 즉시 질문해서 배워야 한다.

학습자들은 다른 학습자가 질문을 하면 이상한 눈총을 주어 질문자를 무안하게 만든다. 이러한 태도는 학습자의 올바른 학습 태도가 아니다. 질문자가 엉뚱한 질문을 하여도 질문자의 관점에서 생각해 보려고 노력해야 한다. 질문자를 존중하지 않으면 자신이 질문했을 때도 존중받을 수 없다. 질문을 많이 한다고 나무라서도 안 된다. 나중에 그런 사람 밑에서 일하게 될지도 모른다.

질문에도 좋은 질문을 하는 방법이 있다. 학습자들은 학습 방법에만 관심을 두어 질문하는 방법을 소홀하게 생각한다. 질문이 곧 지식을 쌓아가는 학습이므로 좋은 질문을 하는 방법도 알아야 한다. 이에 대하여는 제8장에서 자세히 알아 보도록 한다.

에피소드의 주인공이 되어 가르쳐라.

철용은 칼 세이건Carl Sagan의 <코스모스>Cosmos를 읽고 깊은 감명을 받은 후, 천문학에 관심을 갖고 관련 서적을 탐독하였다. 최근 허블 전파망원경이 촬영한 시리우스Sirius를 보고, 어떻게 이런 사진을 촬영할 수 있는지 의문이 들었다. 갈릴레오가 발명한 망원경은 빛을 이용한 것인데 전파로도 망원경을 만들 수 있다는 것이 신기하였다. 자료를 조사하고 선생님의 설명을 듣고 그 원리를 확실하게 이해하게 되었다. 자신이 이해한 전파 망원경의 원리와 활용에 대해 친구들에게 가르쳐 주고자, 파워포인트 발표 자료를 만들어 과학 시간에 발표하였다. 철용의 발표를 들은 친구들은 철용의 해박한 지식과 자상한 설명에 칭찬을 아끼지 않았다. 이러한 에피소드가 철용에게 있었다면, 철용은 전파 망원경의 원리에 대한 추억을 평생동안 잊지 못할 것이다.

학습은 자신이 이해하였다고 생각한다고 해서 이해하였다고 할 수 없다. 이해한 내용을 실제로 발표하고 가르칠 수 있을 때, 가르치는 것만큼 이해하고 있는 것이다. 수학의 확률분포를 학습했다면, 실제로 확률분포를 발표하고 가르쳐보라. 그러면 자신이 어느 정도 이해하고 있는지를 확실하게 확인할 수 있을 것이다.

발표하고 가르치는 것은 에피소드를 만드는 가장 효과적인 방법이다. 친구에게 가르치든, 동생이나 친척에게 가르치든, 아니면 자기 자신에게 가르치든 간에 발표하고 가르치는 상황을 만들어 에피소드의 주인공이 되어보라. 에피소드가 주는 학습효과를 확실하게 체험할 수 있을 것이다.

효진은 마틴 루터 킹 목사의 <우리에게 꿈이 있습니다.>We have a dream. 연설을 읽은 후 자신도 이렇게 멋진 연설을 해보고 싶었다. 그래서 마틴 루터 킹 목사가 되어 워싱톤 링컨 메모리얼Lincoln Memorial 앞에 수많은 군중 앞에 서 있는 자신을 상상하면서 연설을 해 보았다. 효진은 눈감고도 단어 하나 틀리지 않고 <우리에게 꿈이 있습니다.>를 언제든지 할 수 있게 되었다. 효과적으로 학습을 하고자 하면 에피소드를 만들어 주인공이 되어야 한다. 그러면 학습이 저절로 두뇌에 각인될 것이다.

가르치는 것은 학습의 최종 성취 단계이다. 학습을 했다면 가르칠 수 있어야 한다. 진정코 효과적 학습을 원한다면, 학습하지 말고 가르쳐라.

체험을 읽고 보라.

한정된 시간 속에 생활하는 인간이 모든 것을 직접 체험한다는 것은 불가능하다. 직접 체험하지 않고 체험의 효과를 얻을 수 있는 것이 독서이다. 학습에서 독서의 중요성과 효과에 대하여는 재론할 필요가 없을 것이다. 프랑스의 철학자 샤르트르Jean-Paul Sartre는 '내가 세상을 알게 된 것은 책에 의해서였다.'고 하였고, 미국의 교육학자 존 듀이John Dewey는 '독서는 일종의 탐험이어서 신대륙을 탐험하고 미개지를 개척하는 것과 같다.'하였다. 독서는 간접 체험을 열어주는 색다른 체험 공간이다. 대부분의 성공한 사람들이나 업적을 남긴 사람들은 이 간접 체험 공간에서 자신을 단련하였다.

독서하면 마음의 양식이 되는 고전 명작이나 베스트셀러만을 생각하는 경우가 대부분이다. 물론 독서는 성현들과의 간접 대화를 통해 참다운 인생관을 보여주기도 하고 삶의 지혜와 경험을 들려주기도 한다. 그러나 독서는 무엇보다도 학습과 관련된 다양한 간접 체험을 제공하고 있음을 유념해야 한다. 먼 은하계로 우주여행을 할 수 없지만 칼 세이건Carl Sagan의 <코스모스>나 스티븐 호킹Stephen Hawking의<시간의 역사>A Brief History of Time로 우주 여행을 다녀올 수도 있으며, 시오노 나나미Shiono Nanami의 <로마인 이야기>나 역사학자 이덕일의 <한국사 그들이 숨긴 진실>을 통해서 역사 속으로 들어갈 수도 있다. 동서양의 사회 현상을 경험하기 위해서는 리처드 니스벳Richard E. Nisbett의 <생각의 지도>The Geography of Thought와 새뮤얼 헌팅톤Samuel Huntington의 <문명의 충돌>에서 그들의 생각을 배울 수 있다.

학습과 관련된 서적은 무거운 생각보다는 재미있는 간접 체험의 유쾌한 경험을 제공하고 학습의 즐거움을 배가 시켜준다. 정재승 교수의 <물리학자는 영화에서 과학을 본다.>, 홍성욱 교수의 <과학으로 생각한다.> 등과 같은 책은 교과서에서 체험할 수 없는 학습의 즐거움을 느끼게 한다. 학습과 연계된 독서를 하면, 학습 내용을 확실하게 이해할 수 있을 뿐만 아니라, 학습한 지식을 창의적으로 활용할 수 있는 시야를 넓힐 수 있다.

독서와 마찬가지로 영화 감상도 학습을 간접 체험하는데 아주 유용한 도구이다. 최근 유행되는 영화처럼 화려한 컴퓨터 그래픽으로 화면을 압도하고 예상외의 반전으로 즐거움을 주는 영화도 있지만, 잔잔한 감동과 함께 학습의 깊이를 더 해주는 영화나 다큐멘터리도 있다. 이러한 다큐멘터리 형태의 영화는 진한 감동뿐만 아니라 학습한 지식을 재삼 확인하는 계기를 제공한다. 예를 들어, MBC 다큐멘터리 <아마존의 눈물>은 생존에 대한 원초적인 감동뿐만 아니라, 환경과 인간을 되돌아보게 하는 자성의 시간을 갖게 한다. 다큐멘터리 영화는 현장의 생생한 체험을 그대로 담아내고 있기 때문에 그 어떤 매체보다도 호소력과 실감을 느끼게 한다. EBS 명작 다큐멘터리, BBC 방송과 디스커버리 채널의 다큐멘터리 등은 신선한 감동과 함께 학습의 깊이를 심화시켜 준다. 다큐멘터리 영화는 일반적으로 지루하다는 고정관념을 버리고, 다큐멘터리 현장으로 들어가서 실제 체험을 느껴 보도록 하자.

독서와 영화감상은 직접 체험의 시간 부담을 줄여주며 불가능한 상황을 간접 체험할 수 있도록 하여 주는 소중한 체험 공간을 제공한다. 자신이 필요할 때면 언제든지 들어갈 수 있는 가상공간이기도 하며, 자신이 주인공이 되어 학습 체험을 주도할 수 있는 공간이기도 하다. 여유 시간이 있을 때마다 독서와 영화 감상의 공간으로 들어가서 여유있게 수준 높은 명품 학습을 체험해 보자.

학습 작가가 되자.

학습을 간접 체험하는 방법 중 적극적인 형태로 에피소드 작성이 있다. 학습자가 작가가 되어 학습을 소재로 한 소설을 작성하는 것이다. 작가가 되는 것을 창의력을 키우는데도 큰 도움이 된다. 우리 모두는 자신의 인생을 만들어 가고 있기 때문에 모두가 작가라 할 수 있다. 이런 능력을 활용해서 학습 내용을 소설로 집필하는 것이다.

많은 창의적 인재들이 학습의 주인공이 되거나 학습 속으로 감정이입을 통해서 위대한 업적을 남겼다. 삼국시대의 문물교류를 알아보기 위해 신라인이 되어 뗏목을 타고 대한해협을 탐험하기도 하며, 남북전쟁 당시 흑인 노예의 실상을 이해하기 위해 옛날 생활을 재현해 본 역사학자도 있다.

잘 알려진 것처럼 아인슈타인은 자신이 광자가 되어 광자의 물리적 특성을 탐구하였고, 리처드 파인먼의 '내가 전자라면 어떻게 행동할까'하는 생각이 양자물리학의 새로운 이론을 개척하였다. 이들처럼 직접적인 행동이나 감정이입은 본질을 이해하는데 중요하며, 학습 에피소드 저술은 이러한 학습 방식과 일맥상통하는 것이다. 학습 에피소드를 작성하면서 학습자가 학습 세계의 주인공을 창조하고 학습 내용에 감정을 불어 넣을 수 있다. 학습 에피소드를 작성할 때는 다음사항에 유의하도록 한다.

① 억지로 학습 에피소드를 작성하려고 하지 말자. 써지지 않는 소설을 쓰려고 하는 것은 시간 낭비이고 학습 스트레스만 가중시킨다. 신이 나서 자연스럽게 작성할 수 있어야 한다. 학습 에피소드 작성 이외에도 학습을 체험할 수 있는 방법이 많이 있기 때문에, 학습 에피소드 작성에 연연하지 않는다.

② 장황하지 않고 기억하기 쉽도록 간결하게 작성한다. 영화나 추리소설처럼 복선과 반전을 사용하려고 하지 마라.

③ 재미있는 내용이 되도록 한다. 상상력을 동원하고 극적인 효과가 살아나도록 한다. 상상력은 두뇌활동을 촉진하는 원동력이다.

④ 학습내용을 중심으로 한다. 학습 에피소드는 일반 소설이 아니라, 학습 내용을 심화 학습하기 위한 것이므로 학습 내용이 이야기 속에 고스란히 담겨야 한다.

학습 에피소드를 효과적으로 작성하기 위해 스토리 플래너story planner를 이용하는 것이 좋다. [표 4-10]에 스토리 플래너를 활용해서 학습 에피소드를 작성한 예를 보았다. 예를 살펴보면서 학습 에피소드 작성 방법을 이해해 보도록 하자.

학습 에피소드 작성에는 학습 내용의 이해, 상상력, 이야기 구성 능력이 종합적으로 요구되는 어려운 글쓰기이다. 처음부터 학습 에피소드 작성에 집착하지 말고, 관심을 가지고 상상력을 키워 가는 것이 중요하다. 특히, 학습 내용 속으로 들어가서 감정이입의 상태가 되는 것이 중요하다.

[표 4-10] 스토리 플래너를 활용해서 학급 에피소드를 작성한 예

학습 내용	○ 지진파 (P파, S파, L파)의 특성 ○ 진원까지의 거리

등장 인물	손오공	푸라니	세콘	론			
	주인공	P파	S파	L파			

발단	손오공은 3번째 드래곤볼을 찾기 위해, 멕시코 아즈텍 신전으로 향했다. 아즈텍 신전 지하 던전을 지키고 있는 괴물 3마리를 격파하면 지진이 발생하여 드래곤볼의 위치를 알 수 있다. 드래곤볼의 위치가 괴물 세 마리 속에 감추어져 있기 때문이다.
전개	지하 던전 입구는 푸라니가 지키고 있었다. 푸라니는 속도가 빠른 에너지 파를 사용하지만 위력이 별로 없다. 손오공은 장풍을 쏘아 푸라니의 에너지파를 맞받아쳤다. 푸라니는 힘없이 쓸어지면서, 입에서 에너지 파인 P파가 발생하였다. P파는 공기, 물, 벽을 뚫고 앞뒤 사방으로 전파되었다. 손오공은 앞뒤로 전파되는 P파 때문에 앞으로 나가기가 어려웠다.
위기	기둥을 붙잡고 버티고 있는 순간, 사방으로 퍼지고 있는 P파 때문에 잠자코 있던 세콘이 깨어났다. 세콘은 배불뚝이 괴물로 속도가 느리지만 파워는 무시할 수가 없었다. 손오공은 강력한 옆차기로 세콘을 제압하였다. 세콘이 쓰러지자 강력한 S파가 발생하였다. S파는 고체만을 통과하여 상하로 전달되기 때문에, 땅이 위, 아래로 출렁거렸다. 손오공은 현기증을 느꼈다.
절정	이제 시간이 없다. 땅이 출렁거려 신전이 언제 무너질지 모른다. 현기증이 나지만 빨리 마지막 괴물을 처치해야 한다. 손오공은 미끄러지면서 거대한 장신 괴물이 있는 론 방에 도착하였다. 론은 장신으로 속도가 느리지만 막강한 파워가 있다. 혼의 에너지파 한방이면 도시가 전멸할 수 있다. 손오공은 동작이 느린 론의 주변을 빠르게 맴돌며 론을 괴롭혔다. 시간이 다 되어간다. 손오공은 강력한 태극권으로 론을 제압할 수 있었다. 론이 쓰러지자 에너지파 가 발생하면서 신전이 무너지기 시작했다. 빨리 피해야 한다. 드래곤볼을 찾아야 한다.
결말	손오공은 푸라니와 세콘이 죽으면서 발생한 에너지파의 속도 차이를 이용하여, $d = PS시 \cdot V_P \cdot V_S / (V_P - V_S)$로 드래곤볼의 위치를 알아내었다. 드래곤볼을 갖고 하늘로 날아 오르니 아래에 폐허가 된 아즈텍 신전이 보였다.

함께 학습을 체험하고 나누어라.

혼자 조용한 골방에 틀어 박혀 공부하는 것이 학습효과가 클 것으로 생각하는 경우가 많다. 절대 그렇지 않다. 학습은 절대로 혼자 하는 게임이 아니다. 혼자서 학습하면 자신이 갖고 있는 한계

를 절대로 극복할 수 없다. 많은 교육학자와 심리학자들의 연구결과, 함께 하는 학습, 특히 함께하는 토론식 학습이 효과가 아주 우수함을 입증하고 있다. 토론 중심 교육을 실시하고 있는 국내외 학교 학생들이 모두 우수한 것만을 보아도 함께하는 토론 학습의 우수성을 알 수 있다.

존 오스본John Osborne의 소설<하버드대학의 공부벌레들>The Paper Chase을 보면 처음부터 끝까지 함께하는 학습만 보인다. 강의도 토론식 강의이고, 과제도 그룹 스터디로 한다. 혼자 하는 학습은 거의 볼 수가 없다. 함께 토론 학습을 하게 되면 학습에 대한 확실한 동기유발이 되고 자기 주도적 학습 능력이 향상된다. 다른 사람들과 이야기를 통해 문제에 대한 다양한 시각을 발견할 수 있고, 결과적으로 창의적 문제 해결 방법을 토론할 수 있게 된다. 또한, 논리적 비판 능력, 자료 분석과 평가 능력이 향상되고, 원활한 의사소통 능력을 배양하여 리더십을 키울 수 있게 된다. 같은 문제를 동료들과 함께 집중해서 해결해 나감으로써 학습 시너지를 가져올 수 있다. 함께 학습하고 함께 토론하지 않는 학습은 죽은 학습이다. 자신이 알고 있는 것을 보여 주지 않으려 하는 이기심, 혼자서 학습하려는 독불장군식 방법은 학습을 망치는 지름길이다. 함께 학습을 체험하고 나누어야 한다. 학습은 나눌수록 더 가치가 있는 것이다.

함께 학습하는 좋은 방법 중 하나가 스터디 그룹을 만드는 것이다. 같은 목적을 가진 친구 3-5명이 모여서 함께 학습할 동아리를 만드는 것이다. 학습 동아리는 학습의 시너지 효과를 위한 것으로, 학습 과제, 모임 일정, 각자의 책임을 분명히 하여, 학습 동아리 모임이 헛된 시간 낭비가 되지 않도록 하여야 한다. <하버드대학의 공부벌레들>은 학습 동아리 운영에 참고가 될 수 있을 것이다. 학습 동아리 운영과 함께 학습하는 토론식 학습에 대해서는 제9장에 다시 살펴보기로 한다.

함께 학습하는 인터넷 카페에 가입하여 활동하는 것도 좋다. 서로 질문하고 답변하고, 자료를 공유하고 교환하는데 인터넷 카페만큼 유용한 것이 없다. 서로 격의 없이 학습을 주고 받을 수 있어 재미있는 협동학습을 할 수 있다. 학습 관련 블로그를 구독하는 것도 좋을 것이다. 전문 블로그에는 유용한 학습 자료가 잘 정리되어 제공되고 있다.

인터넷 활동과 더불어, 학습 관련 각종 행사, 워크샵, 세미나에 참석하는 것도 학습 체험을 확대하는데 좋은 방법이다. 행사나 세미나에 참석하면, 전문 지식을 단시간에 요약, 정리해서 알 수 있으며, 앞으로 해야 할 학습 과제를 설정하는데도 큰 도움이 된다. 뿐만 아니라, 해당 분야의 전문가, 같은 관심을 갖은 친구들도 만날 수 있어 사회 활동 범위를 넓히는데도 도움이 된다. 새로운 인간관계는 더 큰 배움의 시작이 될 수 있다.

제 [5] 장

두뇌의 학습 활동을 가속화 하자.

스마트폰이 처음 출시되었을 때, 많은 사람들이 앞 다투어 구입하였다. 막상 사용하려고 하니, 전에 사용하던 휴대폰과는 기능이나 사용법에 큰 차이가 나서 많은 사람들이 사용법을 익히느라고 고생하였다. 더러는 사용법을 익히지 못해서 스마트폰 사용을 포기하기도 하였다고 한다. 아무리 성능이 우수한 좋은 제품이 있다고 하여도 제대로 사용할 줄 아는 방법을 모르면 무용지물이 된다.

모든 사람이 동일한 기능의 두뇌를 가지고 있으며, 학습과 관련된 제반 기능을 두뇌가 수행한다. 같은 두뇌를 가지고 있는데도 불구하고, 어떤 사람은 학습능력이 탁월하고 어떤 사람은 그렇지 못한 이유는 무엇일까? 이는 같은 두뇌를 갖고 있지만 활용하는 방법에 차이가 있다고 분명하게 말할 수 있다. 두뇌가 학습과 관련한 무한한 잠재능력을 갖고 있다고 하여도, 이를 이해하지 못하고 활용하지 않는다면 무용지물일 뿐이다. 스마트폰의 사용법을 이해하면 자유자재로 활용할 수 있는 것처럼, 두뇌의 학습 기능을 이해하고, 학습에 자유자재로 활용하여야 한다. 두뇌의 학습 능력을 활성화·가속화하여 학습 효과가 최대한 발휘되도록 하는 것이 효과적 학습의 선결 과제라 할 수 있다.

교육의 목적은 비어 있는 머리를 열려 있는 머리로 바꾸는 것이다.
- 말콤 포브스Malcolm Forbes

5.1 자신의 두뇌를 이해하자.

두뇌는 약 1000억 개의 신경세포와 약 10조에서 1000조개의 신경회로로 구성되어 인간의 모든 정신활동과 육체 활동을 조정하는 기관이다. 일반 성인의 두뇌 무게는 약 1300g으로 아주 적지만, 두뇌는 호흡, 맥박, 체온과 같은 기본 생명 현상에서부터, 오감을 통해 정보를 모으고 분석·저장하며, 신체의 각 부분을 제어하고, 운동감각, 수명, 학습 및 기억, 언어, 감정, 추리 등 생존에 필요한 모든 정신적 활동과 육체적 활동을 총괄 지휘하는 기능을 한다. 두뇌는 우리가 알고 있는 자연구조 중에 가장 복잡한 시스템으로 자연이 만든 최고의 걸작품이라 할 수 있다.

두뇌에서는 학습과 관련하여 어떤 일들이 벌어지고 있는 것일까? 여기서 두뇌의 구조와 학습 기능에 대하여 살펴보도록 하자. 그러나 우리는 의학자도 신경과학자도 아니다. 우리의 목적은 두뇌의 구조와 학습기능을 이해하여 효과적인 학습 전략을 수립하고, 두뇌의 학습기능을 활성화 · 가속화 하는데 있다. 두뇌는 근육기관처럼 단련하거나 훈련한다고 해서 단단해지거나 기능이 향상되는 신체기관이 아니다. 웨이트 트레이닝을 열심히 하면 근육이 단련되어 가슴에 왕王자 무늬를 만들 수 있지만, 두뇌 훈련을 열심히 한다고 해서 창의적 발상이 샘솟는 것은 아니다. 두뇌의 학습 기능을 이해하여, 학습 기능을 활성화하고 극대화하는 학습전략을 수립하고 이를 실제로 학습에 활용하는 것이 중요하다. 두뇌의 구조와 학습 기능에 대한 설명과 함께, 두뇌의 기능을 학습에 활용하는 구체적 전략과 방법에 대하여 중점적으로 살펴본다. [그림 5-1]은 두뇌의 구조와 학습 기능을 요약 정리한 것이다. 이를 중심으로 두뇌의 학습 기능의 세부적 내용을 알아본다.

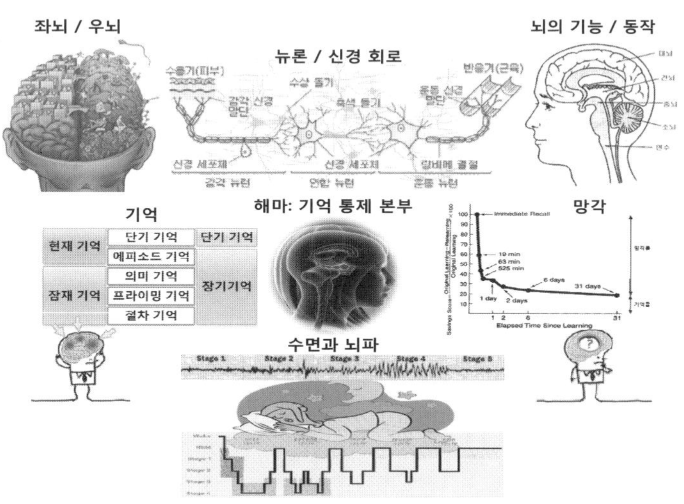

【그림 5-1】 두뇌의 학습 기능을 요약 정리

뇌 해부학

두뇌의 구조와 기능이 본격적으로 연구되기 시작한 것은 불과 100여 년 전부터이다. 두뇌의 신비한 기능은 종교적 경외의 대상이었고 과학으로 그 신비를 규명할 수 없다고 생각하였기 때문이다. 1890년에 이탈리아 해부학자 골지Camillo Golgi와 스페인 신경해부학자 카잘Santiago Romóny Cajal은 두뇌가 신경세포(뉴런)neuron의 복잡한 구성과 작용에 의해 동작한다는 사실을 발견하여 신경과학neuroscience의 기초를 확립하였다. 두뇌가 뉴런에 의해 동작한다는 사실을 규명한 공로로 두 사람은 1906년 노벨 의학상을 수상하였다. 이후 신경과학은 눈부시게 발전하여 뇌의 구조와 기능에 대한 수많은 연구가 진행되었다. 80년대 이후 컴퓨터 기술 발전으로 PET, fMRI 등 기능 뇌 영상법functional brain imaging 등의 발달로 인하여 두뇌의 구조 분석뿐만 아니라 시간적 변화 영상까지도 관측할 수 있게 되었다. 컴퓨터 분야에서 인공지능artificial intelligence에 대한 연구가 대두되면서, 인간의 두뇌 작용과 마음을 컴퓨터의 정보처리 관점에서 연구하고자 하는 인지과학cognitive science 등이 태동하기도 하였다.

영상의학, 인지과학, 컴퓨터과학 등의 비약적 발전은 뇌 과학 연구에 새로운 전환점을 가져왔다. 미국은 1990년-2000년을 뇌 과학 10년The Decade of the Brain으로 선포하고 집중적으로 연구하기도 하였다. 21세기의 과학은 뇌 과학이 주도할 것으로 예상되고 있으며, 국내에서도 여러 관련 분야가 협력하여 뇌 과학 연구에 매진하고 있다. 앞으로 두뇌의 정보처리 과정, 감정변화 모델, 마음의 실체 등에 많은 성과가 기대되고 있다.

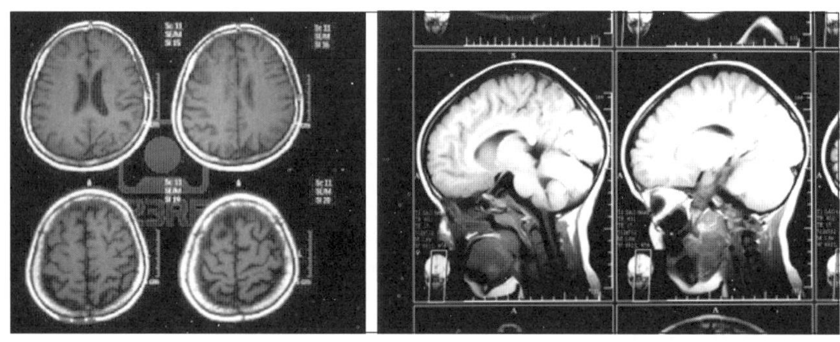

【그림 5-2】 뇌 자기 공명 영상

뇌의 무게는 체중의 약 2%에 불과한 1300g 정도이지만, 호흡한 산소의 20~15%를 소비하고, 심장에서 나가는 혈액의 15%를 공급받는다. 뇌는 약 1000억 개의 신경세포로 구성되어 쉬지 않고 끊임없이 왕성한 활동을 하기 때문에, 다른 신체기관에 비하여 많은 에너지가 필요하다. 두뇌는 태어나서 3세까지의 70~80% 완성되고, 성인이 되는 18세 전후에 100% 완성된다. 두뇌가 완성된 후에는 어떤 노력에도 불구하고 두뇌는 서서히 감퇴하는 것으로 알려지고 있다. 속담에 '3살 버릇 여든까지 간다'고 하는데, 어릴 적의 교육과 습관이 두뇌 형성에 절대적 영향을 비치고 있음을 알 수 있다. 두뇌의 외형 구조를 구분하는 방법에는 발생학적 구분, 육안적 구분 등 여러 방법이 있다. 여기서는 두뇌의 학습 기능을 중심으로 살펴보기로 한다.([그림 5-1] 참고)

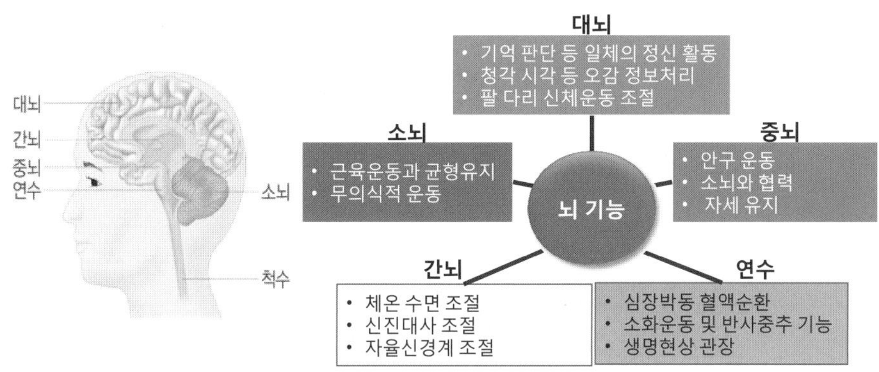

【그림 5-3】 뇌의 구조와 기능

대뇌는 두뇌의 학습 엔진

[그림 5-3]에서 알 수 있는 바와 같이 대뇌가 학습 기능을 총괄하고 있다. 대뇌는 두뇌의 학습 엔진으로, 대뇌의 기능을 알면 학습 전략이 보인다. 대뇌는 뇌의 80% 이상을 차지하고 있으며, 학습 및 기억, 판단, 감정 등 고도의 정신 활동을 담당한다. 인식, 판단 등 이성적 활동과 기쁨과 슬픔 등 감성적 활동 모두가 대뇌의 작용에서 유래한다.

대뇌의 좌뇌와 우뇌

대뇌를 위에서 보면 좌반구와 우반구가 확실하게 나누어져 있다. 통상 좌반구를 좌뇌, 우반구를 우뇌라고 하고, 좌뇌와 우뇌는 다리(교량) 역할을 하는 뇌량을 통로로 하여 상호 정보를 교환할 수 있도록 연결되어 있다. 1960년 마이클 가잔이거Michael Gazzaniga와 로저 스페리Roger Sperry는 분리된 뇌를 갖는 환자를 치료하면서, 좌뇌와 우뇌의 기능에는 큰 차이가 있다는 사실을 발견하였다. 좌뇌는 주로 언어 및 논리적 사고를 수행하며, 우뇌는 시각적, 공간적, 직관적 사고를 하는데 활용된다는 것을 밝혀내었다. 인간이 읽고 쓰고 말하는 등 언어 기능을 수행할 수 있는 것은 좌뇌가 동작하기 때문이다. 만약 좌뇌에 이상이 있으면 언어 기능을 상실하게 된다. 반면에 그림이나 지도의 내용을 이해하고 음악을 감상할 수 있는 것은 우뇌가 동작하기 때문이다. 이처럼 좌뇌와 우뇌가 역할을 분담하여, 두뇌는 균형적 관점에서 사물을 총체적으로 이해하려고 한다. 좌뇌와 우뇌의 기능 차이를 정리해보면 [그림 5-4]와 같다. 좌뇌와 우뇌의 기능은 상호 보완적 관계가 있음을 알 수 있다.

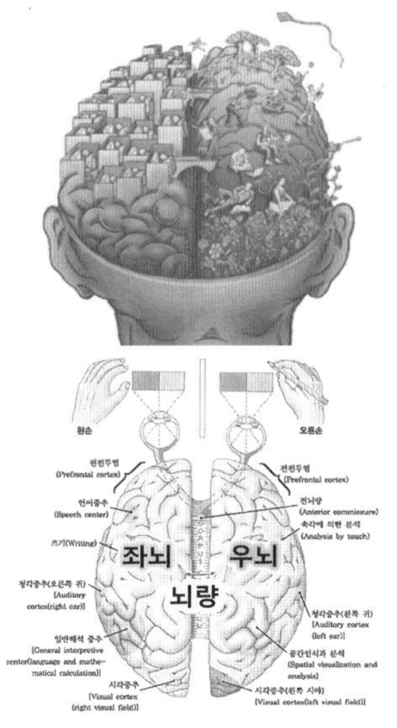

좌뇌의 사고 기능	우뇌의 사고 기능
언어	이미지, 영상, 패턴
논리적	직관적, 감각적
이성적	감성적
순차적	공간적
수학, 과학	예술(미술, 음악)
해석적, 분석적	총체적, 합성적
객관적	주관적
부분중시	전체중시
어휘적	시각적
사물의 명칭	사물의 기능
과거지향	미래지향

【그림 5-4】 좌뇌와 우뇌의 기능

오래전에 언론이나 학원 등에서 우뇌를 사용하자는 말이 퍼진 적이 있다. 왜 우뇌를 사용해야 하는지, 어떻게 하면 우뇌를 사용할 수 있는지에 대한 명쾌한 설명 없이 우뇌를 사용하자고만 한다. 손발은 마음먹기에 따라 왼쪽 손발 또는 오른쪽 손발만을 사용할 수 있지만, 두뇌는 손발과는 달라서 좌뇌만 사용하거나 우뇌만을 사용할 수 없다. 음악을 듣고 그림 그리기에 열중한다고 해서 우뇌가 발달하는 것은 아니다. 또한 두뇌는 사용하고 싶을 때 사용할 수 있는 신체 기관이 아니다. 그런데도 우뇌를 사용하라고 강조하는 것은 실현 가능성이 없는 공허한 이야기일 뿐이다. 다양한 관점에서 전체holistic를 파악하는 사고로 좌뇌와 우뇌를 균형있게 활용하여야 할 것이다.

일반적으로 우리는 교육을 통해서 주로 좌뇌적 사고방식을 발전시켜왔다. 말과 글자(언어)로 학습하고 지식을 습득하였으며, 논리 증명이나 과학 분석 방법으로 사물을 이해하는 방법을 학습하여 왔다. 이런 좌뇌적 사고방식에 의해, 가을철에 떨어지는 낙엽을 보고, '나무가 월동 준비하기 위해 나뭇잎과 가지 사이에 떨겨층을 형성하면 잎이 충분한 수분공급을 받지 못해 떨어지는 현상'이라고 설명하게 된다.

이러한 과학적이고 분석적인 관점도 필요하다. 그러나 좌뇌적 사고방식으로는 오헨리O. Henry의 <마지막 잎새>나 김소월의 <부모>와 같은 낙엽에 대한 애절한 감각적 · 감상적 관점을 발견하기가 어렵다. 사물을 균형적으로 인식하고 다양한 특성을 발견하여 본질을 깨닫기 위해서는 좌뇌적 사고와 우뇌적 사고가 조화된 통합적 사고가 절대적으로 필요하다. 좌뇌적 사고를 주축으로 해야 할 뉴턴Isaac Newton, 아인슈타인, 파인먼Richard Feynman, 푸앵카레Henri Poincare와 같은 과학자와 수학자들이 우뇌적 사고에 의해 큰 업적을 이룬 사례를 설명한 바 있다. 또한 우뇌적 사고를 기본으로 해야 할 피카소, 뒤샹Henri Duchamp, 바흐Johann Sebastian Bach 등 화가, 음악가들이 좌뇌적 사고를 강조한 사례도 살펴보았다. 사물의 본질을 이해하고 창의적 발상을 위해서는 통합 사고능력이 체질화되어야 한다. 그런데, 교육과 학습을 통해서 좌뇌적 사고는 어느 정도 습관화되어 있지만, 우뇌적 사고에는 익숙하지 않기 때문에, 우뇌적 사고 능력에 관심을 가져야 한다.

우뇌를 사용하려고 하지 말고, 우뇌적으로 사고하는 능력을 배양하도록 하여야 한다. 우뇌적 사고란 무엇인가? 대상 전체를 시각과 영상으로 형상화하고 감성적 직관으로 본질을 밝혀내려는 사고방식이다. 제 3장과 제 4장 등 여러 곳에서 누차 강조한 것이 바로 우뇌적 사고와 일맥상통한다.

■ 두뇌 학습 전략:
우뇌적 사고를 활성화하고, 좌우 두뇌의 균형적 통합 사고능력을 배양하자.

우뇌적 사고를 하여야 하는 두 번째 이유는, 시각화(우뇌의 기능)는 언어(좌뇌의 기능)보다 학습, 이해, 기억에 우수한 효과가 있기 때문이다. '한 장의 그림은 수천 단어보다 낫다.'A picture is worth a thousand words, '백번 듣는 것보다 한번 보는 것이 낫다.'百問不如一見는 언어에 비해 시각화가 얼마나 우수한 능력이 있는지를 실증하는 것이다. 시각화는 학습하고, 본질을 이해하고, 효율적으로 기억하는데 탁월한 효과를 발휘한다. 특히, 학습내용을 기억하는데, 우뇌적 사고의 시각화는 뛰어난 효과가 있다.

■ 두뇌 학습 전략:
학습을 시각화 하라.

우뇌적 사고가 필요한 세 번째 이유는, 우뇌의 기억용량은 좌뇌의 용량에 비하여 엄청 크고 오래 기억되기 때문이다. 내과의사 후쿠이 가츠시게는 그의 저서에서 연구자마다 차이가 있지만, 우뇌의 기억용량은 좌뇌 보다 적어도 10배 이상 크다고 한다. 음악을 들으면 곡조(우뇌의 기능)는 생생하게 기억이 나는데, 제목이나 가사(좌뇌의 기능)는 전혀 생각나지 않는 경우가 있다. 오랜만에 친구를 만났는데 분명하게 얼굴(우뇌의 기능)은 기억하고 있는데, 이름(좌뇌의 기능)이 생각나지 않아 당황하는 경우도 있다. 문제집에서 분명히 풀어 본 기억(우뇌의 기능)이 있는데, 공식(좌뇌의 기능)은 기억나지 않는 경우도 종종 있다. 이런 예에서도 알 수 있는 바와 같이, 우뇌는 좌뇌에 비해 기억 능력과 재생 능력이 아주 뛰어남을 알 수 있다. 학습내용을 기억하고자 하면 우뇌적 사고로 우뇌에 기억해 두는 것이 효과적이다. 행성의 운동을 그림으로 시각화하거나, 고려 가사 문학을 드라마나 노래로 편집해 보거나, 가상의 수학 세계에서 수열의 극한을 상상해 보는 등 학습 내용을 우뇌적 사고로 이해하면 학습한 지식을 장기간 기억할 수 있다.

우뇌적 사고는 그 동안 깨닫지 못하고 있었던 또 다른 형태의 두뇌 잠재능력을 활성화시키는데 중요하며, 학습과 기억을 혁신적으로 도약시키는 점프대의 역할을 한다. 그러나 좌뇌와 우뇌가 독립적으로 동작하는 것이 아니라, [그림 5-4]에서 보는 바와 같이 뇌량을 통해 긴밀하게 연결되어 있다. 우뇌의 이미지 정보는 뇌량을 통해 좌뇌로 보내져 언어적으로 해석되고 변환되어 더욱 구체적인 형태로 기억된다. 좌뇌의 언어 정보도 우뇌의 이미지와 결합하여 굳건한 인식과 기억체제를 형성한다. 좌뇌적 사고와 우뇌적 사고를 조화시킨 통합사고 능력이 학습의 핵심임을 명심하자.

대뇌의 측면 관찰

대뇌를 측면에서 관찰하면 [그림 5-5]처럼 3가지 층으로 이루어져 있다. 대뇌의 상층부는 대뇌 피질이라고 하는데, 두뇌에서 가장 발달한 영역으로 감각, 지각, 운동, 사고, 판단, 언어, 창조 등 고도한 정신 활동의 발원지이다. 대뇌에서 먼저 진화하여 안쪽에 자리 잡은 대뇌 변연계는 본능적 행동과 정서적 감정을 주재하고, 욕구, 학습, 기억에 깊이 관여한다. 특히, 대뇌 변연계의 해마는 학습과 기억을 총괄하는 통제소 역할을 하고 있어, 해마 활성화는 학습 활동에 중요한 역할을 하게 된다. 대뇌의 가장 안쪽은 기저핵으로 운동을 원활하게 도와주며, 불안이나 두려움 등 기분과도 연관이 있다.

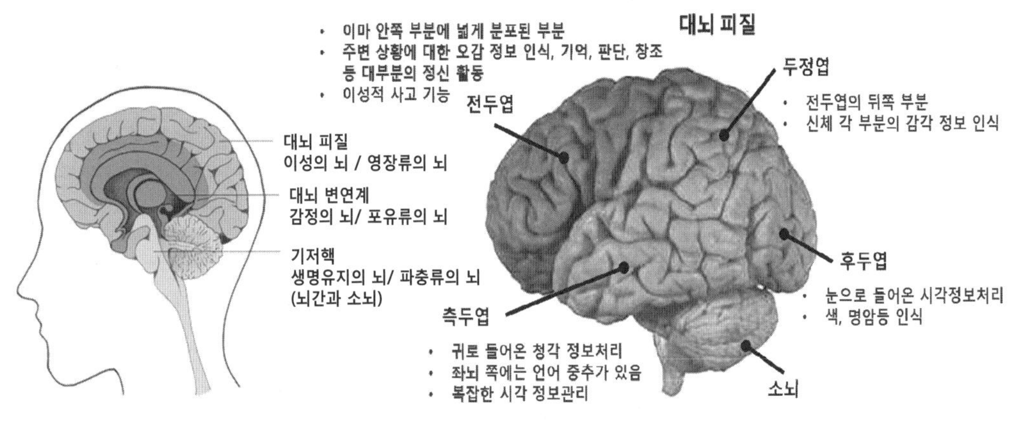

【그림 5-5】 대뇌의 기능

운동선수가 시합에 임하면서, '오늘은 기분이 룰룰루… 참 좋다. 뭔가 깜짝 놀랄 기쁜 일이 있을 거야. 시합은 즐겁게 풀릴 거야.'라고 생각하면, 대뇌도 긍정적으로 동작하여 근육운동과 감각 인식을 비롯한 신체 각 부분을 잘 조절하여, 정말로 놀라운 결과를 만들게 된다. 그러나 시합에 대한 두려움, 성적에 대한 스트레스 등 부정적인 생각은 대뇌 활동을 위축시켜, 생각과 판단에 오류가 발생하게 된다. 이처럼 대뇌와 신체 기관은 아주 밀접한 상호 의존관계가 있다.

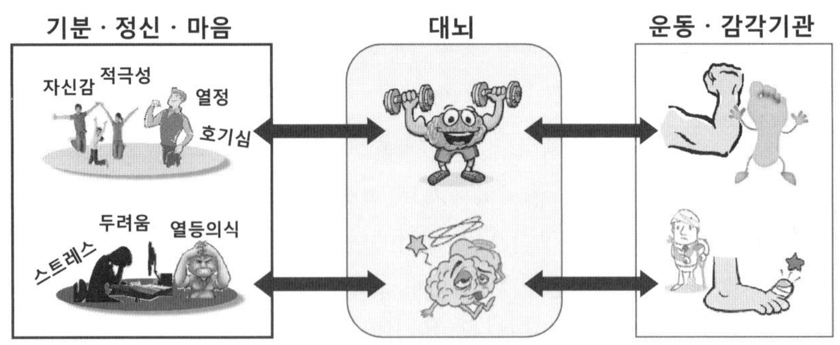

【그림 5-6】 대뇌활동의 촉진과 위축

호기심, 신나는 열정, 자신감과 긍정적 생각은 대뇌 활동을 아주 왕성하게 활성화시켜 팔, 다리 등 근육기관이 활력에 차고, 눈, 귀 감각기관에 생기가 돌게 한다. 육체도 대뇌와 더불어 패기와 열정으로 가득 차게 된다. 반면에 두려움, 마지못해 억지로 해야 하는 스트레스, 열등의식과 부정적인 생각은 대뇌 활동을 위축시켜, 감각기관은 아주 소극적으로 정보를 인식하고 운동기관은 제대로 동작하지 않는다. 결과적으로 몸과 마음 모두가 침울해지는 병에 걸리게 된다. [그림 5-6]에서 확인할 수 있는 것처럼 적극적이고 긍정적인 생각만이 대뇌 활동을 촉진한다. 특히, 대뇌의 기능과 밀접한 관계가 있는 학습에서 대뇌의 활성화는 학습의 출발점이라고 할 수 있다. 따라서 '공부가 재미있는데… 와우, 공부가 신난다. 이참에 본격적으로 공부해 보자. 공부가 이렇게 좋은 줄이야. 나는 공부체질인가 봐.'처럼 학습에 대한 긍정적 생각과 자신감을 불러 일으켜 대뇌를 활성화하여야 한다. '나는 공부가 지겨워, 공부해도 성적이 안 오르네. 공부는 적성에 안 맞아'와 같은 부정적 생각은 대뇌의 기능을 약화시켜, 학습이 더욱 싫어지고 멀어지는 악순환의 원인이 된다. 학습할 때는 항상 긍정적이고 적극적인 방향으로 생각을 하자. 성과가 오르지 않았을 때는, '지금은 착실하게 기초를 다지고 있는 거야. 아직도 기회가 많이 남아 있잖아, 다음에는 확실하게 실력을 보여줄 수 있을 거야.'처럼 향상 열린 마음으로 대뇌의 기능을 활성화하여야 한다.

■ 두뇌 학습 전략:
학습은 언제나 재미있고 신나는 일이다.

마음가짐이 신체 기능을 조절한다. 그러나 역으로 신체 활동상태가 대뇌의 활성화에 영향을 미치기도 한다. 운동과 감각기관에 활력과 생기가 넘치면, 대뇌가 신나게 활성화되고 기분과 정신이 맑고 명쾌해진다. 그러나 육체가 피곤하고 감각이 무디어지는 등 제대로 동작하지 않으면, 대뇌 활동이 위축되어 정상적 사고와 판단이 어려워지고 두려움, 스트레스, 열등의식에 휩싸이게 된다.

신체 활동을 왕성하게 하면, 대뇌의 활동도 왕성해진다. 괴테는 '손은 밖으로 나온 뇌'라고 해서 손발을 자극해서, 대뇌 활동을 활발하게 할 수 있다고 하였다. 학습과 관련된 다양한 신체 활동은 대뇌의 학습과 기억 기능을 활성화하는 촉매제가 된다. 짝짝짝 박수 리듬을 치면서 수학문제를 풀거나, 영어 단어를 노래하듯이 암기하거나, 산책 또는 조깅하면서 과학의 원리를 생각해 보는 등, 학습을 하면서 대뇌 활동이 활발해지도록 신체적 자극을 주는 것이 대뇌 활동에 도움이 된다. 유치원생들이 노래와 율동으로 학습하는 이유는 학습 효과가 대단히 높기 때문이다. 호머의 서사시 <일리어드>와 <오딧세이>도 노래로 되어 있었기 때문에 전해질 수가 있었다. 이처럼 학습 중에도 오감(시각, 청각, 촉각, 후각, 미각)을 자극해서 대뇌 활동을 활발하게 하는 것은 학습 효과 증진에 큰 도움이 된다. 다시 말하면, 학습은 머리로만 하는 것이 아니라, 온몸으로 하는 것이다.

대뇌 피질의 측두엽에는 인간만 갖고 있는 아주 독특한 두뇌기능을 하는 부분이 있다. 1861년 프랑스 신경해부학자 폴 브로카Pierre Paul Broca는 실어증에 걸린 사람들을 연구하면서 좌뇌 측두엽의 특정 부분이 손상되면 말을 할 수 없다는 것을 발견하였다. 이 부분을 브로커 영역Broca's area이라 한다. 이어서 1874년 독일의 신경학자 카를 베르니케Carl Wernicke는 좌뇌의 또 다른 부분이 손상되면 말뜻을 제대로 이해하지 못한다는 것을 발견하였고, 이를 베르니케 영역Wernicke's area이라 한다. 요약하면, 좌뇌의 측두엽에는 말하는 것(말하기, 언어생성)을 관장하는 운동성 언어 중추인 브로커 영역과 말뜻을 이해(듣기, 언어인식)하는 감각성 언어 중추인 베르니케 영역, 두 형태의 언어 중추가 있다. 왜 인간의 두뇌에만 유독이 언어 관련 중추가 있는 것일까?

현대 언어학의 패러다임을 바꾼 촘스키Noam Chomsky는 어린 아이의 모국어 습득 과정의 신비에 깊은 관심을 가졌다. 모국어 습득에는 이해할 수 없는 신비한 일들로 가득 차 있다.

- 사람들은 종종 어린 아이가 말(언어)을 배운다고 한다. 만약 언어를 학습(공부)해야 하는 것이라면, 사람마다 언어 성적이 달라서, 어떤 사람은 유창하게 말하고 어떤 사람은 더듬거려야 한다. 그런데 어린 아이 모두가 유창하게 말을 하는 것을 보면, 언어는 학습하는 것이 아니다.
- 모국어는 별도로 공부하지 않아도 5-6세가 되면 저절로 완벽하게 말할 수 있다. 외국어를 배우는데 수십 년이 걸리는 것을 고려하면 이해할 수 없는 현상이다. 배우지 않아도 저절로 알게 되는 것이 모국어이다.
- 개인의 환경(부자이거나 가난하거나 등), 개인의 능력(공부를 잘하거나 못하거나, 어린 아이이거나 선생님이거나...)에 관계없이 모든 사람은 언어만큼은 똑같은 능력을 갖고 있다.
- 생전 처음 듣는 말도 이해할 수 있으며, 그런 말을 자유자재로 할 줄도 안다. 인간 언어에 대하여서는 무한한 창조 능력을 갖고 있다.

언어는 이외에도 아주 많은 신비스러운 현상을 갖고 있다. 어떻게 이런 일이 가능하고, 왜 이런 일이 일어나는 것일까?

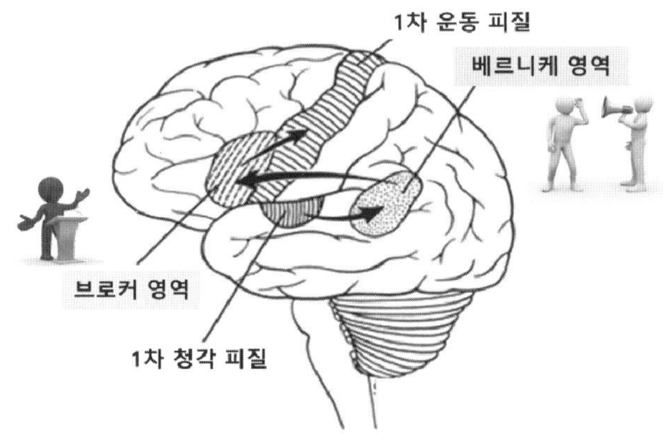

【그림 5-7】 언어 중추

언어는 인간이 학습하고 생각하는데 필요한 도구를 제공해 준다. 만약 인간에게 언어 능력이 없다고 하면(말을 하지도 이해하지도 못한다면) 학습과 의사 소통이 불가능한 동물과 별반 차이가 없을 것이다. 언어는 사고하는 인간이 되기 위해서는 필수적 능력이기 때문에, 인간이면 누구든지 자유자재로 언어 능력을 갖도록 언어중추가 있는 것이다. 언어능력이 없으면 절대로 생각하는 인간이 될 수 없다.

생각, 지식, 정보 등 인간의 모든 지적 산물은 언어로 표현되고 언어로 전달된다. 언어는 인간이 생각을 할 수 있게 하여주는 생각의 물이다. 복잡한 수학공식, 예측 불가능한 사회현상, 추상을 지향하는 현대 미술의 특징 등 모든 지식은 언어로 표현된다. 언어 능력이 미약하다면 제대로 생각을 할 수 없고, 지식의 습득이 전달도 불가능하게 된다. 언어 능력이 학습과 기억을 좌우하는 결정적 요소인 것이다. 학습 능률이 부진한 학생들을 관찰해 보면 언어능력이 상대적으로 미흡한 것을 쉽게 발견할 수 있다. 언어 능력은 학습에 가장 강력한 무기의 하나이다.

> ▪ 두뇌 학습 전략:
> 언어는 최강의 학습 도구이다. 언어 능력을 강화하자.

성인은 글을 보고 암기하려고 하지만, 어린이는 들어서 이해하고 말로 표현하려고 한다. 당연히 베르니케 중추를 동작시켜 귀로 듣고, 브로커 중추를 통해 입으로 말하는 어린이의 학습 방법이 더 효과적이다. 학습은 듣기에서 시작한다고 할 수 있다. 집중해서 경청하고, 들으면서 핵심을 파악하고, 듣고 난 후에는 요점을 정리하여 말로 표현한다. 특히 빨리 듣기(속청)는 대뇌를 긴장시켜 대뇌 활동을 가속화하고, 학습 시간을 절약할 수 있어 학습 효과가 높다. 녹음이나 녹화된 강의는 빨리 듣기를 시도하는 것도 좋다. 그러나 무작정 빨리 듣는다고 학습되는 것은 아니다. 내용 이해와 요점 정리가 가능해야 듣기의 목적을 달성할 수 있다. 또한 학습은 온몸으로 하는 것이지 귀만 갖고 하는 것은 아니다. 귀, 눈, 입 등 모든 감각기관을 활용해 입체적 학습을 하여야 한다.

학습은 말하기에서 완성된다. 학습하고 이해한 내용을 논리적으로 설명할 수 있어야 하며, 내용에 적합한 어휘를 사용해서 명확하게 말할 수 있어야 한다. 듣기와 말하기를 습관화하면 학습은 저절로 수행된다. 대부분의 학습자가 듣기는 잘 하지만 말하기는 경시하는 경향이 있다. 강의를 들었으면, 학습을 하였으면, 학습자 스스로가 강의 내용을 말하고 학습 내용을 말하도록 하여야 한다. 말하지 못하는 학습은 학습이 아니다.

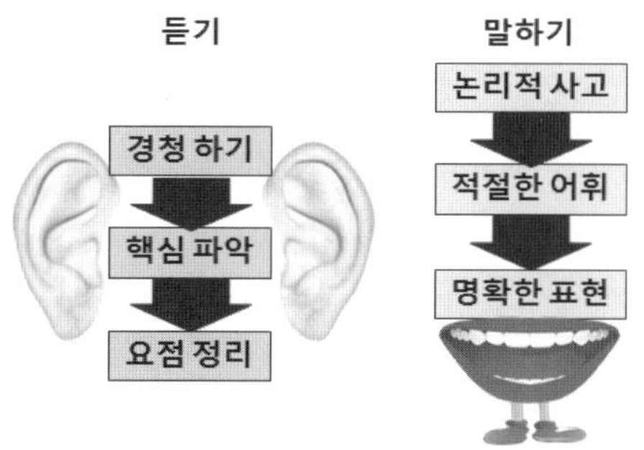

【그림 5-8】 듣기와 말하기

> ▪ 두뇌 학습 전략:
> 빨리 듣고, 빨리 말하기로 두뇌를 가속 질주 시켜라.

감정과 학습 중추: 대뇌 변연계limbic system

대뇌 변연계는 개체 및 종족 유지를 위한 본능적 욕구와 관련된 기능 이외에 정서의 표현, 동기 유발, 학습과 기억의 특별 기능을 담당하고 있다. 진화적 관점에서 볼 때 제일 먼저 출현한 부분이 변연계이다. 그러나 포유동물에서 가장 잘 발달하여 있기 때문에, 포유류의 뇌라고도 한다. 일반적으로 변연계는 편도체, 해마, 측좌핵으로 구성되어 있다.

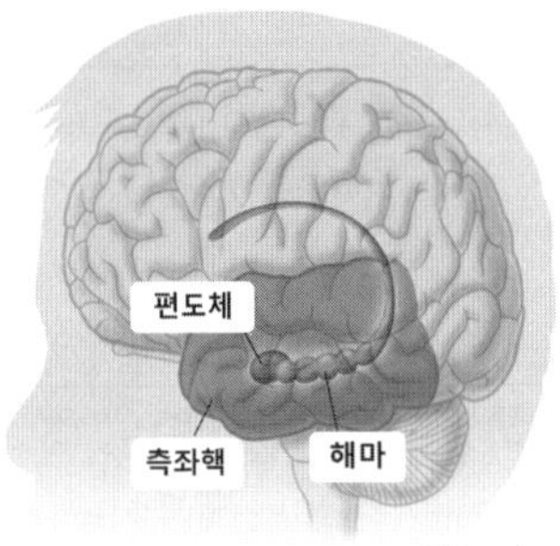

편도체	• 감정 표현, 특히 공격적 행동에 중요한 역할 • 맹수가 편도체에 이상이 있으면 온순해짐
해마	• 학습과 기억에 결정적 역할 • 기억 과정 통제 • 단기 기억을 장기 기억으로 전환
측좌핵	• 감정 표현에서 동기와 보상을 담당 • 목표 성취에 대한 동기 부여

【그림 5-9】 변연계의 구성

변연계의 여러 기능 중에서도 감정 표현, 학습과 기억 기능이 무엇보다도 중요하다. 포유동물들이 꼬리를 흔들어 애정을 표시하거나, 흥분해서 울부짖는 등의 감정 표현이 변연계에서 이루어진다. 또한 포유동물의 뇌에는 해마hippocampus가 있어 학습과 기억을 관장한다. 해마는 기억과 관련된 두뇌의 전반적 활동을 총괄하는 기억 통제 본부의 역할을 하고 있다. 해마가 손상되면 기억 능력이 저하되어 건망증이나 기억상실이 된다. 영화 <내 머리 속의 지우개>의 수진(손예진)과 철수(정우성)의 슬픈 사랑 이야기나 <본 아이덴티티>The Bourne Identity의 첩보원 제이스 본(맷 데이먼)의 박진감 넘치는 액션은 기억 상실증 있는 주인공 이야기이다. 이들은 모두 두뇌 기억 통제 중추인 해마에 이상이 있어 건망증이나 기억상실이 된 것이다. 치매로 더 잘 알려진 알츠하이머 질환도 해마에서 시작되는 것으로 알려지고 있다.

해마의 기억 통제 기능은 학습 효과에 절대적 영향을 비친다. 그래서 해마의 기능을 활성화하여 기억 능력을 향상시킨다는 해마 학습 같은 것이 학습자를 유혹하기도 하였다. 해마는 기억의 중추이지만, 해마가 학습의 모든 것을 통제하는 것은 아니다. 기억도 학습의 중요한 능력이지만, 창의적 문제 해결 등 더 근본적인 학습 능력이 중요하다. 해마의 기능에 대하여는 다음 장에서 자세히 알아보기로 한다.

나는 머리가 좋은 것이 아니다. 문제가 있을 때 다른 사람들보다 좀 더 오래 생각할 뿐이다.

- 아인슈타인Albert Einstein

5.2 신경세포가 동작한다.

두뇌는 약 1000억 개의 신경세포(뉴런)neuron로 구성되어 있다. 두뇌 신경세포 수는 일생동안 지속적으로 변화하는 것으로 알려지고 있다. 생후 3세까지 80%의 신경세포가 형성되고, 10세까지 90%, 그리고 20세 전후에 100% 신경세포가 완성된다. 20세가 넘으면 신경세포수가 감소하기 시작하는데 대략 1초에 하나씩 파괴되어 하루에도 수 만개의 신경세포가 감소한다. 그 결과 70세가 되면 막 태어났을 때보다도 뇌의 무게가 5-10% 가볍게 된다. 간은 수술로 90%를 절제해도 몇 개월이 지나면 간세포가 증식되어 원래 상태가 되지만, 신경세포는 한번 파괴되면 두 번 다시 증식되지 않는다. 술, 수면제, 각성제 등은 신경세포를 빨리 파괴하는 대표적인 물질로 두뇌 건강을 해치는 주범이다. 효과적인 학습을 생각한다면 두뇌 건강을 위해서 이런 물질은 피해야 한다.

영국의 신경학자 맥과이어Eleanor Maguire는 sMRI로 두뇌를 관찰한 결과, 줄어들기만 하는 줄 알았던 두뇌 신경세포가 증식되기도 한다는 충격적인 사실을 발견하였다. 미국 캘리포니아 소크 생물학 연구소Salk Institute for Biological Studies에서도 기억과 관련된 해마의 신경세포는 사용하면 할수록 증식된다는 사실을 발견하였다. 두뇌는 쓰면 쓸수록 좋아진다는 속설이 과학적으로 입증된 것이다. 두뇌는 계속 생각하고 기억할 때 더 좋은 성능을 발휘할 수 있다.

신경세포

두뇌의 신경세포는 어떻게 해서 지식을 기억할 수 있을까? 기억이란 신경세포들이 결합해서 신경 회로망neural network을 구성하는 것이라 할 수 있다. 새로운 지식을 위해서는 새로운 신경 회로망이 형성된다. 하나의 신경세포는 하나의 신경망을 구성하는 것이 아니라, 약 1만개의 신경 회로망에 관여한다. 즉, 하나의 기억은 적어도 1만개 이상의 기억과 네트워크를 구성한다. 기억한 내용을 혼동하거나, 생각지도 못한 사실을 발견하는 창의성은 하나의 신경세포가 1만개 이상의 신경세포와 관계하기 때문이다. 두뇌는 이처럼 지식을 단독으로 기억하는 것이 아니라, 네트워크화 하여 기억하는 특징이 있다.

두뇌 기억을 형성하는 신경 회로망은 어떻게 형성될까? 신경세포는 다른 세포와는 달리 아주 독특한 구조를 가지고 있다. 신경세포의 세포체에서 길게 뻗어 나온 가지인 축삭돌기(신경섬유)는 신경세포의 활동을 전달하는 역할을 한다.

신경세포는 선천적으로 자신의 활동을 다른 신경세포에게 전달하기 위해, 다른 신경세포를 찾아 축삭돌기를 필사적으로 늘린다. 다른 신경세포를 만나게 되면 축삭돌기가 상호 결합해서 신경 회로망을 구성한다. 두뇌의 약 1000억 개의 신경세포 하나마다 약 1만개의 연결을 형성한다고 하면,

두뇌의 신경 회로망이 얼마나 복잡한지는 상상을 초월한다.

신경 회로망의 접합점을 시냅스synapse라고 한다. 시냅스를 통해서 신경 회로망의 신경세포 간 신호가 전달된다.

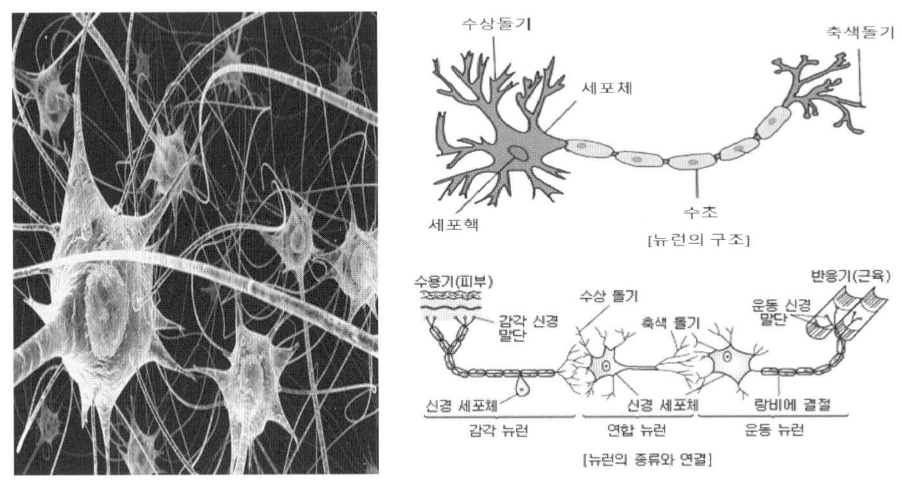

【그림 5-10】 신경 회로망의 형성

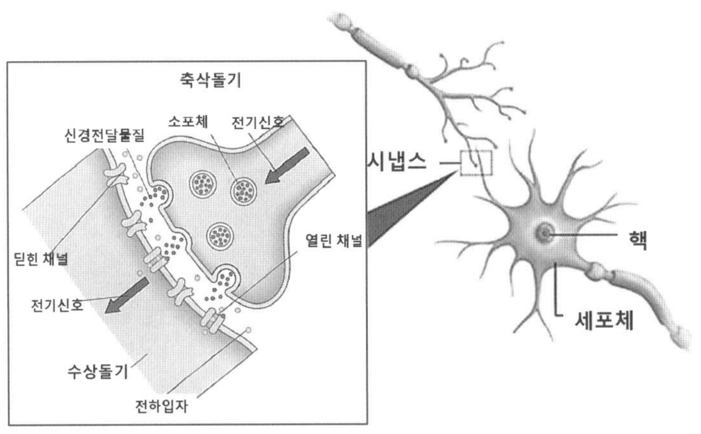

【그림 5-11】 시냅스의 동작

시냅스는 두 신경세포를 전자회로처럼 물리적으로 연결하는 것이 아니라, [그림 5-11]과 같이 생화학적으로 연결하고 있다. 시냅스는 전기적으로 완전 절연 상태이므로 신경신호가 그대로는 전달될 수가 없다. 축삭돌기는 신경신호를 화학 물질로 변환하여 수상돌기에 전달하고, 수상돌기는 화학물질의 종류와 양에 따라 신경신호를 발생한다. 전기신호(축삭돌기) → 화학신호(시냅스) → 전기신호(수상돌기)의 과정은 1/1000초(1ms)라는 짧은 순간에 이루어지며, 대략 1초에 100m를 전달할 수 있다. 이 때 시냅스에서 사용되는 물질을 신경전달 물질neurotransmitter이라고 한다. [그림 5-11]에서 알 수 있는 바와 같이, 신경전달 물질이 제대로 동작하지 않으면, 신경신호가 원활하게 전달되지 않아 두뇌활동이 정상적으로 이루어지지 않는다. 즉, 운동, 감정표현, 인식, 기억, 수면 등 모든 두뇌활동이 신경전달 물질의 작용에 전적으로 의존하고 있다. 머리가 멍하고 잘 생각나지 않는 것은 신경전달 물질이 부족해서 두뇌의 신경 회로망이 활발하게 작동하지 않기 때문이다. 두뇌 회전을 빠르게 하고 두뇌 활동을 가속화하려면 신경전달 물질을 제대로 분비하여야 한다.

신경전달 물질에는 100여 가지가 넘는 종류가 발견되고 있는데, 일반적으로 아미노산류(아세틸콜린, 아스파라진산, …), 아민류(도파민, 에피네프린, 노르에피네프린, …), 펩티드류(바소프레신, …), 지방산류(세로토닌, 히스타민, …) 등 4가지로 분류한다. 널리 알려진 대표적 신경전달 물질에는 [표 5-1]과 같은 것이 있다.

[표 5-1] 대표적인 신경전달 물질

신경전달물질	작용	마음상태	결핍	과잉
도파민	육체 및 감정이완, 행동 유발, 좋은 기분, 집중력	활발한 운동 성취 욕구 즐거움	집중력 저하 인지기능 저하 파킨슨병	정신 분열 자폐증 정서 불안
노르에피네프린 (노르아드레날린)	각성 중추 자극, 흥분, 기분 고조	불안 긴장 분노	동기 저하	감정 통제 불가 혈압 증가
세로토닌	감성적 안정 자신감 숙면	생기 활력 건전한 행복감	침울, 불안 자신감 상실 불면증, 우울증	의기 소침 수면 과잉 기억 장애
아세틸콜린	근육과 운동세포 활성 기억 및 학습력 촉진	활력 기억력 좋음 머리 맑음	기억력 상실 언어력 저하 알츠하이머병	심장박동 및 혈압저하 호흡 장애
엔돌핀	통증 억제 환각	행복감, 만족감 러너스 하이runner's high	욕구 불만 기분 저하, 고통	두뇌 손상
GABA	흥분 억제 진정	편안 심신 이완	욕구 불만 스트레스, 불안	편두통 뇌혈관 질환

신경전달 물질은 몸 전체 전달되어 의식적 또는 무의식적인 육체 및 정신활동을 조절한다. 인간의 생각과 행동이 신경전달 물질의 기능에 전적으로 의존하고 있다. 예를 들어, 기억하자고 아무리 다짐하여도 아세틸콜린이 제대로 분비되지 않으면 기억할 수가 없다. 이처럼 신경전달 물질은 정신과 육체를 통제하는 마법사의 역할을 한다. 한편으로, 정신과 육체는 신경전달 물질을 매개로 하여 육체가 정신을 지배하기도 하고, 정신이 육체를 지배하는 상호 의존적 관계를 형성한다. 예를 들어, 과음으로 피곤해진 육체는 두뇌의 아세틸콜린 분비를 억제하여 정신을 몽롱하게 하고 기억하지 못하게 한다. 물에 빠진 아이를 구출해야 한다는 일념(정신)에 노르에피네프린이 순간적으로 분출하여 물로 뛰어드는 육체 행동을 유발한다. 정신과 육체가 신경전달 물질의 작용과 밀접한 관

계가 있으며, 효과적 학습과 기억을 위해서는 신경전달 물질이 원활하게 분비될 수 있도록 정신과 육체를 맑게 하여야 한다. 학습에 항상 적극적 의욕이 넘치는 자신 있는 정신자세를 가져야 한다. 학습 성과가 좋지 않더라도, '이번은 나의 부족한 점을 파악할 수 있는 좋은 기회였어. 다음에는 더 큰 성과를 낼 수 있겠군.'처럼 언제나 긍정적 정신 자세를 가져야 한다. 육체도 마찬가지로 피로나 스트레스에 물들지 않도록 가벼운 운동, 충분한 휴식, 영양 섭취 등으로 생기 넘치는 활력을 유지하도록 한다. 위대한 업적을 남긴 천재들은 대부분 낙천주의자였다.

[그림 5-12]의 정신, 신경전달물질, 육체간의 선순환 구조가 이루어져야 학습에 시너지 효과가 발생한다. 이러한 선순환 구조는 고성능의 학습 효과를 가져 오기 위한 두뇌의 기본 활동이라 할 수 있다.

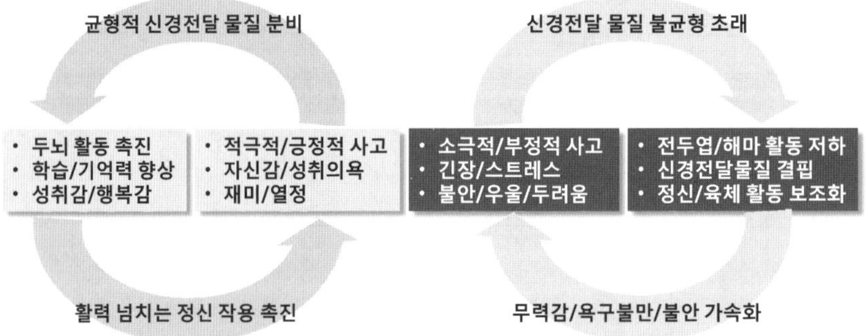

【그림 5-12】 두뇌의 선순환과 악순환 구조

한때 엔돌핀과 세로토닌이 행복 호르몬으로 이야기되면서 사회적 신드롬을 일으킨 적이 있다. 엔돌핀과 세로토닌이 넘쳐나야 학습이 되는 것으로 이야기되기도 하였다. 그러나, 이러한 신경전달 물질은 학습하기 좋은 정신과 육체환경을 제공해 주지만, 학습을 저절로 완성시켜 주는 것은 아니다. 학습은 학습자의 의지와 노력으로 창조되는 것이다. 이러한 의지와 노력 없이 환경과 약물에 의해서 학습은 절대로 만들어지지 않는다. 물론 신경전달 물질이 심하게 결핍되어 집중력 저하, 스트레스, 기억력 감퇴, 우울증이 염려스러운 경우에는 전문의와 상담하고 적합한 치료와 적절한 심신수련을 하여야 할 것이다.

신경전달 물질이 과잉상태가 되어도 심신과 학습에 악영향을 끼친다. 일반적으로 신경전달 물질은 노르에피네프린 같은 흥분을 유발하는 것과 엔돌핀이나 GABA처럼 억제 또는 진정의 역할을 하는 두 종류가 있다. 흥분과 억제가 균형이 이루어져야 정신과 육체가 평온해짐은 두말할 필요가 없다. 균형있는 신경전달 물질의 분비는 행복하고 건강한 학습을 이끄는 촉매제이다.

> ▪ 두뇌 학습 전략:
> 신경전달 물질의 균형 있는 분비, 긍정적 정신과 활기찬 육체가 조화되는 학습 선순환을 유지하라

기억을 저장하는 신경 회로망의 구성

지금까지 신경 회로망에서의 정보전달 방법에 대하여 살펴보았다. 두뇌는 어떠한 방법으로 새로 학습한 지식을 기억하는 신경 회로망을 구성하는 것일까? 두뇌 신경 회로망 구성 방법을 알아보자. 신경 회로망의 구성 방법에는 [그림 5-13]처럼 3가지 가설이 있다.

첫번째 가설은 신경세포가 증식되어, 새로운 신경 회로망이 형성되는 것이다. 원래 A, B 두 개의 신경세포가 신경 회로망을 구성하고 있었는데, 새로운 지식의 입력에 따라 신경세포 C가 새롭게 증식되어 연결되는 방식이다. 두번째 가설은 A, B, C 세 개의 신경세포가 있었고, A, B가 신경 회로망을 구성하고 있었다. 새로운 지식이 입력되어 A, B의 신경 회로망에 신경세포 C가 연결되는 형식인데, 이를 발아라고 한다.

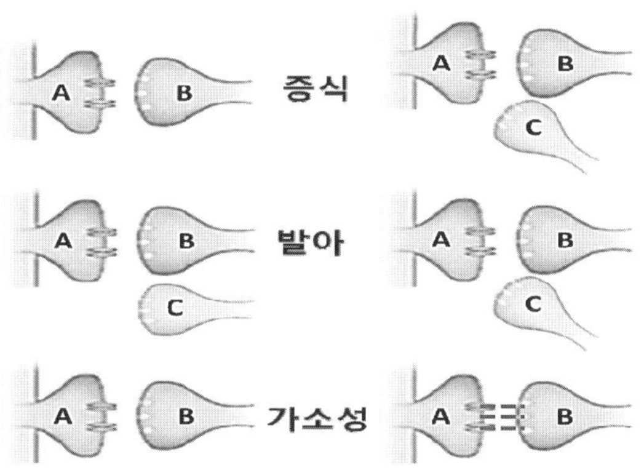

【그림 5-13】 신경 회로망의 구성 방법

세번째 가설은 신경세포 A와 B가 본래 느슨하게 연결되어 있고 별다른 기억작용을 하고 있지 않는데, 새로운 기억이 입력되어 신경세포 A, B가 강하게 결합하여 기억을 저장하는 방식이다. 이를 시냅스의 가소성plasticity이라 한다. 일반적으로 해마와 같은 특정 부분을 제외하고 뇌세포는 증식되지 않는다는 것을 고려하면 시냅스의 가소성은 신경 회로망 구성, 즉 기억 저장의 중요한 방법이라 할 수 있다.

앞서 설명한 것처럼 두뇌에는 약 1000억 개의 신경세포가 있고 하나의 신경세포는 약 1만개의 연결점으로 느슨하게 연결되어 있는 백지 상태라 할 수 있다. 새로운 기억과 자극이 입력되면 해당 연결점을 강하게 연결하여 견고한 신경 회로망을 구성하는 것이다. 즉 새로운 기억이 두뇌의 신경회로 안에 각인imprint 되는 것이다. 이는 어린아이의 언어습득에서도 관찰할 수 있다. 어린아이는 백지 상태이므로 언어 이해 관련 신경 회로망을 쉽게 구축할 수 있지만, 성인은 이미 구성된 여러 가지 얼기설기 엉켜있는 두뇌에 새로운 외국어 신경 회로망을 구축해야 하므로 어려움이 발생하는 것이다.

시냅스의 가소성에 의한 신경 회로망 구성은 두뇌 기억과 관련하여 2가지 중요한 사실을 알려준다.

① 두뇌는 본래부터 지식을 기억하고 각인할 수 있는 방대한 백지 청사진을 제공하고 있다.

② 시냅스의 가소성으로 강한 자극은 새로운 지식을 신경 회로망에 각인한다.

두뇌는 본래부터 무한 용량을 기억할 수 있는 기억의 창고이다. 다만, 우리가 그 용량을 적극적으로 활용하고 있지 못할 뿐이다. 인터넷에서는 컴퓨터 기억장치의 용량과 비교하여 두뇌의 기억용량을 추정해 보는 논의가 있다. 어떤 연구자는 두뇌 기억 용량이 500~1,000테라바이트(terabyte=10^{12}byte)라 하는가 하면, 다른 연구자는 36엑사바이트(exabyte=10^{18}byte)라고 제법 정확하게 제시하기도 한다. 그러나 인간의 두뇌 용량은 단순 수치로 표시할 수 없는 그 이상의 무한한 능력을 갖고 있다. 학습자는 두뇌 기억이 넘치는 것을 전혀 걱정할 필요가 없다. 사용하지 않고 방치해 둔 빈 기억장소를 활용할 노력을 하여야 할 것이다.

느슨하게 연결되어 놀고 있던 신경세포가 어떤 이유로 깨어나서 시냅스의 가소성을 발휘하는 것일까? 캐나다의 신경심리학자 헵Donald Hebb에 의하면 시냅스에는 동작하기 위한 최소의 자극, 즉 역치threshold가 설정되어, 역치를 넘는 강한 신호가 입력되었을 때 시냅스의 가소성이 나타난다고 한다. 잠을 자고 있는 사람을 깨우기 위해 어느 정도 강한 소리가 필요한 것과 같다. 또한, 노르웨이 신경학자 레모Terje Lomo에 의해 발견된 기억현상을 발전시킨 블리스Timothy Bliss는 포유류인 토끼의 해마를 높은 주파수로 자극하면 시냅스의 신호전달 효과가 상승하고, 자극을 제거하여도 장시간동안 가소성이 지속된다는 것을 발견하였다. 가소성이 장시간 지속된다는 것은 장시간 기억한다는 것을 의미하며, 이런 현상을 장기증강LTP: Long-Term Potentiation라 한다. 즉, LTP는 두뇌에 기억을 장기간 저장하는 기본 원리인 것이다. LTP는 시냅스에 역치를 넘는 강력한 자극을 주거나 약한 자극의 상호 협력이 있을 때 발생한다. 강한 팀을 물리치고 감격스럽게 우승컵을 안았거나 불의의 교통사고에서 구사일생 살아남은 기억 등이 잊혀지지 않고 오래 기억되는 이유는 강력한 자극으로 두뇌에 입력되었기 때문이다. 신경 회로망을 구성해서 장기간 기억하기 위해서는 강력한 자극이나 자극의 상호협력이 절대적인 역할을 한다.

■ 두뇌 학습 전략:
강력한 자극으로 기억하라.

시냅스를 역치 이상으로 강력하게 자극해서 견고한 기억 신경 회로망을 형성하려면 어떻게 해야 할까? 시냅스의 자극은 물리적 문제가 아니라, 정신 심리학적 문제이다. 때문에, 시냅스에 강력한 학습 자극을 주는 일률적인 방법은 없지만, [표 5-2]에 요약한 대표적 방법들이 효과가 있는 것으로 알려져 있다. 학습과 기억에 이런 방법을 활용하면, 시냅스의 활동을 활성화하고 LTP를 유발해서 학습과 기억 효율을 증대할 수 있다. 학습과 기억에 대한 강한 긍정적 신념과 의지의 정신력이 두뇌 자극을 강화하는 원동력이다. 결국, 학습과 기억은 마음먹기에 달려 있다.

[표 5-2] 강력한 자극에 의한 기억 신경 회로망 형성의 대표적 방법

강력한 자극	내용	예시
기억하려는 강력한 의지	두뇌는 기억하려고 마음먹은 것만 기억한다. 건성으로 듣거나 관심이 없는 것은 절대 기억되지 않는다.	"미분과 적분 공식은 죽어다 깨어나도 안 잊어버릴 거야"
호기심 · 탐구심 · 열정	"왜?, 어떻게 해서?" 등 질문하고, 스스로 파고들어 답변을 발견한다.	"별의 밝기는 어떻게 알 수 있지?" "법으로 정의를 실현하려면 어떻게 해야 하지?"
시행착오	실수는 기억의 어머니이다. 암기보다 문제를 풀어서 미흡한 점(실수)을 확인하고 같은 실수를 반복하지 않는다.	"아하, 이산 확률분포의 기대값 공식을 깜박했네, 확인해보자."
오감동원	시청각뿐만 아니라, 후각, 촉각, 미각 등 모든 감각을 동원하고, 영화배우가 되어 학습 감정에 몰입한다.	영어 단어에 맞추어 춤추고 노래하기
연상 · 연관	기존에 잘 알고 있는 지식, 경험에 연관시켜 네트워크를 만들어 기억한다.	"행성의 운동과 미분적분을 어떻게 응용하지?"
원리 · 법칙 중심	부분보다 전체를 살피고, 개별 지식보다 본질적 원리와 법칙을 발견한다.	"항원과 항체의 반응원리는 무엇인가?"
차이점 구별 공통점 확인	대조, 비교 분석하여 차이를 발견하여 구분하고, 공통된 본질을 파악한다.	"등속운동, 가속운동, 직선운동, 포물선 운동을 비교해 보자."

해마: 기억 통제 본부

시냅스의 가소성과 LTP에 의해 기억이 형성된다면, 두뇌는 어떻게 형성된 기억을 저장하고 적시에 생각날 수 있도록 하는 것일까? 뇌과학 연구 결과, 두뇌의 기억 작용은 대뇌 변연계를 구성하고 있는 해마hippocampus에서 통제, 관리되는 것으로 밝혀졌다. 해마는 대뇌 피질의 측두엽에 위치하면서 귀 밑 좌우에 하나씩이다. 직경 약 1cm, 길이 약 5~10cm로 가느다란 오이 모양을 하고 있는데, 그리스 신화에 등장하는 바다괴물 해마와 비슷하여 붙여진 이름이다.(실제는 바다에 사는 해마와는 비슷하지 않다.)

해마의 주된 기능은 두뇌 기억을 총괄 관리하는 것이다. 좌측 해마는 최근의 일을 기억하고 우측 해마는 태어난 이후의 모든 일을 기억하는 것으로 알려지고 있다. 두뇌의 다른 부분이 정상적이라고 하여도 해마가 동작하지 않으면 기억하지 못하고 건망증에 걸린다.

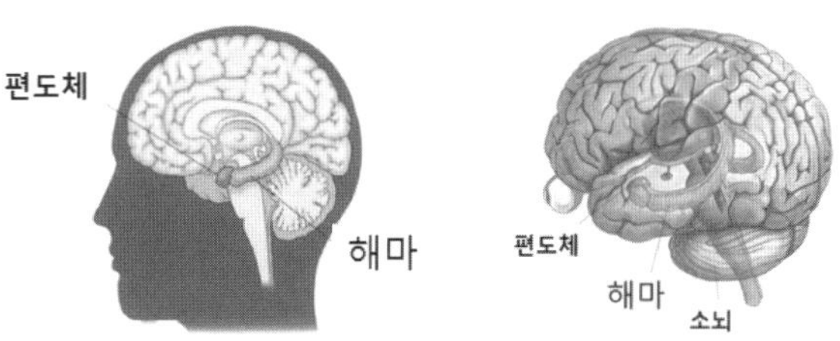

【그림 5-14】 해마

영화 <내마음속의 지우개> 등에서 주인공이 건망증으로 고생하는 것은 해마에 이상이 있기 때문이다. 학습의 결과는 기억이라고 할 수 있기 때문에, 해마 기능 활성화는 학습과 기억 효율증진에 영향을 끼친다. 해마 기능을 활성화해서 학습한 기억을 효과적으로 통제, 관리할 필요가 있다.

해마는 여러 형태의 신경세포 집합으로 구성되어 있다. 대표적인 신경세포 집합으로는 [그림 5-15]처럼 암몬각Ammon's horn과 치상회dentate gyrus가 있다. 암몬각을 구성하는 신경세포는 뾰쪽한 삼각형 모양을 하고 있어 추체세포라 하며, 치상회의 신경세포는 기능에 따라 CA1, CA2, CA3, CA4 네 부분으로 나누어지며, 이중에 CA1, CA3가 기억을 통제 · 관리하는 신경 회로망을 형성한다.

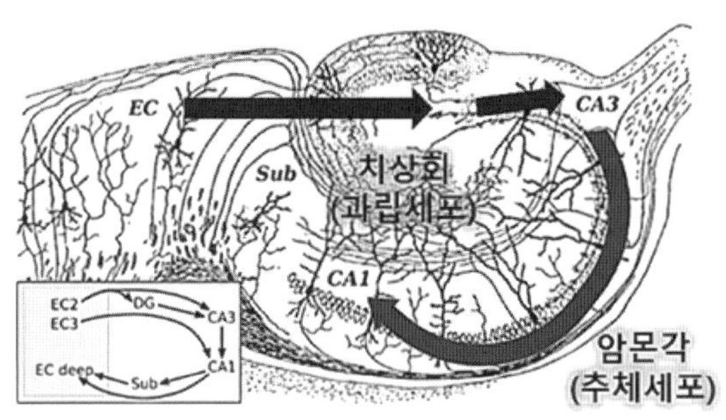

【그림 5-15】 해마의 구조와 동작

기억을 위한 신경정보, 즉 기억해야 할 정보가 치상회로 입력되면 CA3와 CA1을 거쳐 대뇌피질의 측두엽에 최종적으로 기억, 저장된다. 치상회는 기억을 위한 신경정보가 들어오는 입구이므로 이곳에 세포가 많을수록 많은 기억정보를 받아들일 수 있다. 치상회의 과립세포는 생성, 소멸을 반복하고 있는데, 과립세포가 많아지면 기억력이 향상되지만, 과립세포가 줄어들면 기억정보 입력이 어려워져 기억 능력이 떨어진다.

영국의 신경학자 맥과이어Elenor McGuire는 sMRI 자기공명장치를 활용해서 뇌를 쓰면 쓸수록 해마의 신경세포가 증가한다는 사실을 발견하였다. 두뇌는 가속 페달을 밟을수록 가속화되는 고속열차와 같다할 것이다. 학습도 일정한 궤도에 오르게 되면 초고속으로 가속화된다.

치상회로 입력된 기억정보는 CA3, CA1에 약 1개월 정도 보관되며, 해마는 기억할 만한 정보만을 선별해서 최종적으로 측두엽에 저장한다. 따라서 새로운 지식을 학습하였으면, 해마에게 그 중요성을 주지시켜 주어 내버리지 못하게 하여야 하며, 적어도 1개월 안에 그 내용을 반복해서 확인해 주어야 한다. 두뇌는 기억하고자 하는 것만 기억한다는 것이 해마에서도 확인된다.

▪ 두뇌 학습 전략:
적어도 1개월 안에 반복해서 학습하라.

해마의 중요한 기능 중에 하나는 치상회로 입력된 많은 기억정보 중에서 기억할 만한 정보를 선별하는 것이다. 뇌과학의 연구결과, 해마는 재미있는 것을 잘 기억하며 에피소드 기억episodic memory과 깊은 관계가 있는 것으로 알려지고 있다. 학습 내용을 에피소드(이야기)로 만드는 것이 두뇌 기능에 부합되는 학습 전략임을 또다시 확인하게 된다. 해마와 직접 연결되어 있는 편도체는 환희, 사랑, 행복 등 인간의 감정을 관장하는데, 편도체의 감정 기능은 해마의 기억 선별 기능에 직접적 영향을 준다. 기억과 감정이 불가분의 관계가 있음을 알 수 있다. 실제로 즐거웠던 일 또는 슬픈 일과 같이 감정이 섞인 기억은 잊혀지지 않고 오래 기억되는 것을 경험으로도 알 수 있다. 오래 기억하려면, 기억에 감정을 부여하여야 한다.

▪ 두뇌 학습 전략 학습 내용에 감정을 담고 즐거운 학습 에피소드를 만들자.

두뇌의 기억 기능을 총괄하는 해마를 펄펄뛰는 물고기처럼 활성화시키려면 어떻게 하여야 할까?

① **학습 스트레스를 제거한다**. 학습은 새로운 지식을 배워 자신을 더 위대하게 만드는 즐거운 활동이라는 긍정적 자세와 자신감을 가져야 한다. 억지로 하는 학습은 학습뿐만 아니라 자신의 두뇌도 망치게 한다. 캔사스 주립대학교의 피쉬박Sarah Jane Fishback 교수 등에 의하면 스트레스를 받으면 해마가 줄어들고 기억 능력도 급격하게 저하된다고 한다. 스트레스는 학습에 치명적인 독약이다.

② **온몸으로 학습하고 기억한다**. 기억과 관련된 모든 정보는 해마의 치상회로 입력된다. 들은 기억, 본 기억, 만진 기억, 운동한 기억, 냄새 맡은 기억 등 모든 감각 및 운동 기관의 기억이 치상회로 모여 든다. 해마를 활발하게 동작시키려면, 온몸의 감각 및 운동기관을 활용해서 학습하고 기억한다. 노래하고 춤추며 배운 영어 문장은 오래 기억된다.

③ **학습 에피소드를 만든다**. 해마는 에피소드를 선호하므로 이야기를 만드는 것은 해마 기능을 활성화하는데 도움이 된다. 동호회 등 사회교제 활동을 통해 즐거운 에피소드를 만들고, 견학, 답사 등 다양한 경험을 쌓는 것도 해마를 기쁘게 하는 일이다. 실험실습, 질의토의, 발표 등 학습과 관련된 에피소드 활동은 학습 효율을 수직상승 시킨다.

④ **학습에 흥미를 갖고 적당한 운동으로 심신을 단련한다**. 학습이나 일에 흥미를 가지면 두뇌에서 세타파θ-wave가 발생한다. 세타파는 해마 활동을 촉진하는 것으로 알려져 있다. 즉, 관심과 흥미는 해마 활동을 촉진하는 운동가의 역할을 한다. 해마는 재미있는 것만 선택하여 기억하기 때문에, 관심과 흥미는 기억 효율에도 영향을 미친다. 춤추기, 달리기 등 적당한 유산소 운동으로 스트레스를 해소하고 온몸을 자극해서 해마를 활성화한다.

기억을 남기려면 반복해야 한다.
- 존 메디나John Medina

5.3 두뇌 기억을 경영하라.

영철은 잔뜩 긴장하고 면접실로 들어갔다. 간단한 자기소개가 끝나자 면접관은 "프랑스에 있는 유명한 탑이 무엇이지요?"라고 질문을 하였다. 영철은 기억이 떠오르지 않아 순간적으로 "파리탑입니다."라고 대답하였다. 두뇌 기억이 정상적으로 작동하지 않으면, 일상생활에 커다란 지장을 초래하게 된다. 친구와의 중요한 약속 시간을 잊어 원망을 사거나, 열심히 학습한 수학공식이 생각나지 않아 시험을 망치거나, 비밀번호가 생각나지 않아 신용카드를 사용하지 못하는 등 낭패를 당하게 된다. 심한 경우에는, 하루만 지나면 전 날의 기억을 모두 잊어버리는 영화 <첫 키스만 50번째>50 first dates의 루시(드류 베리모어)처럼 애처로운 이야기의 주인공이 되기도 한다. 기억은 생각과 마음의 창고이고, 인간이 인간다운 생활을 영위할 수 있게 하여 주는 두뇌의 생명수다.

기억은 학습으로부터 생산되는 열매이다. 아무리 열심히 학습하였다 하여도 학습한 내용을 부실하게 기억한다면, 학습을 망친 것과 같다. 학습 과정도 체계적으로 수행되어야 하지만, 열매인 기억 역시 견실해야 한다. 학습한 지식은 어떻게 하여야 견실하게 두뇌에 기억할 수 있을까? 두뇌의 어떻게 기억하는 것일까? 어떤 것은 오래 기억되는 반면에, 몇 시간이 지나면 생각나지 않는 기억도 있다. 어떤 것은 쉽게 기억해 낼 수 있으나, 가물가물하고 생각이 날 듯 말 듯한 기억도 있다. 이런 것을 보면, 두뇌의 기억에는 여러 종류가 있고, 특성에도 큰 차이가 있음을 알 수 있다. 신경학자, 인지 심리학자 등은 두뇌 기억의 신비를 오랫동안 연구하여 왔으며, 1994년 스콰이어Larry Squire 교수는 [그림 5-16]으로 두뇌기억의 형태를 요약하였다. 두뇌 기억 형태의 특징을 살려 견실한 기억을 만들어 학습 효과를 극대화하는 방법을 알아보도록 하자.

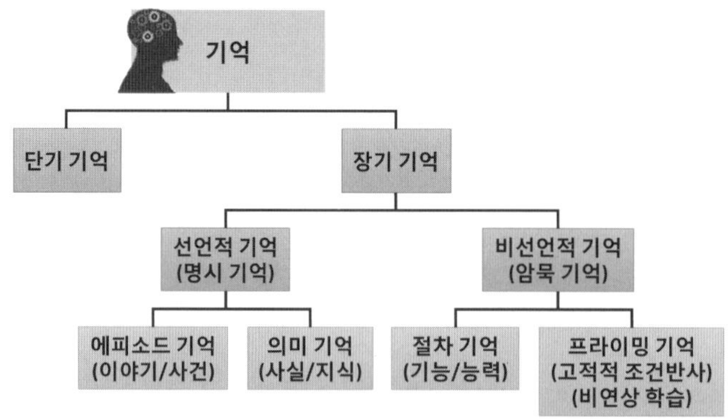

【그림 5-16】 두뇌 기억 형태 분류

단기 기억short-term memory

감각기관을 통해 입력되는 정보 중, 주위를 집중하면 짧은 기간 동안 두뇌가 기억할 수 있는데 이를 단기 기억라고 한다. 다음 10개 단어를 주의 깊이 살펴보자.

축구, 옥수수, 야망, 설악산, 경제, 피아노, 정보, 신화, 마우스, 영화

친구에게 전화를 하였더니, 전화번호가 바뀌었다는 음성 메시지와 함께 새 전화번호를 알려준다. 새 전화번호를 기억하려고 주의를 집중하였지만, 정확하게 기억해 낼 수 없는 것을 경험한 적이 있을 것이다. 이제 책을 덮고 앞에 제시한 10개 단어를 기억해 보자. 잘 기억나지 않을 것이다. 볼 때는 알지만 두뇌에 오래 저장되지 않는 기억을 단기 기억이라 한다. 학자마다 차이가 있지만, 단기 기억은 30초에서 수분, 또는 18초 내외동안 잠시 저장된다고 한다. 이 시간이 경과하면 기억이 나지 않게 된다.

단기 기억은 두뇌 저장 시간이 짧을 뿐만 아니라, 용량에도 제한이 있다. 인지 심리학자 밀러George Miller는 1956년 단기 기억 용량과 관련된 재미있는 연구 발표를 하였다. 그의 연구 결과에 의하면 두뇌의 단기 기억용량은 7±2이며, 이를 마법의 수 7magic number 7이라고 한다. 인간은 보통 7개를 기억하며, 기억력이 좋을 때는 9개까지, 좋지 않을 때는 5개 밖에 기억하지 못한다. 두뇌의 단기기억 용량이 7이기 때문에, 일상생활에 사용하는 많은 정보, 예를 들어, 요일, 음계, 전화번호 등이 모두 7개로 되어 있다. 드라마, 영화, 만화 등의 등장인물도 7명 정도인 이유는 단기 기억 용량의 한계를 고려한 것이다. 등장인물이 그 이상이면 내용을 기억하기 어렵게 되기 때문이다. 무지개가 7색깔이고 원소 주기율표도 7주기로 되어 있으며, 세계 7대 불가사의는 인류의 대표 문화유산이다. 베스트 셀러들도 마법의 수 7을 애용하고 있다. 코비Stephen Covey박사의 <성공하는 사람들의 7가지 습관>, 조안 롤링J.K. Rowling의 <해리포터> 시리즈도 7권이다.(해리포터의 생일은 7월 7일이다.) 단기 기억 용량인 마법의 수 7이 우리 생활 전반과 관련 있는 것은 기이한 일이다.

기억의 기본 단위가 되는 덩어리를 청크chunk라고 한다. 두뇌에 짧은 기간 동안이라도 기억하고자 한다면 7개 정도의 청크를 만드는 것이 좋다. 예를 들어 다음과 같은 수를 보았다고 하자.

2 9 9 7 9 2 4 5 8

무작정 기억하려고 하지 말고, 몇 개의 덩어리로 구분해보면 한결 간편해져 쉽게 기억할 수 있다.

299 792 458

여기에 각 숫자마다 간단한 의미를 부여하여 병아리-299, 강아지-792, 고양이-458처럼 청크를 만들면 더 쉽게 기억된다. 이처럼 의미화 된 청크를 만들면 단기 기억이 강화된다.

사번, 사구, 간석지, 육계, 사취, 석호

해안의 퇴적 지형에 대하여 학습할 때도 의미화 된 청크를 활용하면 단기 기억이 강화되고 장기 기억으로 변환 촉진된다. 즉, 청크화하여 백령도-사빈, 태안-사구, 서해안-간석지, 제주성산-육계, 부산-사취, 경포대-석호로 청크화하면 장기 기억으로의 전환도 빨라진다.

▪두뇌 학습 전략: 집중해서 보고, 듣고, 의미 청크로 분할해서 기억하라.

단기기억의 지속 시간과 용량 제한 특성에 대하여 알아보았다. 단기기억의 또 다른 특징에 대하여 살펴보자. 먼저 다음 단어를 주의 깊게 읽어보자.

올림픽, 참새, 철학, 책상, 수박, 전철, 창조, 잠자리, 희망, 설악산

이제 책을 덮고 읽은 것을 순서대로 기억해 써보자. 심리학자들은 이러한 유형의 실험을 통해서, 처음과 마지막 부분을 잘 기억하는 것을 발견하였다. 처음 보거나 들은 것이 잘 기억되는데 이를 초두효과primary effect라고 한다. 또한 방금 보고 들은 것은 잊혀 질 시간이 짧아서 단기 기억에 남아 있는데, 이를 최신효과recency effect라고 한다. 최신효과는 시간이 지나면 상실되고 초두효과만 남는다고 한다. 단기 기억의 초두효과를 감안하여, 중요한 내용을 먼저 학습하는 것이 기억에 도움이 됨을 알 수 있다.

단기 기억을 강화하기 위해서는 주의를 집중해서 보고 들어야 하지만, 무엇보다도 소리 내서 읽는 것이 중요하다. 소리 내어 읽게 되면 두뇌에 물리적 기억 자극이 가해져 단기 기억이 강화된다. 옛날 선비들이 책을 소리 내어 읽었던 것도 단기 기억을 강화하기 위한 것이다. 또한 그림이나 도형으로 시각화하면, 단기 기억의 잔상이 오랫동안 지속되어 기억을 강화할 수 있다. 처음 소개받은 사람의 이름은 쉽게 기억나지 않지만, 얼굴은 오랫동안 기억나는 것은 시각화 효과이다.

학습한 지식은 오랫동안 두뇌에 저장되어 있어야 한다. 단기 기억처럼 학습한 지식을 수십 초 후에 잊어버린다면 커다란 문제가 아닐 수 없다. 학습한 지식은 단기 기억을 거쳐 장기기억으로 전환되어 두뇌에 저장되어야 한다. 단기 기억을 장기 기억으로 전환하는 효과적 방법에 대해서는 이해하도록 하자.

장기 기억long-term memory

단기 기억보다 긴 시간 또는 평생 영구적으로 지식, 경험, 기능 등을 저장하는 것을 장기 기억라고 한다. 예를 들어, 이순신 장군의 3대 대첩은 노량 해전, 명량 해전, 한산도 대첩임을 기억하거나, 토마토는 과일이 아닌 채소라는 것 등 오랫동안 잊혀 지지 않고, 저장되어 있다가 필요할 때마다 꺼내 쓸 수 있는 것이 장기 기억이다. 기억력이 좋다는 것은 장기 기억 능력이 좋다는 것이다. 일반적으로 학습에 의해서 만들어지는 기억은 모두 장기 기억이므로, 효율적 학습을 위해서는 장기 기억의 체계적 관리는 절대적이라고 할 수 있다.

두뇌는 어떻게 해서 기억을 일생동안 장기 기억 상태로 유지할 수 있는 것일까? 앞서 살펴 본 바와 같이 해마는 치상회로 입력된 정보는 일시 저장하고, 필요한 정보만을 선별한다. 선택된 정보는 대략 1개월 후 측두엽 등으로 이전되어 장기 기억 형태로 저장된다. 장기 기억의 형성 과정을 밝혀 2000년 노벨 의학상을 수상한 에릭 캔델Eric R. Kandel에 의하면, 단기 기억은 시냅스의 세기가 증가하는 것이고 장기 기억은 신경망회로의 구조 변화에 의해 형성된다. 한번 형성된 신경망 회로는 변경되지 않기 때문에 장기 기억은 일생동안 기억할 수 있게 된다. 단기 기억이 컴퓨터 전원이 켜져 있는 동안 기억하는 램RAM이라면, 장기 기억은 영구히 기억되는 하드디스크이다.

장기 기억은 측두엽, 전두엽, 두정엽 등 두뇌 주요 부분에 형태별로 저장된다. 때문에 장기 기억 용량은 일생동안 기억하여도 남을 만큼은 무한대에 가까운 용량을 갖고 있다. 그러므로 학습에 의해 장기 기억용량이 넘쳐 나는 것을 절대 걱정할 필요가 없다. 현명한 학습자는 장기 기억이 비어 있는 상태로 두뇌가 막대한 에너지를 소비하도록 방치하지 않는다.

장기 기억의 동작과 관련하여 에트킨슨-쉬프린 모델Atkinson-Shiffrin model, 크레이크-로크하트 모델Craik-Lockhart model, 텔빙Endel Tulving과 그의 동료의 HERA 모델 등 여러 이론이 제시되고 있다. 일반적으로 장기기억은 획득encoding(부호화라고도 함)-저장storage-호출retrieval(인출 또는 재생이라고도 함)의 과정으로 동작한다. 획득은 감각기관(시각, 청각, 후각, 미각, 촉각 등)에 입력된 지식을 단기 기억으로 가져오는 것이다. 이때, 획득된 지식이 효과적으로 단기 기억에서 장기 기억으로 전환되도록 하는 저장 방법이 요구된다. 호출이란 장기 기억에 저장된 내용을 필요할 때마다 꺼내어 사용하는 것이다. 그런데, 장기 기억에 저장된 지식이 원할 때마다 튀어 나오는 것은 아니다. 시험이나 면접 때, 분명히 알고 있는 내용임에도 불구하고 생각날 듯 말듯하고 시험장이나 면접실을 나오고 나면 생각나는 경우가 있다. 이러한 현상을 설단현상tip-of-tongue phenomenon이라고 하는데, 장기 기억의 부적절한 운영에 기인한다. 장기기억을 효과적으로 운영하기 위해서는 기억된 내용을 즉각적으로 호출할 수 있어야 한다. 살펴본 바와 같이, 효과적 학습을 위해 장기 기억의 획득(학습지식의 축적)과 장기 기억의 호출(학습지식의 활용)이 체계적으로 수행될 수 있도록 장기 기억을 강화할 필요가 있다. [그림 5-17]은 이러한 장기 기억 강화방법을 보여주고 있다.

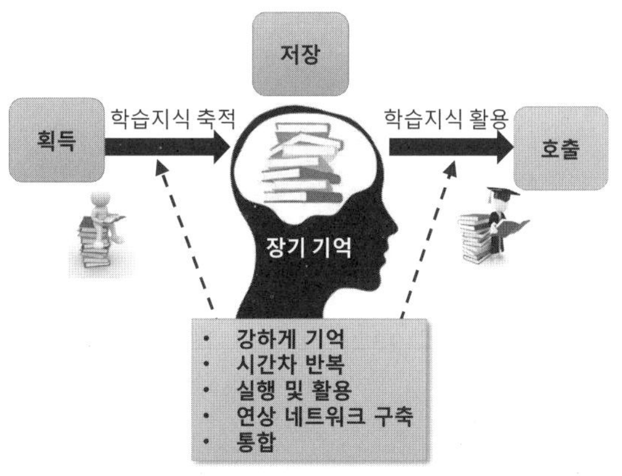

【그림 5-17】 장기 기억 강화방법

[강하게 기억하라.]

시냅스의 가소성과 LTP는 강한 기억 자극에 의해서 형성되므로 강하게 기억하여야 한다. 학습에서 강한 기억이란, [표 5-2]에서 설명한 것처럼 학습에 대한 관심과 흥미, 시각화와 오감을 활용한 의미 있는 학습 내용, 기억하려는 강한 의지를 의미한다. 강하게 기억하면 장기 기억에 확실하게 축적되고 호출도 빠르게 이루어진다.

[시간차를 두고 반복하라.]

단기 기억의 지식을 장기 기억으로 이전하기 위해서는 해마에게 지식의 중요성을 반복해서 강조하여야 한다. 그러면, 해마는 지식의 중요성을 인지하고 장기 기억으로 이전하여 영구 보존한다. 이것을 반복재연rehearsal이라고 하는데, 일반적으로 반복횟수가 많을수록 잘 기억되는 것으로 알려져 있다. 야구선수가 반복해서 배팅 연습을 하는 것, 피아니스트가 반복해서 연주 연습을 하는 것 등은 모두 장기 기억에 지식을 축적하는 반복재연의 과정이다. 학습에 반복재연이 없으면 지식은 냉각된다. 그러나 무작정 반복한다고 해서 장기 기억에 축적되는 것은 아니다. 지식의 의미를 이해할 수 있을 때만이 장기 기억에 저장된다. 효과적 반복재연에 대하여는 제5.5장을 참고하자.

[학습내용을 수행하고 실행해 보라.]

학습한 내용이 100% 장기 기억이 되었으면 하는 것이 학습자의 희망이다. 두뇌 구조나 동작을 고려하면 100% 장기 기억되기는 어렵다. 학습 내용이 얼마만큼 두뇌에 기억될 수 있는가는 학습 방법과 밀접한 관계가 있다. 미국 국립 응용 행동과학연구소NTL Institute for Applied Behavioral Science에서는 학습 방법과 기억률의 상관관계를 연구하여 학습 피라미드Learning Pyramid라는 것을 발표한 적이 있다. [그림 5-18]은 대표적 학습 피라미드이다.(기억율 %는 논란이 있기도 하다.)

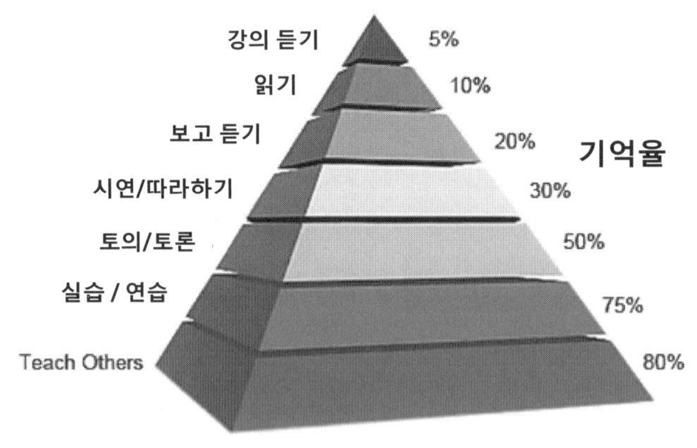

【그림 5-18】 학습 피라미드

학습자는 강의를 잘 듣기만 하면 학습이 이루어질 것으로 생각하지만, 학습 피라미드에 의하면, 강의에서 들은 것은 고작 5%만 기억에 남는다. 예상치 못한 충격적인 내용이다. 실제로 학습자들은 강의를 들을 때는 모두 알 수 있는 것 같은데, 강의가 끝나면 생각나는 것이 없다고 종종 이야기하는 것을 볼 수 있다. 강의는 학습의 소개일 뿐이지, 학습의 본체가 아님을 깨달아야 한다. 읽는 것은 10%, 보면서 들은 것은 20%, 그리고 따라 하거나 시범을 보인 것은 30%가 기억에 남는다. 집단 토론과 토의는 50%, 연습이나 실습, 문제 풀기는 75%, 그리고 다른 사람을 가르치거나 실제로 응용하고 활용해보면 90%가 기억에 남게 된다. 학습 피라미드에서 50% 이상의 기억율을 보이는 것은 학습자가 학습한 내용을 설명, 수행 또는 직접 가르쳐 보는 것이다. 학습 내용을 실제로 수행 또는 실행해서 두뇌에 각인되도록 하는 것이 장기 기억의 지름길이다. 배웠으면 가르칠 수 있어야 하는 것이 학습의 기본 원리이다. 가르치지 못하면 알지 못하는 것이고 배우지 않은 것이다.

[연상기억 네트워크를 구축하라.]

두뇌에서 기억은 신경 회로망 형성으로 구현되는데, 이를 개념적으로 고찰하면 연상기억associative memory 네트워크가 된다. 연상기억 네트워크는 [그림 5-19]처럼 지식이 서로 연상관계에 따라 네트워크를 형성하는 것이다.

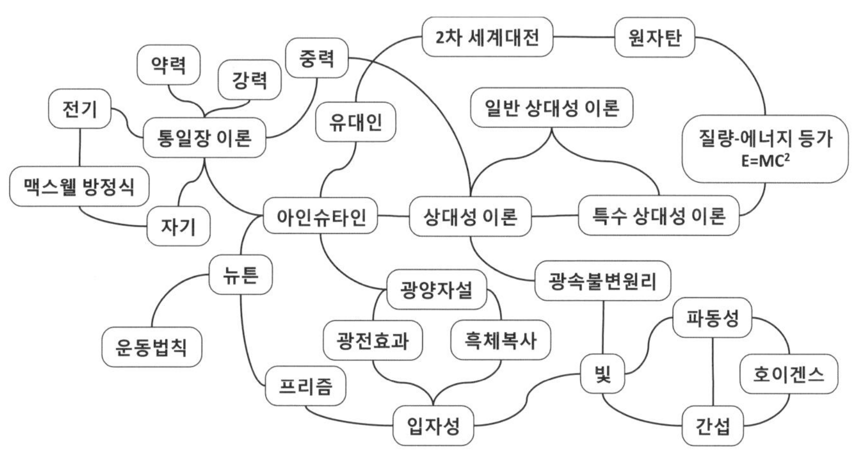

【그림 5-19】 연상기억 네트워크의 예

널리 알려진 마인드 맵도 연상기억 네트워크의 일종이라 할 수 있다. 어릴 적에 중얼거리던, "원숭이 엉덩이는 빨개, 빨가면 사과, 사과는 맛있어, 맛있는 것은 바나나, 바나나는 길어, …"는 연상기억을 말로 표현한 것이다. 지식은 연결된 수가 많을수록 강하게 기억된다. 연상기억을 위해서는 부분보다 전체를 파악하고 연관된 지식들을 살펴서 네트워크를 형성해야 한다.

지식의 강한 기억도 중요하지만, 기억된 내용을 적시적소에서 인출하는 것도 중요하다. 연상기억 네트워크로 기억된 지식은 단서 또는 계기가 주어지면 관련 지식들이 우수수 딸려 나오게 된다. 인지 심리학자 래트클리프Roger Ratcliff 등은 장기 기억의 호출이 단서와 계기에 따른 공명현상에 의해 이루어짐을 밝혔다. [그림 5-19]의 연상기억 네트워크를 보아도 알 수 있는 것처럼, 빛의 입자성에 대해 잠시 잊었다 해도, 아인슈타인이라는 단서(힌트)가 주어지면 그 내용을 기억해 낼 수 있다. 크라이크Fergus Craik와 텔빙, 앤더슨John Anderson 등 많은 인지 심리학자들의 기억에 관한 연구 결과에 의하면, 장기 기억은 저장용량이 거의 무한하기 때문에 기억된 내용은 지워지지 않으며, 다만 지식의 호출 실패가 망각의 원인이라고 한다. 장기 저장 기억을 호출하기 위해서는 연상기억 네트워크가 절대적 역할을 한다. 두뇌의 장기 기억은 이러한 사항들을 고려하여 본래 연상기억 네트워크로 되어있다. 학습자는 학습내용을 장기 기억에 효과적으로 저장, 각인되도록 학습 내용을 정교화 하여야 한다.

4 장기기억의 학습 특성

장기 기억에는 [그림 5-16]에서 보는 바와 같이, 에피소드 기억, 의미기억, 절차기억, 프라이밍 기억들의 종류가 있다. 같은 장기 기억이라고 하더라도 큰 차이가 있기 때문에, 각각의 특징을 살려서 학습에 유효 적절하게 응용할 수 있도록 하여야 한다. 장기 기억의 학습 특성을 알아보자.

[에피소드 기억]episodic memory

1972년 캐나다 심리학자 텔빙Endel Telving에 의해 발견된 기억의 형태로, 자신이 직접 개입한 경험 또는 체험에 바탕을 둔 기억이다. 예를 들어, 시험에 합격한 날 축하해 주던 친구들, 처음으로 해외여행 간 도시, 교통사고로 입원한 사건같이 자신의 체험과 관련된 시간, 장소, 감정, 지식 등에 대한 기억을 말한다. 친구와 음악회를 갔는데, "베토벤의 전원 교향곡이 몇 번인지 아니?"에 답을 하지 못하여, "교향곡 6번 F단조 op68이 전원 교향곡이야"하는 핀잔을 들었다면, 창피당한 감정과 함께 전원 교향곡에 대한 지식은 잊혀지지 않는다. 영어 단어 reliability의 뜻을 몰라서 시험에 어려움을 당한 쓴 경험을 갖고 있다면, 이 단어 역시 잊혀지지 않는다. 영어 단어나 수학 공식은 기억이 가물가물하지만, 온라인 게임에 나오는 수많은 캐릭터 이름이나 애니메이션의 등장인물을 줄줄 기억하는 것은 그들의 에피소드를 알고 있기 때문이다.

에피소드의 기억은 이야기와 감정이 응집되어 있어 기억이 잘 되고, 기억 호출의 단서가 명확하여 쉽게 기억해 낼 수 있는 특징이 있다. 문자가 없던 시대에 지식을 전달하기 위해 <일리어드>, <오딧세이>처럼 구전문학이 발달한 것도, 지식을 에피소드로 만들고 극적인 감정을 심으면 기억과 호출이 잘 되기 때문이다. 선생님이 정규 분포의 평균과 분산공식을 착각하여 나의 문제 풀이를 꾸짖으시다가 나중에 실수를 발견하고 미안해하신 에피소드를 기억하면, 정규분포의 평균과 분산 공식은 잊혀지지 않는다. 일반적으로 에피소드(일화 또는 이야기)와 감정은 기억을 저장하고 호출하는 비타민과 같은 역할을 한다. 학습한 지식에 에피소드와 감정을 입혀서 기억하도록 하자.

> ▪ 두뇌 학습 전략:
> 학습에 에피소드와 감정의 옷을 입혀라

[의미 기억]semantic memory

에피소드 기억이 개인의 경험과 체험에 기반한 기억인 반면에, 의미 기억은 학습한 지식에 관한 기억이다. 학교나 사회에서 배우는 추상적, 객관적 학습 지식은 일반적으로 의미 기억으로 저장된다. 삼각함수 공식, 생물학, 현대미술의 역사 등 학습을 통해서 습득한 지식은 의미 기억으로 저장된다. 아무리 열심히 학습하였다 하더라도 기억하려는 의지와 노력이 없으면 기억되지 않는 것이 의미 기억이다. 의미 기억의 이러한 수동적 특징으로 인하여, 의미 기억의 효과적 활용을 위해서는 3가지 핵심 요소에 유의하여야 한다.

첫째, 관심과 흥미를 가지고 학습하고, 학습한 지식을 기억하려는 강력한 의지와 노력이 있어야 한다. 학습에 대한 동기와 기억하려는 의욕으로 학습에 몰입해야 하는 것이다. 공부를 잘하지 못하는 학생이라도 농구에 관심 있는 MBA광이라면, 프로구단 선수의 이름, 전적, 승률, 최근의 소식 등을 줄줄이 꿰고 있는 것을 볼 수 있다. 학습을 잘하지 못하는 것은 기억력이 나쁜 것이 아니라, 관심과 흥미가 없다는 것이다. 컴퓨터 게임의 폐인, 애니메이션의 광팬처럼, 학습에 대한 관심과 흥미로 학습광이 되어야 한다.

둘째, 의미기억은 일반적으로 [그림 5-19]와 같은 연상 네트워크로 저장되기 때문에, 학습한 지식을 명확하게 이해하고 지식을 네트워크 형태로 정교화 하여야 한다. 단순히 있는 그대로 배워서 암기하지 말고, 자신이 이해한 내용을 자신의 방법으로 해석하고 가공해서 구조화하여야 한다. 학습한 지식을 요약·정리하고 그림 또는 도형으로 시각화한다. 이것은 기억의 창고에 지식을 체계적으로 정리하여 저장하는 것이며, 이런 지식은 오랫동안 기억되고 호출도 빠르다.

셋째, 학습 지식을 기존의 지식, 도형 또는 감정등과 복합하여야 한다. 시험도중 공식이나 답이 생각나지 않는 이유는 지식을 잃어버린 것이 아니라 호출이 되지 않는 것이다. 학습한 의미 지식을 효과적으로 호출하려면, 에피소드 기억처럼 확실한 단서와 연결되어야 한다. 즉, 다른 연관지식, 학습시의 에피소드, 감정이입 등의 단서로 연결하여 복합체를 만들어야 한다. 플레밍의 법칙을 실험하려고 자전거를 타던 모습, 방사능 원소의 반감기 공식을 보고 등비수열을 생각하던 기억, 도플러 효과 공식을 말해서 친구들로부터 부러움을 받던 기쁨 등처럼 단서와 결합된 지식은 계기가 주어지면 즉시 호출이 가능하다. 의미 기억은 에피소드 기억과 상호의존적이어서 호출단서, 호출계기가 중요하다.

일반적으로 학습 지식은 의미 기억으로 저장된다. 의미 기억의 용어가 뜻하는 것처럼, 학습 지식을 단순히 있는 그대로 암기해서 저장할 것이 아니라, 자신이 내용을 이해하고 해석해서 의미를 부여하고, 자신의 방법으로 가공하여야 한다. 의미 기억은 노력이 수반되는 의지 기억인 것이다.

> ▪ 두뇌 학습 전략 :
> 학습 지식 기억 전략 = 학습의지(흥미, 재미, 책임감, 자신감, 학습광) x
> 연상 네트워크(구조화, 정교화, 조직화) x
> 단서연결(연관지식, 시각화, 감정이입)

[절차기억]procedural memory

기타 연주, 자전거 타기, 당구치기처럼 말로 표현하기 어렵지만, 즉시 행동으로 보일 수 있는 기억을 절차 기억이라 한다. 절차 기억은 방법how-to에 관한 지식을 기억하는 것이다. 자전거 타기를 처음 배울 때는 균형 잡는 법, 기어 변속법, 브레이크 사용법 등이 미숙해서 자주 엎어지지만, 일단 숙달이 되면 직감으로 자전거를 능숙하게 탈 수 있다. 또한, 수년 동안 자전거를 타지 않았어도 언제든지 다시 자전거를 능숙하게 탈 수 있다. 한번 기억된 절차기억은 소멸되지 않고 영구히 보존된다.

한번 기억된 절차 기억은 왜 영구히 보존되는 것일까? 절차 기억은 시행착오를 기반으로 한다. 자전거 타기를 배우다가 엎어지기도 하고 다치기도 한다. 이런 실패를 통해서 배우기 때문에 오래 기억될 수 있다. 학습에 실패가 없다면 아무 것도 배우지 못한다. 실패를 두려워하지 말고 실패를 통해서 배우는 것이 학습이다. 실패를 하게 되면 마음이 아프게 된다. 감정의 크기가 클수록 해마에 더 강력하게 기억되고, 고통이 유발된 사건은 오래 기억에 남는다. 절차 기억은 실패를 통해서 배우는 기억이기 때문에 영구히 보존되는 것이다.

절차기억은 온몸의 행동을 기반으로 한다. 자전거 타기는 두뇌 전체를 움직여서 결과적으로 신경신호를 더 빨리, 더 폭 넓게 전달하여 두뇌 곳곳을 활성화한다. 절차 기억은 온몸으로 학습하는 기억이기 때문에 영구히 보존된다.

학습한 지식을 절차 기억으로 저장하면 좋겠지만, 애석하게도 대부분의 학습 지식은 의미 기억이기 때문에 아쉽다. 그러나 학습 지식을 가능한 절차화하고 온몸으로 학습하려고 노력하면 절차 기억을 장점을 학습에 활용할 수 있다. 오마바 대통령의 취임 연설문을 암송하고자 하면 손, 발 제스처를 사용하여 실감나게 낭독하고, 놀이 공원의 문어발을 타면서 구심력과 원심력의 차이를 체험해 볼 수도 있다. 그리고 실패를 학습의 소중한 과정으로 인식하여 실패를 통해서 배우는 자세를 가져야 한다.

■ 두뇌 학습 전략 :
온몸으로 학습하고, 실패를 통해서 배워라.

[프라이밍 기억]priming memory

먼저 노출된 정보에 의하여 떠올려진 생각이 이후 접하는 정보나 자극에 영향을 미치는 것을 프라이밍 효과 또는 점화 효과라 한다. “태백산맥은 백두대간의 중심 산맥이고, 설악산은 태맥산맥의 중심에 자리하고 있다.”라는 문장에서 처음 나오는 태백산맥이 뒤에 나온 태맥산맥에 행하여지는 기억으로 착각을 유도한다.

두뇌가 사전정보를 근거로 해서 신속한 판단을 내리고자 프라이밍 효과를 이용하기 때문에 착각이 일어나게 된다. 다음 글을 빠르게 읽어 보자.

캠릿브지 대학의 연결구과에 따르면, 한 단어 안에서 글자가 어떤 순서로 배되열어 있는가 하는것은 중하요지 않고, 첫째번와 마지막 글자가 올바른 위치에 있것는이 중하요다고 한다. 나머지 글들자은 완전히 엉진창망의 순서로 되어 있지을라도 당신은 아무 문없제이 이것을 읽을 수 있다. 왜하냐면 인간의 두뇌는 모든 글자를 하나 하나 읽것는이 아니라 단어 하나를 전체로 인식하기 때문이다.

프라이밍 기억은 신속한 판단에 도움이 되지만, 착각을 유발하여 그릇된 판단을 하도록 하므로 주의하여야 한다. 위와 같은 현상을 단어 우월 효과word superiority effect라고 한다.

장기 기억의 학습과 관련된 특징에 대하여 살펴 보았다. 기억은 독자적으로 존재하는 것이 아니라 두뇌 전체에 복잡한 네트워크 형식으로 저장되고, 상호 긴밀한 연계 관계를 갖는다. 해마가 기억과 관련하여 중심 역할을 수행하지만, 기억은 여러 뉴런 다발은 통해서 두뇌 곳곳에 분산, 저장된다. 두뇌에서 기억이 이루어지는 과정을 규명한 것으로 에트킨슨-쉬프린 모델Atkinson-Shiffrin model 등 여러 형태가 있는데, 일반적으로 [그림 5-20]으로 표현할 수 있다.(여기서 작업 기억은 심리학의 작업 기억과는 다른 개념임.)

시각, 청각, 촉각, 후각, 미각 등 감각기관을 통하여 학습되고 수집된 지식은 해마의 단기 기억에 저장된다. 해마는 기억할 만한 가치가 있는 지식을 선별하여 장기 기억으로 저장하며, 반복이 중요한 선택 요인으로 작용한다. 어떤 문제에 직면하게 되면 단기 및 장기 기억에 저장된 관련 기억을 호출하여, 일시적인 작업 기억을 형성하고 창의적 사고 능력으로 문제를 해결하게 된다. 앞서 살펴본 바와 같이, 기억은 습득-저장-호출의 주요 단계로 구성되며 [표 5-5]와 같다.

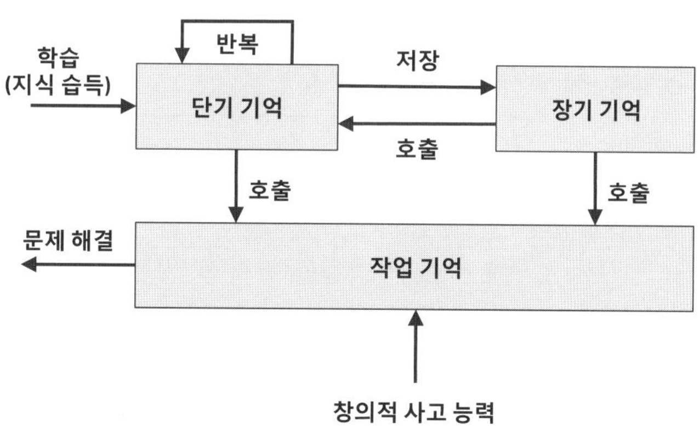

【그림 5-20】 두뇌 기억 동작 모델

[표 5-3] 두뇌 기억 동작의 특징

습득 (획득)	핵심	학습과 기억을 위한 강한 의지와 지식의 정교화
		• 흥미, 재미는 기억 활동 촉진 • 자신감, 책임감은 기억력 강화의 후원자 • 지식을 이해하여 구조화, 정교화, 조직화 • 자신의 언어로 정리하여 표현하고 시각화
저장	핵심	연상 네트워크 구성
		• 관련 지식을 연상 결합하여 조직화 • 반복(장기간 사용하지 않으면 저장 약화) • 내용이해(이해가 부족하면 구조화할 수 없고, 저장이 모호하고, 호출이 안 됨) • 기본단위 지식으로 쪼개고, 의미부여
호출	핵심	단서, 계기 연상
		• 온몸으로 기억(가상체험, 실험실습, 강의) • 감정이입(감성은 이성보다 우위) • 산뜻한 단서(이야기, 에피소드, 관련지식 등과 연결성 강화)

두뇌의 기억용량은 무한하고, 학습한 지식은 모두 저장된다. 관심과 의지를 갖고 학습하면 두뇌의 기억 능력을 최대한 활용할 수 있다. 기억된 지식은 소멸되는 것이 아니라, 호출해 내지 못할 뿐이다. 기억 내용을 구조화, 정교화하고 호출 단서와 결합하여 적시적소에서 호출되어 활용할 수 있도록 하여야 할 것이다.

망각 없이 행복은 있을 수 없다.
- 앙드레 모로아André Maurois

5.4 망각, 두뇌속의 지우개를 이용하자.

학습한 지식을 오랫동안 잊어버리지 않고 기억하고 싶은 것이 모든 학습자의 희망사항이고 염원이다. 애써 학습한 지식이 생각이 나지 않아 당황하고 참담한 실패를 당하였을 때는 두뇌의 망각을 원망하게 된다. 일상생활 중에도 중요한 약속을 잊거나 건망증으로 인해 안경, 열쇠 등을 어디에 두었는지 잊어버려 낭패를 당할 때면 자신의 기억 능력을 탓하게 된다. 그러나 두뇌는 인식, 사고, 창의성의 원천으로 인간의 정신활동을 조정하는 기관이며, 망각 또한 인간의 정신활동에 중요한 기능중 하나이다. 망각이 없다면 신날 것 같지만, 전혀 그러하지 않다. 푸네스는 호르헤 루이스 보로테스Jorge Luis Borges의 소설 <픽션들>Ficciones에 나온 단편소설 <기억의 천재 푸네스>의 주인공이다. 푸네스는 포도나무에 달린 모든 잎사귀, 가지와 포도 알의 수를 기억한다. 새벽녘 남쪽 하늘에 떠있는 구름의 형태와 강에서 나룻배의 노가 일으키는 물결의 모양까지도 기억한다. 푸네스는 망각하지 못하고 모든 것을 기억하는 두뇌 과부하 상태가 되어, 절망 속에서 의자에 앉아 세월을 보낸다. 유명한 기억술사 세레세브스키S.V. Shereshevki는 망각능력을 상실해서 모든 것을 기억할 수 있었다. 그러나 내용에 포함된 잡음까지도 기억해서 정작 중요한 내용을 이해할 수가 없었다. 누군가 말하는 것을 듣거나 책을 읽을 때면 주변의 세부 사항이 끝없이 생각나서 이야기나 책의 내용을 전혀 이해할 수가 없었다. 기억하지만 이해하지 못하는 사고 능력 상실로 인하여 무미건조한 기억만을 저장할 뿐이었다. 망각은 새로운 지식을 기억하고 새로운 인식과 사고를 위해 절대적으로 필요한 두뇌의 본래 기능이다. 망각이 있음으로 해서 학습이 가능한 것이다. 망각을 탓하지 말고 학습에 적극 활용하는 지혜가 필요하다.

망각의 원인

망각은 왜 어떻게 일어나는 것일까? 망각의 원인을 알게 되면, 망각하지 않는 방법을 모색해 볼 수 있을 것이다. 심리학자, 신경과학자들의 연구에 의하면 망각은 복합적 원인에 의하여 발생하며, 대표적으로 다음 세 가지 이론으로 정리할 수 있다.

[쇠퇴 이론]

시간이 지나면 자연스럽게 기억이 희미해지고 잊혀진다는 이론이다. 기억이 신경세포에 형성된 후, 신경세포를 활발하게 사용하지 않으면, 두뇌의 화학변화에 따라 점진적으로 쇠퇴하여 사라진다는 것이다. 우리는 종종 생생한 기억도 시간이 지날수록 희미해지는 것을 경험하게 되는데, 이는 기억이 시간이 지나면 쇠퇴하기 때문이다. 그러나 여러 심리학 실험에 의해 이 이론의 타당성이 반박되었다. 망각은 단순히 시간 경과에 따른 두뇌 신경계의 자연 쇠퇴 현상이 아니라는 반론이 제기된 것이다. 어찌되었든 사용하지 않거나 시간이 경과되면 기억이 희미해지므로, 학습을 반복할 필요성이 있음을 암시해 준다.

[간섭 이론]

A회사의 휴대폰을 사용하다가 B호사의 휴대폰으로 바꾸게 되면, 점차로 B회사의 휴대폰의 사용이 익숙해지면서, A회사 휴대폰의 사용법은 잘 생각나지 않는다. 인터넷 뱅킹에 사용하는 아이디와 패스워드가 촌스럽다고 해서 새것으로 바꾸었다. 가끔씩 예전 것과 새 것이 헷갈려서 실수하는 경우도 있었지만, 얼마 지나지 않아서는 예전의 아이디와 패스워드가 생각나지 않게 된다. 이처럼 새로운 기억(정보)이 오래된 기억의 호출을 어렵게 해서 기억이 나지 않게 된다는 것이 간섭이론이다. 즉, 유사한 지식을 학습하면 새로 학습한 지식이 먼저 학습한 지식을 방해해서 먼저 학습한 지식에 망각이 일어난다는 것이다. 비슷한 운동화들이 무더기로 모여 있을 때는 내 운동화를 찾기가 쉽지 않은 것처럼, 유사한 지식은 두뇌에 유사한 부분에 저장되기 때문에 서로 간섭이 발생하고 호출을 어렵게 해서, 결국은 망각으로 나타나게 된다. 유사한 내용의 지식을 기억할 때도 분명하게 차별화해서 기억하여야 함을 알 수 있다. 일반적으로 에피소드 기억은 간섭의 영향을 쉽게 받지만, 의미 기억은 간섭의 영향을 덜 받는 것으로 알려지고 있다.

[단서 의존적 망각이론]

무한 크기의 창고에 크고 작은 물품이 가득 차 있는 우주 공간을 상상해보자. 여기서 원하는 물건을 찾으려할 때, 그것이 어디에 있는지 알지 못해서 결국은 찾지 못하는 수가 있다. 도서관이나 서점이 책을 잘 분류해서 정리하였다고 하여도, 김소월 시인의 <진달래>를 독일어로 번역해서 소개한 책을 찾기는 어려울 것이다.

단서 의존적 망각이론 또는 호출 실패 이론은 심리학자 텔빙과 그 동료에 의해서 제기된 이론으로, 망각이란 기억의 소멸(사라짐)이 아니라, 호출 실패에 지나지 않는 것이다. 두뇌의 기억용량은 거의 무한하여 학습한 모든 지식을 영구히 저장할 수 있다. 그러나 무한한 용량으로 인하여 필요한 지식을 제때 찾지 못하는 수가 있는데 이것을 망각이라고 한다. 즉 망각은 기억을 꺼내려 할 때 호출되지 않는 현상이라는 것이다.

영구히 저장된 기억이 왜 호출되지 않는 것일까? 그것은 저장할 때의 단서와 호출할 때의 단서가 일치하지 않기 때문에 찾지 못하는 것이다. 열역학 제2 법칙은 엔트로피entropy 증가 법칙이라고도 한다. 엔트로피는 물질계의 열적 평형상태를 나타내는 물리량으로, 분자 운동이 확률이 적은 질서있는 상태에서 확률이 큰 무질서한 상태로 이동하는 것을 엔트로피 증가 법칙이라고 한다. 이렇게 엔트로피 증가 법칙을 열역학과 관련하여 분자 운동의 무질서를 단서로 기억했다고 하자. '인구가 증가하고 대도시가 발달하여 사회가 복잡하고 무질서 해지는 것은 무슨 법칙과 관계있는가?' 라는 질문에 대답하기 어렵다. 왜냐하면, 사회 무질서를 단서로 호출하고자 하였기 때문에 이와 일치하는 기억이 없기 때문이다. 그러나 분자 운동의 무질서가 증가하는 쪽으로 이동한다는 법칙에 대한 질문에 대해서는 바로 대답할 수 있다. 이처럼, 저장 단서와 호출 단서가 달라서 찾아내지 못하면, 기억되어 있음에도 불구하고 망각된 것으로 생각된다.

일시적 기억 상실증을 주제로 한 많은 영화에서 주인공의 기억을 되살리고자 주인공이 살던 집을 방문하거나 추억을 재현하는 것은 저장 단서와 호출 단서를 일치시켜 기억을 소생시키고자 하는 것이다. 시험 때 생각나지 않는 것도 자신이 기억한 단서와 문제를 통해서 호출하려는 단서가 다르기 때문이다.

단서 의존적 망각이론을 고찰해보면, 기억 저장 시에는 저장 단서를 분명하게 하고, 호출시에 호출 단서와 효과적으로 일치시키는 능력을 향상시켜야 한다. 유사한 내용(과목)을 동시에 학습하지 말며, 유사한 내용은 헷갈리지 않도록 분명하게 이해하고 차별화해서 기억, 저장하여야 한다. 그러나 엔트로피 증가법칙의 예에서 보는 바와 같이, 일반적으로, 호출 단서는 저장 단서와 차이가 있다. 그러므로 호출 단서의 본질을 파악하여 관련된 저장 단서를 유추하는 능력은 기억력을 높이고 망각을 방지하는 지름길이라 할 수 있다. 지식의 본질을 이해하는 것은 기억과 망각 모두에 중요한 요소이다.

망각 곡선과 효율적 학습 전략

망각이 자연스러운 현상이고 두뇌의 주요 기능 중 하나라면, 망각은 어떠한 형태로 진행되는 것일까? 학습에 대한 흥미와 관심, 기억된 지식의 강도, 학습 환경 등에 따라 지식이 망각되는 속도가 다르지만, 1885년 독일의 심리학자 에빙하우스Hermann Ebbinghaus는 기억이 일반적으로 지수 함수적으로 망각된다는 것을 발견하였다. 이를 그래프로 도시한 것을 망각곡선forgetting curve라 하는데, 시간의 경과에 따른 기억호출 비율을 보여준다.

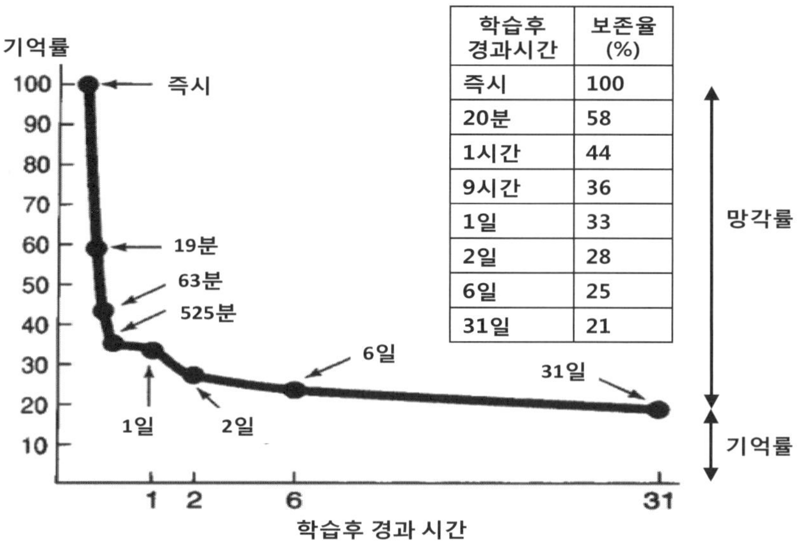

학습후 경과시간	보존율 (%)
즉시	100
20분	58
1시간	44
9시간	36
1일	33
2일	28
6일	25
31일	21

【그림 5-21】 에빙하우스의 망각곡선

[그림 5-21]의 망각곡선을 보면, 망각에 대한 예기치 못한 사실을 발견할 수 있다. 학습 후 20분 후에는 약 58%가 기억에 남으며(42%가 망각됨), 1시간 후에는 44% 기억(56%가 망각됨), 1일후에는 33% 기억(67%가 망각됨)되고 있음을 관찰할 수 있다. 우리의 예상보다도 망각이 아주 일찍 일상적으로 발생함을 알 수 있다.

학습의 일차적 목적이 지식 습득이라고 할 때, 망각은 학습 효과를 저해하고 방해하는 훼방꾼이다. 그러나 망각곡선을 자세히 고찰해 보면, 망각에 대한 효과적인 대책을 수립할 수 있다. 망각곡선은 다음과 같은 사항을 암시하고 있다.

① **망각은 피할 수 없는 일상적인 현상이다**. 기억의 천재들도 망각을 피할 수 없다. 학습한 지식을 망각하였다고 하여도, 절대로 실망해서는 안 된다. 망각을 인정하고 자신감을 잃지 않는 것이 중요하다.

② **학습한 지식이 망각되는 것을 대비하여야 한다**. 학습에 흥미와 관심을 갖고, 학습한 지식을 강력하게 저장하고, 효과적으로 호출이 되도록 단서와 계기로 연결해야 한다. 친구들에게 자신 있게 발

표한 지식은 좀처럼 잊혀지지 않는 것처럼 강한 기억은 쉽게 망각되지 않는다.

③ **망각된 기억(지식)을 되살려야 한다.** 망각된 지식을 내버려 두면 학습이 부실해 진다. 자동차 바퀴가 빠지면 움직일 수 없는 것처럼 망각된 지식이 있으면 학습은 움직이지 않는다. 망각된 지식을 복구하여 학습을 완성하는 것은 학습의 제1 전제조건이다.

망각곡선을 일정간격으로 반복 적용해 보면 학습한 지식을 완벽하게 복구, 기억할 수 있음을 발견할 수 있다. 가속 학습Accelerated Learning의 로즈Coline Rose는 [그림 5-22]처럼 반복 학습하면, 학습 지식은 냉각되지 않고 장기기억 된다고 한다.

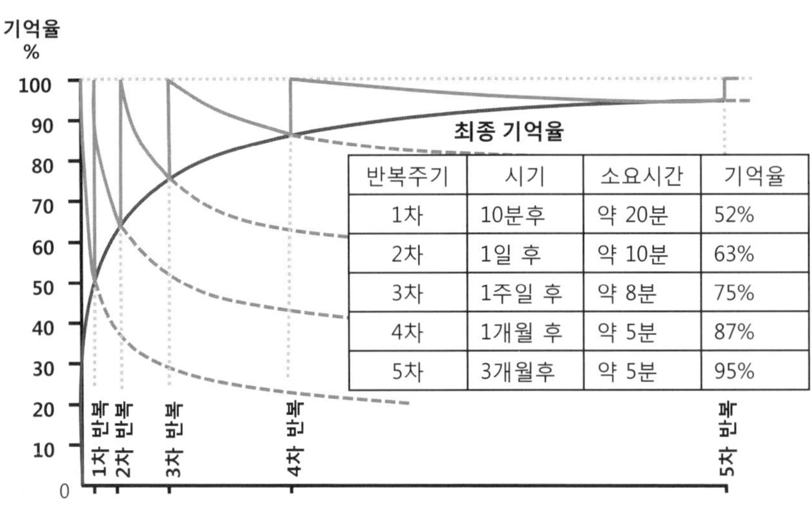

반복주기	시기	소요시간	기억율
1차	10분후	약 20분	52%
2차	1일 후	약 10분	63%
3차	1주일 후	약 8분	75%
4차	1개월 후	약 5분	87%
5차	3개월후	약 5분	95%

【그림 5-22】 반복학습에 의한 장기기억

즉, 일정간격으로 5차에 걸쳐 [그림 5-22]처럼 반복 학습하면 완전 장기기억을 달성할 수 있다. 반복에 소요되는 학습시간도 극히 짧아서 학습 진행에 영향을 주지 않는다. 그럼에도 불구하고 학습자들은 반복학습을 귀찮게 생각하여 기피함으로써, 바퀴 빠진 자동차 형태로 학습을 몰고 가고 있다. 현명한 학습자는 최소 반복학습 노력으로 최대의 학습효과를 얻는다. 바이올리니스트가 수없이 반복 연주하고 야구투수가 반복해서 무수히 피칭 연습하는 것처럼, 5번의 반복학습은 학습을 완벽하게 만든다. 반복학습은 학습의 본질이다. 학습의 본질을 무시해서는 학습에 성공하기 힘들다.

> ▪ 두뇌 학습 전략:
> 일정 간격으로 5차(10분 후/1일 후/1주일 후/1개월 후/3개월 후)
> 반복 학습하라.

에빙하우스의 망각곡선에 근거하여 망각이 급격히 진행되는 학습 후 10분에 1차 반복 학습하는 것이 좋다. 학습이 끝나면 바로 즉시 1차 반복 학습을 실시하도록 하자.

> ▪ 두뇌 학습 전략:
> 학습이 끝나면, 바로 즉시 1차 반복 학습을 실시하자.

이런 사실을 고려하여 학습시간은 [그림 5-23]처럼 구성한다. 학습은 90분 단위로 진행하고, 학습 후 약 10분 동안 휴식을 취한다. 휴식하지 않으면 두뇌가 피로 상태가 되어 학습 효과가 저하될 수 있다. 휴식 시간에는 산책, 스트레칭, 음악 듣기, 그림책 보기 등 두뇌를 맑고 편안하게 하는 데 중점을 두어야 한다. 신문이나 TV보기, 잡담 등은 학습한 지식과 간섭을 일으킬 수 있으므로 절대 피하여야 한다. 휴식은 두뇌를 안정시키기 위한 것이지, 자신의 여흥을 위해서 게임하는 시간이 아니다. 휴식이 끝나면, 20분간 1차 반복 학습을 한다. 이때는 핵심사항을 정확하게 이해하고 전체를 요약 정리하도록 한다. 1차 반복이 이루어져야 비로소 학습이 완성된다.

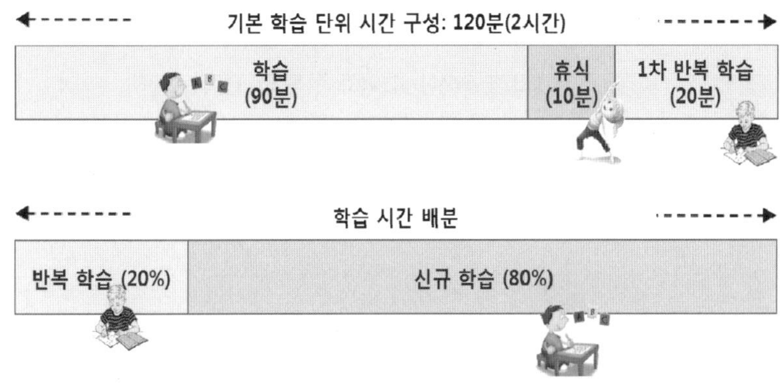

【그림 5-23】 효과적인 학습 시간 구성

기본 학습 단위를 2시간으로 설정할 수 없는 경우에도, 신규 학습에 돌입하기 전에 반복학습을 선행하여야 한다. [그림 5-23]처럼 반복학습 20%를 먼저 할당하고 난 후 신규학습을 진행한다. 반복학습이나 신규학습 모두 학습이지만, 망각곡선을 고려하면 반복학습이 신규학습에 비해 학습 효율이 높다. 일반적으로 학습에 많은 시간을 투자하여 열중하였지만, 학습 효율이 저조한 학습자는 반복학습의 효과를 무시하고 신규학습에만 급하게 몰두하였기 때문이다.

> ▪ 두뇌 학습 전략:
> 반복학습을 먼저하고 신규학습에 돌입하라.

학습은 반복에 의해 성패가 결정된다. 망각곡선은 일정한 시간간격, 즉 10분 후-1일 후-1주일 후-1개월 후-3개월 후 형태로 반복학습 하는 것이 효과적임을 보여주고 있다. 이를 위해서는 반복

학습의 일정 관리가 중요하다. 학습 플래너를 활용하여 반복학습 일정을 꼭 챙겨야 한다. 학습 일정관리 소프트웨어를 이용하면 반복학습 일정을 효율적으로 관리할 수 있다. 독일의 과학 저널리스트 라이트너Sebstian Leitner는 반복학습의 효과성을 인식하고, 반복학습을 체계적으로 관리하도록 라이트너 학습상자Leitner Learning Box를 고안하기까지 하였다. 라이트너 학습상자는 일종의 플래시 카드flash card형식인데, 지속적인 반복을 통해서 학습 효과를 증진시키는 방법이다. 단어, 역사적 사실, 공식 등 암기가 필요한 학습에 아주 탁월한 효과가 있음이 입증되기도 하였다. 이러한 것은 모두 반복학습의 효과에서 기인하는 것이다.

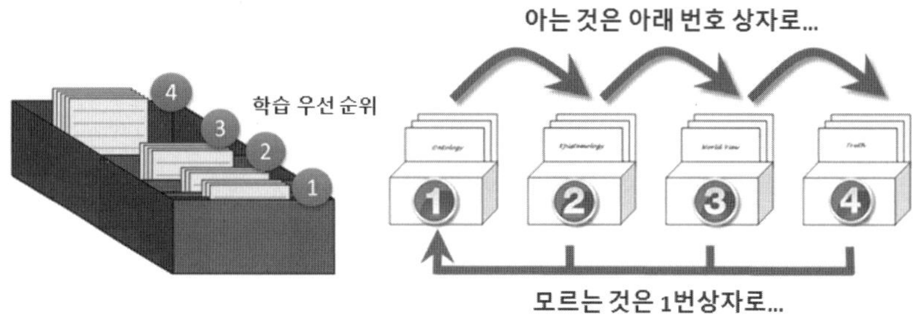

【그림 5-24】 라이트너 학습 상자

수면은 피로한 마음의 가장 좋은 약이다.
- 세르반테스Miguel de Cervantes Saavedra

5.5 잘 자는 잠은 학습에 활력을 준다.

학습자는 학습시간이 부족하다고 늘 생각한다. 성인들도 각종 업무로 인하여 시간부족에 쫓기며 생활한다. 과중한 학습이나 업무를 가장 손쉽게 해결하는 방법은 잠을 희생하는 것이라고 생각한다. 그래서 많은 사람들이 잠자는 시간을 줄여 학습과 업무시간을 보충한다. 그러나 이러한 비효율적인 원시적 해결 방안은 오히려 학습과 건강을 모두 잃게 하는 어리석은 방법이다. 1986년 1월 28일 우주 왕복선 챌린저호가 이륙 73초 만에 폭발하여 승무원 7명 전원이 사망하는 충격적인 사고가 발생하였다. 같은 해 4월 26일에는 우크라이나 체르노빌 원자력 발전소에서 방사능 누출사고가 발행하였다. 초기 진압요원 56명을 비롯하여 25,000여명이 방사능 피폭으로 사망하였고, 멀리 남반부까지 방사능이 오염되었으며, 후유증이 오랜 동안 계속되었다. 이 비극적인 사고는 기술자들의 수면 부족에 따른 기계조작 실수가 끔찍한 사고의 원인 중 하나라고 한다. 잠자는 시간을 줄여서 학습하게 되면 이처럼 끔찍한 사고를 일으키는 불행한 학습이 될 수 있다. 인간을 비롯한 고등 동물은 잠을 자지 않으면 죽게 된다. 잠은 생존에 필수적인 자연현상이다. 잠을 줄일 것이 아니라, 잠을 활용하는 방법을 이해하여야 한다. 성공학 분야의 대가인 조셉 머피Joseph Muphy는 잠재의식의 위력을 이야기하면서 잠을 잘 자야 성공할 수 있다고 역설하고 있다.

잠은 학습에 보약이다.

두뇌를 가진 대부분의 생물에서 수면(잠)현상이 나타나지만, 잠이 왜 그토록 중요한지는 정확하게 밝혀진 것이 없다. 잠은 신체가 스스로 회복될 수 있는 휴식 시간이라든지, 뇌가 정보를 분류, 처리, 기억하기 위해 외부 세계와 접촉을 차단하기 위해 잠이 필요하다든지 하는 피상적인 이론들뿐이다. 그러나 수면은 인간의 생존과 활동에 지대한 역할을 하고 있음이 밝혀지고 있다.

① **수면 중에는 신체의 피로회복과 세포의 신진대사가 촉진된다.** 잠을 자는 동안에 두뇌에서는 성장호르몬이 분비되고 세포가 재생되며, 낮 동안 혹사당했던 근육과 인체 장기의 신체적 기능이 회복된다. 특히, 가장 활발하게 활동하여 과열된 두뇌에 휴식 시간을 주어 두뇌의 피로회복과 각종 호르몬 분비가 왕성하게 이루어진다.

② **뇌는 수면 중에 낮에 쓸 에너지를 충전한다.** 하버드 대학교의 라드하카 바셰르Radhika Basheer 박사의 연구에 의하면, 수면 중에는 뇌의 에너지를 충전하는 ATP(아데노신3인산)가 상승하는 것으로 밝혀졌다.

③ **수면 중에 인체의 생체 리듬은 자연 환경에 맞춘 생활 리듬으로 조절된다.** 이탈리아 블로그나 대학교의 루파레시Elio Lufaresi교수는 잠을 못자서 면역력이 떨어져 결국 폐병으로 사망한 환자의 뇌에서 생체 리듬 호르몬과 잠을 조절하는 뇌의 시상하부 신경이 모두 손상되어 있는 것을 발견하였다. 날짜 변경선을 넘어 해외여행을 하게 되면 시차로 인하여 큰 고생을 하게 되는데, 이는 수면조절이 제대로 되지 않아 생체 리듬과 생활 리듬이 불일치되었기 때문이다. 즉 생체 리듬에 의한 생체 시계에 혼란이 생겼기 때문이다. 이런 경우, 잠을 자서 생체 시계와 생활 시계를 일치시켜야 한다. 잠은 생체 시계를 조절할 수 있는 능력을 갖고 있기 때문이다.

④ **수면은 깨어 있는 동안 오감을 통해서 학습한 지식을 정리하여, 장기 기억으로 보존해서 학습을 완성한다.** 킴벌리 펜Kimberly Fenn교수와 동료 연구원들은 2003년 10월 과학 학술지 네이쳐Nature 발표 논문을 통해서 "수면은 기억을 구체화시켜 기억이 사라지거나 방해되는 것으로부터 보호하고, 기억을 회복시킨다."는 것을 실증하였다. 수면동안 뇌 활동이 고수준의 학습 활동을 촉진한다는 과학적 증거를 제시하였다. 이처럼 수면은 학습의 일부이다. 이에 대하여는 좀 더 살펴보기로 하자.

인간은 인생의 3분의 1을 잠을 자면서 보낸다. 잠이 인생의 3분의 1을 차지할 만큼 중요하기 때문이다. 잠은 생명을 유지하고 살아가는데 필수적이며, 생활에 활력소를 제공하는 보약이다. 특히 잠을 자는 동안 학습한 지식을 정리하고 저장하여 새로운 아이디어와 창의적 생각이 샘솟게 된다. 옥스퍼드 대학교 신경과학 연구소장 포스터Russell Foster교수는 풀리지 않는 문제가 있다면 일단 생각한 다음 잠을 자는 것이 좋다고도 하였다.

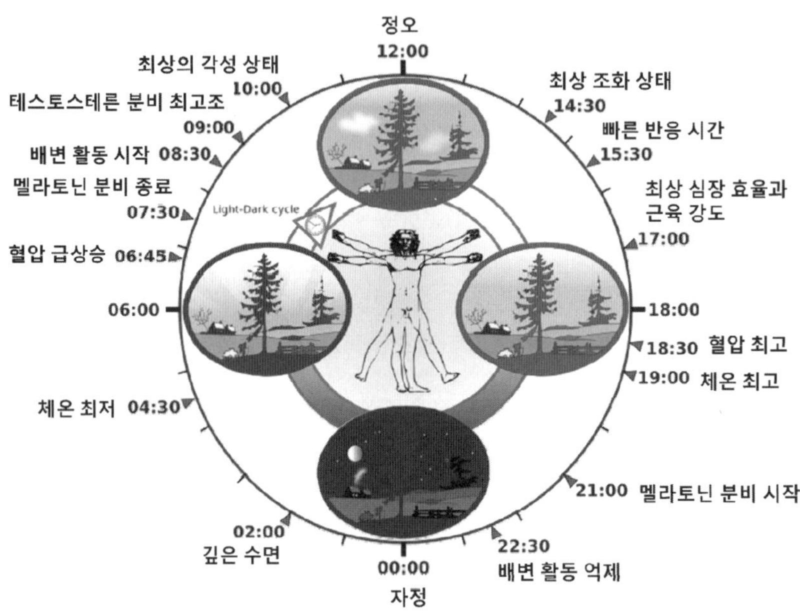

【그림 5-25】 인간의 생체 시계human biological clock

잠은 기억의 비타민, 창의력의 분수이다.

사람들은 잠자는 동안 몸과 마음이 모두 쉰다고 생각하지만, 두뇌는 낮 동안 학습한 내용을 단단한 장기 기억으로 만드는 일을 쉬지 않고 한다는 연구 결과들이 수없이 발표되고 있다. 워싱톤 대학교 해부신경학과 제프리 돈리어Jeffrey Donlea 연구팀은 초파리 실험을 통해서 잠이 두뇌 기억강화memory consolidation에 절대적 영향을 주고 있음을 발견하였다. 2009년 4월 과학 전문 학술지 사이언스Science에 발표한 논문에 의하면, 두뇌는 잠잘 때 중요하지 않은 기억을 담고 있는 시냅스를 제거하고 새로운 정보를 받아드릴 수 있는 시냅스를 증가시켜 두뇌의 학습과 기억 기능을 향상시킨다.

또한 제시카 페인Jessica Payne교수 연구팀은 잠자는 동안에는 특히 인간의 감정과 관련된 에피소드 기억이 더욱 단단해 지는 것을 발견하였다. 잠자는 사람의 두뇌 활동을 관찰해 보면, 기억을 강화할 뿐만 아니라, 기억을 체계적으로 정리하고 중요한 정보를 선택해내어, 두뇌가 창의적 사고와 새로운 아이디어를 창출할 수 있도록 한다. 잠은 창의적 인지 능력을 키울 수 있는 좋은 시간인 것이다.

Current Directions in Psychological SCIENCE
A Journal of the Association for Psychological Science

Home | All Issues | Subscribe | RSS | Email Alerts

Sleep's Role in the Consolidation of Emotional Episodic Memories

Jessica D. Payne1 and
Elizabeth A. Kensinger2

Author Affiliations

[1]University of Notre Dame and
[2]Boston College

THE TIMES
THE SUNDAY TIMES

Archive Article | Please enjoy this article from The Times & The Sunday Times archives.

From The Times
November 22, 2008

Waiting for that life-changing idea? Just sleep on it

From solving problems to flashes of inspiration, scientists are beginning to unravel the creative powerhouse that is the mind at night

Science 3 April 2009:
Vol. 324 no. 5923 pp. 105-108
DOI: 10.1126/science.1166657

< Prev | Table of Contents | Next >

REPORT

Use-Dependent Plasticity in Clock Neurons Regulates Sleep Need in *Drosophila*

Jeffrey M. Donlea, Narendrakumar Ramanan and Paul J. Shaw*

Author Affiliations

Department of Anatomy and Neurobiology, Washington University in St. Louis, 660 South Euclid Avenue, St. Louis, Missouri, USA.

* To whom correspondence should be addressed. E-mail: shawp@pcg.wustl.edu

【그림 5-26】 잠의 학습 기능과 관련된 연구 발표들

두뇌가 하루 동안 학습한 내용을 숙고하고 정리할 시간은 잠잘 때뿐이다. 잠을 자는 동안 기억된 지식을 정리하다 보면, 우연하게 지식들 간의 중요한 연관성을 발견할 수 있게 되어 혁신적 창조를 이루는 경우가 종종 있다. 역사 속의 위대한 발명과 발견이 잠자는 동안 이루어진 사례는 수없이 많다. 벤젠(C_6H_6)은 방향족 탄화수소로 탄소 6개 수소 6개로 구성된 아주 희한한 화합물이다. 40여년 동안 벤젠의 분자구조는 신비에 쌓여 있었다. 1865년 독일 화학자 케쿨레Fredrick Kekule는 잠자는 동안 여섯 마리 뱀들이 서로 다른 뱀의 꼬리를 물고 있는 꿈을 꾸었다. 이에 영감을 얻어 케쿨레는 벤젠의 6각형 분자구조를 밝혀내었고, 근대 화학의 획기적 발전의 계기를 마련하였다. 두뇌의 신경전달 메커니즘을 연구하던 오토 로비Otto Loewi 박사는 잠자는 사이에 실험의 핵심 과정이 떠올랐다. 잠에서 깨어나자마자 실험실로 달려가서 실험을 하여, 신경자극이 화학물질에 의해 전달됨을 확인하였다. 두뇌 정보전달이 신경전달 물질에 의해 이루어진다는 사실을 처음으로 밝혀내었고 두뇌 연구의 신기원을 개척한 공로로 1936년 노벨 의학상을 수상하였다.

과학자들만이 잠자는 동안 창의적 발상을 하는 것이 아니다. 현대문학에 큰 영향을 준 <지킬박사와 하이드>Strange case of Dr. Jekyll and Mr. Hyde를 쓴 로버트 스티븐슨Robert Louis Stevenson도 잠자는 동안에 소설의 아이디어를 얻었다고 한다. 폴 매카트니Paul McCartney는 비틀즈The Beatles 선풍을 일으킨 대표곡 <Yesterday>의 선율이 잠자는 동안에 떠올랐다고 한다.

수면은 기억을 장기 기억으로 굳히기 위한 응고 시간일 뿐만 아니라, 지식간의 연계관계를 밝혀내어 창의적 아이디어를 떠올리기 위한 탐구 시간이기도 하다.

잠자는 동안 두뇌는 이렇게 동작한다.

1950년대 시카고 대학교 나다니엘 클라이트맨Nathaniel Kleitman교수와 그 동료가 REM(렘) 수면 현상을 발견한 이후에 수면 연구는 급속한 발전을 이루었다. 수면 과학에 의하면, 잠자는 동안 두뇌에서는 [그림 5-28]과 같이 REM(렘) 수면과 NREM(non-REM: 논렘) 수면이 교대로 반복되어 일어난다. REM 수면은 Rapid Eye Movement(급속안구운동)의 약자로 눈꺼풀 아래에서 안구를 활발하게 움직이면서 잠을 자는 상태를 뜻한다.

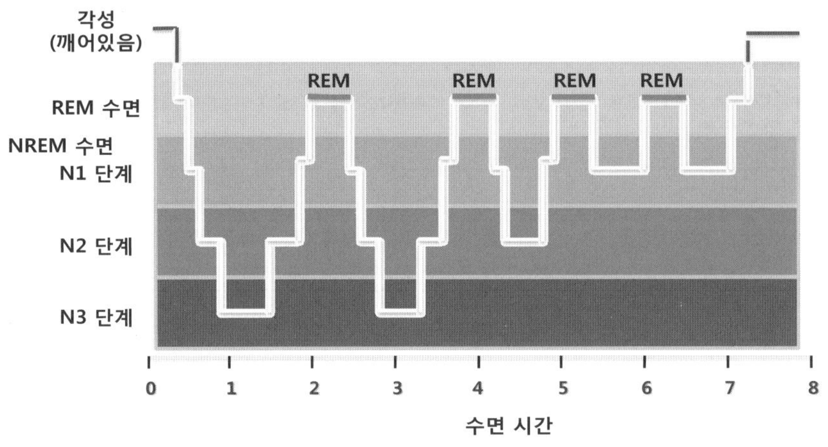

【그림 5-27】 수면단계와 주기

REM 수면 중에는 안구를 급속하게 움직이며 손발을 움찔거리기도 한다. 낮은 전압의 빠른 뇌파가 발생하고 꿈을 꿀 수 있다. 일반적으로 기억하는 꿈은 REM 수면 상태에서 꾼 꿈이다. 근육이 이완되어 움직일 수 없는데, 이는 꿈을 꾸는 동안 신체에 발생할지도 모르는 손상을 방지하기 위한 것이다. 최선을 다했음에도 불구하고 친구가 불행한 사고를 당한 것이 한이 되어 가슴을 치며 서러워하는 꿈을 꾸면서, 현실에서 진짜로 가슴을 친다면 심장마비와 같은 불상사가 발생할 수도 있다. 일반적으로 성인의 전체 수면 시간의 20-25%가 REM 수면이다.

NREM 수면은 REM 수면이외의 수면상태를 말한다. NREM 수면 중에는 근육이완, 호흡과 심장 박동수가 느려지고 혈압과 체온이 떨어진다. 미국 수면 의학회American Academy of Sleep Medicine에서는 NREM 수면을 N1, N2, N3의 3단계로 구분하고 있다.(종래의 3-4단계를 N3로 재정의하였다.) N1 단계는 졸리는 상태에서 얕은 잠을 자는 단계로, 뇌파도 알파파alpha wave 에서 낮은 세타파theta wave로 변한다. 외부환경에 대한 의식이 희미해지고 깊은 잠에 들 준비를 한다. N2 단계는 중간 수준의 깊은 잠 상태로 안구가 전혀 움직이지 않고 외부환경에 대한 의식이 없어진다. 전체 수면 시간의 45~55%가 N2 단계이다. 즉, 대부분의 수면이 N2 단계로 이루어지고 있는 것이다. N3 단계는 깊은 수면단계로 느린 뇌파slow wave에 의한 서파수면 단계라고도 한다. 깊은 수면과 관계있는 델타파delta wave가 나오기 시작하며 성장 호르몬 분비가 활발하게 이루어진다. 꿈을 꾸지만 기억하지 못하고, 몽유병이나 기면 발작과 같은 수면 중 이상 현상이 이때 나타나기도 한다.

일반적으로 REM 수면일 때는 몸이 휴식을 취하고, NREM 수면에서는 두뇌가 휴식을 취한다 할 수 있다. 잠을 자기 시작해서 최초의 REM 수면 상태에 도달하기까지는 약 50~70분 정도가 걸리며, 이후에는 약 90분마다 REM 수면이 반복된다. 즉, 수면의 주기는 평균적으로 약 90분이라 할 수 있다. 또한 수면 중에는 일상 생활동안 발생하는 뇌파와는 다른 형태의 뇌파가 나타난다. 뇌파는 앞서 살펴본 바와 같이, 두뇌에서 정보를 전달할 때 활성화된 신경세포에서는 전기 신호가 발생하는데 이 신호를 뇌파 측정기(EEG)electro-encephalography 등의 장치로 기록한 것이다. 기록된 뇌파는 수천, 수억의 활성화된 신경세포들의 동시 다발적인 활동이다. 두뇌 활동에 따라 신경세포가 활성화되고 일정한 형태의 뇌파가 발생하기 때문에, 뇌파의 형태를 관측하면 두뇌의 활동상태, 인식상태, 감정상태 등을 판단할 수 있다. 이러한 사실로 인하여 거짓말 탐지기 등에서 뇌파를 이용한다. 수면중에 나타나는 뇌파의 형태에는 [표 5-4]와 같은 것이 있다.

[표 5-4] 뇌파의 특성 요약

뇌파 형태	특성
베타파 (beta wave)	12~30Hz. 뇌파 중에서 가장 진폭이 작은 파로서, 일상생활 동안 두뇌에서 발생하기 때문에 활동 뇌파라고 한다. 인간이 의식 상태에서 움직이고, 말하고, 듣고, 외부세계를 인식하는 동안에 발생한다. 즉, 두뇌에서 논리추론, 문제해결, 신체운동조절 등을 할 때 발생한다.
	Beta (β) 13-30 Hz
알파파 (alpha wave)	8~13Hz. 조용히 앉아서 생각하거나 눈을 감고 편안하게 휴식을 취할 때 발생한다. 몸과 마음이 이완되어 있지만, 졸리거나 멍한 상태가 아닌 정신이 깨어 있을 때 발생한다. 즉, 높은 의식 상태에서 몸과 마음이 조화를 이룬 평온한 상태일 때 발생한다.
	Alpha (α) 8-13 Hz
세파타 (theta wave)	4~8Hz. 몸과 마음이 몽롱한 상태, 수면과 각성의 중간상태일 때 발생한다. 주로 깊은 명상 상태일 때 해마 주변에서 발생하며, 이때는 새로운 생각이나 창의적 아이디어가 떠오르기 쉽다.
	Theta (θ) 4-8 Hz
델타파 (delta wave)	0~4Hz. 느리고 진폭이 가장 큰 뇌파. 서파 수면상태(N3)의 무의식 상태에서 주로 발생한다. 성장 호르몬을 촉진시키는 역할을 한다.
	Delta (δ) 0.5-4 Hz

일상생활 중에는 베타파가 나오지만 안정과 휴식을 취하는 동안에는 알파파가 나온다. 알파파가 나오게 되면 몸과 마음의 활동이 조화를 이루어 두뇌 활동이 안정되고 마음이 평안해진다. 이렇게 되면 집중력, 기억력, 창의력 등을 발휘할 에너지를 축적할 수 있다. 스트레스가 있거나 두뇌가 피곤할 때는 두뇌가 알파파를 방출하면서 휴식할 수 있도록 하여야 한다. 조용히 눈을 감고 명상을 하거나 음악을 들으면서, 몸과 마음을 편안하게 조화시켜야 한다. 두뇌에서 알파파를 방출하게 하고 집중력과 수면효과를 준다고 하는 고가의 전자기기들이 팔리고 있다. 그러나 뇌파는 두뇌의 인식과 마음 작용에 따라 두뇌에서 발생하는 것이지, 전자 기기로 통제할 수 있는 것이 아니다. 마음에 스트레스가 쌓여 있을 때도 그런 전자 기기를 사용하면 알파파가 방출될까? 편한 자세로 앉아 눈을 감고 편하게 쉬면서 몸과 마음을 조화시키는 것이 알파파를 샘솟게 하는 첩경이다.

4 마법의 수면시간: 6시간은 꼭 자자.

대부분 학습자나 책임감이 강한 직장인들은 잠자는 시간을 어떻게 해서든지 줄여서 학습과 업무 시간을 보충하고자 노심초사 한다. 한 때 학습자들 사이에는 사당오락(4시간 자면 붙고, 5시간 자면 떨어진다.)이라는 말이 유행하면서 잠자는 사람은 실패자의 오명을 쓰기도 하였다. 이러한 풍조에 편승해서 <3시간 수면법>같은 엉터리 서적들이 난무하기도 하였다. 그래서 많은 학습자들은 위기 의식을 느껴 커피를 과음하거나 각성제를 복용하는 경우까지도 있었다. 단도직입적으로 말해, 앞에서 살펴 본 바와 같이, 충분한 시간동안 숙면하지 않는 학습자는 어떤 경우에도 절대로 원하는 학습과 기억을 성취할 수 없다. 그렇다면 몇 시간을 어떻게 자는 것이 좋을까?

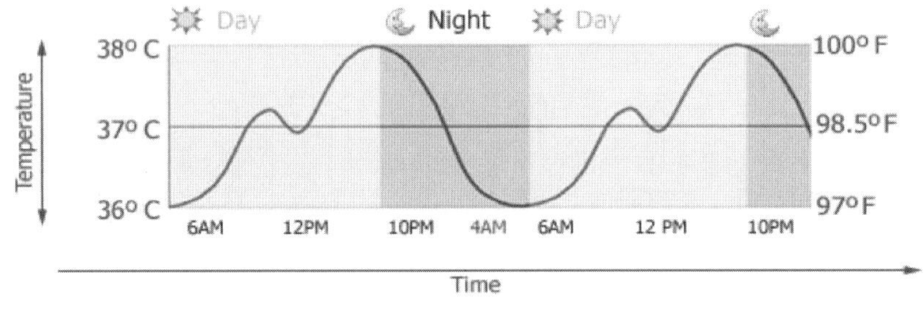

【그림 5-28】 서커디언 리듬

생물은 오랫동안 진화해오면서 활동과 휴식의 리듬을 체화하였다. 인간뿐만 아니라 동물, 식물에서 박테리아에 이르기까지 모든 생명체는 하루 중 어떤 시간에는 활동하고 어떤 시간에는 휴식하는지 활동과 휴식의 리듬을 몸속에 갖고 있다. 이 생체 리듬을 서커디언 리듬circadian rhythm이라고 한다. 서커디언 리듬은 생명체의 생명 리듬이라 할 수 있다. 음악에서 리듬이 깨어지면 불협화음이 되듯이, 서커디언 리듬이 깨어지면 두뇌 활동을 비롯한 모든 생명활동에 부조화가 발생한다.

서커디언 리듬은 개인마다 차이가 있기 때문에, 하루하루의 생활을 세심하게 관찰하여 자신의 서커디언 리듬들 파악할 필요가 있다. 그리고는 규칙적인 생활, 특히 규칙적인 수면으로 자신의 서커디언 리듬에 혼란이 발생하지 않도록 한다. 아침형 인간이니 저녁형 인간이니 하는 말에 현혹되어 강제로 서커디언 리듬을 바꾸려 하지 말고, 자신에 맞는 생활 리듬과 수면 시간을 갖는 것이 자연의 순리이다. 주객이 전도되어 학습에 자신을 맞추는 학습의 노예가 되지 말고, 자신에게 학습을 일치시키는 학습 주도자가 되어야 한다.

개인마다 다소 차이가 있지만, 하루 평균 7~8시간 수면하여야 하는 것은 누구나 알고 있는 사실이다. 7~8시간 수면은 오랫동안의 관찰, 실험과 연구를 통해서 입증된 사실로 인간은 하루에 7~8시간 자야 한다. 하루 7~8시간보다 적게 자면, 만성 수면부족, 만성 피로증후군 상태에 빠져 두뇌 활동이 멍해지고 낮 동안 비몽사몽이 되어 강의 시간에는 졸게 된다. 결국 학습과 건강을 망치는 악순환에서 헤어나지 못하게 된다. 하루 7~8시간 보다 많게 자는 경우에도 신체 활동이 둔해지고 두뇌의 정신 활동도 저하되어 학습의 악순환을 초래하기는 마찬가지이다.

2010년 미국 웨스트 버지니아 대학교 의과대학 연구팀이 전문 학술지 <수면>Sleep에 발표한 바에 의하면, 하루 수면시간이 7시간보다 많거나 적으면 협심증, 관상동맥성 심장병, 심장 발작 등 심장 질환에 걸리게 될 확률이 증대된다고 한다. 그래서 하루에 7시간을 자야 하며, 이를 수면의 마법 수: 7시간The magic number of sleep: 7 hours이라고 한다. 수면과 학습 연구에 저명한 학자인 하버드 대학교 의과대학의 스틱골드Robert Stickgold박사 연구에 의하면, 새로운 지식을 학습하고 기억하려면 적어도 6시간을 자야한다고 한다. 즉, 학습의 마법 수면 시간은 6시간이다. 6시간은 360분으로 90분마다 반복되는 수면주기가 4번 나타날 수 있는 시간이다. 이 시간동안 충분한 숙면을 취할 수 있으며, 수면중에 학습과 기억강화도 성취할 수 있다. 현명한 학습자는 적어도 6시간은 숙면한다.

> ▪ 두뇌 학습 전략:
> 잠은 학습에 보약이다. 최소 6시간 숙면하라.

행사에 참석하거나 열차 시간을 맞추기 위해서 피치 못하게 특정한 시간에 일어나야만 하는 경우가 있다. 대부분이 자명종 시계를 맞추어 정해진 시간에 깨우도록 한다. 이렇게 강제로 잠에서 깨었을 때는 기분이 개운치 않고 비몽사몽하는 경우가 많다 숙면 효과와 기상하였을 때의 개운한 기분을 위해서는 REM 수면상태에서 깨어나는 것이 좋다. NREM 상태의 깊은 잠에서 깨어나면 숙면 효과가 절감되고 갑작스러운 두뇌 활동의 변화로 수면 후유증이 발생한다. 자신의 수면 리듬을 고려하여 REM 수면 상태에서 기상할 수 있도록 수면 시간을 조정하고, 자명종 시계보다는 조명을 점차 환하게 하여 자연스럽게 기상할 수 있도록 하는 것이 숙면을 유지하는 방법이다.

낮 동안의 일상생활 중에 지루해지거나 급작스럽게 피로가 몰려와 졸음이 오는 경우가 있다. 6시간 이상의 숙면을 취하였어도 봄철의 춘곤증처럼 계절 변화에 따른 나른함, 식사 후 포만감 또는 단조로운 학습에 싫증이 났을 때도 졸음이 온다. 또한 서커디언 리듬이 오후 2시경에는 졸음을 느끼도록 설정되어 있기도 하다. 가벼운 졸음일 때는 하품과 기지개를 자주해서 기분을 전환하도록 한다. 하품과 기지개는 두뇌에 산소 공급량을 증대시키고 턱과 입의 근육운동이 두뇌를 자극해서 두뇌활동을 활성화하는 역할을 한다. 낮잠을 자야 하는 경우에는 낮은 수면 상태가 유지되는 15분을 넘지 않도록 한다. 낮잠은 피로를 회복하고 긴장을 이완시키며, 두뇌 활동을 회복시켜주는 효과가 있다. 낮잠을 자는 동안 신경전달 물질이 활발하게 분비되어 신경세포가 활성화되고 근육을 비롯한 신체 각 부분의 피로가 회복되어 정상 상태로 복귀한다. 낮잠을 자고 난 후에는 학습이나 업무 효율이 상승된다는 연구결과들이 많이 있다. 낮잠은 때로는 시원한 생수 역할을 하기도 한다. 불가피하게 더 많은 낮잠이 필요한 경우에도 수면 주기인 90분을 넘지 않도록 한다. 그 이상이 되면 잠을 자더라도 별 효과가 없으며, 오히려 시간 낭비와 피로만을 가중시킨다.

현명한 수면으로 학습과 기억효과를 극대화하자.

하루에 최소 6시간은 잠자는 시간이다. 학습자에게 6시간은 참으로 귀중한 시간이다. 그러나 살펴본 바와 같이 잠자는 시간은 결코 버려지는 시간이 아니다. 두뇌가 학습과 기억을 강화하고 새로운 학습을 준비하는데 꼭 필요한 시간이다. 효과적인 수면으로 수면 중에 두뇌의 학습과 기억활동을 지원함으로써, 수면 시간의 효용성을 극대화 할 수 있다. 숙면과 학습 효과를 극대화하는 일석이조의 수면 학습 전략을 살펴보자.

[취침 직전 30분의 황금시간을 활용하자.]

에빙하우스가 망각곡선을 발표한 후, 미국의 정신 심리학자 젠킨스John Jenkins와 달렌바흐Karl Dallenbach는 수면이 기억을 강화시켜 준다는 실험 결과를 발표하였다. 수면이 망각 저지에 영향을 주고 있음을 밝혀낸 것이다. 깨어 있는 동안 기억한 것은 8시간 뒤에 90% 잊어버리지만, 학습 후 8시간 잠을 자면 50% 정도 밖에 잊어버리지 않는다. 즉 잠자는 동안 두뇌가 학습과 기억을 강화하여 망각을 저지하기 때문에 이러한 현상이 발생한다. 젠킨스와 달렌바흐 이론으로 '학습 후 취침'sleep after learning 또는 '취침 전 학습'studying before sleep에 대한 관심이 고조되어 취침시간과 기억에 대한 많은 연구가 수행되었다.(젠킨스와 달렌바흐는 간섭이 망각의 원인이라고 주장한다.) 그 결과 취침 직전 30분은 학습과 기억을 위한 황금 시간임이 밝혀졌다.

해마는 하루 동안의 기억을 정리할 때, 취침 직전부터 거슬러 올라가 기억을 재생하기 때문에, 취침 직전 학습한 내용은 아주 잘 기억된다. 취침 직전 30분은 학습 효과를 극대화할 수 있는 아주 특별한 시간이다. 이 시간에 계획된 반복 학습, 하루 동안 학습한 내용 총정리 등을 수행하면, 학습과 기억에 최상의 효과를 얻을 수 있다. 새로운 학습을 시작하기 보다는 반복 학습을 수행하여 학습 효과를 높이는데 이 특별한 시간을 사용하도록 한다. 특히, 중요한 시험이 있을 때는, 취침 직전 30분의 황금 시간에 중요사항을 확인, 복습하는데 활용하면 좋은 결과를 얻을 수 있다.

한편, 수면과학의 저명한 학자인 스탠포드 대학교 의과대학의 길렌미노트Christian Guilleminault 교수 연구팀은 취침 직전 5분간 학습한 내용은 기억되지 않는다고 한다. 해마에 입력된 정보가 처리

되기도 전에 취침을 하게 되어 정보가 상실되기 때문이다. 그러므로 마지막 학습 후 적어도 5분 이상 기다렸다가 취침하는 것이 좋다. 5분간 스트레칭을 하거나 하루 일과를 반성하는 명상의 시간을 가져, 해마에 기억된 학습이 처리될 수 있는 시간을 벌도록 한다. 취침 직전에 TV를 보거나 게임을 하게 되면 간섭 현상이 발생하여 학습 기억에 장애를 주고 숙면에도 지장을 초래한다. 취침 직전 황금 시간 30분의 중요성을 고려하여 [그림 5-29]와 같은 취침시간 전략을 만든다.

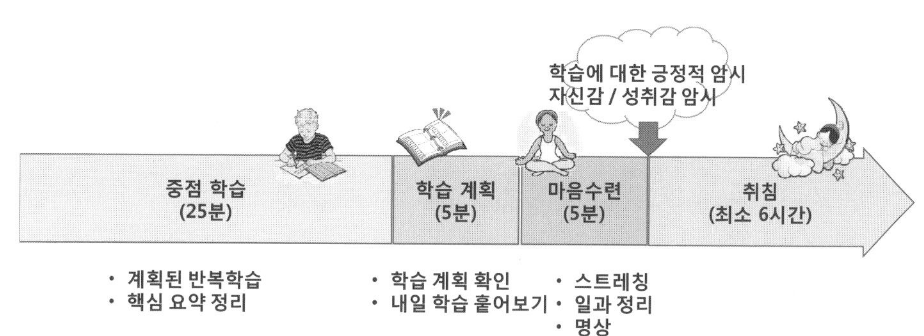

【그림 5-29】 취침 시간 전략

취침 직전 25분간, 학습한 내용을 요약 정리하고 계획된 반복학습을 수행한다. 5분간은 다음날의 학습 계획을 확인하고, 학습할 내용을 개략적으로 그 내용(제목 또는 전체의 대강)을 살펴 다음날의 학습을 준비한다. 학습을 마무리하고, 5분간 스트레칭하거나 보람 있고 만족한 하루를 감사하는 명상을 한다. 취침할 때는 학습에 대한 자신감, 만족감 등으로 자기 암시하고 편안하고 행복한 마음으로 잠자리에 든다.

[자기 암시로 취침을 시작하자.]

앞서 소개한 바와 같이, 잠자는 동안 창의적으로 문제를 해결한 사례는 수없이 많다. 두뇌에 강한 암시를 주면 두뇌는 자는 동안에도 저장된 지식을 재구성하여 문제 해결 방법을 찾아낸다. 전혀 이해가 되지 않던 수학 문제도 자고 나면 저절로 풀리는 경우가 있다. 이러한 현상을 레미네센스reminiscence라고 한다. 1913년 영국의 교육 심리학자, 발라드Philip Boswood Ballard가 발견한 것으로 학습 직후보다는 일정한 시간이 지나고 난 다음 더 많은 것을 기억하는 현상이다. 수면은 잠재의식 속에 각인된 암시에 따라 지식의 정리 정돈해서 저절로 해법을 찾아내는 것이다. 그러므로 잠재의식에 긍정적 암시를 심어줄 주문을 생각하면서 잠을 청한다. 당면하고 있는 중요한 핵심문제 1~2가지를 선정하여 목표와 실천 방안에 대한 자기암시를 만든다.

"확률분포 개념을 적용해서 응용문제를 모두 풀 수 있을 거야. 시가 문학의 흐름을 정리해서 고전 문학의 핵심을 발표하도록 하자. 부정사와 동명사를 이용한 문장 전환으로 영어 구문구조의 원리를 알아내 보자"처럼 당면 과제의 실천방법을 두뇌에 암시한다. 그러나 암시에 얽매이면 잠이 오지 않을 수가 있으므로 가벼운 마음으로 문제해결의 좋은 결과를 상상하면서 잠을 청한다.

[숙면을 취하라.]

수면의 일차적 목적은 심신의 피로 회복과 두뇌 휴식에 있다. 그러므로 깨어났을 때 상쾌한 기분이 나는 숙면을 취해야 한다. 잠자는 동안 수면이 방해되지 않도록 편안한 침구와 쾌적한 환경 유지로 양질의 수면이 이루어지도록 한다. 자기 전 2~3시간 전부터는 음식을 먹지 않는다. 자기 전에 무언가를 먹게 되면 비만을 초래할 뿐만 아니라 수면 중에 신체기관이 휴식을 취하지 못하고 소화 작용을 지속해야 하기 때문에 피로가 누적된다. 수면 중에 이어폰으로 학습 내용을 듣게 하는 수면 학습법이 선전되고 있으나, 이는 학습자에게 불안한 심리를 부추기는 좋지 않은 상술에 불과하다. 이런 것은 수면을 방해하고 수면 중에 두뇌의 학습과 기억 활동을 방해하여 학습을 망치게 한다. 두뇌가 수면 중에 학습과 기억 활동을 충실하게 수행할 수 있도록 숙면하는 것이 최상의 방법이다.

제 [6] 장

혁신적 기억 능력으로 학습을 꽃피우자.

영화 <슬렘독 밀리어네어>Slumdog Millionaire에서는 거액의 상금이 걸린 퀴즈대회에 출전한 빈민가 출신의 자말Jamal을 통해 기억력이 인생을 어떻게 변화시킬 수 있는지를 보여준다. 브라질 역사상 가장 성공한 대통령으로 평가되고 있는 룰라 대통령의 후계자가 된 지우마 호세프Dilma Rousseff 대통령은 주요 국책 사업 관련 수치를 달달 외우고 다닐 정도로 숫자에 밝고 기억력이 비상하여 주목을 받기 시작하였다. 골든벨 퀴즈 프로그램의 최종 우승자가 된 친구는 모두에게 선망의 대상이 된 반면에 일회전에서 탈락한 친구는 창피를 감수해야 했다. 이처럼 우리 주변에서는 기억력이 인생의 행로를 바꾸고 많은 사례를 흔히 볼 수 있다.

지식정보사회의 도래에 따라, 지식정보의 양이 급속하게 팽창되어 폭주상태에 이르고 있으며, 지식정보의 습득, 저장, 처리에도 큰 변화가 있다. 우리가 원하는 모든 지식정보를 PC 또는 스마트폰을 사용하여 인터넷에서 순식간 검색할 수 있게 되었으며, 테라바이트(TB)급 개인용 기억장치가 보편화 되었다. 10TB는 미국 의회 도서관에 소장된 모든 서적을 저장할 수 있는 막대한 기억용량이다. 이에 따라, 기억한다는 것이 무의미한 시대가 도래 하였다. 예전에는 대중가요의 가사를 암기하고 있는 사람이 인기였지만 이제는 노래방 기기가 자동으로 기억해주며, 친구들의 전화번호를 일일이 기억하는 것이 바보스러운 일이 되었다. 암기와 기억은 구시대의 유물일 뿐이다.

새 술은 새 부피에 담아야 하는 것처럼 지식정보시대는 이에 적합한 학습과 기억방법이 요구되고 있다. 그럼에도 불구하고, 1960~70년에 한때 유행하였던 암기술과 기억술 관련 서적이 아직도 읽히는 것은 한심한 일이다. "침대, 물고기, 화분, 수박, 양초, 프라이팬, 오렌지, 자동차, 치마, …"등 무작위로 아무런 의미도 없이 나열된 단어들을 순서대로 암기하는 비법, "010-267-4328, 011-356-9842, …"와 같이 숫자나 전화번호를 암기하는 숫자 변환법 같은 것은 학습과 기억의 해결 방안은 절대로 아니다. 이러한 암기술이나 기억술은 TV 오락 프로그램에 출연할 수 있는 묘기일 뿐이다.(실제로 TV 오락 프로그램에서는 이런 묘기를 보여준다.) 500자리 숫자를 한번 듣고 기억해 기억술 부분의 기네스 기록(1998년)을 보유하고 있는 에란카츠Eran Katx, 세계 기억술 대회에서 6차례 우승 등 화려한 경력을 갖고 있는 도미니크 오브라이언Dominic O'brien, 등을 뛰어난 기억술사로 인정할 수 있겠지만 학습의 거장이라고는 하지 않는다. 기억술과 같은 술수는 반짝 효과가 있을 수 있지만, 학습과 기억을 올바른 길로 안내하지는 못한다.

정보통신 기술의 비약적 발달로 기억이 불요불급해지면서, 지식을 기억하기보다는, 지식을 이해하고 활용하는 능력이 더욱 중요해지고 있다. 그럼에도 불구하고, 기억은 학습에서 중추적인 역할을 하고 있다. 인간이 두뇌를 갖고 있는 한, 학습한 지식을 효과적으로 기억할 수 있는 능력, 즉 기억 능력의 개발은 절대적으로 필요하다. 학습한 지식을 체계적으로, 효과적으로 기억해서 창의적 사고의 원동력이 될 수 있도록 하는 기억 능력에 대하여 알아보도록 한다.

기억을 증진시키는 가장 좋은 약은 감탄하는 것이다.
- 탈무드Talmud

6.1 두뇌의 기억 원리를 이해하라.

두뇌는 학습과 기억의 중추기관이다. 그러므로 효과적인 학습과 기억을 위해서는 두뇌에서 일어나는 학습과 기억현상을 이해할 필요가 있다. 이미 제5장에서 두뇌의 학습과 기억 활동을 설명하면서, 해마의 역할, 신경 회로망의 구성, 시냅스의 가소성, LTP 등 두뇌의 물리적 활동과 기억의 종류와 특징 등 두뇌의 인지 능력에 대하여 살펴보았다.

또한 이러한 두뇌의 학습 및 기억 활동을 극대화하는 두뇌 학습 전략에 대해서 알아보았다. 이러한 지식은 학습의 기억 능력을 혁신하는데 귀중한 기초 원리를 제공한다. 많은 시간을 학습하였는데도 학습 능률이나 기억 효과가 떨어진다고 하는 것은 두뇌 동작과 동기화하는 학습과 기억을 하지 못했기 때문이다.

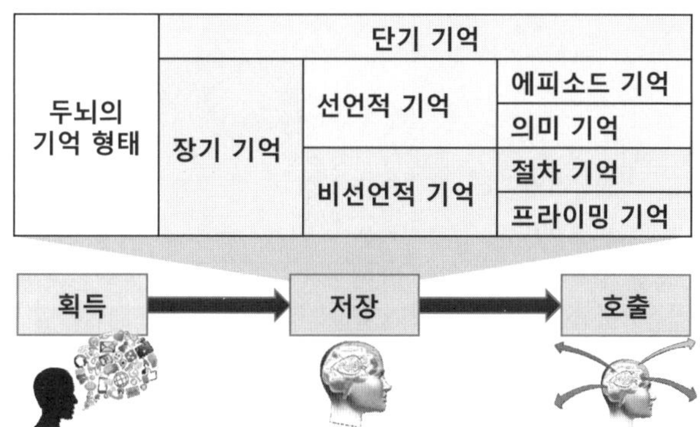

【그림 6-1】 두뇌의 학습 지식 처리 과정

두뇌의 기억 활동과 관련된 중요한 인지적 관점을 요약하면 [그림 6-1]과 같다. 제5장을 살펴보고, [그림 6-1]의 내용을 이해하도록 하자. 일반적으로 두뇌의 학습 지식 처리는 습득-저장-호출의 과정으로 이루어진다. 두뇌는 각 단계마다 두뇌 활동을 지원하고 강화하는데 필요한 학습 활동을 요구하고 있다. 예를 들어, 획득 단계에서 두뇌는 기억하려는 강력한 의지, 학습 지식을 이해하고 계층화, 구조화하는 지식 정규화 노력을 요구한다. 두뇌가 요구하는 이러한 학습 활동이 제대로 이루어지지 않으면, 학습 지식의 효과적인 습득을 기대하기 어렵다. 따라서, 학습 지식처리 단계마다 두뇌가 요구하는 학습 활동과 이를 구체적으로 실행하는 방안이 필요하다. 이러한 학습활동 실행방안은 기억 능력 향상과 직결된다 할 것이다.

[표 6-1]은 학습지식 처리단계, 각 단계별 요구되는 학습활동 그리고 구체적 학습기억 실행방안을 정리, 요약한 것으로써 혁신적 기억 능력 향상을 위한 기초 원리를 알려주고 있다. 이것을 12가지 기억의 비타민이라고 하자.

[표 6-1] 12가지 기억의 비타민: 학습 단계별 기억 실행방안

지식처리단계	두뇌요구 학습활동 (두뇌 활성화 요소)	학습기억 실천방안 (기억 능력 향상요소)	
획득	기억의지 지식 정교화	기억 의지	• 기억하고자 하는 긍정적 욕구 • 학습에 대한 관심과 기대 • 학습의 호기심, 재미
		집중 몰입	• 기억 대상 파악
		내용 이해	• 학습내용의 확실한 이해 • 학습내용 가르치기
		핵심 파악	• 학습내용 요점정리 • 학습내용 본질 파악
		내용 정교화	• 계층화, 구조화, 시각화 • 전체와 부분 정리
저장	연상기억 반복학습	의미 부여	• 의미 발견 • 범주화/네트워크화
		분할 기억	• 하향 분할 • 집중 정복 • 상향 통합
		연상 결합	• 의미 결합 • 연상 네트워크
		반복 학습	• 계획적인 반복
		에피소드 작성	• 현장 방문 체험 • 실험 실습/시연 • 질문하기
호출	단서/흔적 경험/계기	단서 생성	• 호출 단서 생성 • 연상 결합
		온몸 학습	• 실제 상황 연출 • 실연/발표

12가지 기억의 비타민은 학습한 지식을 견고하게 획득-저장-호출하여, 학습이 결실을 맺을 수 있도록 하는 학습활동의 핵심요소이므로 향상 염두에 두고 학습하도록 하자. 배고픈 사람에게 물고기 몇 마리 주기보다는 고기 잡는 법을 가르쳐주라는 속담이 있다. 기억 능력 향상 12요소는 기억술수가 아닌 기억을 사로잡는 방법이다.

지식의 획득

지식을 스펀지처럼 빨아드리려면, 먼저 지식을 흡수하고자 하는 강력한 의지가 있어야 한다. 이러한 의지를 바탕으로 지식을 섬세하게 관찰하여 이해하고, 이를 두뇌가 잘 흡수할 수 있는 형태로 요리해야 한다. 지식획득은 두뇌 지식처리의 첫 단계로 기억 능력 향상의 에너지가 된다.

[1] 강력한 기억의지

"나는 기억 능력이 약하다."고 그릇된 생각을 하는 학습자가 있다. 나쁜 기억 능력이란 존재하지 않는다. 어마어마하게 많은 지식을 습득한 사람이나 완전히 무식한 사람의 두뇌 신경구조는 근본적으로 다르지 않다. 두뇌의 기억 용량은 거의 무한하여 죽을 때까지 사용하여도 다 사용하지 못한다. 기억의 중추적 역할을 하는 해마는 쓰면 쓸수록 더 활발하게 동작하며, 두뇌는 쓸수록 발달한다는 것이 인지 심리학이나 신경과학의 정설이다.

기억한 지식을 망각하였다 하더라도 절대로 실망해서는 안 된다. 망각은 누구에게나 일어나는 자연스러운 현상이며, 망각의 속도는 동일하다. "나도 기억에 자신 있다."고 하는 긍정적 자세와 기억하려는 의지로 항상 충만해 있어야 한다. 교육심리학자 손다이크E. I. Thorndike는 심리실험을 통해 기억하려는 의지가 있을 때만 기억되고, 그렇지 않으면 지식을 받아들이지 않는다는 것을 증명하였다. 기억하려는 의지가 없는데, 두뇌가 어떻게 기억할 수 있겠는가? 두뇌는 기억의지가 없는 지식의 기억을 거부하는 것이다.

기억하려는 의지로 충만하기 위해서는 학습에 대한 강력한 관심과 지식에 대한 호기심을 가져야 한다. 마음에 쏙 드는 이성 친구를 아주 시끄러운 행사장에서 발견하였다고 하자. 아무리 주변이 시끄러워도 이성 친구가 하는 말을 알아듣고 대화를 할 수 있다. 이러한 현상을 칵테일 파티 현상이라고 하는데, 관심과 호기심이 있으면 주변에 어떠한 어려움이 있더라도 극복할 수 있다. 학습 내용이 아무리 어렵고 기억하기 힘들다 하여도 관심과 호기심이 있으면 이해하고 기억할 수 있다.

학습을 재미와 흥미로 생각하여야 기억 능력이 향상된다. 학습에 대해 "지겹다, 싫다, 짜증난다, 피곤하다"하는 인식은 기억 능력을 말살시킨다. 재미없게 생각하면, 아무리 명작 영화라 하더라도 졸리게 된다. 흥미가 없으면 한 귀로 듣고 다른 귀로 흘려 보내는데 기억될 리가 만무하다. 재미있게 생각하면 수많은 게임 캐릭터도 줄줄이 이야기할 수 있으며, 좋아하는 연예인의 세세한 것까지도 기억할 수 있다. 재미와 흥미는 기억 능력을 저절로 강화시켜준다.

학습을 게임하듯이 즐길 줄 알아야 한다. 기억하고자 하는 의지는 경이로운 기억 능력으로 나가는 첫 걸음이다. 이탈리아의 유명한 지휘자 토스카니니Artuto Toscanini는 거의 시력을 상실해서 악보를 볼 수 없었다. 중요한 연주가 있던 어느 날, 한 연주자가 토스카니니를 찾아왔다. 자기 악기가 망가져 '솔'음을 낼 수 없기 때문에 연주에 문제가 생겼다는 것이다. 토스카니니는 잠시 생각하더니, "연주하셔도 됩니다. 오늘 당신이 연주하는 부분에는 '솔'음이 없습니다." 토스카니니는 교향곡 악보 전체를 기억하고 있었던 것이다. 시력을 상실한 토스카니니는 사랑하는 음악을 지속하기 위해서는 기억 능력을 향상시켜야만 했다. 그의 경이적인 기억 능력에 대해서는 많은 일화가 남아 있다. 유사한 예로, 시각 장애인으로 대학교수가 된 분들이 어떻게 학습하였는지 생각해 본적이 있는가? 종이에 쓰지 않고 수학 문제를 풀고, 보지 않고도 피카소의 작품 세계를 설명하기 위해서는 경이적인 기억 능력을 개발할 수밖에 없다. 토스카니니나 시각 장애인 교수들은 기억하고자 하는 강렬한 의지가 있었기 때문에 초인적인 기억 능력을 개발할 수 있었다. 인공위성이 우주로 솟구쳐 오르려면 강력한 추진체가 필요한 것처럼 기억의지는 경이적 기억 능력으로 나가는 강력한 추진 에너지이다.

[2] 집중 몰입

두뇌에 기억하려면 먼저 기억 대상의 실체를 명료하게 파악하여야 하는데, 이를 위해서 학습에 집중, 몰입할 필요가 있다. 기억할 대상이 흐릿하거나 모호하면 두뇌는 정확하게 기억할 수 없기 때문에 학습 지식의 실체를 파악하기 위해 주의를 집중해야 한다. 다시 말하면, 강의를 듣거나 학습할 때는 기억하고자 하는 의지를 갖고 강의와 학습에 주의를 집중해 몰입하여 한다.

선생님이 학생들에게 간단한 퀴즈를 내었다. “현장 학습을 위해 5명의 학생이 광화문으로 가는 버스를 탔습니다. 버스 안에는 4명의 승객이 타고 있었습니다. 다음 정거장에서 2명이 내리고 3명이 탔습니다. 다음 전철역 정거장에서는 3명이 타고 5명이 내렸습니다. 남대문 부근 정거장에서는 2명이 내리고 9명이 탔습니다. 그 다음 정거장에서는 4명이 내리고 1명이 탔습니다. 자 그렇다면, 버스는 몇 번 정차하였을까요?”

이러한 퀴즈에 답변하기가 쉽지 않다. 왜냐하면 선생님의 의도에 집중하지 않고 엉뚱한 생각을 하였기 때문이다. 선생님이 사진을 보여주면서, “자, 이것은 요즈음 새로 단장한 이순신 장군 동상입니다. 자세히 보세요.”하고는 사진을 내려놓고, “이순신 장군이 칼을 어느 손에 들고 있었을까요?”라고 질문을 하면 답변이 망설여진다. 왜냐하면, 주의를 집중해서 정확하게 관찰하지 않았기 때문이다. 이처럼 학습 중에 엉뚱한 생각을 하거나 핵심에 주의를 집중하지 않으면 기억할 대상의 실체를 파악할 수 없게 되고 기억도 이루어지지 않는다.

그러나 실제 학습에서는 위의 퀴즈와 같은 일은 일어나지 않는다. 강의나 학습은 사전에 학습 목표가 뚜렷하게 제시되기 때문이다. 학습 시에는“버스가 전부 몇 번 정차하는지 맞추어 보세요.”하고 버스 퀴즈가 제시되고, “다음 사진에서 이순신 장군이 어느 손으로 칼을 잡고 있는지 살펴보세요.”하고 사진을 보여준다. 사전에 주어지는 학습 목표를 이해하고, 학습 주제에 집중, 몰두하면 누구나 답변할 수 있다. 아주 시끄러운 소음 속에서도 친구와 대화할 수 있는 칵테일 파티 현상처럼 학습 주제에 집중하고 몰입하면 어떠한 방해가 있다 하여도 기억할 실체를 파악할 수 있다. 쓸데없는 잡념을 버리고 학습 주제에 주의력을 집중해서 몰두하고, 기억해야 할 실체를 발견해야 기억할 수 있다.

[3] 내용 이해

다음은 로마시대의 시인 호레이스Horace가 쓴 시의 한 구절이다. 주의 깊게 읽어본 후, 책을 덮고 기억해 보라.

까르페디엠쿠암미니크레둘라포스트에로(Carpe diem, quam minimum credula postero)

시 귀절이 해리포터의 주문 같고 무슨 의미인지 알 수 없어 기억해내기가 힘들다. 라틴어로 쓰여진 시 구절은 다음과 같이 생각할 수 있다.

까르페	디엠,	쿠암	미니	크레둘라	포스트에로
(즐겨라)	(현재),	(그리고는)	(하지마라)	(믿다)	(미래)

시 구절은 "현재를 즐겨라, 그리고는 미래를 믿지 마라."라는 의미를 갖고 있다. 이 시 구절은 로빈 윌리엄스Robin Williams가 주연한 <죽은 시인의 사회>Dead Poets Society에 등장해 유명해 졌다. 미래는 아직 오지 않은 것, 미래는 알 수 없고 불투명한 것, 그러하니 현재에 충실하고 현재에 즐겁게 생활하라는 의미이다. 그러면 다시 시 구절을 읽어보고 기억해 보자.

까르페디엠쿠암미니크레둘라포스트에로(Carpe diem, quam minimum credula postero)

먼저보다 확실하게 차이를 느낄 수 있다. 첫째, 시 구절의 의미를 알고 있기 때문에 주문 같은 이상한 느낌이 오지 않는다. 둘째, 시 구절을 단어 단위로 분할할 수 있어 기억이 용이하다. 셋째, 내용을 이해하고 있어 기억의 부담감을 줄일 수 있었다. 이처럼 내용을 이해하고 있으면 확실하게 기억할 수 있다. 크레아그와 튤빙의 1975년 연구에서도 단순하게 단어를 기억하는 것보다 의미를 알고 기억할 때 3-4배의 기억 효율이 있음이 밝혀졌다.

바둑 한판을 두는데 보통 300여수가 필요하다. 프로 바둑기사나 고단자는 바둑이 끝난 후 처음부터 마지막까지 바둑 한판을 그대로 복기할 수 있다. 이유는 바둑의 내용을 이해하고 있기 때문이다. 교향곡 지휘자는 수많은 악기가 2-3시간 동안 복잡한 악보를 연주하는 동안, 혹시 잘못된 음이 연주되면 즉시 찾아 낼 수 있다. 음악의 내용을 기억하고 있기 때문에 가능한 일이다.

무작정 암기하는 것은 맨땅에 헤딩하는 것이나 다름없다. 이해하지 못하는 암기는 학습을 파괴하는 주범이다. 암기가 어렵다고 기억술과 같은 술수를 쓰는 것은 스스로 학습의 무덤을 파는 행위이다. 학습 기억의 대전제는 학습 내용의 이해임을 명심해야 한다. 학습 내용을 이해하면 술수를 쓰지 않아도 기억이 저절로 이루어진다.

기억은 학습 내용 이해와 불가분의 관계가 있다. 확실하게 기억하려면 확실하게 학습 내용을 이해하여야 한다. 그렇다면, 학습 내용을 이해하였다고 하는 것은 무엇일까? 강의를 듣고 책을 읽고 문제를 풀고, "아, 그렇구나!"하는 것은 학습내용의 이해가 아니다. 이것은 단지 듣고 보고 풀었다고 하는 것에 불과하다. 학습한 내용을 다른 사람에게 설명할 수 있을 때만이 학습 내용을 이해하였다고 할 수 있다. 다른 사람에게 설명할 수 없으면 이해하지 못한 것이다. 학습 내용을 이해하였는지 확인해 보고 싶으면, 다른 사람(친구, 선생님, 선후배, 가족 또는 자신, …)에게 설명해 보라. 두뇌가 기억을 저장하는 이유는 지식을 전달하기 위한 목적도 있다. 학습 지식을 설명할 수 있으면, 이해한 것이고, 이해하였으면 기억하고 있는 것이다.

[4] 핵심파악

미국의 시인 존 삭스John Godfreg Saxe는 우리에게 잘 알려진 우화 <장님과 코끼리>The Blind Man & The Elephant를 저술하였다. 인도에서 장님 여섯 명이 진리를 얻기 위해 경의로운 동물인 코끼리를 찾아 고행 길을 떠났다. 마침내 코끼리를 만난 장님들을 각각 옆구리, 상아, 코, 다리, 귀, 꼬리를 만져보고, 코끼리는 벽, 송곳창, 뱀, 나무, 부채, 밧줄과 같은 동물이라고 생각하였다. 어느 누구도 코끼리의 실체를 제대로 파악하지 못하였지만, 서로 한 치의 양보도 없이 자신이 맞는다고 싸웠다는 이야기이다. 학습에서도 이와 같은 일이 일어나곤 한다. 학습은 전달하고자 하는 분명한 실체가 있다. 학습자는 학습의 실체를 이해하여야 함에도 불구하고 주변적인 사항에 몰두하여 실체는 보지 못하고 쓸모없는 사소한 지식만을 기억하는 경우가 있다.

토마스 키다Thomas Kida도 그의 저서 <생각의 오류>Don't believe everything you think에서 분석적으로 설명하였지만, 사람들은 자신이 보고 싶은 것만 보고 기억하고 싶은 것만 기억하려는 경향이 있다. 그러나 학습에서는 자신의 선입관이나 편견에 기준해서 학습 내용을 이해하려고 해서는 안 된다. 학습 내용의 객관적 본질을 파악하여야 한다. 학습 지식을 둘러싼 주변적인 껍데기를 제거해서 본질을 파악할 수 있는 추상적 사고 능력이 필요하다. 제4장에서 학습 내용의 핵심 파악을 위한 구체적 방법을 자세하게 설명하였다. 이런 방법을 원용해서 학습 내용의 본질을 파악하는 것은 기억능력 향상에 디딤돌이 된다.

학습 기억이란 책을 통째로 기억하거나 암기하는 것이 절대로 아니다. 또한 학습한 것 모두를 기억할 필요도 없다. 학습 내용의 본질만 기억하면 된다. 비유적으로 예를 들면, 컴퓨터의 정보처리 숫자 2, 4, 8, 16, 32, 64, 128, 256, 512, 1024를 기억해야 한다면 숫자 각각을 통째로 기억할 필요가 없이, 컴퓨터의 정보처리는 2의 제곱(2^n)으로 한다고 기억하면 되는 것이다. 학습 지식의 본질은 간단하여 효과적으로 기억할 수 있을 뿐만 아니라, 무한한 창의성의 원동력이 될 수 있다.

[5] 내용 정교화

두뇌 기억은 종종 거대한 창고에 상품을 보관하는 것에 비유하곤 한다.(대형 백화점이나 마트의 상품진열 또는 대형 서점에서의 서적 배열을 상상해도 좋다.) 거대한 창고에 상품을 효과적으로 저장하려면, 상품을 규격화된 형태로 포장을 한 후, 상품을 분류해서 지정된 장소에 찾기 쉽게 가지런히 저장해야 한다. 그래야만 조직적으로 저장되고 찾기도 쉽다. 두뇌 기억창고에도 이와 유사한 방식으로 저장해야 견고하게 기억되고 호출도 증진된다.

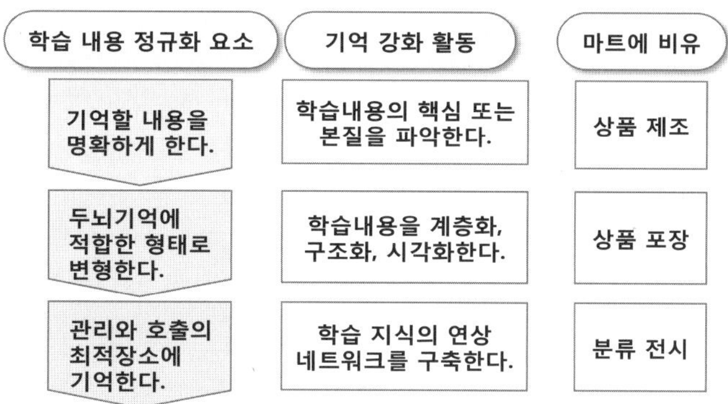

【그림 6-2】 기억 내용의 정교화

[그림 6-2]와 같이 획득한 학습 지식을 두뇌기억에 적합한 형태로 가공하는 것을 기억내용의 정교화라 한다. 정교화는 획득한 학습지식을 두뇌가 선호하는 형태로 규격화하는 것이다. 토끼에게 당근을 주면 좋아하는 것처럼 두뇌가 좋아하는 형태로 학습 지식을 주어야 기억 효율이 증진된다. 학습자들은 학습 지식을 습득한 후에는 저절로 두뇌에 기억될 것으로 믿고 정교화를 무시하는 경향이 있다. 정교화를 하지 않으면, 어지럽게 물건들을 늘어놓은 방처럼 학습 지식이 제자리에 놓이지(기억) 못하게 되고, 발견(호출)에도 지장을 초래한다. 그러므로 학습 후에는 획득한 지식을 정교화 하는 것이 애써 학습한 지식이 방치된 채 망각되는 것을 방지하고 장기기억 되도록 하는 첩경이다.

정교화는 한마디로 말해서, 학습지식의 계층화, 구조화, 시각화라 할 수 있다. 정교화 이론에 선구적 역할을 한 교육심리학자 라이거루스Charles Reigeluth는 정교화를 학습지식의 선택, 계열화, 종합, 요약하기 위한 방법으로 보았다. 그는 정교화를 줌렌즈에 비유하면서 학습 지식의 내용을 파악할 것을 제시하고 있다. 즉, 전체를 이해한 후 부분을 상세히 파악하는 것을 정교화의 과정으로 보았다. 이 책에서는 효과적 학습 전략의 한 방법으로 '전체를 파악한 후에 부분을 보라'는 전략을 설명한 바 있다. 정교화의 결과는 반드시 계층화, 구조화, 시각화로 표현되어야 정교화 하였다고 할 수 있다.

4 지식의 저장

내용 정교화까지의 과정을 통해서 지식을 완벽하게 습득하였으면, 두뇌에 장기간 기억될 수 있도록 저장하여야 한다. 두뇌는 획득한 지식을 해마를 거쳐 측두엽 등의 신경 회로망 안에 저장하게 된다. 해마는 쓸모없는 지식을 여과하는 작용도 한다. 그러므로 획득한 지식에 의미를 부여하여 그 중요성을 인식시켜야 한다. 복잡한 지식은 분할하여 기억 저장이 용이하게 할 필요도 있다. 기억의 신경 회로망이 효과적으로 구성되도록 지식을 연상 결합하고, 반복학습을 통하여 망각되지 않고 견고하게 안착하도록 하여야 한다. 획득한 지식을 에피소드(이야기)로 만들면 잘 만들어진 영화처럼 생생하게 기억된다.

[6] 의미 부여

두뇌는 의미 없는 지식은 재미없어 잘 기억하지 않는다. 또 의미 없는 지식은 기억할 필요도 없다. 지식이 두뇌에 안착, 저장되기 위해서 의미를 가져야 한다. 박물관에 견학을 갔다고 하자. 전시된 흙으로 만든 그릇들과 이상한 형태의 돌멩이들을 보고 있노라면 오래된 물건들인가 보다 하는 생각 이외에는 다른 생각은 나지 않고 재미도 없다. 이때, 선생님이 뾰쪽한 형태의 돌멩이를 가리키면서 "예전에 많은 역사학자나 고고학자들이 우리나라에는 구석기 시대가 없었다고 하였습니다. 우리의 역사가 오래되지 않았다고 주장하는 것이지요. 그런데, 우리나라에서 아프리카에서만 발견되던 선사시대 유물이 발견되었습니다. 1978년 경기도 연천군 전곡리에서 약 20만년 전에 사용되었던 돌로 만든 주먹도끼가 발견된 것입니다. 지금보고 있는 것이 바로 20만년 전의 그 주먹도끼입니다. 주먹에 꼭 잡히도록 알맞은 크기와 모양을 하고 있습니다. 앞쪽을 뾰쪽하게 인공적으로 가공한 것을 볼 수 있습니다. 이것은 짐승을 사냥하거나 가죽을 벗기기 쉽도록 한 것입니다. 저 주먹도끼가 우리나라에도 구석기 시대가 존재하였고, 20만년 전에도 한반도에는 사람이 살고 있었다는 것을 증명하는 것입니다." 이런 설명을 듣고 나면 아무런 생각 없이 바로 보던 돌멩이의 의미를 이해할 수 있게 되고, 돌아와서도 돌멩이의 모양을 생생하게 기억할 수 있다. 또한, 경기도 연천군 전곡리가 구석기 시대의 중심지였음을 자연스럽게 기억할 수도 있다. 이처럼 의미는 지식에 생명을 부여하여 살아있는 기억을 창조한다.

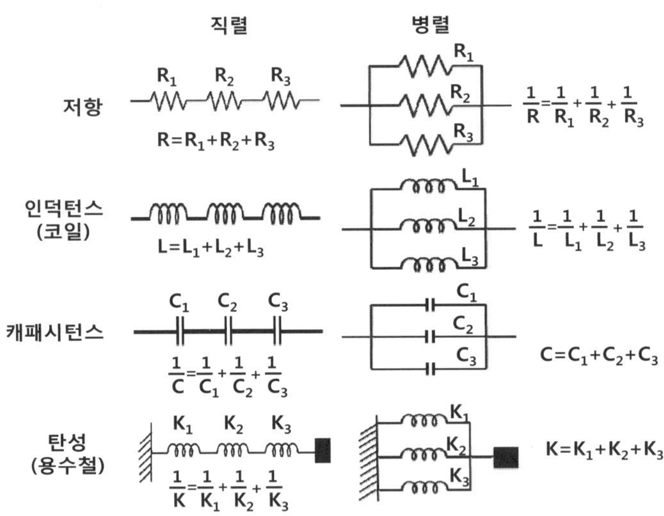

【그림 6-3】 의미 부여 예: 옴의 법칙Ohm's law

물리학에서 전기저항에 관한 옴의 법칙Ohm's law을 학습하였다 하자. 그 내용을 [그림 6-3]과 같이 요약할 수 있다. [그림 6-3]을 주의 깊게 관찰하면서, "아하~~~, 저항과 인덕턴스는 에너지를 소비하네, 그래서 따로(직렬) 있을 때는 각자의 크기를 발휘하지만, 묶어 놓으면(병렬) 조화평균 크기만큼만 동작하네. 어, 그런데 캐패시턴스와 용수철은 반대로 에너지를 모으네, 따로 따로(직렬) 모으면 조화평균만큼 저장하지만, 묶어 놓으면 통으로 저장하네, 저항과 인덕턴스는 각자 활동을 주로 하는 독불장군이고, 캐패시턴스와 용수철은 뭉쳤을 때 더 큰 힘을 내는 얼룩말 집단이군." 이처럼 유사한 요소들이 여럿이 있을 때는 범주화categorization하여 의미를 부여하면 분명하게 된다.

좀 더 쉬운 예를 살펴보면 이해에 도움이 될 것이다. 다음 사람들의 이름을 기억해야 한다고 하자.(실제로는 그럴 필요가 전혀 없지만)

뉴턴, 플라톤, 베토벤, 니체, 플레밍, 피카소, 까뮈, 베르그송, 아인슈타인, 베이건.

무작정 아무런 의미도 없이 기억하려면 무척 힘들다. 그러나 범주화해서 철학자 4명 플라톤, 니체, 베르그송, 베이건, 그리고 과학자 3명 뉴턴, 플레밍, 아인슈타인, 또 예술가 3명 베토벤, 피카소, 까뮈라고 기억하면 훨씬 쉬운 것을 알 수 있다. ACT-R(사고의 적응제어)이론으로 유명한 인지심리학자 앤더슨Robert Anderson은 의미가 언어와 기억 발달에 지대한 영향을 미치고 있음을 여러 연구에서 밝히고 있다. 또한 두뇌의 기억 저장 방식을 체계화한 것으로 유명한 콜린즈Allan Collins와 퀼리언Ross Quillian은 두뇌의 기억저장을 의미 네트워크Semantic Network로 모델화하였다. 의미는 두뇌에 저장된 기억의 존재 이유이다. 의미가 두뇌 기억의 구조 운영을 담당하는 주체 요소인 것이다.

세종대왕은 세계 문자 중 가장 과학적인 한글을 창제하고 훈민정음 서문을 쓰셨다.(한글이 과학적인 문자임은 언어학, 수학, 컴퓨터과학, 정보이론 등에서 이론적으로 증명되었다.) 학습자는 훈민정음 서문을 무작정 암기하려고만 한다.

> 나라의 말과 글이 중국과 달라 문자끼리 서로 통하지 않으므로, 고로 어리석은 백성이 말하고자 하는 바가 있어도 마침내 그 뜻을 능히 펴지 못하는 자가 많으니라.
>
> 내가 이를 불쌍히 여겨 새로 스물여덟 자를 만드노니, 사람마다 쉽게 익히게 하여 매일 사용함에 편하게 하고자 할 따름이니라.

암기는 학습을 망치는 주요 원인이며 창의성을 마비시킨다. 세종대왕이 훈민정음 서문을 쓴 의미를 깨닫는 것이 더 중요하다.

- 나라의 말과 글이 … 서로 통하지 않으므로 : 문화적 자주 정신, 자아 정신
- 어리석은 백성이 … 그 뜻을 능히 펴지 … : 민본주의 정신
- 사람마다 쉽게 … 사용함에 편하게 … : 실용주의 정신

이와 같이 훈민정음 서문에 나타난 의미를 이해하면, 신선하고 참신하게 오래 기억할 수 있다.

의미부여가 기억 능력에 중요하기 때문에, 소위 기억술이라고 하는 방법에서도 응용되고 있다.

대표적인 예로 숫자 변환법이라고 하는 것이 있다. 숫자에 한글 자음을 대응시켜 두 자리 숫자마다 각 자음으로 시작하는 단어로 대치하는 것이다. 숫자에 의미를 부여하는 것이다.

1	2	3	4	5	6	7	8	9	0
ㄱ	ㄴ	ㄷ	ㄹ	ㅁ	ㅂ	ㅅ	ㅇ	ㅈ	ㅊ

예를 들어, 15(ㄱㅁ)은 교문, 26(ㄴㅂ)은 나비, 63(ㅂㄷ)은 바다, 92(ㅈㄴ)는 지네로 대체하여 의미를 부여한다. 이러한 숫자 의미 부여를 통해서 이순신 장군이 1592년 옥포 해전에서 대승하였다는 것을 기억하기 위해, "이순신 장군이 옥포 대학 교문(15)에 지네(92)를 밟고 넘어졌다."로 기억하는 것이다. 기억술에서 말하는 이러한 방식은 전문 기억술사에게는 비법으로 통할지는 모르지만, 학습자에게는 독약이다. 학습의 목적은 지식의 본질을 이해하고 창의성을 개발하는데 있지, 단순 암기술로 재주 부리거나 장기자랑 하는데 있지 않다. 숫자 변환법으로 만들어진 문장은 억지로 암기하기 위한 임시방편에 불과하며, 이순신 장군이 교문에서 지네를 밟고 넘어졌다는 어처구니없는 암시를 통해 지식의 본질을 훼손하고 기억 간섭을 야기시킨다. 숫자 변환법을 활용하려면 숫자에 대응하는 단어를 암기해야 하고 우스꽝스러운 문장을 만들어내야 한다. 학습자에게는 시간 낭비일 뿐만 아니라 오히려 학습의욕을 저하시키게 한다. 기억술사들이 이야기하는 것처럼 년도나 전화번호를 암기할 때 사용할 수 있을지는 몰라도, 지식 정보시대의 학습에는 전혀 적합한 학습방식이 아니다.

지식에 의미를 부여하는 방법에는 다양한 방법이 있다. 앞서 예를 보인 것처럼, 학습 지식을 실감나게 이해하여 지식의 본질에 대한 의미를 새롭게 하거나, 분류 또는 범주화하여 지식에 내재한 의미를 밝혀내거나 또는 추상화abstraction를 통해 의미를 부여할 수 있다. 이러한 지적 사고력 증진에 대해서는 자세하게 설명한 제4장 등을 참고하도록 하자. 의미부여는 객관적일 수도 있을 뿐만 아니라 주관적일 수도 있다. 예를 들어, 캐플러의 행성 운동 법칙을 학습한 후, "아하~~~ 이 법칙은 관찰과 데이터 분석의 중요성을 보여주는 좋은 사례이군. 대단해."하고 자신의 견해를 첨부해도 좋다. "미분 가능한 함수의 극한값은 우선 로피탈의 정리L'Hospital's rule부터 적용해 보자."처럼 자신의 경험을 활용해도 좋다.

[7] 분할 기억

분할 기억은 기억의 본래적 특성이라기보다는 효과적인 기억 전략이라 할 수 있다. 복잡한 지식은 통째로 기억하기 보다는 이해할 수 있는 부분으로 분할해서 기억하는 것이 좋다. 예를 들어 [그림 6-4]와 같은 복잡한 전자 회로도를 기억하려 할 때, 통째로 기억하기 보다는 아주 작게 분할해서 기억하는 것이 효과적이다. 나누어진 부분만을 주목해 보라. 쉽게 기억할 수 있을 것이다.

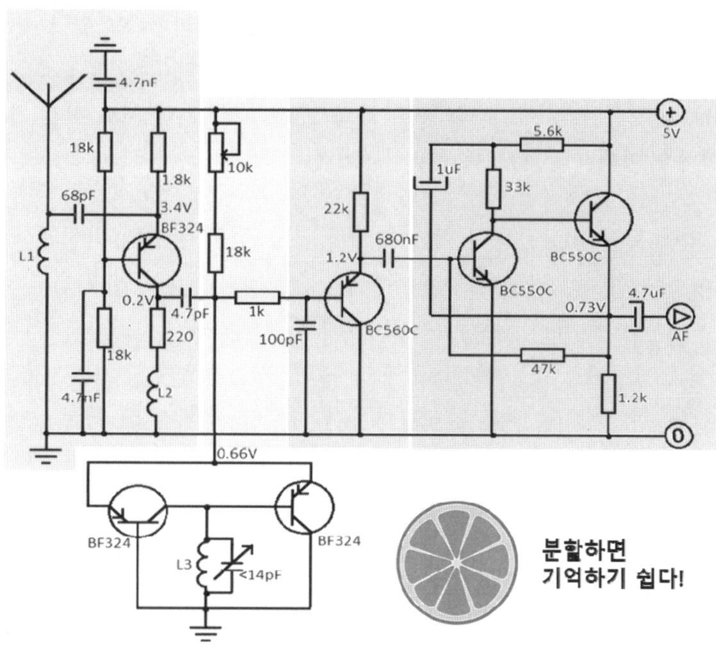

【그림 6-4】 복잡한 전자회로도

작게 분할하면 내용이 분명하게 들어나고 이해하기 쉽고 부담 없이 기억할 수 있다. 악보가 수십 장이나 되는 피아노 연주곡도 한 소절씩 나누어 연습하다 보면 어느새 전체 악곡을 기억하고 연주할 수 있게 된다. 복잡한 것을 처리하기 쉬운 작은 것으로 분해 또는 분할해서, 분해된 작은 것을 하나씩 이해하여 결국 복잡한 전체를 이해하는 전략을 분할정복Divide-and-Conquer이라 한다. 원래 분할정복은 소수의 병력으로 거대한 적을 물리치기 위해, 거대한 적은 작게 분산시킨 후 하나씩 정복해서 결국 거대한 적을 물리치는 군사작전에서 유래하였다. 톨스토이Leo Tolstoy의 소설 <전쟁과 평화>War and Peace에서도 중요 사건으로 등장하는 1805년 12월 2일에 있었던 유명한 아우스터리츠Austerlitz 전투에서, 프랑스 황제 나폴레옹은 분할정복 작전을 사용하여 수적으로 우세한 러시아-오스트리아 연합군을 정복하였다. 최고의 군사작전으로 평가되고 있는 아우스터리츠 전투는 유럽의 역사를 바꾸는 계기가 되었다. 이와 같은 분할정복 전략은 사회과학, 경영학, 컴퓨터과학 등 모든 학문 분야에서 복잡한 문제를 효과적으로 해결하기 위한 전략으로 널리 사용되고 있다. 인지 심리학자 밀러가 단기기억의 용량은 7±2이며, 효과적 기억을 위해 마법의 수 7로 청킹chunking할 것을 제시한 바 있다. 청킹과 분할정복은 일맥상통하는 개념으로 분할정복은 기억 능력 향상의 실천전략인 것이다.

분할정복은 일반적으로 분할-정복-통합의 3단계로 구성되는 하향식 전략이다.

- **분할**: 전체 학습 과제를 자신의 학습 역량에 적합한 작은 학습 단위가 될 때까지 계속 분해 또는 분할한다. 이때, 분할된 학습 과제도 독립된 학습 단위가 되도록 체계적으로 분할한다.

- **정복**: 세분화된 학습 단위를 차례대로 하나씩 집중적으로 학습하여 정복한다. 이때는 다른 학습 과제는 생각하지 않고 주어진 분할된 학습 단위에 몰두하여 학습한다.
- **통합**: 나누어서 정복한 학습 단위들을 분할 체계에 따라 통합하여 전체 학습 과제를 완수한다. 반드시 학습 전체를 이해할 수 있도록 통합하여야 한다.

[그림 6-5]는 영어 동사+ing 구문의 학습 과제를 분할-정복-통합의 관점에서 예시한 것이다. 분할 정복은 복잡하거나 거대한 학습 과제를 자신의 학습 역량에 적합한 단위로 분할해서, 자신감을 갖고 집중해서 학습하도록 하여 학습 효과를 극대화하는 전략이다. 학습기억도 저절로 극대화된다.

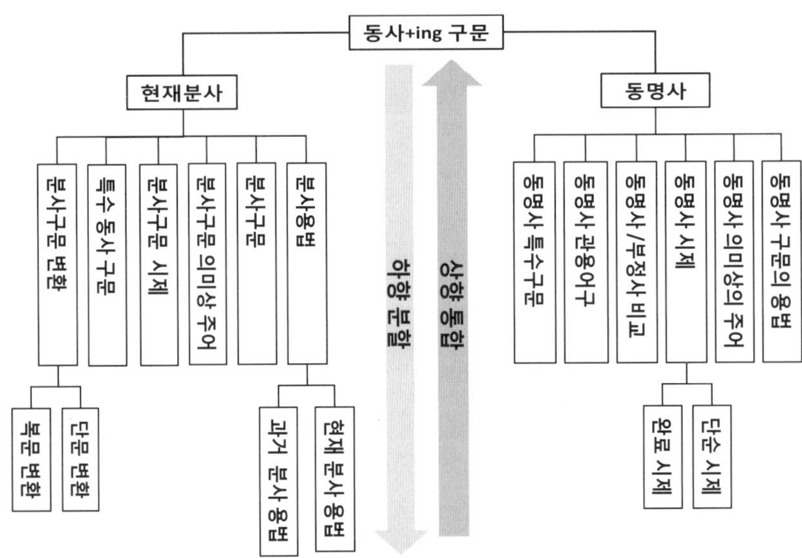

【그림 6-5】 학습 과제의 분할-정복-통합의 예

[8] 연상 결합

연상association이란 어떤 사물 또는 개념이 우리가 이미 알고 있는 인접된 관련 사물 또는 개념을 떠오르게 하는 두뇌의 작용이다. 에펠탑하면 프랑스 파리가 떠오르고 거북선을 볼 때마다 이순신 장군이 생각나는 것은 모두 두뇌의 연상 작용이다. 붉은 악마 응원 티셔츠를 보면 2002년 광화문 광장에서 월드컵 4강을 응원하던 추억이 떠오르는 것도 두뇌의 연상 작용이다. 구수한 라면과 떡볶이 냄새는 친구들과 즐겁게 거닐던 학교 뒷골목을 생각나게 한다. 연꽃은 불교를, 백합은 기독교를 연상시키기도 한다. 이처럼 연상 작용은 두뇌의 모든 기억 작용의 기반이 된다고 해도 과언이 아니다. 연상은 관련 개념을 상호 연결하여 네트워크 형식으로 운영되는데, 이는 두뇌 신경 회로망의 고차적 형태라 할 수 있다. 두뇌 신경 회로망이 하드웨어라면 연상은 그 위에서 동작하는 운영체제이다.

두뇌 기억에서 연상의 중요성은 인지 심리학자 콜린즈와 퀼리언의 의미 네트워크semantic network를 비롯한 많은 연구에서 확인되고 실증된 바 있다. 파블로프Ivan P. Pavlov의 유명한 조건반사conditional reflex도 연상 작용으로 종소리는 개에서 식사 시간을 연상하게 한다. 연상은 인간뿐만 아니라 동물에게 있어서도 기억을 위한 가장 중요한 두뇌작용이다.

고대인도 일찍이 두뇌의 연상 작용과 기억간의 끈끈한 관계를 깨닫고 이를 실생활에 적극 활용하였다. 고대 로마의 철학자이며 유명한 웅변가였던 키케로Marcus T. Cicero는 로마의 방Roman room으로 불리는 기억술을 창안하여 긴 연설을 기억한 사례는 유명하다. 레오나르도 다빈치의 명화 <최후의 만찬>에 얽킨 미스테리 소설인 하비에르 시에라Javier Sierra의 <비밀의 만찬>The Secret Supper에서도 이와 관련된 장면이 길게 나온다.

> <기억의 기술>에 대하여 들어 본 적이 있소? …… 그렇다면 키케로의 <웅변에 대하여(De oratore)>에서 <기억의 기술>을 언급한 적인 있다는 사실도 모르겠군. 좀 더 오래 전으로 거슬러 올라가면 애드 에러니엄(Ad Herennium)에도 자세히 있소… 이해하기 쉽도록 예를 들어 보겠소. 고대 그리스인들은 화려하게 장식한 방이나 박물관처럼 꾸며진 거대한 성을 상상했다오. 성의 정문, 기둥, 아치, 계단, 방마다 각각 의미를 부여해서 기억했소. 상상의 옷장에는 문법지식을 저장해 놓고 거실에는 수사학 지식, 부엌에는 웅변술, 이런 식으로 말이요. 차곡차곡 저장해 놓은 그 정보들을 다시 기억하려면 상상의 성으로 달려가 역순으로 빼내기만 하면 된다오. 정말 천재적인 기억의 연상법이 아니오? 그렇지 않소?

마테오 리치Matteo Ricci는 유교의 나라 중국에서 카톨릭 선교활동을 했던 최초의 선교사였다. 중국 역사의 권위자인 예일대학교 조너던 스펜스Jonahtan D. Spence가 쓴 <마테오리치, 기억의 궁전>The Memory Palace of Matteo Ricci에 보면, 리치는 자신이 믿는 하나님의 권능을 들어내 보이는 방법으로 기억의 궁전 기억술을 사용하고 있다. 그는 수백 자의 한자를 한번 훑어만 보고도 그 글자들을 차례대로 또는 역순으로 하나도 틀리지 않고 암송하여 중국인을 놀라게 했다. 상상 속에 거대한 기억의 궁전을 세우고, 기억하고 싶은 지식이나 정보를 궁전의 각 방에 쌓아두었다가 필요할 때마다 그 방에 들러서 꺼내어 보는 것이다. 기억의 궁전은 두뇌 신경 회로망과 유사하며, 각 방은 지식을 기억하고 있는 신경세포에 비유할 수 있다. 이처럼 연상기억은 기억의 궁전을 비롯한 모든 기억 기술의 원천이 되고 있다. 소위 기억술로 알려진 펙Peg 방법, 장소 기억술, 머리문자 기억술, 숫자 변환법 등 대부분의 기억술 방법이 모두 연상기억의 변형된 형태이다. 그러나 기억술 서적에 나온 연상기억을 고찰해보면, 어떤 방법들은 수단과 방법을 가리지 않는 참으로 황당한 편법이라 하지 않을 수 없다. 특히 창의적, 주도적 학습의 관점에 보면 이러한 기억술은 올바른 방법이 아니며, 오히려 학습에 치명적인 독약이 될 수 있다. 다음은 이런 기억술에서 흔히 볼 수 있는 예이다.

공급이 수요를 창조한다.(세이의 법칙)

→ 공격과 수비가 같으면 야구 심판이 세이프!

고전주의는 헬레니즘을 계승하였다.

→ 헬렐레 거리며 고전한다.

제주도 한라산 높이(1950m)

→ 한번 구경 오십시오.

모자이크는 비잔틴시대에 가장 발달하였다.

→ 비듬이 잔뜩 끼어서 모자를 쓰고 다닌다.

orphan [고아 | 오어휜]

→ 오빤 고아였다.

maid [아가씨 | 메이드]

→ 부모님께 매여도 시집 못 갔으면 아직도 아가씨.

thread [실 | 스레드]

→ 다 떨어진 양말을 실로 꿰매어 쓰래두.

이러한 예는 연상의 개념조차 제대로 이해하지 못하고 기억을 혼란시키는 기억술이다. 학습은 이해가 선행되어야 하고 무조건 암기는 학습을 해친다고 하면서도, 강제로 암기하기 위해 수단 방법을 가리지 않는 것을 볼 수 있다. 개중에는 애교가 있는 것도 있지만, 대부분이 상상력이 지나쳐 근본 지식을 왜곡하고 연상이라고는 할 수 없는 것들이다. 특히, 철자, 발음, 의미가 한 덩어리로 구성되는 영어 단어의 경우에는 스스로 학습의 무덤을 파는 최악이라 할 수 있다. 이러한 개별적, 단편적 연상으로는 진정한 두뇌 연상기억을 성취하기가 어렵다. 반짝 효과를 과대 포장하는 상술에 현혹되어서는 안 된다.

'이차방정식 → 근의 공식', '뉴턴 → 사과, 만유인력, 운동법칙' 등 우리가 자연스럽게 연상하는 것 모두는 학습에 의해서 만들어진 것이다. 이제, 학습을 하면서 자연스러운 연상을 만들어 나가야 한다. 두뇌의 기억원리에 기초하여 단순하면서 확실하고 강력한 연상을 만들어야 한다. 연상결합의 구체적 방법과 응용에 대해서는 <혁신적 기억방법>에서 자세히 설명하기로 한다.

[9] 반복학습

파블로프의 조건반사 실험은 기억과 관련하여 또 다른 중요점을 시사하고 있다. 개에게 한 두 번의 종소리를 들려주었다고 해서, 개가 종소리를 식사시간으로 연상하지는 않는다. 지속적으로 종소리를 들려주어 기억을 강화reinforcement시키는 학습을 하여야만 비로소 개는 종소리를 식사시간으로 인식하게 된다. 인간의 학습에도 동일한 학습 원리가 적용된다. 지속적인 반복으로 기억을 강화시켜주어야 학습한 지식이 장기 기억에 영구적으로 안착될 수 있다. 많은 학습자들은 열심히 학습했음에도 불구하고 학습 효과가 나타나지 않는다고 실망한다. 이는 한 번의 학습만으로 기억이 되는 줄로 착각하고 반복학습을 경시하기 때문이다. 경쟁심과 조급한 마음으로 학습 진도만을 재촉하는 것은 시멘트도 굳기 전에 대충 집을 짓는 부실공사와 같다. 기초가 없는 집은 봄바람에도 무너지듯이, 반복학습으로 기초를 다져 나가지 않는 학습은 밑 빠진 독에 물만 붙는 것이다.

앞서 에빙하우스의 망각이론을 자세히 설명할 때도 강조하였지만, 망각은 누구에게나 일어나는 자연적인 두뇌현상이다. 학습 후 20분 후에는 약 42%가 망각되고 1시간 후에는 약 56%가 망각된다. 그러기 때문에, 애써 학습한 지식을 장기 기억에 저장하는 효과적인 방법은 반복학습뿐이다. 반복학습은 망각을 저지하고 기억을 강화하는 이중효과를 통해서 학습을 견고한 반석 위에 올려놓는다.

피아니스트는 손끝에 굳은살이 박힐 때까지 연주 연습을 하고, 농구선수는 던지면 골인될 때까지 슛팅 연습을 한다. 예술가나 체육인이기 때문에 이런 반복연습을 하는 것이 아니다. 일반 학습에서도 무의식적으로 지식이 살아 날 수 있도록 반복학습으로 지식을 체득하여야 한다. 반복은 시냅스의 가소성을 촉진시키고 LTP를 강화하여 학습지식을 장기 기억으로 형성하는 동력이다. 제5장에서 설명한 두뇌의 동작원리에 기초한 반복학습 전략을 실천하도록 하자. 학습 플래너, 라이트너 학습상자, 플래시 카드 등의 도구를 활용해서 반복학습을 체계적으로 관리하는 것도 좋을 것이다.

[10] 에피소드 작성

1985년부터 높은 시청률을 자랑하며 방송되었던 TV 시리즈에 <맥가이버>MacGyver가 있었다. 과학적 재치와 창의적 판단으로 어떠한 어려운 일도 포기하지 않고 해결해 나가는 맨손의 마술사 맥가이버(리처드 딘 앤더슨Richard Dean Anderson 주연)가 크게 인기를 끌었다. 어느 에피소드에서는 통신장비를 동작시켜야 하는데 전지가 없어, 즉석에서 생감자로 전지를 만드는 재치를 보여주었다. 감자를 반으로 자른 다음, 알루미늄 호일 면에 엎어놓고 가운데 포크를 꽂았다. 알루미늄 호일을 전지의 마이너스 단자에 연결하고 포크를 플러스 단자에 연결하면 간편하게 전지를 만들 수 있다. 감자의 무기염류가 전해질 역할을 하여 전류가 흐르게 된다. 소금물을 넣어주면 더 잘 작동한다. 이밖에도 수도 파이프에 전선을 감아 전자석을 만들어 문제를 해결하는 아이디어를 보여주기도 하였다. 이러한 이야기(에피소드)를 통해서 습득한 지식은 좀처럼 잊혀지지 않는다. 앞서 강조한 바도 있지만, 에피소드는 두뇌 기억의 원리 중 하나로, 에피소드 기억은 의미 기억과 함께 두뇌의 기억계층 구조를 형성하는 중심요소이다. 기억을 강화하기 위해서는 지식을 에피소드로 만들어야 함을 암시하는 것이다.

단편적으로 암기한 고립된 지식은 쉽게 잊혀 진다. 그러기 때문에, 연상결합을 통해서 지식이 도망가지 않도록 묶어 두어야 한다. 에피소드는 연상결합의 또 다른 형태로 지식을 재미있는 이야기 속에 묶어두고, 지식이 도망이나 망각되지 않도록 하여 준다. 소위 기억술에서 예를 드는 "서울 시청 위에서 커다란 개구리가 하품하고 있다."고 하는 엉뚱한 문장도 결국은 에피소드를 만들기 위한 것이다.

강의시간에 학습한 지식보다 <물리학자는 영화에서 과학을 본다(정재승 지음)>, <세계 명작 속에 숨어 있는 과학(최원석 지음)>, <축구공 위의 수학자(강석진 지음)>, <수학자가 들려주는 수학 이야기(자음과 모음 발간)> 등에서 에피소드를 통해서 이해한 지식이 더 생생하게 기억되는 것을 느낄 수 있다. 에피소드는 이처럼 지식이 잊혀지지 않고 살아나게 하는 햇볕과 같다.

학습한 지식을 에피소드로 만드는 데는 여러 방법이 있다. 앞서 예를 든 지식을 에피소드로 풀어 놓은 서적을 읽는 것도 좋은 방법이다. 다음과 같은 방법을 활용해서 지식이 살아있는 에피소드를 효과적으로 만들 수 있다.

- 학습 지식과 관련된 다양한 서적 읽기
- 학습 지식을 직접 실험 또는 실습으로 확인해 보기
- 방문, 견학 등을 통해서 지식과 관련된 추억 만들기
- 영어 발표 대회, 백일장, 로봇 경연대회 등 각종 경시, 경연대회 참가하기
- 강의시간 또는 학습 동아리 모임에서 발표 또는 시연하기
- 선생님 또는 전문가에게 질문하기
- 학습지식을 활용해서 콩트, 소설 등 이야기 작성하기

에피소드를 만들기에는 책읽기나 관련 영화 보기 등 간접적인 형태와 방문, 견학, 발표등과 같은 직접적인 형태가 있다. 물론, 직접적인 방식이 효과가 더 있지만 현실적으로 어려운 경우도 있으니 학습 지식의 내용에 따라 적절한 방법을 활용하도록 한다. 학습 지식과 관련된 에피소드는 어떤 형태이든 기억 능력 향상에 도움이 된다. 에피소드 작성 시에는 학습한 지식의 내용, 재미있는 에피소드(이야기나 체험), 에피소드와 관련된 영상(이미지)을 상호 결합하는 것이 중요하다. 즉, 학습 지식을 영화의 형태로 만들어 두뇌에 각인 될 수 있도록 하여야 한다.

[11] 단서 생성

웹World-Wide Web은 전 세계의 문서를 연결해서 글로벌 규모의 거대한 정보(문서)의 바다를 만들었다. 웹에는 지금까지 인류가 축적해 온 모든 정보가 연결되어 있다고 해도 과언이 아닐 정도로 방대한 정보가 서로 연결되어 있다. 이런 웹에서 원하는 정보를 찾기란 드넓은 해변가 모래밭에서 아주 작은 보석을 찾는 것과 같다. 우리는 원하는 정보를 찾기 위해 구글, 야후, 네이버, 다음과 같은 검색 사이트에서 정보와 관련된 키워드keyword를 입력해서 검색하게 된다. 키워드는 관련 정보를 찾기 위한 일종의 단서이며, 검색 사이트는 이 단서를 활용해서 정보를 찾아주게 된다.

두뇌에 기억된 방대한 지식을 호출 또는 재생하는 것도 검색 사이트의 정보 찾기와 유사하다. 즉, 두뇌는 키워드와 같은 기억의 단서에 기반으로 해서 관련 기억을 호출 또는 재생하게 된다. 단서는 두뇌에 기억된 방대한 규모의 지식 중에서 원하는 것을 찾아 끌어올리는 기억의 낚시 바늘과 같은 역할을 한다. 단서가 많을수록 호출이 잘되는 것은 두말할 필요가 없다. 그러므로 기억을 견고히 하고 호출을 용이하게 하려면, 지식을 호출 단서와 함께 기억시켜야 한다. 슈뢰딩거Erwin Schrodinger의 고양이 이론을 그대로 기억하는 것 보다, 하굣길에 전철 안에서 친구와 고양이 이론에 대하여 논쟁하던 장면을 떠올리면 빠르게 호출, 재생할 수 있다. 단서는 기억의 구성과 호출을 위한 기억 연상 네트워크의 식별자이다.

지식과 관련된 모든 사항을 단서로 활용할 수 있다. "아, 그거... 책 오른쪽에 굵은 글씨로 써 있던 거!", "아하, 빨간 형광펜으로 밑줄 그은 거구나!", "그 문제를 틀려서 얼마나 속상했는지...", "이 음악은 TV 드라마 삽입곡 아냐!" 등과 같이 지식과 연관된 모든 상황이 단서가 될 수 있다. 두뇌 기억에 자주 사용되는 단서에는 다음과 같은 유형이 있다.

【그림 6-6】 기억의 단서 유형

[체험 단서] 앞서 누차 말한 것처럼 경험, 에피소드 등은 지식을 두뇌에 각인시키는 효과가 있다. 책에서 배운 지식은 책속의 지식이지만, 경험을 통해서 얻어진 지식은 살아 있는 지식이 된다. 지식을 자신의 경험과 결합하면 에피소드 기억이 되어, 의미 기억보다 오래 기억되고 언제든지 호출할 수 있다. 학습 지식에 있어 단서는 지식에게 생명을 불어 넣는다.

[감정 단서] 1937년 신경과학자 파페츠James Papez는 두뇌 변연계에서 감정을 통제하는 파페츠 회로Papez circuit를 발견하였다. 이 회로는 직접 감정을 불러일으키지는 않지만 감정 또는 정서와 밀접한 관계가 있다. 그런데, 파페츠 회로는 변역계의 중요 기능 중에 하나인 기억의 중심회로 역할을 겸하고 있다. 이와 같은 두뇌 구성은 기억이 감정과 밀접한 관계가 있고, 감정이 기억을 강화하고 있음을 의미한다. 실제로 우리가 잘 기억하는 것은 대부분 희로애락의 감정과 연결된 것이다. 어린 시절 전학 가는 친구 때문에 슬프게 울던 기억, 어려운 문제를 해결하여 칭찬받던 기쁜 기억이 오랫동안 추억으로 기억되는 것은 모두가 감정을 갖고 있기 때문이다.

애플 컴퓨터 CEO이었던 스티브 잡스Steve Jobs는 프레젠테이션의 달인으로 알려져 있다. 청중들은 그의 발표에 열광하고 큰 감동을 받았다. 스티브 잡스의 프레젠테이션은 철저히 청중들의 감성을 자극하도록 기획되었기 때문이다. TV 광고는 소비자의 주의 끌기와 오랜 기억이 생명이다. 그래서 대부분의 TV 광고는 감성에 호소하는 전략을 쓰고 있다. 소비자에게 상품을 각인시키기 위해서 감정을 이용하는 것이다.

위의 예에서 보는 것처럼 지식에 감정이 개입되면 확고하게 기억되고 호출도 자유롭다. 지식에 감정을 결합하는 방법으로 지식 속에 빠지는 방법이 있다. "내가 DNA라면…", "내가 수소원자라면 중화 반응에서 어떻게 행동하여야 하지?"처럼 사물의 입장이 되어서 생각하는 것이다. 즉, 사물에 감정이입하는 것이다. 사냥꾼이 토끼 사냥할 때, 토끼처럼 생각하는 것도 이러한 이유이다.

[환경 단서] 두뇌의 해마에는 장소 뉴런이라는 것이 있다. 어떤 장소에 가면 그 장소에 대응하는 장소 뉴런이 동작해서 기억을 재생한다. 시각 장애자는 눈이 보이지 않아도 거리를 다닐 수 있고, 방에 들어와서 어디에 책상이 있고 식탁이 있는지 분별할 수 있는 것은 장소 뉴런이 동작하기 때문이다. 민속촌을 두 번째 방문하였다고 하자. 그러면 첫 번째 방문에서 보았던 대장간, 나룻터, 서당 등이 어디에 있는지 생생하게 기억을 재생할 수 있다.

장소뿐만 아니라 소리(음악), 날씨, 풍경 등 주변 환경은 기억을 재생하는 좋은 단서가 된다. 종탑의 종소리를 들으면 배낭여행에서 본 프라하의 천문시계가 생각나고, 비바람이 심한 날에는 에밀리 브론테Emily Bronte의 <폭풍의 언덕>에 나온 히스클리프의 비극이 떠오른다. 이처럼 환경은 두뇌 깊은 곳에 잠긴 기억을 떠올리는 부력과 같은 역할을 한다. 지식을 소중히 기억하고자 할 때는 기억이 떠오를 수 있도록 이처럼 단서와 결합해서 기억하여야 한다.

[특징 단서] 피카소의 명작 게르니카Guernica을 보면 기괴한 모습의 사람들과 소와 말들의 처절한 모습에 충격을 받게 된다. 그래서 게르니카는 기억에 각인되고 생생하게 기억된다. 이처럼 차별화된 형태는 강하게 저장되고 언제든지 빠르게 호출된다. 연예인들의 톡톡 튀는 의상이나 행동 역시 대중들에게 강력하게 기억되고 언제든지 기억해 낼 수 있도록 하는 단서로 사용되기도 한다. 평범한 형태는 쉽게 잊혀 지지만 차별화된 특징이 있으면 오래 기억에 남는다. 서적에서 굵은 고딕체를 사용하거나 붉은 색등으로 강조하는 것도 지식을 차별화하기 위한 것이다. 기억해야 할 학습지식은 컬러 형광펜으로 표시하던가, 자신만의 아이콘을 사용해서 돋보이게 하던가 큰 글씨나 그림 등으로 눈에 띄는 단서를 부착하면 저장과 호출이 증진된다. 밋밋한 지식은 쉽게 잊혀진다. 색이든 크기든 무엇인가 표시를 해서 단서를 부착해두는 것이 좋다.

[오감 단서] 프랑스의 유명한 소설가 마르셀 프루스트Marcel Proust의 <잃어버린 시간을 찾아서>In Search of Lost Time는 마들렌madeleine(조개 모양을 한 프랑스 전통케이크로 버터와 레몬 맛이 난다.)의 냄새가 주인공의 어린 시절을 상기시켜 주는 것으로 소설은 시작된다. 냄새 또는 향기가 기억을 소생시키는 것을 프루스트 현상 또는 마들렌 효과라고 한다. 우리가 오감으로 기억하는 것처럼, 오감을 통해서 기억을 재생 또는 호출하기도 한다. 은은한 커피향에서 오랫동안 잊고 있었던 친구를 기억해 내거나, 시큼한 김치 맛에서 여행 갔던 동해안 포구의 정경을 떠올리는 등 오감은 깊은 곳에 잠긴 기억을 건져 올리는 역할을 한다. 냄새, 맛, 촉감 등은 잊고 있었던 기억을 환기시키는

강력한 촉매제라 할 수 있다. 팝콘냄새가 코를 지르는 영화관에서 영화를 보았을 때 10-50% 기억이 더 잘된다고 한다. 로즈마리나 초콜릿 향기는 두뇌 작용을 활성화하여 기억력을 상승시키는 것으로 알려져 있기도 하다. 학습한 지식에 오감의 단서를 부착해 두면 마들렌 효과와 같은 기억 재생 효과를 볼 수 있다. "이 고전 가사는 구수한 된장 냄새가 나네.", "복소수 문제는 시큼한 맛이 난다.", "이 영어 문장은 비단같이 매끄럽네."처럼 냄새, 맛, 촉감 등 오감을 지식과 결합할 수 있다.

단서 생성은 넓은 의미에서 연상 결합의 한 방법이라고 할 수 있다. 뇌과학에 의하면, 기억하지 못하는 것이 아니라 떠올리지 못하는 것이고, 단서가 많을수록 호출이 잘 된다. 고립된 지식은 쉽게 죽지만, 연상 결합된 지식은 또렷하게 살아있다. 두뇌의 기억 세계에도 인간 세상처럼 상호 협력의 사회가 존재하는 것이다.

[12] 온몸 기억

두뇌는 신체의 어느 한 부분만을 사용해서 학습하는 것이 아니라, 온몸을 이용하여 지식을 흡수한다. 인지 심리학자 리처드 메이어Richard Mayer는 멀티미디어 환경과 학습과의 관계를 오랫동안 연구하여 왔다. 그의 실험 결과, 다중 감각을 사용한 학습자가 단일 감각을 사용한 학습자보다 더 정확히, 더 많이 기억해 내고 있음을 입증하였다. 시청각 교육이나 멀티미디어 교육은 다중 감각을 자극해서 학습 효과를 높이고자 하는 교육 방법이다. 프뢰벨Fröbel, 몬테소리Montessori 등 놀이, 게임, 노래 등을 중심으로 한 대부분의 유아 교육 방법도 온몸을 활용하여 학습하는 것이다. 앞서도 강조한 바와 같이, 여러 감각을 활용할수록 학습 능력이 더 고도화된다. 다시 말하면, 학습은 두뇌로만 하는 것이 아니라 온몸으로 하는 것이다. 이와 같은 학습을 전천후 학습Holistic Learning이라고도 한다.

<브레인 룰스>Brain Rules의 저자 존 메디나John Medina나 <똑똑한 뇌 사용설명서>의 샌드라 아모트Sandra Aamodt는 온몸 운동이 두뇌 진화의 원동력이 있음을 역설하고 있다. 온몸 운동으로 인하여 편도체와 해마가 발달하여 인간의 뇌로 진화할 수 있었다고 한다. 온몸을 움직이면 두뇌가 움직이고, 두뇌가 움직이면 기억이 움직인다. 운동을 하면 두뇌활동을 촉진하는 신경전달 물질인 세로토닌, 도파민, 노르에피네플린 등의 배출이 적절하게 조절되어 인지활동이 좋아진다는 것은 명백한 사실이다. <브레인 룰스>에서는 다양한 사례를 통해서 온몸 운동이 두뇌활동과 기억력 증진에 효과가 있음을 강조하고 있다.

탤런트와 배우들이 대본을 암기하는 것은 눈물겨울 정도이다. 100여 페이지가 넘는 대본을 한 글자도 틀리지 않고 암기하여야 하는 것은 아주 어려운 일이다. 그래서 탤런트와 배우는 앉아서 대본을 읽는 것이 아니라, 실제 드라마 환경처럼 감정과 제스처를 써가면서 온몸으로 암기하고 리허설을 한다. 온몸으로 학습하지 않으면 대본을 암기하는 것은 불가능하다. 스티브 잡스도 한 번의 프레젠테이션을 위해서 100번이 넘는 온몸 리허설을 하는 것으로도 잘 알려져 있다. 온몸으로 학습하는 것은, 지식을 두뇌 속에만 저장하고 가두어 두는 것이 아니라, 지식이 온몸에서 배어 나오도록 하는 것이다. 이것을 체화된 인지embodied cognition이라 한다. 지식을 체득한다는 것은 지식을

온몸으로 익힌다는 뜻이다.

온몸으로 학습하는 온몸 기억은 여러 방법으로 실천할 수 있다. 빅뱅Big Bang과 우주 팽창을 학습할 때는 과학 선생님이 되어 강단에 서보거나, 기후와 생태계 변화는 TV에 출현하여 인터뷰하는 상황을 만들어 보거나, 원어민이 되어 영어 문장을 표정과 제스처를 써가면서 말해 보는 등 실제 학습 세계를 리허설해 보는 것이다. <한국을 빛낸 100명의 위인>이나 <독도는 우리 땅>처럼 학습 내용을 노래나 시로 만들어 공연할 수도 있다. 국어 산문을 조용한 목소리로 낭독하거나, 시조를 낭랑하게 읊어 보는 것도 좋다. 물리의 원운동을 학습할 때는 팔을 힘껏 돌려 보거나, 근세 역사를 학습하면서는 박수치고 만세를 부를 수 있을 것이다.

이제 학습은 앉아서 하지 말자. 움직이면서 하자. 이제 학습은 두뇌로만 하지 말자. 온몸으로 하자. 학습하기 보다는 몸에 익숙해지도록 하자.

목적없는 공부는 기억에 해가 될 뿐이며, 머리속에 들어 온 어떤 것도 간직하지 못한다.
- 레오나르도 다빈치Leonardo da Vinci

6.2 기억 방법을 혁신하자.

학습과 기억은 바늘과 실의 관계와 같다. 효과적인 학습은 학습 지식의 저장과 호출을 최적화하여 기억 강도를 높여 준다. 역으로 학습 지식의 체계적인 기억은 새로운 학습을 효과적으로 촉진한다. 그런데, 학습은 학습자의 주도적인 행동인 반면에, 기억은 학습의 결과로 두뇌에 축적된 산물이다. 학습자가 아무리 스마트하게 자기 주도적 학습을 하였다 해도, 학습한 지식이 잘 기억되고 언제든지 활용할 수 있는 상태로 축적되어 있지 않으면 학습이 이루어졌다고 할 수 없다. 인수분해나 이차 방정식의 근의 공식을 학습하였음에도 불구하고 기억하지 못한다면 학습하지 않은 것과 같다. 그렇다고 학습을 기억으로만 생각하는 것은 결과만을 중시하는 편협한 사고이며, 학습의 본질을 이해 못하는 것이다. 그러나 기억은 학습에 의해서 조성되므로, 학습이 효과적으로 수행되었다면, 기억에도 큰 효과가 나타나야 한다.

기억상실을 주제로 한 영화 <메멘토>Memento, <본 아이덴티니>The Bourne Identity, <내 머릿속의 지우개> 등은 기억이 우리 생활에 치명적 영향을 미치고 있음을 보여준다. 기억이 사고와 행동의 산소 탱크 역할을 하기 때문에 고대 그리스·로마 시대에서부터 지금 이 순간가지, 적은 노력으로 효과적으로 기억할 수 있는 암기법, 기억법, 기억술을 개발해 왔으며, 심지어는 기억을 강화시키는 의약품 개발도 시도되고 있다. 장소법, 약어법, 페그peg법, 심상법, 운율법, 대체법 등 수 많은 기억술이 제시되었다. 이런 방법 중에는 단기적 효과가 있거나 두뇌 과학적 근거를 제시하는 방법도 있다. 그러나 아무런 의미도 없는 50개의 단어를 순서대로 암기하는 재주는 묘기이지 학습이 절대 아니다. 소위 기억술 대가들이 위대한 발명이나 업적을 남긴 적이 있는가? 축구공 묘기를 신들리게 한다고 해서 훌륭한 축구선수가 될 수 있는 것은 아니다. 그럼에도 불구하고 아무런 교육적 의미도 없는 보잘 것 없는 암기 효과에 감격해서 기억술이 해답인 것처럼 과장하는 것은 술수에 지나지 않는다. 오히려 이러한 기억술은 학습을 망치기도 한다.

앞서 우리는 기억 능력을 강화하는 12가지 기억의 비타민에 대하여 살펴보았다. 여기서는 이러한 능력을 활용해서 학습의 본질에 기반 한 혁신적 기억 방법에 대하여 살펴본다. 여기서 소개하는 5대 기억 기법을 활용하면 학습과 기억의 시너지 효과를 창출할 수 있을 것이다.

【그림 6-7】 5대 기억 혁신 기법

가르쳐라, 그러면 저절로 기억된다.

학습한 지식을 효과적으로 기억하려면, 서점에 진열된 암기술 또는 기억술에서 말하는 기억 방법은 적합하지 않다. 역설적이지만, 학습한 지식을 기억하려면, 암기 또는 기억하려 하지 말고 가르쳐야 한다. [그림 5-18]의 학습 피라미드에서 분명하게 알 수 있는 바와 같이 가르침은 최상의 기억 방법이다. 이러한 사실은 학습 및 인지 심리학, 뇌 과학 등 여러 분야의 수많은 연구에서도 밝혀지고 있다. 가르침이 내용이해, 핵심파악, 내용 정교화, 의미부여, 연상 결합, 에피소드 작성, 단서 생성, 온몸 학습 등 12가지 기억의 비타민 대부분과 아주 깊은 연관성이 있음을 보아도 가르침이 학습 기억에 탁월한 방법임을 알 수 있다.

가르치기 위해서는 학습 지식의 내용을 이해하고 체계적으로 기억하고 있지 않으면 안 된다. 때문에 학습 지식을 이해하고 기억하고 있는지를 확인하는 방법으로도 가르침을 활용할 수 있다. 학습 지식을 확실하게 습득하였다면 가르칠 수 있어야 하는 것이다. 노벨 물리학상을 수상한 리처드 파인만Richard P. Feynman은 "그 이론을 이해하였다면 대중에게 이해시킬 수 있어야 한다."고 역설하고 있다. 가르치지 못하는 것은 이해하지 못하고 기억하지 못하기 때문이다.

학습으로 지식을 습득하고 이해하였다면 학습이 완결되도록 가르쳐 보자. 먼저, 자신이 다음과 같은 가르치는 사람이 되었다고 상상해보자.

- 학생들에게 강의하는 선생님
- 어린이들에게 설명하고 있는 유치원 선생님
- 친구 또는 동생을 개인지도 하고 있는 튜터(tutor)
- 학습 동아리에서 회원들에게 주제 발표하는 발표자
- 세미나에 초청된 특강 초청 연사

이제 자신이 선생님, 튜터 또는 강사 등 교사가 되어 교실, 공부방 또는 발표장에 있다고 상상한다. 그리고 다른 학습자를 대상으로 학습 지식을 가르쳐야 한다고 생각하자. 이제 실제로 그 역할을 흉내 내어 실감나게 티칭 리허설teaching rehearsal을 하여 보자. 실제 상황에서 실제 교사처럼 목소리, 표정, 제스처, 감정을 넣어서 열정적으로 학생들을 가르친다. 책상에 앉아서도 할 수 있고 교실이나 공부방을 거닐면서 온몸으로 실감나게 할 수도 있다. 존경하는 선생님을 흉내 내거나 자신감에 넘치는 열정으로 '신나게, 재미있게, 즐겁게 티칭 리허설'(신 · 재 · 즐 티칭 리허설)을 해보자.

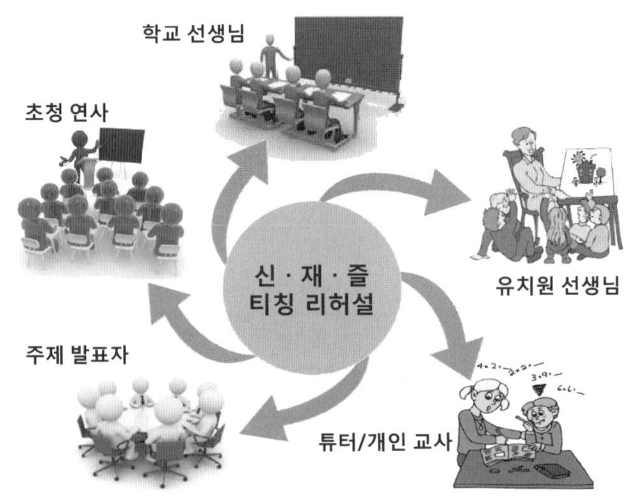

【그림 6-8】 신 · 재 · 즐 티칭 리허설

티칭 리허설은 자신에게 적합한 이상적인 강의 방법을 사용해서, 감정을 동원하여 온몸으로 실감나게 하는 것이 중요하다. 또한 학습한 지식을 처음부터 끝까지 티칭 리허설하여 모의 강의라도 완결되도록 하는 것이 중요하다. 파워포인트 발표자료 작성, 학습내용을 요약 정리해서 블로그에 올리거나 위키백과 사전에 글쓰기 등 학습 내용 요약과 스토리 구성도 넓은 의미에서 가르치는 것이라고 할 수 있다. 그러나 감정과 온몸이 동원되지 않았기 때문에 적극적인 티칭 리허설이라 할 수 없다.

힘들여 학습한 지식을 가르쳐주면 자신이 경쟁에 뒤떨어지고 자신만이 손해라고 생각하는 학습자가 있다. 이와 같은 생각은 아주 편협한 나쁜 생각으로 올바른 학습자의 태도가 아니며 오히려 자신의 학습까지도 망치게 되는 우둔한 생각이다. 지식은 나눌수록 더 빛나고, 나눌수록 더 커지고, 나눌수록 더 깊어진다. 인터넷은 지식의 나눔(공유) 정신을 기반으로 하였기 때문에 비약적으로 진화할 수 있었다고 해도 과언이 아니다. 지식은 나눌수록 더 강해지고, 지식은 가르칠수록 더 잘 기억된다. 가르침이 없는 학습은 진화하지 못하고 멸종한다. 가르치는 것이 최상의 학습 기억방법이다. 가르쳐라, 그러면 학습이 완성된다.

4 연상 결합하라. 그러면 강하게 기억된다.

두뇌는 스폰지처럼 지식을 흡수하는 것이 아니라, 지식을 결합하여 기억이라는 네트워크를 만든다. 앞서 살펴본 바와 같이, 기억은 두뇌에서 뉴런의 네트워크 형성으로 나타난다. 새로운 지식을 기억한다는 것은 두뇌의 뉴런 네트워크가 확장되었다는 것을 의미한다. 두뇌의 이러한 특성을 이용해서, 학습 지식 네트워크를 구축하는 것이 학습 기억의 왕도라 할 수 있다. 실제로 단편적이고 고립된 지식은 아주 쉽게 잊혀지지만 영화나 소설처럼 연결되어 있는 것은 오랫동안 기억된다는 것을 알고 있다.

두뇌에 학습지식 네트워크를 구성하는 것은 연상association이라 한다. 연상이란 지식을 결합하여 지식 네트워크를 구성하는 것을 의미하며, 또한 지식 네트워크에서 결합된 지식을 단서를 활용하여 호출하는 것을 의미하기도 한다. 지식의 구성과 호출은 동전의 양면과 같은 것으로, 연상은 두뇌 지식 네트워크 구성과 호출 모두에 사용되는 용어이다. 예를 들어 "강아지"와 "비행기"를 연결하여 "비행기 옷을 입은 강아지"나 "비행기를 조정하는 강아지"를 상상하는 것(연상기억 구성)과 "팝콘"하면, "영화관, 콜라, 옥수수"등이 떠오르는 것(기억호출)을 모두 연상이라 한다.

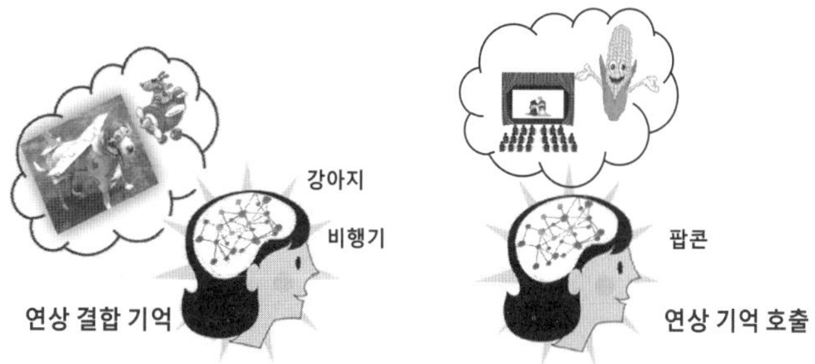

【그림 6-9】 연상에 의한 기억 구성과 기억 호출

연상에 의한 기억은 선박(기억)이 떠내려가지 않고 정박(저장)하도록 앵커anchor(단서)로 묶어 놓는 것과 같다. 쉽게 말하면, 연상은 잘 알고 있는 친숙한 앵커(기존 지식)에 새로 학습한 지식을 결합(링크)하는 것이다. 앵커는 새로 학습한 지식이 도망가지 못하도록 강력하게 묶어두고 확실하게 호출 될 수 있도록 하는 기억의 정착지이다. 이런 연상 기억 방법은 두뇌 기억 방법에 부합되며, 가장 강력한 기억 방법으로 알려지고 있다. 기억술에 대한 과학적 관심이 고조되기 시작한 1968년, 소련에 저명한 심리학자 알렉산더 루리아Alexander Luria는 <기억술사의 마음>The mind of Mnemonist에서 경이적 기억술사 세레세프스키Solomon Shereshevsky에 대하여 언급하고 있다. 루리아는 그의 기적같은 기억 방법이 연상에 의한 기억임을 자세하게 밝혀내었다. 이외에도 믿기 어려운 기억 능력을 보여 준 기억술사들이 모두 연상기억을 활용하고 있다. 연상은 지식을 친숙한 앵커에 결합하여 떠내려가지 않고 오랫동안 기억되도록 하여 준다.

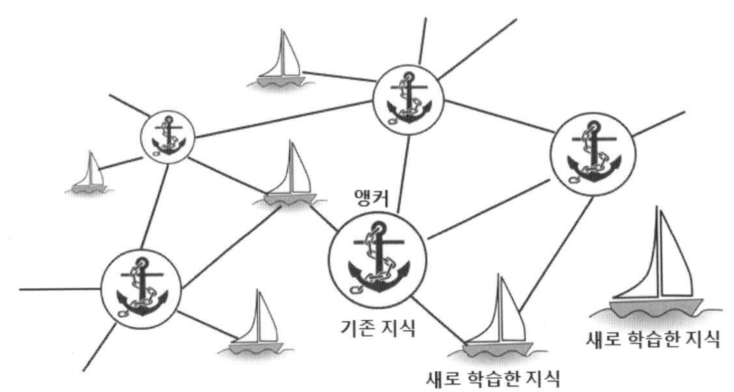

【그림 6-10】 앵커에 결합된 기억

실례를 통해서 연상의 개념을 확실히 해 보자. 게임의 장르는 일반적으로 다음 표와 같다.

[표 6-2] 게임의 장르

장르	내용	대표 게임
시뮬레이션	현실 세계의 일을 게임 속에서 가상적으로 흉내(모의)	• 심시티 • 벤처 타이쿤
액션(슈팅)	격투, 전투 등 싸움을 주제로 하는 게임	• 스트리트 파이터 • 둠
스포츠	농구, 축구 등 스포트를 주제로 하는 게임	• NBA • FIFA
레이싱	자동차, 모터 싸이클, 보터 등 교통수단을 활용한 스피드 경주 게임	• 카트라이더 • F1
어드벤쳐	모험을 하면서 문제를 해결해 나가는 게임	• 던젼앤드래곤즈 • 미스트
롤플레잉	게임 속에서 지정된 캐릭터가 되어 그 역할을 수행	• 디아블로 • 문명
아케이드	일반 오락실용 게임	• 갤러그 • 팩맨

먼저 게임 장르와 연결할 앵커를 선정한다. 앵커는 가족 또는 친구, 신체부위, 교실모습, 거리의 건물, 지하철 노선 등 일상적으로 마주하는 친숙하고 확실하게 기억해 낼 수 있는 것으로 한다. 여기서는 앵커로 [그림 6-11]과 같이 요일을 선정하였다고 하자. 앵커가 선정되면 새로운 지식을 결합하여 연상을 완결한다.

앵커와 새로운 지식을 결합할 때는 앵커의 특성을 고려하여 오감이 포함되도록 하고, 황당하고 엉뚱한 상황을 만드는 것이 좋다. 앵커와 새로운 지식을 결합하였으면, 결합된 상황을 사실적으로 상상해본다. 그러면, 이제 요일을 생각하면서 게임 장르를 기억해보자. 무작정 암기하는 경우에 비해, 생생하고 실감나게 기억할 수 있음을 실감할 것이다. 시간이 지나도 요일을 생각하면 게임 장르를 언제든지 기억해 낼 수 있다. [그림 6-11] 연상기억 예는 연상의 개념을 설명한 것으로, 많은 연상기억 방법 중 하나의 예이다. [그림 6-11]을 살펴보아 연상의 개념을 이해하도록 하자.

【그림 6-11】 요일을 앵커로 선정

연상기억을 활용하여 기억할 때는, 앵커와 지식이 아주 강하게 결합되도록 한다. 앵커와 지식의 결합에는 [그림 6-12]와 같이 몇 가지 원칙이 있다.

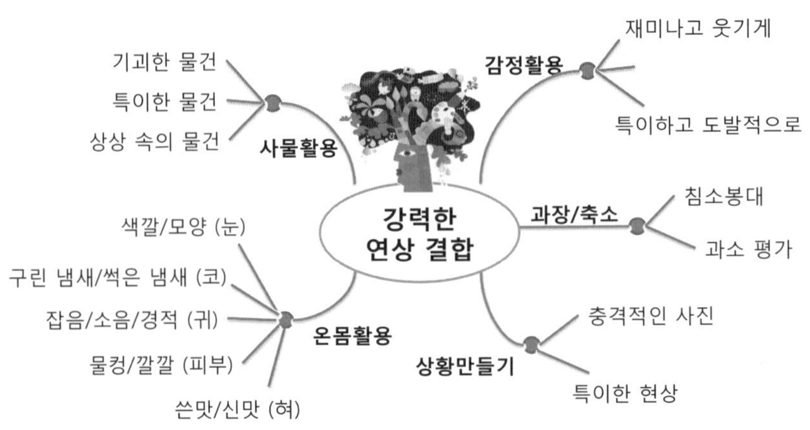

【그림 6-12】 앵커와 지식 결합의 원칙

① **감정 활용**: 감정은 기억 회생에 도움을 준다. 웃기는 이야기는 오래 기억되고, 황당한 이야기는 잊혀 지지 않는다. 앵커와 지식을 연결할 때, 감정이 포함되도록 하면 오래 기억된다. 그러나 화나는 것, 폭력적인 것은 의식 구조를 왜곡할 수 있으므로 절대 피해야 한다.

② **과장/축소**: 작은 것을 크게 과장하거나, 큰 것을 아주 조그마하게 축소하여 우스꽝스러운 장면을 만든다. 예를 들어, 비행기만한 제비를 타고 여행하거나, 백혈구 크기의 로봇이 암세포와 전투하는 것과 같이, 상황을 과장하거나 축소하는 것이다. 두뇌는 과장 또는 축소된 상황을 잘 기억하므로, 이러한 것은 영화나 만화에서 아주 널리 사용하고 있다.

③ **상황 만들기**: 충격적 사건이나 특이한 현상을 상상한다. 예를 들어, 태양 흑점이 폭발하여 전 세계 통신이 두절된 사건, 광화문이 순간 이동하여 뉴욕 한 복판에 나타나는 것과 같은 기상천외한 사건을 상상한다.

④ **온몸 활용**: 기억은 두뇌로만 하는 것이 아니다. 온몸으로 체화된 기억을 하여야 한다. 특히, 오감의 능력을 학습에 적극 활용하여야 한다. 연상 기억 시에는 웃기는 색깔이나 모양, 구린 냄새나 썩는 냄새와 같이 두뇌를 자극하는 냄새, 잡음, 소음, 경적 등 귀를 귀찮게 하는 소리, 물컹하거나 축축하여 피부가 오싹하는 촉감, 쓴맛이나 신맛처럼 얼굴 찌그리게 하는 맛 등으로 앵커와 지식을 자극적으로 연결한다.

⑤ **사물 활용**: 주변에서 볼 수 없는 이상한 사물, 공상 속의 기괴한 사물을 앵커로 사용한다. 예를 들어, 날아다니는 날개달린 휴대폰, 야구 모자를 쓰고 걸어 다니는 강아지와 같이 특이한 사물을 앵커로 활용한다.

간단히 요약하면, 연상결합을 강력하게 하려면, 정상적이 아닌, 특이하고 황당하고 기괴한 광경과 사물을 상상하라는 것이다. 두뇌는 정상적인 것보다 색다르고 신기한 것을 오래 기억한다. 자동차가 로봇으로 변신하거나, 빗자루를 타고 축구 경기를 하는 퀴디치Quidditch 등이 오래 기억되는 이유이기도 하다.

연상을 기억에 활용하는 방법에는 아주 다양한 형태가 있다. 앵커로 무엇을 사용할 것인가에 따라 여러 가지 방법이 있다. 여기서는 실제로 손쉽게 활용할 수 있는 방법만을 소개한다. 영어단어 연상기억법, 수학공식 연상기억법을 소개하면서 말도 안 되는 억지를 부리고 있는 일부 서적이 있는데, 이런 것은 절대로 따라 하지 말아야 할 학습의 독이다.

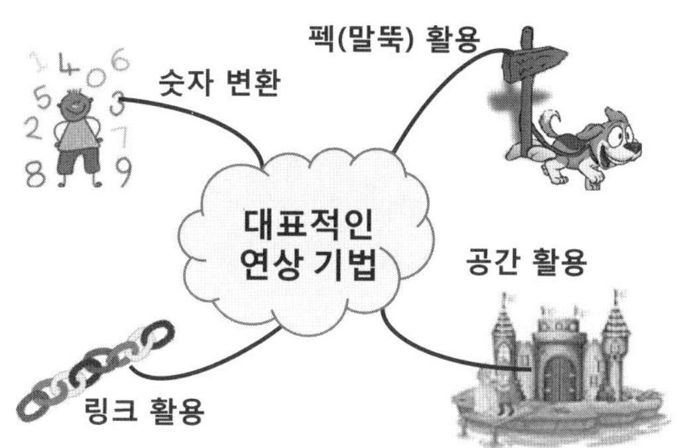

【그림 6-13】 대표적인 연상 기법

[펙Peg 활용]

펙은 말뚝, 걸이용 못 등의 의미로 무엇인가 걸어 두거나 붙잡아 두는데 사용한다. 펙 활용법은 기존에 아주 친숙한 말뚝에 새로운 지식을 묶어 놓는 방법이다. 펙으로는 주변에서 늘 볼 수 있는 것, 이미 잘 알고 있는 지식 등을 사용한다.

쉽게 사용할 수 있는 펙: 지하철 노선, 가족, 친구, 요일, 달력, 12간지, 인체부위, …

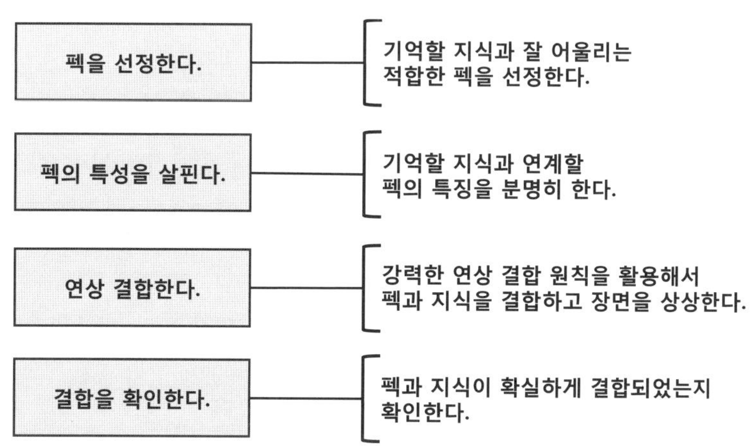

【그림 6-14】 펙을 활용한 연상 결합 순서

예를 통해서, 펙을 활용한 연상기억을 알아보자. 다음과 같은 신재생에너지 도표를 기억한다고 하자. [그림 6-14]의 펙을 활용한 연상결합 순서에 의하여 다음과 같이 할 수 있다.

재생 에너지	태양에너지	태양열을 이용한 난방과 발전, 태양광 발전
	풍력에너지	바람의 에너지를 이용한 발전
	지열에너지	지열을 이용한 난방과 발전
	해양에너지	조석간만의 차(조력), 조류, 파도에너지를 이용한 발전
	바이오에너지	옥수수, 사탕수수 등 생물자원을 활용한 발전
신 에너지	수소에너지	수소를 연소 또는 연료전지로 만들어 에너지 생산
	핵융합에너지	핵융합 반응 시 발생하는 에너지 활용

[1] 목 위의 신체 부위를 펙으로 선정

[2] 신체 부위에 우스꽝스러운 장면을 연출

[3] 머리: 머리에서 태양이 폭발하여 화재가 발생하였다.

이마: 바람이 이마를 관통하여 폭풍을 일으킨다.

눈: 눈에서 나오는 지열로 샤워를 한다.

귀: 귀 속 동굴을 해양 스포츠로 통과한다.

코: 코에 바이오 열매가 달려 시큼한 냄새가 난다.

입: 입에서 나오는 수소 가스로 담뱃불을 붙인다.

목: 핵융합으로 목에서 펑소리가 난다.

[4] [그림 6-15]와 같은 결합된 상황을 상상하면서 신재생에너지를 확인한다.

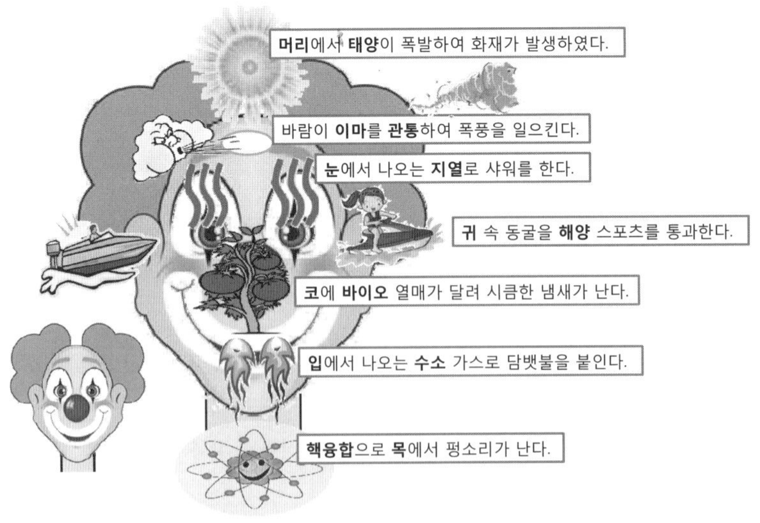

【그림 6-15】 펙을 활용한 연상 결합의 예

펙 활용법은 펙(요일, 신체 부위 등)을 생각하면, 결합된 지식이 회생될 수 있도록 하는 것이다. 펙의 특성에 따라 다양하게 활용할 수 있다. 연습 없이 이루어지는 것은 없다. 몇 번 노력해 보면, 펙 선정과 연상결합에 익숙해 질 수 있을 것이다. 처음에는 시간이 걸리지만 익숙해지면 많은 시간을 들이지 않고 강력하게 기억할 수 있다. 다만, 주의할 점은 펙 활용법이 기억의 만병통치가 아니라는 것이다. 필요에 따라, 상황에 따라, 적절하게 이용하는 지혜가 요구된다.

[공간 활용]

로마의 방Roman Room 기억방법으로 알려진 공간 활용 연상방법은 고대 로마의 철학자 키케로Cicero가 긴 웅변 연설을 외우는데 활용하여 유명해졌다. 공간 활용 연상방법은 앵커로 거실, 공부방, 캠퍼스와 같은 친숙한 공간을 사용하는 것이다. 공간 활용 연상은 이러한 현실 공간뿐만 아니라 자신이 창조한 가상 공간으로도 확장할 수 있다. 공간 활용 연상에서는 기억할 지식에 따라 다음과 같이 크고 작은 공간을 활용한다.

> 공간 활용 연상에서 사용되는 공간 형태:
> 현실 공간: 거실, 공부방, 학교, 교실, 놀이공원, 백화점, 콘서트홀, 병원, 레스토랑, 경기장,…
> 가상공간: 고대 도시, 우주 도시, 상상의 놀이공원, 마법의 나라, 게임속의 공간, …

연상기억에 활용하고자 하는 공간은 단순하고 친숙해야 하며, 눈에 띄는 공간 시설물을 갖고 있어야 한다. 공간이 어지럽게 복잡하면 기억 재생에 차질이 있게 되므로, 눈을 감고도 기억해 낼 수 있을 정도로 분명한 공간이어야 한다.

공간 활용 연상의 순서는 [그림 6-16]과 같다.

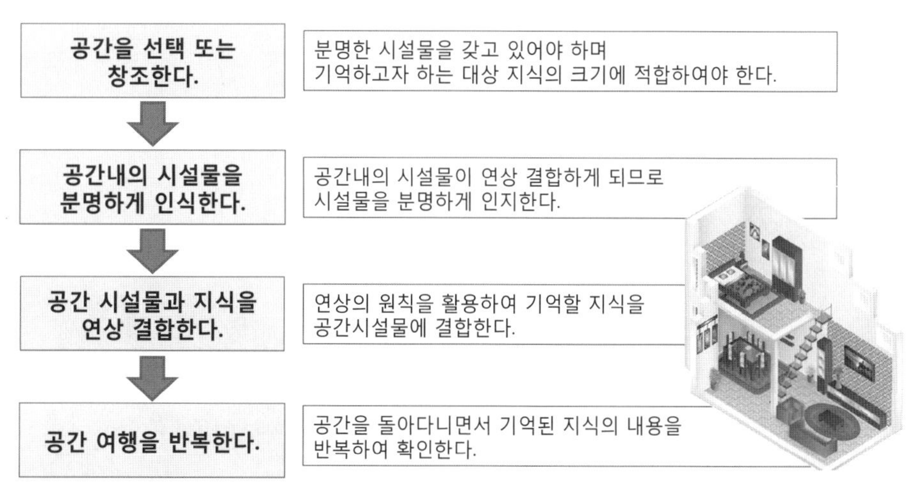

【그림 6-16】 공간 활용 연상 기억의 순서

공간 활용 연상 기억의 사례를 알아보자. 지식 재산권에 대한 [표 6-3]의 내용을 기억해야 한다고 하자. [그림 6-16]의 순서에 의해서 다음과 같이 한다.

[표 6-3] 저작물의 종류

범주	내용
어문 저작	소설, 시, 수필, 논문 등과 같이 문자로 표현된 저작물과, 강연, 연설, 낭송 등과 같이 구술로 표현된 저작물
음악 저작	교향곡, 오페라, 가곡, 가요, 민요, 국악 등 소리에 의해 표현된 저작물
연극 저작	연극 대본, 무용, 무언극 등 사람의 말과 몸짓에 의해 표현되는 저작물
미술 저작	회화, 서예, 조각, 공예, 응용 미술처럼 시각적 미를 형상이나 색채에 의하여 평면적 또는 입체적으로 표현한 저작물
건축 저작	건축물, 건축을 위한 모형 및 설계도와 같은 저작물
사진 저작	인물이나 풍경 그 밖의 형상을 사진기등 기계적 장비에 의해 필름, 인화지 또는 직물 등에 평면적으로 표현한 저작물
영상 저작	영상을 기계 또는 전자장치에 의하여 재생하여 볼 수 있거나 보고 들을 수 있는 연속적 영상으로 표현된 저작물
도형 저작	지도, 도면, 설계도, 중계 그래프 등과 같은 평면적 도형과 인체 모형, 지구의 등 입체적 도형과 같은 형태나 모양을 표현하는 저작물
컴퓨터프로그래밍 저작	컴퓨터와 같은 정보처리 능력을 가진 장치 내에서 직접 또는 간접으로 사용되는 프로그램 형태의 저작물

[1] 공간 선택

일상생활에서 친숙한 공간인 거실을 선택해보자. 여기서는 [그림 6-17]의 거실을 활용한다.

【그림 6-17】 거실

[2] 공간 시설물 확인

지적 재산 건 종류에는 9가지가 있으므로 선택된 공간에는 적어도 9가지 시설물이 있어야 한다. [그림 6-17]에서 대표적인 시설물 9가지를 선택한다.

[3] 연상결합

① **의자**에서는 **어문** 글자들이 말싸움하고 있다.

② **화초**가 **음악**에 맞추어 힙합을 추고 있다.

③ **과일**들이 할로인 귀신 **연극** 놀이를 한다.

④ **탁자**가 **그림** 그리는 크레용을 짓밟고 있다.

⑤ 술취한 **건축가**가 **카페트**에 엎어졌다.

⑥ **벽난로**에서 악마의 **사진**이 불타고 있다.

⑦ **스탠드**의 영상 조명으로 영화를 촬영한다.

⑧ **책꽂이**에 **도형**들이 책을 읽고 있다.

⑨ TV에서 **컴퓨터 프로그램**이 해킹을 하고 있다.

[4] 공간여행

자신이 공간 속에 있다고 상상하고, 시설물을 차례로 돌아보면서 지적 소유권에 대하여 생각한다. 예를 들어, 화초가 음악에 맞추어 힙합을 추고 있는 것을 보고 음악 저작권을 생각한다.

【그림 6-18】 연상 결합 공간 여행

공간 활용 연상은 이처럼 자신을 공간 속에 두고 시설물을 차례로 돌아보면서 연상 결합된 지식을 재생하는 것이다. 반복 여행하면 확실하게 자신이 기억된 것을 확인할 수 있다.

앞서 설명한 바와 같이, 공간은 현실 공간일수도 있고 자신이 창조한 가상공간일수도 있다. 예를 들어, 가상의 놀이 공원이나 좀 더 규모가 큰 판타지 세계를 창조할 수 있을 것이다. 컴퓨터 게임에서 사용하는 가상세계를 생각하면 될 것이다. 기억하여야 할 항목이 많은 경우에는 각 항목에 적합한 가상공간을 별도로 만들어 연상 기억하는 것이 기억과 창의력 개발에도 도움이 된다. 처음에는 가상공간을 만드는데 다소 시간이 걸리지만, 반복하여 숙달하면 훌륭하게 해 낼 수 있고 창의력도 증진된다.

공간 활용 연상은 이처럼 자신이 공간 속에서 여행하면서 해당 지식을 효과적으로 회상해 낼 수 있다. 이러한 장점으로 인하여 세미나 발표 등에 널리 활용되고 있다.

[링크link 활용]

웹 기술은 인터넷 뱅킹, 전자상거래, 소셜 네트워크, 이러닝e-Learning 등 인류 사회 발전에 혁명적인 변화를 가져 왔다. 웹 기술을 간단히 요약하면, 하이퍼링크hyperlink로 정보를 상호 연결하는 것이다. 결국, 정보의 상호 연결하는 하이퍼링크가 엄청난 위력을 만든 것이다. 두뇌도 뉴런이 상호 연결된 거대한 네트워크인 것을 고려하면, 지식의 연결이 얼마나 큰 위력을 갖는지 짐작할 수 있을 것이다.

어렸을 때, “원숭이 엉덩이는 빨개, 빨가면 사과, 사과는 맛있어, …” 등과 같은 말잇기 놀이를 하여 보았을 것이다. 비슷한 예로 친구들과 함께, “학교-교통-통기타-타조- …” 등 말꼬리 잇기 놀이를 하면서 즐겁게 지낸 경험이 있을 것이다. 링크 활용은 앞의 말을 앵커로 하여 뒷말을 연결해서 연상 기억하는 방법이다.

링크 활용 방법에는 특별한 절차가 없다. 기억하고자 하는 지식을 창의적으로 연결하고, 재미있는 이야기로 만들면 더욱 좋다. 예를 들어 보자. 다음과 같은 고대의 세계 7대 불가사의를 기억한다고 하자.

- 고대의 세계 7대 불가사의:
- 기자의 대 피라미드(이집트)
- 바빌론의 공중정원
- 올림피아의 제우스상
- 알렉산드리아의 등대
- 로도스의 거상
- 아르테미스 신전(에페소스)
- 마우솔로스의 영묘

- 기자의 대 피라미드 정상에 바빌론의 공중정원이 걸려있고,
- 바빌론의 공중정원 안에서는 올림피아의 제우스상이 천둥을 치고 있고,
- 올림피아의 제우스상의 천둥이 알렉산드리아 등대 불을 켜서,
- 알렉산드리아 등대불이 로도스의 거상의 눈을 쏘아,
- 성난 로도스의 거상이 아르테미스 신전(에페소스)을 걷어차서,
- 아르테미스 신전이 마우솔로스 영묘에 골인했다.

상황을 상상하면서 여러 번 생각해보면, 링크 연결을 사용하지 않았을 때보다 확실하게 기억할 수 있음을 알 수 있을 것이다. 링크 활용 연상 기억은 순서대로 기억해야 하는 지식에 활용하면 좋다. 52장의 카드를 100초 만에 모두 암기하여 2001년 미국 기억 챔피언십 우승자가 된 조슈아 포어Joshua Foer가 말한 것처럼 아주 쇼킹한 이야기를 만들면 강하게 기억된다. 이야기를 만드는 것도 창의적인 활동이므로 창의력 향상에도 도움이 된다.

[숫자 변환]

연상 기억을 활용해서 숫자 지식을 기억하는 방법이 숫자 변환이다. 숫자 변환은 숫자를 잘 알고 있는 사물로 변환하여 연상 기억하는 것이다. 숫자 변환을 활용하려면, 먼저 숫자 변환표를 만들어야 한다. 숫자 변환표를 만드는 방법에는 특별하게 정해진 방법이 없다. 숫자를 알면 변환 단어를, 변환 단어를 알면 숫자가 저절로 생각날 수 있도록 작성하면 된다. 예를 들어. "52 ↔ 오리, 78 ↔ 칠판, 92 ↔ 구두"처럼 숫자와 단어 간의 연상이 저절로 이루어지도록 하면 된다. 한때 복덕방 전화 번호로 4989(사구팔구), 배달 서비스 8282(빨리빨리) 등이 애용된 적이 있는데 이 또한 일종의 숫자 변환이라고 할 수 있다.

숫자 변환은 숫자 변환표를 만들고 그것을 암기해야 하는 등 번거로움과 문제점이 많으며, 실제 활용 시에 연상 갑섭을 일으키는 경우가 많아서 권장하지 않는다. 만약 숫자 정보를 기억할 필요가 있을 때는 청킹하여 마음 편하게 기억하는 것이 좋을 것이다.

4 이미지로 시각화해라. 그러면 각인 될 것이다.

학습에서 시각화의 중요성을 누차 강조한 바가 있다. 각 분야에서 창의적 능력을 발휘한 천재들은 대부분 시각적 사고 능력이 뛰어난 사람들이었음은 잘 알려진 사실이다. 미국 도서관 학회에서 최고의 도서로 선정한 토마스 웨스트Thomas West의 <마음의 눈으로>In the Mind's Eye는 아인슈타인, 니콜라 테슬라, 루이스 캐롤 등의 다양한 사례를 통해서 시각적 사고가 학습과 창조 능력 향상에 얼마나 중요한가를 실증적으로 보여 주고 있다. 인간은 글로만 사고하는 것이 아니라, 이미지, 그림으로 사고하는데 뛰어난 능력을 갖고 있다. 한 장의 그림은 수천 단어보다 더 가치가 있다고 하였다. 글자는 느리지만 이미지는 빠르게 인식되어 기억에 각인된다. 또한 글은 이해하기 어렵지만,

이미지는 오감을 통해 생생한 지식으로 전달된다. 소설 책을 읽는 것보다 영화를 보는 것이 더 빨리 이해되고 오래 기억되는 것도 이러한 이유이다. "백번 듣는 것보다 한번 보는 것이 낫다(백문불여일견)"百聞不如一見이라는 말처럼, 눈으로 보는 것이 진정으로 이해되고 기억된다.

학습에서 시각화는 두 가지 관점이 있다. 하나는 제4장에서 다양한 사례를 보인 것처럼 지식의 내용을 시각적으로 표현하는 것이고, 다른 하나는 지식을 마음의 눈으로 투시하는 것이다. 두 관점의 시각화 과정을 요약하면 [그림 6-19]와 같다.

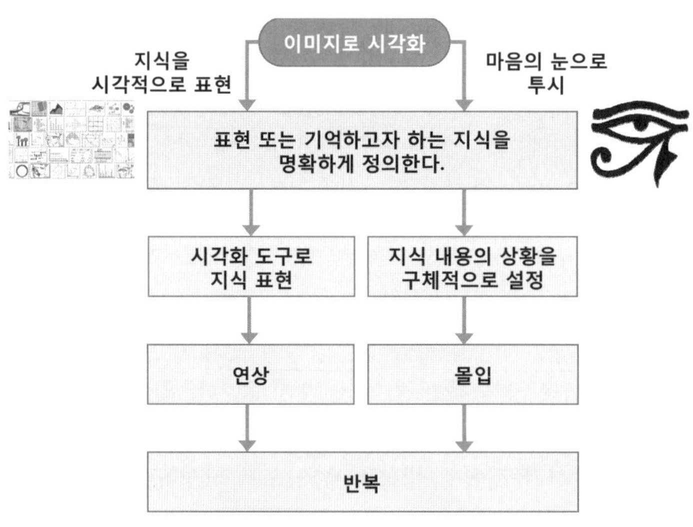

【그림 6-19】 이미지로 시각화 과정

지식의 시각적 표현은 학습 내용을 이해하기 쉽고 확실하게 기억되도록 시각적으로 구조화하는 것이다. 먼저, 시각적으로 표현하고자 하는 대상 지식의 내용, 범위 등을 구체적으로 정의한다. 표현하고자 하는 대상이 흐릿하고 불투명하면 그림으로 그려낼 수 없다. 다음으로 제4장에서 설명한 다양한 도구와 제5장의 연상의 원칙을 활용하여 지식을 시각적으로 표현한다. 엉뚱하고 쇼킹한 것이 오래 기억됨을 착안하여, 기발하게 지식의 내용을 시각화한다. 시각화된 지식을 연상 기억하고, 반복하여 시각 표현된 내용으로 지식을 확인한다. [그림 6-20]은 하워드 가드너Howard Gardner의 <마음의 틀>Frames of Mind에서 주장한 지능의 종류를 시각화한 것이다. 지식의 시각적 표현과 연상 기억의 효과성을 확인하기 바란다.(가드너의 다중지능은 실존 지능을 추가되어 9가지로 되었음.)

또 다른 시각화의 방법인 마음의 눈으로 투시는, 마음속에 실제 상황을 설정해 두고 마음속에서 학습하는 것이다. 예를 들어, 절차가 까다롭고 위험한 화학실험을 착오 없이 수행하여야 한다고 하자. 이런 경우에는, 마음속에 실험실의 실제 상황을 설정하고, 마음으로 실험을 해 보는 것이 좋다. 이처럼 마음속으로 실제 상황을 설정하고 마음속으로 반복 학습하는 것을 마음의 눈으로 투시한다고 한다.

【그림 6-20】 지식의 시각적 표현 예

야구선수가 마음속으로 경기를 하면서 홈런 치는 훈련을 반복해서 한다든지, 피아니스트가 연주회를 상상하며 마음으로 연습을 한다든지, 비행 조종사가 마음속에 조종실을 만들어두고 이착륙 훈련을 반복하는 것 등이 마음의 눈으로 투시하는 것이다. 때로는 이것을 이미지 트레이닝(심상 훈련)image training이라고도 하는데, 학습 효과가 크기 때문에 스포츠, 실기 훈련 등 많은 분야에서 활용하고 있다. 이처럼 마음의 눈으로 투시는 운동, 실험실습, 운전 등 행동으로 익숙해져야 하는 학습에 적합할 뿐만 아이라, 기억력 증진, 학습의 자신감 회복, 학습에 대한 스트레스 해소, 긴장 완화, 잠재 능력 개발에 탁월한 효과가 있다.

마음의 눈으로 투시하는 방법은 [그림 6-19]와 같다. 먼저 마음의 눈으로 숙지하고자 하는 내용을 구체적으로 정의 한다. 너무 많은 내용이나 범위를 확대하지 말고 핵심 내용만 확실히 정의 한다. 예를 들어, 실험실습 절차를 숙지하고자 한다면, 불필요한 사항을 배제하고, 실험실습의 내용에만 충실한다. 다음으로 숙지하고자 하는 지식의 상황을 마음의 눈으로 상상하고, 그 속에 몰입해서 마음의 눈으로 반복 훈련한다. 이때는 실수 또는 돌발사태 등 부정적인 생각을 배제하고 자신있게 긍정적으로 지식을 숙지해 나간다.

요즈음의 학습자는 어려서부터 영화, 애니메이션, 컴퓨터 등 이미지 환경에 노출된 비주얼 세대이다. 때문에 글자로 된 지식보다는 이미지로 표현된 지식에 친숙하고 더 빨리 습득할 수 있다. 이처럼 이미지로 생각하는 것이 더 자연스러운 학습자에게는 지식의 시각화가 최상의 학습 방법이 될 수 있다. 또한, 들었다고 해서, 보았다고 해서 아는 것이 아니다. 지식을 시각화할 수 있고 마음의 눈으로 볼 수 있을 때 비로소 알고 있다 할 것이다. 지식을 이미지로 시각화하자. 그러면 확실하게 마음에 각인될 것이다.

반복하라. 그러면 강하게 기억될 것이다.

학습은 한번만으로는 성취되지 않는다는 것이 학습의 철칙 중 하나이다. 반복학습이 가장 효과적인 학습 방법임을 누차 강조한 바가 있다. 제5-4장에서 설명한 바와 같이 반복은 기억을 강화하고 기억재생을 향상시킨다. [그림 6-21]의 학습-망각 곡선을 다시 살펴보면서, 반복 학습의 중요성을 다시 확인해보자.

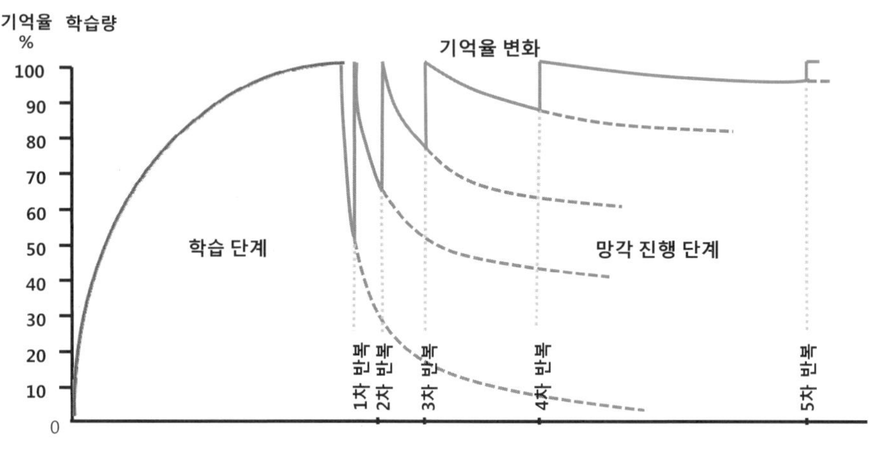

【그림 6-21】 학습-망각 곡선

학습-망각 곡선에서 보는 바와 같이, 학습자는 아주 빠르게 학습한다. 그러나 학습자는 학습 직후부터 또한 빠르게 학습지식을 잃어버린다. 망각된 학습지식은 오로지 반복학습에 의해서만 회복될 수 있다. 반복학습만이 학습을 완벽하게 하고, 학습효율을 높일 수 있다.

그렇다고 무작정 단순 반복학습은 안 된다. 반복학습의 핵심은 간격효과space effect을 활용하여 시간차를 두고 주기적으로 반복하는 시간차 반복space repetition에 있다. 간격효과란 시간차를 두고 반복학습 했을 때 비로소 학습 효과가 강화된다는 것이다. 간격효과는 이미 오래전에 심리학자와 교육학자의 연구에 의해서 입증된 반복학습의 핵심이다. 미국 업무학습연구소의 윌 탈하임머Will Thalheimer는 학습과 기억에서 간격효과의 중요성에 대한 사례 보고서를 발표하였으며, 2011년 일본 이화학연구소 연구진은 실험을 통해 두뇌 기억의 간격효과를 신경과학적으로 입증한 논문을 발표하였다. 그렇다면 어떤 간격으로 반복하는 것이 좋을까? 반복간격은 학습대상, 학습내용, 개인의 학습특성에 따라 차이가 있을 수 있지만, 망각되었을 때 반복하는 것이 효과적이라고 한다. 반복간격에 대해서는 제5-4장에서 설명한 반복전략을 참고하기 바란다.

반복학습의 또 다른 유의사항으로 다양한 매체 활용과 학습방식의 다변화가 있다. 수학시간에 적분법을 학습하였다고 하자. 적분법 반복학습 시에 학습한 것과 똑같은 문제를 다시 반복하여 학습하는 것은 기계적으로 암기하는 것이지 반복학습이 아니다. 영어 교재의 제5장 관계대명사에 대하여 학습하였다고 하자. 반복학습 시에 동일한 교재의 동일한 내용을 반복하는 것은 억지 암기이지 반복학습이 아니다. 반복학습은 또 다른 형태의 학습의 시작임을 명심하여야 한다.

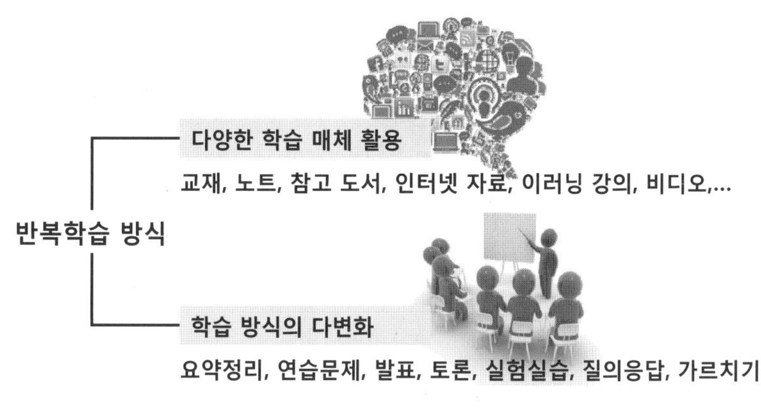

【그림 6-22】 반복 학습 시 주안점

관계대명사를 학습하였다면, 반복학습 시에는 관련 연습문제를 풀거나 관계대명사 발표 자료를 작성하거나 질의응답으로 학습 내용을 반복학습 하는 것이다. 또한, 필요에 따라서는 다른 교재의 내용과 비교 분석하거나 인터넷에서 관련 자료를 찾아 볼 수도 있을 것이다. 반복학습을 기계적 반복으로 오해해서는 안 된다. 반복학습은 이미 학습한 내용을 기반으로 하고 있기 때문에 강화된 학습이 되어야 한다.

두뇌 과학에 살펴 본 바와 같이, 두뇌의 기억회로는 반복에 의해서 강화된다. 시간차를 두고 주기적으로 반복학습 함으로써 두뇌 기억은 강철만큼 단단해진다. 단순 기계적 암기가 아니라 창의적 반복학습 할 때 학습지식은 금강석이 되어 빛을 발하게 된다.

12가지 활력소로 무장하라. 그러면 달통할 것이다.

신경과학자, 인지심리학자, 교육학자들의 연구를 통해서 두뇌의 신비한 기능의 상당부분이 과학적으로 규명되고 있다. 학습과 기억은 두뇌가 관장하는 주요 핵심 기능중의 하나이며, 이런 기능이 구체적으로 어떻게 발현되는가에 대하여도 심층적으로 밝혀지고 있다. 이런 두뇌 연구는 학습과 기억에 새로운 통찰력을 제공해 주고 있다. 학습과 기억 효율이 높고 창의적 사고 능력은 신장할 수 있는 새로운 학습-기억 전략을 제시해 주고 있다. 이제는 무작정 땀으로 만들어 가는 학습과 기억에 종말이 온 것이다.

우리는 두뇌의 학습과 기억 기능에 대하여 총체적으로 살펴보았다. 이를 통해서 두뇌의 학습-기억 원리를 이해하였고, 두뇌의 지식 습득-저장-호출 기능을 지원하고 강화할 수 있는 12가지 방법을 도출하여 [표 6-1]로 요약하였다. 이 12가지 방법은 두뇌의 학습-기억 능력을 강화하는 두뇌 영양제이며, 학습-기억 기능을 활성화하는 두뇌 비타민이라고 할 수 있다. 실제로 많은 학습-기억 전략이 12가지에 기반을 두고 있음을 발견할 수 있다. 12가지 요소를 학습과 기억에 적절하게 활용하면 두뇌 활동이 촉진되어 학습-기억에 큰 활력을 얻을 수 있다.

흔히 학습과 기억 능력이 뛰어난 사람은 만들어지는 것이 아니라 타고 난다고 한다. 이 말은 본질적으로 틀린 말이다. 누구나 두뇌의 학습과 기억 능력을 향상시킬 수 있다. 창의적 사고 방법의 개척자인 미국의 심리학자 폴 토렌스Paul Torrence에 의하면 창의성이 뛰어난 인물의 70%는 IQ 135 이하였다고 한다. 모든 사람의 두뇌는 똑같다. 그럼에도 불구하고, 학습자마다 큰 편차가 있는 것은 두뇌의 활용 능력 차이 때문이다. 화초를 키울 때 영양분을 알맞게 투입하면 아름다운 꽃이 피지만, 독성 농약을 주면 죽어 버린다. 학습과 기억 능력에 창의적 꽃을 피우려면 12가지 영양소, 12가지 비타민을 주어야 한다. 학습과 기억의 효과성이 떨어지는 것은 전적으로 방법이 잘못되어 있기 때문이며, 학습-기억 습관이 온당치 않기 때문이다.

제 [7] 장

학습의 기본기를 연마하라.

홍콩의 무협 영화, 예를 들어, 이연걸이 주연한 <황비홍> 같은 무협영화에서는 제자들이 종종 사부에게 어떻게 하면 무술의 달인이 될 수 있는지를 묻는 장면이 나온다. 이런 경우 대부분의 사부가 하는 한 마디는 "기본기에 충실하라."는 것이다. 기본기를 갖추지 않으면, 아무리 오랫동안 노력한다 하여도 결코 달인의 경지에 도달할 수 없다는 것은 너무나 당연한 이야기지만, 기본기는 그 무엇보다도 중요하다는 것이 사부들이 경험을 통해서 얻은 지혜다. 무작정 열심히 노력하는 것은 밑 빠진 장독에 물 붙는 것 같아서 결코 원하는 성과를 얻을 수 없다. 축구 선구가 기본기가 되어 있지 않다면, 성공할 수 있는 가망이 전혀 없다. 반면에 확실한 기본기를 갖추고 있다면 세계적인 선수로 발전할 수 있다. 기본기는 야구, 농구, 축구 같은 스포츠에서만 필요한 것이 아니다. 힙합댄스, 피아노 연주, 패션 디자인, 글쓰기, 마술 등 모른 분야에서 고수가 되고 지존의 위치에 도달하려면, 기본기를 확실하게 갖추어야 한다.

학습에서도 기본기를 확실하게 다 잡는다면, 탁월한 학습 능력과 창의적 문제 해결 능력을 가진 지존으로 등극할 수 있다. 그러기 위해서는 학습의 필수 기본기를 습득하여 습관화하여야 한다. 무술의 고수가 등 뒤에서 소리 없이 날라 오는 화살을 무의식적으로 잡아내듯이, 학습에서 기본기가 저절로 발동되도록 꾸준히 연마하여야 한다. 이소룡과 이연걸이 무수의 지존이 되기 위해서 얼마나 단련하였는지 생각해 보라.

학습의 기본기에는 [그림 7-1]과 같이 5가지 기본 기술이 있다.

【그림 7-1】 학습의 5대 기본기 수련 도장

- **수강 단련**: 수업 또는 강의를 내실 있게 듣고, 수업의 효과를 극대화 하는 방법
- **과제 격파**: 과제, 숙제, 프로젝트를 효과적으로 수행, 학습지식을 견고하게 하는 방법
- **시험 정복**: 시험에서 최고의 능력을 발휘하여 탁월한 학습 성과를 얻는 방법
- **독서 내공**: 독서로 학습을 세련되게 하고 학습의 질적 수준을 향상하는 방법
- **심신 수련**: 스트레스, 슬럼프 등을 효과적으로 극복하여 학습의 활기를 유지하는 방법

공부 밖에 모르는 "바보"한테 잘 보여라. 나중에 그 "바보" 밑에서 일하게 될지 모른다.

- 빌게이츠Bill Gates

7.1 수업은 지력 증진 시간: 수강 단련

학습은 자연과 사회 현상에 대한 지각과 인식, 추상적 이론의 습득과 이해, 지식의 기억, 논리적 추론 등이 포함된 복합적인 인지 활동이다. 때문에, 학습은 일상생활 전 과정에 걸쳐서 일어나지만, 학습을 주목적으로 하는 수업은 지식을 연마하는 최고로 중요한 시간이다. 수업시간의 성패가 학습 성과의 성패를 좌우하게 된다. 공부의 달인들에게 공부 비법을 물어보면, 한결같이 수업에 충실하라고 한다. 수업은 지식을 배우는 가장 중요한 시간이기 때문에, 수업에 충실하면 학습에 놀라운 성과가 있는 것은 당연하다. 그러나 일반 학습자들은 공부 달인들의 이러한 충고에도 불구하고, 수업의 중요성을 막연하게 생각하고 있고, 설사 수업의 중요성을 다소 인식하더라도 수업 시간에 무엇을 어떻게 하여야 하는지 모르고 있다.

수업은 새로운 지식을 연마하는 학습의 도장이다. 수업이 견실해야 학습에 성과가 솟아난다. 죽은 학습을 살리려면 수업부터 충실해야 한다. 수업의 중요성 스스로 깨닫고, 수업에 충실 할 수 있는 수강 단련에 힘써야 한다. 수강 단련은 [그림 7-2]와 같이 수업 전 준비 수업 중 학습, 수업 후 마무리 3단계로 이루어지며 3·3·3 방법을 실천해야 한다.

【그림 7-2】 수강 단련

수업 전에는 준비 운동: 준비는 성과를 창출한다.

어떤 일을 시작하기 전에 반드시 준비 과정이 필요하다. 맛있는 요리를 하기 위해서는 재료와 요리 기구를 미리 준비하여야 한다. 준비하지 않고 요리 도중에 허겁지겁 찾아 헤매게 되면, 요리는 완전히 쓰레기가 된다. 스포츠계에서 협상의 대가로 알려진 로널드 샤피로Ronald Shapiro는 다양한 분야의 성공한 저명인사들을 자문해 주면서 그들의 성공 비결을 분석하였는데, 비결은 바로 철저한 준비였음을 발견하였다. 그의 책 <준비의 힘>Dare to prepare에서 역사를 움직인 링컨, 처칠,

벤자민 프랭클린뿐만 아니라 우리 시대의 성공한 스포츠 스타나 사업가는 모두 준비의 달인이라고 강조하고 있다. 프레젠테이션의 달인으로 칭송받았던 스티브 잡스도 한 번의 발표를 위해서 200번 준비하였다고 하는 것은 잘 알려진 사실이다. 이렇게 철저하게 준비하는데, 어떻게 실패할 수 있겠는가? 프로(달인)들은 철저한 준비로 성공한 사람들이다.

무슨 일이든 준비가 철저하게 되어 있으면, 아무리 어려운 일이라도 전혀 겁나지 않는다. 철저한 준비는 할 수 있다는 자신감과 확신감으로 심리적 안정과 목표에 대한 분명한 이해를 제공하여 우리를 성공으로 이끌게 된다. 반면에 부실한 준비로 임하는 것은 실패의 나락으로 점프하는 것과 같다.

어떤 학습자들은 공부가 어렵다고 생각한다. 그래서 수업에 참여하고 싶지 않고 심지어는 학교에 가기 싫어한다. 이유는 간단하다. 수업에 참여할 준비가 전혀 되어 있지 않기 때문에, 수업이 두려운 것 이다. 생각해 보라. 수천 명의 관중이 모인 음악 콘서트에서 노래 부를 준비가 전혀 되어 있지 않은데, 무대로 등 떠민다면 어떤 심정이 될까? 준비 없이 수업에 참여하는 것은 무서운 괴물과 맞서 싸우며 자신을 실패의 늪으로 밀어 넣는 것과 같다. 준비 없는 수업은 100% 실패하게 되어 있다. 바보들이 항상 실패하는 이유는 바로 준비하지 않았기 때문이다. 그러나 준비한다면 누구나 성공할 수 있다. 학습에 성공하고자 한다면 먼저 수업을 준비하라.

최근 21세기 새로운 교육 패러다임으로 "거꾸로 학습(역전 학습)"flipped learning에 대한 관심이 고조되고 있으며, 대학뿐만 아니라 초중고교를 비롯하여 기업 교육 등 모든 교육 분야로 급속하게 확산되고 있다. 거꾸로 학습은 현재의 교육이 당면하고 제반 문제를 해결하고, 학습 효과를 극대화할 수 있는 혁신적 교육 패러다임으로 부각되고 있다. 거꾸로 학습의 핵심도 바로 철저한 사전 수업 준비이다.

[표 7-1] 수업 전에 준비하여야 할 필수품

수업 전 필수 준비물	목표/요점 파악	수업내용 시각화(계층도, 개념도, 마인드 맵, …)
	질문 정리	질문 리스트
	로얄석 선점	로얄석에 착석

[1] 수업 목표 및 요점 파악

수업 하루 전에 수업에서 학습하게 될 학습의 목표와 내용을 파악하여야 한다. 이 말은 적어도 수업에는 학습 목표와 내용을 알고 참석하여야 한다는 뜻이다. 학습 내용의 전체적 골격을 이해하고, 수업에서 무엇에 중점을 두어야 할지를 미리 파악하는 것이다. 이는 일반적으로 이야기하는 예습 또는 선행학습과는 다른 것이다. 예습이나 선행학습처럼, 수업에서 학습할 내용을 모두 세세히 미리 학습하는 것이 아니라, 학습의 목표와 학습내용을 훑어보아 수업내용의 뼈대를 이해하는 것이다. 학습자는 수업을 통해 새로운 지식을 학습하기 때문에, 수업할 내용을 미리 자세히 알 필요가 전혀 없다. 잘못된 예습이나 선행학습으로 학습자가 수업 내용을 다 알고 있다면, 수업 참여가 전혀 의미가 없고, 오히려 학습을 망치게 한다.

수업에 임하는 학습자는 학습 내용의 목표, 개념, 핵심사항이 무엇인지 알고 있는 것만으로도 충분하다. 나머지는 수업을 통해서 학습하면 된다. 학습자는 수업 전에 목차, 제목, 핵심 단어(키워드), 요점 정리 등을 활용해서 학습한 내용을 훑어보고 수업 내용 또는 수업 시나리오를 개념도, 계층도 또는 마인드 맵 등의 시각화 도구로 그림을 그린다. 또한 학습에서 다루어질 중요한 핵심어 목록을 작성한다. 이렇게 작성된 수업 내용 시각화 그림과 핵심어 목록을 노트에 정리한다. 구체적인 노트 정리 방법에 대해서는 다음의 '수업 중 몰입'을 참고하기 바란다. 학습내용을 시각화하고 핵심단어 목록을 작성하는 데는 약 5-10분 정도 밖에 소용되지 않을 것이다. 적은 시간을 투자하여 큰 학습효과를 얻을 수 있는 것이 준비의 비법이다.

수업의 목표와 요점을 파악하게 되면 학습에 자신감이 발동하고 학습하고자 하는 열정이 솟아난다. 수업에 당당하게 임하게 되고 수업 내용을 확실하게 더 많이 이해하게 된다. 수업을 수월하게 따라 갈 수 있으며, 이해하지 못했던 사항은 질문하여 확실하게 확인할 수 있게 된다. 또한 이러한 수업 준비로 수업에 필요한 보조 자료나 참고자료 등 준비물을 미리 준비할 수 있는 여유를 가질 수도 있다.

[2] 수업할 내용에서 질문 정리

로마시대에 금방이라도 쓸어 질것 같이 지친 청년 두 명이 마을에 나타났다. 유난히 큰 눈을 가진 청년은 무엇인가 애타게 찾으면서 마을 이곳 저곳을 허겁지겁 누비고 다녔다. 그러다가 그는 아무 소리 없이 쓸어져 숨을 거두었다. 반면에 삐쩍 마른 청년은 마을 사람을 붙잡고 물었다. "제가 산에서 독버섯을 먹었는데, 치료할 수 있는 분을 알려 주세요." "큰일 났군요. 저기 수사님이 독버섯 전문가예요. 얼른 이리로 오세요." 청년은 목숨을 건졌고 곧 건강을 회복하였다. 우화에서처럼, 질문을 하면 해답을 얻을 수 있다. 수줍어 질문하지 않으면 영원히 알 수가 없다.

배우고자 하는 학습자는 먼저 질문을 하여야 한다. 그래야만 실감나게 배울 수 있다. 질문은 학습의 시작이며, 최상의 학습방법이다. 어린 아이들은 "하늘은 왜 파란가요? 물고기는 왜 물에서 살아요? 햇볕은 왜 따뜻해요?" 등 쉬지 않고 질문을 하여 부모들을 피곤하게 한다. 어린아이는 이처럼 질문으로 학습을 시작한다. 교육학의 창시자라고 할 수 있는 소크라테스는 독특한 질문법을 사용하여 그리스 청년들을 교육하였다. 알고자 한다면, 배우고자 한다면, 질문부터 해야 한다.

앞의 우화에서 눈이 큰 청년은 질문만 했어도 살 수 있었다. 학습자들은 이 청년처럼 질문에 인색하다. 학습자는 왜 질문을 꺼리는 것일까? 첫째, 질문하는 것을 수줍어하거나, 질문은 알지 못하다는 것을 노출하는 것으로 생각하여 창피하고 두려워하기 때문이다. 학습은 모르는 것을 배우는 과정이므로 모른다는 것은 절대로 부끄러운 일이 아니다. 모르는 것을 말하지 않고 아는 척 하는 것이 죄악이다. 둘째, 학습하고자 하는 내용이 무엇인지, 자신이 무엇을 배우고 있는지 조차도 모르기 때문에 질문을 만들 수가 없다. 초전도체에 대하여 학습하고 있었다고 하자. "초전도체의 에너지 띠 구조는 일반 도체와는 어떻게 다른가? 반도체는 초전도체로 변화할 수 없는가?" 등등 무수히 많은 질문이 가능하다. 자신이 무엇을 배우고 있었는지 확실하게 알고 있으면 쉽게 질문을 만들 수가 있다. 셋째, 수업에 관심이 없어서 질문하지 않는다. 동아리에서 아주 멋진 친구를 처음 만났다고 하자. 그러면 "취미가 무엇인가요? 주말에 등산가시나요? 요즈음 어떤 음악을 듣고 계세요?" 등등 친구를 이해하기 위하여 많은 질문을 하게 된다. 친구에게 관심이 없다면 전혀 질문하지 않을 것이다. 관심이 있으면 질문하는 것이 당연한데 질문하지 않는 것은 수업에 관심이 없다는 것이다.

수업만 듣고 질문하지 않는 학습자는 무엇을 수업하고 있는지도 모르는 수업에 참여하여 자신의 무지를 합리화하는 것이다. 이해하지 못하면서 무조건 암기하려고 애쓰거나 이해하는 척하는 것은 학습 스트레스만 자중할 뿐이다. 적극적이고 창의적인 학습자는 질문을 준비하여 수업을 유쾌하게 만든다. 수업은 배우는 시간인 동시에 질문하는 시간이다. 배움만이 목적이라면 수업에 참여하지 않고 집에서 책보고 배우는 것이 빠를 수도 있다. 수업의 진정한 목적은 질문으로 학습의 열정을 일깨우고 학습의 내용을 창의적으로 만드는데 있다. 한국 부모는 학교에서 아이가 돌아오면 "오늘 뭐 배웠니?"라고 묻는다. 유대인 부모는 이렇게 묻는다. "오늘 어떤 질문을 했니?" 이러한 질문 중심 교육으로 전 세계 인구의 0.2%에 불과한 유대인이 노벨상 32%를 독점하는 원동력이 되고 있다. 학습의 달인은 수업을 배움과 질문이 랑데뷰하는 시간으로 설정한다.

수업준비에서는 학습 목표, 요점 파악과 함께 질문리스트를 준비한다. 그러나 수업 전에 반드시 질문리스트를 준비하여야 하는 것으로 오해해서는 절대로 안 된다. 학습할 내용을 가볍게 훑어보면서 이해가 어렵거나 자세하게 확인해 봐야 할 사항을 가벼운 마음으로 점검해 보라는 의미이다. 또한, 있는 그대로 암기만 하지 말고, 항상 열린 호기심과 다양한 관점에서 생각하는 능력을 배양하라는 의미이다. 질문할 사항이 있으면 질문을 만들어 노트에 기록한다. 질문을 만드는 방법에 대하여는 제8장에서 자세하게 설명한다. 수업 전 노트 작성법은 아래 설명을 참고하도록 하자.

[3] 강의실 로얄석 선점

학습에서 수업 참여는 참으로 중요한 일과이다. 성실한 수업 참여는 학습자가 당연히 가져야 할 마음자세이고 책무이다. 수업을 등한시 하여 결석하게 되면, 이를 만회하기 위해서는 2-3배의 추가적인 노력이 필요하다. 생각해 보라. 연속극을 시청하고 있는데, 한두 번 거르게 되면, 연속극의 내용을 이해하기가 곤란해진다. 마찬가지로 결석하게 되면, 강의내용을 이해하고 따라갈 수 없게 되어 학습을 망치는 원인이 된다. 수업에는 꼭 참석해야 한다. 수업에 참석하지 않고 자신이 알아서 나중에 보충 학습하는 일은 결코 일어나지 않는다. 결석은 '깨어진 창문 현상'과 같아서 방치하게 되면 학습을 독한 기운으로 오염시킨다.

교수 또는 선생님보다 먼저 강의실에 도착하여 수업 준비를 하는 것은 학습자의 기본자세이며 스승에 대한 예의이다. 지각은 강의 흐름을 파괴할 뿐만 아니라 다른 학습자의 학습을 방해하는 악질적 행위이다. 적어도 수업 10분 전에 도착하여 지난 시간의 학습내용을 확인하고 수업시간에 학습할 내용의 개념도를 살펴보도록 한다.

음악 콘서트는 좌석의 위치에 따라 입장료의 큰 차이가 있다. 연주를 실감나게 감상할 수 있는 로얄석있다. 로얄석은 한정이 되어 있기 때문에 무척 비싸다. 수업에서도 마찬가지이다. 수업을 가장 잘 들을 수 있는 로얄석이 있다. 일반적으로 강의실 앞 중앙에서 세 번째 줄이 로얄석이다. 음악 콘서트는 비싼 입장료를 내고 로얄석에 앉으려 하면서, 왜 수업시간에는 로얄석에 앉지 않는가? 영화관 좌석 예약을 하면서는 잘 보이는 좌석을 택하려고 하면서 강의실에서는 왜 잘 보이는 좌석을 택하지 않는가? 강의실 로얄석에 앉으면 교수와 눈맞춤을 하면서 수업동안 상호 교감할 수 있고. 졸지 않게 되고 딴 생각을 할 겨를이 없어 수업에 몰두하게 된다. 강의실 로얄석을 선점함으로써 학습의 질적 수준을 높일 수 있는 특권을 누리게 된다. 조사 통계에 의하면 로얄석을 차지한 학습자의 90% 이상이 장학생이었다고 한다.

수업 중에는 몰입: 학습 성과를 생산하자.

수업을 단순히 새로운 지식을 습득하는 시간으로 간주하는 경향이 있다. 수업의 목적은 새로운 지식의 습득뿐만 아니라 기존의 이해와 지식을 확장하고 재구성하며, 창의적으로 학습내용을 적용, 응용하는 능력을 배양하는데 있다. 수업에서는 새로운 지식의 습득, 이해, 연상결합, 추론, 저장 등 총체적 학습 행위가 이루어지므로 수업에 몰입해서 학습 활동을 전개하여야 한다. 쉽게 말하면, 두뇌는 재빠르게 학습 내용을 습득, 이해하여야 하고 손은 쉬지 않고 학습 내용을 요약 정리하여야 한다. 또한, 교수자에게 열린 질문을 하여 학습 내용을 정교화 하여야 한다.

일반적으로 학습자는 교수자가 중심이 되어 진행하는 수업에 시청자로서 참석한다. 그러나 학습자의 이러한 수동적 태도는 학습 성과를 생산할 수가 없다. 대부분의 교육학 이론은 학습자가 수업의 주체가 되어야 하며, 학습자 중심의 수업을 진행할 것을 요구하고 있다. 밥 파이크Bob Pike의 <창의적 교수법>Creative Training Techniques에 의하면, 학습자의 수업 참여 정도에 따라 학습 성과의 수준이 달라진다고 한다. 수업은 학습자를 위해서 실시하는 것이고 수업의 주체는 학습자이기 때문에, 학습자는 학습 성과가 극대화 될 수 있도록 수업에 몰입해서 참여하여야 한다. 학습자의 수업 중 학습활동을 요약하면 [그림 7-3]과 같다.

【그림 7-3】 수업 중 필수 학습활동

[1] 적극적 경청

학습의 달인들은 수업 참여를 가장 중요한 학습 행위로 존중하고 있다. 학습자는 수업의 중요성을 깊이 인식하고 수업에 참여하는 마음가짐부터 가다듬어야 한다. "나는 지금 세상에서 가장 훌륭한 강의에 참석하고 있는 거야. 보람 있는 시간이 되도록 최선을 다하자." "나는 일생에 단 한번 들을 수 있는 귀중한 강의를 듣고 있는 거야. 귀중한 시간을 헛되게 하면 안 되지." "나는 친구들이 참석하고 싶어 하는 유명 강의에 초대받은 선택된 행운아야. 기쁜 마음으로 강의를 경청하자." 이처럼 경건한 마음으로 수업에 참여하는 의지를 다져야 한다. 수업에 대한 열정과 기대가 있어야 학습 성과가 깃들 수 있다.

대표적 학습 이론인 구성주의constructivism에 의하면 교수자의 행동보다도 학습자의 행동이 학습될 내용에 절대적인 영향을 미친다고 한다. 즉, 학습자 자신이 수업에 몰두하고 학습 성과에 책임을 져야 하는 것이다. 수업에 참여하였다고 하여 학습 성과가 저절로 샘솟는 것은 절대로 아니다. 학습자가 수업에 얼마나 몰입하느냐에 따라서 학습 성과의 수준과 질이 달라지는 것이다. 수업 중에 학습 의욕 없이 멍하니 앉아 망상을 하거나, 다른 교과목을 학습하거나, 스마트폰으로 문자 메시지를 보내는 등 학습에 몰입하지 않는 것은 어리석은 행동이다. 이런 행동은 스스로 자신을 모욕하는 것이고 자신의 학습을 쓰레기통에 던져 넣는 일이다. 수업에 임하여는 학습에 몰입하여야 하며, 절대로 어리석은 행동을 하여서는 안 된다. 교수자에게 예의가 있어야 하고, 자신의 학습을 존중할 줄 아는 진솔한 품성을 가져야 한다.

제3장에서 설명한 것처럼, 학습 내용의 요점을 파악하려면 강의내용을 경청하고 부단히 생각하여야 한다. 그렇다고 강의내용을 무조건적으로 암기하고 흡수해서는 안 된다. 수업 참여는 학습 내용의 본질과 핵심 개념을 깨우쳐, 문제 해결능력을 기르는데 있다. 그러므로 무조건적인 흡수가 아닌 창의적 학습 활동을 전개하여야 한다. 대표적 교육학 이론인 콜브David Kolb의 학습유형learning styles이나 블룸Benjamin Bloom의 완전학습mastery learning 등에서 제시하고 있는 다양한 학습 활동을 전개하여야 한다.

- 새로운 지식을 인식, 지각하여 습득, 기억
- 개념을 이해하여 요약, 정리
- 기존 지식과 새로운 지식을 통합하여 지식 확장
- 학습한 지식을 응용하여 토론하고 문제 해결
- 사실을 분석하고 추론하여 지식을 정교화

다시 말하면, 강의 내용에 매몰되지 말고 전체 핵심을 파악하면서 부단히 다양한 학습활동을 전개하여야 한다. 수업은 학습활동 시간이지 일방적으로 두뇌에 지식을 채워 넣는 시간은 아니다.

교수자는 학습내용을 명확하게 전달하기 위해 최선의 노력을 다한다. 그래서 학습자들이 학습내용을 효과적으로 파악할 수 있도록 목소리를 크게 또는 낮추어 주의를 환기시키거나, 강력한 제스처나 몸짓으로 강조하기도 한다. 교수자들의 이러한 단서에 주의를 기울이면서 강의를 들으면 학습내용의 본질과 핵심파악에 큰 도움이 된다. 특히, 교수자가 중요한 내용을 강조하거나 핵심을 요약할 때 사용하는 단어 또는 어구에 주목한다. 한때 "밑줄 쫙"이라는 말이 유행하기도 하였지만, "요약 정리한다면~, 이것만은 꼭 기억해두세요. ~이 아주 중요합니다."등과 같은 학습 내용을 강조하는 단서에 유의해서 강의를 경청한다. 강의 내용뿐만 아니라 교수자의 느낌, 감정, 의도와 같은 메시지로 이해할 줄 알아야 한다.

[2] 열린 질문

교육이 직면하고 있는 중대한 문제의 하나는 질문 없는 주입식 암기수업이 뿌리를 내리고 있다는 것이다. 수업시간에 질문이 사라진 데는 학습자의 소극적 학습태도, 교수자의 교수법 미흡 등 여러 원인이 있겠지만, 학습자는 수업시간에 질문이 살아나도록 노력하여야 한다. 누차 강도한 바와 같이 질문은 학습의 어머니이며 질문 없는 수업은 학업 성취 욕구를 촉진하지 못할 뿐만 아니라, 학습 성과도 만들어 내지 못한다. 학습자는 궁금한 것이 있으면 썩혀 두지 말고 당연히 질문해야 한다. 질문은 적은 노력으로 큰 학습 성과를 얻을 수 있고 학습시간을 절약할 수 있어 학습의 달인들이 애용하는 방법이기도 하다.

수업 중에 학습자는 다양한 형태의 질문을 가질 수 있다. 예를 들면, 다음과 같은 경우에 질문을 하게 된다.

- 이해하기 어렵거나 헷갈리는 내용을 명확하게 이해하기 위해서
- 정확하게 이해하고 있는지 재차 확인하기 위해서
- 보충 설명 또는 구체적인 예를 알고 싶어서
- 어떻게 응용할 수 있는지 알고 싶어서
- 학습한 내용이 다른 지식과 연계될 수 있는지 궁금해서

학습자는 수업 중에 이처럼 다양한 목적을 가지고 질문하게 된다. 수업 중에 질문할 때는, 수업이란 제한된 환경과 여건을 고려하여 간단명료하게 질문하여야 한다. 다음 사항을 유의해서 질문하도록 하자.

- 알고 있는 것과 모르는 것을 분명하게 한다.
- 질문의 요점을 짧고 분명하게 말한다.
- 한 번에 하나의 요점을 갖는 질문을 한다.
- 다른 학습자의 학습에 방해가 되지 않도록 한다.
- 엉뚱한 질문을 했더라도, 절대로 낙담하지 않는다.
- 시야를 넓힐 수 있는 열린 질문을 한다.

• 질문하는 것을 두려워하거나 창피하게 생각하지 않는다.

질문은 적은 노력으로 큰 학습 성과를 이끌어 낼 수 있는 방법일 뿐만 아니라, 위대한 리더들의 생각의 방법이기도 하다. 요코하마 타로의 "위대한 리더의 위대한 질문" 등 많은 서적에서 위대한 리더들은 끊임없이 질문하는 사람으로 묘사되고 있다. 질문은 위대한 리더가 되기 위한 필수 조건이기도 하다. 그렇다고 수업 중에 꼭 질문하겠다는 강박관념에 시달려서는 안 된다. 자연스럽게 질문이 우러나오도록 열린 생각을 하는 습관을 기르도록 하자.

[3] 혁신적 오라클 노트 정리법

노트 정리(필기)는 학습의 기반이 되는 필수적 학습 활동이다. 그런데 디지털 교과서, 온라인 강의 콘텐츠, 스마트폰과 태블릿 PC 등의 보급으로 노트 정리가 멸종되고 있다. 아무리 과학기술이 발달하고 다양한 학습기기가 사용된다 할지라도, 노트 정리는 포기하거나 생략할 수 없는 중요한 학습 활동이다. 시대가 어느 때인데 종이에 글씨를 써가면서 노트 정리하느냐고 반발하겠지만 노트 정리는 학습자 스스로 수행하는 중요한 학습 활동이다. 교수자는 강의를 하지만 학습자는 노트 정리를 해야 한다. 노트란 학습자가 학습에 참여해서 자신의 노력으로 생산한 학습 성과물이다. 또한 수업 중에 학습자가 해야 하는 최대의 학습활동이 노트 정리이기도 하다. 노트 정리하지 않는다는 것은 학습하지 않는 것과 동격이다. 여기서 노트 정리란 종이 노트에 필기하는 것뿐만 아니라, 컴퓨터, 스마트폰, 태블릿PC 등에 글을 쓰고 그림을 그려 학습 내용을 정리하고 요약하는 학습자 스스로의 학습 활동을 총칭하는 것이다. 노트에 대한 잘못된 부정적 편견을 버리고 노트 정리의 의의와 중요성을 인식하여야 한다.

앞서 여러 곳에서 설명하였을 뿐만 아니라 대니얼 윌링햄Daniel Willingham 등 많은 인지 심리학자들이 주장하고 있는 것처럼, 두뇌는 기본적으로 기억을 위해 설계된 것이 아니다. 두뇌기억은 쉽게 날아가 버리는 휘발성이 있기 때문에 인간은 영구적 기록을 위해 문자를 만들었다. 두뇌의 특성을 고려한다면 학습자는 두뇌를 믿지 말고 노트(기록)을 믿어야 하는 것이다. 노트 정리는 학습 내용을 기록하는 것으로 매우 중요한 요소임을 직감할 수 있을 것이다.

① **수업에 몰입할 수 있게 한다**. 수업 시간에 교수자의 설명에 집중하면서, 학습 내용을 파악하여 지속적으로 노트에 기록하여야 하므로 딴 생각할 겨를이 없다. 수업에 적극적으로 참여하게 되고 주위가 산만해져 학습을 망치거나 지루해서 졸릴 틈이 없게 된다.

② **수업 내용을 확실하게 이해할 수 있다**. 학습 내용을 정리하려면, 수업에 몰입해서 확실하게 이해하고 핵심을 파악하여야 한다. 학습 몰입도가 높아지고 학습 성과도 높아진다.

③ **학습 내용을 요약 정리할 수 있다**. 학습 내용의 주제 또는 핵심 개념을 파악하여 정리하는 것은 매우 중요한 학습활동이다. 전체를 보고 핵심을 파악하는 능력도 자연스럽게 길러진다.

④ **정리된 노트는 참고서 이상으로 귀중한 학습 자원이 된다**. 잘 정리된 노트는 반복학습 시간을 단축시켜줄 뿐만 아니라, 복습, 시험 준비 등에 아주 효과적으로 활용된다. 학습 노트는 참고서보다도 더 중요한 가치가 있다.

이처럼 노트 정리의 중요성은 아무리 강조해도 지나치지 않다. "정리된 노트 한 권, 열 참고서 부럽지 않다"는 말이 있는 것처럼 노트는 학습의 강력한 도구이다. 교과서, 참고서, 노트를 학습을 이끌어가는 삼총사라 할 때, 노트는 삼총사의 우두머리가 된다.

미국 코넬 대학교에서는 노트 필기의 중요성을 인식하고 [그림 7-4]와 같은 5R 원칙을 기반으로 하는 독자적인 노트 정리법을 개발하였다. 코넬 노트 정리법Cornell note-taking으로 알려진 이 방법은 그림처럼 노트를 구조적으로 분할하여 조직적인 방법으로 노트 정리하도록 하고 있다.

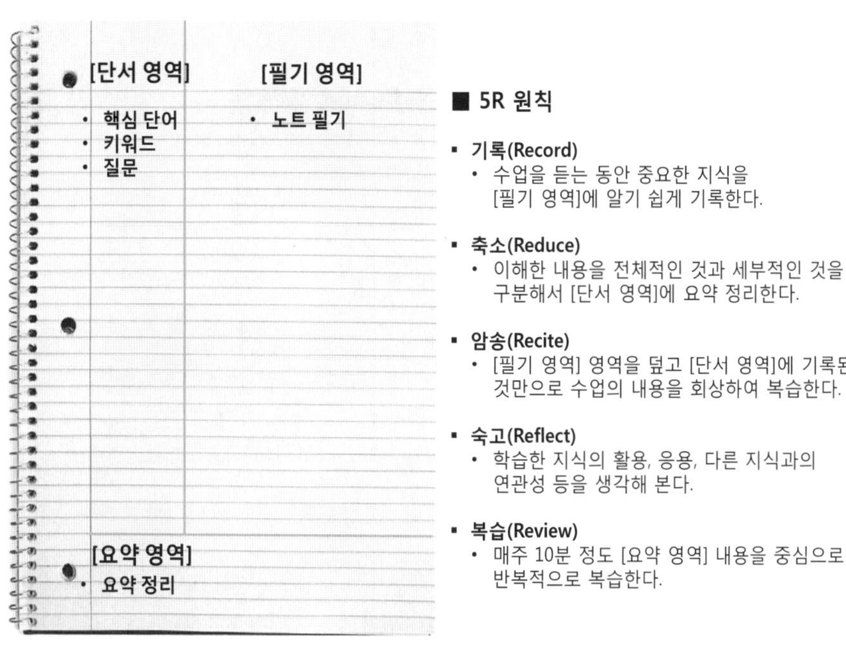

【그림 7-4】 코넬 노트 정리법과 5R 원칙

학습의 달인들은 모두가 자기만의 독특한 노트 정리 비법을 가지고 있다. 여기서는 학습의 달인들이 사용하고 있는 노트정리 비법을 체계화하여 소개한다. 이 방법을 오라클 노트 정리법Oracle note-taking이라고 부르자. 오라클 노트 정리법을 활용하려면 먼저 노트 정리에 필요한 준비물을 항상 휴대하여야 한다.

▪ 노트 정리 준비물
- 탈착/부착이 가능한 바인더형 노트, 구멍 뚫는 펀치
- 3색 컬러 볼펜, 샤프 연필, 형광펜, 지우개
- 칼, 가위, 풀, 테이프
- 포스트잇Post-it, A4 용지

오라클 노트 정리법에서는 [그림 7-5]와 같이 한쪽에 구멍이 뚫린 바인더형 노트를 사용한다. 처음에는 습관이 되지 않아서 생소하겠지만, 바인더형 노트는 많은 장점을 가지고 있다. 첫째, 노트 페이지를 뺐다 끼웠다를 자유자재로 할 수 있다. 노트 페이지를 찢어 버릴 수도 있고 필요에 따라 중간에 삽입할 수도 있다. 둘째, 때에 따라서는 필요한 부분만을 빼내서 사용할 수 있다. 소규모 주제 요약이나 발표 자료 작성에 유용하다. 셋째, 복사물이나 참고자료를 손쉽게 끼워 넣을 수 있다. 넷째, 순서나 배열을 마음대로 바꿀 수 있다. 다섯째, 다른 노트와 통합하거나 필요한 부분만을 뽑아내서 새로운 노트를 만들 수 있다. 이처럼 바인더형 노트는 많은 장점을 가지고 있다. 바인더형 노트는 컴퓨터에서 문서 편집하는 것과 같은 정리에 아주 편리한 기능을 제공한다.

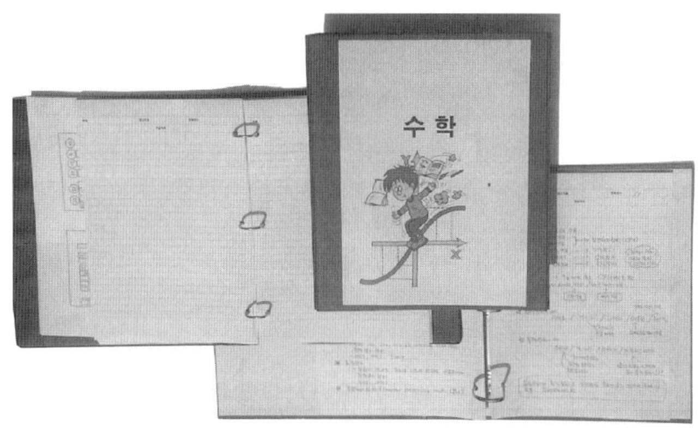

【그림 7-5】 바인더형 노트

시각적 효과는 노트 정리와 노트 활용의 효과성을 증대시켜 준다. 노트 작성 시에는 적어도 3색 이상의 볼펜, 형광펜을 적절하게 사용하여 시각적 효과를 극대화하도록 한다. 칼, 가위, 풀, 테이프 등을 준비하여 참고자료, 복사물, 신문, 잡지 등 다양한 학습 자료에서 그림, 도표, 요약정리 등 필요한 내용을 잘라내서 노트에 부착하여 입체적 학습 노트가 될 수 있도록 한다. 그밖에 바인더형 노트에 삽입할 A4 크기 백지 용지와 여러 모양과 색깔의 포스트잇을 준비한다. 만약 소프트웨어를 활용해서 컴퓨터로 노트 정리한다면, 노트 정리에 필수적인 이런 준비물은 메뉴에서 제공될 것이다.

오라클 노트 정리법은 다음과 같은 원칙에 기반하여 체계적으로 노트 정리한다.

■ 오라클 노트 정리 원칙
① 지정된 공간 분할을 유지한다.
② 최대한 시각화한다.
③ 자신만의 아이콘으로 단장한다.
④ 학습 계획의 실행과 연계한다.
⑤ 학습 내용의 전체를 각인하도록 한다.

1) 노트의 공간 분할

노트의 공간을 분할하여 지정된 장소에는 정해진 내용만을 기록하도록 한다. 바인더형 노트 양면을 동시에 사용하고, [그림 7-6]과 같이 공간을 분할한다.

좌측 페이지는 교수자 영역으로 수업시간에 교수자가 수행한 학습 활동을 모두 여기에 기록한다. 교수자가 필기한 내용은 검은색으로 필기하고, 교수자의 설명 중 중요 내용을 요약하여 청색으로 기록한다. 좌측에는 학습 내용의 중요 개념 또는 핵심단어, 즉 키워드keyword를 도출해서 기록한다.

우측 페이지는 학습자 영역이다. 학습자의 수업 중 학습 활동뿐만 아니라 수업 전후의 모든 학습 활동을 여기에 기록한다. 수업 전에 작성하는 수업할 내용 요약 또는 학습 개념도와 질문 리스트를 여기에 기록한다. 무엇보다도 수업을 들으면서 핵심 개념을 파악하여 그림으로 그리거나 짧은 글로 요약 정리하여 체계화한다. 강의 후에는 수업 중에 기록한 내용을 참고하여 별지에 최종 요약정리를 작성해서 노트에 삽입한다.

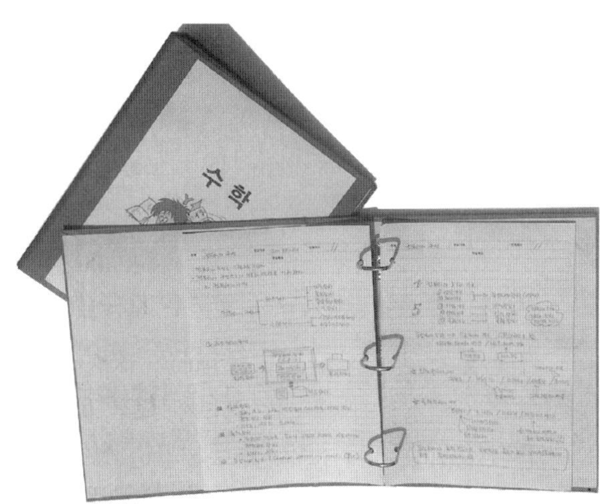

【그림 7-6】 바인더형 노트의 공간 분할

교수자가 파워포인트로 작성한 강의 자료를 미리 배포하거나 컴퓨터 파일로 제공하는 경우가 있다. 이때에도 강의 자료의 중앙을 중심으로 좌측은 교수자 영역, 우측은 학습자 영역으로 구분하여, 교수자의 설명은 좌측에 검정색으로 기록하고, 우측에는 학습자의 학습 활동 내용을 청색으로 요약 정리한다. 파워포인트 강의 자료의 여백이 부족할 경우에는 포스트잇에 기록하여 내용에 따라 좌측 또는 우측에 부착한다.

노트를 좌측 교수자 영역과 우측 학습자 영역으로 구분하면, 교수자와 학습자의 학습 활동을 비교하여 평가할 수 있고, 학습자가 어떤 학습을 하였고 어떻게 이해하고 있는지를 파악할 수 있다.

2) 노트의 시각화

노트 작성시에는 충분한 여백을 두어 시원하고 보기 좋게 작성하고 추가 사항이 있을 때는 쉽게 삽입할 수 있도록 한다. 글로 기록할 때는 글머리 기호bullet을 사용하여 개조식으로 기술하고, 문단이 구별되도록 줄맞춤indentation 한다. 글의 조직구조가 시각적으로 표현되는 것이 중요하다. 그림을 그릴 때는 노트의 적절한 위치에 배치하여 시각적으로 좋게 한다.

노트 작성시 사용하는 컬러도 규칙을 정해서 일관되게 사용한다.

- 검은색: 교수자의 학습 자료나 필기, 학습자의 학습활동
- 청 색: 교수자의 설명, 학습자의 질문
- 붉은색: 핵심개념, 주제어, 요약, 키워드
- 노란색 형광펜: 중요사항 하이라이트
- 붉은색 형광펜: 핵심개념, 주제어 하이라이트

컬러를 규칙적으로 사용하여야 노트 정리의 일관성이 유지되고 효과적으로 활용할 수 있다. 소프트웨어를 활용하여 컴퓨터로 정리하는 경우에도 규칙을 정하여 일관성 있는 노트 작성을 한다.

3) 아이콘으로 단장

노트를 신속하게 작성하거나 핵심사항을 한 눈에 파악할 수 있도록 학습자는 자신만의 시각 기호 또는 아이콘(icon)을 활용해서 노트 필기를 장식하는 것이 좋다. [그림 7-7]은 노트 작성에 자주 사용되는 아이콘의 예를 보인 것이다.

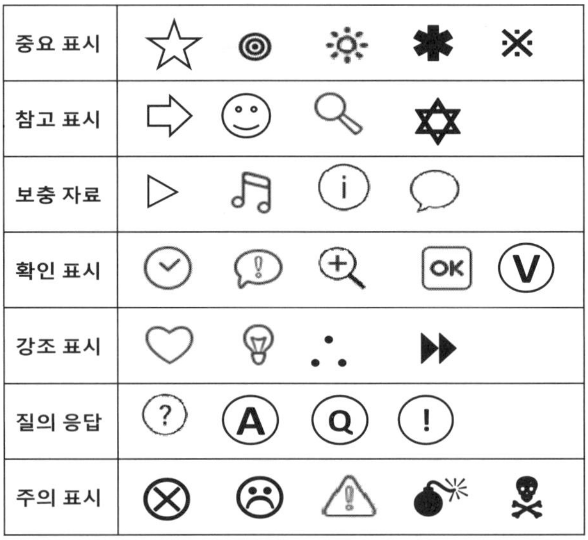

중요 표시	
참고 표시	
보충 자료	i
확인 표시	OK V
강조 표시	
질의 응답	? A Q !
주의 표시	

【그림 7-7】 노트 작성에 사용되는 아이콘

이외에도 학습자 자신이 아이콘을 개발하여 노트 작성에 활용하면 노트에서 봄날의 새싹과 같은 생기가 솟아난다. 아이콘은 학습 내용의 성격을 단번에 파악할 수 있도록 하여 주는 표시판과 같은 기능을 한다. 너무 많은 아이콘을 혼란스럽게 사용하지 말고 자신이 개발한 7-8개 아이콘을 일관성 있게 활용하도록 한다.

4) 학습 계획과 연계

축구나 야구 경기는 운동장에서 진행되지만 학습은 노트에서 시작해서 노트에서 끝난다. 그러기 때문에 노트는 학습 수행 기록부의 역할도 하게 된다. 노트가 학습 계획의 수행 관리를 할 수 있도록 하고, 특히 반복학습이 이루어지는 과정을 파악할 수 있도록 하여야 한다. 이를 위해, 장 또는 절과 같이 학습 단위 선두에 학습 계획과 관련된 헤딩heading을 삽입한다.

제목 (주제)	르네상스의 예술	최종 반복학습일	2015.05.15	참고자료	교재 p 45-70
작성일자	2015.04.23	반복학습횟수	///		
학습목표					
• 르네상스 시대의 예술 출연과 발전 과정 • 르네상스 시대의 회화, 조각, 음악, 건축의 특징 • 대표적 작품과 특징					

【그림 7-8】 학습관리 헤딩의 구조 예

수업 시간 단위가 아니라, 학습 주제 단위를 중심으로 [그림 7-8]과 같은 형식의 헤딩을 작성한다. 제목(주제)에는 학습단위의 제목을 기술하고, 학습목표에는 교수자가 제시하거나 선행학습으로 파악한 학습목표를 기록한다. 학습목표는 학습 단위의 진행방향을 알려주는 나침판 또는 지도의 역할을 하므로 중요하다. 반복학습 계획에 의거하여 복습한 내역을 최종 반복일, 다음 반복(예정)일, 반복학습 횟수에 기록한다. 반복학습 시에는 주로 [요약 정리]의 핵심 요점을 중심으로 효과적으로 학습한다. 노트를 작성하는 것만으로 만족하지 말고, 학습 계획과 연계하여 항상 활동하는 것이 무엇보다도 중요하다.

5) 학습 내용 전체의 시각화

학습 내용의 전체를 이해하고 주제(본질)을 파악하여, 그것을 그림으로 그리거나 이야기로 만드는 것은 학습 정리의 요체이다. 노트정리는 제3장과 제4장에서 설명한 내용을 기반으로 전체와 핵심 요점을 시각화하는 것을 원칙으로 한다. 수업 중에도 마인드 맵 등으로 시각화하고, 수업 후 요약, 정리할 때도 다양한 시각화 도구를 활용하여 전체와 핵심이 들어나도록 요약, 정리를 하여야 한다. 특히, 장, 절과 같이 학습단위가 끝날 때는 반드시 전체를 요약, 정리하고 시각화하여 노트에 추가한다.

노트는 학습 활동의 시작과 끝이다. 모든 학습 활동이 노트 중심으로 수행되기 때문에, 노트만으로 학습이 가능하도록, 학습 관련 모든 내용이 포함되도록 충실하게 작성한다. 신문, 잡지, 인터넷 등에서 학습 관련 자료를 스크랩하여 풀 또는 테이프로 붙이고, 포스트잇을 적절하게 사용하여 중요한 학습 자료가 노트에 수록되도록 한다. 즉, 노트만으로 학습을 시작하고 끝낼 수 있도록 노트 정리하는 것이 중요하다. 노트는 자신의 학습을 위한 아주 개인적인 기록이다. 다른 사람에게 보여 주기 위한 것이 아니므로 겉치레 보다는 내용에 충실하고, 자신에게 적합하도록 맞춤형 노트 작성을 숙달해야 한다.

앞서 언급한 것처럼, 파워포인트, PDF, HWP 등 디지털화된 학습 자료 사용이 늘어나고 있다. 디지털 학습 자료로 학습할 때, 대부분의 학습자들은 읽거나 보기만 할 뿐, 필기 또는 정리하지 않는다. 디지털 학습 자료의 경우에도 오라클 노트 정리법을 그대로 적용하여 노트 정리하여야 한다. 대부분의 디지털 파일은 주석annotation을 위한 도구를 제공하고 있으므로 이를 활용해서 반드시 노트 정리하여야 한다. 노트 정리는 학습자 스스로가 수행하는 중요한 학습 활동이라는 사실을 명심해야 한다. 노트 정리가 없다는 것은 학습하지 않았다는 것과 같은 것이다. 학습 효과를 극대화하려면 종이든 디지털 자료든 반드시 노트정리를 하여야 한다.

수업 후에는 반드시 마무리를: 마무리 마침표를 확실하게 찍자!

수업이 끝났다고 황급히 노트를 덮고 일어나는 것은 데이터를 저장중인 컴퓨터에서 전원코드를 뽑는 것과 같다. 수업을 경청하였다고 하더라도 마지막 마무리를 하지 않으면 그 동안의 학습 효과가 뒤집어질 수도 있다. 아파트 건축에서 마무리 공사가 제대로 이루어지지 않으면 부실 건물이 되고, 축구 경기에서 문전 마무리 공격을 제대로 하지 못하면 골을 넣을 수 없다. 끝마무리를 잘 하라는 뜻의 "유종의 미" 또는 "화룡점정"이라는 고사성어가 자주 인용되고 있는 것도 마무리가 얼마나 중요한가를 보여주고 있다.

수업이 끝나는 순간부터 망각이 시작된다. 수업의 학습 효과를 지속적으로 유지하려면 마무리 학습 활동에도 관심을 기우려야 한다. 수업 후에는 [그림 7-9]와 같이 3가지 학습 활동으로 상쾌하고 뿌듯한 마침표를 찍어야 한다. 마무리 학습 활동에는 많은 시간이 요구되지 않는다. 짧은 시간 안에 시원하게 마무리할 수 있고, 학습 효과도 스스로 느낄 수 있으므로 반드시 수업 마무리를 하도록 한다.

【그림 7-9】 수업 후 마무리 학습 활동

[1] 노트 정리 확인

수업의 학습 내용을 잘 알고 있을 때 확실하게 노트 정리해 두어야 한다. 노트정리를 미루어두면 학습 내용을 잊어버렸을 때 다시 기억해 내는데 많은 시간과 불필요한 노력이 필요하게 된다. "쇠는 뜨거울 때 쳐라."라는 속담처럼 생생하게 기억하고 있을 때 노트 정리를 확인하여야 한다.

수업이 끝나면 핵심 부분을 확인, 재구성해서 요약, 정리하고 자신만의 아이콘으로 표시해 둔다. 핵심 사항 요약, 정리는 전체적인 관점에서 시각화하는데 중점을 둔다. 누락되거나 부족한 부분이 있으면 24시간 이내에 보충하도록 한다. 수업이 끝나면 학습 내용을 요약, 정리해서 노트 정리도 완결하도록 한다.

[2] 마무리 정리 학습

학습 내용 중 이해하지 못한 부분이 있을 수 있다. 이때는 밀쳐두지 말고 교수자 또는 친구에게 도움을 요청해서 반드시 이해하도록 한다. 필요 시에는 참고자료를 찾아 보충한다. 수업 직후에 이런 학습 활동을 할 수 없을 때는 질문 리스트를 노트에 기록해두고 가능한 빠른 시간 내에 해결하도록 한다. 학습 내용을 명확하게 이해하여 노트에 요약, 정리해두는 것이 중요하다.

어렵거나 헷갈리는 학습 내용 역시 확실하게 이해하도록 하고, 이해한 내용을 명확하게 노트에 기록한다. 반복 학습 시에 쉽게 이해하도록 명료하게 노트 작성한다.

학습 내용에 대하여 친구들과 의견을 나누거나 쟁점 사항에 대하여 토의하는 것도 학습내용을 정교화하는데 도움이 된다.

[3] 반복학습 계획 설정

교수자가 이끌어 온 수업이 끝나면, 그때부터는 학습자 스스로가 학습을 지속해야 한다. 이제 학습의 책임은 학습자에게 있고, 학습자가 얼마나 조직적으로 학습을 지속하는가에 따라 학습 효과가 결정된다.

수업이 끝나면 에빙하우스의 망각곡선을 참조하여 설정한 반복학습 계획을 노트의 헤드에 기록한다. 학습 플래너에도 기입하여 반복학습이 조직적으로 수행될 수 있도록 관리한다. 반복학습은 노트의 핵심 요점 정리를 중심으로 스마트하게 수행하여 학습 효과가 발휘되도록 한다. 반복 연습이 자연스러운 바이올린 연주를 가능하게 하듯이, 반복학습은 견실한 학습을 가능하게 한다.

천재란 자신에게 주어진 숙제를 하는 재능이 있는 사람일 뿐이다.
- 에디슨Thomas Edison

7.2 자신만의 특기를 발휘하라: 과제 격파

학습은 필수적으로 과제를 동반한다. 넓은 의미에서 과제란 학습 과정에서 주어지는 모든 문제를 의미한다. 학습의 목적 중 하나가 문제 해결 능력 배양이라면, 과제는 이런 능력을 습득할 수 있는 좋은 기회를 제공한다. 좁은 의미에서 과제는 교수자가 학습자에게 부과하는 숙제homework를 지칭한다. 수업에서 학습한 내용을 숙제로 복습 또는 강화할 수 있기 때문에, 과제는 학습의 뼈대가 된다. 그런데 수업은 교수자가 이끌어가는 학습이라면 과제는 학습자 스스로가 주도하는 학습이다. 따라서 학습자의 관점에서 보면 수업보다도 더 큰 책임이 있는 것이 과제이다. 수업이 새로운 지식을 습득하는 것이라면, 과제는 학습자가 어느 수준까지 지식을 습득하였는지를 보여주는 척도가 되므로 더욱 중요하다. 과제는 학습에서 다음과 같은 여러 중요한 역할을 한다.

① 학습 내용을 다양한 관점에서 심화, 보충하여 학습주제에 대한 이해력을 높인다.

② 학습 내용을 활용한 문제 해결 능력과 응용 능력을 길러 준다.

③ 학습자의 학습 능력과 수준을 보여 줄 수 있는 기회를 제공한다.

④ 학습 평가에 중요한 자료를 제공한다.

좌청룡은 수업, 우백호는 과제라고 할 만큼 과제는 학습에서 중요한 역할을 하고 있다. 능력 있는 학습자는 효과적으로 과제를 해결하는 능력을 갖추어야 한다. 여기서는 숙제나 프로젝트처럼 좁은 의미의 과제를 해결하는 방법을 살펴본다.

과제의 종류와 접근 방식

반복학습 등은 학습자가 스스로 판단하여 주도적으로 수행하는 학습 활동인 반면에, 과제는 교수자가 학습자에게 부과하는 공식적인 학습 활동이다. 교수자는 학습의 목적을 달성하기 위해 실험실습, 모형 만들기, 인터뷰, 자료조사, 현장 방문, 관찰, 연습 등 다양한 형태의 과제를 부과하지만, 일반적으로 [표 7-2]와 같은 형태가 널리 사용되고 있다.

과제의 형태마다 추구하고자 하는 고유의 학습 전략이 있다. 예를 들어, 보고서는 다양한 자료를 분석하고 핵심사항을 요약·정리하여 학습 주제에 대한 이해를 심화하고자 할 때 주로 사용한다. 발표는 학습 내용을 스토리텔링으로 변환, 시각화 능력과 함께 학습자의 발표·소통능력을 키우고자 할 때 활용하는 방식이다.

[표 7-2] 널리 사용되고 있는 과제의 형태

과제 형태	특징	작성 시 유의점
보고서 (report)	• 특정 주제에 대한 자료를 조사 · 분석하여 요약 정리 • 독창적인 주장보다는 현황 파악 또는 요점 정리	• 신뢰할 수 있는 자료를 기반으로 조사 · 분석 • 그림 · 도표 등으로 시각화 • 요점정리
논술 (essay)	• 특정 주제에 대하여 자신의 견해나 의견을 주장하는 소규모 논문 • 자신의 의견이 제시되어야 함	• 논리 체계 및 전개 방식 • 독창성 · 창의성 • 주장의 논리적 합리성
발표	• 특정 주제에 대하여 알기 쉽게 요약 · 정리하여 설명 • 발표 자료와 발표력 중요	• 이해하기 쉬운 발표 자료 • 그림 · 동영상 등 멀티미디어 자료 활용 • 발표 능력
연습문제풀이	• 교재 또는 교수자가 제시하는 연습문제 풀이 • 정확한 풀이와 해답이 중요	• 문제 해법의 체계성 • 해답의 정확성
프로젝트 (project)	• 시스템의 설계와 구현 • 팀워크가 중요하며 단계별 산출물 생성이 필요	• 설계 · 구조의 명확성 • 팀원 간 역할과 소통 • 다양한 프로젝트 산출물

[1] 과제의 의도 파악

과제는 교수자가 학습목표를 달성하기 위해 학습자에게 부과하는 것이다. 그러기 때문에, 교수자의 과제를 부과할 때 분명한 목적과 목표가 있다. 학습자는 먼저 이러한 교수자의 의도를 파악하여야 효과적으로 과제를 수행할 수 있다. 교수자의 입장에서 화제의 목적과 목표, 과제에서 요구하는 학습내용, 과제 수행 방식 등을 곰곰이 생각해야 한다. 과제의 의도 파악이 어려운 경우에는 교수자에게 솔직하게 질문하는 것도 한 방법이다. 과제의 의도를 파악하지 못하면 올바르게 과제를 수행할 수 없음은 분명하다.

[2] 과제 작성의 원칙의 수립

과제 의도를 파악하였으면, 이에 기반하여 과제의 주제, 내용, 범위를 분명하게 설정할 필요가 있다. 학습자는 과제 보고서에 많은 내용을 담으려 하지만, 과제 평가는 과제 보고서의 분량이 아니라 내용으로 결정된다. 과제 보고서는 지정된 주제에 집중하여 내용을 충실하게 작성하여야 한다. 과제 범위를 확대하지 말고 주제에 충실하도록 내용과 범위를 한정하는 것이 중요하다.

상세하게 정의된 주제, 파악된 핵심 내용, 설정한 과제범위를 기반으로 하여 과제수행 계획을 작성한다. 과제는 학습자의 학습역량을 보여 줄 수 있는 절호의 기회이므로 계획을 세워서 조직적으로 수행하는 것이 효과적이다.

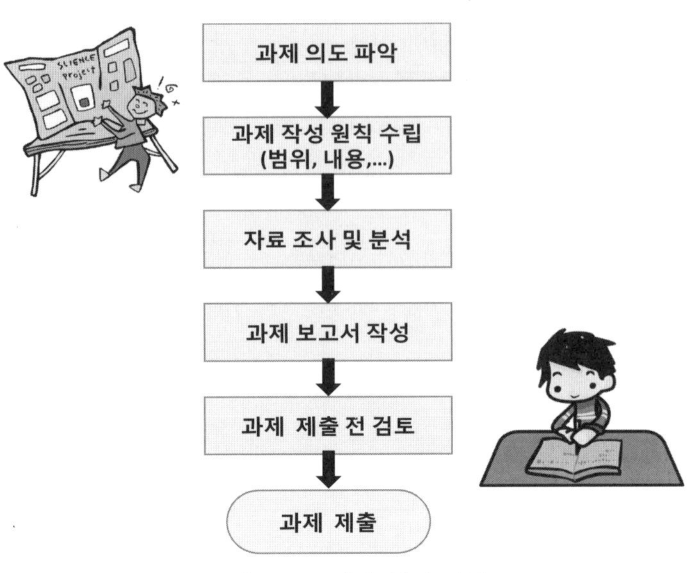

【그림 7-10】 과제 해결 방법

[3] 자료 조사 및 분석

과제의 주제, 내용, 범위가 정해지면, 이와 관련된 참고자료를 수집한다. 인터넷 검색을 유효 적절하게 활용하고, 전문사이트(위키피디아, 유튜브, 강의 공개사이트 등) 전문 블로그 등에서 유용한 자료를 수집한다.

자료를 수집할 때는 과제의 주제, 내용, 범위와 관련된 자료만을 수집하고, 관련성이 없거나 범위를 벗어나는 자료는 과감하게 버린다. 또한 무작정 많은 자료를 수집하려고 하지 말고 과제 해결에 필요한 적절한 분량만큼만 수집한다.

필요에 따라서는 관련 전문가에게 자문을 구하는 것이 빠른 해결 방안이 될 수 있다. 전문가 또는 전문 동호회에게 이메일 등으로 도움을 요청하는 것도 자료조사의 좋은 방법이다. 또한, 스터디 그룹을 만들어 친구들과 함께 토의하는 것도 좋은 접근 방식이다. 여러 사람이 논의하면 유용한 정보를 쉽게 수집 · 분석할 수 있고 아주 산뜻한 아이디어나 해결 방법을 얻을 수 있다.

[4] 과제 보고서 작성

과제 보고서는 당연히 체계적이고 논리적으로 이해하기 쉽도록 작성하여야 한다. 먼저, 목차를 작성한 후에, 분할 정복 방법으로 차분하게 작성해나가는 것이 효과적이다. 제4장의 논술 작성법을 참고하고, [표 7-2]의 과제 형태별 작성 시 유의사항을 참고하자.

과제 보고서는 내용도 중요하지만 형식과 스타일도 중요하다. 강조해야 할 핵심 포인트에서는 글씨의 폰트나 크기를 차별화하고 필요에 따라서는 컬러를 적절하게 활용하여 강조하고자 하는 내용이 두드러지게 한다. 또한, 그림, 사진, 도표 등으로 내용을 시각화하여 이해하기 쉬운 깔끔한 보고서를 작성한다. 과제 보고서는 교수자 또는 평가자가 첫눈에 감탄할 수 있도록 내용과 형식에 정성을 다하도록 한다. 과제 보고서는 학습자의 학습능력과 기량을 보여주는 무대이다. 뛰어난 학습자의 등장을 알릴 수 있도록 내용과 형식에서 최선을 다하여야 한다.

[5] 과제 보고서 제출 전 검토

과제 보고서는 제출 후에는 수정, 보완할 수 없기 때문에 제출 전에 내용과 형식에 미흡한 점이 있는지를 꼭 확인한다. 인용이나 참고한 내용에 대해서는 출처가 명기되어 있는지 반드시 살펴야 한다. 또한, 과제 보고서 작성 시에 참고한 참고문헌 목록을 제시하여야 한다. 이러한 사항을 소홀하게 하면 과제 보고서는 표절한 것이 될 수 있다. 표절은 과제 수행에서 절대로 금지해야 할 윤리적 책무이다. 인터넷에서 가져온 그림이나 사진에 대해서는 반드시 출처를 밝히도록 한다. 가능하면 지식 재산권에 대하여 학습하여 표절 또는 지식 재산권 침해를 하지 않도록 도덕적 역량을 갖추도록 하자.

제출자의 정보는 정확한지, 지정된 보고서 형식을 준수하고 있는지, 영문 철자나 맞춤법에 오류가 없는지 등을 꼼꼼하게 살펴본 후에 제출하도록 한다.

과제 수행은 학습자의 학습 역량을 보여 줄 수 있는 절호의 기회이다. 과제 보고서 작성 시에는 신인가수가 무대 위에 열창하는 심정으로 내용과 형식에서 자신의 역량을 보여 줄 수 있도록 최선의 노력을 한다. 그러나 과욕은 금물이다. 과제 주제에만 집중하여 세련된 전문 과제 보고서를 작성한다.

노력의 댓가는 절대로 보답 없이 사라지지 않는다.
- 하바드대학교 도서관

7.3 학습의 필살기: 시험 정복

인간의 일상생활은 평가와 아주 밀접한 관계가 있다. 가전제품을 구입할 때는 제품의 성능평가를 고려해야 하며, 아파트나 빌딩과 같은 건물을 신축할 때는 안전 평가와 환경 영향 평가를 하여야 한다. 기업에서 직원의 승진 또는 연봉을 결정할 때는 실적 평가 또는 업적 평가를 기초로 한다. 은행 거래에서는 개인 신용평가가 필수이며, 주식투자에서는 주식평가가 선행되어야 한다. 일상생활과 주변을 둘러보면 평가와 연관된 것을 쉽게 발견할 수 있다. 이처럼 평가는 선택, 판단, 결정, 계획 등을 위한 중요한 행위이다. 인간의 사회생활은 평가에 의해 추진된다고 해도 과언이 아니다. 미국의 저명한 심리학자이며 언어교육에 큰 업적을 남긴 톤다이크Edward Thorndike는 그의 정신적, 사회적 측정 이론에서 사물이 존재하면 반드시 평가가 수반된다고 강조하고 있다. 교육에서도 학습자가 어느 정도 학업성취를 달성하였는지를 밝히는 학습 평가는 학습의 진행방향을 결정하는 나침판의 역할을 한다.

학습 평가 또는 시험이 학습 성과를 측정하는 절대적 수단이 아니며 창의적 문제해결 능력을 키우는 좋은 방법은 아니지만, 학습과정과 성과를 평가하여 학습의 품질을 유지하게 하는 필수 교육 활동의 하나이다.

평가에 담대 하자.

학습 평가의 목적은 [그림 7-11]과 같이 교수자와 학습자에게 학습의 질적 수준 향상 방안을 제시하는데 있다. 교수자에게는 교육진단을 통해서 학습내용을 수정 보완하고 교수법을 개선하는 준거를 제시해준다. 학습자에게는 학습 성취도를 모니터링하여 학습 촉진 방법을 제시해주고 학업성취 만족감을 부여해준다.

학습 평가는 이처럼 학습의 질적 수준 향상과 학습의 효과성을 높이기 위한 것이지, 학습자의 인간성을 평가하기 위한 것이 절대로 아니다. 학습자가 평가에서 C를 받았다면 학습내용을 평균 수준에서 이해하고 있으며 효과적 학습방법으로 학습수준을 향상시킬 수 있는 여지가 있다는 것이지, 학습자 자신이 C급이라는 것이 절대로 아니다. 학습 평가와 학습자의 인간성은 별개이다. 그럼에도 불구하고 성적과 인간성을 동일시하는 편견 오류에 빠져 어렵게 살아가는 사람들이 있다. 허구적 평가 인식에서 벗어나 자신의 삶을 자신 있게 주도할 필요가 있다. 세상에는 너무 많은 평가가 있다. 평가에 담담하게 대응하고, 평가 결과에 연연하지 않으며, 평가 결과를 발전의 디딤돌로 활용하는 지혜를 터득하도록 하자. 평가의 노예가 되면, 학습의 노예가 된다.

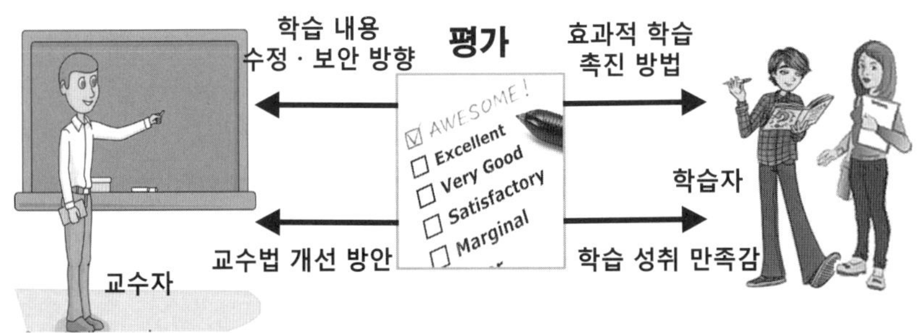

【그림 7-11】 학습 평가의 목적

평가의 유형과 방법

학습 평가는 교육학, 인지심리학, 교과 내용학 등이 복합적으로 연계되어 있기 때문에 무척 어렵다. 교육학에서는 효과적으로 학습을 평가하기 위한 절차, 유형, 방법 등의 개발에 진력하여 왔다. 일반적으로 평가에는 [표 7-3]과 같은 유형이 있고, 다양한 형태의 평가도구가 있다.

[표 7-3] 평가 유형과 평가도구

진단평가	• 학습을 실시하기 전에, 학습자의 지식이나 이해 정도 등 선수학습 정도를 파악하여, 학습 준비 또는 교수 계획을 수립하는데 사용하기 위한 평가 • 주로 학기, 단원, 한 차시 수업을 시작하기 전에 실시		
형성평가	• 수업 진행 중에, 학습목표 달성 여부를 파악하여 교수자의 교수 방향이나 방법, 학습내용과 수준 등을 수정, 보완하는데 필요한 정보를 수집하기 위한 평가 • 수업 중 쪽지시험, 질의응답, 퀴즈 등의 형태		
총괄평가	• 단원이나 영역의 학습이 종료된 후, 학습 성과를 다각적 측면에서 종합적으로 판단하기 위한 평가 • 학년, 학기 또는 단원 마지막 단계에서 학습자의 전체 이해도를 측정하는 평가		
수행평가	• 학습자가 과제를 주도적으로 해결하거나 직접 실행해보도록 하여, 단순 사고력보다는 창의력과 문제해결 능력에 중점을 둔 평가 • 과제 포트폴리오 작성, 연구 발표 등이 수행 평가의 형태		
평가도구	• 서술형 시험 • 실기 시험 • 관찰 • 숙제 • 토론 • 발표	• 논술형 시험 • 실험/실습 • 연구 보고서 • 조사 • 탐색 • 연극	• 구술시험 • 면접 • 포트폴리오 • 견학 • 게임 • 스토리텔링

진단평가는 학습에 들어가기 전에 학습자의 수준을 파악하는 것이다. 학습자가 요구되는 수준에 있지 않으면, 수업은 학습자에게 부담이 되거나 무의미해진다. 진단평가의 중요성에도 불구하고 무시되는 경향이 있지만, 앞서 강조한 바와 같이, 학습자는 수업 전에 반드시 수업 참석에 필요한 사전 지식을 갖추어야 한다. 형성평가는 수업 중에 학습자의 이해 정도를 파악하여 수업 진행에 참고하기 위한 것이다. 총괄평가는 학습단위가 끝난 후, 학습자의 학습 성과를 종합적으로 평가하는 것이다. 학습자에 등급을 부여한다는 의미에서 중요한 평가이다. 수행평가는 단순 지식 이해보다는 창의력, 문제해결 능력, 소통능력 등을 평가하는 것이다. 수행평가는 학습의 다양한 측면을 평가할 수 있어 효과적 평가 유형으로 각광받고 있다.

평가도구에도 다양한 형태가 있다. 평가에 널리 활용되고 있는 시험은 평가도구의 하나일 뿐이다. 올바른 학습 평가는 학습자의 문제해결 능력, 인간관계 능력, 의사소통 능력, 추론 능력, 창의력 등 다양한 자질을 평가하여야 한다. PISAPrograming for International Student Assessment와 같은 국제기구에서는 학습자의 다양한 능력을 평가하는 방법을 연구하고 있다. 지금처럼 시험에만 의존하는 학습 평가는 학습자를 시험 기계로 만들 뿐이다. 시험 결과에 연연하지 말고, 당당하게 최선을 다하여 학습하고, 문제해결 능력 등 다양한 능력을 배양하도록 노력하는 것이 중요하다. 시험이나 성적을 위해 학습하지 말고 자신을 위해 학습하도록 하자.

4 시험, 평가의 필요악

학습 평가는 이해력, 응용력, 창의력 등 다면 평가가 되어야 하지만, 현실적 여건을 고려하여 시험이 가장 보편적인 평가도구로 활용되고 있다. 시험은 많은 학습자의 학습상태를 신속하게 파악하고 평가의 객관성을 유지하고자 하는 관리자를 위한 방법이다. 교육적 관점에서 보면 시험은 학습자의 학습 능력을 전면적으로 평가하는 데는 미흡하다. 그럼에도 불구하고 학습자는 자신의 학습수준을 시험을 통해서 평가해 볼 수 있는 기회를 가질 수 있으므로, 시험에 최선을 다하여야 한다.

시험에는 중간고사, 기말고사, 학력고사, 수능시험 등 여러 종류가 있고, 객관식, 주관식, 논술 등 형태도 다양하다. 시험마다 추구하는 목적과 목표가 다르고, 형태에 따라 대응방식도 다르기 때문에 시험의 효과적 관리 전략을 수립하기가 힘들다. 여기서는 시험에 대응하는 학습자의 보편적 전략을 3단계로 나누어 알아본다.

1 시험 전 준비: 준비가 성과를 만든다.

"미래는 준비하는 자의 몫이다."라는 유대 경전의 말처럼, 학습성과(시험성적)는 준비하는 자의 몫이다. 평소에 시험일정을 고려하여 학습계획을 작성하여야 한다. 준비된 사람을 당해낼 것이 없다는 것은 잘 알려진 경험적 사실이다. 체계적으로 준비하면 어떤 시험에서도 원하는 성과 이상을 얻을 수가 있다. 시험에 대한 계획을 제대로 세우고 있지 않다가, 시험 며칠 전부터 허겁지겁 벼락치기는 두뇌를 고문하여 정상적인 기능을 하지 못하도록 빈사 상태로 만들 뿐만 아니라, 극심한 스트레스를 야기하여 심신을 피폐시킨다. 벼락치기 공부가 아주 비효율적이라는 것은 수많은 연구에 의하여 입증된 과학적 사실이다. 철저한 준비만이 시험을 정복할 수 있다. 시험전의 준비를 요약하면 [그림 7-12]와 같다.

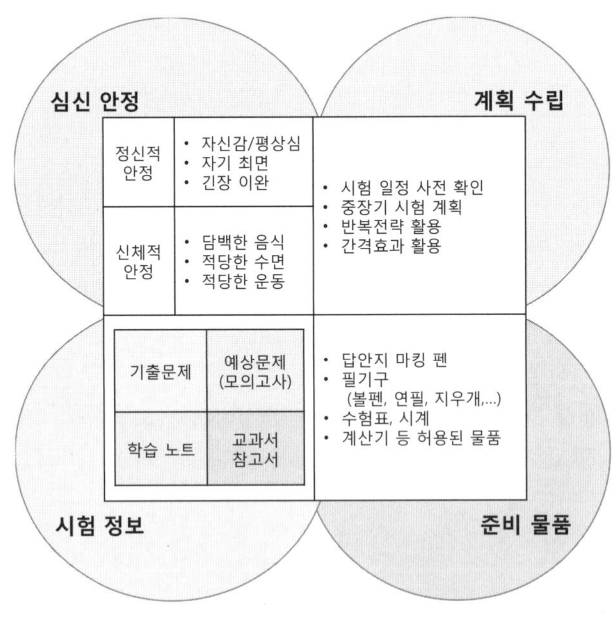

【그림 7-12】 시험 전 준비

[1] 심신 안정

학습자는 시험을 두려워하며 심한 스트레스를 느낀다. 시험만 없으면 즐겁게 학습할 수 있다는 학습자가 있을 정도이다. 이런 이유 중 하나가 시험 성적에 대한 불안감 때문이다. 시험 성적을 목표화하거나 맹신하여 추종해서는 안 된다. 국제 테니스 선수권 대회의 강력한 우승 후보가 예선전에서 탈락하였다고 하자. 그래도 사람들은 선수를 격려하며 컨디션이 좋지 않아서 예선 탈락한 것이지, 선수 자체가 실력이 없다고 비난하지 않는다. 그럼에도 불구하고 많은 사람들은 시험 성적과 인간 평가를 동일시하는 오류에 빠져, 시험 성적이 좋지 않으면 열등하거나 무능한 사람으로 간주하는 못된 인식 체계를 가지고 있다. 학습자부터 시험 성적에 대한 그릇된 인식의 오류에서 벗어나야 한다. 시험은 많은 학습활동의 일부일 뿐이며, 성적은 언제든지 변동될 수 있다는 여유를 가져야 한다.

시험 전에는 무엇보다도 심신 안정이 중요하다. 시험에 두려움을 느끼지 말고 평상심을 유지하면서, 학습목표를 성취할 수 있다는 자신감에 충만해 있어야 한다. 더불어 항상 긍정적인 생각으로 자신의 밝은 이미지를 각인하는 자기 최면을 하도록 한다. 또한, 밤샘하지 말고 충분하게 수면을 취하고, 적당한 운동으로 신체와 두뇌를 신선한 생기로 충전하도록 한다.

[2] 시험 계획 수립

새로운 학기가 시작되거나 새로운 학습이 시작되면, 학습 시작과 동시에 시험 대비 계획을 세운다. 이제 학습을 시작하였으니, 시험은 먼 미래의 일로 생각하여 아무런 대비를 하지 않는 것은 준비 없이 떠나는 여행과 같다. 두 손을 머리에 올리고, 시험 며칠 전에 허둥지둥 밤샘하면서 벼락치기가 하면 좋은 성과를 얻을 수 있을지 자문해 보라. 인지심리학의 여러 연구는 벼락치기는 두뇌를 고갈시켜 학습 성과를 황폐화시킨다고 한다. 이런 벼락치기를 하지 않으려면 새로운 학습 시작과 동시에 시험 계획을 설정해서 학습 플래너로 관리하여야 한다. 두 가지 사항에 유념해서 시험 계획을 작성하여야 한다.

- **반복학습**: 두뇌의 기억 매커니즘과 에빙하우스의 망각곡선에서 살펴본 바와 같이 두뇌 기억에는 휘발성이 존재한다. 앞서 설명한 반복학습 전략에 따라 학습과 시험 계획을 작성한다.
- **간격효과**: 시간 간격을 두고 기억하는 것이 두뇌 기억을 강화시킨다. 반복학습 계획 작성 시에 간격 효과를 고려한다.

중간고사에 대비하여 4과목(A, B, C, D)을 3번 반복 학습하고자 하면, 어떻게 반복하는 것이 좋은가?

(1안) A B C D A B C D A B C D

(2안) A B A B A B C D C D C D

1안처럼 반복학습 간격 안에 다른 교과목을 포함시키는 것이 기억을 강화하여 준다. 이처럼 간격효과가 살아날 수 있도록 반복학습 계획을 설정한다.

반복학습 시에는 노트의 핵심 요점 정리를 중심으로 수행하는 것이 효과적이다. 반복학습은 새로운 지식을 학습하는 것이 아니라, 이미 학습한 내용을 강화하는 것이기 때문에, 학습자가 요약 정리한 노트를 중심으로 수행하는 것이 효율적이다.

[3] 시험 대비 정보 수집

어떻게 하면 시험에서 좋은 성과를 낼 수 있을까? 물론, 최선을 다하여 학습하여야 하겠지만, 시험에 어떤 문제가 출제될지 미리 알고 대비한다면 분명히 좋은 성과를 올릴 수 있다. 시험이란 학습한 내용을 학습자가 얼마나 잘 이해하고 있는지를 확인하는 것이므로 출제되는 문제의 내용에 분명한 제한이 존재한다. 시험에는 학습하지 않은 문제가 출제되지 않는다. 또한, 시험은 학습자의 창의적 사고를 원칙적으로 원하지 않는다. 오로지 학습한 내용에 따라 정답을 서술할 것을 요구한다. 간혹, 학습한 내용을 넘는 응용문제가 출제되는 경우도 있지만, 이때도 학습한 기본 개념을 확장하면 해결 가능하다.

이처럼 시험문제의 내용과 정답에 한계가 있다 보니, 출제되는 문제에도 일정한 패턴이 존재한다. 시험 문제의 패턴을 안다면 어떤 문제가 어떻게 출제되는지 미리 짐작할 수 있고, 시험 준비를 효과적으로 할 수 있다. 기출 문제를 수집하고 분석하여 시험 문제의 패턴을 이해하는 것은 적군의 공격 전술을 탐지하여 사전에 대비하는 것과 같다. 이렇게 하면 백전백승할 수 있고 시험에도 좋은 성과를 얻을 수 있다. 기출 문제를 가능한 많이 수집하여 풀어보고 문제에 내재된 패턴을 발견하도록 하자.

교수자는 학습자의 학습 이해 능력을 분명하게 확인하기 위해서 기존의 문제 패턴과는 다른 색다른 문제 개발에 심혈을 기울이고 있다. 모의고사 또는 예상 문제를 수집해서 풀어보는 것은 새로운 유형의 문제에 대한 실전 경험을 축적하는 좋은 기회이며 시험에 자신 있게 도전하는 의지를 키워준다.

시험 준비의 최상의 무기는 학습자가 만든 학습노트이다. 학습노트는 오라클 노트 정리법으로 학습자 스스로가 작성하였고 핵심 요점 정리뿐만 아니라 중요개념이 한 장으로 시각화되어 있다. 효과적으로 중요개념을 이해하고 정교화 할 수 있으며, 반복학습도 효율적으로 수행할 수 있다. 시험 준비 때 노트는 그 진가를 발휘한다. 노트정리가 부실하다면 어떻게 시험 준비를 할 수 있을지를 상상해 보라. 교재와 참고서로 시험 준비하는 것은 처음부터 다시 학습하는 바보스러운 일이며, 학습노트가 부실하면 더 많은 시간이 걸리고 좋은 성과를 기대하기 어렵게 된다. 노트 정리의 중요성을 다시금 깨닫기 바란다.

교재와 참고서도 챙겨 둔다. 학습내용이 노트에 담겨 있지만 상세한 내용 확인 또는 심화보충이 필요한 경우가 있다. 학습자가 평소 사용하던 교재와 참고서를 그대로 사용한다. 새로운 교재나 참고서는 생소하게 느껴져 학습효과나 기억재인 효과가 저하된다.

시험 준비가 끝나가면 교수자의 입장이 되어 예상문제를 스스로 출제해 보도록 한다. 예상문제

출제는 시험에 자신감을 부여해 주고 지금까지 학습한 내용을 정리하는 훌륭한 도구의 역할을 한다. 문제를 미리 예측해 봄으로써 시험에 대한 부담감도 덜 수 있고 미흡한 부분도 미리 발견하여 조치할 수 있다.

[4] 시험 준비물

시험은 그 동안 심혈을 기우려 학습한 지식을 겨루는 시합에 출전하는 것과 같다. 시험에 필요한 각종 도구와 준비물을 잘 챙겨야 차질 없이 시합에 임할 수 있다. 객관식 OMR 답안지에 사용하는 마킹 펜, 여러 색상의 볼펜, 샤프 펜 또는 연필, 지우개 등 필수 필기도구를 재삼 확인한다. 또한 수험표와 시계도 잊어서는 안 될 필수품이다. 이 밖에도 시험에 따라 허용되는 탁상용 계산기, 사전 등을 지참할 수 있도록 준비한다. 복장은 시험에 지장이 없는 평상복을 입도록 한다.

시험 당일에 시험시간 10-15분전에 시험장에 도착할 수 있도록 교통 상황을 고려한 시간 계획을 세운다. 교통 혼잡으로 인하여 수능 시험에 지각한 수험생에 대한 뉴스를 접할 수 있는데, 허겁지겁 달려와 두뇌 동작이 엉망인 이런 수험생이 제대로 시험을 볼 수 있을까? 절대로 그렇지 않고, 이런 수험생은 기초 학습역량에 미달되는 학습자라 할 것이다.

시험 중 자세: 최선을 다하자.

시험에 임하여는 차분하고 담담한 마음으로 최선을 다하도록 한다. 부담감으로 서두르거나 스트레스 받지 않도록 마음을 가다듬는다. 시험지를 받으면 먼저 답안지에 성명, 학번 등 필수 사항을 기록한 후에 시험을 시작한다.

① 시험이 시작되면 어떤 문제가 출제되었는지 훑어 본다. 문제를 빠르게 읽어 보면서 출제 문제의 형태와 난이도를 파악하여 시험 전략을 생각해 본다.

② 처음 문제부터 끝 문제까지 해결할 수 있는 문제부터 차분하게 해결한다. 난이도가 있어 시간이 많이 소요될 문제는 미루어 두고, 쉽게 풀 수 있는 문제를 집중적으로 해결한다. 일반적으로 잘 구성된 시험의 난이도는 1-2-3-2-1 형태의 분포를 갖는다. 중간 부분에 있는 문제가 가장 어렵고, 처음과 끝 부분이 가장 쉽다. 그러므로, 처음부터 끝까지 해결할 수 있는 문제를 신속하게 해결하도록 한다.

③ 난이도가 있는 문제는 난이도에 따라 시간 계획을 세워 진행한다. 난이도가 낮은 문제, 시간이 많이 소요되지 않는 문제부터 해결한다.

④ 문제를 풀거나 답안을 작성할 때는 정답만을 쓰도록 한다. 시험은 절대로 창의성을 요구하지 않는다는 사실을 명심하도록 하자. 정해진 답만을 찾는데 주력하도록 한다. 간혹, 주관식 문제의 경우 자신의 견해나 창의적 아이디어를 쓰려고 하는 경우가 있는데, 이는 시험의 목적과는 거리가 멀다.

⑤ 해결할 수 없는 문제는 미련 없이 과감하게 포기하고 해결 가능한 문제에 집중한다. 또한, 부주의한 실수 등을 대비하여 답안 내용을 검토하는 시간에 활용하도록 한다.

시험 후 검토: 도약을 위한 마무리 정리를 한다.

시험이 끝났으면 홀가분한 마음으로 마무리 정리를 한다. 시험은 끝이 아니라 새로운 시작일 수가 있다. 그러기 때문에 다음을 대비하여 준비하는 자세가 요구된다. 대부분의 학습자는 시험이 끝나면 해방감에서 시험을 잊고자 하지만, 시험은 학습의 잘 된 점과 미흡한 점을 평가하는 것이므로 반드시 검토의 시간을 갖도록 한다. 프로 스포츠 선수는 경기가 끝나면 승패에 관계없이 경기의 내용을 분석하여 다음의 경기에 대비한다.

① 절대로 성적에 연연하지 않는다. 성적은 언제든지 변할 수 있는 숫자에 불과하다. 성적으로 자만하거나 마음에 상처를 받지 않도록 하는 담대함이 필요하다. 자신의 노력을 축하하고 다음을 대비하는 여유를 갖도록 한다.

② 시험 문제를 분석하여 문제 경향을 정리하고, 틀린 문제에 대하여 오답 노트를 작성한다. 같은 실수를 반복하지 않도록 확실하게 확인하도록 한다.

하루라도 책을 읽지 않으면 입 안에 가시가 돋친다.
- 안중근

7.4 뿌리 깊은 학습: 독서 내공

학습에서 독서는 자동차와 엔진과 같은 관계이다. 독서 없이 학습이 굴러 갈 수 없으며, 독서 없이 학습이 가속화 될 수 없다. 독서란, 좁은 의미에서는 책을 읽어 저자가 전달하고자 하는 지식을 습득하는 것이며, 넓은 의미에서는 저자의 지식 또는 생각을 이해하고 공감하면서 상호 소통하는 과정이라 할 수 있다. 독서는 학습에 필수적으로 요구되는 전문지식, 이해력, 상상력, 창의적 문제 해결 능력을 키워주는 원천이다. 평생 학습시대가 도래하여 자기 주도적인 학습 능력이 절실하게 요구되고 있는데, 독서는 이러한 능력을 효과적으로 배양해 줄 수 있다.

독서, 학습을 꽃피우는 마법

독서는 학습의 핵심이기도 하지만, 그 자체로도 커다란 의의가 있다. 독서는 인생을 변화시키는 기적과 세상을 바꿔는 위대한 변화를 이끌어 낸다. "나는 책을 읽지 않았다. 아예 도서관을 통째로 읽었다."라고 한 에디슨은 독서를 통해서 1093개의 발명품을 대한 아이디어를 얻었다. 글 읽기가 어려운 난독증 환자였던 처칠은 매일 5시간씩 독서를 하여 <제2차 세계대전 회고록>으로 노벨 문학상을 수상한 위대한 정치가가 되었다. 어렸을 적에 호메로스의 <일리어드>와 <오딧세이>에 깊은 감명을 받은 하인리히 슐리만Heinrich Schliemann은 전설속의 트로이Troy가 역사적 사실임을 입증하는 위대한 업적을 남겼다. 3년의 투병 생활 동안 4000여권의 책을 섭렵한 소프트뱅크의 손정의 회장은 모두가 불가능하게 생각한 세계 최대의 인터넷 제국을 건설하였다. 큰 사람이 되거나 성공하는 사람이 되고자 하면 먼저 독서의 달인이 되어야 한다. 독서의 달인이 성공하는 인생을 꼭 보장하는 것은 아니지만, 위대한 업적을 남기거나 성공한 사람은 모두가 독서의 달인이었음을 주시하여야 한다.

흔들리지 않는 뿌리 깊은 학습능력을 기르고자 하는 학습자는 독서에 미쳐야 한다. 큰 꿈을 가진 사람은 독서에 미쳐야 한다. 성공하기를 바라면 먼저 독서에 미쳐야 한다. 독서는 [그림 7-13]과 같이 효과적인 학습과 성공적인 인생을 항해하는데 필요한 지혜를 제공한다.

【그림 7-13】 독서의 효능

① **독서는 지식을 제공하고, 언어 능력과 표현력을 길러 준다.** 책은 새로운 지식과 정보를 획득하기 위한 보물 창고이다. 인간의 지식은 문자로 기록되고 책으로 만들어져 전파되어 왔기 때문에, 철학, 과학과 기술, 예술, 역사, 문화 등의 지식을 습득하고자 하면 독서를 하여야 한다. 새로운 지식은 학습은 독서에 시작된다. 독서를 통해서 어휘력을 증대할 수 있으며, 문장력과 언어 표현 능력을 향상시킬 수 있다. 새로운 어휘의 개념과 활용을 깨우치게 되며, 문장의 논리적 구성과 전개를 이해하게 되며, 언어 표현 능력이 저절로 향상되어 품격 높은 언어생활을 하게 된다.

② **독서는 간접 경험을 통해 인식 능력과 통찰력을 준다.** 괴테는 "좋은 책을 읽는 것은 수많은 고상한 사람과 대화를 나누는 것과 같다."고 하였다. 독서는 시간과 공간을 초월하여 우리를 직접 경험할 수 없는 미지의 세계로 안내하고 경험할 수 있는 기회를 제공한다. 찰스 디킨스Charles Dickens의 <두 도시 이야기>A Tale of Two Cities를 읽으면 18세기말 유럽의 암울한 분위기를 경험할 수 있으며, 빅토르 위고Victor-Marie Hugo의 <레미제라블>Les Miserables을 통해 인생과 세계에 대해 새롭게 인식하는 계기를 마련하고, 새로운 가치관을 정립할 수 있다. 또한 토마스 쿤Thomas Kuhn의 <과학혁명의 구조>The Structure of Scientific Revolution와 같은 전문 서적을 통해서는 사물의 본질을 이해하는 통찰력을 키울 수 있다.

③ **독서는 사물의 본질을 파악하고 요약하는 사고력을 증진시킨다.** 독서는 소통의 과정이다. 책을 매개로 한 저자와의 소통으로 저자가 이야기하고자 하는 주제 또는 핵심을 발견할 수 있다. 독서는 교감의 과정이기도 하다. 생각과 감성의 교감을 통해 세상에 대한 이해와 공감을 학대할 수 있다. 독서는 단순히 책을 익는 행위가 아니라, 소통과 교감으로 세상의 본질을 이해하는 사고력을 훈련하는 과정이다.

④ **독서는 스스로 생각하고 창조하는 상상력의 원천이다.** 아이슈타인은 상상력이 지식보다 더 중요하다고 하였다. 스티브 잡스는 인문학적 상상력을 바탕으로 혁신적인 제품을 설계하였다. 혁신과 창조는 모두 상상력에서 나온다. "빛보다 빨리 달린다면, 서쪽으로 계속 항해하여 간다면, 사람이 새처럼 날 수 있다면, 인간처럼 생각하는 기계를 만들 수 있다면…" 등의 엉뚱해 보이는 상상이 세상의 발전을 이끌어 왔다. 어떻게 하면 상상력을 얻을 수 있을까? 가장 손쉽고 효과적인 방법은 독서이다. 독서는 창조적 상상을 위한 무한하게 열린 공간을 제공한다. 독서는 상상을 가득 싣고 창조의 나라로 나아가는 특급 열차이다.

⑤ **독서는 지적 즐거움과 감동을 제공한다.** 독서는 새로운 지식과 정보를 제공하여 배움의 즐거움을 선사한다. 아르키메데스가 목욕을 하던 중 깨달음을 얻고 유레카라고 기쁨의 환호성을 지른 것처럼 책을 읽으면서 "아하"라고 무릎을 치면서 지식의 기쁨을 만끽할 수 있다. 독서는 삶의 가치를 깨닫게 하는데도 탁월한 힘이 있다. 헤르만 헤세의 <지와 사랑>은 인생의 의미를 진지하게 생각하게 하고, 앤디 앤드루스의 <폰더씨의 위대한 하루>에서는 고개를 끄덕이며 공감하게 된다. 이처럼 독서는 지적 즐거움과 감동을 제공하는 고급문화일 뿐만 아니라, 자신을 되돌아보고 성찰하게 하는 인생의 거울이기도 하다.

⑥ **독서는 새로운 가치관과 인생의 변화를 가져 온다.** <영혼을 위한 치킨스프>의 저자로 유명한 잭 캔필드Jack Canfield의 또 다른 책 <내 인생을 바꾼 한 권의 책>을 보면, 책이 방황하던 사람들에게 빛과 용기를 주어 인생을 개척하는 나침판이 되어 준 수많은 사례를 볼 수 있다. 책 한권이 사람의 인생관, 가치관, 세계관을 바꾼 사례는 수없이 많다. 캄캄한 인생의 미로 속을 헤매고 있을 때, 독서를 통해서 눈부신 한 줄기 빛을 만나는 짜릿한 경험을 할 수 있다. 독서는 책 이상으로 말없는 스승이다.

독서는 학습 능력을 향상하는데 절대 필수적 요소이다. 독서가 없는 학습은 성적이라는 허상만을 쫓아가는 영혼이 없는 좀비와 같다. 독서는 주도적 학습을 실현하는 마르지 않는 샘물이다. 독서는 학습을 변화시킬 뿐만 아니라, 인생을 변화시키는 힘이 있다.

결국, 독서가 사람을 만든다고 할 수 있다. 당나라 시인 두보는 "사람은 모름지기 다섯 수레의 책을 읽어야 한다."(남아수독오거서)男兒須讀五車書라고 하였고, 청나라 학자 고염무는 "만권의 책을 읽고 만리 길을 여행하라."고 하였다. 독서는 인생을 아름답고 풍요롭게 하는 습관이다. 그러므로 학습자는 독서에 미쳐 학습해야 한다.

자기 발견적 스마트 독서 기술

고전이나 베스트 셀러라고 해서 좋은 책이라 할 수 없으며, 무조건 많이 읽는다고 해서 좋은 것만은 아니다. 노래를 할 때는 음정과 박자를 지켜야 아름답게 노래를 할 수 있는 것처럼, 책도 제대로 읽어야 참맛을 느낄 수 있다. 독서에도 적극적 책 읽기를 위한 규칙과 방법이 있다. 학습과 연계해서 시너지 효과를 발휘하는 효과적인 스마트 독서 기술에 대해서 알아보자.

[무엇을 읽을 것인가?]

솔로몬 왕은 "책은 끊임없이 쏟아져 나오고, 그 많은 분량의 책을 다 따라 읽자면 육신은 지친다."고 탄식한 적이 있다. 사회의 급속한 진화로 각 분야에서 무수히 많은 책이 쏟아져 나오고 있다. 더욱이 정보 기술의 발달로 디지털화 된 전자서적이 급속하게 확산되고 있으며, 교과서도 증강현실과 같은 실감기술로 포장된 전자서적으로 대치되고 있다. 쓰나미처럼 밀려오는 책을 모두 읽을 수 없으며, 또한 그럴 필요도 없다. 자신에게 필요한 책을 선별해서 읽으면 된다.

책은 [그림 7-14]처럼 여러 관점에서 분류할 수 있다. 책을 읽는 목적과 관계있는 책의 용도에 따라서는, 기본 학습을 위한 교과서/참고서, 전문지식을 습득하기 위한 전문서적, 취미 활동에 필요한 취미서적, 자기개발을 위한 실용서적, 문화예술의 식견과 교양을 넓히기 위한 교양서적 등이 있다. 무엇을 위해서 책을 읽을 것인가는 책 선정에 중요하므로, 읽고자 하는 책의 성격을 명확하게 하여야 한다.

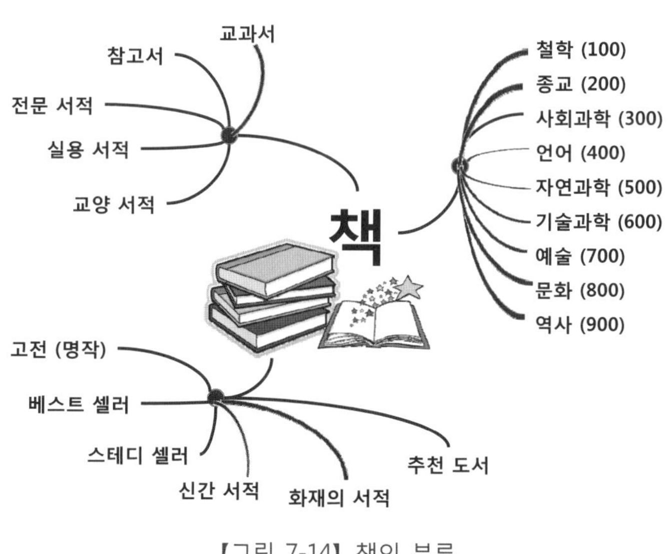

【그림 7-14】 책의 분류

책을 중심으로 한 정보서비스를 제공하는 곳이 도서관이다. 도서관에서는 사서이며 교육자였던 듀이Melville Dewey가 창안한 10진 분류법을 사용하여 책을 정리하고 있다. 도서 분류는 읽고자 하는 책의 내용을 선정하는데 도움이 된다. 자신이 읽고자 하는 책이 어느 부류에 속하는지 또는 어느 부류의 책을 읽고 싶은지를 알면 책 선정이 보다 수월해진다.

책 선정 시에는 책의 수준 또는 위상을 신중하게 고려하게 된다. 오랫동안 명저로 알려져 여러 사람들이 애독해 온 고전, 최근에 서점에서 가장 많이 팔리고 있는 인기 있는 베스트셀러, 꾸준한 관심 속에 지속적으로 판매되고 있는 스테디 셀러steady seller, 신선한 향기가 나는 갓 출간된 신간 서적, 저자나 내용에서 화제가 되고 있는 화제의 서적, 독서 애호가 또는 전문가가 일독을 권하는 추천도서 등 다양한 이유로 책의 선택을 유혹한다. 책의 수준과 위상이 책의 선정에 영향을 미치지만, 이러한 것이 결정적 요인이 되어서는 안 된다. 계몽주의 철학자 볼테르Voltaire는 "아무리 유익한 책이라 할지라도, 그 가치의 절반은 독자가 창조한다."고 하였다. 읽는 사람의 수준 또는 위상이 더 중요한 것이다.

<참깨와 백합>의 저자인 러스킨John Ruskin은 "인생은 매우 짧고, 그 중에서도 조용한 시간은 얼마 되지 않는다. 그러므로 우리는 그 시간을 가치 없는 책을 읽는데 낭비하지 말아야 한다."고 현명한 책의 선택을 강조하고 있다. 실제로 현명하게 책을 선택하는 많은 방법들이 제안되어 있기도 하다. 책은 일생을 통해서 영향을 미치고 인생을 변화시킬 수 있기 때문에, 좋은 책은 가까이하고 나쁜 책은 멀리 하여야 한다. 그러나 앞서 살펴 본 바와 같이, 독서는 지식 정보 시대, 평생 학습 시대의 핵심 생활양식이 되었다. 독서는 선택 사항이 아니라 필수 사항이 된 것이다. 특히, 스마트한 학습체계를 체득하여야 하는 학습자에게 독서는 학습의 망망대해를 헤쳐 나갈 수 있는 등대의 역할을 한다. 따라서 학습자는 무엇을 읽을까 고민하는 것보다 무조건 책을 읽는 습관을 가져야 한다. 책은 펴기만 해도 유익한다는 개권유익開卷有益이라는 말이 있다. 학습자는 개권유익의 정신으로 도움이 되는 책은 형태나 내용에 관계없이 왕성하게 읽는 독서 습관을 길들여야 한다.

[언제, 어디서 읽을 것인가?]

"일일부독서 구중생형극一日不讀書 口中生荊棘, 하루라도 책을 읽지 않으면 입안에 가시가 돋는다." 라는 명언을 남긴 민족 계몽 운동가이며 민족의 영웅인 안중근 의사, 1910년 3월 26일 중국 뤼순旅順 감옥에서 32세의 짧은 생애로 순국한다. 사형 직전, 사형 집행인이 안중근 의사에게 물었다. "마지막 소원이 무엇입니까?" 그러자 안중근 의사는 "5분만 시간을 주십시오. 아직 책을 다 읽지 못하였습니다."라고 요청하고, 책을 다 읽은 후에 순국하였다. 안중근 의사는 독서의 중요성을 목숨으로 실천한 선각자이다.

독서를 하는데 좋은 시간과 장소가 따로 있을 수 없다. 독서는 조용하고 아늑한 곳에서만 하는 것이 절대로 아니다. 지하철, 엘리베이터, 공부방, 침실, 화장실, 카페, 병원 등 시간 여유를 내거나 짜투리 시간을 활용할 수 있는 어떤 장소에서도 주저 없이 독서를 하여야 한다. 독서는 코르시카 섬 출신의 시골뜨기 나폴레옹을 장군으로, 황제로 만들었다. 나폴레옹은 전쟁터의 진지 안에서, 달리는 말 위에서도 책을 놓지 않았다고 한다. 자신에게 유익한 책을 읽는데 어찌 시간과 장소를 탓할 수 있겠는가? 송나라의 유명한 문장가 구양수歐陽脩는 말위에서(마상馬上), 침실에서(침상寢牀), 화장실에서(측상廁上)에서 글을 읽었다고 한다. 이를 3상이라고 하는데 시간을 아껴 장소에 구애되지 않고 얼마나 열정적으로 독서를 하였는지 짐작할 수 있다.

독서하기 좋은 시간, 독서하기 좋은 장소는 따로 있는 것이 아니다. 읽을 책만 있다면 언제, 어디서든지 독서를 하여야 한다. 주변이 시끄럽고 조명이 불편하다고 환경을 탓하지 말자. 독서는 환경이 중요한 것이 아니라, 책에 집중해서 책 속으로 빠져야 한다. 다시 말해, 독서할 때는 독서삼매讀書三昧의 경지에 빠져야 하는 것이다.

[어떻게 읽을 것인가?]

책을 읽는 것은 거대한 산에서 황금을 캐내는 것에 비유할 수 있다. 땅을 무작정 판다고 해서 황금을 얻을 수 없는 것처럼, 책을 읽는다고 해서 저자의 의도와 책의 내용을 이해할 수 있는 것은 아니다. 독서는 단순히 책의 글자를 읽는 것이 아니라, 책의 지식을 자신의 것으로 만들고 저자와의 소통을 통해서 공감과 깨달음을 얻어야 한다. 책을 읽었는데도 60% 이상 기억나지 않거나 이해가 되지 않는다면, 그것은 독서가 아니라 중노동을 한 것이다. 책 읽기에도 효과적인 전략과 방법이 요구된다.

[표 7-4] 다양한 독서 방법

정독	• 내용을 의미하면서 천천히 읽음 • 행간의 의미 이해에 집중 • 독서로 깨달음을 얻고자 함 • 소수 정예 • 독서의 질을 우선 • 깊이가 있으나 넓지 못함	다독	• 한 권을 반복해서 읽음 • 책을 암기할 수준으로 이해 • 깊은 소통으로 책과 공감 • 전문적이지만 시야가 협소 • 수많은 책을 읽음 • 박식하고 유식 • 독서의 양에 집중 • 넓지만 깊이가 미흡
속독	• 빠른 속도로 읽는 것 • 책 읽기의 축지법 • 속독을 위한 안구 훈련이 필요	지독	• 생각하면서 천천히 읽는 것 • 속도가 느리고 시간이 많이 걸림 • 많은 책 읽기 어려움
음독	• 소리 내어 읽는 것 • 어학 서적 읽기 등에 활용 • 기억에 효과적 • 책 읽어 주기에 활용	묵독	• 묵묵히 눈으로 읽는 것 • 통상적인 독서 방법
통독	• 처음부터 끝까지 모두 읽는 것 • 내용 이해가 미흡할 수 있음	적독	• 필요한 부분만 골라서 읽는 것 • 참고서, 사진, 핸드북 등에서 필요정보를 얻고자 할 때

[정독이냐? 다독이냐?]

정독은 한 권의 책을 읽더라도 확실하게 이해해 가면서 꼼꼼하게 읽어나가는 방법이다. 천천히 차분하게 글의 뜻과 내용을 깊이 생각하면서 깨달음 얻고자 책을 읽는 방법이다. 잠언에 "고개 숙여 읽고, 고개 들어 생각하라"는 정독하는 방법을 상징적으로 보여 주고 있다. 주자학을 창시한 주희는 "독서는 음식을 먹는 것과 같다. 조용히 잘게 씹으면 그 맛이 오래 가지만, 시끄럽게 마구 씹어 삼키면 끝까지 그 맛을 모른다."고 책의 내용을 음미해 가면서 읽는 정독을 역설하고 있다.

다독에는 두 가지 형태가 있다. 첫째는, 공자가 책을 묶는 가죽 끈이 세 번 끊어질 정도로 주역을 읽었다는 위편삼절韋編三絶의 고사처럼, 한 권의 책을 여러 번 반복해서 읽는 것이다. 둘째는, 당나라 시인 두보의 시귀 "남아수독오거서男兒須讀五車書"처럼 많은 책을 읽는 것이다.

정독이냐 다독이냐, 어느 것이 더 효과적인 독서법인지에 대한 논란이 있다. 사회가 급속하게 변화하고 있고 다양한 정보가 홍수처럼 넘쳐나는 시대에, 정독을 고집하면 시대 흐름에 낙오되어 편협해 질 수 있고, 다독만을 선호하면 얄팍한 지식 떠벌이가 되기 쉽다. 정독이냐 다독이냐는 선택의 문제가 아니다. 정독과 다독은 상호 보완적 관계로 이를 어떻게 조화시킬 것인가가 중요하다. 자신의 독서 계획, 독서 패턴, 그리고 읽고 있는 책의 성격을 고려하여 정독과 다독을 균형 있게 조화시키는 지혜가 필요하다.

[속독을 배워야 하는가?]

간단히 말해서, 책을 빠른 속도로 읽는 것을 속독이라고 한다. 지식과 정보가 넘쳐나는 바쁜 현대 사회에서는 책을 빠르게 읽을 필요성이 증대되고 있어, 많은 사람들이 속독에 관심을 보이고 있다. TV나 인터넷에서는 "1분 30초에 책 한 권 돌파"와 같은 자극적이고 놀라운 속독 사례를 볼 수 있으며, 속독 전문 학원도 성업 중이다.

속독은 책을 읽을 때, 글자 단위가 아니라 단어 단위로, 단어 단위가 아니라 문장 단위로, 문장 단위가 아니라 문단 단위로, 문단 단위가 아니라 페이지 단위처럼 시야를 확대하여 한꺼번에 덩어리로 읽어서 독서 시간을 단축하는 것이다. 말하자면, 독서의 축지법이라고 할 수 있다. 속독은 1950년 미국의 여성 교육자 에블린 우드Evelyn Wood가 체계적인 속독법을 개발하여 보급함으로써 널리 알려 졌다. 이 기술을 익히면 1분에 5000-6000 단어는 쉽게 읽을 수 있다고 한다. 이는 일반 사람의 독서 속도보다 약 10배 빠른 것이다. 속독에는 훑어 읽기, 뛰어 읽기 등 여러 기법으로 독서의 속도를 빠르게 하지만, 눈의 시야를 확대하는 능력이 기초가 되고 있다. 이를 위해서 속독을 위한 안구 훈련을 필수적으로 하여야 한다.

속독이 많은 효과와 장점이 있는 독서 기술이라면 배워야 하지 않겠는가? 속독이 독서가 추구하는 목적을 달성하는데 도움이 되는지를 생각해야 할 것이다. 소설은 속독으로 빠르게 읽는 것이 좋을 것이다. 그러나 소설의 잔잔한 감동과 여운을 느껴보고 싶다면 천천히 읽어야 할 것이다. 속독은 고속 열차와 같아 차창 밖의 풍경을 제대로 감상할 수 없기 때문에 생각하고 느끼고 공감하고 싶다면 천천히 읽어야 한다. 시를 속독한다면 시의 깊은 감동을 느낄 수 없을 것이다. 또한, 철학과 같이 심오한 서적이나 전공 서적 등은 속독해 보았자 아무런 도움이 되지 않는다.

속독은 숙달만 되면 책을 빠르게 읽을 수 있고 집중력 향상 등의 좋은 점도 있다. 그러나 속독은 독서와 관련된 문제를 해결하는 만병통치약이 아니다. 속독이 요긴하게 사용될 때도 있고, 천천히 읽는 것이 더 좋은 때도 있다. 큰 기대를 하고 무리해서 속독을 위한 안구 훈련을 할 필요는 없다. 일반적으로 사람은 자신에게 필요한 독서 속도를 가지고 있다.

[직렬 독서인가? 병렬 독서인가?]

책 한권을 처음부터 끝까지 꼼꼼하게 한 권씩 차례로 읽는 것을 직렬 독서라고 하고, 다양한 책을 거실, 화장실, 사무실, 여행 가방, 쇼핑 가방 등 이곳 저곳에 쌓아 두고 시간 날 때마다 읽는 것을 병렬 독서라 한다. 책의 내용을 의미하고 싶거나 전문 지식을 얻고자 하여 정독이 필요한 경우에는 직렬 독서를 하고, 다양한 서적을 읽어 견문을 넓히고자 하는 다독이 필요한 때는 병렬 독서를 하곤 한다.

일반적으로 책을 많이 읽는 다독가들은 병렬 독서를 선호한다. 35세 젊은 나이에 마이크로소프트사 일본 사장이 된 나루케 마코토는 <책, 열권을 동시에 읽어라>에서 초병렬 독서법의 장점과 자신의 성공 사례를 설명하고 있다. 하지만, 직렬 독서인가 아니면 병렬 독서인가도 역시 자신의 선호도에 따른 문제이다. 자신에게 알맞은 방법이 최상의 방법이다.

스마트 독서의 기술

모티머 애들러Mortimer Adler의 <독서의 기술>을 비롯하여, 이지성의 <독서의 천재가 된 홍대리> 등 독서의 달인들이 쓴 독서 기술에 관한 수많은 서적이 출간되어 있다. 이들은 독서를 야구의 투수와 포수, 금을 캐낸 탄광 또는 험준한 산의 등산에 비유하면서 적극적인 독서, 발견하는 독서, 영감을 얻는 독서, 자기 주도적 독서 등을 역설하고 있다. 독서도 운동이나 운전처럼 준비와 기술이 필요하다. 일반적으로 독서는 [그림 7-15]와 같이 하는 것이 효과적이다.

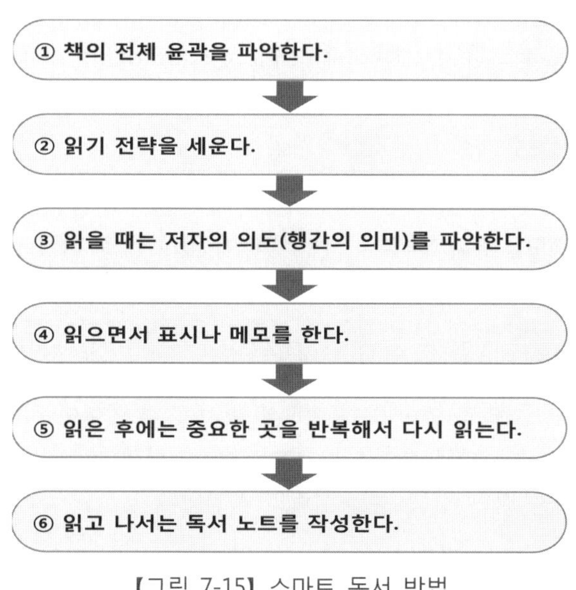

【그림 7-15】 스마트 독서 방법

① **책의 전체 윤곽을 파악한다.** 학습과 마찬가지로, 독서는 먼저 책의 윤곽을 파악하는 것으로 시작한다. 책의 제목, 앞표지와 뒤표지, 저자 약력, 번역자의 약력, 머리말 또는 서문, 목차 등을 세밀하게 살펴본다. 머리말 또는 서문을 꼼꼼하게 읽어서 책의 전반적인 내용과 구조를 파악하고 책의 주제, 소재, 키워드 등을 생각해 본다. 또한 목차를 꼼꼼하게 살펴, 책의 구성과 각 부분의 연관 관계를 파악한다. 신문, 잡지, 인터넷 등에 게재된 서평 또는 리뷰를 참고하는 것도 책 읽기에 도움이 된다.

② **읽기 전에 읽기 전략을 세운다.** 앞서 설명한 바와 같이, 독서에는 다양한 목적과 방법이 있다. 책을 읽는 목적에 따라 적합한 책 읽기 방법을 선택하여야 한다. <현대 수학 개론>과 같은 전문 지식을 얻기 위해서는 구조적으로 정독해야 할 것이다. <정상으로 돌진하라>와 같은 자기 개발 서적을 읽어 생활의 지혜를 얻고자 할 때는 속독하면서 부분적으로 정독하는 것이 좋을 것이다. <자본주의의 한계>와 같은 사회과학 서적은 비판적 시각에서 논점의 핵심을 정독하여야 할 것이다. 반면에, <아버지의 일기장> 같은 감성 에세이는 글속에 스며있는 따뜻한 마음에 공감하면서 천천히 읽는 것이 좋을 것이다. 독서의 목적, 얻고자 하는 것, 독서의 필요성, 책의 내용과 수준 등을 고려하여 적합한 독서 방법을 선정한다. 책을 읽기 전에 어떤 방법으로 읽는 것인지를 정하는 것은 독서의 효율성을 높여 준다.

③ **읽은 때는 저자의 의도(행간의 의미)를 파악한다.** 책은 언어로 쓰여 진다. 그러나 언어는 표현의 한계가 있기 때문에, 저자의 생각, 의도를 정확하게 서술하는 데는 한계가 있다. <논리 철학 논고>로 유명한 철학자 비트겐슈타인Ludwig Wittgenstein은 “말할 수 없는 것에 관해서는 침묵해야 한다.”고 언어의 한계성을 지적하고 있다. 노자는 “말로 표현된 것은 진리가 아니다.”라고 하였다. 저자는 자신의 생각과 사상을 책 속에 이해하기 쉽게 기술하려고 노력하지만, 언어 표현의 한계성으로 인해 저자의 의도를 이해하기 어려운 경우가 많다. 책을 읽는 사람은 글자를 읽지 말고, 저자의 의도를 이해하려고 노력하여야 한다. 또한, 행간에 감추어진 의미를 파악해서 언어가 표현해내지 못한 저자의 진심을 이해하여야 한다. “독서백편의자현”(책을 백번 읽으면 뜻이 저절로 나타난다.)讀書百遍義自見라는 싯귀처럼 행간의 의미를 파악하여 저자의 마음을 읽어내는데 중점을 두어야 한다.

④ **읽으면서 표시나 메모를 한다.** 책의 가치는 종이에 있지 않고 책의 내용에 있다. 책을 읽는 것도 종이를 넘기고자 하는 것이 아니라 책의 내용을 알고자 하는 것이다. 사람들은 책을 깨끗하게 모셔두려는 경향이 있으나, 책은 험하게 다루어도 괜찮다. 책을 읽으면서 밑줄을 긋거나 형광펜으로 표시하거나 여백에 메모 등 자유롭게 하는 것이 좋다. 주저 없이 책을 망가트릴 수 있어야 하고, 거리낌 없이 책의 여백에 낙서할 수 있어야 한다. 전자책을 읽을 때도 주석annotation이 가능한 전자책 뷰어viewer를 사용하여, 편리하게 주석글 달 수 있어야 한다. 책에 표시하고 주석을 다는 것은 읽는 사람의 특권이다.

⑤ **읽은 후에는 중요한 곳을 반복해서 다시 읽는다.** 에빙하우스의 망각곡선에서 알 수 있는 것처럼 학습은 한번으로 완수되는 것이 절대 아니다. 마찬가지로 독서도 한번 읽었다고 해서 책을

전부 이해하였다는 것은 아니다. 실제로 책을 읽다 보면, 바로 앞에서 읽은 내용이 생각나지 않는 경우가 허다하다. 책을 한번 읽고 다 읽었다고 다 알았다고 만세 부르는 것은 한탕주의적 태도이다. 독서의 한탕주의는 독서를 시간 도둑으로 만드는 원흉이다.
위편삼절의 고사에서 공자는 책을 맨 가죽 끈이 세 번 끊어질 정도로 <주역>을 반복하여 읽었다고 하지만, 나날이 새롭게 변화하는 현대 사회에서는 그렇게 하는 것이 비효율적이다. 책을 읽고 난 후에는 핵심과 요점 부분만을 반복해서 살펴보도록 하자. 전체적인 관점에서의 이해, 전반적 시각에서의 이해, 다른 부분의 상호 연계성 등 처음 읽었을 때 발견하기 어려운 핵심 내용을 알아낼 수도 있을 것이다. 중요한 부분을 새로운 시각으로 다시 읽는 것은 또 한 번의 책 읽기 그 이상의 효과가 있다.

⑥ **읽고 나서는 독서 노트를 작성하라**. 외국이나 낯선 곳을 방문한 여행자는 자신이 그곳을 방문했음을 증명하고 기념하기 위해 많은 인증샷을 찍는다. 독서도 여행과 마찬가지로 책을 읽었으면 읽었다는 것을 증명하고 기념하기 위해 인증샷(독서 소감문)을 찍어야 한다. 그런데 대부분의 사람들은 읽은 것만으로 만족하고 끝마무리하지 못해 성과를 포기하는 독서를 하고 있다. 책을 읽고도 독서 노트를 작성하지 않는 것은 여행을 하고도 기념사진조차 없는 쓸쓸한 여행을 한 것과 같다. 또한 안타를 치고도 마무리를 못해서 아웃되는 것과도 같다. 마무리를 잘하면 성과가 두 배 이상으로 커지는 것처럼 독서를 하였으면 반드시 독서 노트를 작성해서 성과를 추수하여야 한다. 독서 노트에는

- 책의 구성과 체계
- 책의 주제, 소재 및 줄거리
- 저자의 사상과 관점
- 나에게 준 영향 또는 창의적 비판

등을 분량과 형식에 구애되지 말고 작성한다. 서가에 책을 채우려고 하지 말고, 독서 노트를 독후감으로 채워야 자기만의 진정한 서가를 가질 수 있다. 독서 노트는 내가 만드는 진정한 의미의 책이다.

당신은 지금의 시련을 통해 더욱 굳건한 정신을 얻게 될 것입니다.
- 아우구스티누스Augustinus

7.5 생기가 솟아나는 학습 재생력: 회복 탄력성

인생에는 늘 크고 작은 시련과 역경이 끊임없이 나타난다. 예기치 않은 교통사고, 친구와의 사소한 갈등, 실수로 인한 패배, 경쟁에서의 낙오, 가족의 죽음 등 사소한 실수나 갈등에서부터 개인의 생사에 이르기까지 다양한 시련과 역경이 늘 있게 마련이다. 시련과 역경이 없는 날이 단 하루도 없을 것이다. 시련과 역경은 누구도 피할 수 없는 숙명이다.

주변을 돌아보면 시련과 역경으로 고통 받는 사람들을 쉽게 발견할 수 있다. 잘 나가던 운동선수가 슬럼프에 빠져 선수 생활을 완전히 마감해야 했던 이야기, 후속 히트곡을 작곡하지 못해 극심한 스트레스에 시달리다 거식증에 걸린 아이돌 스타, 성적 향상이 되지 않아 우울증으로 입원해야만 했던 절친한 친구 등 대부분의 사람들은 스트레스, 슬럼프, 근심, 걱정에 시달리고 있다. 누구나 겪어야 하는 이런 시련과 역경 앞에서 무너지는 사람이 있는가 하면, 이를 도약의 계기를 삼아 새롭게 태어난 사람들도 있다.

한국의 스티브 호킹으로 알려진 이상묵교수, 국비 장학생으로 미국 MIT에서 박사 학위를 받는 저명한 해양 지질학자, 왕성한 연구 활동을 하던 45세에 불의의 교통사고로 전신마비 장애인이 되었다. 탐사와 탐험이 절대적으로 필요한 해양 지질학자에게 절망적인 전신마비 사고를 당하고도 그는 더 왕성한 교육 학술 활동을 하고 있다.

어린 딸과 함께 죽어버리고 싶다는 생각까지 들 정도로 지독한 가난이 시달리던 조앤 롤링은 어린 딸에게 읽어 줄 동화 <해리포터>시리즈를 써서 기적 같은 성공을 일구어 낸 이야기는 너무 잘 알려져 있다. 잘 알려진 것처럼 베토벤Ludwig van Beethoven은 귀머거리가 되었기 때문에 그렇게 뛰어난 작곡을 할 수 있었다. 청력을 완전 상실한 상태에서 작곡한 교향곡 9번(합창 교향곡)을 초연을 끝났을 때 관중들이 감동해서 박수를 치는 소리를 듣지 못하고 멍하게 서 있었다. 여가수가 그를 관중 쪽으로 안내하자 그제서야 관객들이 열광적으로 박수를 치고 있음을 보았으며 감격의 눈물을 흘렸다고 한다. 교향곡 9번은 서양음악 전체에서 가장 뛰어난 작품 가운데 하나로 손꼽히며 현재 유네스코의 세계기록유산으로 지정되어 있고, 4악장는 유럽 연합의 공식 상징가로 사용되고 있다.

시련과 역경을 당연한 것으로 생각하고 이를 현명하게 극복한 사람들이 위인이 되고 성공하는 사람이 된다. 결국, 시련과 역경을 극복하는 힘이 그 사람을 만든다. 자신에게 닥친 온갖 시련과 역경을 도약의 발판으로 삼아 다시 튀어 오르는 힘을 회복 탄력성resilience라 한다. 김주환 교수는 <회복 탄력성>에서 몸이 힘을 발휘하려면 강한 근육이 필요하듯이 마음이 강한 힘을 발휘하기 위해서는 튼튼한 마음의 근육, 회복 탄력성을 단련시킬 것을 강조하고 있다.

스트레스와 슬럼프 등 학습에 나타나는 크고 작은 시련과 역경을 극복하는데도 회복탄력성이 필요하다. 침몰하고 있는 학습을 회복 탄력성으로 되살려 다시 튀어 오르게 하는 방법에 대하여 알아보자.

회복 탄력성의 기본 철칙

급속한 사회 변화와 극심한 경쟁이 일상화되면서 상처 받는 영혼들이 많이 있다 보니 마음을 치유하는 힐링healing이 사회의 화두가 되고 있다. 이에 따라, 긍정의 심리학과 내면의 성장 잠재력을 회복 탄력성을 연결하는 김주환 교수의 <회복 탄력성>, 존 맥스웰John Maxwell의 <사람은 무엇으로 성장하는가?>, 존 니콜슨 · 제인 클라크의 <더 높이 튀어 오르는 공처럼> 등 다양한 서적들이 출간되고 있다. 이들은 시련과 역경을 딛고 더 높게 튀어 오르는 회복 탄력성의 비결을 알려주고 있다.

학습자가 쉽게 부닥치게 되는 스트레스와 슬럼프로 비롯하여 다양한 정신적 고통으로부터 회복 탄력성을 일깨우려면 [그림 7-16]의 기본 철칙을 준수하여야 한다.

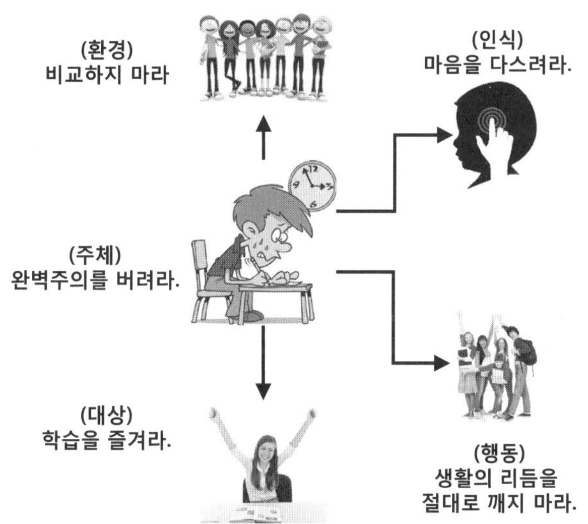

【그림 7-16】 학습 회복 탄력성의 5대 철칙

① **학습을 즐겨라.** 학습에 불변하는 철칙이 하나 있다. 재능있는 사람은 열심인 사람 못 당하고, 열심인 사람은 즐기는 사람을 못 당한다. 이 격언처럼 학습을 즐길 줄 알아야 한다. 학습을 업으로 생각하는 순간 없던 스트레스도 생기고 보이지 않던 슬럼프도 찾아온다. 학습을 재미로 생각하는 순간, 학습과 학습자가 동일체가 되어 어떠한 공격에도 꿈쩍하지 않는 건강한 학습이 된다.
택시 기사를 시작한 두 친구가 있었다. 5년 후, 택시 기사를 직업을 생각한 친구는 교통이 정체된다고 투덜대면서 택시 운전을 하고 있었지만, 운전을 재미로 생각한 친구는 우리나라 대

표 카레이싱 선수가 되어 인기 스포츠인으로 운전을 신나게 즐기고 있다. 학습을 업으로 생각하는 학습자는 학습의 노예가 되고, 학습을 즐기는 학습자는 학습의 주인공이 된다. 학습을 즐기면 학습의 스트레스와 슬럼프에도 면역성이 생긴다.

② **완벽주의를 버려라**. 마이클 조던Michael Jordan은 농구가 탄생한 이후 가장 위대한 농구 선수로 평가되고 있으며, 농구의 황제, 농구의 신으로 추앙되고 있다. 마이클 조던이 자신이 성공한 비법을 소개한 적이 있다. "나는 지금까지 9000번도 넘게 슛을 실패하였고, 300번도 넘게 경기에서 졌다. 사람들이 나를 믿어 주었을 때 26번이나 결정적인 슛을 실패했다. 나는 계속 실패하고 실패하고 또 실패하였다. 그것이 내가 성공한 이유이다." 세상의 어느 누구도 무결점의 완벽한 인간이 되는 것은 불가능하다. 그럼에도 불구하고 100점이나 A+에 연연하는 학습자는 정신 상태에 문제가 있는 것이다. 누차 강조한 바와 같이, 완벽주의 학습자는 스스로 학습의 무덤을 파서 죽은 스트레스와 슬럼프 귀신을 깨워서 학습을 자폭시키는 어리석음을 범하고 있다. 하버드대학교에서 긍정 심리학을 교육하고 있는 탈 벤 샤하르Tal Ben Shahar교수는 완벽주의자는 결코 성공할 수 없다고 강조한다.

스트레스와 슬럼프가 없는 학습의 꽃을 피우자면 완벽주의를 땅속에 매장하라. 그리고 최선을 다하는 마음가짐으로 학습을 즐겨라.

③ **비교하지 마라**. 농부가 애완견과 당나귀를 키우고 있었다. 농부는 꼬리를 치며 재롱을 떠는 애완견을 무척 귀여워하였다. 옆에서 지켜보던 당나귀도 애완견처럼 사랑받고 싶은 욕심으로 농부 앞에서 꼬리를 흔들었다. 그러나 농부는 아무런 대꾸도 하지 않았다. 그래서 당나귀는 애완견처럼 앞발을 들고 재롱을 부렸다. 농부가 놀라서 벌떡 일어나 멀리 피했다. 이번에는 큰 혀로 애완견처럼 농부의 얼굴을 핥았다. 농부가 몸서리치며 고삐를 잡아 당겼다. 참을 수 없게 화가 난 농부는 당나귀가 미친 것으로 생각하여 몽둥이로 후려치고 마구간에 꽁꽁 묶어 두었다.

이솝 우화 속의 이야기다. 애완견에게는 애완견으로서의 길이 있고, 당나귀는 당나귀로서의 길이 있는 것이다. 그런데도 어리석은 당나귀는 애완견이 부러워서 애완견을 흉내 내다가 팔려가는 신세가 되었다. 이와 같이, 나를 남과 비교하는 것처럼 어리석은 일이 없다. 남과 비교하여 우월감에 도취되어 교만해진다거나, 아니면 열등감에 사로잡혀 좌절하거나 하는 것은 인생을 망치는 지름길이다. 비교는 스트레스와 슬럼프를 몰고 다니는 태풍과 같다.

비교는 친구를 적으로 만든다는 말도 있다. 비교를 하게 되면 친구는 더 이상 친구가 아니고 적으로 변하게 된다. 비교를 하게 되면 세상의 모든 것이 적으로 돌변할 뿐이다. 남과 비교하여 남을 이기려 하지 말고, 자신과의 싸움에서 이기는 사람이 진정한 승리자이다. 사람마다 얼굴, 성격, 취미, 능력, 환경 등이 천차만별인데 이것을 성적과 같이 오직 하나의 기준만으로 비교하는 것은 우둔한 일이다. 또한 비교를 통해서 남을 추종하거나 모방하는 것은 자신을 죽이고 남의 노예로 태어나는 것과 같다. 남과 비교하지 말고 자기 자신에 만족하고 자랑스럽게 생각하는 자존감을 회복하여야 한다. 비교하지 않는 자존감 회복만이 스트레스와 슬럼프에 처한 학습에 서광을 비추어 줄 수 있다.

꽃과 침묵

시인 정채봉

제비꽃은 제비꽃으로 만족하되
민들레꽃을 부러워하지도
닮으려 하지도 않는다.
어디 손톱만한 냉이꽃이
함박꽃이 크다고 하여
기 죽어서 피어나지 않은 일이 있는가.

싸리꽃은 싸리꽃대로 모여서 피어 아름답고
산유화는 산유화대로 저만큼
떨어져 피어 있어 아름답다

사람이 각기 품성대로 자기 능력을
피우며 사는 것

이것도 한송이의 꽃이라고
나는 생각한다.
자기다운 자기꽃을 지닐 때
비로소 그 향기가, 그 열매가
남을 것이 아닌가.

【그림 7-17】 비교하지 마라.

④ **마음을 다스려라.** 삼각함수에 관한 수학책을 보고; 어떤 학습자는 쉽다고 하고, 어떤 학습자는 어렵다고 찡그린다. 영화 배우 톰 크루즈Thomas Cruise을 멋지다고 말하는 사람이 있는가 하면, 아주 볼품이 없다고 말하는 사람도 있다. 어느 말이 맞는 것인지 종잡을 수가 없다. 수학책은 아무 말이 없는데, 학습자 자신이 어렵다고도 하고 쉽다고도 하는 것이다. 톰 크루즈는 아무 말도 하지 않는데, 대중들은 멋지다거나 볼품없다거나 제멋대로 생각한다.
성철 스님이 "산은 산이요, 물은 물이로다."라는 법어를 남기셨다. 산은 산인데, 사람들이 산을 보고 높다고도 하고 아름답다고도 한다. 물은 물인데, 사람들이 물이 차다고도 하고 물이 맑다고도 한다. 모두가 사람의 마음에서 나온 것이다. 사람은 자기의 마음에 따라 세상을 보는 것이다. 그래서 일체유심조(세상 모든 일은 마음먹기에 달려 있다.)一切唯心造인 것이다. 학습이 짜증나는 것, 학습하기 싫은 것, 학습에 관심이 떨어진 것, 모두가 마음이 그렇게 생각하고 있기 때문이다. 학습을 재미있다고 생각하면 재미있어지고, 학습이 즐겁다고 생각하면 즐겁게 되는 것이 일체유심조이다.
성서에서 솔로몬은 "사람은 생각하는 것만큼 된다."라고 했다. 또한, 미국의 시인이자 사상가인 애머슨Ralph Emerson은 "모든 것은 생각에서 비롯된다."고 하였고, 인생철학의 아버지로 불리는 제임스 앨런James Allen은 <생각이 만드는 기적>을 저술하기도 하였다. 이 모두는 세상을 마음먹기에 따라 바꿀 수 있다는 것이다. 학습의 두려움도, 스트레스도, 슬럼프도 모두 마음먹기에 달려 있는 것이다.

⑤ **생활의 리듬을 절대로 깨지 마라.** 시인, 소설가, 화가처럼 창작활동에 종사하는 사람만큼 정신적 고통을 받는 사람도 없을 것이다. 작가들 중에는 창작의 고통을 못 이겨 붓을 꺾기도 한다. 세상에 존재하지 않는 새로운 것을 창조한다는 것은 탄생의 고통 없이는 불가능하다.
<상실의 시대, 해변의 카프카>, <IQ 84>등을 쓴 일본의 대표작가 무라카미 하루키Murakami

Haruki는 누구보다도 심한 창작의 고통에 시달리지만, 고통에 굴복당한 적이 없다. 무라카미 하루키는 자신에게 가장 알맞은 생활리듬이 있기에 슬럼프에 빠지지 않는다. 소설 쓰기를 시작하면 매일 새벽 4시에 일어나 커피를 마시고 4-5시간 글을 쓴다. 몸이 피곤하거나 글이 잘 써지지 않으면 운동이나 독서를 하고 밤에는 음악을 듣고 9시면 어김없이 잠을 청한다. 어떠한 경우에도 생활리듬을 깨는 법이 없다.

스트레스나 슬럼프에 시달리는 사람들은, 이를 벗어나고자 현실에서 도피하고 술이나 약물에 의존한다. 비참한 현실을 잊기 위해 게임에 몰두하거나 무작정 휴식을 취하기도 한다. 또는 폭식하기도 하고 술로 기분전환을 꾀하기도 한다. 그러나 이런 것들은 어리석은 방법이라는 것이 이미 증명되었다.

의욕상실, 스트레스, 슬럼프, 정신적 고갈 등 심리적 고통이 나타날 때는 절대로 생활리듬을 깨는 방법을 사용해서는 안 된다. 정신적 고통이 아무리 심하다 하여도 평소의 생활리듬을 유지하면서 당당하게 맞서서 극복 방안을 모색하여야 한다. 인생은 시련과 고난이 끊이지 않는데, 당당하게 맞서지 못하면 일생동안 정신적 고통의 노예가 되어 살게 된다. 한번 생활리듬이 깨어지면 회복하기가 어렵고, 결국은 회복하지 못하고 절망의 나락으로 떨어진다. 어렵다고, 힘들다고, 자신의 생활을 파괴하지 마라.

현실에 실망했을 때, 학습에 스트레스가 쌓일 때, 성적 때문에 우울해 질 때, 끝이 안보여 방황할 때 등등 회복 탄력성이 요구되는 경우에는 5대 기본 철칙을 준수하면서 다시 튀어 오를 수 있는 구체적인 방안을 모색하여야 한다. 5대 기본 철칙은 어떤 경우에도 공통으로 적용되는 회복 탄력성 강화의 핵심이다. 실제로 사소한 정신적 고통은 5개 기본 철칙만으로도 산뜻하게 극복할 수 있다.

이제 학습자가 자주 겪게 되는 심리적, 정신적 방황을 극복하는 방법을 구체적으로 알아보도록 하자. [그림 7-18]은 학습자의 회복 탄력성을 높여주는 개념도이다.

【그림 7-18】 학습의 회복 탄력성: 5대 기본 철칙과 4대 중점 활동

[1] 탄력성 회복 활동: 멘토를 모셔라!

호메로스의 서사시 <오디세우스>Odysseus에 나오는 이야기. 트로이 전쟁에서 그리스 연합국 편에 들었던 '이티카Ithaca국의 왕 오디세우스는 전쟁터로 출정하면서 자신의 어린 아들 텔레마코스Telemachos를 친구인 멘토Mentor에게 맡겼다. 오디세우스가 트로이 전쟁에서 승리하고 고향 이티카로 귀향할 때가지 20여 년간 멘토는 아버지로서, 친구로서, 스승으로서, 상담자로서 텔레마코스가 훌륭하게 성장하는데 정신적 지주 역할을 하였다. 귀국한 오디세우스 왕은 자신의 아들을 훌륭하게 교육한 친구에게 깊이 감사하면서 "역시 자네다워. 역시 멘토다워."라고 크게 칭찬하였다. 이후 멘토는 지혜롭고 신뢰할 수 있는 스승, 진솔하게 상담할 수 있는 조언자. 인생의 올바른 길을 안내하는 인생 길잡이 등의 다양한 의미로 사용되며, 멘토의 가르침을 받는 사람을 멘티mentee 또는 프로테제protégé라 한다.(국립국어원에서는 멘토를 '인생 길잡이'라 한다.)

【그림 7-19】 멘토의 의미

진정으로 배움을 갈망하는 학습자는 지혜를 깨우쳐주고, 인생의 길을 안내하는 멘토를 모시고 있다. 출가한 스님이 고승을 사부로 모시고 도를 닦는 것은 전형적인 멘토-멘티의 예라 할 수 있다. 희망의 메시지와 카리스마로 국민과 소통하며 탁월한 리더십을 보여준 케네디John F. Kennedy 대통령을 멘토로 삼아 그를 닮고자 하였던 빌 클린턴Bill Clinton이 미국의 대통령이 된 것은 잘 알려진 이야기이다. 멘토 없이 학습하고 수련하는 것은 태양 없는 암흑 세상을 사는 것과 같다. 학습의 꽃을 피우고 진리의 길을 밝히고자 하면 멘토를 모셔라.

[멘토 모시고, 멘티 되기]

영화 <굿 윌 헌팅>Good Will Hunting이나 <죽은 시인의 사회>Dead Poets Society에서 보는 것처럼 멘토는 멘티의 인생을 변화시킬 수 있기 때문에 멘토를 선정할 때는 신중하고 주의 깊게 선택하여야 한다. 사이비 교주와 같은 잘못된 멘토를 선택하면 오히려 인생을 망칠 수 있다.

- 존경하고 본 받을 만한 신뢰할 수 있는 사람

- 항상 나를 위해 진솔하게 지도하고 가르침을 줄 수 있는 사람
- 나의 잠재력을 믿어 주고 꿈을 실현하는데 도움을 줄 수 있는 사람
- 지식과 지혜가 충만하고 경험과 통찰력을 갖춘 사람

멘토를 선정하는 데는 나이, 성별, 학력, 직위 등 외적인 요소는 중요하지 않다. 많은 컴퓨터 개발자들이 작고한 스티브 잡스를 멘토로 하여 혁신적인 제품 개발에 매진하고 있는 것처럼, 자신의 주변에 물리적으로 존재할 필요도 없다. 멘토는 마음속으로 모실 수도 있다. 멘토는 꼭 한 사람만 모실 필요는 없다. 멘토는 내가 닮고자 하는 롤 모델role model이므로, 나의 역할에 따라 적합한 멘토를 여러 사람을 모실 수 있다. 또한 꼭 사람만이 멘토가 될 수 있는 것도 아니다. 많은 사람들이 성서나 금강경 등 종교서적을 멘토를 모시고 있는 것처럼, 인생의 지침이나 지혜의 근원이 될 수 있는 책이나 작품도 멘토가 될 수 있다.

멘토를 모셨으면, 자신은 충실한 멘티가 되도록 노력하여 한다. 그래서 멘토-멘티간의 신뢰적 인간관계인 래포rapport를 형성하여야 한다. 단순히 추종하고 흉내 낸다고 해서 래포가 형성되는 것은 아니다.

- 존경하는 사람을 사모하고 배울 자세가 되어 있을 것
- 조언을 행동으로 실천하고 미래에 대한 열정과 긍정이 넘칠 것
- 항상 진솔하게 이야기하고 마음으로 경청할 것
- 신뢰를 주고 감사하는 마음을 가질 것

멘토가 멘토다워야 하는 것처럼, 멘티가 멘티다울 때 인간적인 끈끈한 래포가 형성된다. 그렇게 되면, 인생이 아름다워진다.

[멘토와의 대화]

평소에도 멘토와의 대화를 통한 조언과 지도는 큰 힘이 되지만, 어려움에 처해 있을 때, 멘토와의 대화는 커다란 위력을 발휘한다. 학습이 힘들고 지쳐 있을 때, 학습 때문에 스트레스로 정신적으로 불안하거나 슬럼프에 빠져 방황할 때, 멘토와 진솔하게 대화하고 코칭coaching을 부탁하자. 멘토와 함께 문제를 해결한다면, 고립감과 불안감이 사라지고 회복탄력성이 저절로 튀어 나온다. 의사의 손길이 심장마비로 죽어가는 환자를 소생시키는 것처럼, 멘토의 코칭은 침체되고 있는 인생에 생기를 넣어 준다. 아프니까 청춘이라고 하지 말고, 아프면 멘토를 찾아가 치유의 방법을 함께 모색하도록 하자.

멘토와 래포가 형성되어 있다면, 멘토를 직접 만나지 않고도 마음속으로 이심전심의 대화를 나눌 수 있다. 경우에 따라서는 대면하는 것보다도 더 진솔한 대화를 할 수 있다.

- 멘토는 어떻게 생각할까?

- 멘토는 무엇을 선택할까?
- 멘토는 어떻게 행동할까?
- 멘토는 왜 그렇게 할까?
- 멘토는 어떤 느낌을 가질까?

멘토의 입장에서 멘토의 지혜와 경험으로 문제의 핵심을 파악하고 효과적인 해결 방안을 찾는다. 이때는 머릿속으로만 생각하지 말고, 백지를 꺼내어 놓고 직접 글로 쓰도록 한다. 글로써 표현하여만 멘토의 마음이 확실하게 들어난다. 멘토의 마음을 이해하면 회복탄력성을 부활시킬 수 있다. 한석봉과 어머니. 어둠 속에서 한석봉이 쓴 글씨는 제멋대로였지만 어머니가 썰어놓은 떡은 똑같았다. 한석봉은 크게 깨달음을 얻고 다시 학업에 정진하여 조선 최고의 명필가가 되었다. 어머니는 한석봉의 멘토였다.

[2] 탄력성 회복 활동: 취미 운동하고, 문화 활동하자.

교육은 전통적으로 학습자들에게 쾌적한 학습 환경을 제공하여 지덕체智德體를 갖춘 전인적 인재를 육성하는 것을 목표로 하고 있다. 교육은 전문지식을 기반으로 한 지성과 인간다운 덕성을 겸비하며, 실천적인 건강한 육체의 인재를 키워내는 일에 매진하여 왔다. 지덕체의 삼위일체를 교육의 금과옥조로 생각하였다. 동양에서는 지덕체와 유사한 문무겸비文武兼備를 강조하여 왔다. 학문과 무예를 함께 겸비하는 것을 선비로서의 최고 덕목으로 생각하였다. 요즈음 말로 해석한다면, 학문과 스포츠(운동)를 겸비하여야 진정한 학습자라는 의미이다. 영국의 경험주의 철학자 존 로크John Locke는 "건강한 신체에 깃드는 건강한 마음"A sound mind in a sound body을 강력하게 주장하였다. 덕성과 운동이 불가분의 관계가 있음을 역설한 것이다. 또한, KBS1TV <생로병사의 비밀>에서도 방영된 일리노이 주립대학교 찰스 힐먼Charlse Hilman 교수의 '운동이 뇌 조직에 미치는 영향 연구'는 공부만 하는 학생보다 공부와 운동을 병행하는 학생들의 성적이 월등하게 좋다는 것을 보여 주고 있다. 학습과 운동을 병행하여야 전인적 인격이 형성되고 학습에도 시너지 효과가 발생하는 것을 알 수 있다.

그럼에도 불구하고, 요즈음 학습자들은 학교, 학원, 공부방 등으로 내몰리는 과중한 학습으로 인하여 운동을 등한시하고 있다. "공부할 시간도 부족한데, 운동은 왜 해요? 운동하면 성적이 오르나요?"처럼 일부 학습자들은 운동과 학습의 상호 관계를 이해하고 있지 못하며 자발적으로 운동을 기피하기도 한다. 2011년 한국 청소년 정책 연구소의 연구 결과에 의하면, 청소년이 하루 운동에 투자하는 시간이 게임 시간보다도 적은 것으로 조사되었다. 게임 중독성의 심각성과 함께 학습에서 운동 결핍증을 보고 있다. 난치병에 걸려 움직일 수 없는 사람을 식물 인간이라고 하듯이 운동이 빠진 학습은 난치병에 걸려 발전하지 못하는 식물 학습이라 할 것이다.

일부 학습자는 학습과 운동을 병행할 수 없다고 생각한다. 그러나 탁월한 성과를 만드는 학습자가 운동도 탁월하게 잘 한다는 것은 수많은 사례와 과학적 연구로 입증되고 있다. 예를 들어 하버드대학교 법학 대학원을 졸업하였으며, 재학 중에는 하버드 법률 리뷰Harvard Law Review의 최초 흑인 편집장을 역임한 오바마Barack Obama 대통령은 학창시절 농구대표 선수로도 뛰어난 활동을 하였고, 대통령이 된 후에도 백악관에 실내 농구장을 설치하기도 하였다. KBS1TV <생로병사의 비밀> 제작에 참여하였던 박수현 PD는 다큐멘터리 제작 중에 운동이 인간 두뇌에 지대한 영향을 주고 있음에 큰 감명을 받아 <웰니스: 뇌를 바꾸는 운동혁명>을 저술하였으며, 운동하면 똑똑해지는 뇌과학 연구 결과와 많은 실제 사례들을 제시하였다. 어떻게 운동하느냐에 따라 학습과 운동을 얼마든지 균형 있게 병행할 수 있다.

운동이 학습에 주는 효과

운동 부족은 뇌졸중, 고혈압, 심장병, 비만 등 난치병의 원인이 되거나 우울증, 주의력결핍 과잉행동장애ADHD와 같은 인지 장애를 유발하는 등 신체와 정신 건강에 지대한 영향을 미치고 있다. 동물은 움직임(운동)을 위해서 태어났기 때문에, 먹지 않고 살수 없듯이 운동하지 않고 살 수 없다. 운동은 인간의 신체적, 정신적 모든 부분에 지대한 영향을 끼치고 있으며, 운동 없이 온전한 생활을 할 수 없다. 여기서는 운동이 학습에 주로 대표적 영향과 효과에 대해 중점적으로 알아보기로 한다.

① 운동은 뇌를 활성화하여 학습을 촉진한다.

미국의 유명한 시사 주간지 뉴스위크Newsweek는 2007년 3월 26일자에 "더 강하게, 더 빠르게, 더 스마트하게Stronger, Faster, Smarter라는 제목의 커버스토리를 게재하여, 운동하면 머리가 좋아진다는 연구 결과를 소개하였다. 운동으로 근육이 수축 이완되면, 두뇌에서는 IGF-1로 불리는 단백질을 비롯하여 여러 화학 물질이 생성되고, 이것이 신경 전달물질을 생산하는 공장 역할을 한다. 그러기 때문에, 운동은 몸을 쓴다고 하기 보다는 두뇌를 쓰는 것이라고 할 수 있다. 특히, BDNF(두뇌 생성 신경 물질)Brain-derived neurotrophic factor의 생산을 촉진하는데, BDNF 수치가 높아지면 신경세포의 결합 활동이 왕성하게 일어나서 학습 활동이 가속화된다. 30여년가 운동이 미치는 영향을 연구해온 하버드대학교 정신과학자 존 레이티John Ratey는 그의 책 <운동화 신은 뇌>The Revolutionary New Science of Exercise and the Brain(원제: 스파크, 운동과 뇌의 혁명적 신과학)에서 BDNF을 두뇌 사고력을 고도화하는 모든 행동의 연료가 되는 기적의 물질Miracle-Gro for the brain로 칭하고 있다. UCLA 신경과학자 페르난도 피닐라Fernando Pinilla는 BDNF가 높은 뇌일수록 지식을 수용할 수 능력이 커지지만, BDNF가 낮으면 새로운 정보가 입력되어도 뇌 스스로가 차단하는 것을 발견하였다. 학습과 기억을 관장하는 해마가 BDNF에 민감하게 반응하는 것이 발견되었고, BDNF는 판단, 추론의 고차적 기능을 하는 전두엽과도 깊은 관계가 있음이 알려져 있다.

운동을 하면, 평소 잘 사용하지 않던 근육의 말초신경을 통해서, 대뇌 운동 중추와 감각 중추가 자극을 받아 두뇌 신경회로를 작동하고 시냅스를 발달시켜, 학습과 인지 능력 향상을 가져온다. 또한 운동을 하면 뇌 혈류량이 증가하고 두뇌 산소 공급량이 많아져 전두엽이 활성화된다는 것은 잘 알려진 사실이다. 존 레이티 교수는 운동이 뇌를 조절하고 새롭게 구성한다고 강조하고 있다.

이처럼 수많은 연구는 유산소 운동이든 근육 운동이든 간에, 운동이 뇌의 동작을 활성화하고 학습을 강화한다는데 이견이 없다. 적절한 운동으로 심신을 균형 있게 강건히 하고 뇌의 동작을 항상 활성화하여 살아나는 학습을 하여야 한다. 운동이 없는 학습은 황무지에서 꽃을 피우려는 것과 같다.

② 운동은 몰입과 집중력 강화로 학습 효과를 높여 준다.

요즈음 주의력결핍 과잉 행동장애ADHD로 어려움을 겪고 있는 청소년이 증가하고 있다고 한다. 주의력결핍 과잉 행동장애는 집중능력이 떨어져 쉽게 산만해지고, 가만히 앉아 있지 못하고 통제불능의 과잉 행동을 유발하는 정신장애이다. 아인슈타인, 에디슨, 케네디 대통령 등 많은 사람들이 청소년기에 ADHD로 고생하였다.

아직 특별한 치료법이 개발되고 있지 않은 ADHD에 운동이 집중력 강화에 좋은 효과를 가져올 수 있다는 연구들이 발표되고 있다. 대표적인 예로, 미국 미시건 주립대학교 매튜 폰티펙스Matthew Pontifex 교수는 소아과학 학회지에 ADHD 아동에게 런닝머신을 걷도록 운동을 시켰더니 집중력과 인지력 향상에 긍정적 영향을 준다는 연구 결과를 발표하였다. 또한, 덴마크 오루후스Aarhus 대학교의 연구팀은 걷거나 자전거를 타고 등교한 학생이 대중교통을 이용하거나 부모가 차로 데려다 준 학생보다도 집중력이 높다는 연구 결과를 얻기도 하였다. 22개의 금메달을 획득하여 올림픽 사상 최고 개인 메달 획득의 기록을 보유하고 있고, 37번의 신기록 경신을 한 수영의 황제 마이클 펠프스Michael Phelps는 ADHD을 치료하기 위해서 수영을 시작하였으며, 그 결과 경이적인 기록을 수립할 수 있었던 것은 우연이라고만 하지 못한다.

이처럼 운동은 학습에 절대적 영향을 미치고 있는 집중력 강화에 지대한 역할을 하고 있다. 박수현 PD는 <웰니스>에서 운동이 집중력 강화와 더불어 몰입의 에너지가 되고 있음을 구체적 사례로 입증하고 있다. 또한, 집중력과 몰입에 핵심 역할을 하는 도파민, 세로토닌, 노르에피네프린과 같은 신경 전달물질을 균형 있게 생성할 수 있는 것은 오직 운동뿐이라고 레이티 교수는 강조하고 있다.

③ 운동은 스트레스와 슬럼프 극복으로 학습 자신감을 회복시켜준다.

스트레스stress란 적응하기 어려운 환경에 처할 때 느끼는 정신적 압박감과 신체적 긴장상태를 총칭하는 말이다. 인간의 모든 일상생활은 스트레스를 일으키기 때문에, 인간은 스트레스로부터 자유로울 수 없다. 학습자는 학습에 동반되는 시험이나 성적 등의 심리적 부담으로 의하여 누구보다도 심한 스트레스를 받고 있으며 특히, 우리나라 청소년의 학업 스트레스는 불행하게도 세계 최고 수준으로 알려져 있다. 스트레스를 지나치게 받게 되면, 학습 압박감 증대, 집중력과 기억력 저하 등 학습 능력에 치명적인 악영향을 주게 된다. 효과적인 학습을 위해서는 학습 스트레스로부터 벗어나야 한다.

스트레스를 해소하는 다양한 방법들이 제시되고 있지만, 운동은 가장 손쉽고 효과적인 스트레스 극복방법이다. 스트레스를 받게 되면 두뇌는 스트레스 호르몬으로 알려진 코티솔Cortisol을 분비하여 외부 자극에 맞서 신체를 보호한다. 코티솔의 분비는 맥박과 혈압을 증가시키고 충분한 산소를 공급하여 정신을 또렷하게 하고 신속하고 정확한 인지 활동을 도와준다. 그런데 코티솔은 본래 스트레스에 대항하기 위한 것이지만, 지속적으로 코티솔이 분비되면 오히려 불안 초조, 우울증이나 정신 장애를 일으키기도 한다. 두뇌는 스트레스 상황에서 고통을 덜어주기 위해 엔돌핀과 엔케팔린을 분비하기도 한다.

운동은 코티솔, 엔돌핀, 엔케팔린의 수위를 적정하게 조절하여 스트레스 대항력을 강화시켜 줄 뿐만 아니라, 긴장된 근육은 풀어주고 이완된 근육에는 탄력성을 주고, 혈액순환을 원활하게 하여 정신을 맑게 하고, 학습피로를 해소해 주는 등 스트레스 해소에 탁월한 효과가 있다. 이처럼 운동은 간편하고 경제적인 스트레스 극복 방법을 제공한다.

스트레스와 더불어 정상적인 일상생활을 훼방하는 것이 슬럼프slump이다. 슬럼프는 정말 열심히 노력했는데도 불구하고 일들이 잘 안 풀리고 기대했던 성과가 나타나지 않으면서 일이 점점 더 꼬여가는 것을 뜻한다. 슬럼프는 늪과 같아서 한번 빠지면 빠져 나오기 힘들고, 오히려 빠져 나오려고 발버둥 칠수록 더 빠지기도 한다. 많은 유망 프로스포츠 선수들이 슬럼프의 덫에 걸려 선수생활을 패배자로 마감하는 것을 볼 수 있다.

슬럼프는 자신에게만 나타나는 것이 아니라 모든 사람에게 공통적으로 한번쯤은 나타나는 현상이다. 슬럼프에 빠지게 되면 무기력, 무관심, 불안, 의욕상실과 함께 우울증에 휩싸이게 된다. 슬럼프의 원인은 심리적, 사회적 요인도 중요하지만, 뇌 과학적으로 도파민, 에피네프린, 세로토닌과 같은 신경 전달물질이 균형을 잃은 상태에서 나타난다. 도파민 불균형은 불안, 충동, 우울증을 유발하고, 위기 호르몬으로 알려진 에피네프린은 긴장이완, 도피, 무기력의 원인이 된다. 그런데 행복 호르몬으로 알려진 세로토닌은 이들 신경 전달물질의 균형을 유지해서 감정 조절, 슬럼프 조절로 평온하고 행복한 기분으로 만들어 슬럼프 극복의 감초 역할을 한다.

세로토닌 분비의 가장 효과적인 방법 역시 운동이다. 아리타 히데호의 <아침 5분 행복습관-기적의 세로토닌 건강법>에서는 강력하지 않은 아침 햇살 아래 30분 정도 걷기 등교는 세로토닌 분비에 가장 좋은 방법이라고 소개하고 있다. 세로토닌 분비를 위해 격렬한 운동을 장시간 할 필요는 없다. 계단 오르기, 워킹, 조깅, 자전거 타기 등 매일 25분 정도의 가벼운 운동만으로도 최고 수준의 세로토닌을 분비할 수 있다. 다시 말하면, 15분의 가벼운 운동이 무거운 슬럼프의 짐을 벗어 버리는데 지렛대 역할을 한다.

이상의 내용을 종합해 보면, 운동은 스트레스와 슬럼프를 퇴치하는데 간편하면서도 효과적인 방법임을 알 수 있다. 스트레스와 슬럼프가 두뇌의 활동을 파괴하는 바이러스라면 운동은 이들을 퇴치하는 백신이다. 유산소 운동으로 학습에 신선한 활성 산소를 공급하여, 학습을 펄떡이는 물고기처럼 만들자.

④ 운동은 피로회복, 비만해소, 면역 강화로 학습에 활력을 준다.

학습에 몰두하다 보면 심심이 피곤해진다. 지친 몸과 마음을 추스르려고 영양제나 보약을 먹기도 한다. 이런 처방에 비하여 운동은 피로회복에도 탁월한 효과가 있다. 격렬한 운동을 하고 나면 몸이 피곤해져 휴식을 취하지 않으면 안 되지만, 적당한 운동은 피로의 약이 되기도 한다. 피로하면 체내에 젖산이 축적되는데, 이것을 제거해 주면 몸이 원상태로 빠르게 복귀가 이루어진다. 가벼운 유산소 운동은 혈액순환을 빠르게 하고 충분한 산소를 공급하여, 체내에 축적된 젖산의 농도를 크게 저하시킨다. 유산소 운동이 피로회복의 보약인 것이다.

건강한 신체에서 건강한 정신이 나오는 것처럼, 산뜻한 신체는 학습의 민첩성과 신선함을 더해준다. 많은 학습자들이 비만으로 인하여 두뇌 활동도 둔해지는 것을 볼 수 있다. 운동은 비만해소와 다이어트에 필수 요소이다. 다이어트에 획기적이 방법이라고 선전하는 얄팍한 상술이 넘치고 있지만, 다이어트의 핵심은 식생활과 운동이라는 것이 인증된 철칙이다. 운동 없이 다이어트는 불가능하다. 운동은 다이어트 효과 증대에 직접적인 영향을 미친다. 특히, 유산소 운동은 몸속의 지방을 산화시켜 체중조절을 가져오는 운동이다. 식이요법과 유산소 운동을 병행하면 다이어트에 시너지 효과가 나타난다.

운동은 이처럼 산뜻한 신체를 만들어 학습에 활력을 불어 넣어준다. 이외에도 운동은 체력 및 면역력 강화, 어깨 결림, 두통 및 허리통증 해소, 지구력 증진 등을 통해서 학습에 요구되는 강건한 신체를 만들어 준다. 운동은 학습을 강하게 하는 연금술이다.

⑤ 운동은 행복감으로 학습을 즐겁게 한다.

마라톤과 같이 힘든 운동을 장시간 지속하면, 처음에는 극한적인 고통으로 괴로움을 느끼지만, 어느 순간이 지나면 오히려 몸이 날아갈 듯하고 머리가 맑아지면서 황홀한 행복감을 느끼게 된다고 한다. 마라톤 선수들이 극한의 고통을 넘어 35Km 지점쯤에서 느끼는 이러한 희열감을 '러너스 하이'runner's high라 한다. 러너스 하이 상태에서는 환상적인 행복감과 만족감을 맛보게 된다고 한다. 이러한 희열은 운동으로 인하여 두뇌에서 엔돌핀endorphin이 급격하게 분비되어 일어나는 현상으로 알려지고 있다.

운동을 하면 환각 호르몬인 엔돌핀 뿐만 아니라, 행복 호르몬인 세로토닌도 증대된다는 것은 잘 알려진 사실이다. 이처럼 운동은 기쁨, 행복감, 자기 만족감을 얻을 수 있는 효과적 방법이다. 이러한 생리적, 심리적 기쁨이 학습에 반영되어 즐기는 학습을 만들어 준다.

식물에는 뇌가 없고 동물에는 뇌가 있는 것은 두뇌가 운동을 위해 존재하는 것임을 입증한다. 두뇌는 더 잘 운동할 수 있도록 진화되어 왔으며, 운동의 효과는 두뇌의 여러 기능에 직간접으로 큰 영향을 끼치고 있다. 두뇌의 가장 중요한 학습 역시 이러한 운동의 영향력에서 벗어날 수 없다. 운동은 학습 효과 증대에도 큰 역할을 하지만, 운동은 인간의 모든 일상생활을 위한 원초적 행위이기 때문에, 인간은 항시 운동을 하여야 한다.

학습에 도움이 되는 운동

운동을 하도록 태어난 인간은 다양한 형태의 운동을 발전시켜왔다. 신체의 여러 부분을 단련시키기 위한 운동에서부터 예술을 위한 운동에 이르기까지 각양각색의 운동이 있다. 두뇌 기능을 활성화하고 학습 효과를 증대하려면 어떤 운동을 하여야 할까? 결론적으로 말하면, 유산소 운동과 복잡한 운동을 꾸준하게 하는 것이 학습 효과를 증진하는 지름길이다.

유산소 운동aerobic exercise은 혈액의 흐름을 왕성하게 하여 두뇌에 신선한 산소를 공급하고, 세로토닌과 같은 신경전달 물질의 분비를 촉진하여 두뇌 동작을 활성화시킨다. 이를 통해서 스트레스를 감소시켜 의욕을 촉진하고 심신에 안정을 주어 학습에 활력을 불어 넣는다. 또한 일주일에 2-3회, 1회 20-30분간의 유산소 운동은 지방을 분해하여 다이어트에도 큰 효과가 있으며, 몸 안의 노폐물을 배출하여 신선한 신체를 유지할 수 있게 한다.

두뇌가 긴장하고 생각을 필요로 하는 복잡한 운동이 두뇌 발달을 활발하게 한다. 지루한 단순 반복 운동보다는 변화가 있는 운동이 두뇌를 깨우고, 운동도 즐겁게 만든다. [표 7-5]는 학습에 도움이 되는 유산소 운동을 참고하도록 정리한 것이다. 어떤 운동을 하느냐 보다도 꾸준하게 운동하는 것이 중요함은 말할 필요도 없다.

[표 7-5] 학습에 도움이 되는 유산소 운동

구분	운동
1인 가능 운동	스트레칭(팔 굽혀펴기, 윗몸 일으키기, 맨손체조, …) 줄넘기, 훌라후프, 자전거타기, 요가, 수영, 등반, 인라인, 스쿼시 달리기(마라톤, 단거리 달리기, 조깅, 마사이 워킹, …) 헬스트레이닝, 필라테스, 리듬체조 댄스(에어로빅, 비보잉, 발레, 라인댄스, …) 격투운동(태권도, 쿵푸, 복싱, …) 겨울스포츠(스키, 스노보드, 스케이트, …)
2인 가능 운동	격투운동(복싱, 택견, 킥복싱, 합기도, 유도, …) 탁구, 배드민턴, 스쿼시, 테니스, 배드민턴, 스포츠댄스, …
다수 운동	축구, 농구, 풋살, 핸드볼, …

운동을 어떻게 할 것인가?

"운동을 하면 똑똑해진다. 공부만 하는 학생보다 운동과 공부를 병행하는 학생의 학습 성과가 더 좋다."와 같은 말에 현혹되어 운동을 시작하는 미련한 바보 학습자가 있기도 하다. 이 말이 맞는다면, 운동선수는 모두 뛰어난 학습자이고, 뛰어난 학습자는 운동선수가 되어야 한다. 그러나, 실제는 그렇지 않다. 앞서 살펴 본 바와 같이, 운동이 근육에 미치는 영향만큼, 학습에 필요한 두뇌의 인지 능력에도 영향을 미친다는 것은 사실이다. 그렇다고, 운동이 학습을 지배, 통제하고 학습 효과를 결정하는 것은 절대로 아니다. 인간은 움직이는 동물이기 때문에, 생존을 위해 필연적으로 운동하는 것이지, 학습을 위해서 운동 하는 것이 아니기 때문이다. 학습자는 운동만으로 학습성과를 높이려는 허황된 환상에서 깨어나야 한다.

건강한 신체가 건강한 생활을 뒷받침 하므로, 평생을 두고 지속적으로 운동하여, 항상 생기 넘치는 건강한 신체를 유지하도록 하여야 한다. 적당한 운동을 하지 않으면 신체가 허약해 지고 면역력이 떨어져 고혈압, 당뇨, 비만 등 질병에 시달리게 되고, 노인성 치매(알츠하이머병), 주의력 결핍 과다 행동장애ADHD 등의 인지 활동에도 부조화도 발생한다. 일상생활을 정상적으로 영위하는데 지대한 장애가 발생하게 된다. 인간은 생존을 위해 적당한 운동이 필수적으로 필요한 것이다. 이왕 운동을 하야 할 것이면, 즐겁고 신나게 운동을 하여야 한다. 자신의 취미와 기호에 맞는 운동을 찾아내어 평생을 두고 즐기는 것이 바람직하다. 다시 말하면, 운동을 즐기는 아마추어 스포츠맨이 되어야 한다. 아마추어 스포츠맨으로 운동을 즐기다 보면 체력유지와 건강은 물론이고 실력도 늘어 나고 동호인과도 교류할 수 있어 사회 활동의 폭도 넓어지게 된다.

운동은 평생 프로젝트지만, 학습과 운동을 어떻게 병행하는 것이 좋을까? 운동의 두뇌 활성화 효과를 학습성과에 효과적으로 연계할 수 있는 방법은 무엇인가? 앞서 언급한 뉴스위크 특집 기사에서, 일리노이대의 심리학자 윌리엄 그리노William Greenough는 "몇몇 연구에서 스트레칭이나 근육강화, 역기는 인지 능력과 무관하다."고 밝혀졌다. 연구자들은 또 "어느 정도의 운동이 적정한지도 확실히 모른다. 하루에 몇 시간씩, 한 주에 며칠씩 운동을 해야 하며 휴식시간은 어떻게 해야 하는지 매우 좋은 원칙이 있지만, 이는 신체의 다른 부위에만 해당될 뿐이다. 정작 뇌에 관해선 알려진 바가 없으므로 그런 문제를 연구할 필요가 있다"고 말하고 있다. 어떻게 운동하는 것이 학습에 도움이 되는지 정확하게 밝혀진 것이 아직은 없다는 것이다. 그럼에도 불구하고, 경험으로 터득한 몇 가지 학습에 도움이 되는 운동 방법을 생각해 볼 수 있다.

규칙적인 생활, 7시간의 숙면, 웰빙 식사, 스트레스와 슬럼프 관리 등을 하면 학습에 필요한 기초 체력은 얼마든지 유지 할 수 있다. 30분 정도의 걷기 등교나 15분 정도의 자전거 타기 등 가벼운 유산소 운동만으로도 학습에 지장 없는 체력 유지를 할 수 있다. 학습 도중에 지루해지거나 권태감이 몰려와 학습 효과가 떨어지고 있을 때는, 30분을 넘지 않는 간단한 유산소 운동으로 두뇌에 신선한 산소를 공급하여 기분 전환을 꾀하는 것이 좋다. 이런 때에, 헬스장에 가서 1, 2시간 동안 심한 운동을 하는 것은 피로를 가중시키고 정신을 산만하게 만들어 오히려 학습에 지장을 주게 된다. 생각해 보라. 학습이 지루하다고 친구들과 2, 3간 동안 격렬하게 농구 시합을 하거나, 2-3시간 동안 마라톤을 하고 나서, 학습에 정상적으로 복귀할 수 있는지를. 학습은 안정된 마음으로 몰입해서 하여야 하는데, 격렬한 운동으로 정신을 흥분시키면 후유증으로 인하여 학습이 파괴된다. 특히, 시험을 앞두고 있다면, 격렬한 운동은 금물이다.

체력 저하를 느낀다면, 운동으로 체력을 회복하려고 하기 전에 원인부터 정확하게 파악하여야 한다. 수면 부족이 원인인지, 영양 부실이 원인인지, 아니면 정신적 스트레스가 원인인지를 파악하여 처방하여야 한다. 대부분의 학습자가 느끼는 체력 저하는 일시적인 현상으로 체력보다는 생활 불균형과 심리적 요인에 기인한다. 무작정 운동이나 보약으로 체력을 회복하려고 해서는 안된다.

운동과 학습이 균형을 이루어야 하지만, 운동이 학습에 주는 효과가 현실적으로 과장된 면이 없지 않다. 학습을 위해 억지 운동할 필요가 없다. 간단한 유산소 운동만으로도 학습자에게 필요한 효과를 충분하게 얻을 수 있다. 운동의 학습 효과를 과도하게 평가하여 학습의 문제를 운동으로 해결하려는 것은 주객이 전도된 잘못 된 생각이다. 학습은 체육관보다 도서관을 선호한다. 운동 쪽으로 가출한 학습이 제자리로 돌아 오는 것은 아주 어렵다.

문화 활동을 하자.

체력적인 요인이상으로 학습 효과에 지대한 영향을 미치는 것이 정서적인 요인이다. 화가 머리끝까지 났는데도 화를 참아 가면서 학습한다면 오히려 역효과가 난다. 슬픔 속에서 이를 악물고 학습한다고 해도 학습 효과는 나타나지 않는다. 뇌과학 차원에서 보면 학습은 신체활동에 따른 신경 생리학적 변화보다 감정반응에 따른 정서의 인식 및 조절능력에 더 큰 영향을 받는다. 이처럼 정서는 학습에 막강한 영향을 미치고 있으며, 학습효과와 하나로 연결되어 있다. 기분이 조금 바뀌어도 문제 해결의 유연성이 달라진다고 한다. “EBS 다큐프라임-공부의 왕도-정서가 학습을 지배한다”에 출연한 하버드 대학교의 커트 피셔Kurt Fischer 교수는 정서와 학습 인지는 분리된 것이 아니라, 함께 한다고 강조하고 있다. 심리학자들은 인간이 자기의 능력을 최대한으로 발휘할 수 있도록 만드는 원동력이 되는 또 다른 차원의 능력을 감성지능 또는 정서지능emotional intelligence이라고 주장하고 있다. 사회 일각에서 지능지수 IQ보다도 감성지수 EQ를 더 중요시 하는 것도 이와 무관하지 않다. EBS 다큐프라임의 타이틀처럼, 정서가 학습을 지배해서 쥐고 흔든다.

즐거움, 희망, 행복 만족감, 자부심, 감사 등 긍정적 정서는 학습 호기심을 자극하고 자신감을 높여 주며, “공부를 잘 할 수 있어. 시험을 잘 볼 거야.” 등 낙관성을 증진시켜 학습 효과를 크게 한다. 뿐만 아니라, 대뇌가 활성화 되어 창의적 사고가 촉진되고 기억력이 증대 되는 등 학습에 선순환 효과를 가져 온다. 반면에, 불안 좌절, 분노, 슬픔, 수치감, 무력감 등 부정적 정서는 학습 의욕을 감퇴시키고, 학습에 대한 두려움과 공포를 몰고 와서 학습을 거부하게 만든다. 부정적 정서에 의해 편도체가 자극되면 인접한 해마가 그 영향으로 제 기능을 발휘하지 못해 학습능력에 지장을 주게 된다. 또한 부정적 정서 하에서는, 전체를 보지 못하고 사소한 것에 집착하게 되어, 창의적 사고가 어렵고 학습효과도 기대하기 힘들다. 학습에서 탁월한 효과를 거두고자 하면, 정서를 조절 할 수 있는 능력을 가져야 한다. 정서 조절 능력은 학습 효과에 커다란 영향을 미칠 뿐만 아니라, 자아 정체성과 자아 존중감 증진으로 이어져 인성 함양에도 긍정적 영향을 미친다. 정서 조절 능력은 학습 인지 능력 향상과 인성 함양에 기둥의 역할을 한다.

정서 함양에는 독서와 문화예술 활동이 가장 적합하다. 독서에 대하여는 앞서 설명한 제7.4장을 다시 살펴 보기 바란다. 학습자는 학습에 쫓겨 문화예술 활동을 학습과 관련 없는 대수롭지 않은 과외 활동으로 간주하는 경향이 있다. 일부 학습자는 시간 낭비로 무시하기도 한다. 학습은 다차원적 사고 능력을 기르는 것이다. 외골수로 학습에만 집착하면, 사고 능력이 편협해져서, 전체를 보지 못하게 되고 개념화 또는 추상화와 같은 중요한 창의적 사고 능력을 키울 수가 없다. 최근 창의적 사고방식으로 융합과 복합이 큰 이슈가 되고 있는데, 이러한 능력은 다양한 문화예술 활동으로 꽃 피울 수가 있다. 르네상스 시대를 대표하는 레오나르도 다빈치는 화가이자 조각가, 발명가, 건축가, 기술자, 해부학자, 식물학자, 도시 계획가, 천문학자, 지리학자, 음악가였다. 다양한 문화예술 활동을 통하여 사물을 관찰하고 본질을 이해할 수 있었기에 여러 분야에서 탁월한 업적을 남긴 창조적 인간이 될 수 있었다. "나의 방, 책상과 의자, 바이올린. 행복을 위해 이 세가지 외에 무엇이 더 필요하단 말인가."라는 말은 한 아인슈타인은 바이올린을 연주하며 물리학에 대한 영감을 얻었다고 한다. 헤아릴 수 없이 많은 과학자, 작가, 시인, 예술가들이 문화예술에서도 다재다능한 능력을 보여 주고 있음을 잘 알려진 사실이다. 아놀드 루드비히Arnold Ludwig는 <천재인가 광인인가>에서 문화예술 활동이 창의성과 성취에 중요하다는 것이 입증되고 있다고 한다. 그는 네 명의 노벨상 수상자를 포함하여 40명의 과학자 집단을 분석한 결과, 문화예술 활동이 이들의 과학적 성공에 깊은 영향을 주고 있음을 알아내었다. 일례로 작곡, 성악, 악기 연주를 포함한 어떤 음악적 취미와 더불어 그림, 데생, 사진을 포함한 시각 예술은 문제 해결에 시각적 이미지를 사용하는 능력을 높여 주었다고 한다.

학습자는 지성과 인성의 균형 발전을 위해 다양한 문화 활동에 적극 참여하여야 한다. 영화 감상과 제작 (UCC 제작), 음악회나 미술 전시회 참관, 악기 연주, 그림 그리기, 박물관 견학, 연극하기, 여행 등 문화예술 활동과 관련한 취미를 갖도록 한다. 학습자는 학습 효과 증대뿐만 아니라 행복한 삶을 위해서 아마추어 문화예술가가 될 필요가 있다.

최근 정서 안정의 한 방법으로 명상이나 마음 수련이 널리 사용되고 있다. 주로 종교에서 심신 안정과 깨달음을 얻기 위한 수행 방법으로 사용되어 온 명상은 정서 안정에 긍정적인 효과가 있다는 연구 결과가 있다. 명상은 심신 이완으로 심리적 안정을 가져 오고, 우울증, 불안감, 분노, 스트레스 등을 해소하여 정신 상태를 맑게 하여 주는 효과가 있어, 긍정적 정서 안정에 도움이 된다. 그러나, 명상 방법마다 독특한 수련 방법을 주장하고 있고, 오랜 동안 숙달하지 않으면 명상의 효과를 체감할 수 없는 경우도 있다. 명상 효과에도 개인차가 있어 자신에 적합한 명상 방법을 발견하여야 할 것이다. 운동과 마찬가지로 명상이 모든 문제를 해결하는 만병통치약이 아니므로 과신하지 않도록 한다.

4 봉사 활동에 동참하자.

긍정적 정서 함양의 또 다른 방법으로 봉사 활동이 있다. 봉사는 공통체의 대표적 나눔 문화 형태로 높은 수준의 사회 통합을 이루는 활동이다. 봉사는 대가를 바라거나 강제에 의해서 하는 것이 아니라, 타인 또는 이웃 더 나아가 지역사회의 문제를 자신의 문제로 인식하고, 사회 전반의 삶의 질을 향상시키는데 자발적으로 참여하는 행위이다. 자원 봉사는 시민의 의무인 동시에 권리로써 시민사회의 품격을 높이는데 시간과 노력을 헌신적으로 제공하는 가치 있는 활동이다. 시민 사회가 성숙되기 위해서는 자원봉사가 일상화 되어야 하고 나눔 정신이 확산되어야 한다. 재능 기부와 자원봉사 인증제도가 권장되고 있는 것은 맑고 건강한 공동체 나눔 문화를 정립하기 위한 것이다.

자원봉사는 시민 사회 발전의 디딤돌이 될 뿐만 아니라, 자발적으로 참여하는 개인에게도 능동적 정서를 함양하고 인성 계발에 훌륭한 기회를 제공한다.

- 이웃과 사회를 위해 의미 있는 일을 하였다는 보람과 자긍심
- 자신의 존재감을 발견하고 자신의 정체성 확립
- 타인이나 지역사회에서 가치 있는 존재로서 인정을 받게 되는 만족감
- 자원봉사를 성공적으로 완수했을 때 얻는 성취감과 자신감
- 사회 참여와 봉사 활동을 통한 리더십 함양
- 새로운 일에 대한 경험과 새로운 지식과 기술을 배워 능력 계발
- 삶에 대한 긍정적 태도와 적극적인 생활 자세

위에 나열한 것은 자원봉사를 통해 개인이 얻을 수 있는 효과의 일부에 지나지 않는다. 자원봉사는 지혜와 깨달음 주는 큰 스승이라고 할 수 있다. 자원봉사의 이러한 효과는 과학적 연구로도 입증되고 있다. 1998년 하바드 의과대학 데이비드 멕클랜드David McClelland 교수는 학생들에게 인도의 캘커타에서 고아들을 돌보고 있는 테레사 수녀의 다큐멘터리 영화를 보여 주었더니, 면역 항체 S-IgA의 수치가 놀랍게도 50% 정도 증가한 것을 발견하였다. 이는 자기가 직접 선한 행동을 하지 않더라도, 선한 행동을 하는 사람을 보거나, 듣거나 그런 사람의 일생에 대한 책이나 영화를 보는 것만으로도 면역력이 증대 될 수 있다는 것을 보여 주는 결과이다. 이러한 효과를 마더 테레사 효과Mother Theresa Effect라 한다. 자원봉사는 이처럼 보고 듣기만 하여도 심신의 안정, 긍정적 정서 생성, 인성 함양에 커다란 효과가 있다. 자원봉사는 인간만이 할 수 있는 고귀한 행동으로 학습 이상의 깨달음을 준다.

[3] 탄력성 회복 활동: 학습의 스트레스를 철저하게 관리하자!

사람은 다양한 자극에 끊임없이 노출되어 있고, 육체적, 정신적 반응을 강요당하고 있다. 점심때가 되면 무엇을 먹을까 고민하게 되고, 음식점에 가면 수많은 메뉴 중에서 어떤 것을 선택할 것인가를 강요당한다. 뜻하지 않은 교통사고로 입원하거나 애지중지 기르던 애완견의 죽음 등 우리의 일상생활은 크고 작은 심리적 압박에 시달리고 있다. 이처럼 외부 자극에 의해 야기되는 견디기 어려운 심리적 압박감을 스트레스stress라고 한다. 스트레스는 원래 역경, 고통, 긴장 등을 의미하는 말로, 물리학에서 용수철을 비틀어지게 하는 힘이란 뜻으로 처음 사용되었지만, 일상생활을 뒤틀리게 만드는 심리적 압박감을 뜻하는 용어로 더 많이 사용되고 있다.

스트레스는 [그림 7-20]에서 보는 바와 같이, 일반적으로 욕구, 환경과 능력의 불균형에서 야기된다. 특히, 욕구가 강한데 비하여 능력이 따라 주지 못할 때 극심한 스트레스를 느끼게 된다. 생각을 포함하여 인간의 모든 행동은 욕구를 동반하기 때문에, 스트레스는 항상 존재하며 어느 누구도 스트레스로부터 자유로울 수가 없다. 스트레스는 인간의 숙명인 동시에, 생활의 일부인 것이다.

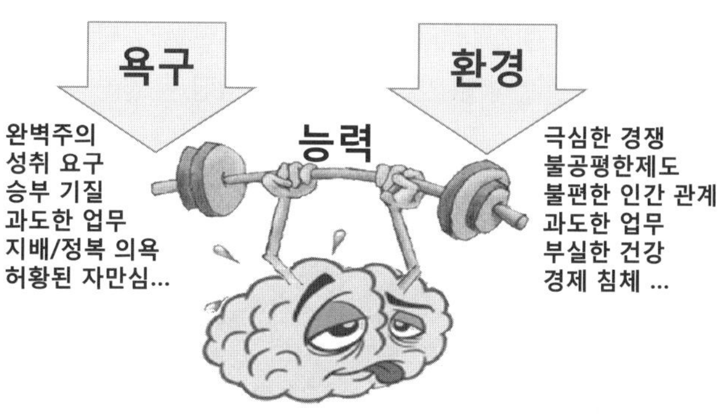

【그림 7-20】 스트레스의 발생

더 복잡해지고 다양화되는 사회의 빠른 변화에 숨가쁘게 대응해야 하는 현대인 모두는 크고 작은 심리적 압박감에서 유발된 스트레스에 포로가 되어 신음하고 있다. 특히, 2010년 한국청소년정책연구원이 발표한 <청소년 건강실태 국제비교조사> 보고서에 의하면, 우리나라 청소년 학습자가 받는 스트레스는 세계 최고 수준으로, 청소년 학습자의 스트레스가 위험 수준에 도달해 있어 시급한 대책이 요구되고 있다.

스트레스는 모든 질병과 문제의 핵심으로 지목되고 있다. 스트레스는, 긴장으로 위산을 과다 분비하여 소화 궤양을 일으키고 심박수 증가로 혈압이 높아져 고혈압의 원인을 제공하며, 콜레스테롤 증가로 인한 관상동맥질환, 심장 질환, 당뇨병, 만성 두통, 암 등 모든 병의 원인이 되고 있다. 뿐만 아니라, 불면증, 노이로제, 우울증 등의 정신 질환의 중심 원인이 되고 있다. 스트레스에서 헤어나지 못하면, 매사에 짜증 내기, 고집 불통, 버럭 화내기, 싸움 걸기 등 성격 장애 등으로 발전하기도 한다. 성인병의 약 70%가 스트레스로 인한 것이라는 의학 보고서까지 나와 있을 만큼, 스트레스는 일상생활을 위협하는 공공의 적이 되고 있다. 학습에 있어서도, 스트레스는 학습 집중력을 파괴하고 기억 중추인 해마의 동작을 방해하여 학습 부진에 직접적인 영향을 미칠 뿐만 아니라, 학습 의욕 상실, 학습 정서 불안, 열등감과 우울증을 유발하여 학습 효과 달성에도 간접적인 영향을 미치는 등 학습 전반에 걸쳐 치명적인 악영향을 끼친다.

[그림 7-21]의 스트레스 유발하거나 스트레스로 인하여 나타나는 현상을 살펴 보면, 스트레스가 신체적, 정신적, 감성적, 사회적 모든 분야에서 문제를 야기하는 주범임을 알 수 있다. 스트레스는 특정 부분에만 영향을 미치는 일반 질병과는 달리, 모든 분야에 강력한 영향을 미치는 암적인 존재이다.

스트레스가 모두 나쁜 것만은 아니다. 스트레스 연구의 선구자인 한스 셀리Hans Selye 박사는 스트레스를 크게 '긍정적인 스트레스'eustress와 '부정적인 스트레스'distress로 구분하고 있다. 시계 태엽이 적당한 압력을 가하여 시계를 동작시키는 것처럼, 적당한 압력의 긍정적인 스트레스는 성취 욕구와 도전 정신을 자극하여 생활의 활력을 이끌어낸다. 적당한 스트레스는 일의 수행을 이끌어 가는 채찍의 역할을 한다. 대표적인 예가 메기 효과이다. 미꾸라지 양식장에서 천적인 메기를 1-2

마리 넣으면, 미꾸라지는 메기에게 잡혀 먹히지 않으려고 항상 긴장상태에서 활발히 움직였고, 그 결과, 미꾸라지는 더 튼튼하고 통통하게 되었다고 한다. 적당한 긴장 관계와 스트레스는 오히려 건강을 증진시키고 자신을 발전시키는 동기유발의 활력소가 된다.

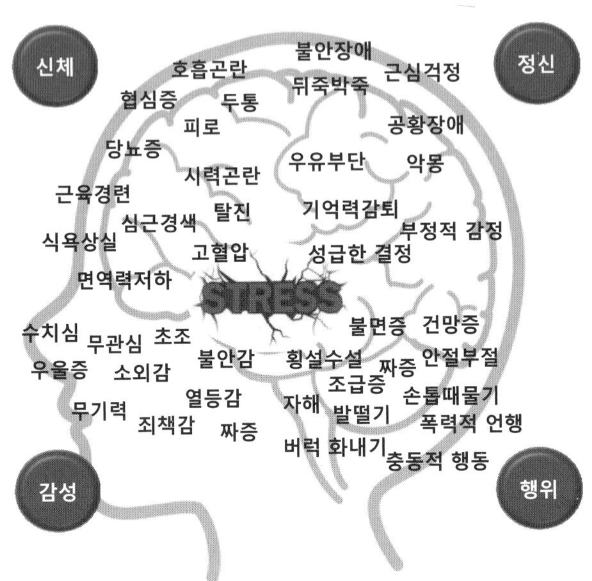

【그림 7-21】 스트레스의 증상과 현상

자연 생태계에서 이런 사례는 많이 발견되며, 진화의 추동력이 되고 있기도 하다. 그런데, 만약 미꾸라지 양식장에 메기 20-30 마리를 넣었다고 하면 어떻게 될까? 극도로 긴장한 미꾸라지는 제대로 자라지 못하고, 엄청난 스트레스로 인하여 죽게 될 것이다. 이처럼 적당한 긍정적 스트레스는 게으름과 나태함을 예방하고 삶에 활력과 자신감을 주어 큰 성과를 거둘 수 있도록 도와 준다. 반면에, 한계를 넘는 과도한 부정적 스트레스는 독약이 된다.

일반적으로 외부 자극이 두뇌에 입력되면, 두뇌는 여러 가지 상황을 분석하여 이성적으로 명령을 내리지만, 극심한 스트레스 상태에서는 정상적인 두뇌회로 동작이 차단되고, 오로지 생존을 위한 투쟁-아니면-도피fight-or-flight 반응을 보이게 된다. 즉, 인간은 극심한 스트레스를 받게 되면, 막다른 길에서 맹수를 만났을 때처럼, 투쟁 아니면 도피 행동을 선택하게 된다. 그래서, 스트레스를 받고 있는 사람은 버럭 화를 내거나 사소한 일로 시비를 걸기도 하며, 때로는 깊은 한숨을 쉬면서 우울해 하거나 무력감을 호소하기도 한다. 학업으로 스트레스를 받고 있는 학습자의 행동도 이와 별반 차이가 없다. 공부가 짜증나고, 사소한 일에 화가 나며, 불안해서 이리저리 방황하고, 기분이 우울하고 친구들이 귀찮아지고, 피로가 몰려 오고 두통이나 소화 불량으로 고통을 받게 된다.

극심한 스트레스에 짓눌린 학습자가 억지로 학습을 투쟁-아니면-도피 식으로 끌고 나간다 하여도 학습 효과는 전혀 기대할 수가 없을 것이다. 심신이 뒤틀린 스트레스 상태에서는 학습이든, 운동이든, 어떤 일도 제대로 이루어 질 수가 없다. 이런 상태에서는 학습이나 일을 지속하는 것보다 스트레스로부터 우선적으로 탈출하는 것이 무엇보다 중요하다.

[성적에 연연하고 쓸모 없는 비교가 스트레스를 생산한다.]

스트레스의 원인은 아주 다양하지만, 학습자가 느끼는 학습 스트레스의 범인은 성적이다. 학습자는 모든 과목에서 우수한 성적을 받아야 한다고 쇠뇌당해, 기필코 남보다 더 좋은 성적을 얻고자 하는 학습자의 욕망이 스트레스를 만든다. 학습자는 좋은 성적을 쟁취하기 위한 냉혹한 학습 전사가 되어, 죽기 아니면 살기 식의 이분법적 학습 전쟁터에서 더 좋은 성적 쟁취의 끝나지 않는 싸움을 하고 있다. 전사가 된 학습자는 전쟁에서 쓰러지지 않도록 매 순간 긴장을 늦출 수 없으며, 유리한 고지를 선점할 수 있도록 상대방과 비교하여 항상 좋은 성적을 올려야 한다. 이러한 상황에서는 학습자 어느 누구도 스트레스를 받지 않을 수 없다.

성적 또는 성적 순위는 상대적 비교이기 때문에 반드시 우열이 가려지고, 자신보다 뛰어 난 강자가 항상 존재하기 때문에 열등감에 휩싸이게 된다. 학습자는 학습 내용의 난이도보다는 뛰어난 성적을 쟁취한 보이지 않는 강자로 인한 두려움과 불안감으로 열등한 스트레스를 받는 기이한 현상이 나타나고 있다. 또한, 부모와 선생님의 높은 기대, 경쟁을 조장하는 사회 분위기, 숨쉴 틈 없이 짜인 학습일정 등의 압력이 더해져 학습 스트레스를 괴물로 만들고 있다.

특히, 정신적 스트레스가 최고조가 되는 때는 시험기간이다. 학습 전사가 전쟁터로 출정하는 것에 비유할 수 있는 시험은, 보이지 않는 강자에 대한 공포로 학습자에게 최대의 두려움을 안겨 준다. 일부 학습자는 이러한 두려움을 이기지 못하여, 두통, 소화불량에 시달리기도 하고, 시험 괴물에 대한 공포로 인해 정서 불안을 보이기도 한다. 모두가 성적이라는 헛된 망상에서 유래하는 스트레스이다.

[스트레스와 파트너가 되어 관리하라.]

스트레스는 무차별적 특성으로 인하여, 누구에게나 언제든지 존재한다. 스트레스 강도에 차이가 있었겠지만, 스트레스가 존재하지 않은 적은 단 한번도 없었다. 스트레스는 늘 우리와 함께 생활 속에 있어 왔다. 그러기 때문에 스트레스를 근본적으로 제거하려거나 극복하고자 하는 것은 무의미하다. 스트레스를 제거하고 나면, 그 즉시 또 다른 스트레스가 출현하기 때문이다. 또한, 스트레스라고 해서 무조건 제거할 것만은 아니다. 나태와 권태에 빠져 있을 때, 행복한 현실 속에 감추어진 불안감이나 미래에 대한 불확실 등의 긍정적 스트레스는 새로운 도전을 위한 성취 동기를 자극하고 잠자고 있었던 열정을 깨우는 역할을 한다. 스트레스를 무조건 제거하려고 달려 들 것이 아니라, 이를 자신에게 맞는 긍정적 스트레스로 변환될 수 있도록 노력하는 것이 중요하다.

스트레스는 제거나 극복하려는 노력보다 이를 어떻게 해석하고 인식하느냐 하는 것이 더 중요하다. 채용 또는 선발 면접을 앞두고, 어떤 학습자는 즐겁고 신나는 마음으로 면접을 기다리고 있는 반면에, 긴장하고 불안해하면서 발을 떨고 있는 학습자도 있다. 이처럼 같은 외부 자극에 대해 반응은 제각각이다. 남들이 보기에 힘들거나 귀찮은 일도 즐거운 마음으로 한다면 재미가 되지만, 일을 마지 못해 억지로 하면 스트레스가 된다. 스트레스는 외부 자극적 요인보다는, 자극을 해석하고 인식하는 내부적 요인에 의해 결정된다.

긍정 심리학의 대부로 알려진 마틴 셀리그먼Martin Seligman 박사에 의하면, 스트레스를 부정적으로 인식하면 결국 질병으로 가게 되지만, 긍정적으로 인식하면 행복해질 수 있다고 한다. 스트레스를 싸워서 정복하려고 하지 말고, 스트레스를 자신의 파트너로 만들어 관리해야 한다. [그림 7-22]로 요약한 스트레스와 함께 생활하는 방법에 대하여 알아 보자.

【그림 7-22】 스트레스와 함께 살기

① 회복 탄력성 5대 철칙을 명심하자.

회복 탄력성 5대 철칙은 상처받은 학습에 재생력을 주기 위한 기본 원칙이다. 고층 건물에 화재가 났을 때 행동 요령을 알려 주는 지침이 필요한 것처럼, 이 5대 철칙은 학습이 상처받았을 때 학습을 치유하는 행동 지침이다. 첫째, 학습을 재미라고 생각하고 즐겨야 한다. 학습을 귀찮은 일로 생각하게 되면 스트레스가 바이러스처럼 확산된다. 학습을 피하려고 하는 것은 쓸데없이 불가능한 일에 도전하는 바보스런 행동이다. 피할 수 없는 학습이라면 즐기는 것이 현명하다. 둘째, 스트레스를 유발하는 완벽주의 사고방식을 버려야 한다. 완벽한 인간은 환상에 지나지 않는다. 불완전을 미덕으로 생각하고 최선을 다하는 자세가 중요하다. 셋째, 성적에 연연하거나 다른 학습자와 비교하지 마라. 비교는 스트레스에게 비료를 주는 것과 같다. 사람은 성적이나 석차라고 하는 하나의 척도로만 비교 판단할 수 없으며, 세상의 모든 것은 순간마다 변화하기 때문에 절대적 기준점이 있을 수 없다. 비교는 누가 머리카락이 많은지 그 수를 헤아리는 것과 같다. 넷째, 긍정적 정서로 스트레스를 지도, 순화하여야 한다. 우리의 생각에 따라, 긍정적 스트레스가 되기도 하고 부정적 스트레스가 되기도 한다. 공연히 부정적 스트레스를 만들어 고통 당하지 말고, 긍정적 스트레스로 만들어 삶의 활력소가 되도록 한다. 스트레스가 지난 후에는 무지개가 뜰 것이라는 자신감과 강한 믿음을 갖도록 한다. 다섯째, 스트레스를 핑계로 절대로 학습의 리듬을 깨지 마라. 스트레스를 해소한다고 게임에 몰두하거나, 스트레스를 피한다고 장기간 휴가를 즐기는 경우가 있는데, 이는 영원히 학습과 작별하고 돌아 올 수 없는 길을 가게 된다. 스트레스 해소를 자신의 행동을 합리화 하는 핑계거리로 만들지 말고, 학습을 지속하면서 심리적, 정서적 안정을 도모하도록 한다.

② 멘토를 기억하라.

멘토는 학습자의 정신적 지주이다. 어려움에 처해 있을 때는 멘토에게 지혜를 구하도록 하자. 멘토와의 대화를 통하여, 시행착오에 빠지지 않고 시련을 현명하게 극복할 수 있는 깨달음을 얻을 수 있을 것이다. "멘토라면 어떻게 반응할 것인가? 어떻게 반응하는 것이 멘토다운 반응인가? 내가 다른 사람의 멘토라면, 어떻게 했을까? 멘토는 이것으로 무엇을 배울까?" 등 멘토와 진솔한 대화로 스트레스를 객관화하고 문제의 본질을 이해하여, 현명한 대응 방안을 찾아 낸다. 스트레스는 누르려고 할수록 강해지고 어느 때가 되면 폭발하게 되어 있다. 멘토, 친구, 부모, 선생님 등 자신을 이해해 주는 분들과 대화와 소통으로 스트레스를 나누어 갖도록 하자. 스트레스는 나눌수록 가벼워진다.

③ 취미 활동은 구원의 밧줄

마크 고울스톤Mark Goulston의 <뱀의 뇌에게 말을 걸지 마라>에 재미있는 장면이 나온다. 저자는 세상에서 가장 악명 높은 변호사와 마주하게 되었는데, 변호사는 아주 위협적인 어조로 저자에게 강한 질문을 하였다. 이때 저자는 잠시 여유를 두고 머뭇거리다가, "죄송합니다. 잠깐, 딴 생각을 하였습니다. 다시 한번 말씀해 주시겠습니까?"라고 말하였다. 순간 변호사는 기가 막혀 말문을 열지 못하였다. 이처럼 귀찮거나 오만한 사람과 이야기할 때 잠시 딴청으로 김빼기 하는 것도 한 방법이다. 귀찮은 날파리 같은 스트레스에도 같은 방법을 적용할 수 있다. 가벼운 독서, 흥겨운 음악 감상, 코메디 영화 감상, 애완 동물과 즐겁게 뛰어 놀기 등 취미 활동으로 딴청을 피우면서 기분을 전환한 다음에, 스트레스를 돌아보는 것이다. 그렇게 되면, 스트레스가 별 것도 아닌 하찮은 일로 보여 질 것이다. 취미 활동은 지독한 스트레스도 하찮게 만드는 마력이 있으며, 스트레스의 늪에 빠진 마음을 구원하는 밧줄이 되기도 한다. 취미 활동의 긍정적 정서로 스트레스의 부정적 정서를 포용할 수 있도록 노력하자.

④ 유산소 운동으로 스트레스를 날려라.

유산소 운동은 스트레스의 또 다른 천적이다. 스트레스에 걸리면 교감신경의 활동이 활발해져 혈압이 올라가고 심박수가 증가하는 등 인체에 부정적인 현상이 나타난다. 과도한 스트레스가 장시간 지속되면, 고혈합 등 성인병으로 발전하기도 한다. 이에 반하여, 유산소 운동은 부교감 신경을 자극하여, 심신을 안정시키고 행복 호르몬인 세로토닌의 분비를 촉진하여 긍정적 정서를 갖도록 도와 준다. 또한, 유산소 운동은 두뇌에 신선한 산소를 공급하고 두뇌 혈류량을 증가시켜 기억력 증진과 두뇌 동작 활성화에도 큰 효과가 있음이 여러 실험으로 입증되고 있다. 빠르게 걷기, 자전거 타기, 수영, 줄넘기, 맨손체조, 런닝 머신 등 가벼운 운동이라도 스트레스를 순화시키는데 큰 도움이 된다. 그러나, 회복 탄력성 철칙에서도 말한 바와 같이, 유산소 운동에 과도하게 몰두하면, 운동이 스트레스로 변신하여 피로를 가중시키고 학습으로부터의 이탈을 조장하여, 정상 상태로 되돌아 가는 것을 방해한다. 기분 전환하고 신체의 기능을 활성화 시킬 수 있을 정도로 가볍게 유산소 운동하는 것이 좋다.

건강한 신체를 위해 절대적으로 요구되는 것이 충분한 수면이다. 수면 부족은 없는 스트레스도 다시 만들어 내고, 심신의 피로와 우울, 좌절, 짜증 등으로 긍정적 정서를 무참하게 짓밟는 스트레스의 하수인이다. 수면부족은 면역 체계에도 영향을 주어서 면역력을 저하시켜 질병의 원인이 되기도 한다. 충분한 수면으로 스트레스가 기어 나오지 못하도록 하여야 한다. 수면 중에 두뇌 기억이 정리되고 강화된다고 하는 것은 잘 알려진 사실이다. 수면은 학습을 위해서도 필요하다.

⑤ 분위기를 바꾸고 기분 전환하자.

스트레스는 세균 또는 벌레처럼 형체가 있는 것이 아니라, 감정과 인식 속에 내재한 심리적 상태이다. 때문에 심리적 상태를 바꿈으로써 스트레스를 간단히 날려 버릴 수 있다. 오랜 만에 집안 청소를 하고 새 단장을 하면 날아 갈 듯한 상쾌한 기분이 드는 것처럼, 분위기를 바꾸고 기분을 전환함으로써 스트레스의 통증을 싹 잊을 수가 있다. 공부방을 청소하고 조명, 인테리어를 바꾸어 주변 환경에 변화를 시도하거나, 도서관에서 학습하는 등 평소 환경에 변화를 주어 새로운 기분을 만들어 보자. 잠시 멈추고 바람을 쐬며 산책을 하면서, 명상을 하거나 자연의 신비를 느껴 보는 것도 기분 전환에 도움이 될 것이다.

스트레스는 감정과 인식의 문제이다. 이 감정과 인식을 바꿀 수 있는 것은 오직 자신뿐이다. 분위기를 바꾸어 보면 기분을 전환되고, 기분이 전환되면 긍정적 감성과 인식이 살아나서 스트레스가 비집고 들어 올 부정적 틈이 사라진다.

[4] 탄력성 회복 활동: 슬럼프를 극복하자.

연속해서 홈런왕으로 선발되었던 프로 야구선수가 이유도 없이 매번 삼진 아웃 당하는 부진한 상태에서 벗어나지 못할 때, 슬럼프에 빠졌다고 한다. 골프, 수영 등의 유망 스포츠 선수가, 최선을 다하고 있음에도 불구하고, 경기가 제대로 풀리지 않고 성적도 기대 이하의 바닥에서 맴도는 경우에도 슬럼프에 빠졌다고 한다. 슬럼프slump란 운동 선수, 프로 기사 등이 경기 또는 시합에서 자기 실력을 제대로 발휘하지 못하는 상태가 오랫동안 지속되는 현상을 말한다. 통상적으로, 기대했던 성적이 부진하거나 하고 있는 일이 침체 상태에 빠져 있다는 뜻으로 쓰인다. 그러나, 한두 번 성적이 좋지 않다고 해서 슬럼프에 빠졌다고는 하지 않는다. 그런 상태가 장기간, 적어도 2, 3주간 지속되고 있으며 개선의 기미가 전혀 보이지 않을 때, 슬럼프라고 한다. 학습자도 성적으로 평가되는 측면에서 운동선수와 공통점이 많기 때문에, 운동선수의 슬럼프를 그대로 느끼게 된다.

슬럼프는 성적이 부진할 때만 나타나는 것이 아니다. 모두가 선망하는 국제 올림피아드 대회에서 당당하게 금메달을 딴 홍길동은, 노벨상을 수상하는 우리나라 최초의 과학자를 꿈꾸며 학업에 열심히 정진하고 있다. 그런데, 어느 날, 친구 병문안을 다녀 온 후, 세상 모든 것이 부질없는 것으로 생각되고, 인생이 허무하고 고독하게 느껴지고, 무기력, 공허감, 의욕상실에 빠져 학업과 일상생활에 심한 회의를 느끼고 괴로워한다. 이러한 극한적인 허무주의 또는 염세주의 역시 슬럼프의 또 다른 모습니다. 이는 게으름이 아니라, 생각이 오염되고 가치관의 혼란이 발생하여 슬럼프를 불러 낸 것이다.

어느 누구도 슬럼프를 피할 수 없다. 누구든지 일을 하다 보면 한두 번쯤 슬럼프를 겪게 마련이다. 슬럼프에 빠진다는 것은 하고 있는 일이 한계에 도달하여 전혀 진전이 안 되는 교착 상태에 있음을 뜻한다. 이를 뒤집어 생각해 보면, 슬럼프 이전에는 모든 일이 뜻하는 대로 순조롭게 진행되었다는 것을 의미한다. 능력 없고 성과를 내지 못하는 사람에게는 슬럼프가 없다. 슬럼프에 빠졌다는 것은 자신이 충분한 능력과 역량을 가지고 있으며 많은 성과를 만들어 왔다는 것이다. 다만, 최근에 이유 알 수 없게 무기력해져 일에 대한 자신감을 잃어 가고 있을 뿐이다. 슬럼프에 빠진 사람은 능력 있는 사람이고, 언제든지 슬럼프에서 빠져 나와 더 큰 성과를 만들 수 있는 사람이다.

학습자가 느끼는 슬럼프에는 2가지 형태가 있다. 첫째는, 실력과 능력이 있지만, 시험에서 실력만큼 좋은 성과가 나타나지 않을 때 나타나는 슬럼프로, 스포츠 선수가 느끼는 슬럼프이다. 둘째는, 학습 의욕과 관심이 떨어지고 억지로 학습에 매달려도 집중이 제대로 되지 않고 학습 성과가 없을 때 느끼는 허무주의적 스트레스성 슬럼프이다. 어느 경우에나, 자신감을 상실하고 자신을 미워하면서, 학습에 무관심 또는 포기를 종용받는 슬럼프 특유의 악질적 모습을 갖고 있다.

슬럼프는 운동선수에게 흔하게 나타나는데, 유망 선수 중에는 슬럼프를 극복하지 못하고 선수 생활을 마감하는 것을 종종 볼 수 있다. 슬럼프에 빠지게 되면, 정서적 또는 감성적 기능이 저하되고, 무엇보다도 자신감을 상실하게 된다. 자연이 판단력이 저하되어 우유부단해 지고, 불안해서 집중력을 상실하게 된다. 의욕 상실의 무기력이 사고 능력을 지배하면서 외로움과 우울증의 조짐이 나타난다. 또한, 슬럼프는 다양한 비정상적 신체 증상을 동반한다.

슬럼프는 스트레스와 마찬가지로 코티졸, 에프네플린 등을 이상 분비하여 뇌와 신체 기관의 동작에 악영향을 끼친다. 두통, 요통, 소화불량의 가벼운 증상에서부터, 교감신경과 부교감신경의 불균형으로 초래되는 시력감퇴, 빈혈, 불안증, 우울증, 강박증 등 정신적 문제를 초래하는 악순환이 계속된다. 이처럼 슬럼프의 마수에 걸리면, 심신이 황폐화되고, 사람에 따라서는 인생까지 파괴되기도 한다. 유망 스포츠 선수 중에는 슬럼프를 극복하지 못해 선수 생활을 마감하는 것을 종종 볼 수 있다. 슬럼프는 우리에게 최면을 걸어 눈 깜작할 순간에 우리를 벼랑 끝으로 끌고 간다. 슬럼프의 마수에서 벗어나야, 활기찬 생활을 영위할 수 있다.

슬럼프는 어디에서 오는 것일까? 슬럼프는 사람이 속한 환경에 전적으로 영향을 받는다. 그러기 때문에, 학습자, 스포츠 선수, 직장인, 군인, 사업가 등이 느끼는 슬럼프의 원인은 다르다. 직장인은 상사, 동료, 부하 직원과의 인간관계로 인하여 종종 슬럼프에 빠지게 되며, 사업가의 경우는 매출 부진이 슬럼프를 만들기도 한다. 그럼에도 불구하고, 슬럼프가 형성되는 일반적 과정을 생각해 볼 수 있다.

[그림 7-23]은 슬럼프의 형성 싸이클을 설명한 것이다. 학습자, 스포츠 선수, 사업가 등은 경쟁심 또는 과욕과 과신으로 무리한 목표를 설정한다. 자신과의 약속으로 족쇄가 되어 버린 목표 달성을 불철주야 노력해 보지만 성과가 보이지 않는다. 목표 달성을 해야 한다는 심리적 압박감, 걱

정, 목표 달성을 위한 과도한 노력으로 인한 과로 등으로 일이 더 어렵게 꼬이게 된다. 성과가 보이지 않게 되면, 자신의 능력에 대해 의구심이 들고 자신감을 상실하게 된다. 이러한 자기 비하는 패배주의로 나타나게 되고, 의욕상실, 무기력과 무관심, 좌절, 공허함을 동반하는 깊은 침체의 늪에 빠지게 된다. 슬럼프가 본격적으로 몸과 마음을 지배하고, 공공연하게 사회생활에 나쁜 영향력을 행사기 시작한다. 슬럼프에 빠진 사람은 과거 실패에 대한 자책에 집착하고, 자신에 대한 혐오감, 사람과 일에 대한 두려움으로 우울증에 빠지게 된다. 슬럼프의 수렁으로 빠져 나오고자 발버둥을 쳐 보지만, 자신의 능력에 대한 콤플렉스, 슬럼프에 대한 공포감과 뒤틀린 현실에 대한 불안감 등으로 방황하게 된다. 판단력이 흐려진 상태에서, 과시적 과욕 또는 완벽주의의 덫에 걸려 잘못된 무리한 결정을 내리게 된다. 이와 같은 악순환을 계속하면서, 슬럼프는 인생을 침체의 바다에 서서히 침몰시킨다.

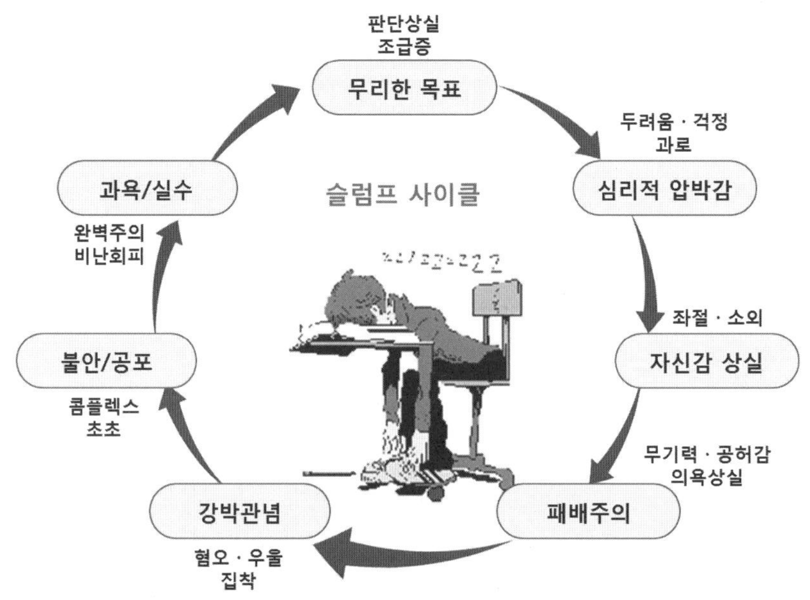

【그림 7-23】 슬럼프 형성 싸이클

슬럼프를 방치하면, 독버섯이 소리 없이 자라나서 신체, 정신, 감성, 행동을 피폐하게 만든다. 대중의 열렬한 사랑을 받던 아이돌 스타나 스포츠 선수가 슬럼프의 늪에서 헤어나지 못하고 발버둥치고 있을 때, 그 심정을 상상할 수 있겠는가? 슬럼프를 극복하지 못한 스타나 선수는 비극의 주인공이 되기도 하였다. 어떻게 하면 지혜롭게 슬럼프를 극복하고 전화위복의 기회를 만들 수 있을까?

먼저 널리 알려진 쉴라 머레이Sheila Murray 박사의 '슬럼프 극복의 7가지 지혜'를 살펴 보자. 쉴라 머레이 박사는 21세기 최고의 비즈니스 연설가로 선정된 바 있고, 현재 미국 PBS 방송국에서 <차이를 만들자>Making a Difference의 진행을 맡고 있다. 슬럼프 극복의 7가지 지혜는 쉴라 머레이

박사가 20년간 10만 명이 넘는 영업직 직원들을 대상으로 가장 성공한 영업사원의 성공요인을 분석하며 정리한 것이다. [그림 7-24]는 쉴라 머레이 박사의 7가지 지혜를 알기 쉽게 요약, 정리한 것이다.

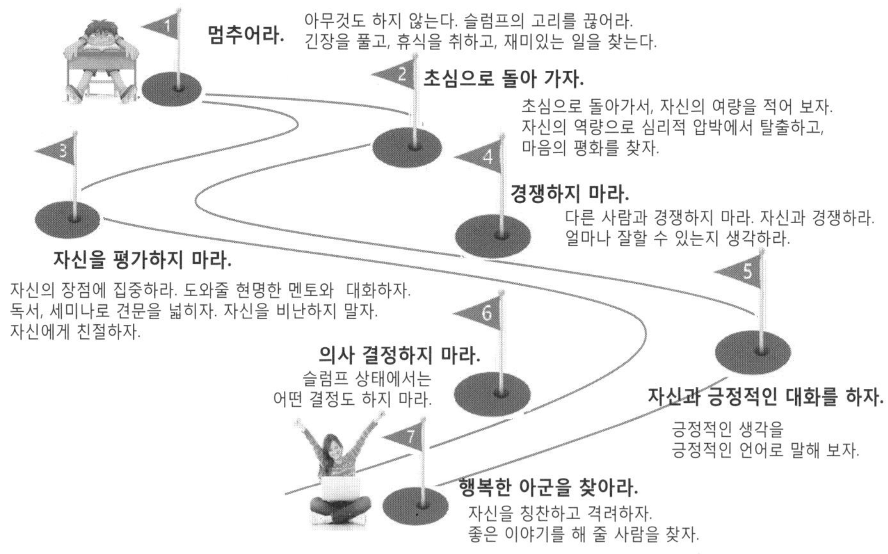

【그림 7-24】 쉴라 머레이의 슬럼프 극복의 7가지 지혜

쉴라 머레이의 슬럼프 극복의 7가지 지혜는 원래 판매 슬럼프에 빠진 영업 사원들에게 주는 조언이었다. 물론, 슬럼프에 빠진 학습자가 참고할 것도 있지만, 7가지 지혜를 학습 슬럼프에 적용하기에는 무리가 있다. 앞서 이야기한 것처럼, 슬럼프는 사람이 속한 환경에 전적으로 영향을 받기 때문에, 학습자의 슬럼프와 영업사원의 슬럼프는 다르다. 학습자는 어떻게 슬럼프를 효과적으로 극복할 수 있을까? 슬럼프의 정신적, 정서적 속성은 스트레스와 그것과 아주 유사하다. 때문에, [그림 7-22]의 스트레스와 함께 생활하기가 슬럼프 극복에도 유효하게 적용될 수 있다. 또한, 슬럼프를 극복하기 위해서는 [그림 7-23]의 슬럼프 형성 싸이클의 고리를 끊음으로써 슬럼프로부터 자유로워 질 수가 있다. 이를 종합적으로 요약하면, [그림 7-25]와 같은 슬럼프를 효과적으로 제압하고 재도약의 기회로 삼는 방안을 도출할 수 있다.

① 회복 탄력성 5대 철칙을 명심하자.

회복 탄력성 5대 철칙은, 스트레스나 슬럼프 등 학습의 훼방꾼들로부터 학습이 상처받았을 때, 학습을 다시 소생하기 위한 치유의 원칙이다. 학습이 내부적으로 병들거나 외부의 적으로부터 공격당하고 있다면, 회복 탄력성 5대 철칙을 적용하여 퇴치하도록 한다. 회복 탄력성 5대 철칙의 내용과 스트레스에서 설명한 5대 철칙 적용 방법을 살펴보고, 어떻게 슬럼프에도 적용할 수 있을지 생각해 보자.

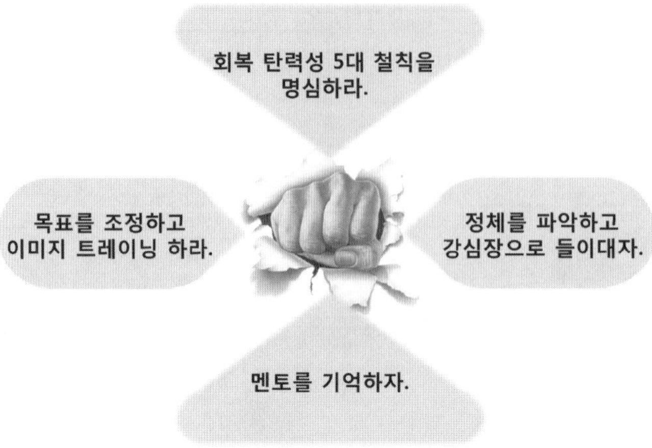

【그림 7-25】 슬럼프 극복과 재도약 방법

② 멘토를 기억하라.

멘토는 스승이며 정신적 지주이다. 문제를 해결하는 가장 효과적인 방법은, 멘토에게 도움을 요청하여 지혜를 구하고, 멘토와 대화를 통해서 함께 해결 방안을 발견하는 것이다. 멘토는 신이나 해결사가 아니지만, 어둠에서 방황하는 멘티에게 등불이 되고, 슬럼프 고통의 늪에서 신음하고 있을 때 재도약의 지혜를 깨닫게 하여 준다. "멘토라면 슬럼프를 어떻게 극복할까? 멘토에게 슬럼프는 무엇인가? 멘토는 슬럼프에서 무엇을 배우는가?" 등 멘토 닮기 또는 멘토 따라하기를 해보는 것이, 정신적 위안을 구하고 슬럼프로부터의 탈출구를 발견하는데 큰 도움이 된다. 지식은 학습에서 구하고, 지혜는 멘토에게서 발견하도록 하자.

③ 슬럼프를 직시하고 강심장으로 들이대자.

[그림 7-23] 슬럼프 형성 싸이클의 내용을 분석해 보면, 자신의 정체성을 상실하고 현실 상황에 대한 두려움으로 인해 걱정의 나락으로 추락하는 것이 슬럼프로 요약할 수 있다. 정체성, 두려움, 걱정을 해결한다면 슬럼프를 극복할 수 있을 것이다. 인간 경영과 자기계발 분야의 선구적 역할을 한 데일 카네기Dale Carnegie는 그의 저서 <카네기 행복론>에서 정체성, 두려움, 걱정을 해결하는 마술 공식을 소개하고 있다.(원제: <걱정을 멈추고 인생을 시작하는 법>).

카네기의 마술 공식은 [그림 7-26]과 같은 슬럼프 극복 방법을 작성하는 것이다. 모든 행동과 생각을 멈추고, 조용히 앉아서 [그림 7-26]의 양식을 진솔하게 작성해 보는 것이다. 종이에 글로 직접 작성하는 것이 중요하다. 양식을 실제로 작성해 보라. 답답한 가슴이 뻥 뚫리는 상쾌한 기분을 느낄 수 있을 것이다. 그리하여, 슬럼프에 대항하는 강한 용기가 생겨나고, 슬럼프 극복 단계로 돌입하게 된다. 슬럼프는 회피할 것이 아니라, 당당하게 맞서서, 슬럼프의 정체를 파악하고, 이를 극복할 수 있는 방법을 찾는 적극적인 노력을 하여야 한다. 슬럼프를 방치하거나 방관하면, 슬럼프가 괴물이 되어 인생을 망칠지도 모른다.

슬럼프 극복 방법

1. 내가 두려워하고 걱정하고 있는 것은 무엇인가?
2. 이 문제를 해결할 수 없을 때 발생하는 최악의 상황은 무엇인가?

3. 두려움과 걱정을 해결하기 위해 내가 할 수 있는 일은 무엇인가?	4. 나는 이제 무엇을 할 것인가?

5. 언제, 어떻게, 어떤 방식을 할 것인가?

【그림 7-26】 슬럼프 진단서 작성

슬럼프하면, 프로 스포츠 선수가 제일 먼저 떠오르는 것처럼, 슬럼프는 프로 스포츠 선수를 그림자처럼 따라 다닌다. 스포츠 정신의학 전문의이며 프로야구단 심리주치의인 한덕현 교수는 프로스포츠 스타의 심리를 분석하여 <마음속에는 괴물이 산다>라는 색다른 책을 저술하였다. 인간의 마음속에는 불안, 콤플렉스, 우울증, 공포증, 강박증 등 인간을 파괴하는 괴물이 살고 있다고 한다. 극도의 심리적 압박감 속에서 생활해야 하는 프로선수들의 마음 속에는 이런 괴물들이 우글거리고 있다. 10만 관중이 지켜보는 월드컵 축구 시합에서 승패를 결정하기 위한 페널티 킥, 골인하면 우상이 되지만, 실수하면 패배자가 되는 기로의 순간. 9회말 만루 2-2-3, 던지는 공하나에 의하여 승패가 결정되는 긴박한 순간. 승패가 분명하고 성적으로 평가되는 프로의 세계는 치열한 경쟁 사회의 단면을 보여 준다. 이럴 때마다, 마음속에 숨어 있던 불안, 콤플렉스, 우울증, 공포증, 강박증의 괴물이 설치게 된다.

그러나, 매일매일 괴물이 설치는 극한 상태에서도, 결정적인 순간에 움츠러들지 않고 제 실력을 발휘하고 자신의 한계를 뛰어넘어 대중의 우상이 되고 있는 성공한 프로 선수들에겐 어떤 공통점이 있을까? 최고의 선수들은 승부의 순간에 어떻게 불안, 콤플렉스, 우울증, 공포증, 강박증의 괴물을 제압하고, 실패의 늪에서 어떻게 슬럼프를 극복하는 것일까? 한덕현 교수는 많은 사례 분석을 통하여, 확실한 정체성 인식, 집중력 강화, 균형 감각 유지 등 여러 방법을 제시하고 있는데, 강심장도 슬럼프를 제압하는 중요한 핵심 도구 중 하나이다.

강심장이란 시험이나 발표를 앞두고 불안과 초조함을 느끼는 수행불안performance anxiety을 떨치고 놀라운 집중력으로 자신의 기량을 완벽하게 발휘하는 역량을 말한다. 김연아 선수가 상대 선수의 높은 점수, 관중들의 과도한 기대, 실수에 대한 두려움에 연연하지 않고 과감하게 경기를 풀어나가는 것은 강심장이기 때문이다. 또한, 강심장은 어떤 환경이든, 어떤 경우이든 간에 일관된 실력을 보여 주는 것이다. 주변이 조용하면 과녁에 명중하고, 주변이 시끄러우면 과녁을 맞추지 못하는 양궁 선수는 강심장이 아니다. 강심장은 자신에 대한 믿음, 즉 자신감이 강하고 자신을 신뢰하기 때문에 주변 환경 변화에 흔들리지 않는다. 이러한 강심장은 슬럼프를 정복하는 강력한 무기가 된다.

강심장은 자신의 실수나 오점까지도 과감하게 인정하고 받아드리는 놀라운 대범함을 보여 준다. "패널티 킥을 실수 했다. 경기에 패 한 것은 다 내 탓이다. 다음 경기에서는 더욱 분발하자."처럼, 치명적 실수나 잘못을 대범하게 인정하고 다른 사람들의 비난을 과감하게 수용하는 것이 강심장이다. 강심장은 진인사대천명盡人事待天命처럼 매 순간 모든 일에 최선을 다하고, 결과에 대해서는 대범하게 수긍하고 인정하는 것이다. "하늘은 스스로 돕는 자를 돕는다."는 마음 자세로, 어떤 어려운 상황에서도 편안하고 긍정적인 마음으로 슬럼프 대하는 것이 강심장의 자세이다.

카네기의 마술공식으로 슬럼프의 정체를 밝혀 내고 대응 방법을 발견한 다음, 강심장으로 밀고 나간다면, 어떤 슬럼프 괴물이라고 할지라도 퇴치할 수가 있다. 슬럼프는, 우리 마음속에서 불안, 콤플렉스, 우울증, 공포증, 강박증 등과 같은 먹이를 먹고 자라는 괴물이기 때문에, 그림 [7-23]의 슬럼프 먹이 사슬을 끊도록 하여야 한다.

④ 목표를 조정하고 이미지 트레이닝하자.

의사들은 환자를 치료하면서 가끔 플래시보 효과placebo effect를 사용하기도 한다. 의사가 환자에게 "이 약은 환자님의 질병에 특효약입니다. 이 약을 드시면 반드시 병이 나을 것입니다."라고 하고는 실제로는 영양제를 준다. 환자는 가짜 약을 먹었음도 불구하고, 병이 낫는 특효약이라는 의사의 말에 대한 믿음 때문에, 실제로 병이 낫게 되는 것을 플래시보 효과라고 한다. 즉, 믿는 대로 이루어 진다는 것이다. 플래시보 효과 외에도, 생각한 대로 또는 믿는 대로 성취되는 다양한 현상들에 대한 많은 연구가 수행되어 왔다. 하바드 대학교 심리학과 교수였던 로버트 로젠탈Robert

Rosental은 성취 예언에 관한 심리학 실험을 하였다. 초등학교 학생들에게 지능검사를 실시하여 한 집단의 학생을 선발하였다. 담임선생님이 이들 학생은 지능지수가 높기 때문에, 지적 능력이나 학업 성취 능력이 우수할 것이라고 믿도록 하였다. 실제로는 이들은 지능지수와 관계없이 무작위로 선발된 학생들이었다. 8개월 후에 학업 성취도를 측정한 결과, 이들은 다른 학생들에 비하여 우수한 성과를 보였다. 담임선생님이 우수한 학생들이라고 믿고, 학생들을 격려하고 칭찬하였기 때문에 좋은 학습 성과를 낼 수 있었던 것으로 분석되었다. 이처럼 선생님이 학생을 믿어 주기만 하여도 학생이 우수한 학업 성취도를 달성하는 것을 로젠탈의 기대 효과Rosenthal effect라 한다.

플래시보 효과, 로젠탈 효과 그리고 피그말리온 효과pygmalion effect 등은 믿는 대로, 기대하는 대로 이루어진다는 것을 입증하고 있다. 그러므로 무엇이 되고자 하면 먼저 그렇게 된다고 믿어야 한다. 세계적인 피아니스트를 꿈꾸고 있는 사람이라면, 세계적인 음악회에서 유명 지휘자와 협연하는 멋진 장면을 상상하고 그렇게 될 것으로 믿어야 한다. 영화감독이 되고 싶다면, 유명 배우들과 영화 촬영하는 장면을 생각하고 그대로 된다는 믿음부터 가져야 한다. 먼저, 자신이 원하는 참모습을 구체적으로 시각화visualization하고, 이의 실현을 확신하면 자기 성취 효과가 나타난다.

본질 파악, 기억 강화 등에서 시각화의 중요성을 이해하였지만, 시각화는 자아 정체성 확립으로 자신감을 고취하여 슬럼프를 극복하는데도 중대한 역할을 한다. 프로 스포츠에서는 선수들의 역량 향상, 최고의 성적 달성, 슬럼프 극복 등에 선수의 활약을 시각화하는 이미지 트레이닝image training을 중요한 훈련 방법으로 사용하고 있다. 이미지 트레이닝은 프로 선수들만을 위한 마음 훈련 방법이 아니다. 성적으로 평가 받는 학습자에게도 더할 나위 없이 효과적인 슬럼프 극복 방법이 된다. 학업 성취를 이룩한 자신의 당당한 모습을 시각화하고 이의 성취를 마음속으로 굳게 믿는다면, 슬럼프 괴물 같은 것이 마음 한 구석을 차지 할 여지는 전혀 없게 된다. 평소 자신의 정체성에 대한 이미지 트레이닝으로 슬럼프에 대한 면역력을 키우도록 하자.

이미지 트레이닝은 마음속에 영상이 분명하게, 확실하게 그려져 있어야 효과를 발휘한다. 두리뭉실한 막연한 영상은 오히려 마음만 혼란시킬 뿐이다. 분명한 영상으로 자신을 세뇌시켜, "반드시 성취할 수 있다."는 자신감을 불러 일으켜야 이미지 트레이닝이 효과적으로 진행된다. 계획을 수립할 때, SMART하게 하는 것처럼, 마음속의 영상을 만들 때도 SMART하게 만들어야 한다. 그러기 위해서는 현실적으로 달성 가능한 목표에 대한 이미지를 만들어야 한다. 이제 마라톤을 시작한 선수가 올림픽 마라톤 우승을 생각하거나, 수학 성적이 평균 이하인 학생이 수학 도사 되겠다고 하는 것과 같이, 실현 가능성이 희박한 과장된 목표는 슬럼프의 유발 원인이 된다. 현실적인 여건을 고려하여 성취 목표의 80% 정도로 달성 가능한 목표를 세우는 것이 바람직하다. 심적 부담 없는 이미지 트레이닝이어야 효과가 발생하고, 슬럼프를 날려 보낼 수 있다. 목표가 달성되면 단계적으로 목표 수준을 향상시켜 가면서 이미지 트레이닝을 하면 된다.

제 [8] 장

"아하!!!" 소리 날 때까지 질문하고 토론하라.

21세기 지식정보 사회는 지식의 융복합 뿐만 아니라 함께 일하는 협업의 토대 위에 구축된다. 새로운 시대에 적응하고 앞서 나가기 위해서는 질문과 토론(소통)은 절대적으로 요구되는 능력이다. 질문없는 암기식 학습은 확장 가능성을 전혀 기대할 수 없는 죽은 학습이다. 토론 없이 자기 안에 갇힌 폐쇄된 학습은 지식의 융복합을 실현할 수 없으며 창의성이 발휘될 여지가 없다. 지식정보 사회에서 이와 같은 학습으로는 학습의 퇴화만 있을 뿐이다. 학습을 제자리에 올려 놓고 활기를 불어 넣고 싶은가? 그렇다면, 지금 당장 질문하라. 지식의 다양성을 이해하고 창의성을 꽃 피우고 싶은가? 그렇다면, 지금 당장 토론을 시작하자.

세상에 바보 같은 질문은 없다. 단지 질문하지 않는 바보가 있을 뿐이다.
- 중국 속담

8.1 질문과 토론을 잃어버린 죽은 학습 사회

"사과는 왜 수직하게 땅으로 떨어지는가?" 뉴튼의 이 질문은 고전 물리학을 완성하여 과학 혁명을 이끌었다. "무한대보다 큰 무한대는 존재하는가?" 무한대도 크기가 다른 여러 형태의 무한대가 존재한다는 것을 증명한 칸토어Georg Cantor는 현대 수학의 새로운 방향을 제시하였다. "선과 악은 존재하는가?"의 물음을 통해 니체Friedrich Nietzsche는 그의 초인 철학을 완성하였다. "여러 명의 남녀가 있을 때, 어떻게 하면 데이트 신청에 성공할 수 있을까?" 영화 <뷰티플 마인드>의 주인공으로도 유명한 존 내시John Nash는 게임이론으로 경제학의 새로운 영역을 개척하였다. 이처럼 학문 발전은 질문에서 시작되었으며, 학문의 역사는 질문의 역사해도 과언이 아니다.

그럼에도 불구하고, 학문의 전당이라는 학교와 학문을 배우는 학습자의 현실은 어떠한가? 2011년 한국 교육 개발원에서 발간한 <한국 대학생의 학습과정 분석 연구사례> 보고서에 의하면 질문이 사라진 강의실 모습을 확연하게 실감할 수 있다. 토론과 발표가 중요한 대학에서의 상황이 이 정도라면, 입시에 치중하고 있는 중고교 교실의 상황은 더 심각할 것이다. 강의실의 학습자는 교수나 교사가 펼치는 강의를 TV 개그 프로그램이나 코미디 영화를 보듯 그저 바라만 보고 있는 것이 우리 강의실의 현실이다. 또한, 교수나 교사 역시 학습자에게 질문을 하여 강의에 참여시키는 대신에, 질문은 진도를 나가는데 방해가 되는 거추장스러운 것으로 간주하고 있다. 지식 전달 위주하는 단순 암기 중심의 학습법, 성적을 최고의 가치로 생각하는 잘못 된 교육관, 학습을 경쟁의 도구로 생각하는 교육의 몰이해가 질문을 추방하고 있고 학습을 죽이고 있다.

질문이 이런 상태라면 다수의 학습자가 참여해야 하는 토론은 더욱 심각한 상태이다. 강의실에서는 토론없이 일방적으로 지식이 전달되고 있고, 학습자 상호간 활발한 학습 토론이 이루어지는 학습 동아리도 찾아 보기도 어렵다. 생각 찾기 보다는 정답 찾기 학습을 하다 보니, 토론 학습은 아주 어려운 학습으로 간주되어 기피하는 악순환이 발생하고 있다. 대부분의 학습자가 토론 방법을 제대로 알지 못할 뿐만 아니라, 어쩌다 토론을 하게 되면 상대방을 기를 꺾는 논쟁에 치중한다. 일부 학습자는 "침묵은 금이다"라는 격언에 얽매여 가만히 있으면 중간은 한다고 생각하고 있다.

세상의 모든 것은 질문에서 시작되었다.

학습의 대상이 되는 학문은 어떻게 시작되고 만들어 진 것일까? 인간이 사회를 이루고 농업으로 의식주를 해결하게 되자, 세상의 경이로움에 새삼 감탄하게 된다. "도대체 사물은 왜 존재하는가?", "자연 현상의 배후에는 무엇이 작용하는가?", "인간은 왜 사는가?" 등등 세상의 근원에 대한 끝없는 질문을 하게 된다. 이러한 질문의 답을 찾는 과정에서 철학자가 나오고 철학이 탄생하게 된다. "피라미드의 높이는 얼마일까? 원의 넓이는 어떻게 계산하는가?" 등의 질문이 수학의 탄생을 촉발하였다. "왜 사계절이 있는 것일까? 물이 가득 찬 목욕탕에 들어가면 왜 물이 넘치는 것일까? 1년은 며칠일까?" 등의 질문에 답하기 위하여 물리학이 출현하였고, "어떻게 하면 납으로 금을 만들 수 있을까?"하는 물음에 답하여 연금술이 발달하고 화학으로 체계화 되었다. 이처럼 모든 학문은 질문으로부터 탄생하였다.

학문의 탄생만이 질문에서 시작된 것은 아니다. 인간의 평생학습을 위한 긴 여정도 질문에서 출발하고 있다. 인간이 태어날 때 두뇌에는 생존을 위한 충분한 지식이 축적되어 있지 않고, 지식을 축적할 수 있는 인지 능력만을 갖고 있다. 어린 아이는 인지 능력을 작동시켜 학습을 통해서 거대한 두뇌 기억장치에 지식을 축적해 나가게 된다. 이때 어린 아이가 스스로 세상의 지식을 배울 수 있는 유일한 인지 활동은 질문이다. "엄마, 왜 낮과 밤이 있는거야?, 왜 불은 뜨거운거야?, 새는 어떻게 해서 날 수 있는거야?, 아프면 왜 병원에 가야 해?" 등 어린 아이는 귀찮을 정도로 질문을 쏟아 낸다. 이는 세상을 이해하고 적응하기 위기해서는 빠르게 지식을 흡수하여만 하기 때문이다.

2006년 미국에서 큰 인기를 얻었던 시트콤 <럭키 루이>Lucky Louie라는 드라마에서 아빠에게 계속해서 '왜'why라는 질문으로 하는 어린 딸을 보면, 어린 아이는 질문하기 위해 태어난 것으로 착각할 정도이다. "질문하면 배울 수 있다."는 평범한 진리를 어린 아이는 태어나면서부터 알고 있는 것이다. 어린 아이는 누가 가르쳐 주기를 기다리는 것이 아니라, 자기 주도적으로 질문을 통해서 자발적으로 끊임없이 학습하고 있는 것에 주목해야 한다. 세상에 대한 어린 아이의 끝없는 호기심과 질문이 바로 학습의 시작이며, 또한, 질문이 최상의 학습 방법임을 깨달을 수 있다. 그럼에도 불구하고, 본격적인 학습을 위해 학교에 다니면서부터는 점점 질문을 잃어 버리게 되고, 질문을 통한 뛰어난 학습 능력을 점차로 상실해 가는 것을 보면 참으로 안타까움을 금할 수 없다.

질문은 모든 것의 출발점으로 아주 간단하고 가장 효과적인 학습 방법이다. 학습의 수준을 업그레이드 하고자 한다면 질문의 불씨부터 살려야 한다.

질문과 토론은 최상의 교육 방법

이미 여러 사례에서 살펴 본 바와 같이, 질문과 토론은 최상의 교육 방법이다. 교육학의 원조라 할 수 있는 소크라테스는 산파법으로 불리는 독특한 교육 방법으로 위대한 업적을 쌓아 올렸다. 소크라테스가 질문하면 청년 학습자가 답변을 하고, 다시 소크라테스 그 답변에 대하여 질문을 한다. 이와 같은 끊임없는 질문과 답변 과정을 통해서 진리에 대한 무지를 깨닫고 "너 자신을 알라."는 자각을 하게 된다. 소크라테스는 주입식 교육이 아니라, 학습자 스스로가 질문의 답을 발견할 수 있도록 동기 부여하여 인류의 위대한 스승이 되었으며, 플라톤Plato, 크세노폰Xenophon, 안티스테네스Antisthenes, 파이돈Phaidon 등 수많은 위대한 제자들을 배출하였다.

소크라테스뿐만 아니라, 공자, 예수, 석가 등 모든 성인들은 질문으로 제자를 깨우쳤다. 성인들은 직접 책을 저술한 적이 없다. 책으로 가르침을 전달하는 대신에 질문으로 스스로 깨우칠 수 있도록 하였다. 공자의 사상을 집대성한 논어는 공자와 제자간의 질의 응답 또는 토론 내용을 전달한 것이다. 예수도 제자들에게 가르침을 전할 때, "사람들이 인자를 누구라 하느냐, 너희는 나를 누구라 하느냐?"와 같은 질문으로 스스로 알도록 하였다. 또한, "구하라, 그러면 얻을 것이요. 찾아라, 그러면 찾을 것이요. 두드려라, 그러면 열릴 것이다."는 "질문하라, 그러면 답을 얻을 것이요. 질문하라, 그러면 답을 찾을 것이요. 질문하라, 그러면 알게 될 것이다"로 해석할 수 있을 것이다. 부처도 "젊은이들이여, 달아난 여자를 찾는 것과 자기 자신을 찾는 것 중에서 어느 것이 더 중요한가?"처럼 질문으로 즐겨 사용하였다. 이처럼 성인들은 질문의 강력한 학습 능력을 알고 있었으며, 이를 교육에 적극 활용하였다.

70년대 초반에 TV에서 방영되어 큰 인기를 얻었던 미국 드라마로 <하버드 대학의 공부 벌레들>The Paper Chase가 있었다. 최상의 인재들이 모인다고 하는 하버드 법학대학원을 배경으로 학생들의 도전과 좌절을 사실적으로 보여준 드라마로서 교수의 교육 방법과 학생들의 학습 방법에 많은 충격을 주었다. 킹스필드 교수가 무표정한 표정으로 주인공인 하트를 비롯한 학생들에게 무차별 질문을 하여 학생들을 곤경에 빠뜨린다. 학생들은 토론 중심의 스터디 그룹을 만들어 예상치 못한 질문을 스스로 극복해 가면서 뛰어난 역량을 갖춘 법률가로 성장하는 것을 보면서 시청자들은 진한 감동을 받았다. 킹스필드 교수는 질문의 위력을 알고 있는 하버드 법학대학원의 소크라테스였던 것이다. 이뿐만 아니라, <정의란 무엇인가?>, <어떻게 원하는 것을 얻을 것인가?> 등 명강의로 알려진 강의를 분석해 보면 모두가 질의 응답과 토론을 적극 활용하고 있다는 공통점을 발견할 수 있다.

최근 핵심 인재 육성과 경영 혁신 방법으로 기업에서는 레지널드 레이번스Reginald Revans가 창안한 액션 러닝Action Learning이 각광을 받고 있다. 액션 러닝은 학습자가 팀을 구성하고 토론을 통하여 장의적으로 문제를 해결하는 방법으로 학습을

$$L(학습) = P(기존\ 지식) + Q(질문) + R(성찰)$$

로 정의하고 있다.(마이클 마쿼트Michael Marquardt가 확장한 공식) 액션 러닝에서는 학습은 올바른 질문과 학습자가 자발적으로 주도적 참여하는 토론에 의해서만 가능하다고 한다. 액션 러닝을 통하여 기업 경영과 기술 개발을 혁신한 수많은 사례가 알려 지고 있으며, 기업뿐만 아니라, 학교 교육에도 적용되어 커다란 성과를 보이고 있다.

질문과 토론은 인류가 발견한 최상의 교육 방법이다. 왜, 어린 아이들은 자라면서 무수히 많은 질문을 퍼붓는 것일까? 어린 아이들은 생존을 위해 사물을 인식과 생각하는 방법을 배워야 한다. 어린 아이의 생존을 위한 학습은 자신이나 다른 사람에게 던지는 질문에서 시작된다. 질문은 학습의 시작이요, 토론은 깨달음을 발견해 가는 과정이다. 질문과 토론을 통해서 창의적 학습 역량을 강화하고 탁월한 학습 성과를 얻을 수 있다. 질문과 토론이 없는 학습은 개나 말처럼 길들여지는 훈련일 뿐, 인간을 위한 학습은 아니다.

질문과 토론이 학습 수준을 결정한다.

머리가 뛰어난데도 불구하고 평범한 학습자와 그보다 못한데도 불구하고 영재가 되는 학습자가 있다. 이렇게 되는 근본적인 이유가 무엇일까? 우리나라에 재직한 적이 있는 아셀 나임Asher Naim 이스라엘 대사는 공동 저술한 책 <IQ 100의 천재, IQ 150의 바보>에서 이스라엘과 우리나라의 교육을 비교하였다. 이스라엘 교육은 IQ 100짜리 범재도 영재로 길러 내는데 비해, 우리나라 교육은 IQ 150의 천재도 바보로 만든다고 지적하고 있다. 이스라엘 교육은 질문과 토론으로 합리적 사고를 기르는데 비하여, 우리나라 교육은 암기하는 앵무새만 키워내는 것이 그 원인이라고 진단하고 있다. 질문과 토론만이 생각의 수준을 결정하고 학습의 차원을 높여준다. 생각해 보라. "사과가 왜 땅으로 떨어질까?" 질문하는 사람과 "떨어진 사과를 먹을까 말까?" 고민하는 사람의 생각의 차이와 학습수준의 차이를. 질문과 토론은 범재를 영재로 만들고 학습을 창조로 이끄는 마술이다.

질문과 토론은 학습에서만 위력을 발휘하는 것이 아니다. 성공한 경영자, 정치가, 예술가 등 각 분야에서 새로운 영역을 개척한 사람들은 모두 질문과 토론으로 뛰어난 업적을 만들었다. 요코하마 타로는 그의 책 <위대한 리더의 위대한 질문>에서 성공한 기업가와 경영인은 모두 질문에서 시작하였다고 역설하고 있다. 치열한 경쟁에서 살아 남은 기업은 리더의 명석한 질문이 있었기 때문에 성장과 성공의 길로 나갈 수 있었다. "국가가 당신을 위해 무엇을 할 수 있는가를 묻지 말고, 당신이 국가를 위해 무엇을 할 수 있는가를 물어보라."라고 한 케네디 대통령은 단순한 질문으로 국민 통합을 이룬 위대한 정치가가 되었다. "어떻하면 3차원 형태를 2차원 그림으로 표현할 수 있을까?"를 고민한 피카소Pablo Picasso는 <아비뇽의 아가씨들>을 그려 입체파 또는 큐비즘cubism을 선도하여, 현대미술의 새로운 장을 개척하였다. 질문과 토론은 모든 분야에서 창의적 발전과 진화를 촉발하는 단초인 것이다.

기업의 직원은 "어떻게 하면 좋은 제품을 생산할 수 있을까?"를 생각하지만, 경영자는 "세계 최고 기업이 되기 위해서는 무엇을 하여야 할까?"를 질문한다. 고정 관념에 사로 잡힌 화가는 "어떻게 하면 정확하게 그림을 그릴 수 있을까?"를 생각하지만, 피카소와 같은 대가들은 "사물의 본질을 어떻게 표현할 수 있을까?"를 고민한다. 질문에 따라, 기업 경영의 성패가 좌우되고, 생각의 수준이 달라지며 성취하는 것도 다르게 된다. 다시 말하면, 질문이 생각의 방향과 수준을 결정하고, 생각이 학습의 방향과 수준을 결정하는 것이다. 창의적 학습을 이끄는 원동력이 바로 질문과 토론인 것이다.

[그림 8-1]에 보인 것처럼, 질문과 토론이 없는 학습 지식은 점차 망각되어 죽어 가는 지식이 되지만, 질문과 토론으로 강화된 지식은 새로운 지식을 창조하는 살아 있는 지식이 된다. 실제로 우리가 학습하고 있는 지식은 원래 질문과 토론에 의하여 탄생한 것이다. 일상생활에서 사용하고 있는 전화, 냉장고, 자동차, 세탁기 등 모든 발명품도 질문과 토론에 의하여 탄생하였다고 해도 과언이 아니다. 질문과 토론은 학습의 수준을 높여 창의적 사고 능력을 키워준다.

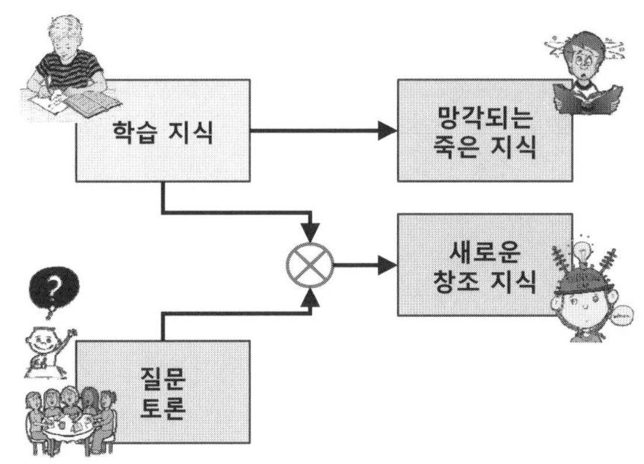

【그림 8-1】 학습에서의 질문과 토론 기능

우리들의 부싯돌은 부딪혀야 빛이 난다.
– 볼테르Voltaire

8.2 질문과 토론은 창의적 학습을 만드는 힘이 있다.

<세계를 지배하는 유대인 파워>를 저술한 박재선 모로코 대사는, 노벨상 수상자 804명 중 184명(23%), 미국 국적의 노벨상 수상자 282명 중 103명(37%), 미국 상원의원 100명중 13명, 미국 100대 부호 중 32명, 미국 8개 명문 사립대학인 아이비리그 총장 및 교수의 40%, 미국 50대 영화사의 제작자, 감독, 시나리오 작가의 60%, 미국 대도시 변호사의 50% 등이 모두 유대인이라는 이야기를 들려 준다. 에디슨, 아인슈타인, 마르크스, 프로이드, 리차드 파인만, 해리슨 포드, 폴 뉴먼, 스티븐 스필버그, 앨런 그린스펀, 앤드류 카네기, 워렌 버핏, 캘빈 클라인, 랄프 로렌, 스티브 발머 등 세계적 명성을 가진 인사들이 모두 유대인이라는 사실에 놀라게 된다. 인구 약 1300만명으로 세계 인구의 0.2%에 불과한 유대인이 어떻게 세계를 지배할 수 있었을까? 많은 사람들의 그 비밀이 '이디시 코프Yiddshe Kop(유대인의 머리)'라고 불리는 유대인 특유의 교육 방법이라고 단언한다.

유대인 교육의 핵심은 소크라테스 식의 질문법이다. 유대인들은 묻고 또 묻을 것을 가르친다. 우리나라 어머니들은 아이가 학교에 갈 때, '선생님 말씀 잘 들어라!'고 하고 돌아 오면 "오늘 학교에서 무엇을 배웠니?" 하지만, 유대인의 어머니들은 '질문을 많이 해라!'고 당부하고 학교에서 돌아오면 "오늘은 무슨 질문을 했니?"라고 묻는다. 또한 학교에서는 토론만이 학생들의 사고를 합리적으로 기를 수 있다고 믿고, '헤브루타식 교육'이라는 별명을 얻을 정도로 강도 높은 토론 중심의 교육을 한다. 이렇게 교육을 받은 유대인이 과학자, 법률가, 대학 교수, 작가, 예술가 등에서 두뇌를 사용하는 영역에서 탁월한 역량을 발휘하는 것은 당연하다 할 것이다. 유대인은 머리가 좋은 것이 절대 아니다. 단지, 교육 방법이 달랐을 뿐이며, 그 중심에 질문과 토론이 있다.

질문과 토론은 학습만 변화 시키는 것이 아니다. 피터 드러커Peter Drucker가 어렸을 적에, 선생님이 "너는 무엇으로 기억되기를 바라느냐?"라고 그에게 물었다. 그가 대답을 못하자, 선생님은 웃으면서, "지금 대답하지 못해도 괜찮다. 하지만 오십 살이 되어서도 대답하지 못한다면 그건 네 삶을 낭비했다는 뜻이란다."라고 말하였다. 피터 드러커는 일평생 선생님의 이 질문에 대한 답을 찾고자 하였으며, 경영학을 창시하여 현대 경영학의 아버지가 되었다. 하나의 질문이 한 사람의 인생을 변화시킨 사례는 무수히 많다. "왜? 우유를 짜는 처녀들은 천연두에 걸리지 않는 것일까?"라는 질문을 한 제너Edward Jenner는 최초로 백신을 개발하여 인류를 천연두라는 재앙으로부터 해방시켜 인류 역사를 바꾸었다. 이처럼 질문과 토론에는 획기적인 변화를 가져 올 수 있는 놀라운 힘이 내재 되어 있다. 자신이 가진 이 놀라운 힘을 보고자 한다면, 질문하고 토론하라.

창의 학습을 만드는 질문과 토론의 힘

질문과 토론은 세상을 변화시키며, 인생을 바꾸며, 학습을 창의적으로 혁신하는 위대한 힘이 있다. 커뮤니케이션 컨설턴트로 유명한 도로시 리즈Dorothy Leeds는 <질문의 7가지 힘>이라는 책에서 질문이 갖고 있는 다양한 힘을 강조하고 있다.

[표 8-1] 질문의 7가지 힘(도로시 리즈)

1	**질문을 하면 답이 나온다.** 질문을 하면 모르는 것에 대하여 아주 간편하고 효과적으로 지식을 얻을 수 있다. 좋은 질문, 열린 질문은 훌륭한 답을 만든다.
2	**질문은 생각을 자극한다.** 질문은 생각하게 만들고 새로운 아이디어를 떠오르게 한다. 질문은 자기 자신이나 사람들로 하여금 생각을 하게 만들고 창의성을 샘솟게 한다.
3	**질문을 하면 정보를 얻는다.** 적절한 질문을 하면 원하고 필요로 하는 정보를 얻을 수 있다. 뛰어난 탐정이나 협상가는 분명한 의도로 특정한 정보를 끌어내는 질문을 한다.
4	**질문을 하면 통제가 된다.** 화가 나거나 좌절, 불안, 두려울 때는, 감정에 치우쳐 자기 통제력을 상실할 수 있다. 질문은 이성적인 좌뇌를 자극하여 감정을 통제할 수 있도록 한다.
5	**질문은 마음을 열게 한다.** 겉으로 드러나지 않는 자기 자신은 물론 다른 사람들의 마음을 열게 한다. 마음을 열되 되면 고민거리나 숨은 의도나 동기를 이해할 수 있다.
6	**질문은 귀를 기울이게 한다.** 더 나은 질문을 하고 더 의미 있는 대답을 얻어낼수록 더 귀를 기울이게 된다. 상대방에게 관심과 사랑을 보여 줄 수 있으며 더 현명하게 된다.
7	**질문에 답하면 스스로 설득이 된다.** 질문에 대답하기 위해 잠시 생각하는 것이 바로 설득의 시초이다. 질문은 강요하지 않고 스스로 생각하게 하여 긍정적인 결과를 만든다.

[표 8-1]에 요약한 도로시 리즈가 역설하고 있는 질문의 7가지 힘은 일상생활에서 질문이 어떤 위력을 발휘하고 있는지를 보여 주고 있다. 질문은 화술, 경청, 논리적 사고, 문제 해결에 큰 위력을 발휘하고, 어려운 상황에서도 감정을 통제하고 설득함으로써 성공적인 인생을 만드는 최상의 경쟁력임을 역설하고 있다. 도로시 리즈는 질문의 힘으로 인생을 변화시킬 것을 강조하고 있다.

인생뿐만 아니라, 학습에서 질문과 토론은 어떤 위력을 발휘할까? 교육학자나 학습의 달인들은 이구동성으로 질문과 토론으로 사고력과 창의력을 신장시키는 것이 학습의 궁극에 도달하는 첩경이라고 강조하고 있다. 질문과 토론은 학습의 차원을 달리하는 역동적 추진력이 있다. [그림 8-2]는 질문과 토론의 대표적인 학습 추진력을 요약한 것이다.

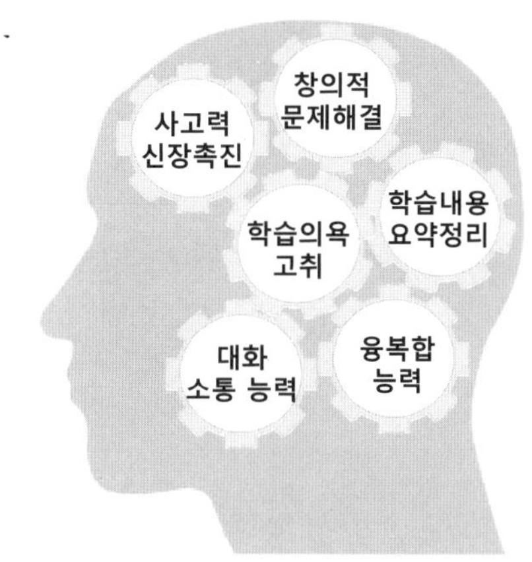

【그림 8-2】 학습에서 질문과 토론의 힘

[질문과 토론은 학습 내용을 요약 정리해 준다.]

학습 내용은 본질과 핵심을 요약 정리하여 확실하게 이해하고 기억할 수 있게 하여 준다. 질문과 토론을 하다 보면, 잡다한 하고 사소한 것을 버리게 되고, 탐정이 사건을 꿰뚫어 보듯이 본질적인 핵심에 접근하게 된다. 막연하게 이해되었던 지식이 명쾌해 지고 논리적으로 정리 된다. 또한, 질문과 토론으로 습득된 지식은 두뇌에 강하게 기억되어 좀처럼 잃어 버리지 않게 된다.

- 조광조는 왜 개혁에 실패하였는가?
- 엔트로피entropy 개념은 어디에 적용되고 있는가?
- 자동차 엔진은 어떻게 동작하는가?

[질문과 토론은 학습 의욕을 고취 시켜 준다.]

질문과 토론으로 원하는 지식을 효과적으로 얻게 되어 학습 만족감이 증대되고, 자신이 알고 있는 것을 전달해 줄 수 있어 학습의 자긍심이 높아진다. 학습이 재미있어지고 호기심이 충만하여, 자기 주도적으로 새로운 탐구 학습을 추진하게 된다. 지속적인 질문과 토론으로 학습의 긍정적 선순환 활동을 반복되어 학습 성취감이 저절로 높아진다.

- 평면은 2차원, 입체가 3차원이라면 2.5차원은 무엇이 될까?
- 왜 태양에 흑점이 발생하는 것일까?
- 컴퓨터가 할 수 없는 것은 무엇인가?

[질문과 토론은 비판적 사고능력과 판단력을 신장시켜준다.]

맹목적 암기하거나 무비판적으로 받아 드린 지식은 죽은 학습이다. 생각을 자극하지 않는 죽은 학습은 새로운 지식을 창조할 수 없다. 창의적 학습은 비판적 사고능력과 판단력을 신장하는데 주안점을 두어야 한다. 질문과 토론은 다양한 관점에 지식의 정당성, 타당성, 효용성 등에 대한 관찰과 비판을 통해 지식의 본질을 근본적으로 이해하도록 한다. 단편적인 지식의 무비판적인 수용은 판단 착오와 의사결정의 오류를 범하게 되는데, 질문과 토론은 논리적 분석과 추리 능력을 키워준다.

인간의 인식 능력을 체계화 하고자 하였던 철학자 칸트Immanuel Kant가 <순수이성 비판>, <실천이성 비판>, <판단력 비판> 등의 저술을 남길 정도로, 비판적 사고능력과 판단력은 지식을 이해하고 인식하는 중요하다. 창의력은 비판적 사고능력과 판단력을 바탕으로 하는데, 이런 능력은 질문과 토론으로 배양된다.

- 신이 전지전능하다면, 자신이 들지 못하는 바위를 만들 수 있을까?
- 인공지능 로봇은 인간처럼 생각할 수 있을까?
- A, B 그룹의 연평균 소득이 각각 5000만원, 8000만원이라면, 어느 그룹 더 부자인가?

[질문과 토론은 융복합 능력을 키워준다.]

산업용 로봇을 시작으로 청소 로봇, 안내 로봇 등 일상생활 깊숙하게 침투하고 있는 로봇을 생각해 보자. 로봇은 전자공학, 기계공학, 컴퓨터 공학, 인지 과학, 디자인 과학 등 다양한 학문 분야의 요소 기술이 융합되고 복합되어 만들어 진 것이다. 단편적인 지식의 이해로는 창조적 사고를 할 수가 없다. 다양한 관점에서 지식의 본질을 이해하여, 이들을 시스템적 융복합하는 사고를 할 때만이 새로운 창조가 가능해 진다.

비판적 사고 능력과 판단력이 논리적 창의 능력이라고 한다면, 융복합은 구현적 창의 능력이다. 묻고 답하고 토론하는 질문과 토론의 과정은 다양한 열린 관점에서 지식을 융복합하는 것이다. 특히, 미래 지식정보사회는 다양한 영역, 기술, 문화 등이 하나로 만나는 교차점에서, 기존의 생각을 새롭게 재결합함으로써 혁신적인 아이디어로 메디치 효과Medici effect를 가져 올 레오나르도 다빈치와 같은 창의적 천재를 요구하고 있다.

- 어떻게 하면 스마트폰에 태양전지를 사용할 수 있을까?
- 어군을 탐지해서 자동으로 운항하는 어선은 어떻게 만들까?

• 뇌파를 분석하여 졸음 운전을 방지하는 자동차를 만들려면 무엇이 필요할까?

[질문과 토론은 창의적 문제 해결 능력을 길러준다.]

질문을 하면 답을 얻을 수 있다. 창의적으로 문제를 해결하기 위해서는 먼저 창의적으로 질문을 해야 한다. 통찰력을 가지고 남이 생각하지 않는 새로운 시각에서 열린 마음으로 질문(의문)을 하면 창의적으로 문제를 해결할 수 있다. 인류 역사를 바꾼 혁신적인 제품이나 아이디어는 모두 창의적 질문과 토론의 결과이다.

에디슨은 사물을 볼 때는 먼저 "왜?"라고 질문을 하였고, 발명이 실패하였을 때도 "왜? 기대했던 결과가 나오지 않는 것일까?" 끊임없는 질문을 통해 문제의 본질을 이해하고 창의적으로 문제를 해결하였다. 유대인이 과학, 예술 등 창의적 분야에서 두각을 보이는 것도 질문과 토론이 시끄럽게 어우러지는 예시바Yeshiva로 불리는 독특한 도서관 덕분이다. 질문하고 토론하고, 질문하고 토론하다 보면 창의력이 배양되고 새로운 관점에서 창의적으로 문제를 해결하는 방법을 창출하게 된다. 아인슈타인은, "삶이 끝날 때까지 잃어버리지 말아야 할 것은 신성한 호기심이다. 질문을 멈추지 않는 것이 중요하다."며 창의적 사고를 위해 질문의 힘을 강조하고 있다.

• 어떻게 하면 주차장에 더 많은 차를 주차시킬 수 있을까?

• 남극의 구멍 난 오존층은 어떻게 메울 수 있을까?

• 음식물 쓰레기를 비료나 사료로 재활용할 수 있을까?

[질문과 토론은 대화 소통 능력을 길러준다.]

두 친구가 만났다. "나 어제 영화 봤다", "그래". 대화가 단절되고 더 이상 소통이 이루어지지 않는다. 반면에, "주인공이 누구야?, 재미있었어? 누구하고 보았어?" 등 질문을 하게 되면, 대화가 지속적으로 이루어진다. 도로시 리즈도 강조하고 있는 것처럼, 질문은 상대방과 그의 이야기에 관심을 보여주는 것으로 상대방의 마음을 열게 하고, 경청하여 듣게 되어 상대방을 더 잘 이해하고 소통할 수 있다. 소통은 마음의 문을 열고 대화를 통해 이해하고 교감하면서 공감대를 형성해 가는 과정이다. 상대방을 이해하려면 질문은 필수적이며, 대화는 토론의 작은 형식일 뿐이다. 일방적으로 이루어지는 명령, 훈계, 설교, 비난 등은 소통을 가로 막고 인간관계를 악화 시키지만, 쌍방으로 이루어지는 질문과 토론은 서로의 감정을 이해하고 공감대를 넓혀 발전적인 대인 관계를 만들어 준다. 질문은 소통의 시작이다. 토크쇼의 여왕으로 세계적으로 막강한 영향력을 미치고 있는 오프라 윈프리Oprah Winfrey의 성공은 진실된 질문과 열린 토론이 밑바탕이 되었다.

질문은 상대방에게만 하는 것이 아니다. 자기 자신에게도 스스로 질문할 수 있다. 자기 자신과 소통할 수 있는 사람만이 인간다운 품성과 품격을 갖출 수 있다. 증자曾子는 몸과 마음을 갈고 닦기 위해 자기 자신에게 하루에 세 번씩 질문하였다一日三省고 한다. "남을 위해 일을 함에 있어 충실치 못하지 않았는가? 벗들과 사귀는 데 있어 신의를 잃은 일은 없었는가? 배운 것을 복습하지 않았는가?"爲人謀而不忠乎 與朋友交而不信乎 傳不習乎 또한, 질문은 자기 발전의 스승의 역할을 하기도 한다. "나는 나의 미래를 위하여 최선을 하고 있는가? 나의 미래를 위해서 가장 먼저 무엇을 하여야 하는가?" 등 자신과 소통하는 사람이 미래를 이끌게 된다.

- 친구가 왜 짜증내고 있을까?
- 내 아르바이트가 학업에 어떤 영향을 주고 있는가?
- 왜 나는 이것을 학습해야 하지?

깨달음을 주는 것은 대답이 아니라 질문이다.
- 외젠 이오네스코Eugène Ionesco

8.3 질문을 자유자재로 활용하자.

창의적 생각을 자극하며 질문의 힘이 발휘되는 좋은 질문은 어떻게 할까? 그러기 위해서는 먼저 질문의 종류와 특징을 이해하여 한다. 질문의 종류를 이해하는 것은 축구 선수가 슈팅, 패스, 드리블과 같은 기본기를 숙달하는 것에 비유할 수 있다. 질문의 종류의 종류, 형태, 특징을 이해하여야, 상황에 따라 적합한 질문을 자유자재로 구사할 수 있게 된다.

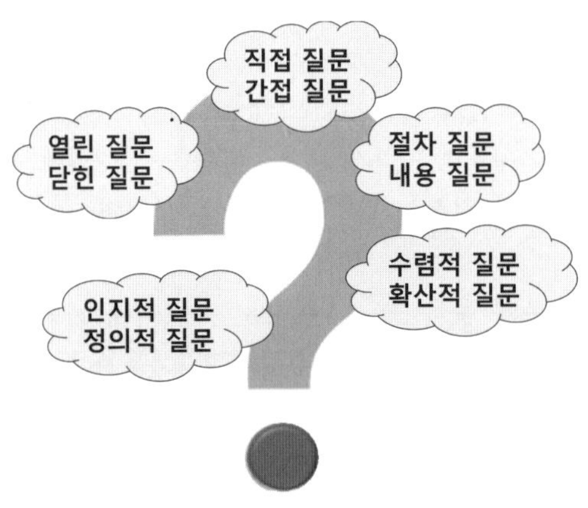

【그림 8-3】 질문의 종류

질문의 종류

질문은 형태, 주제, 수준, 방법 등에 따라 아주 다양한 종류가 있어, 그 종류를 일률적으로 분류하기가 어렵다. [그림 8-3]은 학습에 유용하게 적용할 수 있는 질문의 형태이다.

[열린 질문과 닫힌 질문]

열린 질문이란 해답이나 "예, 아니오"와 같이 정답을 요구하는 것이 아니라, 상대방의 생각, 의견, 아이디어와 같이 다양하고 폭넓은 창의적 사고를 요구하는 질문이다. 열린 질문은 비판적 사고력과 창의적 생각을 자극하는 발산적 질문이다.

"기후 온난화와 기상 이변을 해결할 수 있는 효과적인 방법은 무엇일까?"

"왜, 우리는 우주 탐험을 하여야 하나?"

"외계인과 의사 소통할 수 있는 방법은 무엇일까?"

□ + □ = 12

닫힌 질문은 단답, 선택 또는 "예, 아니오"로 대답할 수 있는 폐쇄적 질문이다. 닫힌 질문은 구체적 사실을 묻거나 기억하고 있는지 확인하는 하위 수준의 질문이다.

"동학 농민 운동은 누가 주도하였나?"

"이차 방정식의 근의 공식은?"

"쿼크 입자에는 몇 가지 종류가 있는가?"

12 + 34 = □

[직접 질문과 간접 질문]

상대방으로부터 요구하는 답을 직접 끄집어내고자 하는 것이 직접 질문이다. 직접 질문은 주로 수사 기관에서 많이 사용하며, 억양에 따라서는 상대방이 심문 당하는 느낌을 받을 수 있다.

"설악산에 등산 가서 무엇을 하였습니까?"

"누가 갑신정변을 주도하였습니까?"

"왜, 하드 디스크에서 오류가 발생하였을까요?"

간접 질문은 완곡한 방식으로 편하게 답변이나 의견을 요구하는 질문이다. 간접 질문은 질문자의 자신의 입장을 설명하여 질문에 대한 저항감 줄여 주면서, 상대방의 적극적인 동참을 유도할 수 있다.

"설악산에 등산 가서 무엇을 하였는지 궁금한데?"

"누가 갑신정변을 주도하였는지 알고 싶은데?"

"왜, 하드 디스크에 오류가 있는지 이해가 안 되네요?"

[절차적 질문과 내용적 질문]

결론에 도달하기 위한 논리적 추론 과정에서 발생하는 질문이 절차적 질문이다. 절차적 질문은 문제의 핵심에 주의를 집중하도록 하고, 논리적 사고력과 내용의 정교화를 유도한다.

"청소년의 인터넷 중독 현상이 심각하다면, 청소년들의 인터넷 사용을 금지해야 할까요"

"홍삼이 항암 효과 있다면, 홍삼 성분에서 항암 성분을 분리할 수 있지 않을까?"

"그러하다면, 전압을 더 높이면 해결될까요?"

내용적 질문은 논리적 추론 과정을 염두에 두지 않고, 알고자 하는 내용에 중점을 두는 질문이다. 궁금증을 해결하고자 할 때 또는 지식을 습득하고자 할 때 주로 사용하는 질문 형태이다.

"일란성 쌍둥이는 성격이 같을까?"

"두뇌에 좋은 음식에는 어떤 것이 있을까?"

"우주 배경 복사가 도대체 무엇이지?

[수렴적 질문과 확산적 질문]

학습한 여러 개별 지식을 분석하여 하나 또는 적은 수의 요점을 도출에 초점을 두는 한정적, 폐쇄적 질문을 수렴적 질문이라 한다. 일반적으로 수렴적 질문은 학습 내용의 이해 수준과 학습 성취도를 파악하기 위해 구체적인 학습한 지식을 요구하는 하위 수준의 질문으로, 직접적, 폐쇄적 질문이다.

"박테리아와 바이러스는 어떤 차이가 있는가?"

"실존주의 사상의 핵심은 무엇인가?"

"화학 결합의 종류에는 어떤 것이 있는가?"

확산적 질문은 학습 지식에 대하여 자신의 생각, 아이디어, 시각을 자유롭게 제시할 수 있도록 유도하는 개방적, 간접적 질문이다. 확산적 질문은 비판적 사고력과 창의력을 촉진시켜 학습에 적극 참여하도록 한다.

"세종대왕이 한글을 창제하지 않았다면 우리 언어 생활은 어떻게 되었을까?"

"자신의 두뇌 무게를 어떻게 측정할 수 있을까?"

"우리에게 화성 탐사는 왜 중요한가?"

[인지적 질문과 정의적 질문]

학습 지식의 이해, 기억, 활용 등의 인지적 수준을 알아 보기 위한 질문이 인지적 질문이다. 인지적 수준에 따라, 하위 인지적 수준의 질문을 수렴적 질문, 상의 인지적 수준의 질문을 확산적 질문이라고도 한다. 일반적으로 인지적 질문은 지식의 이해 수준을 확인하는 폐쇄적 형태로 사용된다.

"카프카의 소설 <변신>의 주인공은 누구인가?"

"산을 넘은 바람이 따뜻하고 건조하게 변해 기온이 오르는 현상을 무어라 하는가?"

"세계 7대 불가사의는 어떤 것들인가?"

정의적 질문은 학습자의 생각, 판단, 태도 등을 자발적으로 정의하여, 학습 의욕, 자신감을 고취하고 학습에 자발적 참여를 유도하는 개방형 질문이다. 정의적 질문에 답변하려면, 자신의 생각을 논리적으로 명쾌하게 정의할 수 있어야 한다.

"자신이 신숙주라면 어떻게 행동하였을 것인가?"

"빅토르 위고의 소설 <레 미제라블>의 자베르 경위의 행동을 어떻게 평가하는가?"

"인간의 존엄을 위해 안락사는 허용되어야 하는가?"

이외에도 질문의 종류는 목적, 형태, 수준, 방식에 따라 아주 다양하다. 위에서 설명한 질문의 다양한 형태는 질문의 특성과 질문이 가진 힘을 이해하는데 도움이 될 것이다. 질문의 형태에 다른 특징을 이해하고, 상황에 따라 적절한 형태의 질문을 활용하여야 한다.

반면에, 학습의 깊이 수준에 따라 차별화된 질문을 하려면, 블룸Benjamin Bloom의 교육 목표 체계를 참고하여 질문을 하는 것이 좋을 것이다. 1956년 교육학자 블룸은 교육 목표의 6단계 계층도를 제시하여, 교육학 발전에 새로운 계기를 마련하였다. 그 후, 2000년에 블룸이 제시한 6단계 계층도를 21세기 지식정보 사회의 교육에 적합하도록 수정 보완한 모델이 제시 되었다. 6단계 교육 목표 계층도는 학습의 깊이 수준에 따른 학습 역량을 정의한 것으로, 학습자가 자신의 학습 수준을 파악하는데도 활용할 수 있다. 그러므로, 학습자는 6단계 교육 목표 계층도를 참고하여 자신의 학습 수준에 적합한 질문을 만들 수 있다.

① **기억**Remember **단계**: 학습한 지식을 기억, 호출, 설명할 수 있는 단계로 학습 지식을 '기억하다, 인식하다, 분류하다, 나열하다' 등의 능력을 갖는다. 이 단계에서는 다음과 같은 질문을 하거나 답변할 수 있다.

"3권 분립을 주장한 사람은 누구인가?"

"이순신 장군의 3대첩을 순서대로 나열하면 어떻게 되나요?"

"DNA를 구성하는 염기는 몇 종류인가?"

② **이해**Understand **단계**: 학습 지식을 이해하고 전달할 수 있는 단계로, 학습 지식을 '요약하다, 해석하다, 설명하다, 예를 들다'와 같은 능력을 갖는다. 이 단계에서는 다음과 같은 질문을 하거나 답변할 수 있다.

"기회 비용에 대하여 예를 들어 설명해 주세요"

"신재생 에너지의 종류에 대하여 요약 설명해 주세요."

"중앙은행은 인플레이션을 극복하기 위해 무엇을 하나요?"

③ **적용**Apply **단계**: 학습 지식을 실제 문제에 적용해 보는 단계로, 학습 지식을 이용하여 문제를 "해결하다, 실행하다, 적용하다, 응용하다" 등의 능력을 보인다. 이 단계에서는 다음과 같은 질문을 하거나 답변을 할 수 있다.

"오옴의 법칙을 이용하여 회로의 전류를 구해 보세요."

"미분을 이용하여 다음 3차 함수의 극대값과 극소값은 어떻게 구할 수 있나요?"

"I know a girl playing the piano at the concert. 을 복문으로 고치면 어떻게 되나요?"

④ **분석**Analyze **단계**: 학습 지식을 분해, 해체 또는 비교, 조직화 하여 학습 지식의 내용을 심화 이해하는 단계로, 학습 지식을 "비교하다, 분석하다, 구별하다, 조직화 하다" 등을 할 수 있다. 이 단계에서는 다음과 같은 질문을 하거나 답변을 할 수 있다.

"자연 현상과 사회문화 현상을 비교 설명해 주세요."

"현대 미술은 왜 이해하기 어려운 추상적 형태가 되었는가?"

"왜 초전도 현상이 발생하는가?"

⑤ **평가**Evaluate **단계**: 새로운 지식을 창출하기 위해 학습 지식을 평가, 비판하는 단계로, 학습 지식에 대하여 "비판하다, 판단하다, 감정하다, 평가하다" 등의 학습 활동을 수행한다. 이 단계에서는 다음과 같은 질문을 하거나 답변을 할 수 있다.

"무의식이 실제로 존재하는가?"

"예술은 꼭 아름다워야 하는가?"

"정의는 항상 올바른가?"

⑥ **창조**Create **단계**: 학습한 지식을 바탕으로 새로운 생각, 아이디어, 제품 등을 창조하는 단계로, 학습자는 "설계하다, 계획하다, 창작하다, 저술하다"와 같은 학습 활동을 한다. 이 단계에서는 다음과 같은 질문을 하거나 답변을 할 수 있다.

"어떻게 하면 삼각형 수박을 생산할 수 있을까?"

"뇌파를 무선통신으로 전송하는 시스템을 만들어 보자."

"어린이 놀이터를 설계해 보자."

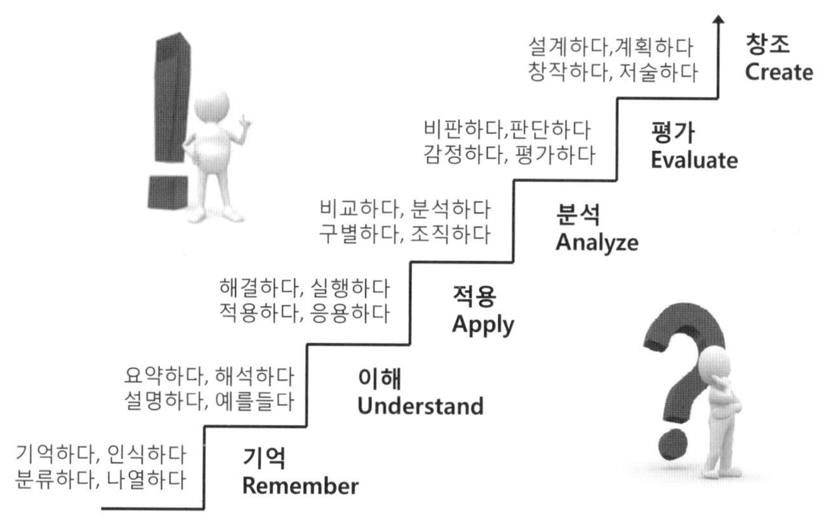

【그림 8-4】 블룸은 교육 목표의 6단계 계층도

질문은 학습 지식을 확실하게 심층적으로 이해하고 비판적 사고 능력과 창의력을 기르는데 필수적이다. 자신의 학습 수준과 역량에 맞게 다양한 질문을 할 수 있어야 한다. 열린 질문, 긍정적인 질문, 호기심과 사고력을 자극하는 질문, 잠재된 창의력을 일깨우는 질문을 할 수 있어야 한다. 적합한 질문, 좋은 질문으로 끈기있게 두드리면, 해답은 저절로 나온다. 토론에서의 질문은 상대방을 깎아 내리거나 문제점을 부각하여 논쟁을 만드는 질문이 아니라, 다양한 시각에서 문제를 조명할 수 있는 열린 질문을 하여야 한다. 질문이 생각의 수준을 좌우하고, 인격을 만든다.

4 어떻게 질문할 것인가?

학습 혁신을 위해 질문의 중요성과 질문의 위력을 알고 있으면서도, 대부분의 학습자는 질문하는 것을 기피하고 있다. 이는 자신의 학습 발전을 자신 스스로가 저해하고 있는 것으로 바보 같이 미련한 일이다. 왜 학습자는 질문하는 것을 두려워하는가? 자신이 알고 있지 못하다는 것을 드러내는 것이 두렵기 때문이다. 학습자가 무엇인가를 학습할 때는 모르는 것이 당연하다. 학습할 때 이해하지 못하는 것은 절대로 수치스러운 일이 아니다. 학습하고도 모르는 것이 수치스러운 일이다. 질문을 했다가 망신당할 것을 두려워 질문을 기피하기도 한다. 질문한다고 해서 자신의 자존심이 손상되는 일이 없고 망신당하는 일도 없다. 망신당할 것으로 두려워 질문을 기피한 사람은, 열심히 질문한 질문 바보 아래서 일하게 된다는 것을 사회 경험이 말해 주고 있다. '몰라서 묻는 것은 일시적인 창피지만, 몰라도 묻지 않는 것은 일생의 창피'라는 속담도 있다. 두려워 하지도 말고 부끄러워 하지도 말고 당당히 질문하는 학습에 대한 열정이 필요하다.

간혹 모든 것을 다 알고 있다고 생각하여 질문하지 않는 학습자도 있다. 다 알고 있으면, 질문이 없을까? [그림 8-5]는 평범한 바위이다. 바위와 관련된 질문을 만들어 보라. 몇 가지나 질문을 할 수 있는가? 잘 알고 있는 바위일지라도 무수한 질문이 가능하다. "바위의 종류는 무엇인가? 바위의 무게는 얼마인가? 왜 이 바위가 여기 있는가? 바위는 어떻게 만들어지는가? 바위의 무늬는 어떻게 형성되는가? 바위가 만들어진 년대는 언제인가? 왜 둥그렇게 되었을까? 이 바위로 무엇을 할 수 있을까?…" 등등 바위에 대하여 무수히 많은 질문을 만들 수 있다. 알고 있다고 해서 질문이 없는 것은 아니다. 질문거리를 찾지 못하는 학습 의식이 문제이다. 블룸의 교육목표 6단계에 나와 있는 것처럼 학습을 심화하고자 한다면 아는 지식에도 적용, 분석, 평가, 창조하는 질문을 지속적으로 하는 습관을 갖도록 하여야 한다.

【그림 8-5】 평범한 바위

그런데 대부분의 학생은 알아서 질문하지 않는 것이 아니라, 무엇을 질문하지를 몰라서 질문하지 않는다. EBS 방송에서 '교육 대기획 10부작'을 방영하면서 메타인지meta-cognition의 중요성에 강조한 바가 있다. 메타인지는 '자신이 무엇은 알고 있고, 무엇은 모르고 있는지를 판단할 수 있는 능력'으로 상위 0.1%의 학습 우수자는 이러한 자기 판단력이 아주 높은 것으로 조사되었다. 메타인지 능력이 뛰어난 학습자는 자신이 모르는 것에 대해 적극인 질문으로 자기 주도적 학습력을 키워 나가기 때문에 학습 성취도가 높을 수밖에 없다. 결국, 무엇을 모르는지 알고, 모르는 것을 적극적으로 질문하는 것이 최상의 학습 방법이라고 할 수 있다.

방송 이후, 질문의 중요성을 인식하고 강의 또는 수업 시간에 적극적으로 질문하는 일이 많아졌다고 하는 것은 다행이다. 그러나, 일부 학생들은 질문해야 한다는 의무감에 사로 잡혀 또 다른 학업 스트레스에 시달리고 있다고 한다. 시도 때도 없이 엉뚱한 질문으로 학습 진행을 방해하기도 한다. 이와 같은 일은 메타인지를 키우는 것이 아니라 오히려 두뇌의 인지 능력을 저하시키게 된다. 엉뚱한 질문을 강제로 하려 하지 말고, 자연스럽게 생각을 자극하고 창의력을 키워 주는 좋은 질문을 할 수는 능력을 키워야 한다. 좋은 질문은 환경, 태도, 형태의 3요소를 갖추어야 한다.

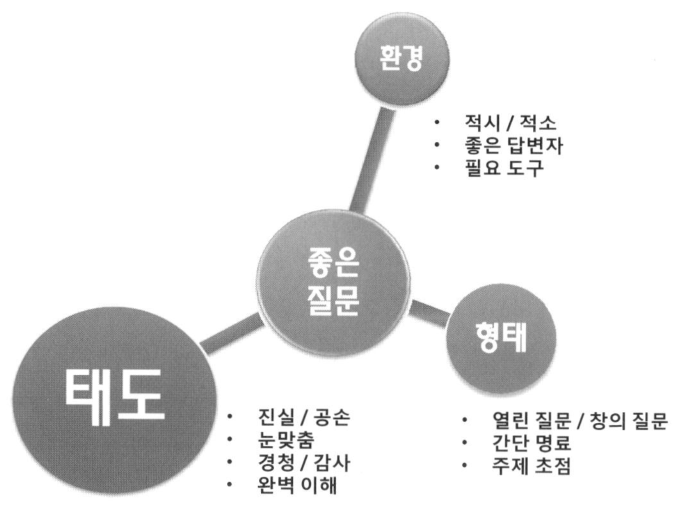

【그림 8-6】 좋은 질문의 요소

질의 응답의 환경

질의 응답의 대화 또는 소통이기 때문에, 적절한 환경과 분위기가 조성되어야 한다. 주변 환경과 분위기를 고려하지 않고 막무가내로 질문을 들이대는 것은 무례한 행동으로 학업에 도움이 주지 않고 인간관계까지도 해칠 수 있다. 질문과 응답의 상호 작용은 우호적인 분위기에서 진행되어야 한다.

① **적합한 시점, 적합한 장소, 적합한 환경에서 질문하라**: 언제, 어디서 질문하는 것이 좋을까? 질문자가 질문하기 좋고 답변자가 답변하기 좋은 장소와 시간이 마련되었을 때, 질문하는 것이 좋다. 답변자(선생님 또는 교수)가 열강을 하고 있을 때 불쑥 질문하는 것은 강의의 흐름을 중단시켜 학습 분위기를 해칠 수 있다. 어수선하고 시끄러운 환경에서 질문을 하면, 질문의 핵심을 전달하기 어렵고 원하는 답변도 들을 수 없다. 질문자가 확실하게 준비되어 있고, 답변자도 성실하게 답변할 수 있는 여건이 마련되었을 때 질문하자.

② **답변할 수 있는 사람에게 물어라**: 질문에 대하여 명쾌한 답변을 하여 줄 수 있는 사람에게 물어야 한다. 질문과 전혀 상관 없는 사람에게 묻는 것은 상대방을 당황하게 하고 자신을 조롱하는 것으로 생각하여 답변은커녕 인간관계만 악화될 수 있다. 전문가에게 물어 보아야 부수적인 답변까지 덤으로 얻을 수 있다.

③ **질의 응답에 필요한 장비를 준비하라**: 질문과 답변에 따라서, 칠판, 화이트 보드, 노트북, 또는 컴퓨터 등 시설이나 장비가 필요한 경우가 있다. 그림을 그려 설명하거나, 컴퓨터로 시연하거나 장비를 동작시켜 보아야 할 경우에, 질의 응답이 말로만 이루어진다면 효과가 없다. 질의 응답과 관련된 시설과 장비를 사전에 준비하는 세심함이 필요하다.

질문하는 태도

질문자는 가르침을 청하는 사람으로서의 예의를 갖추어야 한다. 가는 말이 고와야 오는 말이 고운 것처럼, 질문자의 태도에 따라 답변의 질과 수준이 달라진다. 배우려는 기본 자세는 학습의 근본임을 명심해야 한다.

① **진실하고 공손하게 배우고자 하는 의지를 보여라**: 건성으로 물어 보거나 답변자를 골탕 먹이고자 하는 태도는 질문자의 인성과 품성을 의심케 한다. 질문은 소통이며 상호 작용이다. 진실하고 공손할 때, 이해하기 쉽고 수준 높은 답변을 기대할 수 있다. 답변자가 가르침을 주고 싶도록 하여야 한다. 질문이라는 매개체를 통해서 답변자와 대화, 소통하는 능력을 키우도록 한다.

② **눈맞춤하고 보디 랭귀지**body language **등으로 확실하게 표현하라**: 질문할 때는 답변자와 눈맞춤을 하면서 부드러운 분위기를 만들고, 보디 랭귀지 등을 활용해서 질문의 내용을 정확하게 표현하고 확실하게 전달되도록 한다. 질문을 유쾌한 대화로 승화시켜야 한다.

③ **답변을 경청하고 감사하라**: 질문은 뜻하는 물음표(?)는 귀의 모양을 본뜬 것이다. 질문은 반드시 경청하여야 한다는 의미이다. 답변 중에 끼어 들거나 말을 가로 막고 또 다른 질문을 하거나 하는 것은, 질의-응답 분위기를 해치고 답변의 질을 떨어뜨리게 된다. 답변을 경청하여 깨달음을 얻고, 진솔한 마음으로 가르침에 감사하여야 한다.

④ **확실하게 이해되지 않으면 후속 질문을 하라**: 질문자는 부끄러워서 또는 미안해서 한 번의 질문과 답변으로 만족해하는 경향이 있다. 질문의 목적을 모르는 것을 알고자 하는 것이므로, 한 번의 답변으로 확실하게 이해가 되지 않았다면, 겸손하게 이해하지 못한 부분을 질문하여 확실하게 이해하도록 한다. 질문과 응답이 효과 없는 시간 낭비가 되지 않도록 한다.

질문의 형태

묻고자 하는 내용을 정확하게 표현하여야 한다. '예, 아니오'나 단순 단답형 질문보다는 '왜'와 같이 영감을 자극하고 비판적 사고 능력을 키울 수 있는 질문을 하는 것이 좋다. 참고 서적 또는 인터넷 검색 등에서 알 수 있는 단순 질문은 스스로의 노력으로 해결하도록 한다. 답변자와의 질문을 질의-응답의 상호 작용으로 창의적 사고를 깊게 하고 공감의 폭을 넓혀 가는 소통의 시간으로 승화 시켜야 한다.

① **열린 질문, 긍정적인 창의 질문을 하라**: 단답형의 닫힌 질문, 단순 지식을 묻는 내용적 또는 인지적 질문보다는 자신의 창의적 사고를 자극하는 질문을 한다. 답변이 자신 지적 능력을 확장하고 지적 호기심을 불러 일으키는 계기가 된다면 좋을 것이다. 책이나 인터넷 검색에서는 배울 수 없는 것을 열린 질문을 하라.

② **알고자 하는 내용을 짧고 간단 명료하게 요약된 질문을 하라**: 질문의 내용이 무엇인지 짧고 간단 명료하게 표현하여야 한다. 두서없이 장황하거나 초점이 없는 질문을 질문자와 답변자 모두

를 피곤하게 한다. 지적 수준이 높은 사람일수록 짧고 분명하게 질문한다. 자신의 생각을 간단 명료하게 표현할 줄 하는 것도 아주 중요한 개인의 역량이다. 질문하기 전에 백지에 써보는 것도 내용을 분명하게 하는데 도움이 된다.

③ **주제에 구체적으로 초점을 맞춘 질문을 만들어라**: 질문에는 질문의 의도, 알고자 하는 내용이 분명하게 표현되어야 한다. 이야기하고 있는 주제와 직접적으로 연관이 있는 질문을 하여야 한다. 주제와 동떨어진 질문은 소통을 먹통으로 만든다. 가능하면, 한번에 하나씩 주제에 초점을 맞춘 질문을 해 나가도록 하고, 불필요하게 질문과 답변을 확대 해석하지 않는다.

컴퓨터 처리에서는 쓰레기가 들어가면 쓰레기가 나온다는garbage-in, garbage-out 말이 있다. 좋은 답변을 얻기 위해서는 좋은 질문을 하여야 한다. 좋은 질문은 순간적인 아이디어에서 나오는 것이기 보다는 계속적으로 생각하고 다듬어 감으로써 나오게 된다. 아인슈타인은 "만약 곧 죽을 상황에 처했고, 목숨을 구할 방법을 단 1시간 안에 찾아야만 한다면, 1시간 중 55분은 올바른 질문을 찾는데 사용하겠다. 올바른 질문을 찾고 나면 정답을 찾는 데는 5분도 걸리지 않을 것이다."라고 말한 바가 있다. 좋은 질문은 창의적 사고의 질과 수준을 결정하고, 창의적 답변을 만들게 한다. 문제를 푸는 사람보다 문제를 출제한 사람이 더 똑똑한 것처럼, 천재는 모든 지식에 문제를 던지는 사람이다.

4 어떻게 답을 구할 것인가?

좋은 질문을 가지고 있다면, 어떻게 좋은 답변을 구할 수 있을까? 좋은 질문을 하는 것 못지 않게 좋은 답변을 구하는 것도 중요하다. 어디에서 답변을 구할 것인가? 당연히 좋은 답변을 하여줄 수 있는 사람에게 물어야 한다. 농사 일은 농부에게 물어야 하고, 질병에 관해서는 의사에 물어야 한다. 돌팔이에게 질문을 하면 답변을 얻는 것이 아니라 오히려 문제를 꼬이게 만들게 된다. 그래서, 좋은 스승과 멘토를 알고 있는 것이 삶을 풍요롭게 한다.

스승과 멘토에게 답변을 구하기 전에 스스로 답을 찾고자 하는 노력도 중요하다. 무조건적으로 답변자에 의지할 것이 아니라 자기 주도적으로 문제를 해결하고자 하는 자세가 필요하다. 그러한 문제 해결과정을 통해 몰랐던 새로운 지식도 발견할 수 있고, 생각의 깊이를 더 할 수 있다. 목마른 사람이 샘물을 파는 간절한 심정으로 스스로 답을 찾는 사람만이 지혜의 샘물에 도달할 수 있다.

질문의 답은 멀리 있는 것이 아니라 가까이에 있다. 찾고자 하는 의지만 있다면 얼마든지 원하는 것을 얻을 수 있다. "구하라, 그러면 얻을 것이요. 찾아라, 그러면 찾을 것이요. 두드려라, 그러면 열릴 것이다."라는 성경의 말씀처럼 진지한 자세로 답을 구하도록 하자.

① **참고 서적을 활용하자**: 전통적으로 답을 구하는 가장 간편한 방법이 참고 서적을 참조하는 것이다. 문제와 관련 있는 서적, 백과 사전 등에서 해답을 발견하는 것이다. 간편하지만 답을 발견하는데 시간이 걸리고, 때에 따라서는 도서관을 방문하여 관련 서적을 찾아야 하는 불편함도 있다. 그럼에도 불구하고, 참고 서적은 질문을 해결하는 1차적인 방편이 되고 있다. 질

문이 있다면 먼저 참고 서적에서 발견할 수 있는지 확인해 보는 것이 좋을 것이다.

② **인터넷 검색을 이용하자**: 인터넷 기술 혁명으로 대부분의 지식이 인터넷 공간에서 개방되어 공유되고 있다. 원하는 정보는 무엇이든지 몇 번의 클릭만으로 얻을 수 있는 시대가 되었다. 네이버, 다음, 네이트, 구글, 야후, 빙과 같은 검색 사이트에서 간단한 검색어 입력만으로도 무수히 많은 정보를 얻을 수 있다. 이런 정보의 홍수 속에서 원하는 해답을 발견하기란 여간 어려운 것이 아니다. 또한, 얻어진 답이 정말로 정확한 것인지에 대한 신뢰성도 보장되지 않는다. 인터넷 검색에 여러 문제가 있지만, 현명하게 사용한다면 인터넷 공간은 답을 얻을 수 있는 좋은 원천이 된다.
어떻게 하면 인터넷 검색을 효과적으로 활용할 수 있을까? 첫째, 검색 사이트 이용 방법을 숙지하여야 한다. 대부분의 검색 사이트에서는 검색의 효율성을 높이기 위해, AND, OR 등 검색 조건을 부여하는 다양한 기능을 제공하고 있다. 특히, 구글은 아주 편리한 여러 연산자를 제공하고 있어, 이를 활용하면 검색의 효율성을 획기적으로 개선할 수 있다. 대부분의 이용자는 단순 검색어만으로 정보를 찾고 있는데, 이것은 아주 미련한 것이다. 둘째, 전문 사이트를 활용하자. 수학, 과학, 철학 등 분야별로 전문 포털 사이트들이 많이 있다. 이런 사이트를 즐겨찾기 해 두었다가, 여기서 원하는 지식을 발견하는 것이 효과적이며 얻어진 답에 대하여도 신뢰할 수 있다. 셋째, 이미지, 동영상 등도 활용한다. 대부분의 이용자는 답을 찾기 위하여 텍스트 위주의 검색을 하고 있는데, 이미지나 동영상 검색에서 더 좋은 답을 발견할 수도 있다. 확실한 수행 방법을 알고자 하는 경우에, 이미지와 동영상은 실감 정보를 제공할 수 있다.

③ **전문 블로그에 문의한다**: 전문가가 자신의 전문 지식을 기반으로 하는 블로그 운영이 보편화되어 있다. 전문 블로그에서는 전문가의 살아 있는 생생한 지식을 쉽게 접할 수 있어, 전문 지식 습득의 보고가 되고 있다. 블로그에는 질의-응답을 할 수 있는 기능이 있기 때문에, 이것을 활용하면 쉽게 전문가의 자문을 구할 수 있다. 또한 전문가의 페이스북Facebook, 트위터Twitter 등 소셜 네트워크social network를 통해 여러 전문가의 자문을 구해 보는 것도 좋다. 소셜 네트워크는 아주 빠르게 많은 전문가들의 고견을 들을 수 있는 효과적인 도구이다.

④ **전문가와 멘토에게 구하자**: 멘토와 인간적인 교류를 하는 것은 일상생활에도 중요할 뿐만 아니라 평생 학습에도 중요하다. 좋은 멘토는 든든한 버팀목이 되어 준다. 멘토와 상의하여 질문의 답을 함께 찾아 보도록 한다.

⑤ **실제로 체험해 보자**: 말로 설명을 들어도 이해가 되지 않는 경우가 많이 있다. 10시간 동안 자전거 타기 이론을 공부하는 것보다는 1시간 동안 자전거를 직접 타보는 것이 훨씬 더 효과적인 것처럼 실제 체험으로 생생한 답을 발견할 수 있다. 때로는 책상 앞에서 답을 구하지 말고, 현실 속에서 답을 구하도록 한다.

⑥ **자문자답해 보자**: 부처가 삶에 대한 질문을 던지고 그 해답을 찾고자 수행하여 해탈한 것처럼, 데카르트가 모든 것에 의문을 던져 근대 철학의 새로운 장을 개척한 것처럼, 자신에게 묻고

또 다른 자신이 답변하는 것은 문제의 근본을 깨닫게 하는 힘이 있다. 자문자답은 자기 스스로가 지식의 밭을 경작하는 것으로, 경작된 밭에서 지식을 습득하는 것과는 차이가 있다. 특히, '나는 최선을 다하고 있는가?, 나는 진지하게 생활하고 있는가?'처럼 자문자답은 자기 성찰에 꼭 필요하다. 자문자답 시에는 반복되는 질문 순환의 오류에 빠지지 않도록 유의하여야 한다.

좋은 답을 구할 수 있는 곳이 주변에 널려 있다. 질문을 안고 끙끙거리지 말고, 적극적이고 능동적으로 답을 구하는 활동을 하여야 한다. 나중에 찾지 하고 미루어 두면, 나중은 결코 오지 않는다. 질문을 가지고도 답을 구하지 않는 것은 불치병을 알고도 치료하지 않는 것과 같다. 답을 찾고자 하는 노력 자체가 바로 학습이다.

나는 당신의 말에 동의하지 않는다.
하지만 당신이 그런 말을 할 권리를 위해 목숨을 걸고 싸우겠다.
- 볼테르Voltaire

8.4 토론의 광장에서 학습을 단련하자.

한국연구재단은 2011년 우리나라 대학에서 연구·강의하고 있는 해외 석학 87명을 대상으로 한국학생의 학습 태도에 대한 설문 조사를 하였다. 거의 모든 해외 석학들이 학생들이 질문과 토론을 기피하는 것을 가장 큰 문제로 꼽았다. 질문과 토론이 없는 교육을 혁신하지 않는다면, 한국 교육은 창의적 문제 해결 능력이 절대적으로 요구되고 있는 21세기 지식 융복합 시대에는 위기에 직면할 것이라고 충고하고 있다.

외국 대학의 교수들도 한국 학생들에 대하여 거의 같은 생각을 하고 있다. 외국 대학 교수들은 한국 유학생들이 "질문이 없다, 토론이 없다, 자기 생각이 없다"의 3무 특징이 있다고 말한다. 암기 지식의 능력은 뛰어나지만 창의력이 없어 주도적인 연구 학습 능력이 크게 떨어진다고 평하고 있다. 이렇게 된 데는 지식 전달의 주입식 교육, 토론과 질문을 꺼리는 문화적 환경 등 여러 원인을 들 수 있다. 그러나, 원인 탓만 할 것이 아니라, 질문과 토론의 불씨를 살려 내어, 죽어 가는 학습에 생명의 기운을 불어 넣어 주어야 한다.

토론이란 무엇인가?

토론debate은 의사 결정, 이해와 설득, 자기 주도 학습 등 여러 영역에서 최상의 도구로 활용되어 왔다. 민주주의는 고대 그리스의 아테네에는 아고라Agora 광장에서 탄생되었다고 해도 과언이 아니다. 아고라 광장은 아테네 시민들이 모여서 정치적, 경제적, 사회적 사안들에 대하여 열띤 토론을 통해서 정책과 중요 의사 결정을 하였다. 전쟁을 할 것인가 말 것인가, 전쟁을 한다면 어떻게 준비할 것인가 등등 국가 중요 현안들을 토론을 통해서 결정하였다.

1858년 일리노이주 상원의원 선거 캠페인 중 에이브러햄 링컨Abraham Lincoln과 스테판 더글러스 Stephen Douglas 사이에 있었던 노예제도에 관한 토론은 링컨-더글러스 토론 방식으로 정착되어, 지금도 대표적인 대안 제시 토론 방식으로 널리 활용되고 있다.

대부분의 사람들이 토론과는 인연이 없는 것으로 생각하고 있지만, 일상생활을 둘러 보면 토론 속에서 생활하고 있는 자신을 발견할 수 있다. 친구들과 시사 문제에 대하여 갑론을박 토론, 기업에서 새로운 프로젝트 추진 전략을 수립하기 위한 의사결정 토론, 교육 기관에서 학생의 창의성 향상을 위한 학습 모델 토론, TV의 100분 토론, 강의 시간의 조별 토론, 변호사와 검사의 법정 공방 토론, 독서 동아리 회원간의 독서 토론 등등 토론은 일상생활 속에 광범위하게 자리잡고 있다.

토론이란 무엇일까? 대체적으로 여러 사람이 모여 상호 의견을 교환하는 소통의 행위라 할 수 있다. 그러나, 카페 회원들이 모여 주말 등산 일정에 대하여 의견을 나눈 것을 토론이라고 하지는 않는다. 어떤 문제나 쟁점에 대하여 논리적인 주장claim이 수반되는 상호 의견 교환이 되어야 한다. 예를 들어, 청소년의 게임 중독을 예방하기 위하여, 16세 미만의 청소년에게 밤 12시부터 오전 6시까지 인터넷 게임의 일부 접속을 차단하는 셧다운 제도가 실효성이 있는지를 여러 사람들에게 논리적으로 주장하는 것은 토론이라 할 수 있다.

요약해서 말하면, 토론이란 [그림 8-7]처럼 어떤 문제나 쟁점에 대하여 논리적 주장이 전개되는 상호 의견 교환으로, 일반적으로, 토론 참여자들이 찬반으로 뚜렷하게 대립해서 자신의 주장을 설득하고 상대방의 주장을 반박하는 논리적 행위를 말한다. 주어진 논제에 대하여 긍정과 부정, 찬성과 반대의 대립하는 두 팀이 자신의 주장을 설득하고 상대방의 주장을 반박하기 위해서는 합리적이고 공정한 토론 규칙과 형식이 있어야 한다.

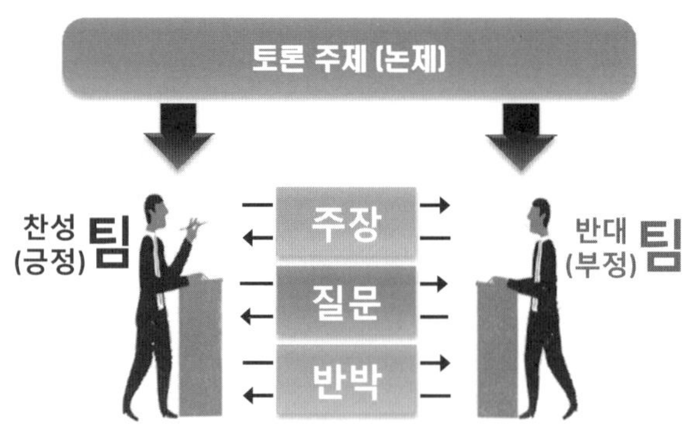

【그림 8-7】 토론의 정의

간혹 토론과 토의discussion를 혼동하는 경우가 있다. 토론은 정해진 규칙과 절차에 의하여 의견을 개진할 수 있지만, 토의는 자유로운 의사 개진과 대화로 이루어져 발언하는데 아무런 제약 조건이 없다. 토론에서는 대립되는 의견을 인정하고 자신의 입장과 주장을 분명히 한 후, 상대방을 논리적으로 설득하는 절차적 의사 결정 방식이자 민주적 의사 소통 방식이라면, 토의는 여러 사람이 각자의 의견을 발표하고 협의를 통해서 가장 합리적인 해답을 찾는 집단적 의사 결정 과정이다.

토론에서는 이미 해결책이 나와 있고 이것을 논리적으로 설득하는데 중점을 두지만, 토의는 의논과 회의를 통해서 해결책을 발견해 가는 과정이다. 토론은 사실, 자료, 근거, 논리적 사고 이성적 판단에 의거하여 자기주장을 하는 반면에, 토의는 상호 타협, 양보와 협상으로 좋은 해결책을 모색하는 협력적, 수렴적, 비형식적, 결과 중심적 의사결정 방식이다. [표 8-2]는 토론과 토의의 주요 특성을 비교한 것이다.

[표 8-2] 토론과 토의 비교

	토론debate	토의discussion
목적	주어진 논제에 대해 자신의 주장이나 해답을 분명히 갖고 상대방을 논리적으로 설득	의견 교환 및 의논 등을 통해서 상호 협력적으로 문제 해결을 위한 최선의 방안 발견
구성	찬성팀과 반대팀	모든 참여자
성격	상호 경쟁적 관계. 대립적 관계	상호 협력적 관계
규칙 절차	정해진 규칙에 의한 공정한 발언 기회	자유로운 의사 발표
토론 논제	사전에 찬반 대립되는 논제 존재	해결책이 필요한 다양한 논제
사고방식	사실, 근거에 기반한 논리적, 이성적 사고 의견 대립	타협, 협상, 양보 등에 의한 협력적 사고
결정 방식	절차적, 민주적 의사 결정	집단적 의사 결정
중요 요소	과정 중시	결과 중시
주요 특징	경쟁적, 대립적, 형식적,	비경쟁적, 수렴적, 협력적,
	전문적, 논리적	비전문적, 타협적

토론은 일종의 논리 증명 싸움이라고도 할 수 있다. "사형제도는 폐지되어야 한다."라는 논제를 찬성하는 폐지파 A와 이를 반대하는 사형제도 존속파 P가 자기주장의 정당함을 논리적으로 증명해 나아 가는 것이 토론이다. 어느 쪽이 얼마나 논리적, 과학적, 체계적으로 주장을 표현하고 증명하느냐에 따라 토론의 승패가 갈리게 된다. 논리 싸움에서 승리하기 위해서는 전문 지식, 데이터, 정보 등을 수집하고 이를 체계적으로 분석하여 자신의 주장의 정당성을 논리적으로 주 장하여야 하기 때문에, 학습자는 자신의 모든 지식을 동원하여 창의적으로 공격과 수비 전략을 수립하여야 한다. 이런 과정을 통하여 학습자는 자신의 학습 능력을 신장하고, 더 넓은 시야와 문제의 본질에 정확하게 다가 갈 수 있게 된다. 토론은 [그림 8-8]과 같은 특징이 있다.

【그림 8-8】 토론의 특징

- **종합성**: 읽기/쓰기, 말하기/듣기 등 학습 인지 능력뿐만 아니라, 제스쳐, 태도, 예절 등 행동 요소가 요구 되는 등 모든 영역을 포괄하는 종합적 역량이 필요하다.
- **창의성**: 논제에 논리적으로 접근하여 창의적 문제 해결 방안을 도출하고, 창의적인 방법으로 자신의 주장을 전개하여야 토론에서 승리할 수 있다.
- **재미성**: 토론은 정해진 공정한 규칙에 의하여 진행되는 논리 게임으로서 박진감 넘치는 대결을 할 수 있다.
- **준법성**: 토론 규칙을 엄격하게 지켜야 하므로 준법 정신이 함양된다.
- **인내력**: 자신과 반대되는 생각을 하는 상대방의 주장을 이해하여야 반박할 수 있으므로, 인내심을 가지고 상대의 주장을 경청하여야 한다. 중간에 끼어 들러나 감정적으로 대응하는 것은 토론 규칙에 유배된다.
- **경청력**: 상대의 주장을 반박하기 위해서는 먼저, 상대 주장을 깊게 경청하여 핵심을 파악하여야 한다. 주장의 핵심의 파악하는 경청 능력이 요구된다.
- **설득력**: 자신의 주장을 체계적으로 주장하여 상대방이 이성적으로 수긍할 수 있도록 제시하여 한다. 상대방이 진솔한 마음으로 자신의 주장을 공감할 수 있도록 하여야 한다.

토론은 주장과 반박이 교차하는 논리 게임으로서 창의적 사고 능력, 학습 능력, 대화 능력, 협동 능력 등 개인 또는 팀의 총체적 기량을 겨루는 재미난 대결이다. 토론은 읽고, 쓰고, 듣고, 말하는 의사 능력을 제고하고 한층 더 성숙한 논리적 사고와 창의적 문제 해결을 유도함으로써 총체적으로 학습 능력을 신장시켜 주는 효과적인 학습 도구이다.

왜 토론을 하여야 하는가?

일반적으로 토론은 사회적으로 쟁점이 되고 있는 문제에 대해 해결 방안을 탐색하고 합리적인 의사 결정을 위한 방편으로 널리 사용되고 있다. 사회가 급속하게 변화함에 따라, 다양한 문제들이 제기되고 있으며 영역간, 계층간, 세대간에 인식과 이해 충돌이 빈번해 지고 있다. 토론은 상호 이해를 바탕으로 상대방을 설득하여 당면 문제의 합리적인 해결책을 발견하는 것을 목적으로 하고 있다. 실무 현안을 해결하는데 이용되고 있는 토론을 왜 학습에서 하여야 하는가? 토론은 중대한 학습 성과를 생산할 수 있는데, 그 중에서도 중요한 것으로 요약하면 다음과 같다.

- **토론은 논리적 분석 능력과 비판적 사고력을 키워 준다**: 토론에 임하기 전에 논제와 관련된 다양한 자료와 정보를 수집하여 논리적으로 분석하여 자신의 주장을 확고하게 정립하고 반론에 대비하여야 한다. 이 과정은 단순히 지식을 습득하고 기억하는 것이 아니라, 지식의 핵심과 본질을 파악하는 것으로 아주 중요한 학습 능력이다. 논제의 핵심을 다양하게 고찰할 수 있는 비판적 사고력은 창조 학습의 원천이 된다.

- **소통 능력을 효과적으로 신장시켜 준다**: 자기주장을 논리적으로 전개하고 상대방의 주장을 경청해야 하는 등 토론에는 소통과 관련된 제반 사항이 내재되어 있다. 토론을 통해서 자신의 생각이나 아이디어를 명쾌하게 발표하는 능력, 상대의 이야기를 경청하고 핵심을 파악하는 능력 등 지성인으로 갖추어야 할 소통과 설득 능력을 배양할 수 있다. 또한, 발성, 제스쳐, 눈맞춤 등 다양한 소통 기술도 습득하여 품격 있는 소통을 할 수 있게 된다.

- **토론은 말하기뿐만 아니라, 읽기/쓰기 말하기/듣기 등 논술과 발표 능력을 키워 준다**: 토론의 자신의 지적 능력을 총동원하는 경연장이다. 단순히 어느 한 부분의 능력만으로는 좋은 토론을 할 수가 없다. 토론 자료를 조사하여 비판적으로 읽어야 하며, 토론문도 작성하여야 한다. 토론 시에는 논리적으로 조리있게 주장하여야 하고 상대방의 주장을 분석적으로 경청하여야 한다. 이처럼 토론은 논술과 발표 능력을 균형 있게 계발시켜 준다.

- **토론은 융복합적 학습 기회를 제공한다**: 토론은 어느 하나의 국한된 영역의 단편적 지식만을 요구하지 않고 종합적인 사고력을 요구한다. 청소년의 스마트폰 중독을 토론하기 위해서는 정보기술, 심리학, 의학, 사회학, 교육, 법률, 언론 등 다양한 시각에서 논제를 고찰하여야 한다. 토론은 융합과 복합적 사고력을 길러 주고, 창의성을 배양해 준다.

- **토론을 통하여 현명한 판단력을 기를 수 있다**: 점심에 무엇을 먹을까, 휴일에 어디로 갈까, 어떤 영화를 볼까, 어떤 자전거를 살까 등 일상생활은 선택의 연속이라고 하여도 과언이 아니다. 현명하게 선택하려면 현명한 판단력이 뒷받침되어야 한다. 토론은 다양한 관점에 문제의 본질을 인식하고 논리적 분석과 현명한 판단으로 신속하게 대응하는 능력을 길러 준다.

토론을 통해 다양한 교육적 효과를 달성할 수 있어, 교육에서 토론의 활용이 크게 확대되고 있다. 영국과 미국에서는 오래 전부터 아카데미식 토론 대회가 정착되어 중요한 학교 행사가 되어 왔다. 1947년 미국에서 전국 대학 토론 토너먼트가 개최된 이래로, 대학에 토론 문화가 급속하게 확산되어 대학 교육의 기본 도구로 정착되었고, 1971년에는 새로운 토론 방식인 CEDA가 출현하여 토론식 수업이 활성화 되는 계기를 가져 왔다.

미국은 초중고 교육 과정에서는 토론의 비중이 높여 학교 수업에는 항상 책을 읽고 토론하는 과정이 들어 있으며, 교육 과정 전반에 토론을 필수 요소로 하고 있다. 또한, 대학은 물론 거의 모든 고등학교에 토론부가 설치되어 있으며, 지역 단위와 전국 규모의 많은 토론 대회를 개최하여, 토론을 통한 창의적 협력 학습이 보편화 되어 있다.

우리나라도 2000년 12월 전국 대학생 토론 대회를 개최하였고, 2004년에는 한국토론협회Korea Debate Association 등 많은 관련 단체가 설립되고 토론 대회가 활성화 되어, 토론 문화가 점차 여러 분야로 확산되고 있다. 논술이 수능시험에 도입되었을 뿐만 아니라, 교과 수업의 효과성과 학습 성과 향상을 위해 토론식 수업을 30% 이상 확대하고 학생들에게 부족한 사회적 기술social technology 함양에 토론을 활용 등 토론의 교육적 효과를 실현하고자 다각적으로 노력하고 있다.

정부는 주입식 교육으로는 창의적 글로벌 인재 육성에 한계가 있음을 인식하고, 토론식 수업 정착과 확산을 위한 다양한 정책을 추진하고 있다. 토론은 창의적 글로벌 인재가 구비하여야 할 필수 요건으로 인식되고 있는 것이다.

토론의 분류와 형식

사회가 다양한 계층으로 세분화되어 발전함에 따라, 대화와 함께 토론에 의한 소통과 의사 결정이 다원화된 사회 활동의 중요한 요소로 뿌리내리고 있다. 이에 따라, 토론의 형태도 다양하게 발전하고 있어, 토론의 종류를 일률적으로 분류하는 것은 어렵다. 인터넷과 정보 기술의 발달로, 사이버 공간에서 다자간 토론과 같은 새로운 형태의 토론이 관심을 끌고 있기도 하다. 그러나, 토론은 [표 8-3]에 보인 바와 같이 정책 토론과 가치 토론의 두 범주로 구분하는 것이 일반적이다.

정책 토론은 "정부는 비정규직 근로자를 위한 조치를 취해야 한다."와 같이 주어진 주제에 대한 문제 의식과 해결 방안을 모색하는 것을 목적으로 하는 토론이다. 반면에, 가치 토론은 "교사의 체벌은 필요한가?"와 같이 가치관과 사고방식에 대하여 논쟁하는 것이다. 토론이 추구하는 목적의 관점에서 보면, 이 둘은 동전의 양면과 같다 할 수 있다. 정책 토론과 가치 토론의 근본적인 차이는 해결 방안 여부에 있다. 정책 토론은 공공적 관점에서 논제에 대한 해결 방안을 제시하는데 주안점을 두지만, 가치 토론에서는 가치관과 윤리관에 입각한 합리적 사고와 인식에 주안점을 두고 있다. 이에 따라, 정책 토론에서는 논제의 중요성, 문제의 지속성, 문제의 해결 방안이 핵심 쟁점이 되고, 가치 토론에서는 가치 평가 대상에 대한 개념 정립, 가치 평가 방법, 가치 평가 항목과 기준 등이 필수 쟁점이 된다. 안락사 문제를 토론한다고 할 때, 가치 토론에서는 안락사의 윤리적, 도덕적 문제가 쟁점이 될 것이며, 정책 토론에서는 안락사의 과학적, 사회적 측면의 정책 문제가 쟁점이 될 것이다. 두 토론 형식은 논제에 접근하는 방식이 다를 뿐이다.

[표 8-3] 토론의 분류

	정책 토론	가치 토론
논쟁 대상	주어진 주제에 대한 문제의식과 해결 방안	가치관과 사고 방식
대표 형식	CEDA	링컨-더글러스 형식
필수 쟁점	중요성 지속성 해결성	가치 평가 대상과 개념 정의/ 가치구조 설정과 정당성/ 평가 항목과 기준
특징	정책적-공공성 해결 가능성 해결 방안 제시	가치적-개인적 가치관과 윤리관 본질적인 사고 중심
논제 예	"정부는 비정규직 근로자를 위한 조치를 취해야 한다."	"교사의 체벌은 필요한가?"

[칼 포퍼 식 토론]

과학 철학자인 칼 포퍼Karl Popper는 '비판적 사고는 대화와 공적 토론의 협동 과정이며, 지식이란 예측과 반증을 통해 진보한다'고 하는 비판적 합리주의를 발전시켰다. 칼 포퍼의 비판적 합리주의를 기초로 열린 사회 연구소Open Society Institute와 소로스 재단이 1994년에 만든 토론방식이다. 칼 포퍼는 그의 저서 <열린 사회와 그 적들>에서 "당신이 옳을 수도 있고 내가 틀릴 수도 있다. 다만, 서로 힘을 모으면 우리는 진리에 더욱더 가까이 다가설 수 있을 것이다."라고 하였다. 칼 포퍼 토론 방식은 이런 사상에 기초하여, 비판적 사고, 자기 표현 능력, 다른 의견에 대한 관용과 포용의 자세를 길러 주기 위한 목적으로 개발되었다. 자세한 내용은 참고 문헌을 참조하라.

[링컨-더글러스 식 토론]

1858년 일리노이주 상원의원 선거 캠페인 중 에이브러햄 링컨과 스테판 더글러스 사이에 있었던 노예제도에 관한 토론에 기원을 둔 것으로, 양쪽 각 한 사람이 토론에 참가하는 방식이었다. 1:1 맞장 토론 형식으로, 가치 토론에 적합한 방식이다.

[CEDA 식 토론]

정책 토론 방식으로 널리 사용되고 있는 CEDACross Examination Debate Association 방식은 미국의 대학 간 토론 대회에서 가장 널리 사용되고 있는 토론 방식이다. 1947년 이래로 해오던 미국의 전국 토론 대회 형식에 토론자들 간의 상호 교차 질문 형식을 추가하여 직접적인 의사 소통이 가능하도록 한 방식이다. CEDA 방삭은 모든 참가자가 한 번씩의 주장, 확인질문, 반론의 기회 등세 차례 고루 발언할 수 있는 기회를 갖게 된다. 확인질문을 통해 상대편의 주장 혹은 논리에 나타나는 문제점과 오류를 집중적으로 부각할 수 있게 하고 있다. CEDA 형식의 토론은 [표 8-4]와 같이 진행된다.

[표 8-4] CEDA 토론 진행 절차

찬성팀(A, B)	반대팀(P, Q)	내용
① A 주장(8분)		논제의 주요 개념 정의와 범위 제시 필수 쟁점 제시(정책 토론시 중요성-지속성-해결성, 가치 토론시, 가치 대상, 가치 구조, 평가 항목과 기준 등)
	② Q 확인질문(3분)	A 주장의 논리적 허점, 오류, 모순에 대한 질문
	③ P 주장(8분)	논란있는 용어, 기념 재정의/견해를 달리하는 부분 제시/새로운 해결 방안 제시
④ A 확인질문(3분)		P 주장의 논리적 허검, 오류, 모순에 대한 질문
⑤ B 주장(3분)		반대팀의 논리적 허점 지적/A주장 강조, 논거 제시/반대팀 주장 반박(찬성팀 마지막 주장 기회)
	⑥ P 확인질문(3분)	B 주장의 논리적 허점, 오류 모순에 대한 질문
	⑦ Q 주장(8분)	B의 주장의 논리적 오류, 문제점 지적/P 주장에 대한 논거 제시 및 보강(반대팀 마지막 주장 기회)
⑧ B 확인질문(3분)		Q 주장의 논리적 허점, 오류 모순에 대한 질문
	⑨ P 반박(4분)	찬성팀의 문제점을 요약과 반박/반대팀의 주장 종합 정리
⑩ A 반박(4분)		반대팀의 주장에 대한 반박
	⑪ Q 반박(4분)	찬성 탬의 허점 요약/반대팀의 대체 방안 효과성 요약
⑫ B 반박(4분)		반대팀 방안의 문제점/찬성팀 방안의 우수성
준비 시간 또는 작전 타임(10분)		자신의 발언 준비 직전에 요청/규정에 의해 시간 할당

세부적인 시간 운영은 토론시 여건에 따라 많은 차이가 있다. CEDA의 큰 특징은 교차 질문이다. 상대방 주장이 있은 후에 바로 상대 주장의 오류나 허점을 부각시키는 질문을 공격적으로 할 수 있어, 토론의 박진감과 긴장감을 더해 준다. CEDA 토론 시에는 비판적 경청과 신속한 논리 판단의 순발력이 중요하게 작용한다.

토론의 구조

토론은 일반적으로 [그림 8-9]와 같이 7가지 요소로 구성된다. 구성 요소의 역할과 요소간의 상호 역학 관계를 살펴 효과적인 토론 전략을 수립하여야 한다. 축구 경기에서 목표인 골인을 성취하기 위해 과감한 공격과 철저한 수비를 하는 것처럼, 상대방의 전략을 간파하고 논리적 공격과 수비에 최상의 방책을 도출할 필요가 있다.

① **논제**resolution: 토론의 주제를 논제라 하며, 토론은 논제에 대한 찬성/반대팀의 논리 싸움이다. 따라서, 토론에서는 분명하고 정확하게 논제가 정의되어야 한다. "교육 제도 개편이 필요한가?"처럼 막연하거나, "신은 존재하는가?"처럼 종교 편향적인 주제는 토론의 논제로 적합하지 않다. 좋은 토론이 되기 위해서는 찬성팀, 반대팀 모두 나름대로의 논리성과 합리성을 가지고 자신의 가치와 생각을 주장할 수 있는 논제가 명확하게 설정되어야 한다.
토론에서 널리 사용되는 논제에는 사실적 논제, 정책적 논제, 가치적 논제의 3종류가 있다.

① 사실적 논제는 "여성이 남성보다 장수한다. 한국의 IT 강국이다."처럼 사실에 대한 찬반을 논하는 논제이다. ② 정책적 논제는 어떤 행동이나 조치가 수반되어야 하는 논제로, "취업에서 학력 차별은 철폐되어야 한다. 대학교육에서 토론 교육이 강화되어야 한다."와 같은 명제를 말한다. ③ 가치적 논제는 가치 판단과 관련된 "공공 장소에서 금연은 정당하다. 게임 셧다운 제도는 청소년을 위해 필요하다"와 같은 명제이다.

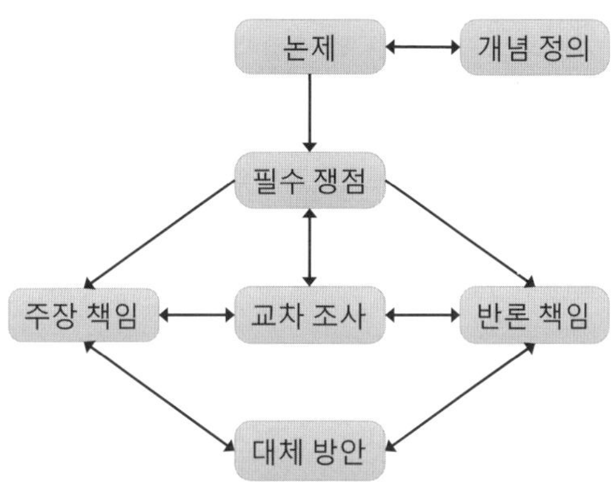

【그림 8-9】 토론의 구성 요소

② **개념 정의**: "CD로 구어 줄래."하였더니, CD를 불에 구었다는 우스개 이야기처럼, 소통의 오해는 종종 사용하는 언어의 개념 이해 차이에서 비롯된다. 토론에서는 이런 언어 개념의 오해가 발생하지 않도록 토론의 주요 개념을 사전에 분명하게 정의할 필요가 있다. 개념 정의가 되어 있지 않으면, 불필요한 오해나 산만하고 어수선한 일관성 없는 토론이 되기 쉽다. 예를 들어, "우리 사회의 부정부패를 척결하여야 한다."의 토론의 경우, 핵심이 되는 부정부패의 개념을 정의하여야 한다. 업무와 관련하여 뇌물을 수수하는 행위를 뜻하는 것인지, 개인 비리가 아닌 제도적 차원에서 조직적으로 이루어지는 비리인지, 공직 사회에서 공직자가 지위를 이용한 편법 비리인지 등 토론하고자 하는 개념을 확실하게 정의해 두어야 동문서답의 중구난방의 토론을 방지할 수 있다.

③ **필수 쟁점**stock issue: 논쟁의 핵심 문제를 필수 쟁점이라고 한다. 일반적으로 토론은 찬성팀(긍정 팀)에서 문제를 제기하는 것으로 시작되기 때문에, 찬성팀이 필수 쟁점을 제기하고, 이와 관련된 사항을 반드시 입증(증명)하여야 하는 책임을 갖는다. 이는 재판 과정과 유사하다. 재판은 원고(형사 재판인 경우 검사)가 피고를 기소함으로써 시작되며, 피고는 유죄 판결이 나기 전까지 무죄로 간주된다. 재판을 통해서 원고측은 피고가 유죄가 되는 항목을 제기하고 이를 증명하여야 한다. 이때 제기되는 항목을 필수 쟁점이라 할 수 있다.
필수 쟁점은 토론의 형태에 따라 [표 8-5]처럼 구성된다. 해결 방안은 중심으로 하는 정책 토론의 경우, 필수 쟁점은 정당화-해결방안-이익의 3가지 요소를 포함하여야 한다. 가치 토론에서는 정의적 쟁점definitive issue와 지시적 쟁점designative issue로 구분하여, 정의적 쟁점에

서는 용어의 정의와 가치 판단 기준을 제시하고 지시적 쟁점에는 제시된 가치 기준을 기반으로 판단의 타당성을 제기한다. 필수 쟁점은 토론의 핵심 기둥이기 때문에 정확하고 분명하게 정의되어야 활발한 토론 진행이 가능하게 된다.

[표 8-5] 토론 형태에 따른 필수 쟁점

토론 형태	필수 쟁점		예
정책 토론	정당화	지속성	청소년의 스마트폰 중독이 매년 큰 폭으로 증가하고 있다.
		심각성	여성가족부의 조사에 의하여, 청소년 20%가 스마트폰 중독 위험군에 속하고 있다.
	방안	해결 가능성	스마트폰 구입 전에 스마트폰 중독 위험 교육을 수강하도록 하면, 스마트폰 중독을 예방할 수 있다.
		실현 가능성	학교, 공공 기관에서 스마트폰 중독 교육울 실시하고 수료증을 발급하면 가능하다.
	이익	사회적 이익	스마트폰 중독으로 인한 청소년의 폐해를 방지하고, 건전한 정보 생활로 행복한 정보 사회를 구현할 수 있다.
		야기될 불이익	개인의 자유를 제제한다는 불편한 마음을 가질 수 있다.
가치 토론	정의적 쟁점	용어 정의	인간 복제는 동일한 유전 특성을 가진 인간을 만든 것이다.
		가치 기준	인간은 독자적 존재성을 가져야 하며, 인간복제는 불법이다.
	지시적 쟁점	부합성	체세포 복제 기술로 인간 복제를 할 수 있다.
		타당성	체세포 복제는 사회적 혼란을 가중하는 불법으로 중단되어야 한다.

① **주장 책임**burden of proof: 토론을 제기한 첫 번째 발언자는 논제를 제시하고 논제가 성립되는 필요 조건을 제시하여야 하는데, 이를 주장 책임 또는 증명 부담이라고 한다. 재판에서 재판을 청구한 사람이 불법 사실을 증명해야 하는 것과 같다. 즉, 문제를 제기한 사람이 증거도 제시하여야 한다는 규칙에 의하여, 주장하는 사람은 그것을 입증할 책임이 있다. 자신의 주장을 입증할 수 근거, 이론, 사례 등을 분명하게 제시하여야 한다.

② **교차 조사**cross examination: 상대 주장에 나타난 문제점, 오류, 비논리성 등 파악하여 날카로운 질문으로 지적하고 답변을 요구하는 과정이다. 상대의 불명확한 논점, 제시된 자료의 신빙성, 논리 전개의 모순, 대안에어 야기되는 문제 등 상대 주장을 반박하고, 자신의 주장을 보완하는데 활용한다. 토론의 실제적 공격과 방어가 이루어지는 교차 조사는 토론의 통제권을 확보하는데 결정적인 역할을 한다. 그러므로, 쟁점에 집중하고 예/아니오의 단답형 질문으로 상대의 선택을 분명하게 제한할 필요가 있다. 또한, 주장 책임 또는 반론 책임에서 유리한 고지를 점령할 수 있도록 교차 조사를 하여야 한다.

③ **반론 책임**burden of rebuttal: '침묵은 곧 동의이다'라는 토론의 원칙에 의해 논박하지 않으면 상대의 주장에 수긍하는 것으로 간주한다. 때문에 상대의 주장에 수긍할 수 없으면, 반드시 반론을 제기하여야 한다. 상대 주장 속에 내포된 개념 오류, 논리 전개의 모순, 판단 근거 및

기준의 모호성, 판단의 타당성 등을 분석하여, 상대 주장을 조목조목 반론하여야 한다.

④ **대체 방안**counterplan: 토론은 일차적으로 긍정 팀이 제시한 방안을 검토하는 것으로 시작된다. 이때 부정 팀이 취할 수 있는 전략은 두 가지로 요약할 수 있다. 첫째로 필수 쟁점을 전부 또는 부분적으로 부정하여 긍정 팀의 방안을 애초부터 인정 하지 않는 방안, 둘째로 필수 쟁점을 인정하지만 긍정 팀이 제시한 방안에는 문제가 있어 새로운 대안을 제시하는 전략이다. 새로운 대안을 제시하는 경우, 다음과 같은 조건을 만족하여야 한다:

- 긍정 팀 방안과는 완전히 다를 것
- 긍정 팀 방안보다 우수할 것
- 긍정 팀 방안을 대체하는 것이 아니라 완전하게 대체할 수 있을 것

이에 대하여 긍정 팀은 새로운 대안이 긍정 팀 방안과 차이가 없거나 실현 불가능하고 더 많은 역효과를 야기하는 등의 문제점을 지적하여야 한다.

토론의 원칙과 평가 방법

토론에는 형식에 관계없이 몇 가지 원칙이 있다. 토론의 고유한 특징이라고도 할 수 있는데, 이런 원칙에 유념하여 토론 전략을 작성하는 것이 좋다. 토론의 원칙은 토론 평가의 지침이 되기 때문이다.

① **합리성의 원칙**: 토론에서는 정해진 순서에 입각하여 찬성팀과 반대팀 모두 자신의 입장을 표명할 수 있는 동등한 기회를 부여 받는다. 때문에 상대 팀의 말을 가로채거나 끼어들기 식의 예의에 어긋나는 행동이 원천적으로 불가능하다. 이와 같은 기회 균등은 토론 예절을 체득할 수 있게 하여 주며 사회적 문제를 민주적으로 해결할 수 있는 능력을 키워 준다. 또한 다양한 갈등 상황에서 인내심을 키워 주고 타협과 조정으로 문제를 합리적으로 해결하는 능력을 신장시켜 준다.

② **유연성의 원칙**: 일반적으로 토론은 당일 추첨을 통해 찬성팀과 반대팀을 결정한다. 때문에 토론에 참가하는 팀은 자신이 어느 팀이 될지 모르므로 찬성과 반대의 논리를 모두 준비하여야 한다. 이런 과정을 통해 논제에 대한 폭넓은 이해와 균형 잡힌 유연한 사고를 할 수 있게 된다. 자기 중심적 사고를 벗어나 역지사지의 관점에서 상대방의 관점을 이해하고 보다 균형 잡힌 사고 능력을 키울 수 있게 된다.

③ **역동성의 원칙**: 토론은 논리 공격과 방어가 박진감 넘치게 전개 되는 논리 전쟁이다. 자기주장만을 하는 것이 아니라 상대방을 역동적으로 공격하여야 한다. 특히, 교차조사는 상대방의 논리적 허점을 공격할 수 있는 절호의 기회이다. 단순하고 반복적인 논리 공격이 아닌 다양한 역동적 공격으로 상대의 논리 허점을 파고 들어야 한다.

④ **경청의 원칙**: 듣기hearing는 상대방의 말을 단순히 수신하는 것인 반면에, 경청listening은 열린 마음으로 몰입하여 상대방의 말을 이해하고 올바르게 해석하여 귀담아 듣는 것이다. 토론에서는 말하기보다 경청이 더 중요하다. 토론의 역동적으로 진행되는데, 교차조사나 반론으로 상대방의 논리적 허점을 공격하기 위해서 상대방의 주장을 경청하여야 한다. 단순 듣기만으로는 날카로운 공격을 할 수 없다. 경청이 논리 공격의 핵심 요소인 것이다.

⑤ **설득의 원칙**: 토론에서 승리하기 위해서는 심판이나 청중을 자신의 편으로 끌어 드려야 한다. 논리적으로 완벽한 주장이라고 하여도 심판이나 청중에게 효과적으로 전달되지 않으면 소용이 없다. 주장의 논리성도 중요하지만 설득력 있는 전달 능력도 중요하다. 표정, 억양, 제스처 등을 효과적으로 사용하여 심판과 청중의 마음을 움직여서 자신을 지지하도록 하는 표현 능력이 절대적인 역할을 한다. 심판과 청중을 설득하지 못하면 토론에서 승리할 수 없는 것은 자명하다. 토론은 설득의 게임인 것이다.

토론의 승패를 결정하는 평가는, 다수의 평가자(심판)가 토론의 원칙에 고려한 평가표에 의하여 객관적으로 엄정하게 평가하게 된다. 토론 평가는 참가자의 논리적 사고 능력, 사고의 유연성과 반론에 대한 대응 능력, 주제 이해의 전문성, 발표와 설득 능력, 팀워크, 품성 등을 종합적으로 측정하게 된다. 토론을 평가하는 세부 기준으로서는 일반적으로 다음과 같은 요소가 활용된다.

① **주장의 논리적 명료성**: 주제에 대한 전문적 이해를 기반으로 논리적이고 일관성 있는 주장으로 상대의 주장을 확실하고 분명하게 제압할 수 있어야 한다. 주장은 합리적이어야 하며 체계적으로 논증하여야 한다.

② **신뢰성 있는 논거**: 주장은 신뢰할 수 있는 구체적인 자료로 뒷받침 되어야 한다. 막연하고 추상적인 주장이 아니라 전문 지식, 통계, 실제 사례 등을 제시하여 주장의 객관성과 타당성을 강력하게 논증할 수 있어야 한다.

③ **분석력과 반증 능력**: 상대 주장의 허점, 모순, 문제점을 명료하게 분석하여, 논리적으로 조목조목 반박하는 순발력이 필요하다. 반증은 단순히 상대 주장의 허점을 지적하는 것이 아니라, 자신의 주장을 강화할 수 있어야 한다.

④ **설득력있는 전달 능력**: 심판과 청중을 이해시키고 설득하여 자신의 주장에 호응할 수 있도록 하는 전달 능력을 갖추어야 한다. 말의 강약, 어조, 완급, 적절한 보디 랭귀지 등을 활용하여 자신의 주장을 확신에 차서 열정적으로 전달하는 발표 능력이 요구된다. 알기 쉬운 비유나 적절한 유모는 심판과 청중에게 호감을 줄 수 있다.

⑤ **팀워크**: 토론 팀은 역할을 분담하여 상호 보완적으로 일사불란하게 일관된 주장을 전개하여야 한다. 합심하여 협력하는 모습을 보여야 한다.

이외에도 준비의 철저성과 개방된 태도, 예의, 열린 마음 등과 같은 품성도 중요하다. 또한, 토론 규칙을 준수하고 제한된 시간 내에 자신의 주장을 전개하는 팀 관리 능력도 중요하다.

[표 8-6] 토론 평가표 예

토론 평가표

일자		심사위원	
찬성팀 명칭		반대팀 명칭	

찬성팀	반대팀	평가기준	찬성팀		반대팀	
			A	B	P	Q
주장(입론)		•논제를 이해하고 쟁점을 명확하게 정의하는가? •주장이 합리적이고 적절한가? •주장에 대한 논거는 다양하고 신뢰할 수 있는가?				
	확인질문	•상대 주장의 허점을 적절히 추궁하였는가? •답변을 유도하는 능력이 있는가?				
	반론주장	•상대 주장의 핵심을 쟁점화하는가? •논거가 객관적이고 타당한가? •주장이 합리적이고 논리적인가?				
확인질문		•상대 지적에 적절히 응수하였는가? •논리적으로 답변을 유도하는가?				
반론주장		•상대 주장의 허점을 논리적으로 반박하는가? •자기의 주장에 타당한 논거를 제시하는가? •주장이 합리적이고 논리적인가?				
	확인질문	•상대 주장의 허점을 적절히 추궁하였는가? •답변을 유도하는 능력이 있는가?				
	반론주장	•상대 주장의 핵심을 논리적으로 반박하는가? •논거가 객관적이고 타당한가? •주장이 합리적이고 논리적인가?				
확인질문		•상대 지적에 적절히 응수하였는가? •자신의 주장을 논리적으로 강조하는가?				
	반론주장	•상대 주장의 핵심을 논리적으로 반박하는가? •자신의 주장을 논리적으로 강조하는가?				
반론질문		•상대 주장의 핵심을 논리적으로 반박하는가? •자신의 주장을 논리적으로 강조하는가?				
	반론주장	•상대 주장의 핵심을 논리적으로 반박하는가? •자신의 주장을 논리적으로 강조하는가?				
반론주장		•상대 주장의 핵심을 논리적으로 반박하는가? •자신의 주장을 논리적으로 강조하는가?				
합계						
팀 총계						

총평	찬성팀	반대팀

5 : 아주 잘함, 4 : 잘함, 3 : 보통, 2 : 부족함, 1 : 매우 부족함

토론 평가는 주로 심사위원을 중심으로 진행되지만 간혹 청중이 참여하는 경우도 있다. 평가는 공정한 객관성을 유지하기 위해 평가표를 작성하여 평가하게 된다. 평가표는 일반적으로 위에서 설명한 5가지 평가 주안점을 중심으로 작성하며 토론마다 다양한 평가표가 활용되고 있다. [표 8-6]는 [표 8-4]의 CEDA 방식의 토론을 진행 과정에 따라 평가하는 평가표 사례를 보인 것이다. 이와 같이, 평가는 토론 전 과정을 평가하여 승리한 팀을 결정하게 된다. 토론에 임하기 전에 평가표를 참고하여 토론을 준비하면 큰 도움이 될 것이다.

토론 능력 키우기

토론은 논리적 사고력, 열정적인 발표력, 지성에 호소하는 설득력, 열린 마음의 경청 능력 등이 복합적으로 결합된 일종의 종합 학습 역량이라 할 수 있다. 때문에 토론 능력은 하루아침에 이루어지지 않는다. 토론 능력을 일시에 키워주는 비법이나 특효약은 없다. 창의적 학습 능력을 키우면 토론 능력도 더불어 크게 신장된다. 그럼에도 불구하고, 토론 능력과 밀접한 관계가 있는 학습 요소를 고찰해 보면 다음과 같다.

- **다양한 독서**: 독서의 중요성을 누차 강조한 바가 있다. 독서는 평생 동안 지속하여야 하는 인간의 본래적 지식 활동이기도 하다. 독서는 단순히 책을 읽는데 그치지 않고, 다양한 종류의 전문 지식, 하워드 가드너가 주장하는 다중 지능, 블룸의 고차적 사고 능력 등을 키워 주는 창의 사고의 원천이다. 뿐만 아니라, 독서는 어휘력을 키워 주고 다양한 관점이 이해하는 시각을 넓혀 주기도 한다. 독서는 토론에서도 강력한 위력을 발휘한다.
- **논술력**: 토론은 명쾌한 논리 전개, 호소력과 설득력 있는 주장이 요구되고 있는데, 이는 논술 능력에 나온다. 주어진 논제에 대하여 단순하게 알려진 사실을 요약 정리하는 것이 아니라, 자신의 주장을 간단명료하게 논리적으로 기술하여야 한다. 자신의 생각 또는 주장을 논리적으로 전개하는 것은 토론뿐만 아니라 일상생활에서도 필수적인 능력이다. 논리적 사고 능력을 기르고 글쓰기를 연마하여야 한다.
- **경청의 기술**: 경청은 상대의 생각을 읽고 이해하는 또 다른 형태의 독서라 할 수 있다. 경청은 또한 상대와 적극적으로 소통하는 방법이기도 하다. 선입견을 배제하고 열린 마음으로 상대의 주장에 귀 기우려야 한다. 상대방의 관점에서 이야기의 핵심을 파악하고 공감해주는 진솔한 자세를 갖추어야 한다. 공감적 경청은 상대를 포용하고 신뢰성 있는 라포rapport 형성을 가능하게 한다. 경청의 기술은 토론에서도 상대의 논점을 파악하는데 중요한 기능을 한다.
- **청중을 움직이는 발표력**: '구슬이 서말이라도 꿰어야 보배'라는 말처럼, 아무리 명확한 논리적 주장과 탄탄한 논거가 있다고 하여도 이를 효과적으로 전달하지 못하면 무용지물이 된다. 토론에서는 청중을 감동시킬 수 있는 발표력이 무엇도 중요하다. 적절한 어휘와 명쾌한 문장, 정확하고 분명한 어조, 품위 있는 제스처, 자신감과 열정 넘치는 발표, 여운을 남기는 마무리 등 청중을 사로잡을 수 있는 발표력을 닦아야 한다. 발표는 자신을 돋보이게 하는 마술이다.
- **자료 수집과 분석 능력**: 토론 주제와 관련된 자료를 수집하고 자료의 핵심 내용을 분석하는 지식정

보 사회의 필수 역량이다. 인터넷, 도서관의 수많은 장서, 뉴스, 통계 등 정보의 홍수 속에서 자신에게 필요한 정보를 찾아내는 능력을 아주 중요하다. 중요하고 신뢰할 수 있는 자료의 검색과 수집은 토론 준비의 첫 단계이고 이를 체계적으로 분석하여 자신의 논점을 명확하게 설정할 수 있어야 한다.

학계, 언론계, 문화예술계, 경제금융계 등 각계각층에서 선도하며 두각을 나타내고 있는 있는 유대인의 저력은 어디에서 비롯되는 것일까? 유대인의 창의성의 근원은 무엇일까? 그것은 바로 하브루타havruta 방식의 교육에서 유래한다. 하브루타는 '짝을 지어 질문하고, 대화하고 토론하고 논쟁하는 것'을 말한다. 토론을 통해서 다른 사람의 생각을 이해하고 더 넓은 시각으로 바라 볼 수 있게 되어 사물의 다양한 본질을 파악하는 능력을 기를 수 있고, 이것이 창조적 문제 해결로 연결되는 것이다. 예시바Yeshiba라는 도서관에서는 학습자들이 시끄럽게 토론하는 것을 당연하게 생각하고 있다. 학습 역량을 강화하고 창의적 사고를 하려면 토론 능력부터 키워야 한다.

토론의 준비와 진행 요령

'준비가 완벽을 만든다'는 격언이 있다. 또한, '평소에 철저하게 준비가 되었으면 걱정할 필요가 없다.'는 유비무환有備無患의 고사성어도 있다. 토론은 논리적 사고력에 기반한 쟁점의 대결이라고도 할 수 있다. 논리 대결에서 필히 승리하기 위해서는 철저한 준비가 선행되어야 한다. 토론의 준비와 실제 토론 시에 요구되는 핵심 사항을 토론 과정을 따라가면서 알아 보도록 한다.

[토론 전 준비]

- 토론에 임하는 마음가짐을 단단히 하여야 한다. 토론 참여자로서 자신감과 자부심으로 토론에 당당하게 임할 수 있도록 마음 자세를 가다듬어야 한다. 열린 마음으로 상대의 주장을 존중해 주고 공명정대한 토론을 펼칠 것을 다짐해야 한다. 토론은 협동 정신과 리더십을 발휘하여 유익한 논리 경연장이 되도록 한다. 지나친 경쟁심으로 토론을 논쟁을 이끌지 않도록 차분하게 임할 수 있도록 마음 준비한다.
- 토론 준비에 최선을 다한다. 관련 자료를 수집하여 분석하고, 논점을 명확하게 정의하여 자신의 입장을 정립하고, 자신의 주장을 논리적으로 설득력 있게 전개하는 시나리오를 작성하여야 한다. 또한, 상대로부터 제기될 수 있는 예상 반론에 대하여도 세심하게 논리를 개발할 필요가 있다. 팀 원간의 역할 조율하고 팀워크를 견고하게 다질 필요가 있다.

[토론 당일]

마음을 차분히 하고 자신감을 고취시키기 위해 토론장에 미리 도착하는 것이 좋다. 토론장의 분위기를 살펴 마음을 평온하게 하고 필요한 사항들이 준비가 되었는지를 점검한다. 예를 들어, 플립 차트flip chart나 모니터를 사용하여 논거 자료를 제시할 수 있는 경우에 이런 장비가 잘 동작하는지 살펴 볼 필요가 있다. 심사위원과 청중의 구성을 살펴 보는 것도 토론 전략을 수립하는데 도움이 된다.

[토론 진행 중]

- 제한 시간, 토론 순서 등 토론 규칙을 준수하면서 적극적으로 주장을 전개한다. 앞서 설명한 토론 요령을 참고하여 자신의 주장을 논리적으로 설득한다.

- 상대방의 허점을 공격한다. 토론 중에는 상대 주장의 논리적 허구성을 밝혀 내는 것이 중요하다. 축구 경기처럼 최선의 공격은 상대의 주장을 교란하여 기세를 제압하여야 한다. 상대의 허점 공격은 치밀한 논리 전개로 빈틈이 없도록 한다.

- 상대 공격을 적극적으로 방어한다. 상대 공격에 대한 반론은 또 다른 형태의 공격이라고 할 수 있다. 상대의 지적은 당당하게 반박하는 것이 좋다. 반박은 주관적 주장보다는 객관적 사실, 신뢰할 수 있는 논거, 확인된 권위 있는 연구 결과 등을 방패로 하여 상대 지적의 허구성을 강조하는 것이 좋다.
  사소한 것을 걸고 넘어 질 때는 주장의 전체적 핵심을 부각하여 지엽적인 문제로 인하여 주장 전체가 흔들지 않도록 한다. 출처가 불분명한 자료로 공격할 때는 자료의 출처를 확인하도록 하고, 자료의 신뢰성을 지적하여 공격을 무력화 하도록 한다.
  또한, 사례, 법칙, 판례 등으로 공격할 때는 반증할 수 있는 사례, 법칙, 판례 등을 제시하여 공격의 주장이 일반성이 없음을 반격하도록 한다.

- 감정적 대응을 자제한다. 토론은 이성적인 논리 게임이지 감정 싸움이 아니다. 감정을 앞세우면 이성적 판단이 흐려져 주신의 주장을 효과적으로 전개하기 어렵고, 감정에 치우친 모습은 토론자의 수준을 의심케 한다. 냉철한 이성과 엄정한 논리로 자신의 주장을 전개하여야 하므로 감정을 앞세워는 안된다. 상대가 어떤 방법으로 공격하든 간에 감정을 표출하지 않고 이성적으로 대응하도록 한다.

- 상대방을 존중하도록 한다. 토론은 논제에 대하여 찬성팀과 반대팀의 견해를 견주어 보는 것이므로, 상대방을 인정하고 서로 다른 견해를 가지고 있음을 존중하여야 한다. 상대방을 인격적으로 무시하거나 상대의 주장을 폄하해서는 안된다. 상대의 주장을 경청하지 않거나 상대를 훈계 또는 가르치려고 하는 것은 토론의 목적을 달성할 수 없다. 서로의 주장을 교환하고 조정해 나가는 토론의 기본에 충실하여야 한다. 자신의 관점에서 상대를 평가하고 판단해서는 안된다.

토론은 학습하고 학습 성과를 표현할 수 있는 좋은 기회이다. 토론을 준비하는 동안 다양한 지식을 습득할 수 있고, 토론을 통하고 학습 이해의 깊이를 더 할 수 있고, 학습 지식을 체화하게 된다. 토론 준비는 현장 체험, 프로젝트 수행 등 여타의 학습 이상으로 중요한 학습 활동이다.

토의와 PMI 기법

토론과 유사한 형태로 토의가 있다.(토론과 토의의 차이에 대하여는 [표 8-2]를 참고하자.) 토의는 어떤 주제를 놓고 참가자가 자유스럽게 의견을 제시하고 의논하여 문제를 해결하는 활동이다. 토의는 다양한 관점에서 폭넓게 이야기 할 수 있어 사고의 폭을 확대할 수 있다.

우리 일상생활은 토의의 연속이라고 해도 과언이 아니다. 친구들과 어떤 운동을 할 것인지, 점심에 팀원들과 무엇을 먹을지, 가족들과 어디로 휴가를 떠날지, 세미나 참석에 어떤 교통편을 이용할지, 언제까지 프로젝트를 마무리 할 것인지 등 각양각색의 주제를 놓고 토의를 하게 된다. 토의 종류에도 여러 형태가 있다. 소그룹이 모여서 공통의 관심사에 대한 문제를 의논하는 원탁 토의, 5명 내외의 선발된 발표자(배심원)가 청중 앞에서 자신의 견해를 제시하는 패널 토의, 특정 주제에 대하여 전문가 3-5명이 의견을 발표한 다음에 청중들과 질의 응답하는 심포지엄symposium, 청중들이 자유롭게 참여하는 공개 토의인 포럼forum 등 다양한 형태가 있다. 일상생활에 늘 하게 되는 회의도 일종의 토의라 할 수 있다. 이처럼 토의는 우리 생활의 중요한 부분을 차지하고 있다. 토의가 효과적으로 진행되어 합리적인 성과를 도출하면 생활이 즐거워지지만 그렇지 못한 경우에는 많은 문제가 야기된다. 이런 측면에서 토의 역량은 현대인이 필수적으로 갖추어야 할 능력이라 할 수 있다.

토의를 하다 보면 자기주장을 목소리 높여 고집하고 다른 사람의 의견을 무시하거나 인격적 모욕을 주는 등의 토의 분위기를 해치는 경우가 있다. 이런 토의는 생산적인 합의를 도출하기는커녕 참가자들의 감정을 해쳐 인간관계까지 불편하게 만들게 된다. 화기애애한 분위기에서 생산적 토의를 할 수 있는 방법이 필요하다. 바람직한 토의로 <성공하는 사람들의 7가지 습관>을 출간한 스티븐 코비Stephen R. Covey는 '승-승'Win-Win을 강조하고 있다. 토의 참가자 모두가 만족하는 제3의 대안을 찾아야 한다고 주장한다. 그러나, 승-승에 도달하는 것이 현실적으로 용이하지 않고 시간도 많이 소요되므로 현실에 적용하기에는 어려움이 있다. 효과적인 토의 방법으로 각광을 받고 있는 것으로 수평적 사고lateral thinking와 6색깔 모자 기법Six Thinking Hats을 창안한 창의적 사고법의 드 보노Edward de Bono의 PMI 기법이 있다.

PMI 기법은 의견에 대하여 좋은 점 말하기 PPlus, 의견에 대한 나쁜 점 이야기 하기 MMinus, 의견에 대한 흥미로운 점 발견하기 IInterest의 약자로, 토의 참가자가 한쪽 방향으로 생각하기에 기반을 둔 방법이다. PMI식 토의는 다음과 같이 진행된다.

① 토의 주관자가 토의 주제에 대하여 간략하게 설명한다.

② 토의 참가자가 자유스럽게 의견 또는 해결 방안을 제시한다. 더 이상의 의견 제시가 없을 때까지 의견을 수집한다.

③ 토의 참가자가 차례로 돌아 가면서 제시된 의견 각각에 대하여 좋은 점 P를 2-3씩 이야기 한다.

④ 토의 참가자가 차례로 돌아 가면서 제시된 의견 각각에 대하여 나쁜 점 M를 2-3씩 이야기 한다.

⑤ 토의 참가자가 차례로 돌아 가면서 제시된 의견 각각에 대하여 흥미로운 점 I를 2-3씩 이야기 한다.

⑥ 흥미로운 점 I를 참고하여, P의 장점을 살리고 M의 문제점을 극복하는 방안을 찾는다.

토의의 PMI 기법에는 여러 장점이 있다. ① 참가자 모두가 참여하여 토의에 참여할 수 있다. 일부 참가자가 토의를 주도하는 것이 아니라 개방된 분위기에서 모두의 참여가 이루어질 수 있다. ② 참가자 모두에게 공평한 기회가 주어지므로 어느 누가 일방적으로 토의를 주도할 수 없다. ③ 한쪽 방향으로만 생각하기 때문에 논쟁이 발생할 여지가 적다. 제안된 의견에 대하여 모두가 좋은 점만을 이야기 하고, 다음에 나쁜 점을 이야기 하고 그리고 흥미로운 점을 이야기 하여야 하므로 논쟁없이 한쪽 방향으로 생각하게 된다. ④ 상대의 의견을 경청하고 배려하게 된다. 자신과 의견이 다른 제안에 대하여도 좋은 점을 생각하여야 하므로 상호 유익한 토의를 할 수 있게 된다. ⑤ 짧은 시간 내에 토의를 마무리 할 수 있다. 토의가 정해진 순서에 의하여 진행되므로 옆길로 새거나 우왕좌왕하는 일이 없게 된다. 이처럼 PMI 기법의 여러 장점은 실제 상황에서 효과적으로 토의를 진행할 수 있게 한다. [표 8-7]은 PMI 기법의 토의 진행 형식과 사례를 보인 것이다. 표의 내용을 살펴 보면서 효과적인 토의 방법에 대하여 생각해 보기 바란다.

[표 8-7] 동아리 주말 모임 토의 PMI 사례

	P	M	I
1안	관악산으로 등반을 가자.		
	• 회원 모두가 참가가능 • 별도의 준비가 필요없음 • 비용이 저렴 • 건강에 좋음 • 위험 부담이 없음	• 지난 번에 다녀왔음 • 재미가 별로	• 근처에 맛집이 있음
2안	한강에서 자전거 하이킹 하자.		
	• 스피드를 즐길 수 있음 • 한강에 자전거 전용 도로 • 신선한 스포츠	• 자전거를 준비하여야 함 • 사고 위험이 있음 • 자전거를 못 타는 회원 • 별도의 의상 필요	• 야유회를 겸할 수 있음 • 다른 동호회와 교류

제 [9] 장

학습의 지존: 가르쳐라.

1799년 7월15일, 나폴레옹이 이끈 이집트 원정군이 로제타Rosetta 근처에서 고대 이집트어로 기록된 거대한 비석을 발견하였다. 이집트 역사문화를 전공한 많은 학자들이 비석의 내용을 설명하려고 하였지만 하지 못했다. 고대 이집트어를 이해하지 못했기 때문이다.

열심으로 학습하여 물리・화학 공식을 노트에 가지런히 요약 정리하였다고 하자. 공식의 의미와 내용을 설명할 수 없으면, 그것은 단순히 복사한 것일 뿐 이해하고 있지 못한 것이다. 학습을 통해서 이해하고 알았다면, 반드시 다른 사람에게 설명할 수 있어야 한다. 다른 사람에게 설명할 수 없다면 모르는 것과 같다. 유쾌하고 재치있는 천재 물리학자 리처드 파인만Richard Feynman은 현대 물리학을 강의하면서 "간단한 용어로 설명할 수 없다면 이해한다고 할 수 없다."고 하였다. 학습하였다면 학습한 내용을 자신의 언어로 설명할 수 있어야 하고, 더 나아가서 다른 사람을 가르칠 수 있어야 한다.

학습에서 다른 사람을 가르치는 것은 아주 중요하다. 다른 사람을 가르침으로써 자신이 확실하게 이해하고 있는지 확인 할 수가 있으며, 가르치는 동안 학습 내용의 이해를 더욱 강화할 수 있고 창의적 생각을 촉발하는 계기를 만들 수 있다. 학습자는 학습자의 수준에 머물지 말고 교수자가 되어야 학습을 완성할 수 있다.

우리는 가르치는 동안에 배운다.
- 세네카Seneca

9.1 알았다면 가르쳐라.

수업시간에 교수자(교사)가 설명하는 엔트로피entropy의 개념을 들을 때는 머리 속으로 쏙쏙 이해가 된다. 교수자(교사)가 설명을 끝내자마자, 나와서 다른 학습자에게 설명해 보라고 하면 기억이 전혀 나지 않고 무엇을 어떻게 이야기하여 할지 이해가 되지 않는다. 대부분의 학습자들은 들을 때는 아는 것 같지만, 이해한 것을 설명해 보라고 하면 전혀 이해하고 있지 못한 경우가 많다. 학습자 자신은 안다고 생각하지만 실제로는 전혀 알지 못하기 때문이다. 안다고 생각하는 것과 정말로 아는 것은 전혀 다른 것이다.

학습자가 교과서와 참고서를 활용하여 도플러 효과Doppler effect에 대하여 열심히 학습하였다. 교재에 기술된 내용을 속속들이 학습하여 도플러 효과에 대하여 확실하게 이해하였다고 생각하였다. 그런데도 불구하고 도플러 효과와 관련된 응용 문제를 해결할 수 없는 경우가 있다. 학습자는 학습하여 이해하였다고 생각하지만, 실제로는 이해하지 못하고 암기만 하고 있는 것이다. 그러기 때문에 간단한 응용 문제조차도 해결하지 못하는 것이다.

이처럼 자신이 안다고 생각하는 것과 실제로 알고 있는 것 사이에는 커다란 차이가 있다. 학습자는 모르면서도 자신의 학습을 합리화하기 위해서 알았다고 하는 생각의 오류에 빠지게 된다. 학습을 반복하기 싫은 이유도 '다 알았다'는 착각 때문이다. 때로는 정확하게 알았다고 생각하지만 잘못 알고 있는 경우도 있다. 과학 시간에 입춘, 우수, 경칩 등 24절기에 대하여 배우고 나서, 24절기가 음력을 기준으로 만들어 진 것으로 이해하였다. 그런데 나중에 알고 보니 24절기는 양력을 기준으로 한 것이었다. 일상생활에서도 정확하게 알고 있다고 믿고 있지만 잘못 알고 있는 경우가 허다하다. 빈센트 라이언 루기에로Vincent Ryan Ruggiero가 쓴 <생각의 완성>The Art of Thinking에 재미있는 퀴즈가 있다.

- "악법도 법이다."라고 말한 사람은 누구인가?
- 모차르트의 천재성을 시기하여 죽음에 이르게 한 음악가는 누구인가?
- <아라비안 나이트>의 주인공인 알라딘은 어느 나라 사람인가?
- 신데렐라의 구두는 무엇으로 만들어졌나?

대부분의 사람들이 잘 알고 있는 뻔한 퀴즈라고 자신 있게 답변할 것이다. 많은 사람들이 위 퀴즈에 대하여, '소크라테스, 살리에리, 아라비아 또는 페르시아, 유리'라고 틀린 답변을 할 것이다. 우리는 종종 자신 있게 알고 있다고 믿는 상식조차 잘못 알고 있는 경우가 많다.

열심히 학습하였는데도 제대로 이해하고 있지 못하면 학습 효과를 기대하기 어렵다. 그렇다면 확실하게 이해하였다는 것을 어떻게 확인할 수 있을까? 문제를 풀거나 시험을 보아서 확인할 수 있을 것이다. 그러나 가장 효과적인 방법은 이해한 것을 다른 사람에게 설명하는 것이다. 다른 사람에게 학습 내용을 자신 있게 설명할 수 있을 때, 비로소 이해하였다고 할 수 있다. 아인슈타인은 "여섯 살짜리 아이에게 설명하지 못하면 당신은 충분히 그것을 이해하지 못한 것이다"라고 하였다. 학습하였으면 그 내용을 다른 사람에게 설명하고 가르칠 수 있어야 하는 것이다.

학습 피라미드

학습에 있어서 가르치기 활동은 아주 중요하다. 학습성과 중의 하나인 학습내용 기억과 학습 방법간의 상관 관계에 대한 연구가 있었다. 미국 국립 응용 행동과학 연구소NTL Institute for Applied Behavioral Science에서는 연구 결과를 종합하여 [그림 9-1]과 같은 학습 피라미드Learning Pyramid라는 것을 발표한 적이 있다. 교육학자 데일Edgar Dale도 이와 유사한 '경험의 원뿔'Cone of Experience을 제시하고 있다. 평균 기억율(%)의 세부 수치에 대한 논란이 있지만, 토의/토론, 실습/연습, 가르치기의 능동적 학습 방법이 학습효과가 월등하다는 데는 이견이 없다. [그림 9-1]에서 보는 바와 같이, 가르치기는 최상의 학습효과를 생산하는 학습 방법임을 알 수 있다.

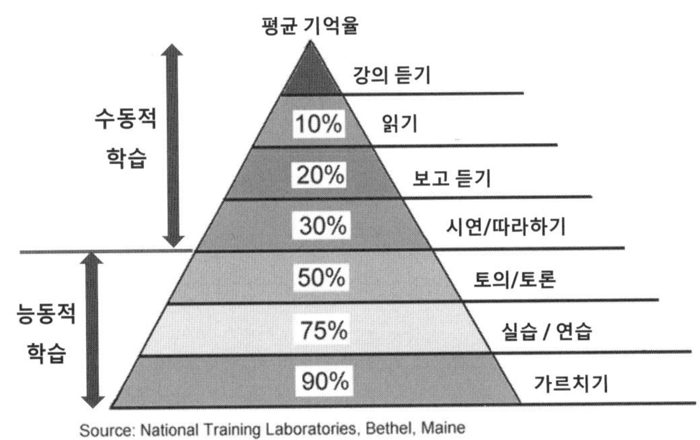

【그림 9-1】 학습 피라미드

학습활동은 배우는 것만을 의미하지 않는다. 교육심리학자 블룸Benjamin Bloom이 제시한 [그림 8-4]의 학습 단계에서 보는 바와 같이, 학습에는 다양한 학습활동이 있다. 이런 다양한 학습 활동을 포괄할 수 있는 것이 '다른 사람 가르치기' 활동이다. 블룸의 완전학습 모델mastery learning model에서도 가르치기는 아주 중요한 역할을 하고 있다. 지속적으로 성장하는 학습을 하고자 하면, 수동적 학습 수준에 머물러서는 안 된다. 다른 사람 가르치기로 능동적이고 활동적인 학습을 하여야 한다. 다른 사람 가르치기는 학습의 수준을 업그레이드 할 수 있는 간편하고 효과적인 최상의 학습방법이다.

가르쳐서 배우자.

교육학자들은 최상의 교수학습 모델을 개발하기 위하여 많은 연구를 수행하여 왔다. 그 결과 행동주의, 인지주위, 구성주의 등 다양한 관점에서 수많은 모델이 제시되었다. 각각의 모델들은 나름대로 특성이 있고 의의가 있었다. 학습자의 학습효과를 극대화하는 최상의 모델은 무엇일까? 최근 여러 분야에서 가르쳐-배우기가 주목을 받고 있다.

1980년대 초반, 장폴 마틴Jean-Pol Martin은 로마의 철학자 세네카Seneca가 애용한 이래로 다양한 방법으로 활용되어 온 학습법을 '가르쳐-배우기'Leaning-by-Teaching 학습으로 체계화 하였다. 수많은 다각적인 연구를 통해 가르쳐-배우기가 학습효과를 극대화할 수 있는 효과적 방법임이 입증되고 있으며, 여러 교육 현장에 활발하게 활용되고 있다.

가르쳐-배우기의 핵심은 교수학습의 역할을 바꾸는 것이다. 학습자가 교수자가 되어 가르치고, 교수자는 멘토로 학습자의 가르침을 조언해 주는 것이다. 다시 말하면, 학습자가 교수자로 변신하여 학습을 주도하는 것이다. 학습자가 교수자가 되기 위해서는 학습과제를 완벽하게 이해하여야 하며, '자신의 언어'로 설명할 수 있어야 한다. 단순히 암기해서 외우는 것이 아니라, 이해한 후에 자신의 언어로 설명하기 위해서는 완벽하게 학습하지 않으면 안 된다. 때문에 가르쳐-배우기를 할 수 있다면 당연히 완벽한 학습을 한 것이 되고 이를 통하여 학습효과를 극대화할 수 있다. 가르쳐-배우기는 완벽한 학습을 만들 뿐만 아니라 학습에 유용한 여러 기능도 가지고 있다.

- 학습자의 학습의욕을 북돋아 주고 학구열을 신장시킨다.
- 학습자 중심의 주도적 학습이 실현된다.
- 학습자 스스로가 학습을 설계하고 준비하는 능력을 갖게 된다.
- 열린 마음으로 협력하고 팀워크가 좋아져 원만한 인간관계가 형성된다.
- 발표 능력이 향상된다.
- 학습에 대한 책임감과 자존감이 증진된다.

가르쳐-배우기는 수동적 학습을 초월한 최상위 수준의 능동적 학습이다. 학습을 스스로 창조하고자 하면, 배우지 말고 가르쳐야 한다. 가르치면 더 많이 배울 수 있고 창의적으로 학습을 확장해 나갈 수 있다.

가르쳐-배우기는 학습효과를 극대화는 효과적 학습 방법일 뿐만 아니라, 학습자가 당연히 하여야 할 책무이기도 하다. 지식은 다른 사람과 나눌 때 더 유용하고 더 커지게 된다. 배웠으면 자신만 알고 있지 말고 다른 사람과 함께 공유하여야 한다. 인류는 이러한 지식의 공유와 전승을 통해서 발전하여 왔다. 성인이나 위대한 스승은 모두 제자를 두어 가르치기에 힘썼으며 제자 양성에 부단히 노력하였다. 또한, 자신이 알고 있는 것으로 책, 그림, 음악 등으로 표현하여 널리 전파하기도 하였다.

학습자는 학문을 배우는 사람으로서 배우고 이해한 것을 서로 나누고 가르치는 열린 마음 자세를 가져야 한다. 일부 학습자는 자신이 알고 있는 것을 다른 사람도 알까 봐 두려워하고, 자신이 학습한 내용을 숨기기까지 하는데, 이렇게 폐쇄적이고 편협한 학습을 절대로 성과를 낼 수가 없다. 이러한 학습 태도는 지나치게 경쟁을 의식한 피해망상의 사고이며 학습의 자신감을 상실한 열등감일 뿐이다. 당당하게 열린 마음으로 함께 배우고 가르쳐야 뿌리깊어 흔들리지 않는 학습을 할 수 있다.

가르쳐-배우기는 인간의 욕구를 계층적으로 분석한 심리학자 매슬로우Abraham Maslow의 욕구 계층 모형의 최상위 수준인 자아 실현의 욕구와도 깊은 관계가 있다. 학습자는 어느 정도 학습수준이 높아지면 수동적인 학습자로 남기보다는 자신의 잠재력과 능력을 발휘해 보고자 하는 자기 개발이나 자아 실현의 욕구가 충만하게 된다. 가르치기는 학습자의 이러한 욕구를 충족시키는 아주 좋은 방법을 제공한다. 학습자는 가르쳐-배우기로 자아 실현할 수도 있고, 더불어 새로운 것을 배울 수 있어 일거양득의 효과를 얻게 된다.

가르치는 것은 두 번 배우는 것이다.
- 요셉 주베르Joseph Joubert

9.2 열린 마음으로 가르쳐라.

학습에서 배움과 가르침은 동전의 양면과 같다. 배움과 가르침은 전혀 다른 별개의 것이 아니라 본래 하나인 것이다. 학습은 배우면 가르칠 수 있어야 하고 가르침을 통해서 새롭게 배워야 하는 것이다. 배움과 가르침이 상호작용할 때 완벽한 학습이 실현된다. 그럼에도 불구하고, 학습자는 배움의 테두리 안에서만 학습하려고 하기 때문에 개방된 창의 학습을 하고 있지 못하다. 학습자는 배우는 사람이라는 고정관념을 타파하고, 배운 것을 가르치는 교수자로서의 역할도 동시에 수행하여야 한다. 프랑스의 철학자, 수필가인 요셉 쥬베르Joseph Joubert는 "가르친다는 것은 두 번 이상을 배우는 것이다."라고 하였다. 학습자가 교수자가 되어 가르칠 때, 두배 이상 더 배울 수 있고, 학습성과도 극대화할 수 있다. 뿐만 아니라, 학습이 추구하는 목표인 '스승보다 뛰어난 제자', 즉 청출어람靑出於藍의 탄생도 가능해진다. 학습의 열정으로 가득 찬 학습자는 배움의 테두리를 깨고 더 넓은 학습으로 나가야 한다.

'가르쳐-배우기'Learning by Teaching는 많은 연구를 통해 학습성과가 입증되었고, 학습자 중심의 최상의 학습 방법으로 인식되고 있다. 많은 대학과 기관에서 가르쳐-배우기를 활용하고 있으며, 최근 주목받고 있는 '거꾸로 학습'flipped learning과 연계하는 등 활발하게 확산되고 있다.

강의실에서 교수자와 학습자 사이에 공식적으로 이루어지는 가르쳐-배우기는 학습설계, 선행학습과제, 교수자와 학습자의 역할 정의, 상호작용 등 사전에 많은 준비와 훈련이 필요하다. 이러한 공식적 형태의 가르쳐-배우기는 학교나 교육기관의 교수학습 방법으로 활용되는 것이다. 여기서는 학습자 스스로 할 수 있는 자발적 형태의 가르쳐-배우기 방법을 알아보도록 한다. 학습자가 가르쳐-배우기의 높은 학습성과를 자신의 학습에서 성취하는 방법을 살펴보자. 학습자 독자적으로 수행할 수 있는 가르쳐-배우기 학습의 구체적 방법에는 [그림 9-2]처럼 대략 6가지 방법을 생각할 수 있다.

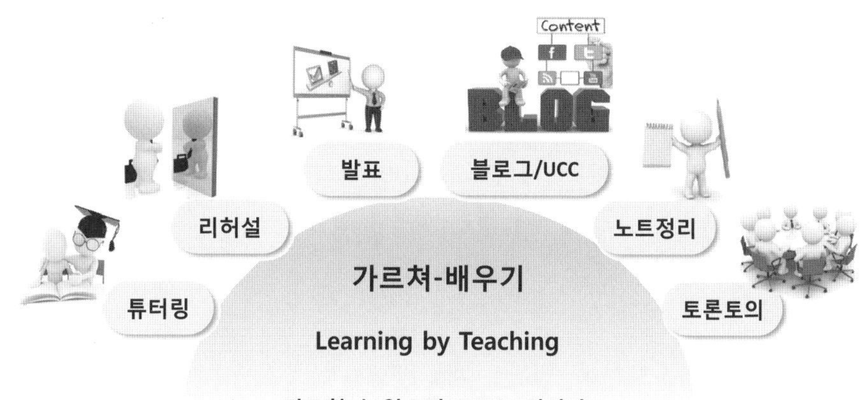

【그림 9-2】 학습자를 위한 가르쳐-배우기 방법

튜터링tutoring

학습 과제에 대하여 잘 알고 있는 학습자가 다른 학습자를 친구나 동료의 학습을 개별적으로 지도하는 것이다. 지도하는 학습자를 튜터tutor라 하고 지도 받는 학습자를 튜티tutee라 한다. 튜터는 1:1 개인 지도할 수 있고 또는 여러 학습자를 그룹 스터디 형태로 지도할 수도 있다. 튜터는 교수자가 되어 튜티를 지도할 수 있을 정도로 학습과제에 달통하여야 한다.

튜터링은 친밀하고 자유스러운 분위기에서 학습이 가능하므로 학습 효과 높다. 튜터는 학습 주제에 대한 노하우 또는 학습을 요약 정리하여 지도할 수 있고, 튜티는 거리감 없는 즐거운 마음으로 학습할 수 있게 된다. 튜터와 튜티간에 유쾌한 상호작용이 이루어지고 다양한 형태의 학습 활동이 이루어 질 수 있다. 무엇보다도 튜티는 교수자가 친구 또는 선배라는 편안한 마음으로 학습을 할 수 있다.

학습을 통해 배웠으면 튜터 역할을 하여야 한다. 대부분의 학습자가 경쟁의식으로 인하여 다른 학습자의 학습을 지도하는 것을 꺼리는 경우가 있는데, 이런 것은 편협한 개인주의일 뿐이다. 이런 의식으로 학습하면 절대로 올바른 학습을 할 수가 없다.

튜터가 되어 학습을 지도할 때는 진솔하고 진지하게 그리고 즐거운 마음을 하여야 한다. 자신이 학습과제를 잘 알고 있다고 오만해 지거나 튜티를 무시해서는 안 된다. 튜티가 질문하면 최선을 다해 함께 생각하고 핀잔을 주거나 귀찮아해서는 안 된다. 튜터링은 튜터와 튜티가 한쪽 발을 묶고 2인3각 경기를 하는 것과 같다.

리허설rehearsal

튜터링처럼 튜티가 있어 가르쳐-배우기를 할 수 있으면 좋지만, 튜티를 발견하기 어려운 경우가 있다. 튜티 없이 혼자 튜터링을 하는 것을 리허설이라고 한다. 공부방 또는 강의실 등 조용한 공간에서 튜티가 있다고 가정하고 튜터링을 하는 것이다. 명품 프레젠테이션presentation으로 유명한 스티브 잡스Steve Jobs는 관중 앞에서 발표하기 전에 수백 번의 리허설을 하였다는 것은 잘 알려진 이야기이다. 명품 프레젠테이션은 수백 번의 리허설이 만든 것이다. 튜티가 없다고 해도 얼마든지 가르쳐-배우기를 할 수 있다. 튜티가 옆에 있는 것처럼, 튜티들이 앞에 앉아 있다고 생각하고 열정적으로 리허설하도록 한다. 정말로 튜티가 있는 것처럼 실감나게 리허설하도록 한다.

발표presentation

일반적으로 특정 주제에 대하여, 빔프로젝터, 플립차트 등 시청각 기기를 사용하여, 여러 사람 앞에서 설명하는 것을 발표라 한다. 발표는 특정 주제의 지식을 다수의 사람들에게 단시간 내에 전달할 수 있는 아주 효과적인 지식 전달 방법이다. 이러한 발표의 효과성으로 인하여 학교, 기업, 기관 등에서 강연, 세미나, 회의, 제품 소개 등 일상적 활동을 발표 형식으로 진행하고 있다. 넓은 의미에서 강의도 일종의 발표라고 생각하면, 발표는 아주 일상적인 활동이라고 할 수 있다. 요즈음 TED, 지식 콘서트, 열정 토크 등의 발표 형식이 대중적 지식 엔터테인먼트 행사로 각광을 받고 있어, 발표의 대중화 전성시대가 열리고 있다. 누구든지 발표자가 되어 발표할 수 있는 기회가 확대되고 있고, 더불어 발표 능력은 학습자가 갖추어야 할 중요한 역량이 되고 있기도 하다.

발표는 특정 주제의 핵심을 짧은 시간 내에 전달하는 효과적인 교수학습 방법이다. 그러므로, 해당 주제에 정통한 지식을 갖고 있는 사람만이 발표자가 될 수 있다. 발표자가 된다는 것은 주제에 정통한 전문가가 된다는 것과 같다. 학습자가 발표자가 되려면 주제 분야에 전문 지식을 쌓아야 하며, 이런 과정에서 집중적인 학습이 이루어진다. 또한, 발표를 통해서 학습한 내용을 재확인하고 반복할 수 있는 기회가 주어진다. 이런 측면에서 보면, 발표는 천혜의 학습 방법이라 할 것이다.

발표는 제한된 공간에서 한정된 시간 내에 효과를 만들어야 하기 때문에 세련된 발표 기법이 필요하다. 발표장에서 우물쭈물하거나 우왕좌왕하게 되면 발표자에 대한 신뢰가 손상되고 발표의 목적을 달성할 수가 없다. 발표는 발표자가 주인공인 종합 예술이라 할 수 있으므로 철저한 기획, 완벽한 연출, 멋진 공연이 되도록 하여야 한다.

발표와 관련된 요소를 살펴 보면 [그림 9-3]과 같다. 이런 요소들이 유기적으로 작용하여야 청중에게 감동을 줄 수 있는 발표가 된다. 세련된 발표가 어떤 것인지 일률적으로 규정하기 어렵지만, 많은 노력과 경험으로 자신만의 발표 스타일을 창조하는 것이 중요하다. 여기서는 효과적인 발표를 위한 핵심 사항을 개략적으로 살펴 보기로 한다.

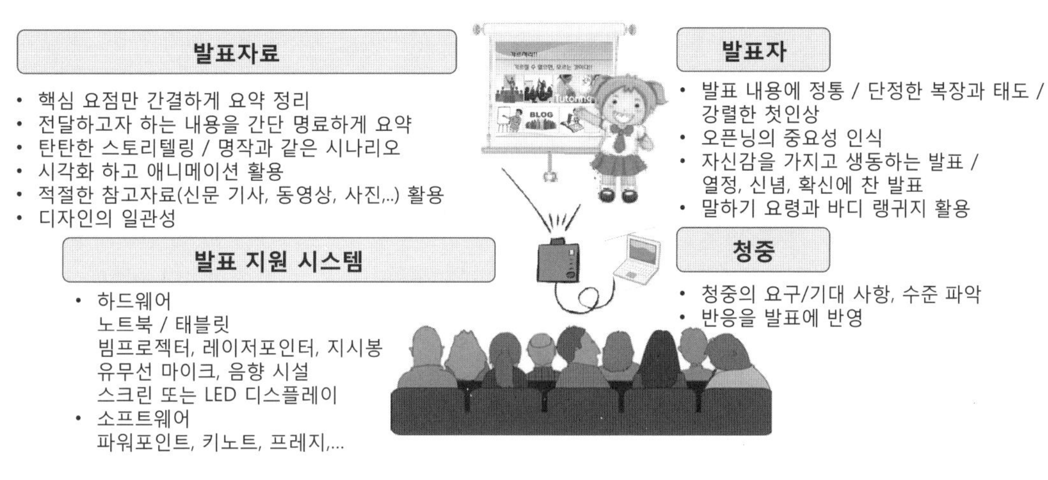

【그림 9-3】 발표의 구성 요소

[발표자]

발표자는 발표의 주인공으로서 발표를 주관하고 발표가 청중에게 유익하도록 할 책임이 있다. 발표 내용에 정통하고 있어야 하며, 단정한 복장과 태도로 청중에게 친근함을 주고 편안한 분위기를 유지하여야 한다. 자신감 넘치는 모습으로 신뢰를 주어야 하고 첫인상을 강렬하게 하여야 한다. 영화, TV 프로그램 등에서 보는 바와 같이, 발표의 시작, 오픈닝opening은 아주 중요하다. 오픈닝이 발표의 성패를 좌우한다고 해도 좋을 정도이다. 청중의 관심과 호기심을 이끌어 내면서 강력한 오픈닝으로 발표를 시작한다.

발표 중에는 열정, 확신, 신념으로 생생한 발표를 이끌어야 한다. 발음, 발성, 억양, 말의 속도, 등 말하기 요령과 얼굴 표정, 손동작, 시선, 제스처 등 바디 랭귀지body language를 적절하게 활용하여 살아 움직이는 역동적 발표가 되도록 한다. 청중이 발표에 집중할 수 있도록 흥미, 재미를 유도하고 재미있는 사례 또는 유모어로 화기애애한 분위기를 유지해 나간다.

발표 종료 시에는 발표의 내용을 명확하게 요약 정리하여 발표가 전달하고자 하는 메시지를 각인시켜 발표의 감동이 오래 남을 수 있도록 한다.

[발표 자료]

발표 자료는 발표가 있도록 한 가장 중요한 원인이다. 청중은 발표 내용을 듣고자 참석한 것이므로, 발표 자료는 발표의 꽃이라고 할 수 있다. 발표자료가 부실하고 내용이 충실하지 못하다면, 발표는 지루하게 되고 청중으로부터의 비난을 피할 수 없게 된다. 청중의 시선을 끌어 당길 수 있는 발표 자료를 작성하여야 한다.

발표 자료는 주제 내용에 충실하여야 한다. 주제의 핵심 요점을 간결하고 명확하게 정리하여 전달하고자 하는 내용이 분명하게 들어 나도록 한다. 그러나, 발표 자료 작성은 주제 내용의 요약 정리와는 또 다른 문제이다. 아무리 주제 내용을 잘 요약 정리하였다고 하여도, 이를 발표에 적합하도록 가공 또는 요리하지 않으면 무용지물이 되기 십상이다.

영화가 아주 긴박한 스토리로 관객을 사로잡듯이, 주제 내용을 잘 짜여진 이야기로 만들어 한다. 발표 자료의 선후 관계를 체계적으로 조정하여 탄탄한 스토리텔링 구조와 감동적 시나리오를 만들어야 한다. 발표 자료의 전체 설계도 작성이 무엇보다도 중요한 것이다.

발표 자료의 전체 설계도가 작성되었으면 이를 발표 슬라이드로 구체화하여야 한다. 발표 슬라이드는 한눈으로 이해할 수 있도록 시각화 하도록 한다. 세세한 내용의 텍스트보다는 이미지, 사진, 클립아트 등을 활용하여 발표 내용을 단번에 파악할 수 있도록 한다. 적절한 애니메이션으로 발표의 역동성을 높이고, 관련 사례, 신문 기사, 짧은 동영상 등을 가미하여 이해하기 쉽도록 한다. 발표 슬라이드 디자인에 일관성을 유지하여 한편의 명작 영화가 되도록 한다.

[청중]

청중은 발표의 고객이고 소비자이다. 고객을 감동시키고 좋은 평가를 얻을 수 있도록 하여야 한다. 먼저, 발표에 대한 청중의 요구 사항, 기대 사항을 파악하여 발표 자료 작성과 발표에 반영하여야 한다. 또한, 청중의 수준을 파악하여 발표 자료의 수준을 결정하고 청중의 눈높이에 맞는 발표를 진행한다.

발표 중에는 청중의 반응을 파악하여 발표의 완급을 조절하고 분위기 전환에 반영한다. 청중이 발표로부터 이탈하는 것을 방지하는 것은 발표자의 의무이다.

[발표 자원 시스템]

효과적으로 발표를 지원할 수 있도록 다양한 기기들이 제공되고 있다. 발표자는 발표 시에 이런 기기를 자유자재로 활용할 수 있어야 한다. 발표자가 기기 이용법을 숙지하고 있거나 전문가의 도움을 받아 발표 시에 기기 사용에 어려움이 없도록 하여야 한다. 또한, 사전에 기기가 정상적으로 동작하는지를 점검하여 발표 중에 예기치 않은 사태가 발생하지 않도록 하여야 한다.

발표 지원 기기에는 노트북 컴퓨터나 태블릿, 빔프로젝터, 레이저 포인터, 지시봉, 유무선 마이크, 음향 시설, 스크린 또는 LED 디스플레이 등 다양한 기기들이 활용된다. 발표 전에 기기의 상태를 점검하고, 특히 동영상 등을 활용하는 경우에는 관련 기기나 소프트웨어가 정상적으로 동작하는지를 테스트해 보아야 한다.

발표 지원 소프트웨어로는 파워포인트, 키노트Keynote, 프레지Prezi 등 프레젠테이션 소프트웨어가 필수적으로 이용된다. 각 프레젠테이션 소프트웨어마다 독특한 특성이 있으므로 자신의 발표에 적합한 소프트웨어를 활용하도록 한다. 발표자는 프레젠테이션 소프트웨어를 자유자재로 활용할 수 있는 능력을 보유하고 있어야 한다. 발표가 생활화 되고 있어 프레젠테이션 소프트웨어 활용 능력은 학습자의 기본 소양이 되고 있다.

발표 시에는 소프트웨어가 제대로 설치되어 있는지 확인하고 작성된 발표 자료가 이상 없이 동작하는지를 확인하여야 한다. 소프트웨어 버전의 차이 또는 지원 파일 포맷 등으로 학습자의 컴퓨터에서는 제대로 동작하는 발표 자료가 발표장의 컴퓨터에서는 오류를 발생하는 경우가 있다.

발표는 쉬운 일이 아니다. 누구나 발표를 많은 사람들 지켜보는 무대 앞에서면 공포를 느끼게 된다. 초초해지고 떨리게 되어 제대로 발표를 못하는 경우가 있고 심한 경우에는 발표 공포증으로 어려움을 겪기도 한다. 발표에서는 훌륭한 발표를 할 수 있다는 자신감이 중요하다. '나는 발표 주제에 대하여 전문가이고, 청중들은 아무 것도 모르는 초보자들이다. 그러므로 내가 주인공이다.'라고 생각하여 마음을 진정시키고 자신감을 확신하도록 한다. 또한, 청중 중에 한 사람을 친구로 생각하고, 친구에게 이야기하는 것처럼 편안한 마음으로 발표를 진행하면 좋다.

스티브 잡스나 잭 웰치처럼 프레젠테이션의 달인들이 학습자나 직장인들의 우상이 되곤 한다. 발표가 일상 업무의 중요 부분을 차지하고 있기 때문에 업무 능력을 평가하는 척도가 되고 있기 때문이다. 발표 능력은 모두에게 요구되는 기본 역량이라고 해도 좋을 것이다. 학습자는 발표 능력 신장에도 관심을 두어 자발적으로 발표에 참여하여 경험과 기술을 쌓을 필요가 있다.

또한, 발표는 주제에 대한 전문성이 갖추어야 하므로, 발표 준비를 통해 심화 학습을 할 수 있고 발표를 통해 학습 내용을 다시 한번 더 확인할 수 있어 최상의 학습 방법이라 할 것이다. 뿐만 아니라, 발표를 통하여 학습에 대한 자신감을 확인하고 자신의 지식을 다른 사람과 공유하는 열린 학습을 실천할 수 있다.

블로그blog와 UCC

인터넷과 정보기술의 급속한 진화 발전으로 교육에도 혁신적 변화가 일어나고 있다. 이미 인터넷을 활용한 이러닝e-Learning이 보편화 되었고, 시간과 장소의 제약을 받지 않고 교수학습 할 수 있는 유러닝u-Learning, 엠러닝m-Learning 등을 넘어 스마트 모바일 기술을 활용하는 스마트 러닝 Smart Learning이 새로운 교육 모델로 등장하고 있다. 인터넷으로 강의하는 사이버 대학이 평생 교육기관으로 각광을 받고 있고, 온라인 강의를 제공하는 무크MOOC가 전세계적으로 확산되고 있다. 시간과 공간에 제한이 없는 새로운 학습 시대가 도래하고 있는 것이다.

이러한 변화중의 하나로 교수자와 학습자의 구분이 모호해 지고 있다. 누구나 교수자가 될 수 있고 누구나 학습자가 되는 시대가 되었다. 학습자 역시 한정된 틀 속에 갇혀 학습자가 되려고 하지 말고, 교수자로 거듭나는 되는 적극적 학습자가 되어야 한다. 인터넷 정보 기술을 활용하면 누구든지 쉽게 교수자로 변신할 수 있다. 대표적인 방법으로 블로그blog, UCCuser-created content, 팟캐스트podcast가 있다.

[블로그]

웹 기술 초창기에는 홈페이지가 널리 사용되었지만, 지금은 블로그가 대세이다. 블로그는 개인의 일상 활동을 적는 개인 일기장 형식에서 출발하였지만, 자신의 생각이나 전문 지식을 자주 업데이트 하는 사이트로 발전하였다. 한마디로 말하면, 블로그는 개인의 일기장, 개인이 만드는 서적, 개인의 발행하는 잡지의 성격을 갖고 있으며, 좀 더 전문적으로 말하면 1인 미디어라고 할 수 있다.

블로그는 정보나 지식을 공유하고 나누는 공간으로, 신제품에 대한 평가나 제품 공동 구매를 위한 게시판과 장터로, 맛집, 여행지, 신간 서적, 영화 등에 대한 생각이나 정보를 공유하는 지식의 광장 등으로 아주 다양하게 활용되고 있다. 블로그는 자신의 이름과 명예를 걸고 정보와 지식을 교환하기 때문에, 정보에 대한 신뢰성이 높다. 만약 여행을 가려고 하면, 여행지에 대한 정보를 웹에서 검색할 것이 아니라, 블로그에서 찾는 것이 좋다. 전에 그곳을 다녀 온 사람으로부터 생생한 정보를 얻을 수 있기 때문이다. 제품을 구입할 때도, 제품 설명서만 보지 말고, 제품을 사용한 경험이 있거나 전문가의 블로그를 참고하면 신뢰할 수 있는 더 좋은 정보를 얻을 수 있다. 왕성하게 블로그 활동을 하는 사람들을 파워 블로거power blogger라 하며, 파워 블로거는 인터넷 사용자로부터 신뢰를 받기 때문에, 유명인사, 전문가의 대우를 받고 있다.

이런 블로그는 가르쳐-배우기의 좋은 도구로 활용할 수 있다. 자신이 학습한 내용을 잘 정리하여 블로그에 올려 놓고 다른 사람과 공유한다면 블로그는 훌륭한 인터넷 강의실이 될 수 있다. 블로그를 작성하는 동안 학습한 지식을 정리할 수 있고, 다른 사람과 학습 공유로 학습의 수준의 질을 더욱 향상시킬 수 있다. 또한, 열린 학습을 통해 학습의 자신감을 강화하고 다른 학습자와의 교류로 따뜻한 인성을 함양할 수도 있다.

블로그 개설과 운영은 아주 쉽다. 2003년에 아주 손쉽게 블로그를 개설하고, 콘텐츠를 체계적으로 관리할 수 있는 공개 플랫폼인 워드프레스Wordpress가 등장하여, 누구든지 자신의 블로그를 가질 수 있게 되었다. 또한, 네이버, 다음 등 포털 사이트와 티스토리Tistory, 싸이월드Cyworld 등에서 무료 블로그 개설을 지원하고, 페이스북Facebook과 같은 소셜 네트워크 서비스를 블로그 형식으로 운영할 수 있어, 마음만 먹으면 자신의 블로그를 언제든지 만들 수 있다. 블로그로 자신만의 인터넷 강의실을 만들어 전 세계적으로 유명한 교수자가 되어 보자.

【그림 9-4】 블로그의 예

[UCC]

비디오나 영화 제작은 전문가의 영역이었다. 그러나, 스마트 정보기기의 발달로 이제는 누구든지 전문 기술이나 지식 없이도 영화 감독이 되고 배우가 될 수 있다. '국제 스마트폰 영화제'가 개최될 정도로 일반 사용자의 스마트폰이나 태블릿을 이용한 동영상 또는 영화 제작이 아주 활발하다. 스마트폰으로 사진만 찍는 사용자는 초보자이며, 적어도 자신만의 동영상을 제작할 수 있어야 스마트폰 사용자라고 말할 수 있게 되었다.

학습자가 학습한 내용을 강의하면서 이를 스마트폰을 이용하여 촬영한 후에 UCC로 제작하여 유튜브Youtube 등에 올려 둘 수가 있다. 강의 동영상을 촬영하려면 학습 내용을 명확하게 이해 하여야 하고, 프레젠테이션 기법으로 강의를 설계하여야 한다. 이런 과정을 통해 학습 내용을 정교화하게 되고 프레젠테이션을 통해 다시 한번 더 강화하게 된다. UCC 제작은 온몸으로 하는 학습을 실제로 시연해 볼 수 있는 좋은 방법이기도 하다.

강의 동영상 제작에는 많은 시간이 소요되고 혼자서 하기에는 벅찰 수도 있다. 그러나, 앞서 설명한 프레젠테이션 리허설을 동영상으로 제작한다는 생각으로 접근하면 쉽게 숙달될 수 있다. 또한, UCC 저작도구를 이용하면 효과적으로 UCC를 제작할 수도 있다. 유튜브에는 다양한 주제의 수많은 동영상 강의가 올라와 있다. 이런 동영상을 참고하면 강의 동영상 제작에 자신감을 얻을 수 있을 것이다. 강의 동영상을 제작하여 전세계를 대상으로 교육하는 교수자가 되어 보도록 하자.

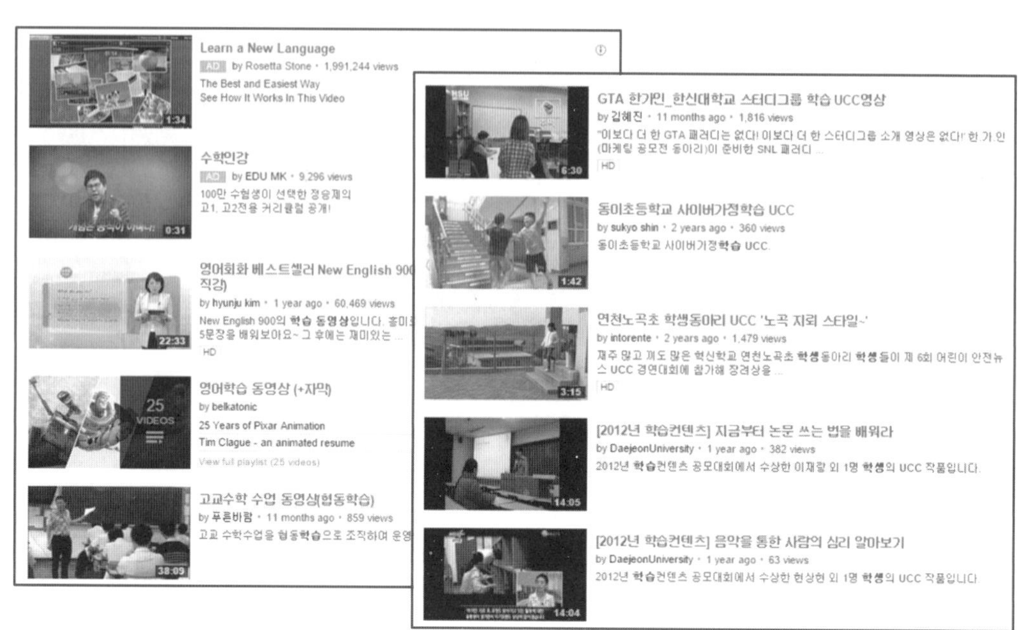

【그림 9-5】 유튜브에 올려진 UCC의 예

[팟캐스트]

인터넷을 이용한 라디오 방송국 형태로 팟캐스트가 있다. 팟캐스트은 청취자가 원하는 팟캐스트에 가입하면, 정기적 혹은 새로운 내용이 올라올 때마다 자동으로 청취자에게 방송을 전달한다. 방송 내용은 주로 주로 MP3와 같은 미디어 파일로 제공되는데, 사용자는 방송국에서 보네 온 MP3 파일을 디지털 오디오 플레이어로 재생하여 방송을 청취하게 된다.

팟캐스트를 하려면 인터넷 방송국 역할을 하는 서버를 설치하여야 하는데, 유튜브처럼 무료로 팟캐스트 서비스를 지원해 주는 사이트가 많이 있다. 학습자는 자신의 강의를 MP3로 녹음하여 이런 사이트에 올려 두면, 그때마다 가입한 청취자가 스마트폰, PC 등을 이용해서 들을 수 있게 된다. 팟캐스트는 음성으로만 전달되는 라디오적 성격으로 인하여 강의에 많은 제약이 있어 학습 활동에 사용되고 있지 않다. 주로 말로만 할 수 있는 강의, 예를 들어, 역사 이야기나 어학 학습 등에 활용할 수 있을 것이다.

노트정리

대부분의 학습자들이 잘못 알고 있는 것이 있다. 학습 내용을 이해한 것으로 학습이 완성된 것으로 생각한다. 이런 학습자들은 강의를 듣거나 교재를 보았을 때는 모두 안 것으로 생각하지만, 강의실을 떠나거나 교재를 덮으면 학습 내용을 기억하지 못하는 경우가 많다. 학습은 수동적으로 채워 넣는다고 해서 완성되는 것이 아니다. 반드시 이해한 학습 내용을 자신의 언어로 기록할 수 있어야 학습자의 온전한 지식이 될 수 있다. 설명할 수 없으면 이해하지 못한 것처럼, 쓸 수 없으면 알지 못한 것이다.

앞서 제7장에서 노트 정리의 중요성을 강조한 바가 있다. 학습을 하였으면 반드시 자신의 언어로 학습 내용을 노트에 요약 정리하여 기록하여야 한다. 노트정리를 통해 학습 내용을 다시 한번 심화학습을 할 수 있고, 자신만의 언어로 학습을 재창조하게 된다. 아주 편리하고 생산적인 방법으로 심화 학습과 생산적 학습성과를 만들 수 있는 가장 효과적인 학습이 노트정리이다.

노트정리는 학습자가 자신을 상대로 하는 '가르쳐-배우기'의 튜터링이라 할 수 있다. 노트 정리할 때는 학습자가 자신을 튜터링하는 것을 상상하고 편안한 마음으로 하도록 한다. 또한, 노트정리는 자신을 청중으로 하는 발표로 생각할 수 있다. 발표하는 심정으로 노트 정리하면, 요약 정리가 수월해 지고 전체적 맥락도 체계적으로 파악할 수 있다. 뿐만 아니라, 발표를 위한 이미지 트레닝도 겸하게 된다.

스마트 정보기기의 보급으로 종이와 펜으로 노트를 작성하는 것이 어색한 시대가 되었다. 많은 학습자가 강의 시간에 노트북이나 스마트폰으로 필기하는 것을 종종 볼 수가 있다. 종이와 펜, 노트북과 키보드, 어느 것이 더 학습에 효과적일까? 프린스턴 대학교의 팸 뮬러Pam Mueller 등이 2014년 '심리과학' 학술지에 발표한 연구 결과에 의하면, 종이와 펜을 이용하여 손으로 노트 작성하는 것이 더 학습 효과가 높다고 한다. 종이와 펜을 이용하여 노트를 작성하는 동안에는 개념의 이해가 진행되기 때문에, 단순히 기계적으로 타이핑한 것과 학습 효과에서 커다란 차이가 있다. 필기뿐만 아니라, 노트정리에 있어서도 종이와 펜은 컴퓨터가 제공하기 어려운 탁월한 유연성이 있다. 언제든지 원하는 그림을 쉽게 그릴 수 있고, 노트의 구성, 배치, 추가, 삭제 등을 컴퓨터보다도 훨씬 수월하게 할 수 있다. 노트정리 시간도 상대적으로 짧으며 언제든지 휴대할 수 있고 전원이나 인터넷 연결에 대한 걱정 없이 활용할 수 있다. 스마트 정보기술이 발전하여도 손 글씨로 작성하는 노트정리의 효과성은 변함이 없다. 그럼에도 불구하고, 필요하다면 컴퓨터나 스마트폰 등을 활용하여 파일로 작성할 수도 있다. 파일로 작성된 노트는 블로그, UCC 등에 활용 가능한 장점도 있다. 중요한 것은 학습하였으면 노트정리는 필수라는 것이다.

잘 정리된 노트는 교재 이상의 가치가 있다. 실제로 이런 노트가 출판되기도 한다. 노트정리를 깔끔하게 하여 서적으로 출간하는 저자가 되어 보도록 하자. 잘 정리된 노트를 진구, 동료, 후배와 공유하여 열린 학습을 성취할 수도 있다.

Psychological SCIENCE
A Journal of the Association for Psychological Science

The Pen Is Mightier Than the Keyboard
Advantages of Longhand Over Laptop Note Taking

Pam A. Mueller1
Daniel M. Oppenheimer2

[1]Princeton University
[2]University of California, Los Angeles

Pam A. Mueller, Princeton University, Psychology Department, Princeton, NJ 08544
E-mail: pamuelle@princeton.edu

Author Contributions Both authors developed the study concept and design. Data collection was supervised by both authors. P. A. Mueller analyzed the data under the supervision of D. M. Oppenheimer. P. A. Mueller drafted the manuscript, and D. M. Oppenheimer revised the manuscript. Both authors approved the final version for submission.

【그림 9-6】 손 글씨 노트 필기의 우월성

토론/토의

토론은 전문성과 논리성에 기초한 지적인 게임이다. 토론을 통해서 학습 내용을 논리적으로 발표할 수 있고, 상대방의 비판을 경청하여 학습 지식을 더욱 체계적으로 정교화 할 수 있다. 토론은 상호 작용이 있는 양방향 가르쳐 배우기라고 할 수 있다.

토의 역시 학습한 지식을 발표하고 상의할 수 있는 좋은 기회이다. 자신의 지식을 논리적으로 설명하고 설득할 수 있으며, 생각하지 못한 새로운 관점에서 새로운 지식을 습득할 수 있다.

토론과 토의는 단순한 가르쳐 배우기가 아니라, 상황에 따라 유연하게 가르쳐야 하고 상대의 비판적 시각을 즉시 수렴하여 대응하여야 하는 상황 적응 가르쳐 배우기이다. 토론과 통의에 대하여는 제8장을 참고하도록 하자.

제 [10] 장

유레카! 창의적 문제 해결 능력을 개발하라.

인터넷과 정보통신 기술의 비약적인 발전으로 하루가 다르게 세상이 변하고 있다. 새로 발표된 스마트폰이 다음 날이면 구식이 되고 웨어러블 컴퓨터를 비롯하여 지능형 로봇이 인간과 함께 동거하는 상상 속의 미래 사회가 도래하고 있다. 인간과 인간이 소통하던 시대에서 컴퓨터와 컴퓨터 소통하는 인터넷 시대로 변모하였으며, 이제는 인간-기계(컴퓨터)-공간이 장벽을 넘어 상호 소통한 사물 인터넷 시대가 본격적으로 전개되고 있다.

세상만 바뀌고 있는 것이 아니다. 세상을 이끌어 가는 주역의 의식과 역량에도 큰 변화가 일어나고 있다. 산업사회에서는 변화가 적었기 때문에 많은 것을 기억하고 한 가지 기술에 정통한 사람이 똑똑한 인재로 각광을 받았다. 그러나 기술이 나날이 혁신되고 정보가 넘쳐나는 사회에서는 지식의 기억과 기술 숙달이 무의미해지고 있으며, 혁신적 사고와 창의적 문제 해결 능력을 가진 새로운 인류가 요구되고 있다. 이에 따라, 학습의 패러다임도 창의적 문제 해결 중심으로 급속하게 재편되고 있다.

창의력은 특정인의 전유물이 절대 아니다. 모든 사람에게 내재된 보편적 역량이다. 이제, 잠자고 있는 창의력을 일깨워 미래 사회의 변화에 능동적으로 적응하고 새로운 혁신의 창조를 주도하여야 할 것이다.

한국이 미래의 물결을 선도하고 있다.
- 짐 데이토Jim Dator

10.1 창의력이 주체인 시대가 오고 있다.

생물이 오랜 동안 진화하여 온 것처럼, 인류 사회도 지속적으로 발전, 진화하여 왔다. 생물은 자연 선택과 유전자 부동genetic drift 등에 의하여 진화하지만, 인류 사회의 진화에는 다양한 요인이 작용한다. 천재지변이나 자연 환경의 변화, 전쟁과 같은 정치적 상황, 사회주의와 자본주의와 같은 사상적 이념 등 사회 진화는 아주 복합적인 원인에 의하여 이루어진다. 이러한 사회 진화의 원인과 그 방향을 전문적으로 연구하는 분야가 미래학futurology이다.

1973년 앨빈 토플러Alvin Toffler의 <미래쇼크>Future Shock, 1976년 대니얼 벨Daniel Bell의 <후기산업사회>The Post-industrial Society 등과 같은 미래 연구의 중요한 성과가 나오면서, 미래학은 인류 사회의 발전을 예측하는 선지자로 주목을 받게 된다. 이후 존 나이스비츠John Naisbitts의 <메가 트랜드>Megatrend와 앨빈 토플러의 <제3의 물결>The Third Wave와 같은 대중적 서적이 출간되어 미래 사회 변화에 대한 일반의 관심을 불러 일으켰다. 대표적으로 앨빈 토플러의 제3의 물결은 미래 사회를 이해하는 상식이 되기도 하였다.

상상 속 세상의 도래

앨빈 토플러는 사회 변화를 역사적 시각에서 파악하여 물결wave라는 개념을 제시하였다. 이전에도 인류 역사를 봉건 시대, 중세 시대, 근대 시대와 같이 시간축을 중심으로 해서 이해하곤 하였지만, 앨빈 토플러는 기술 체계, 사회 체계, 정보 체계의 세가지 요소를 중심으로 사회 변화를 파악하여 물결이라는 개념을 제시하였다.

제1물결은 인력, 가축력, 자연력을 사용하여 인류가 굶주림에서 벗어나 정착 생활을 하게 된 것을 의미한다. 농업 기술의 발전으로 농업 혁명이 이루어지고, 인류는 수렵 생활을 청산하고 정착하여 촌락을 이루고 본격적인 사회생활을 하게 된다. 제1 물결 시대에는 농업에 종사하는 농민이 주체가 되고, 더 넓고 비옥한 토지를 확보하기 위해 무력을 동원하여 전쟁을 하게 된다. 이 시기에는 촌락이 형성되면서 토지를 소유한 지배자가 나오게 되고, 영주와 왕을 중심으로 하는 봉건 사회가 형성된다.

제2물결은 약 300년전 산업 혁명에 의해 출현한 산업 사회를 지칭한다. 중세와 르네상스를 거치면서 과학 기술이 급속도로 발전하게 된다. 1760년 이후, 증기기관의 발명을 기점으로 약 1세기 동안에 기관차, 방적기, 용광로 등 다양한 기계가 등장하게 된다. 이로 인하여 종래의 수공업적 소규모 생산으로부터 공장에서의 대량 생산 체제로 전환되어 산업에 일대 변혁을 가져 오는 산업혁명이 일어난다. 기계의 작동을 위해, 석탄, 석유와 같은 에너지가 중요한 사회 자본이 되고, 대량 생산으로 대량 소비가 가능해지고, 더 많은 엔지니어를 양성하기 위해 대중 교육도 제도화 되는 등 인류 사회에 일대 혁신이 일어난다. 봉건사회가 붕괴되고, 자본가가 지배하는 산업 사회가 도래하며, 환경 파괴, 공해, 빈부의 격차 등 많은 사회 문제가 야기되기도 한다.

	제1물결	제2물결	제3물결	제4물결
사회 형태	농업사회 (농업혁명)	공업/산업사회 (산업혁명)	정보사회 (정보혁명)	지식/창조사회 (지식 혁명)
원동력	석기, 철기 군사력/무력	에너지 동력/경제력	정보/통신 정보력	지식/네트워크 창조력
주체	농어민	엔지니어	지식 근로자	창조 설계자
사회생활	직장시대(한 직장, 한 직업)		직업시대(여러 직업, 여러 직장)	
업무방식	열심히 일하자! Work hard! 업무량과 업무 시간 중심		스마트하게 일하자! Work Smart! 업무의 질과 업무 성과 중심	
교육제도	서당식 교육 (훈장 개인지도)	학교 교육 (집단 교육)	원격 교육	스마트 교육
학습방식	도제식 학습	주입식 암기 학습	자기 주도 학습	창의 협력 학습
인재	근면성 체력	성실 박학다식 블루 컬러	정보 활용 능력 글로벌 마인드 화이트 컬러	창의력 문제 해결 능력 골드 컬러

【그림 10-1】 앨빈 토플러의 사회 변화 패러다임

제3의 물결은 정보기술의 발달로 도래한 정보 사회를 말한다. 2차 세계대전 이후, 컴퓨터가 등장하여 정보 기술이 출현하면서 새로운 형태의 사회가 태동하기 시작한다. 정보 기술은 급속하게 진화하면서, 시간과 공간을 초월하는 새로운 기술을 선 보이게 되고, 이로 인하여 사회도 급속하게 예기 못한 방향으로 변모하게 된다. 인터넷으로 세계가 하나의 지구촌으로 축소되는가 하면, 현실 세상이 아닌 사이버 세상, 가상 세상이 등장하였다. 정보혁명에 의한 제3의 물결은 이전의 물결보다도 강력하고 근본적인 사회 변혁을 가져 왔다.

제4의 물결은 인터넷과 컴퓨터 등 정보통신 기술의 비약적 발전으로 가속화 되었다. 1945년 최초의 컴퓨터 에니악ENIAC이 출현 이후, 컴퓨터 기술은 60년대 메임프레임, 70년대 워크스테이션, 80년대 PC, 90년대 노트북 컴퓨터, 2000년대 넷북과 태블릿 등으로 혁신적 진화를 거듭하여 왔다. 한편, 1969년 인터넷의 시초가 된 아르파넷ARPAnet이 출현한 이래로, 80년대에 인터넷이 상용화되고 1990년 팀 버너스리Tim Berners-Lee가 웹 기술을 선보인 이후, 인류사회에는 엄청난 지각변동이 일어난다. 특히, 2007년 스마트폰이 등장하여 또 다른 대변혁이 발생한다. 우체통, 공중전화, 비디오 테이프, 백과사전, 필름 카메라 등이 자취없이 사라졌고, 인터넷 뱅킹, 인터넷 쇼핑몰, 사이버 대학, 전자책 등이 새롭게 등장하여, 사회 전반에 급격한 패러다임 전환이 야기되었다. 최근 20년 동안에 세계는 지난 5000년의 역사보다 더욱 급변하는 변화를 야기하였고, 미래학자들은 앞으로 '빛의 속도'로 변화할 것이라고 말하고 있다. 그러나, 정보기술의 최전선에 있었던 마이크로소프트의 빌 게이츠Bill Gates는 인류사회는 '빛의 속도'가 아니라 '생각의 속도'로 변화할 것이라고 강조한다.

[표 10-1] 미래학자들이 전망하는 미래사회

미래 모습	주요 전망
가상현실 사회 제롬 글렌 (유엔미래포럼 회장)	• 사이버 나우(Cyber Now) : 24시간 실시간으로 인터넷과 연결된다는 의미 • 2005년에는 '사이버 나우'가 상용 • 모든 사람이 '사이버 나우'로 불리는 특수 콘택트렌즈와 특수 의복을 통해 24시간 사이버 세상과 연결
인공지능 사회 윌리엄 하랄 (조지워싱턴 교수)	• 2030년, 로봇과 인간이 공존하는 시대가 도래 • '인공지능'을 통한 새로운 세계로 나아갈 것 • 가치나 목표, 지각이 중요한 '영감의 시대' • 많이 알고 있는 것보다 알고 있는 것을 바탕으로 한 선택이 핵심 경쟁력
드림 소사이어티 롤프 엔센 (드림 컴퍼니 대표)	• 이성, 과학, 논리가 지배하는 시기에서 탈피하여 상상력과 감성이 더 중요한 '드림 소사이어티(Dream Society)'로 진입 • 기업은 상품과 서비스에 감성적 사치를 부가
하이컨셉/하이터치 다니엘 핑크 (미래학자)	• 논리적 · 선형적 능력이 중요한 정보화시대에서 점차, 창의성 · 감성 · 직관이 중시되는 '개념의 시대'로 이동 • 예술적 · 감성적 아름다움을 창조하는 '하이컨셉(high concept)', 공감을 이끌어 내는 능력인 '하이터치(high touch)' 능력을 갖춘 인재가 필요

많은 미래학자들이 이구동성으로 미래사회는 현재와는 전혀 다른 새로운 세상이 될 것으로 예견하고 있다. 제롬 글렌Jerome Glenn, 유엔 미래 포럼 회장은 인터넷 기술의 확장으로 가상 현실이 중심이 되는 사회가 도래한다고 한다. 미래의 가상현실 사회에서는 시간과 공간의 개념이 달라지게 된다. 윌리엄 하랄William Halal 교수는 로봇 기술이 고도화 되어 2030년에는 로봇과 인간이 동거하는 인공지능 사회를 예견하고 있다. 인공지능 로봇이 사회의 일원으로 인간과 함께 생활하게 되는 기묘한 세상이 도래한다는 것이다. 롤프 엔센Rolf Jensen은 빠른 과학 기술 변화의 대응하여 꿈과 감성의 사회인 드림 소사이어티Dream Society가 될 것이라고 한다. 인간은 일상생활을 과학 기술에 맡겨 두고 꿈과 감성을 중심으로 한 인간 본연의 생활을 할 수 있게 될 것이다. 미래학자 다니엘 핑크Daniel Pink는 과학 기술의 고도 발전으로 창의와 감성이 중시되는 하이 컨셉/하이터치 사회High Concept/High Touch society가 될 것으로 전망한다. 자동화, 지능화된 기술이 사회를 이끌어 가고, 과학 기술이 넘볼 수 없는 인간 고유 영역인 예술적, 감성적 개념의 사회가 될 것으로 예견하고 있다.

이처럼 미래사회는 전혀 다른 사회가 될 것이며, 그러한 변화는 이미 시작되었다. 이러한 사회 패러다임 변화를 실감하지 못한다고 생각하는가? 산속에는 산의 모습을 볼 수 없지만, 조금 떨어져 멀리서 보면 산의 웅장한 모습을 볼 수 있는 것처럼, 잠시 현실을 떠나 사회를 객관적으로 주시한다면, 사회가 혁신적으로 변화하고 있는 모습을 볼 수가 있다.

책상 위에서 군림하던 컴퓨터가 스마트폰이라는 이름으로 손안에 들어 왔다. 뿐만 아니라, 이제는 스마트 시계, 스마트 안경, 웰빙/피트니스 밴드 등 웨어러블 컴퓨터가 일반화되어 사용자와 항상 동행하면서 원하는 정보 서비스를 제공할 수 있게 되었다.

소셜 미디어로 세상의 모든 사람과 연결할 수 있는 소통의 혁명이 일어났고, 이제는 사람, 지능화된 사물, 가상 공간과 서비스가 모두 연결되는 사물인터넷Internet of Things의 초연결 사회hyper-connected society가 현실로 나타나고 있다.

외국으로 유학을 가지 않더라도 유명 대학의 강의를 수강하고 학위를 취득할 수 있고, 손목의 스마트 밴드로 병원에 가지 않더라도, 혈압, 혈당을 측정하여 자신의 건강 상태를 항상 관리할 수도 있다. 스마트 칫솔은 치아를 닦으면 얼마나 청결하게 닦았는지 치아의 상태를 알려 주고, 집안의 냉장고, TV, 주방 도구, 조명 등 모든 사물이 집주인의 기분, 일정, 날씨 등 주변 상황과 소통하면서 최적의 생활 공간을 제공하여 준다.

로봇이 집안일을 도맡아 하고 승용차는 운전기사 없어도 스스로 알아서 최단 거리로 목적지에 도착하고 물품을 배송하는 무인 로봇 드론drone이 하늘을 나는 세상, 바로 우리가 살고 있는 사회의 모습이다. 10년 전, 5년 전의 사회와 비교해 보라. 그때는 불가능했던 일들이 현실에서 이루어지고 있다. 이것은 공상과학 영화가 절대 아니다. 우리가 살고 있는 세상의 현실이다. 이처럼 우리가 살고 있는 세상은 확실하게 변화하고 있다. 우리가 그 변화 속에 있기 때문에 변화의 속도, 변화의 실상을 인식하는데 감각이 무디어졌을 뿐이다. 과학기술과 사회는 상호 진화하는 공진화co-evolution 과정을 통해 서로의 발전을 유도하였습니다. 이러한 변화는 가속화 될 것이며, 미래 사회는 우리의 상상을 뛰어 넘는 이제까지 경험하지 못한 전혀 새로운 사회가 될 것이다.

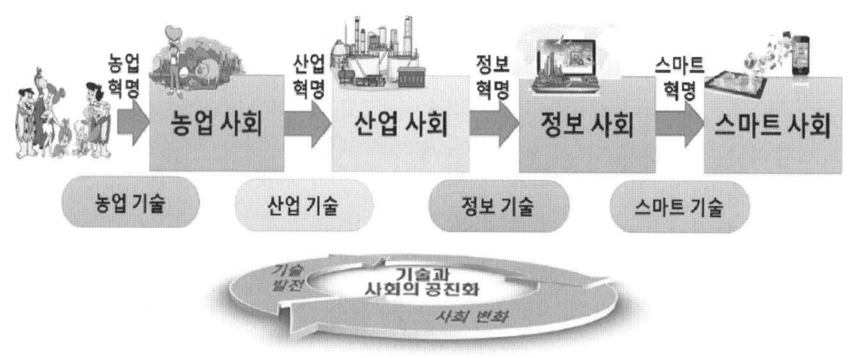

【그림 10-2】 과학기술과 사회의 공진화

미래사회의 인재와 학습 혁신

이처럼 기하급수적 속도로 변화하고 있는 사회에서 근본적인 혁신이 요구되고 있는 분야가 학습이다. 전통적인 교수학습으로는 미래사회가 요구하는 역량을 개발할 수 없기 때문이다. 학습 혁신은 이미 오래 전부터 진행되고 있음을 실제로 체감할 수 있다. 강의실에서 이루어지던 교육은 정보통신 기술의 발전으로 강의실을 넘어 시간과 장소의 제약 없이 상시 교수학습을 수행할 수 있게 되었다. 사이버 강의가 출현하였고 무크MOOC 강의가 확산되어 세계의 어느 곳에서도 수준 높은 질 좋은 강의를 수강할 수 있게 되었다.

일부 교육전문가들은 2020년 이후에는 전 세계의 극소수 명문 대학과 사이버 대학만이 존재하고 나머지 대학들은 그 기능이 변화되거나 소멸될 것이라는 대담한 주장을 하고 있기도 하다. 학습의 출발점인 교재 역시 디지털화된 실감형 전자서적으로 대치되고 있고, 인터넷 콘텐츠가 학습 매체의 중심이 되는 등 교재없는 교수학습이 진행되고 있다. 그러나, 이러한 가시적인 변화뿐만 아니라, 지식의 전수와 학습 성과에 연연하는 산업사회 시대의 전통적 학습 패러다임은 근본적인 혁신을 요구 받고 있다.

사회의 급속한 진화 발전으로 오늘의 학습 지식이 내일에는 무용지물이 되는 지식 생명주기의 단축으로 인하여 지식 전수의 학습은 점차 의미를 잃어 가고 있다. 지식의 폭발적 증가 역시 암기와 기억에 치중하고 있는 학습에 본질적인 변화를 요구하고 있다. 또한, 다원화되는 미래사회에서는 지식의 융합이 발생하므로 단편적인 지식 학습만으로는 미래사회를 주도할 역량을 강화할 수가 없다. 미래사회에서 요구되는 역량을 개발하기 위해서는 학습의 목적과 목표를 새롭게 정의하고 학습 방식을 혁신하는 학습의 패러다임 전환이 있어야 한다. 대표적인 정보통신 기업인 시스코CISCO는 미래사회는 지속적으로 지식을 업그레이드하는 새로운 학습사회Learning Society가 도래하게 되어 교육 3.0Education 3.0으로 비상할 것으로 예측하고 있다.

미래사회를 주도할 인재는 어떤 역량을 가져야 할까? 농경사회에서는 육체 노동자, 산업사회에서는 공장 근로자, 정보사회에서는 지식 근로자 등 시대별로 사회 발전을 주도하던 인재가 있었다. 그러나, 미래사회는 지금과는 전혀 다른 사회로 어떤 역량을 갖는 인재가 요구되고 있는지를 정의하기가 대단히 어렵다. 미래사회는 정보통신 기술의 가속적 발전과 생명공학 기술bio technology, 초정밀 나노 기술nano technology, 우주항공 기술space technology, 환경 기술environment technology, 문화 기술culture technology 등이 융합으로 복잡 다양한 변화에 직면하게 될 것이다. 정보 사회에서 중요한 논리적, 이성적 사고 능력뿐만 아니라 직관적, 감성적 사고 능력이 중요한 역할을 하게 될 것이다. 이성과 감성적 사고 능력이 조화되어야 끊임없이 변화하는 다양한 상황에 효과적으로 대응할 수 있다. 미래 융합 사회에서는 한 분야에서만 능력을 발휘할 수 있는 스페셜리스트specialist 보다 변화하는 상황에 따라 다양한 능력을 적절히 발휘하는 멀티플레이어multi-player가 요구되고 있다. 또한, 인문학적 소양을 바탕으로 혁신적 사고와 창의적 아이디어를 창출하고, 도전 정신, 열린 마음, 열정 등 자기 내면의 힘을 이끌어 내는 내적 역량과, 비판적 사고로 합리적 판단과 선택을 할 수 있으며 다른 사람과 공감하며 소통하는 외적 능력을 겸비할 것이 요구되고 있다.

[표 10-2] 미래학자/전문가가 생각하는 미래 인재의 역량

미래학자/전문가	미래 인재에 요구되는 역량
다니엘 핑크의 <미래 인재의 6가지 조건>	• 디자인(기능만으로 안된다. 디자인으로 승부하라.) • 스토리(단순한 주장만으로 안된다. 스토리를 겸비하라.) • 조화(집중만으로 안된다. 조화를 이루어야 한다.) • 공감(논리만으로는 안된다. 공감이 필요하다.) • 놀이(진지한 것만으로는 안된다. 놀이도 필요하다.) • 의미(물질의 축적만으로는 부족하다. 의미를 찾아야 한다.)
롤프 옌센의 <미래의 가치 있는 인재가 갖추어야 할 요소>	• 창조성 • 협동심 • 동기부여 • 자극 • 진취적 기상
토니 와그너의 <21세기를 살아가기 위한 7가지 기술>	• 비판적 사고력 및 문제해결 능력 • 협동심 및 영향력 있는 리더십 • 적응력 • 이니셔티브 및 기업가 정신 • 효과적인 발표력 및 작문 실력 • 유용한 정보 탐색 및 분석능력 • 호기심과 상상력
하워드 가드너의 <미래를 성공으로 이끌 5가지 마음 능력>	• 훈련된 마음(특정 분야의 독특한 인지 양식을 통달) • 종합하는 마음(다양한 정보의 객관적 판단 및 재구성) • 창조하는 마음(새로운 경지를 개척) • 존중하는 마음(타인의 이해 및 그들과의 협동 노력) • 윤리적인 마음(욕구와 욕망에 대한 깊이있는 생각)
톰 피터스의 <슈퍼 인재의 조건>	• 열정을 만드는 능력 • 남의 마음을 사로잡는 능력 • 압박감을 통제할 수 있는 능력 • 실행하는 능력 • 마무리하는 능력 • 와우! 감탄할 수 있는 능력 • 호기심을 유지하는 능력 • 유머와 낙천, 위트를 만드는 능력 • 문제를 잘 해결하는 능력

이처럼 미래사회에서는 다양한 역량이 요구되는데 미래학자들은 저마다 여러 관점에서 미래사회의 인재에게 요구되는 역량을 제시하고 있기도 하다. 미래학자들이 제시하는 역량을 고찰해 보면, 미래사회에서는 복합적, 융합적, 다원화된 역량을 갖추어야 함을 알 수 있다. 한국 정보화 진흥원의 2010년 보고서 '변화하는 미래, 새로운 인재'에서는 이를 [그림 10-3]과 같이 4가지 역량을 요약하고 있다.

- **창의력**creativity: 미래사회는 지식의 융합을 통한 새로운 창조에 의해 지속적인 발전을 할 것이다. 미래사회의 다원화된 환경과 급속한 발전 속에서 야기되는 생소한 문제를 해결하기 위해서는 창조적 문제 해결 능력이 절대적으로 필요하다. 기존 사고의 틀을 벗어나 창의적 사고를 할 수 있는 인

재가 되어야 한다. 새로운 창조는 미래사회를 지탱하는 기둥이므로 창의력은 미래의 인재에게는 기본 자질로 요구되고 있다.

- **대인관계**interpersonal relationship: 글로벌화의 가속화, 이질적 분야간의 융합 등이 보편화되는 미래 사회에서는 구성원간의 원활한 소통의 더욱 중요해지고 있다. 공감하고 경청하는 능력, 자신의 생각 효과적으로 역량, 칭찬과 격려로 상생하는 마음, 토론과 토의로 합리적으로 결정하는 능력을 발휘할 수 있어야 한다. 대인관계를 협력적 관계로 승화시켜 사회 활동에서 시너지 효과를 창출하여야 한다.
- **셀프 리더십**self-leadership: 빠른 속도로 변화하는 지식을 융합하는 자기 주도적 학습self-directed learning, 긍정적 사고로 지속적인 성취동기 부여, 새로운 영역에 과감하게 진출하는 도전정신, 열정을 가지고 행동하고 실천하는 실행력, 이해하고 배려하는 열린 마음 등 자기 혁신 능력을 강화하는 셀프 리더십은 미래 인재의 필수 요소이다. 사회의 패러다임 변화 이상으로 자신을 혁신하고 계발할 수 있어야 주도적 인재가 될 수 있다.
- **비판적 사고**critical thinking: 지식이 홍수처럼 넘치고 지속적으로 변화하는 사회에서는 정확한 문제 분석과 해결 방안을 제시하는 올바른 의사결정 능력 보유하여야 한다. 사물이나 현상의 다양한 지식을 논리적으로 분석하여 본질을 꿰뚫어 보고, 다양한 시각에서 여러 요소의 상호 연관성을 고려하여 고정관념을 뛰어 넘는 창조적 문제 해결과 합리적 판단과 선택의 통합적 사고력이 요구된다.

기존의 학습 패러다임으로는 미래 인재에 요구되는 다양한 능력을 개발하는 데는 한계가 있다. 구식 전화기가 스마트폰으로 진화한 것처럼, 학습도 미래사회에 적합하도록 환골탈태되어야 한다.

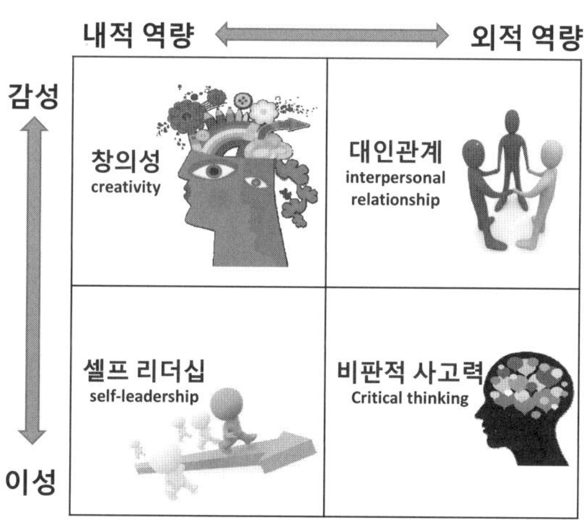

【그림 10-3】 미래 인재의 핵심 역량

학습의 관점에서 미래 인재의 핵심 역량을 고찰해 보면, 새로운 학습 패러다임은 '창의적 문제 해결 능력'으로 집약할 수 있다. 시간과 공간의 경계가 무너지고, 사회 영역간의 통합이 가속화되어 지식의 융복합이 사회의 핵심역량이 되고 있다. 또한, 미래 인재들이 주로 수행하여야 하는 일들의 대부분이 창의적 문제 해결이 필요한 것이기도 하다. 창의적 문제 해결을 통해 미래 사회에서 요구되는 다양한 역량을 개발할 수 있다.

- 생소한 문제에 직면하였을 때, 문제에 대한 호기심, 이를 해결해 보고자 하는 의욕과 성취 동기, 문제를 해결에 대한 열정 등 내적 역량을 강화할 수 있다.
- 문제를 정의하기 위해서는 관찰력, 관련 지식에 대한 이해력과 문제에 대한 논리적 분석력, 비판적 사고 능력을 기를 수 있게 된다.
- 문제의 해결 방안을 생각하는 과정에서는 상상력, 틀에서 벗어나는 확산적 사고 능력, 추리력, 몰입과 끈기 등을 혁신적 사고 능력을 배양하게 된다.
- 문제해결 과정을 통해 팀워크, 의사소통, 실행력, 상호 협력의 대인관계를 구축하여 활기찬 생활을 영위하게 된다.

미켈란젤로, 레오나르도 다빈치, 뉴튼, 찰스 다윈, 아인슈타인, 에디슨, 피카소 등 인류 사회에 지대한 업적을 남긴 과학자, 예술가들은 창의적 문제 해결 능력이 탁월했던 사람들이라 할 수 있다. 창의학습센터의 트래핑거Donald Treffinger, 하버드 대학교의 아마바일Teresa Amabile, 하노버 대학교의 어번Klausk Urban, 심리학자 칙센트미하이Mihaly Csikszentmihalyi 등 수많은 교육학자, 인지심리학자들이 교수학습에서 창의적 문제 해결의 중요성을 역설하여 왔다. 창의력이 일부 천재나 영재들만을 위한 것으로 간주하는 경향이 있었으나, 미래사회의 도래와 함께 누구나 갖추어야 할 기본 역량이 되었다. 학습의 목적과 목표를 창의적 문제 해결에 초점을 맞추어 미래사회로 나아가는 학습을 혁신하여야 한다.

인간은 누구나 창의적으로 태어난다. 문제는 그 창의성을 유지하지 못한다는데 있다.
- 피카소Pablo Picasso

10.2 놀고 있는 창의력을 깨워라.

오래 전부터 창의력의 특성을 규명하고자 하는 연구가 진행되어 왔다. 특히, 1950년 미국 심리학회 회장인 길포드Joy P. Guilford가 학회 연설을 통해 창의력의 중요성을 역설하고 깊이 있는 연구의 필요성을 언급한 이래로 심리학의 핵심 주제가 되었다. 토랜스Ellis P. Torrance가 창조적 사고 테스트Torrance Tests of Creative Thinking을 개발하면서 개인의 창의력에 대한 활발한 연구가 진행되었고, 인지과학적 방법 등이 등장하여 연구 영역이 창조적 사고 과정 등으로 확장되었다. 오랜 연구에도 불구하고, 창의력에 대한 다양한 견해가 존재하고 있다. 창의력에 대하여 구체적으로 고찰하기 전에, 잘 알려진 사례를 통해 창의력의 개념을 이해해 보도록 하자.

[아르키메데스의 유레카]

시라쿠스의 히에로 2세Hiero of Syracuse는 세공사에게 순금을 주어 신에게 바칠 금관을 만들게 하였다. 완성된 금관을 받은 히에로 2세는 은이 섞인 것이 아닌가 의심하였으나 확인할 방도가 없자 아르키메데스Archimedes에게 의뢰하였다. "아무래도 세공인이 금을 빼돌린 것 같단 말이야. 왕관을 망가뜨리지 않고 어떻게 알아낼 방법이 없겠나?" 아르키메데스는 그날부터 이 문제를 생각하기 시작했다. 밥을 먹을 때에도 잠을 잘 때에도 왕관 생각뿐이었다. 그러던 어느 날, 목욕탕에서 탕 안에 들어갔을 때 물이 넘치는 것을 보고 '한 물체가 어떤 액체 속에 잠길 때 물체는 흘러나온 액체의 무게와 똑같은 힘으로 떠오른다'는 것을 깨달았다. 부력의 법칙을 깨닫는 순간이었다. 얼마나 기뻤는지 아르키메데스는 너무 흥분해서 자신이 발가벗었다는 것도 잊은 채 '유레카!(알아냈다!)'Eureka라고 외치면서 거리를 달렸다고 한다. 아르키메데스는 즉시 저울의 한 쪽 접시 위에는 왕관을 놓고 또 다른 접시 위에는 똑같은 무게의 금을 얹어 놓은 다음 물 속으로 그것을 집어넣었다. 그러자 왕관을 담은 접시가 위로 떠올랐다. 왕관 속에 금보다 밀도가 작은 어떤 물질이 들어있다는 것을 알 수 있었다.

왕관의 성분 분석을 비중 문제로 전환하고 일상생활의 사소한 체험으로부터 원리를 발견하여, 왕관을 해체하지 않고도 문제를 해결하였다. 발상의 전환과 유추로 문제를 창의적으로 해결한 것이다.

[콜럼버스와 달걀]

신대륙을 발견하고 고국에 돌아온 콜럼버스Christopher Columbus의 명성이 높아지자, 이를 시기하는 사람들은, "대서양을 서쪽으로 자꾸 가서 새 섬을 발견한 것이 그렇게 대단한 공로일까요? 당신이 아니더라도 누구나 할 수 있는 일이 아닐까요?"라고 비아냥거렸다. 콜럼버스는 탁자 위에 놓은 달걀을 집어 들고, "누구든지 좋습니다. 이 달걀을 탁자 위에 세울 수 있습니까?"라고 말하였다. 사람들이 달걀을 세워 보려고 하였으나 실패하였다. 사람들이 갸우뚱거리자, 콜럼버스는 달걀 아래를 깨고 탁자 위에 달걀을 세웠다. "이렇게 달걀을 세우는 것은 알고 보면 쉬운 일이고, 남이 하고 난 다음에는 더욱 쉬워 보입니다. 그러나 누구든 처음으로 그 일을 하는 것은 쉽지 않습니다."

창의력이란 남이 생각하지 못하는 것으로 생각하는 일이기도 하다. 전혀 새로운 방법, 틀에 얽매이지 않는 기발한 방법으로 문제를 해결하는 것이다.

[가우스의 수열]

초등학교 교사가 학생들에게 1부터 50까지 더하는 문제를 냈다. 마음 속으로 한 20~30분 정도는 걸리겠지 하고, 잠깐 쉬려는 생각이었다. 그런데, 교사가 의자에 앉아서 막 쉬려는데 채 1분도 안되어 한 아이가 손을 번쩍 들면서 "선생님! 다 풀었는데요."하는 게 아닌가? 교사가 깜짝 놀라, "너 정말 다 풀었냐?" 놀라서 확인해 보니 정확하게 해결한 것이었다. 다른 학생들은 1부터 차례로, 1+2=3, 3+3=6, 6+4=10, 10+5=15, 15+6=21, …… 이렇게 계속 하나의 숫자를 더해가는 방법으로 열심히 계산을 하고 있는데, 가우스Carl Friedrich Gauss는 1+50=51, 2+49=51, 3+48=51, …… 이라고 생각을 해내어 합해서 51이 되는 짝이 25개(51×25=1275)로 계산해 낸 것이다. 가우스는 수의 본질을 깨닫고 발상의 전환으로 문제를 창의적으로 해결한 것이다.

세심한 관찰을 통해 문제의 본질을 깨닫게 되면 창의적 아이디어는 쉽게 생각해 낼 수 있다. 문제의 본질을 꿰뚫어 볼 수 있는 직관력을 키워야 한다.

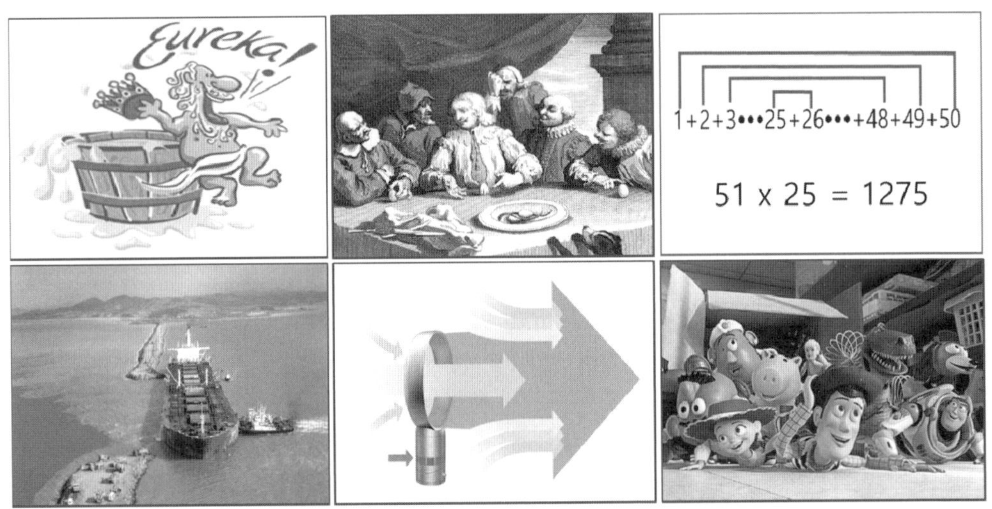

【그림 10-4】 대표적인 창의적 문제 해결 사례

[정주영 회장의 폐유조선 공법]

1983년 말, 충남 서산에서는 바다를 메워 옥토를 만드는 대규모 간척사업을 진행되고 있었다. 6,400m 방조제 중, 270m만 메우면 되는 상황이었다. 금방이라도 메울 수 있는 거리인데, 천수만의 조수간만의 차로 인해 4.5톤이 넘는 바위를 쇠줄로 묶어 메워도 한 순간에 쓸려 나갔다. 초속 8m의 거세 물살을 이겨내는 것은 불가능한 것처럼 보였다. 정주영 회장은 폐유조선을 침몰시켜 바닷물을 막으면 인근의 바위와 흙으로 물막이를 할 수 있다는 기상천외한 아이디어를 내놓았다. 1984년 2월 24일, 직접 폐유조선에 올라 침몰시키고 최종 물막이 공사를 진두 지휘했다. 일명 '정주영 공법'이라고도 부르는 폐유조선 공법으로 당초 45개월 예정의 공사를 9개월 만에 완성하여 세상을 놀라게 하였다. 정주영 회장이 창안한 폐유조선 공법은 그 후, 미국의 뉴스위크와 뉴욕타임즈에 소개되는 등 전 세계적인 관심을 불러일으켰다.

고정 관념을 타파한 기상천외한 발상으로 불가능한 문제를 효과적으로 해결한 것이다. 물막이를 유조선의 침몰로 전환한 확신적 사고로 불가능한 문제를 창의적으로 해결하였다.

[스티브 잡스와 토이 스토리]

1985년, 자신이 설립한 회사에서 어처구니없이 쫓겨난 스티브 잡스Steve Jobs는 이듬해 컴퓨터 그래픽 전문회사를 인수하여 픽사Pixar을 설립한다. 3D 애니메이션의 가능성에 대한 선견지명이 있었던 잡스는 어려운 상황에서도 애니메이션 기술 개발에 전념하였다. 1995년, 픽사는 첫 장편 애니메이션 토이 스토리Toy Story를 제작하여 세상을 놀라게 한다. 세계 최초 100% 컴퓨터로 작업한 3D 애니메이션이 등장한 것이다. 당시 컴퓨터로 3D 애니메이션을 제작할 수 있을 것이라고 생각한 사람은 아무도 없었다. 추수감사절에 맞춰 개봉한 토이 스토리는 미국을 비롯하여 전세계적으로 엄청난 흥행 신화를 기록하고 오스카 상을 수상하는 등 대성공으로 거두게 된다. 토이 스토리 이후, 컴퓨터 기술로 애니메이션 제작은 상식이 되었고, 영화 제작에도 혁신적인 변화를 가져 왔다.

스티브 잡스의 비젼에 대한 확신, 도전 정신, 인내심 그리고 끊임없는 기술 개발이 애니메이션의 새로운 역사를 창조하였다.

[날개 없는 선풍기]

선풍기는 날개가 회전하면서 바람을 일으키는 가전제품이다. 날개가 고속으로 회전하여 인체에 손상을 줄 위험이 있어 철망 덮개로 날개를 보호하고 있다. 그래도 손가락 절단 사고가 종종 발생하곤 한다. 날개없는 선풍기를 만들 수 없을까? 제임스 다이슨James Dyson의 엉뚱한 상상력이 고정관념을 깬 날개 없는 선풍기를 개발하였다. 다이슨은 항공기 엔진처럼 모터를 회전시켜 공기를 흡입한 다음, 이를 유체 역학을 이용해서 둥근 고리로 밀어내어 바람을 일으키는 방법으로 날개 없는 선풍기를 개발하였다.

다이슨의 파격적인 상상력과 배경 지식이 절묘하게 결합하여 회전하는 날개 없이도 바람을 일으키는 방법을 찾아내었다. “주변을 자세히 살펴봐라. 무엇이 나를 귀찮게 하는가 떠올려라. 그리고 ‘좀 더 나은 방법은 없을까?’ 물어라.”하고 다이슨은 말한다.

위는 창의적 문제해결의 잘 알려진 대표적 사례이다. 창의적 문제 해결이 혁신적인 변화를 가져온 것을 볼 수 있다. 그러나, 일상생활의 주변을 둘러 보면 창의적 문제 해결에 의한 것이 아닌 것이 없다는 것을 발견할 수 있다. 창의적 문제 해결은 특별한 사람들에 의한 획기적 것만을 위한 특별한 방법이 아니라, 누구나에게 필요한 일상적인 역량인 것이다.

창의력이란 무엇인가?

위의 예에서 알 수 있는 것처럼, 창의적 문제 해결이란 평범하고 일상적인 사물이나 행위를 다양하고 새로운 관점에서 관찰하여 본질을 찾아내고, 생소한 문제에 새로운 개념의 해결책을 도출함으로써 혁신적 성과를 창출하는 것이라 할 수 있다. 당연히 창의적 문제 해결을 위해서는 창의적 사고 능력, 즉 창의력creativity이 요구된다.

창의력이란 무엇일까? 교육학자, 심리학자, 사회학자 등 다양한 분야의 학자들이 많은 연구를 통하여 창의력의 개념을 정립하고자 노력하여 왔다. 그러나, 창의력은 추상적인 인지 능력이기 때문에, 학자들마다 견해가 다양하고 명쾌한 접근을 하고 있지 못하다. 흔히 창의력을 독창적인 사고 능력으로 간주하여, 특별한 사람이 기발한 아이디어로 새로운 발명이나 발견을 하거나, 무無에서 유有를 창조하는 기적 같은 능력으로 오해하는 경우가 있다. 창의력은 굉장한 능력으로 생각할 필요가 없다. 창의력은 보통 사람들이 누구나 가지고 있는 능력으로, 이미 가지고 있는 지식을 바탕으로 생각하는 방법 또는 사물에 대한 인식과 시각을 바꾸어 봄으로써 새로운 아이디어를 얻어내는 평범한 사고 능력이다. 다시 말하면, 창의력은 더 많이 생각하고 다양한 관점에서 생각하여, 새로운 문제 해결 방안을 찾아내는 것이다.

[표 10-3] 창의력의 핵심 요소

핵심 요소	내용
유창성	주어진 문제 해결을 위해 가능한 많은 양의 아이디어를 생각해 내는 능력
융통성	다양한 시각과 관점에서 문제를 변형하고 고찰하는 능력
독창성	기존과는 다른 참신하고 독특한 해결 방안을 산출해 내는 능력
민감성	문제의 본질을 빠르게 파악하고 분석하는 능력
정교성	제시된 해결 방안을 수정, 보완아혀 정교하게 발전시키는 능력
종합적 사고력	문제와 관려된 제반 사항을 전체적 관점에서 파악하는 능력
비판적 사고력	논리적, 합리적으로 분석, 평가하고 대안을 제시하는 능력
분석적 사고력	문제의 핵심 구성 요소를 파악하고 세부 특성을 파악하는 능력

창의력의 특성에 대하여 여러 견해가 있지만, 일반적으로 [표 10-3]으로 정리할 수 있다. 표에서 보는 바와 같이, 창의력은 다양한 시각과 관점에서 문제의 본질을 파악하고 가능한 많은 해결 방안을 도출하여 최상의 방법을 정교화하여 창의적인 결과를 만들어내는 사고 능력이다.

그러나, 창의력은 창조적 사고 능력으로 아주 복합적인 인지 작용을 필요로 한다. [표 10-3]의 핵심 요소 이외에도, 문제에 대한 호기심, 문제를 해결해 보고자 하는 열정, 실망하지 않는 끈기와 근면성, 실패를 두려워하지 않는 도전 정신, 좋은 제안을 수용하는 열린 마음, 문제 해결 방안을 협의하고 협력하는 팀워크 등 적극적인 마인드가 뒷받침되어야 한다. 창의력은 새롭고 획기적인 것을 생각해내는 능력만을 의미하는 것이 아니라, 호기심과 열정을 가지고 다양한 시각에서 문제를 바라보면서, 끈기와 도전 정신으로 최선의 노력을 하며 열린 마음으로 서로 협력하는 태도와 행동도 중요하다. 이처럼 내적 동기나 태도도 창의력을 발휘하는데 아주 중요한 요소이다.

창의력에 대한 오해

창의력은 누구나 가지고 있는 능력으로 기존의 생각의 틀에서 벗어나 새로운 시각과 관점에서 문제를 인식함으로써 새로운 결과를 창출하는 능력임에도 불구하고, 천재나 특수한 사람들만이 가지고 있는 엄청난 능력으로 오해하는 경우가 많다. 대표적 오해를 검토하여 창의력의 특성을 확실하게 인식하도록 하자.

[창의력은 타고나는 것으로 배울 수 없다.]

인간은 태어날 때 과학이나 예술에 대한 지식과 창의력을 가지고 있지 않는다. 오랜 동안의 학습과 경험을 바탕으로 창의력을 발휘하게 되는 것이다. 피카소가 1907년 '아비뇽의 아가씨들'을 제작하였을 때 26세이었고, 아인슈타인이 1905년 특수상대성 이론을 발표할 때 역시 26세였다. 피카소와 아인슈타인은 오랜 동안의 학습과 경험을 통해 그림 그리는 법과 과학적 사고법을 숙달한 후에 비로소 천재적 창의력을 발휘하게 된 것이다.

간혹, 5살 때 작곡한 모차르트처럼 예술 분야에서 천부적 재능을 보이는 경우도 있지만, 학습과 경험이 없이는 창의력을 습득할 수 없다. 모차르트의 경우도 궁정 음악가인 아버지에게서 작곡법을 배웠고 연주여행을 하면서 음악의 대가들로부터 지도 받고 교류하면서 자신의 재능을 개발한 결과이다. 창의력의 기반이 되는 지식과 경험을 결코 가지고 태어날 수 없다.

어렸을 때 천재로 세상을 놀라게 한 사람 대부분이 보통 사람으로 변하는 것을 볼 수 있다. 아무리 타고난 천재라고 하여도 학습하고자 하는 강력한 의지나 동기가 없고 지식과 경험의 습득을 위해 노력하지 않는다면 무용지물이 된다. 예술 분야처럼 선천적으로 능력을 보이는 경우도 있지만, 창의력은 학습, 경험, 훈련을 통해서 얼마든지 개발할 수 있는 인지 능력이다.

<어른들을 위한 창의학 수업>을 저술한 스탠 라이Stan Lai는 많은 사례를 통해 창의력은 학습과 훈련을 통해 개발할 수 있다고 강조하면서 '창의력 트레이닝' 방법을 제시하였다. 하버드 경영대학교 클레이턴 크리스텐슨Clayton Christensen 교수도 '창의력의 80%는 습득해서 얻는 것'이라고 하면서 창의적 사고의 학습을 주장하고 있다. 창의력은 얼마든지 노력에 의하여 개발될 수 있는 인지 능력이다.

[창의력 개발은 어릴수록 좋다.]

앞서 살펴 본 바와 같이, 창의력은 문제에 대한 호기심, 끊임없는 질문, 실패를 두려워하지 않는 도전 정신, 사물을 이해하고자 하는 열린 마음 등이 밑받침이 되어야 한다. 그런 측면에서, 상상력이 뛰어나고 호기심이 많아 질문을 많이 하는 어린 아이는 뛰어난 창의력을 가지고 있다고 할 수 있다. 그러나, 어린 아이의 호기심은 지식 학습을 위한 것이고, 상상력은 동화책에서는 보는 것과 같은 판타지 세계의 마법과 같은 생각이 대부분이다. 어린 아이의 호기심과 상상력이 문제 해결로 연결되어 창조적 결과를 만드는 경우는 극히 드물다. 문제 해결을 위한 창의력을 발휘하기 위해서는 폭넓은 지식과 풍부한 경험이 있어야 하는데, 어린 아이는 현실적으로 실현 가능한 창의력을 기대하기가 어렵다.

성인의 경우에는 학습한 지식과 경험에 익숙하여 새로운 시각으로 문제를 인식하는 능력이 약화되었을 뿐이며, 창의력이 상실 된 것은 아니다. 성인도 학습된 고정 관념에서 벗어나 자유롭게 다양한 관점에서 사물의 본질을 파악할 수 있으면 뛰어난 창의력을 발휘할 수 있다. 실제로 과학, 예술 등 창의력이 절대적으로 필요한 부분에서 커다란 업적을 남긴 사람들은 학습된 지식과 경험을 뛰어 넘어 새로운 시각에서 문제를 해결한 성인들이다.

[창의적인 사람들은 괴짜들이다.]

창의적인 사람들은 기존의 고정 관념을 탈피하여 새로운 시각에서 문제를 인식하기 때문에 보통 사람들과는 다른 괴짜들로 생각되기도 한다. 그러나, 창의적인 사람은 새로운 관점에서 생각하는 것이지, 그들의 성격이 괴팍하다는 것은 절대로 아니다. 일부 서적이나 언론에서 주목을 끌고자 창의적인 사람의 행동을 침소봉대 또는 과대 포장하여 편견을 가지도록 할 것일 뿐이다. 이와 같은 선정적인 행위는 창의적으로 튀어 보았자 이상한 사람이 된다는 의식을 확산시켜 사람들의 창의력 개발에 악영향을 주는 저급한 행동일 뿐이다.

창의적인 사람들은 성격이 절대로 괴팍하지도 않고 생활이 괴상 망측하지도 않다. 다만, 창의적인 사람들은 창의적으로 생각할 뿐이다.

[창의력은 혁신적 아이디어를 생각해 내는 능력이다.]

창의적 문제 해결이라고 하면 과학자나 예술가의 위대한 성과를 떠올리게 된다. 이런 생각이야말로 창의적이지 못하다. 혁신적 아이디어를 생각해 내는 것이 창의력이기도 하지만 사소한 것이지만 새로운 아이디어를 생각해 내는 것도 창의력이다.

우리나라 대구처럼 사과 산지로 유명한 일본 아이모리 현에 태풍이 불어와 한해 사과농사를 망치게 되었다. 태풍으로 많은 사과가 땅에 떨어져 사과 생산량이 평년에 비해 1/3도 되지 않았다. 근심에 쌓인 농부들은 이 문제를 어떻게 해결해 나가야 할지 난감했다. 그런데, 한 농부가 태풍도 견디어 내고 나무에 붙어 있던 사과들을 수확해서 '합격사과'라는 이름을 붙여 팔았다. 이 사과를 먹으면 어떤 어려움도 견디어 낼 수 있다는 의미였다. 다른 사과에 비해 10배나 높은 가격임에도 불구하고 합격사과는 불티나게 팔려 나갔고, 농부들은 태풍으로 농사를 망쳤음에도 3배 이상의 많은 소득을 올렸다.

이러한 사례처럼 새로운 관점에 생각하여 성과를 만들어 내는 것이 창의력이다. 일상생활 주변에도 창의적 아이디어가 널려 있다.

[창의적 문제 해결 방안은 우연하게 발견된다.]

창의적 문제 해결 방안은 우연하게 발견된다는 이야기를 많이 듣게 된다. 대표적인 사례로 플레밍Alexander Fleming의 페니실린 발견을 들 수 있다. 플레밍은 포도상구균을 배양하는 실험을 하는 도중에 실수로 배지 접시의 뚜껑을 열어둔 채 퇴근을 하였다. 다음 날 아침 실험실에 출근하여 보니 배지 접시 뚜껑이 열려 있었고, 접시안의 포도상구균이 부분적으로 죽어 있음을 보고 뭔가 이상하다고 느꼈다. 플레밍은 열어 둔 배지 접시를 관찰하여 포도상구균의 생육을 억제하는 곰팡이균을 발견하였다. 그리고 이 푸른 곰팡이가 분비하는 물질 때문에 포도상구균이 죽은 것을 알게 되었고, 이 물질을 페니실린penicillin이라고 하였다. 그 후, 페니실린은 포도상구균뿐만 아니라 각종 병원성 미생물을 죽이는 탁월한 효과가 있음을 밝혀 내어 인류를 각종 감염성 질환으로부터 해방시켰다. 이외에도, 렌트겐의 X선 발견 등 많은 과학적 업적을 남긴 창의적 문제 해결 방안이 우연하게 발견되었다는 이야기를 듣게 된다. 이런 현상을 '세렌디피티'serendipity라고 하기도 한다. 그러나, 이러한 우연한 발견도 문제에 몰입하여 끈질기게 연구한 결과로 얻어지는 결과이지, 저절로 알게 된 것을 절대 아니다. 창의적 문제 해결에 나타나는 세렌디피티는 노력 끝에 준비된 사람에게만 찾아 오는 행운인 것이다. 학습과 훈련이 없는 창의적 문제 해결은 없다.

[IQ가 높은 사람은 창의력이 강하다.]

창의적으로 문제를 해결한 사람들을 천재로 생각하고 IQ가 높은 사람으로 간주하는 경향이 있다. 보통 사람들과 다르게 생각하여 문제를 해결하고 그런 사람들이 흔하지 않기 때문에, 창의력이 높은 사람들을 별난 사람으로 생각하는 것이다. 그러나, 창의력은 IQ에서 나오는 것이 절대 아니다. 앞서 설명한 바와 같이, 호기심과 열정으로 기존의 틀을 넘어 새로운 관점에 문제를 고찰하고 문제에 대한 논리적, 비판적 사고를 통해 새로운 아이디어로 성과를 만들어 내는 것이다. 창의적인 사람은 무언가 특별하다고 생각하여 IQ가 높을 것이라고 간주하는데 이는 잘못된 편견일 뿐이다. 바론Frank Barron과 해링톤David Harrington 교수의 연구에 의하면 창의력과 IQ의 상관관계는 약 0.20로 지극히 미미한 상태로 알려지고 있다. 창의력은 누구에게나 잠재되어 있는 능력으로 IQ와는 거의 무관하며, IQ는 단순한 통계적 지수일 뿐이다.

창의력은 특별한 사람만이 가지고 있는 특별한 능력이 아니다. 사람은 누구나 무한한 창의력을 가지고 있다. 자신 안의 창의력은 꽃과 같아서 가꾸지 않으면 말라 죽거나 제대로 향기나는 꽃을 피울 수가 없다. 창의적인 사람은 잠자고 있는 창의력을 깨워 창의적 아이디어를 만들었기 때문에 특별한 사람으로 보이는 것이다.

아이디어란 많이 낼수록 좋다.
- 리누스 폴Linus Pauling

10.3 창의적으로 사고하자.

창의적 문제 해결 능력을 기르기 위해서는 기존의 사고방식을 뛰어 넘는 창의적 사고 능력이 절대적으로 필요하다. 우물 안의 개구리처럼 틀에 갇힌 사고로는 새로운 아이디어와 해결 방안을 발견하기 어렵다. 다양한 관점에서 열린 생각을 하고, 때로는 황당하고 돌발적인 생각도 주저하지 않고 할 수 있는 유연한 사고 능력이 있어야 창의적으로 문제를 해결할 수 있다. 창의적 사고 방법에 대하여 구체적으로 살펴 보기 전에, 다음 문제를 생각해 보자.

[양떼의 강 건너기] 목동이 양 90마리를 몰고 시장에 가고 있었다. 앞길에 아주 깊은 강이 나타났고, 마침 뱃사공과 나룻배가 있었다. 뱃사공은 양을 건네 줄 테니, 건네주는 양의 1/2을 뱃삯으로 달라고 하였다. 양 몇 마리를 뱃삯으로 주어야 할까?

[유산 분할] 어느 노인이 세 아들에게 소 17마리를 유산을 남기면서, "첫째 아들은 1/2을 가지고, 둘째는 1/3, 그리고 셋째 막내는 1/9을 갖도록 하라."고 유언을 남겼다. 세 아들은 소 17마리를 유언대로 나누려 하였으나, 도저히 방법을 찾을 수가 없었다. 그래서, 마을의 도사를 찾아가 부탁한 결과, 유언대로 유산을 분할할 수 있었다. 도사는 어떻게 유산을 분배하였을까?

틀에 갇힌 닫힌 사고로는 이런 문제는 효과적으로 해결하기 어렵다. 양떼 강 건너기의 경우, 단순히 산술적으로 생각한다면 45마리를 뱃삯으로 주어야 할 것이다. 그러나, 조금만 다른 관점에서 생각한다면 더 좋은 해결 방안을 쉽게 찾을 수 있다. 유산 분할의 경우도, 고정관념에 얽매이면 해결책을 찾을 수 없으나, 열린 시각으로 발상의 전환하면 참신한 해결 방법을 어렵지 않게 발견할 수 있다. 해결 불가능하게 보이는 문제도 조금만 다르게 생각하면 훌륭한 해결 방안을 찾을 수 있다. 다르게 생각하고, 뒤집어 생각하고, 엉뚱하게 생각하고, 다양한 관점에서 생각하는 등 자유롭게 상상력을 발휘하는 유연한 생각이 창의적 사고를 가능하게 한다.

창의적 사고는 어떻게 하는 것일까? 창의적 사고는 일반적 사고와는 어떤 차이가 있을까? 창의적 사고에 대하여 여러 질문을 할 수 있을 것이다. 그러나, 창의적 사고는 아주 복합적인 사고 과정으로서 구구단을 외우거나 수학 공식처럼 배울 수 있는 것이 아니다. 인지 심리학자, 교육학자 등 창의력을 연구하고 있는 연구자들도 다양한 연구 결과를 제시하고 있어, 이것이 창의적 사고 방법이라고 일률적으로 규정하기 어렵다. 만약 그렇게 할 수 있다면, 그 방법은 이미 창의적이지 않을 것이다. 그럼에도 불구하고, 창의적 사고를 습득할 수 있는 효과적인 방법들이 제시되고 있다. 여기서는, 그 중에서 효과적으로 훈련하고 활용할 수 있는 드보노Edward de Bono의 수평적 사고/수직적 사고와 길포드Joy P. Guilford에 의해 제시된 확산적 사고/수렴적 사고에 대하여 알아 본다. 이들 방법을 통해 창의적 사고에 대한 인식을 깊게 하고 창의력을 키우는 계기를 마련할 수 있을 것이다.

수평적 사고와 수직적 사고

창의적 사고에 대한 수많은 저술을 한 드보노는 창의적 사고 방법으로 수평적 사고Lateral Thinking를 개발하였다. 드보노는 이외에도 6색갈모자 사고법Six Thinking Hats, CoRTCognitive Research Trust 사고, 지시적 주의력 사고Direct Attention Thinking 등 많은 창의적 사고에 관한 많은 방법과 도구를 개발하여 창의력 훈련에 크게 기여하였다. 여기서는 그의 수많은 방법에 기초가 되고 있고 학습에 쉽게 접목할 수 있는 수평적 사고의 개념에 대하여 설명한다. 수평적 사고와 관련된 생각의 도구에 대하여는 다음 장에서 살펴보기로 한다.

① 수평적 사고

옥스포드 영어사전에도 단어로 등재된 '수평적 사고'는 어려운 문제에 대해 비정상적 생각 또는 논리적 사고를 무시하는 생각으로 해결 방안을 찾는 것을 말한다. 개념 형성, 문제 인식, 아이디어 생성, 대안 도출 등에 고정관념이나 틀에 얽매이지 않고 전혀 다른 새로운 관점에 자유롭게 많은 해결 방안을 생각하는 사고방식이다. 도발적이고 황당한 생각으로 해결 가능한 다양한 방안을 찾는 것이 수평적 사고이다. 드보노가 그의 저서 <수평적 사고>에서 제시한 사례를 살펴 보면 수평적 사고 개념을 보다 확실하게 이해할 수 있을 것이다.

[흰 돌과 검은 돌]

옛날 런던의 한 상인이 늙은 고리대금 업자에게서 돈을 빌리고자 하였다. 늙은 고리대금 업자는 상인의 예쁜 딸에게 눈독을 들이고 있었으므로 돈을 빌려 주면서 흉계를 꾸몄다. "돈을 제 때에 갚지 못하면, 복주머니 속에 흰 돌과 검은 돌 1개씩을 넣고 네 딸로 하여금 돌 하나를 꺼내게 하여, 흰 돌을 끄집어 내면 아무런 조건 없이 빚을 면제해 주고 검은 돌을 끄집어 내면 빚을 면제해 주는 대신에 나에게 시집을 와야 한다."라고 제안하였다.

상인은 노력하였지만 빚을 갚을 수가 없었다. 그리하여 상인은 딸과 함께 고리대금 업자의 집으로 갔다. 고리대금 업자는 흰 돌과 검은 돌이 깔려 있는 정원에서 조약돌 두 개를 복주머니에 넣었다. 그 때 상인의 딸은 고리대금 업자가 엉큼하게도 검은 돌 두 개를 넣은 것을 눈치챘다. 이 상황에서 상인의 딸은 어떻게 하여야 불행에서 벗어날 수 있을까?

이런 난감한 문제는 논리적으로 생각해서는 좋은 해결 방안을 찾을 수가 없다. 고정관념 또는 틀에 박힌 닫힌 사고로는 도움이 안 되는 해결 방안만 생각하게 된다.

- 복주머니를 뒤집어 검은 돌이 두개임을 보이고, 약속을 위반해서 무효라고 한다.
- 오늘은 기분이 좋지 않으니 다음 날 하자고 한다.
- 복주머니가 마음에 들지 않으니 다른 것으로 하자고 한다.
- 어쩔 수 없이 검은 돌을 꺼내고 울면서 시집간다.

통상적인 사고에서는 상인의 딸이 '돌을 꺼내야 한다는 사실'에 집착한다. 그러나, '복주머니 속에 남게 될 돌'로 관점을 바꾸어 도발적인 생각을 한다면 누구도 생각하지 못한 새로운 해결 방안을 도출할 수 있다.

상인의 딸이 복주머니에서 돌을 꺼내면서 떨리는 척하면서 돌을 정원에 떨어뜨린다. 그러면서, "죄송합니다. 제가 너무 떨려서 돌을 바닥에 떨어 드렸네요. 그렇지만 염려 마세요. 복주머니 속에 남아 있는 돌의 색깔을 보면, 제가 어떤 색깔의 돌을 끄집어 내었는지 알 수 있을 테니까요." 복주머니 속에는 또 다른 검은 돌이 남아 있을 것이고, 딸이 끄집어 낸 돌은 당연히 흰 돌이 될 것이다. 이처럼, 사고의 관점을 전환함으로써 도저히 불가능하다고 생각한 문제도 창의적으로 해결할 수 있게 된다. 이런 사고방식을 수평적 사고라 한다.

수평적 사고는 주어진 사실을 집중적으로 파고 드는 것이 아니라, 다양한 관점에서 자유스럽게 여러 가능성을 제한 없이 탐색하는 사고방식이다. 일반적으로 학습으로 단련된 사람은 논리적, 수직적 사고에 익숙해져 있어 수평적 사고 능력이 미약하다. 그러기 때문에 논리적 사고로는 해결이 어려운 문제에 직면하게 되면 사고 체계에 혼란을 겪게 되어 효과적인 해결 방안을 발견할 수 없게 된다. 창의적 사고를 위해서는 어떤 유형의 문제가 주어지더라도 유연하게 생각할 수 있는 능력이 있어야 한다. 드보노는 수평적 사고를 위해 [그림 10-5]와 같은 사고 능력을 강조하고 있다.

【그림 10-5】 수평적 사고의 주요 생각 방법

대안 및 개념 추출: 문제에서 개념을 추출하여 새로운 아이디어를 창출한다. 개념이란 일반적인 아이디어 또는 방법으로 특정한 아이디어에 의해 행동으로 옮길 수 있는 것을 말한다. 개념을 실행하는 다양한 방법이 아이디어를 창출하는 방법이 되기도 한다. 따라서 아이디어에서 추가적인 개념을 발굴하도록 한다. 예를 들어, '홍수로 인한 강의 범람으로부터 도시를 안전하게 하려면 어떻게 하여야 할까?'라는 문제로부터 [그림 10-6]처럼 꼬리에 꼬리를 무는 방식으로 다양한 대안과 개념을 도출하는 것이다.

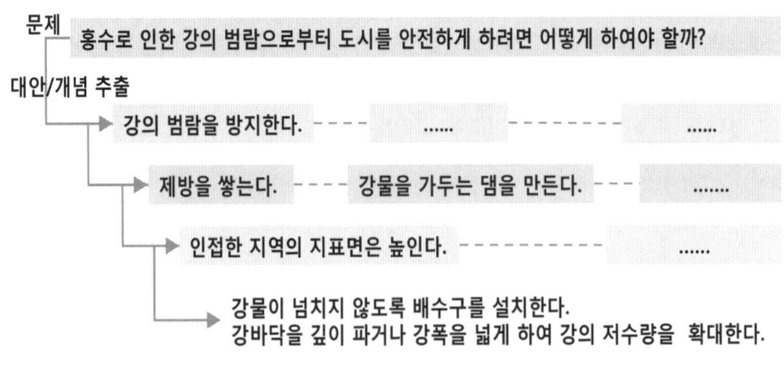

【그림 10-6】 대안과 개념 추출 방법

초점 맞추기: 새로운 아이디어를 발굴하기 위해 특정 영역에 초점을 맞추고 집중한다. 특정 영역에 집중함으로써 창의적 노력의 효과를 증진시키고 틀을 깨는 창의적 아이디어를 도출할 수 있다. 예를 들어, 일반적으로 병원의 대기실에는 대기 환자를 위해 잡지, TV, 수족관 등이 비치되어 있다. 환자들이 즐거운 마음으로 기다릴 수 있도록 대기실을 꾸미려면 어떻게 하여야 할까? 이런 경우, 병원의 환자 대기실에 초점을 맞추어 집중적으로 생각하면 여러 아이디어를 만들어 낼 수 있다. 게임기 설치, 무선 인터넷이 가능한 컴퓨터 설치, 스도구sudoku와 같은 재미있는 퍼즐 책 비치, 도형 맞추기 장난감 등을 비치할 수 있을 것이다. 또는 대기실 한쪽 벽에 터치 스크린을 설치하여 그림을 그리거나 낙서를 할 수 있도록 하여 환자들을 즐겁게 할 수 있을 것이다. 창의적으로 집중하면 혁신적인 아이디어를 효과적으로 생각해 낼 수 있다.

도전: 새로운 해결 방안을 생각하는 것을 도전이라고 한다. 도전은 현재의 방법에 문제가 없을지라도 또 다른 더 좋은 방법이 있다는 것을 전제로 하기 때문에 혁신적 아이디어를 이끌어 내는 가장 중요한 요소이다.

도전적 사고에 대한 예로, 자신이 대형 건물의 관리 책임자라 하여 보자. 건물 관리는 전혀 문제가 없이 잘 되고 있다. 이제 주차장 관리에 집중해서 생각해 보도록 하자. 대형 주차장에는 여러 출입구가 입구가 있고 주차비 징수 직원이 근무하고 있다. 방문객은 주차장 입구에서 출입 카드를 발급 받고 건물을 나갈 때 주차비 징수 직원에게 주차비를 납부하고 있다. 주차비 징수 요원에 집중해서 생각하면,

- 주차비 징수를 하지 않을 수 있을까? 규정에 의해 징수하여야 하므로 불가능
- 주차비 징수에 다른 방법이 없을까? 주차비 정산 시스템을 도입하면 가능

주차장 출입구에 차량 번호 인식이 가능한 주차 관리 시스템을 설치하여 차량 출입 시간을 판독한다. 출차를 원하는 사람은 사전에 주차장 여러 곳에 설치된 주차비 정산 시스템에 차량 번호를 입력하고 주차비를 정산한다. 주차 관리 시스템은 주차비 정산 차량의 번호를 인식하여 자동으로 게이트를 열어 준다.

도전적 사고는 새로운 혁신적 아이디어를 찾아내는 것이다. 기존의 방법에 문제가 없다고 하더라도 새로운 관점에서 도전해서 새로운 아이디어를 생각하는 것이다.

임의 연결: 임의로 선정된 단어, 그림, 영상 등을 연결하여 새로운 아이디어를 생각하는 것이다. 생각하고자 하는 주제와 임의로 선정된 단어, 그림 등을 연관시켜 생각하는 방법이다. 예를 들어, 도서관 내방객에게 안락한 환경을 제공하는 방법을 생각한다고 하자. 먼저 임의로 선정된 단어의 카드 또는 그림 등을 만들어 상자에 넣은 후에 한 장을 꺼낸다. '장미'가 그려진 그림을 꺼냈다면, 도서관의 환경 개선과 '장미'를 연결하여 생각하는 것이다.

- 장미는 향기가 있으므로 도서관에 좋은 향기가 나도록 방향제를 설치한다.

- 장미는 색갈이 아름다우므로 도서관 실내를 아름다운 색으로 치장한다.
- 장미는 여성적 꽃이므로 여성 내방객을 위한 특별 코너를 설치한다.

이처럼 전혀 다른 개념을 연결하여 아이디어를 생각해 내는 것이 임의 연결이다. 임의 연결은 아이디어가 잘 떠오르지 않거나 아주 새로운 시각에서 생각하고자 할 때 유용한 방법이다.

도발과 이동: 있는 그대로 바라보는 것이 아니라 시각을 바꾸어 원하는 대로 바라보는 사고방식이다. 먼저, 문제를 과장, 역전reversal, 왜곡, 소망 등의 방법으로 황당하고 멍청한 도발적인 문장으로 만든다. 도발적인 생각으로부터 혁신적인 유용한 아이디어를 생각해 내는 것이다.

예를 들어, 스마트폰 중독이 사회문제가 되고 있어 해결 방안이 시급한 실정이다. 먼저, 이런 문제에 대하여, '스마트폰은 담배다.'라는 엉뚱한 문장을 만든다. 이런 문장으로부터 고정된 틀을 깨고 새로운 관점에서 혁신적 아이디어를 생각해 낼 수 있다.

- 공공장소의 실내에서는 스마트폰 사용을 금지하고 위반시에는 범칙금을 부과한다.
- 친구와 대화 중에 스마트폰 사용을 금지한다.
- 금연 학교처럼 스마트폰 중독 예방 학교를 운영한다.

도발적인 문장을 만들어 이로부터 많은 혁신적 아이디어를 생각해 내도록 하는 방법이다. 전혀 새로운 관점에서 문제 해결에 접근할 수 있다.

수확과 아이디어 처리: 제시된 여러 아이디어를 분류, 재구성 등의 방법으로 정리하여 생각의 결과를 수확한다. 예를 들어, 제시된 아이디어를 즉시 실행 가능 아이디어, 검토 요망 아이디어, 상세 논의 필요 아이디어 등으로 분류하는 것이다. 분류된 아이디어는 현실 여건과 환경에 적합하도록 세련되게 만드는 것이 아이디어 처리이다. 수확 과정을 통해 좋은 아이디어를 발견할 수 있고, 아이디어 처리로 현실에 적합하도록 실행할 수 있게 된다.

드보노는 이외에도 Why-질문법, 분할법 등 다양한 사고 방법을 제시하고 있다. 살펴 본 봐와 같이, 드보노의 수평적 사고의 핵심은 다양한 수단과 방법을 활용한 자유로운 사고를 통해서 다소 황당하더라도 고정된 틀과 개념을 벗어난 혁신적 아이디어를 많이 만들어 내는 것이다. 이렇게 생성된 아이디어로부터 문제 해결에 유용한 방안을 효과적으로 발견하게 되는 것이다.

일반적으로 우리는 논리적, 수직적 사고에 익숙해져 있어 어떤 면에서 체계가 없는 수평적 사고는 생소할 수가 있다. 그러나, 드보노가 제시한 여러 생각법에 익숙해지게 되면 문제를 자연스럽게 새로운 관점에 보게 되고 해결 가능한 아이디어가 샘솟게 될 것이다.

② 수직적 사고

수평적 사고와 대조되는 사고방식이 수직적 사고vertical thinking이다. 수직적 사고는 알려진 지식 또는 정해진 규칙을 기반으로 하여 논리적으로 깊게 추론해 나가는 사고방식이다. 해결 방안이 얻어질 때까지 앞으로 진행해 나가는 사고방식이다. 비유하자면, 물이 나올 때까지 한 우물을 깊숙하게 파는 사고방식이다.

수직적 사고에서는 문제와 관련된 정확한 지식 또는 규칙과 단계별로 정확한 논리적 추론이 중요하다. 그래야, 수직적 사적 사고에서 얻고자 하는 정확한 해답을 얻을 수 있기 때문이다. 수직적 사고에서는 분석력, 해석력, 논리 추론 능력이 핵심적 역할을 하게 된다.

우리는 학습에 의해서 수직적 사고에 익숙하도록 단련되어 있다. 대부분의 학습은 수직적 사고 능력의 확장과 관계가 있기도 하다. 실제로 우리가 마주하는 다양한 문제는 수직적 사고와 관련된 문제가 대부분이다. 어떤 문제에 직면하게 되면, 분석적, 논리적 사고로 해결하려고 하는 경향이 많은 것도 이런 이유 때문이다. 그런데, 수직적 사고에 익숙해 있음에도 불구하고, 때로는 논리적 생각을 전개하지 조차 못하는 경우가 있다.

[짜장면 판매량] 서울에서 하루에 판매되는 짜장면은 몇 그릇일까?

한때 기업의 면접 시험에서 유행했던 문제이다. 이런 황당한 질문을 갑자기 접하게 되면 응시자의 생각은 얼어 붙게 되기 마련이다. 서울 인구는 약 1000만명. 유아, 노인, 환자 등 짜장면을 먹을 수 없는 사람 20%를 제외하면 짜장면을 먹을 수 있는 사람은 800만명. 대략 20일에 한번 짜장면을 먹기 때문에 하루에 1/20 사람이 짜장면을 먹게 되어 40만 그릇이 판매된다.

이런 유형의 문제는 대표적인 페르미 추정Fermi Estimate 문제로 정확한 답보다는 기초 지식을 활용하여 정확하게 논리적 추론을 하여야 한다. 그런데, 학습을 통해 수직적 사고에 익숙한 사람들은 주어진 논리 체계를 전개하는 능력을 뛰어나지만, 문제와 관련되는 기초 지식을 모으고 스스로 논리 체계를 만들어 가는 능력이 미약하다. 수직적 사고에서는 주어진 논리 체계를 활용하는 것도 중요하지만 자신이 스스로 논리 체계를 만들 수 있어야 진정한 수직적 사고라 할 수 있다.

[구글 면접 시험] 수열 10, 9, 60, 90, 70, 66 다음에 올 숫자는 무엇일까?

꿈의 직장으로 알려진 구글의 입사 면접 시험은 까다롭게 고도의 창의적 아이디어를 요구하는 것으로 유명하다. 구글뿐만 아니라 대부분의 기업은 창의력을 가장 중요한 요건으로 생각하여 다양한 방법으로 창의적 문제 해결 능력을 시험하고 있다.

대부분의 지망자는 주어진 수열에서 어떤 수학적 규칙을 찾아 보려고 노력하기 마련이다. 고정관념의 틀 속에는 수열의 규칙을 발견하는 것은 불가능하다. 숫자를 영어로 읽어 보자.

ten, nine, sixty, ninety, seventy, sixty six

철자의 수에서 논리적 규칙을 발견할 수 있다. ten은 3글자, nine은 4글자, sixty는 5글자…따라서, sixty six의 8글자 다음에는 9글자로 된 수가 와야 한다. 그런데, 3글자로 된 수는 one, two, six도 있고, 4글자로 된 수에는 zero, four, five도 있다. 수열은 이들 숫자 중에서 큰 수임으로, 결론적으로 9글자로 된 큰 수가 되어야 함을 알 수 있다. 따라서, 96(ninety six)가 나오게 된다.

수직적 사고는 논리 규칙 체계에 의존하는 추론 과정으로 정확한 논리 규칙 체계를 우선적으로 정립되어야 한다. 그런데, 문제로부터 논리 규칙 체계를 발견하는 것은 쉬운 일이 아니다. 우리는 학습에 의해 주어진 논리 체계를 적용하는 수직적 사고에 익숙해져 있어, 수직적 사고의 원천이 되는 논리 체계 발견에는 아주 서툴다. 논리 체계를 스스로 발견할 수 있을 때, 비로소 수직적 사고를 한다고 할 것이다. 수직적 사고 역시 고정관념의 틀을 깨고 새로운 관점에서 생각할 수 있어야 숨어 있는 논리 체계를 발견할 수 있다. 자유스러운 유연한 사고 능력은 수직적 사고에서도 중요한 역할을 한다.

수직적 사고의 논리적 추론은 끈기와 집중력을 요구하기도 한다. 논리적 관계가 복잡하게 입체적으로 연결되어 있을 때는 정확한 논리적 추론은 여간 어려운 것이 아니다. 자칫하면 혼동하여 잘못된 추론을 할 수 있고, 논리 규칙 적용이 어려워 포기하게 되기도 한다. 끈기와 집중력은 한쪽 방향으로 매진하는 수직적 사고의 강력한 추진력이다.

[얼룩말 퍼즐] 다음과 같은 사실로부터 '생수를 마시는 사람은 누구인가?', '얼룩말을 기르는 사람은 누구인가?'를 찾아내어라.

① 집이 다섯 채가 있다.

② 영국인은 빨간 집에서 산다.

③ 한국인은 개를 기른다.

④ 초록색 집에서는 커피를 마신다.

⑤ 중국인은 홍차를 마신다.

⑥ 초록색 집은 보라색 집 바로 옆에 있다.

⑦ 테니스를 즐기는 사람은 고양이를 키운다.

⑧ 농구를 좋아하는 사람은 노란 집에서 산다.

⑨ 우유는 가운데 집에서 마신다.

⑩ 미국인은 첫 번째 집에서 산다.

⑪ 야구를 좋아하는 사람은 앵무새를 키우는 사람의 옆집에 산다.

⑫ 다람쥐를 키우는 사람의 옆집 사람은 농구를 좋아한다.

⑬ 축구를 좋아하는 사람은 오렌지 주스를 마신다.

⑭ 프랑스인은 골프를 좋아한다.

⑮ 미국인은 파란 집 옆에 산다.

이 문제는 아인슈타인의 어린 시절에 만들었다고 하는 유명한 퍼즐이다. 근거는 없지만 2%의 사람만이 풀 수 있다고 하여 더욱 유명해졌다. 이런 문제를 풀어 보면, 수직적 사고의 논리적 추론에 끈기와 집중력이 얼마나 중요한 역할을 하는지 알 수 있을 것이다. 포기하지 않는 논리적 생각이 수직적 사고력을 키워준다.

창의적 사고에 도움에 되는 수평적 사고와 수직적 사고에 대하여 알아 보았다. 개략적으로 정리하면 [표 10-4]와 같다. 여기서 중요한 것은 창의적 사고를 위해 어떤 사고 방법이 우월하다는 것을 말하는 것이 아님을 명심해야 한다. 각각의 사고방식에는 장단점이 있고, 어떤 문제는 수평적 사고가 좋지만, 어떤 문제는 수직적 사고가 더 적합한 경우도 있다. 창의적 사고를 위해서는 문제의 성격에 따라 적합한 사고방식으로 생각하는 것이 좋다. 따라서, 창의적 사고를 키우기 위해서는 두 가지 사고방식 모두 균형 있게 개발하는 것이 중요하다.

[표 10-4] 수평적 사고와 수직적 사고 요점 정리

수평적 사고	수직적 사고
넓고 얕게 전체를 생각	좁고 깊게 집중적으로 생각
가능성 있는 다양한 해결책 탐색	정확한 해결책 탐색
가능성 유추	논리 추론, 논증
가능성있는 다양한 해결방안(유창성)	정확한 해결방안(정확성)
다양한 방향으로 자유롭게 생각	한쪽 방향으로 논리적으로 생각
도발적, 황당한 생각	해석적, 분석적 생각
도약적, 비약적 사고	단계적인 논리적 사고
제한없이 다양한 아이디어 생성	불필요한 요소 제거, 차단
왜, 만약에 …	어떻게

【그림 10-7】 균형 있는 창의적 사고력 개발

확산적 사고와 수렴적 사고

창의력 연구의 선구자적 역할을 한 길포드Joy P. Guilford가 창의력의 핵심 요소로 확산적 사고divergent thinking와 수렴적 사고convergent thinking을 제시하였다. 창의적 사고는 호기심, 동기, 모험심, 열정 등을 포함하여 다양한 인지적 요소가 상호 작용하는 통합적 사고이지만, 많은 연구 결과, 확산적 사고와 수렴적 사고가 창의적 아이디어를 생산해내고 창의적 문제 해결 능력을 기르는데 커다란 도움이 되고 있음 밝혀졌다. 확산적 사고와 수렴적 사고의 중심 개념을 알아 보자.

① 확산적 사고

확산적 사고 또는 발산적 사고는 주어진 문제에 대하여 제한을 두지 않고 자유스럽게 가능성 있는 다양한 해결 방안을 많이 생산해 내는 것을 말한다. 상상력, 열린 질문, 다양한 시각, 제한 없는 탐색 등을 통해서 많은 해결 방안을 도출해 내는 생각의 방식이다.

[종이컵 활용] 3분 동안 일회용 종이컵을 활용할 수 있는 방법을 찾아 보라.

고정관념에 얽매이지 않고 자유롭게 생각하여 의미있는 해결 방안을 많이 만들어 내는 것이 확산적 사고이다. 해결 방안의 질적 수준이나 우수성은 중요하지 않다. 가능성 있는 기발한 아이디어를 많이 창출하는 것이 확산적 사고의 핵심이다. 노벨 화학상과 평화상을 수상한 라이너 폴링Linus Pauling 교수에게 한 학생이 "어떻게 하면 좋은 아이디어를 낼 수 있습니까?"라고 물었다. 폴링 교수는 "많은 생각을 하고, 그 중에 나쁜 것을 버리게."라고 답변하였다. 아이디어는 양에서 질이 나오는 것이다.

확산적 사고를 하려면 기존의 고정관점에서 벗어나 자유롭게 아이디어를 추구할 수 있는 대담한 용기가 필요하다. 기존의 관점에 안주한다면 기발한 생각을 할 수 없다. 아이디어가 아무리 엉성하다고 해도 망설이지 않고 생각할 수 있어야 하고 생각의 흐름을 멈추지 말아야 한다. 엉성한 아이디어도 변형하거나 정교화하면 훌륭한 창의적 해결 방안이 될 수 있기 때문이다. 두려워하지 않는 생각의 자유와 용기가 확산적 사고를 만든다. 예술가들은 주로 확산적 사고의 기질을 갖고 있어 거침없는 아주 새로운 작품을 만들어 내곤 한다.

길포드, 토랜스 등 많은 학자들은 확산적 사고의 핵심 요소로 유창성, 융통성, 정교성, 독창성을 제시하고 있다. 이러한 특성 [표 10-3]에서 보는 바와 같이 창의적 사고의 핵심 요소이기도 하다.

- **유창성**: 많은 아이디어를 낼 수 있는 능력

  [예] 5분 동안, '일요일, 실험실, 여보 안경 안보여'처럼 앞에서부터 읽으나 뒤에서부터 읽으나 같은 단어나 문장을 찾아 보라.

- **융통성**: 고정관념에서 벗어나 다양한 시각에서 여러 해결책을 찾아내고 범주화(분류)하는 능력. 생각의 폭을 넓히는 능력

  [예] 보자기를 활용할 수 있는 방법을 생각하여, 기능별로 분유해 보라.

- **독창성**: 기존의 생각과는 다르게 새롭고 독특한 아이디어를 산출하는 능력. 다른 사람들이 생각하지 못한 기발한 생각을 하는 능력. 창의적 사고의 궁극적인 목표는 사고의 독창성을 추구하는 것

  [예] 감기약 캡슐을 분해해 보면 작은 알갱이들을 발견할 수 있다. 이 알갱이의 크기를 측정하는 방법을 생각해 보라.

- **민감성**: 문제의 본질을 탐색하고 빠르게 파악하는 능력. 확산적 사고 초기 단계에 중요한 능력

  [예] 비룡기 축구 대회에 45개 축구팀이 출전하여 토너먼트로 경기를 한다. 우승팀을 결정될 때까지 몇 번의 경기를 하여야 할까?

- **정교성**: 생각한 아이디어를 구체적으로 가다듬어 실제로 실현할 수 있는 아이디어로 만드는 능력. 창의적 사고의 마지막 단계에 해당하는 능력

  [예] 음료수 캔을 활용하여 강을 건너는 뗏목을 만들려고 한다. 그 방법을 설명하라.

확산적 사고는 위에서 제시한 요소 이외에도 상상력, 통찰력, 도전력, 몰입력 등이 필요하다. 이런 능력을 활용하여 쉬지 않고 새로운 아이디어를 생각해 내도록 두뇌를 활성화 하여야 한다. 창의적인 사람들은 즉석에서 좋은 아이디어를 내어 놓는 것으로 오해하기 쉽다.

피카소는 2만개 이상의 그림과 스케치를 그렸고 아인슈타인은 248편의 논문을 발표하였다. 그 중에는 아주 형편없는 것도 있었지만, 몇 편의 불후의 명작도 있다. 에디슨이 전구를 발명할 때 9000번의 실패를 하였다는 것은 얼마나 많은 아이디어를 생각하였는지를 보여 준다. 막힘 없는 자유로운 생각이 창의력을 강화시켜 준다.

② 수렴적 사고

다양한 아이디어를 분석하고, 평가하여 여러 가지 가능한 해결 방안 중에서 가장 접합한 해결책을 모색해가는 사고방식을 말한다. 문제와 관련된 지식과 상황 등을 종합적으로 고려하여 비판적 관점에서 논리적 추론과 판단으로 최적의 해결책을 발견하는 사고 과정을 수렴적 사고라 한다. 수렴적 사고는 다양한 해결 방안을 제시하는 것이 아니라, 불합리 한 것, 수준이 떨어지는 것, 현실성이 없는 것 등을 걸러내어 질적으로 우수한 아이디어를 발견하는데 목적이 있다.

[물고기의 선택] 시냇물이 흐르는 어느 외딴 산골에 오두막 집이 있다. 불행하게도 오두막집에 화재가 발생하였고, 이 소식이 시냇가에 있는 물고기들에게도 알려졌다. 자신이 물고기라면 어떻게 할 것인가?

① 다른 물고기들에게 화재 소식을 전한다.

② 구경하러 화재 현장으로 달려 간다.

③ 화재가 무서워 도망간다.

④ 괴롭히던 집주인이 이사를 가게 되어 친구들과 축하한다.

창의적 아이디어를 많이 생산하는 것만으로는 문제를 해결할 수가 없다. 문제 해결에 적용할 수 있는 최적의 해결책을 발견하여야 한다. 수렴적 사고는 다양한 아이디어를 논리적으로 검토, 분류, 평가하여 가능한 해법 중에서 가장 유용하고도 적절한 방안을 가려내는데 목표 지향의 사고이다. 주로, 과학자들이 최종 결론에 도달할 때 보이는 사고방식이 수렴적 사고이다. 이를 위해서는, 확산적 사고를 통해 다양한 해결 방안을 마련하여야 하고, 이를 기반으로 냉철한 논리적 사고와 판단으로 최적의 해결책을 찾아내도록 하여야 한다. 수렴적 사고를 위해서는 [표 10-3]에서 보인 분석적 사고, 비판적 사고, 종합적 사고가 중요한 기능을 한다.

- **분석적 사고**: 전체를 구성하는 개개의 요소를 파악하고 고찰하는 능력. 개별 특성을 심도있게 이해하는 능력

  [예] 어느 병원에 강한 방사선 치료기와 약한 방사선 치료기가 여러 대 있다. 환자를 방사선 치료를 하여야 하는데, 강한 방사선을 쪼이면 암세포가 죽지만 인체세포가 파괴된다. 약한 방사선을 쪼이면 인체세포는 안전하지만 암세포가 죽지 않는다. 환자를 치료할 수 있는 방법이 있을까?

- **비판적 사고**: 아이디어를 논리적으로 분석, 분류, 평가하여 '더 나은, 더 좋은, 그리고 더 합리적인' 아이디어를 판단하는 능력. 적합한 정보, 객관적 판단 기준, 논리적 판단 등으로 아이디어를 비교, 분석하여 최적의 해결책을 선별하는 능력

  [예] 무더운 여름철에 에어컨 가동이 급증하면서 전력난이 심화되고 있다. 에이콘을 태양 에너지를 이용하여 가동할 수 있는 방법이 있을까?

- **종합적 사고**: 여러 개의 개별적 요소를 전체의 관점에 통합하는 능력. 다양한 관점을 고려하여 종합적으로 판단하고, 전제적 관점에서 더 좋은 해결책을 발견하는 능력

  [예] 양초, 성냥 한 갑, 압정 몇 개가 있다 이것을 이용해서 촛농이 바닥에 떨어지지 않도록 양초에 불을 붙여 벽에 고정시키고자 한다. 어떻게 하면 될까?

생산된 아이디어 중에서 적합한 아이디어를 걸러 내는 수렴적 사고는 창의적 문제 해결 방안을 발견하기 위해서 아주 중요하다. 논리적 분석력, 비판적 판단, 종합적 평가 등은 아이디어의 문제점을 보완하고 부족한 부분을 보완하여 더 좋은 아이디어를 만들어 낸다. 창의력 발휘를 위해서는 분석적 사고, 비판적 사고, 종합적 사고의 3가지 능력이 조화되어야 한다. 분석적 능력이 있지만, 다른 두 가지 능력이 미흡하면 실제적인 해결책을 만들어 내기 어렵다. 비판적 능력이 있지만 다른 두 가지 능력이 미약하면 정밀한 해결책을 얻기가 어렵다. 또한, 종합적 능력이 있지만 다른 두 능력이 부족하면 질적으로 우수한 해결책을 만들지 못한다.

확산적 사고와 수렴적 사고는 동전의 양면과 같아서 따로 분리하여 생각할 수가 없다. 각각의 특성을 알기 쉽게 요약정리하면 [그림 10-8]과 같다. 상호 대비되는 것처럼 보이지만, 음(-)과 양(+)처럼 상호 보완적 성격을 갖고 있음을 알 수 있다. 아래쪽에 각각의 사고방식을 지원하는 생각의 도구들을 보였다. 이에 대하여는 다음 장에서 설명한다.

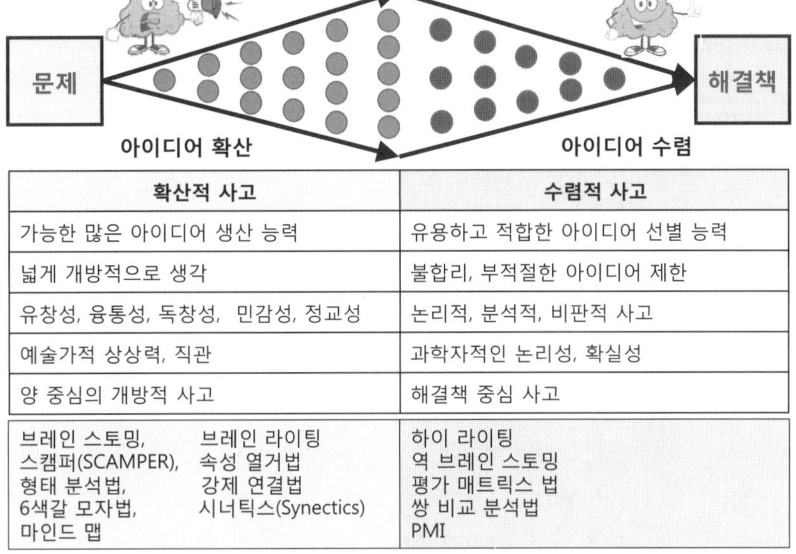

확산적 사고	수렴적 사고
가능한 많은 아이디어 생산 능력	유용하고 적합한 아이디어 선별 능력
넓게 개방적으로 생각	불합리, 부적절한 아이디어 제한
유창성, 융통성, 독창성, 민감성, 정교성	논리적, 분석적, 비판적 사고
예술가적 상상력, 직관	과학자적인 논리성, 확실성
양 중심의 개방적 사고	해결책 중심 사고
브레인 스토밍, 브레인 라이팅 스캠퍼(SCAMPER), 속성 열거법 형태 분석법, 강제 연결법 6색갈 모자법, 시너틱스(Synectics) 마인드 맵	하이 라이팅 역 브레인 스토밍 평가 매트릭스 법 쌍 비교 분석법 PMI

【그림 10-8】 확산적 사고와 수렴적 사고 요약정리

창의적 문제 해결 능력을 기르기 위해서는 두 가지 사고방식을 조화롭게 활용할 수 있어야 한다. 확산적 사고에만 뛰어난 사람은 괴짜나 몽상가로 보일 수 있다. 수렴적 사고에만 뛰어난 사람은 까다로운 괴변논자로 보이기 쉽다. 실제로 창의적 문제 해결 사례를 분석해 보면 두 가지 사고가 상호 융합되어 시너지 효과를 내고 있는 것을 발견하게 된다. 칙센트미하이 등이 노벨상 수상자 등 100여명을 인터뷰해 연구 결과도 이를 뒷받침하고 있다. 탁월한 창의력을 신장을 위해서는 이러한 균형 있는 사고와 함께, 호기심, 열정, 몰입, 용기, 끈기 등 마음 자세도 아주 중요하다.

【그림 10-9】 균형 있는 창의적 사고 개발

사람은 도구를 사용하는 동물이다.
- 벤자민 프랭클린Benjamin Franklin

10.4 생각의 도구를 활용하자.

나무를 자르는데 도끼를 사용할 것인가 아니면 전기톱을 사용할 것인가? 당연히 전기톱을 사용하는 것이 효율적이고 생산성도 높다. 도구는 효율과 생산성을 높여 주는 것으로 인류는 끊임없이 도구를 개발하여 왔다. 수평적 사고/수직적 사고, 확산적 사고/수렴적 사고 등 창의적 사고를 활발하게 하기 위해 다양한 형태의 생각의 도구가 개발되었다. 특히, 드보노는 창의적 사고에 적합한 수많은 도구를 창안하여 누구든지 쉽게 창의적 사고를 훈련할 수 있도록 하였다. 이런 도구들을 활용하면, 효과적으로 창의적 사고를 추진할 수 있고 참신한 아이디어를 생산해 낼 수 있다. [그림 10-10]처럼 수많은 생각의 도구가 개발되어 있는데, 이중에서 편리하게 활용하여 성과를 만들어 낼 수 있는 대표적인 도구들을 살펴 보고자 한다. 이외의 다른 유용한 도구도 알아 보아 효과적으로 창의적 사고를 전개할 수 있도록 하자.

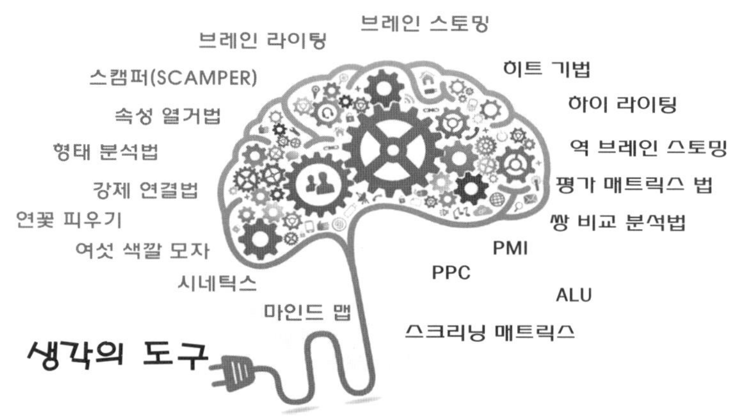

【그림 10-10】 창의 사고를 위한 생각의 도구들

브레인 스토밍

오스본Alex Osborn에 의해 개발된 브레인 스토밍brainstorming은 말 그대로 두뇌brain에 폭풍storming을 일으킨다는 뜻으로, 자유스럽게 수많은 아이디어를 생산하는 것을 의미한다. 브레인 스토밍은 여러 명이 하나의 문제에 대하여 서로의 생각을 교류하면서 가능한 많은 수의 아이디어를 생산하는데 사용되는 집단 토의식 아이디어 창출 도구이다.

브레인 스토밍은 구성원이 어떤 아이디어든지 제한 없이 자유롭게 발표하도록 하여, 다양한 관점에 수많은 아이디어를 발굴하는데 목적이 있다. 여러 사람의 지혜를 모으는 목적이 있으므로 [그림 10-11]과 같은 원칙하에서 진행하도록 한다.

일반적으로 5-6명이 팀이 되어 자유스러운 분위기에서 주어진 문제에 집중하여 열린 마음으로 자신의 아이디어를 적극적으로 발표하는 방식으로 운영된다. 사회자는 회의 진행을 잘하는 사람으로 구성원의 참여를 이끌어 내고, 회의가 지루하지 않고 생동감 넘치도록 회의를 주관한다. 기록자는 구성원의 아이디어를 요점 정리하여 빠짐없이 기록한다. 브레인 스토밍에 익숙하지 않거나 구성원이 아이디어 발표에 수동적인 경우에는 카드 또는 포스트잇에 쓰도록 하여 아이디어를 수렴할 수도 있다.

아이디어가 정리된 후에는 하나씩 평가하면서 좋은 안을 도출한다. 브레인 스토밍은 문제 해결에 구성원의 관심과 참여를 유도하고, 각자의 전문성과 지식을 발휘할 수 있게 하여, 수많은 아이디어를 발굴하는데 유용한 도구이다. 수평적 사고 또는 확산적 사고에 활용하면 좋다.

【그림 10-11】 브레인 스토밍의 원칙

그러나, 브레인 스토밍으로 좋은 방안이 도출되지 않는 경우가 많다. 브레인 스토밍은 일종의 집단적 사고인데, 주장이 강한 사람의 아이디어나 주도권을 가진 사람의 생각에 무비판적으로 동조하는 현상이 나타난다. 2차 세계대전 중에 진주만을 공격하여 미국과 전쟁하여 이길 수 있다고 생각하는 일본인은 없었지만, 어전회의의 브레인 스토밍에서 강경파의 주장에 따라 황당한 결정을 하게 된다. 브레인 스토밍은 이처럼 집단적 사고에 매몰될 위험성이 있다. 효과적으로 브레인 스토밍을 진행하려면 사전에 주제를 알려 주고, "참신한 아이디어를 가능한 많이 준비해 오세요."라고 과제를 부여하고 문서로 작성해 오도록 하여 순차적으로 발표하는 것이 좋다. 즉흥적인 브레인 스토밍에서는 좋은 아이디어가 도출될 수 없다.

스캠퍼

문제 해결을 위한 여러 방안을 체계적으로 찾아내는 방법으로 널리 이용되고 있는 도구가 스캠퍼SCAMPER이다. 스캠퍼는 [표 10-5]에 요약한 것처럼 영문의 첫 글자를 모아 놓은 것이다.

스캠퍼는 주로 기존의 제품이나 아이디어를 다양하게 변형하여 새로운 제품이나 아이디어를 만들어 낼 때 유용한 방법이다.

[표 10-5]에서 보는 바와 같이, 7가지 방법을 활용하여 기존의 제품과 아이디어를 변형하는 것이다. 스캠퍼는 새로운 모든 것은 기존의 것을 변형하여 창조된다는 생각에 기반을 두고 있다. 스캠퍼는 7가지 부분의 질문을 통해 아이디어를 발산적으로 생산할 수 있도록 유도하는 생각의 도구로, 창의력 훈련하지 않은 사람도 효과적으로 아이디어를 창출할 수 있도록 도와 준다. 스캠퍼 사용자는 주어진 문제에 대하여 차분하게 7가지 부분의 질문을 하여 봄으로써 쉽게 창의적 아이디어를 얻어 낼 수 있다.

[표 10-5] 스캠퍼의 의미

	구분	질문	예
S	대체 Substitute	• 다른 재료로 대체할 수 있을까? • 다른 방법으로 대체할 수 있을까? • 다른 부품으로 대신 한다면?	• 유리컵 → 종이컵 • 휘발유차 → 전기차 • 물수건 → 물티슈
C	결합 Combine	• 다른 소재(물품, 아이디어)와 결합한다면? • 서로 혼합할 수 있을까? • 서로 연결할 수 있을까?	• 스마트폰 • 바퀴달린 여행가방 • 복합기기
A	적용 Apply	• 다른 곳에 응용할 수 있을까? • 유사한 것이 있을까? • 다른 것을 모방할 수 있을까?	• 바람 → 풍력발전 • 장미가시 → 철조망 • 오리발 → 물갈퀴
M	수정 Modify 확대 Magnify 축소 Minify	• 어떤 부분이 수정 가능한가? • 더 강하게, 높게, 길게 만든다면? • 더 약하게, 작게, 짧게 만든다면?	• 엠보싱 화장지 • 빔프로젝터 • USB 기억장치
P	용도변경 Put-to-other-use	• 다른 용도로 사용한다면? • 이것으로 다른 것을 만들 수 있을까? • 다른 목적으로 사용한다면?	• 폐타이어 → 방충벽 • 치약 → 광택연마제 • 폐품 → 미술도구
E	삭제 Eliminate	• 없애면 어떨까? • 축소(농축, 압축)하면 어떨까? • 분리하면 어떻게 되나?	• 무설탕 캔디 • 테없는 안경 • 무선 전화기
R	재배열 Rearrange 거꾸로 Reverse	• 순서(배열, 형태)를 바꾸면 어떨까? • 역할(위치, 패턴)을 바꾸면 어떨까? • 원인과 결과를 거꾸로 하면 어떻게 되나?	• 누드 김밥 • 거꾸로 타는 보일러 • 다이슨 선풍기

스캠퍼는 새로운 제품을 개발할 때뿐만 아니라, 아이디어가 확산적으로 생산되지 않을 경우에도

스캠퍼의 질문을 던져 봄으로써 생각의 활성화할 수 있다. 질문이 창의적 생각을 촉진한다고 할 수 있다. [그림 10-12]는 스캠퍼를 활용하여 개발한 신제품들이다. 스캠퍼의 어떤 질문이 적용되었는지 생각해 보자.

【그림 10-12】 스캠퍼로 개발된 창의 제품

속성 나열법

문제에 내재한 다양한 속성, 특징을 정리하여 어떻게 변화시킬 수 있을 지를 생각하여 새로운 아이디어를 창출하는 방법이 속성 나열법이다. 먼저, 문제의 중요한 속성 또는 특성을 찾아내어 표를 작성한다. 각 속성을 어떻게 변형할 수 있을지를 생각해 본다. 이때 스캠퍼같은 방법을 사용하여 속성을 변형할 수 있을 것이다. 속성 나열법은 문제에 핵심 요소에 집중하여 아이디어를 생산하는 간단하고 편리한 방법이다.

[표 10-6] 속성 나열표

새로운 기능의 냄비를 개발하자.

속성 범주	속성	다르게 변형한다면?
구조	뚜껑 솥 손잡이 꼭지	
형태	원형 알루미늄 유리 노란색	
기능	음식을 요리한다 물을 끓인다 음식을 담아둔다	

연꽃 피우기

중심 아이디어를 세부 아이디어로 나누고, 다시 세부 아이디어를 중심 아이디어로 하여 세부 아이디어를 확장해 가면서 아이디어를 생산하는 방법을 연꽃 피우기Lotus Blossom라고 한다. 일본 클로버 경영 연구소의 야수오 마쓰무라Yasuo Matsumura에 의해 개발된 도구로, 분석적 방법으로 많은 아이디어를 생산하도록 도와 준다. 연꽃 피우기는 기본적으로 3×3 형태의 배열을 중심으로 다음과 같이 진행된다.

① 연꽃 피우기 도형을 그리고, 중앙에 문제 또는 중심 아이디어를 기록한다.

② 중심 아이디어와 관련된 세부 아이디어 8개를 주변에 적는다.

③ 세부 아이디어는 주변 연꽃의 중심 아이디어가 된다. 주변 연꽃의 중앙에 세부 아이디어를 적는다.

④ 각각의 중심 아이디어에 대하여 세부 아이디어 8개를 적는다.

⑤ 이 과정을 계속하여 연꽃을 피운 후에, 아이디어를 종합하여 최선의 해결 방안을 창출한다.

연꽃 피우기 방법은 꽃이 개화하는 것처럼 역동적으로 아이디어를 확산해 나갈 수 있다. 또한 관련되는 요소간의 전체적인 관계를 한눈에 파악할 수 있는 장점도 있다. 전체적 구성과 부분적 요소를 이해함으로써 시스템적인 사고를 할 수 있게 된다. 이처럼 연꽃 피우기는 단계적으로 아이디어를 체계화 시켜나가면서, 많은 아이디어를 유창하게 생산할 수 있다.

	어휘			**발음**			**문법**	
			어휘	발음	문법			
	회화		회화	**효과적 영어 학습**	영작		**영작**	
			듣기	말하기	쓰기			
	듣기			**말하기**			**쓰기**	

【그림 10-13】 연꽃 피우기 도형

시네틱스

시네틱스Synectics는 그리스 단어에서 유래한 말로써 "서로 다른 것을 연결한다."는 의미이다. 프린스George Prince와 고든William Gordon에 의해 개발된 생각의 도구로, 새로운 제품의 발명 기법으로 널리 사용되는 방법이다.

시네틱스는 주로 사고의 은유metaphor 또는 유추analogy 기능을 활용하여, 낯선 것에 친숙해 지거나, 친숙한 것을 괴상하게 생각하여 독창적 아이디어를 이끌어 내는 방식이다. 시네틱스에서 주로 사용하는 유추에는 [표 10-7]과 같은 형태가 있다.

[표 10-7] 시네틱스 도표

유추 유형	내용
의인적 유추 개인적 유추	자기 자신을 사물에 투영하여 사물과 자신을 일치시킨다.
	(자신 = 카메라) "흔들리면 어떻게 사진 찍어?" → 손 떨림 방지 내가 나무라면 산성비가 내리면 어떻게 될까?
직접적 유추	창조하고자 하는 물건과 다른 사물을 직접적으로 비교한다.
	집안의 전기 배선 → 인체의 동맥 동물은 겨울을 어떻게 살아갈까? → 에너지 보존 방법
상징적 유추 기호적 유추	모순되거나 서로 충돌되는 상황을 생각한다.
	어떤 때에 여러 사람 속에서 고독을 느낄까? 화재 발생시에 빨리 안전하게 대피하는 방법은 무엇일까?
공상적 유추	현실적으로 얻을 수 없는 바램, 희망, 욕구 등을 상상으로 유추한다. 최근의 시네틱스에서는 사용하지 않는다.
	승용차가 날아다닌다면? 책이 말을 한다면?

시네틱스는 심리적으로 해방된 상태에서 자유롭게 생각하는 것으로 일종의 창의적 아이디어를 위한 심리 치료 기법이라고 생각할 수 있다. 시넥틱스는 낯선 것을 친숙하게, 친숙한 것은 낯설게 감정이입 하여 창의적 발상을 유도 하는 방식이다. 시넥틱스를 진행하는 방식에는 여러 형태가 있지만, 일반적으로 퍼실리테이터facilitator 또는 교사의 지도하에 다음과 같이 진행된다.

① 해결하고자 하는 문제를 설정하고 문제의 내용을 이해한다.

② 퍼실리테이터가 단어 또는 어구를 제시하고, 문제와 관련하여 직접적 유추를 하도록 한다.

③ 직접적 유추에서 도출된 사항 중 하나를 선택하여 의인적 유추를 한다.

④ 의인적 유추에서 생성된 사항으로부터 서로 충돌 또는 모순되는 단어 쌍을 찾는다.

⑤ 충돌하는 단어 쌍을 선택한 이유를 설명하고 타당한지를 확인한다.

⑥ 선정된 충돌되는 단어 쌍을 가지고 창의적으로 직접적 유추를 한다.

⑦ 도출된 결과로부터 창의적 아이디어를 만든다.

다른 생각의 도구와는 달리, 시넥틱스에서는 아이디어 생산을 지도하는 퍼실리테이터의 역할이 중요하다. 시넥틱스는 브레인 스토밍보다 다양하고 독창적으로 아이디어를 산출할 수 있고, 추상적인 문제나 개념을 여러 가지 유추 방법으로 내면화할 수는 등 여러 장점이 있다. 그러나, 전문 퍼실리테이터의 지도가 필요하고 방법이 복잡하며 시간이 오래 걸리는 단점도 있다.

강제 결합법

소프트뱅크의 손정의 회장이 새로운 아이디어를 만들어 낼 때 사용한 방법이라고 하여 널리 알려진 방법이다. 손정의 회장은 강제 결합법을 활용하여 1년에 250여 가지의 새로운 아이디어와 제품을 개발하였다고 한다.

강제 결합법은 전혀 관계가 없는 두 가지 이상의 개념, 아이디어, 제품 등을 강제로 연결하여 새로운 아이디어를 생각해 보는 것이다. 아이디어가 고갈되었거나 자유롭게 창의적 아이디어를 만들어 보고자 할 때 활용할 수 있는 도구이다.

① 작은 메모지 300장~1000장 정도를 준비한다.

② 각 메모지에 생각나는 대로 단어 하나를 써 넣는다.

③ 작성된 메모지를 상자에 넣고 잘 섞는다.

④ 상자에서 메모지 2, 3장을 추첨한다.

⑤ 추천된 메모장에 적힌 단어를 연결하여 문장을 만든다.

예를 들어, 상자에서 "사과, 비행기, 컴퓨터"를 뽑았다고 하면, 이 세 단어를 강제로 결합하여 "컴퓨터로 조정하는 비행기로 사과 농장을 관리할 수 있을까?, 비행기를 타고 사과 괴물을 퇴치하는 컴퓨터 게임을 만든다면?"과 같은 아이디어를 만들어 낼 수 있을 것이다. 강제 결합법은 아이디어를 생각하지 않을 수 없도록 강제하여 창의적 생각을 유도하는 방법이다.

여섯 색깔 생각 모자Six Thinking Hats

아이디어 회의 참가자들이 서로 다른 색깔의 모자를 쓰고, 자신이 쓰고 있는 모자 색깔이 의미하는 생각을 집중적으로 하는 방식으로 드보노가 고안한 생각의 도구이다. 집중적으로 생각하고 여러 사람이 아이디어를 공유하여 창의적 생각을 유도하는 방법이다.

[표 10-8]은 여섯 색깔 생각 모자를 요약한 것이다. 각자 주어진 역할에 따라 해당하는 생각을 집중적으로 하게 된다. 여섯 색깔 생각 모자는 창의적 문제 해결에 필요한 여러 관점을 모자의 형태로 정의하여 참가자에게 주어진 관점에서 집중적으로 많은 아이디어를 생각하도록 하는 생각의

도구이다. 참가자는 자유롭게 자신에게 주어진 관점에서 의견을 말하면 된다. 다만, 흰색 모자는 문제와 관련된 객관적 사항과 자료를 제시하므로 첫번째로 발언하면 좋을 것이고, 파랑 모자는 사회자로서 다른 색의 모자가 자유롭게 발언할 수 있도록 모임을 이끌어 가고 생각을 충분히 나눈 후에 마무리 발언을 하는 것이 좋을 것이다.

여섯 색깔 생각 모자는 꼭 6명이 할 필요는 없다. 때에 따라서는 2명이 상이 같은 모자를 쓸 수도 있고, 불필요하다고 생각하는 모자를 생략할 수도 있다. 여섯 색깔 생각 모자는 아이디어의 산출, 평가, 선택의 기능을 고루 갖추고 있어 확산적, 수렴적 사고에 모두 사용 가능하다.

[표 10-8] 여섯 색깔 모자의 의미

모자 색깔	생각 방향
흰색	토의 주제에 대한 객관적 사실, 조사한 자료와 정보만을 이야기한다.
	• ~는 ~입니다. • ~를 하였습니다.
초록	창의적 문제 해결방안, 다양한 아이디어를 말한다.
	• ~하면 좋을 것입니다. 왜냐하면 ~할 수 있기 때문입니다. • ~으로 할 수 있습니다. 왜냐하면 ~이 있기 때문입니다.
노랑	좋은 점, 긍정적인 측면, 낙관적 견해를 말한다.
	• ~은 참 좋습니다. 왜냐하면 ~효과가 있기 때문입니다. • 초록모자의 의견은 참 좋습니다. ~할 수 있기 때문입니다.
검정	나쁜점, 부정적 측면, 실패 가능성 등을 말한다.
	• 초록모자의 생각은 나쁩니다. ~위험이 있습니다. • ~할 수 있어 불가능합니다.
빨강	순간적으로 떠오르는 직감, 감정, 느낌 등을 솔직하게 말한다.
	• ~할 수 있다니, 아주 기쁩니다. • ~때문에 짜증이 납니다. • ~하다니 참을 수가 없습니다.
파랑	사회자로서 토의를 원만하게 진행하고, 토의 내용을 정리, 요약한다.
	• ~에 대하여 토의를 하겠습니다. • 모자 색깔별로 차례로 생각을 발표해 주십시오.

마인드 맵

누차 강조한 바와 같이, 창의적 사고에서 생각의 시각화는 너무나도 중요하다. 갈릴레오는 다른 과학자들이 수학적 방법으로 사고하는데 비하여, 그림, 다이어그램, 도형 등의 다양한 방법으로 생각을 시각화 하여 과학 혁명을 이끌었다. 천재의 표상으로 알려진 레오나르도 다빈치 역시 수학 공식 대신에 그림, 다이어그램, 그래프 등을 사용하여 창의성을 폭발시켰다. 다빈치의 연구 노트를 보면 온통 그림뿐이다. 철학자 니체Friedrich Nietzsche는 <진실과 거짓에 대해>라는 책에서 '현실을 언어로 묘사하는 것은 언어 구조 자체의 문제로 인하여 불가능하다.'고 하였다. 아인슈타인은 문제가 떠오를 때마다 시각적, 공간적 형태에 근거하여 생각하였으며, 천재 물리학자 리처드 파인만은 다이어그램을 사용하여 양자역학 연구에 획기적인 기여를 하였다. 생각을 그림으로 그릴 수 있어야 창의성을 발휘할 수 있다.

토니 부잔Tony Buzan에 의해 개발된 마인드 맵Mindmap은 생각을 시각화할 수 있는 아주 간편한 도구이다. 핵심 단어 또는 아이디어를 중심으로 연관되는 개념과 아이디어를 자유롭게 펼쳐 나갈 수 있어, 창의력에서 요구되는 상상력, 유연성, 독창성 등을 체계적으로 발휘할 수 있다. 또한, 부호, 기호, 그림, 컬러 등을 사용하여 사실적으로 생각의 지도를 그릴 수 있어 누구나 손쉽게 활용할 수 있다. 전체와 부분을 한눈에 파악할 수 있고, 기억하기 쉬운 장점도 있다. 마인드 맵은 창의력 개발뿐만 아니라, 학습 지식의 핵심을 요약 정리하고, 복잡한 지식의 내용을 체계적으로 분석하는데도 훌륭한 도구이다. 마인드 맵은 지식의 시각화에 가장 기본적인 도구이며, 마인드 맵의 적극적 활용은 생각하는 사람 누구에게나 필요한 기본 역량이라 할 것이다. 마인드 맵의 활용에 대하여는 제4장을 참고하도록 하자.

히트 기법

브레인 스토밍과 같은 확산적 사고법으로 수많은 아이디어를 생산하였다면, 이제는 이중에서 쓸 만한 것을 걸러내어야 한다. 히트Hit 기법은 수많은 아이디어 중에서 유용한 아이디어를 골라 내는 수렴적 사고의 가장 간편한 방법이다.

① 도출된 아이디어 리스트를 작성한다.

② 하나씩 점검 하면서 "적절한, 흥미로운, 매력있는, 유용한, 실행 가능한" 것에 체크(√) 표시를 한다.

③ 체크 표시가 된 것을 살펴보면서 보다 유망한 아이디어에 다시 체크 표시를 한다.

④ 이와 같은 활동을 반복하여 체크 표시가 많은 아이디어를 우선적으로 선정한다.

수많은 아이디어 중에서 유용한 아이디어를 찾아내는 가장 단순한 방법이 히트 기법이다. 히트 기법으로 찾아 낸 아이디어는 평가 기준을 설정하여 선정하거나 하이라이팅 기법 등을 사용하여 더욱 세련되게 조직화 할 수도 있다.

하이라이팅 기법

히트 기법으로 선정된 유용한 아이디어를 기준에 따라 몇 가지 범주로 분류하는 것을 하이라이팅highlighting 기법이라고 한다. 공통적 특성 또는 유사한 요소 등에 따라 아이디어를 그룹화하여 아이디어를 조직화 하는 것이다. 이때, 공통적 특성이나 요소를 핫스팟hot spot이라고 하는데, 하이라이팅은 선정된 아이디어를 핫스팟으로 재정리하는 방법이다.

① 선정된 아이디어에 번호를 붙인다.

② 아이디어를 분석하여 공통적 특성이나 요소를 발견하여 핫스팟을 설정한다.

③ 선정된 아이디어를 핫스팟으로 분류한다.

④ 핫스팟을 고찰하여 선정된 아이디어를 명확하게 재정의한다.

⑤ 문제의 요구에 가장 적합한 핫스팟을 선택하고 아이디어를 가다듬는다.

[표 10-9]는 주말 고속도 정체 해소 방안에 대한 브레인 스토밍에서 산출된 45개의 아이디어 중에서, 히트 기법 등을 사용하여 선정된 10개의 아이디어에 대하여 하이라이팅한 예를 보인 것이다. 아이디어 내용에 따라, 핫스팟을 설정하여 분류하고, 최종적으로 아이디어를 가다듬는다. 하이라이팅은 아이디어의 내용에 따른 분류를 통해, 제안된 아이디어를 좀 더 상세하게 이해할 수 있다.

[표 10-9] 하이라이팅 기법의 예

주말 고속도로 정체 해소 방안	
핫스팟	아이디어
제도	주말 고속도로 5부제를 실시한다. 고속도로 출구와 연결된 국도는 고속도로를 지나 온 차량만 이용하도록 한다. 가변 차선 제도를 실시한다.
통행료	주말에는 할증된 고속도로 통행료를 받는다. 승차 인원에 따라 고속도로 통행료를 받는다. 주말에는 하이패스 장착 차량만 통행하도록 한다.
시설	주말에만 운영하는 국도와 연결된 톨게이트를 여러 곳에 설치한다. 교통 통제 전광판을 설치하여 국도를 이용하도록 교통 통제한다.
서비스	고속도로 정체 상황을 알려주는 앱을 제공한다. 구간별, 시간대별 통행 예측 정보를 사전에 발표한다.
종합된 해결 방안	
주말 고속도로 이용 가능 차량을 제한다고, 이용시에서는 할증된 통행료를 부과하고, 교통이 분산될 수 있도록 신호등과 톨게이트를 설치하고, 정체 상황을 예측하고 파악할 수 있는 서비스를 제공한다.	

PMI

브레인 스토밍 등 확산적 사고에 의해 도출된 각 아이디어에 대하여 장점Plus, 단점Minus, 흥미로운 점Interesting 등을 생각하여 봄으로써 유용한 아이디어를 보다 비판적이고 체계적으로 골라 내는 방법이다. 하나의 아이디어를 집중적으로 분석할 때 유용한 도구이다.

① 장점 P에 집중해서 생각한다. 이때는 단점 M이나 흥미로운 점 I는 고려하지 않는다.

② P에 대한 생각이 마무리되면, M에 집중하여 생각한다.

③ M에 대한 생각이 마무리되면, I에 집중하여 생각한다.

④ P, M, I에 모아진 생각을 정리하여 종합적으로 생각한다.

PMI는 하나의 측면에만 집중하여 생각함으로써 생각이 흩어지는 것을 방지할 수 있다. [표 10-10]은 PMI 도표의 예이다.

[표 10-10] PMI 도표 예

아이디어	**무선 전자 애완견 목줄:** 애완견에게 무선 전자 애완견 목줄을 장착하여, 애완견이 주인으로부터 5m 이상 떨어지면 움직이지 못하게 한다.
Plus(장점)	산책시에 큰 도움이 된다. 애완견 목줄이 없어도 된다. 자동으로 애완견을 관리할 수 있다. 애완견에게 자유를 줄 수 있다. 주인이 자유롭게 활동할 수 있다.
Minus(단점)	애완견에게 고통을 줄 수 있다. 비용이 많이 든다. 목줄이 없어 다른 사람들을 놀라게 할 수 있다.
Interesting (흥미로운 점)	전자장치로 목줄을 대신한다. 애완견과 주인이 자유롭게 활동할 수 있다.

PMI와 유사한 도구가 많이 있다. 아이디어의 강점Advantage, 약점Limitation, 독특한 특징Unique Qualities을 중심으로 하는 ALU, 미심쩍거나 실현 가능성이 의심이 되는 아이디어에 대하여 긍정적인 면Positive, 가능성이 있는 면Possibilities, 염려스러운 면Concern을 파악해 보는 PPC도 기본적으로 PMI와 같은 개념의 도구들이다.

쌍비교 분석법

확산적 사고에 의해 도출된 아이디어 중에서 좋은 아이디어를 골라내는 것은 여간 어려운 문제가 아니다. 이때, 아이디어간의 우열을 비교하여 상대적으로 좋은 아이디어를 찾아내는 수렴적 사고 기법이 쌍비교 분석PCA: Paired Comparison Analysis 방법이다. 쌍비교 분석법은 선택하거나 평가할 아이디어가 비교적 적고, 아이디어의 우선 순위를 정할 때 사용되는 방법이다.

쌍비교 분석법은 [그림 10-14]처럼 아이디어를 둘씩 짝지어 우열을 비교한다. 진행하는 방법은 다음과 같다.

① 쌍비교 비교 도표를 그린다.

② 각 칸에 해당하는 두 아이디어의 우열을 비교하여 (우수한 아이디어+점수)를 기록한다.

③ 비교 평가가 끝나고 나면, 아이디어 점수를 합산하여 기록하고, 순위를 결정한다.

예를 들어, [그림 10-14]의 공기 청정기 개발의 아이디어 산출에 있어서, A(가격)과 B(잡음)의 우열을 비교할 경우, 잡음이 2만큼 우월하다고 판단하여 해당 칸에 B2로 기입한다. 이와 같이 둘씩 짝을 지어 평가표를 작성한 후에, 각각의 점수를 합산하고 순위를 결정하는 것이다. [그림 10-14]의 공기 청정기에서는 잡음제거가 최우선 아이디어가 되고, 기능, 소비전력 등의 순서가 됨을 알 수 있다. 합계가 0점인 것은 무시해도 좋을 것이다.

새로운 기능이 공기 청정기를 개발하자.

		B	C	D	E	F	G	H	I	합계	순위
가격	**A**	B2	A3	D2	A2	F2	A1	H2	A1	7	**6**
잡음	**B**		B3	B2	B3	B2	B2	B2	B2	18	**1**
무게	**C**			D3	E2	F3	G3	H3	I3	0	
소비전력	**D**				D3	F1	G2	D2	D2	12	**3**
디자인	**E**					F2	G2	H2	I2	2	**8**
기능	**F**						F2	H2	F3	13	**2**
사후지원	**G**							G2	G1	10	**5**
사용편의성	**H**								H2	11	**4**
고객만족도	**I**									5	**7**

평가점수기준
1: 하(낮음)
2: 중(보통)
3: 상(높음)

【그림 10-14】 쌍비교 분석 도표의 예

평가 매트릭스

확산적 사고에 의해 도출 된 아이디어가 많을 때, 적합한 아이디어를 찾아내는 수렴적 사고의 대표적인 방법이 평가 매트릭스Evaluation Matrix 방법이다. 비교적 단순하고 간편하여 빠르게 아이디어를 수렴하고자 할 때 널리 사용되고 있다.

먼저, 평가 기준이 되는 준거 요소를 결정한 후에 가로축에 기입하고 세로축에 평가할 아이디어를 나열하여 평가 매트릭스를 만든다. 평가 준거에 의하여 각 아이디어를 평가하여 평가 매트릭스를 완성하여 합계를 구한다. 합계를 검토하여 최적의 아이디어를 선택하도록 한다.

[표 10-11] 평가 매트릭스의 예

새로운 헤드폰을 개발한다.							
평가준거 / 아이디어	음질	휴대성	디자인	준거4	준거5	…	합계
안경에 부착하는 헤드폰							
모자처럼 쓰는 헤드폰							
아이디어 #3							
…							
아이디어 #N							

평가 준거의 중요성에 따라 점수 배점을 달리 할 수도 있다. 큰 점수를 맞은 아이디어가 항상 좋은 아이디어는 아니며, 평가 준거에 따라 결과가 달라 질 수 있다. 따라서, 평가 결과는 아이디어의 장단점을 파악하는데 활용하면 좋다. 평가 매트릭스는 아이디어를 비교, 평가할 수 있는 간편한 방법을 제공하지만 평가 결과는 상대적이다.

나만의 생각의 도구를 만들어 보자.

앞서 살펴 본 창의력 개발을 위한 생각의 도구들이 궁극적으로 추구하고 있는 것을 두 가지로 요약할 수 있다. 첫째는 무수한 아이디어를 생산할 수 있도록 독려하는 도구이다. 창의적 문제 해결에서는 아이디어의 질보다 양이 중요하며, 창의적 아이디어는 수많은 아이디어 중에서 탄생한다. 따라서, 창의적 문제 해결에서는 끊임없이 아이디어를 생각해 낼 수 있는 창의력이 사고의 원동력이 된다. 그런데, 쉬지 않고 아이디어를 생각해 내는 것은 누구에게나 어려운 일이다. 생각의 도구는 유창하게 아이디어를 생각해 내도록 독려하는 역할을 한다. 마치 불이 붙기 위해서는 점화장치가 있어야 하는 것처럼, 생각의 도구는 아이디어를 점화시키는 역할을 한다. 그러므로, 생각의 도구를 활용하면 누구나 끊임없이 아이디어를 생산해 낼 수 있는 것이다. 둘째는 생산된 아이디어 중에서 가장 적합한 것, 가장 합리적인 아이디어를 선정할 수 있도록 도와 주는 도구이다. 식당에 수많은 메뉴가 있다면 어느 것을 골라할 지 어려운 것처럼, 선택의 여지가 많을 때는 합리적, 논리적으로 판단하는 것이 쉽지가 않다. 이때도 생각의 도구는 보다 체계적이고 논리적으로 가장 적합한 아이디어를 판단하는 길을 제시한다.

생각의 도구는 아이디어가 불붙게 하는 점화 장치이고, 현명한 판단을 유도하는 안내자이다. 많은 학자와 연구자는 이런 역할을 하는 도구 개발에 전념하고 있고, 많은 좋은 도구들이 개발되고 있다. 이런 도구는 전문가만이 개발할 수 있는 것은 아니다. 인간의 본질을 도구를 사용하고 제작할 줄 알기 때문에 호모 파베르Homo Faber라고 한다. 창의적 사고를 체화하고 생활화할 수 있는 생각의 도구를 만들어 보자. 생각의 도구는 창의의 세계로 나가는 우주선이다.

어떤 문제가 발생하더라도 그것을 해결하는 방법은 무한하다.
- 발렌슈타인Wallenstein

10.5 창의적 문제 해결 전략

우리가 일상적으로 당면하게 되는 문제에는 여러 가지 종류가 있다. 대학 입학을 위한 입시 시험 문제, 운전면허와 같은 자격증 취득을 자격증 시험 문제, 인공위성 발사 시에 제기되는 기술적 문제, 승용차 고장으로 인한 문제, 친구와 의견 충돌로 발생하는 대인관계 문제, 컴퓨터 프로그램 동작 중 오류로 인한 문제, 업무 수행 중에 발생하는 돌발 문제, 환자 치료 시에 알레르기에 의한 문제 등등 일상생활 자체가 문제 해결이라고 한 만큼 우리는 문제에 둘러 싸여 있고, 문제해결을 하면서 생활하고 있다. 문제는 종류나 형태도 다양할 뿐만 아니라 성격, 특성, 환경 등에서도 커다란 차이를 보이고 있다. 이런 문제를 어떻게 창의적으로 해결할 것인가는 중요한 과제가 아닐 수 없다.

문제 해결은 괴물과의 싸움이라고 할 수 있다. 말랑말랑한 괴물이 있는가 하면 거대한 괴물도 있다. 괴물의 성격이 워낙 다양하여 무작정 달려든다면 패배하기 십상이다. 상대를 정확하게 파악하고 단계별로 체계적인 전략을 세워 대응하여야 괴물을 정복할 수 있다. 이를 위해서는 효과적인 창의적 문제 해결creative problem-solving 전략이 요구된다. 문제 해결 전략이란, 간단히 말하면, 주어진 문제로부터 효과적 방법으로 해결책을 발견해 가는 과정이라고 할 수 있다. 문제 해결 과정에서는 요구되는 지식도 있고 넘기 힘든 많은 장애물도 있다. 이러한 난관을 극복하고 독창적 해결책의 세계로 나가는 것은 연간 어려운 일이 아니다. 문제 해결 전략은 독창적 해결책에 도달하도록 이끌어 가는 안내자라 할 것이다.

문제 해결 전략이 중요하다 보니 창의적 문제 해결에서는 다양한 전략이 개발되었다. 학자와 전문가는 행동주의적 관점, 형태주의적 관점, 정보처리적 관점 등 다양한 관점에 창의적 문제 해결 전략을 제시하려고 노력하여 왔다. 잘 알려진 대표적인 방법으로 오스본Alex Osborn과 파니스Sidney Parnes의 6단계 모델이 있다. [그림 10-15]는 초창기 오스본-파니스 모델인데 아이삭센Scott Isaksen

과 트레핑거Donald Treffinger에 의해 계승되어 새로운 형태의 모델로 발전하기도 하였다. 이외도 브랜스포드John D. Bransford와 스타인Barry S. Stein의 IDEAL 모델, 필파트Allan Philpot와 셀우드Peter Sellwood의 9단계 모델, 맥흘라인Joyce Maehrlein과 메이즈Thomas Meys 4단계/8단계 순환 모형 등 수많은 모델들이 제시되고 있다. 제안되는 모델 중에는 신제품 개발, 경영전략 수립, 업무 혁신 등 특정 활용 분야에 적합하도록 고안된 것도 많다. 여기서는 학습의 관점에 위주로 하여 창의적 문제 해결 전략을 살펴 본다.

창의적 문제 해결 모델들은 각 단계별로 창의적 사고 방법과 무엇을 하여야 할지를 안내해 주고 있다.

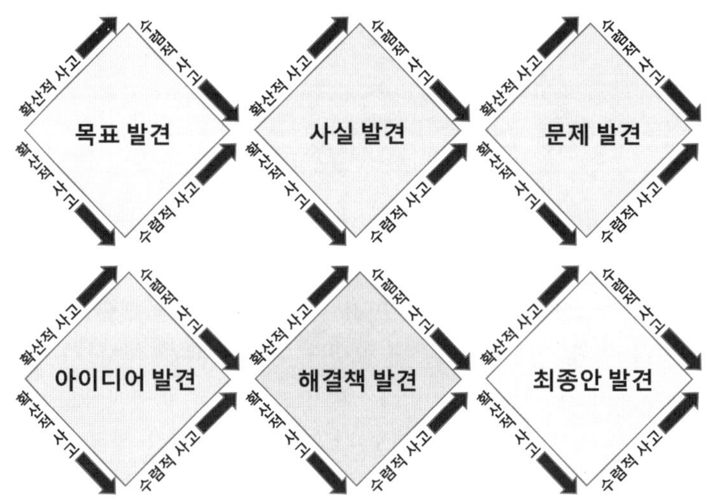

【그림 10-15】 오스본-파니스의 6단계 창의적 문제 해결 모델

문제란 무엇인가?

학습에 익숙해져 있는 학습자는 시험 문제, 연습 문제 등을 생각할 것이다. 이런 문제는 학업 성취도의 측정을 목적으로 하는 것으로 지극히 좁은 의미에서 문제의 한 형태일 뿐이다. 정답만 요구하는 이런 유형의 문제는 창의적 사고도 요구하지 않는다. 그러나, 앞서 언급한 바와 같이, 우리의 일상생활은 아주 다양한 형태의 문제로 둘러 싸여 있고, 대부분의 문제가 창의적 해결을 요구하고 있다. 문제의 형태가 천차만별이다 보니 문제가 무엇인지를 정의하는 것조차 매우 어렵다. 학자나 연구자들은 문제의 정의에 대하여 다음과 다양한 견해를 보이고 있다.

- 문제는 장애물, 과제, 예기치 않은 상황, 극복해야 할 도전, 질문이다.
- 문제란 원하는 것을 얻고자 하지만, 그것을 어떻게 얻을 수 있는지 알지 못하는 상황이다.

- 문제란 목표 달성을 위해 해결하여야 할 중요 과제이다.
- 현재 상태와 원하는 상태의 불일치가 문제이다.
- 문제는 현재 상태(초기 상태)에서 목표 상태(최종 상태) 사이의 존재한 장애물이다.

여러 견해를 정리해 보면, 문제란 문제를 인지한 현재의 상태와 원하는 것을 이루고자 하는 목표 상태 사이에 존재하는 간격gap으로 이해할 수 있다. 따라서, 문제 해결을 위해서는 문제의 상황 파악, 최종 목표에 대한 이해, 그리고 문제와 목표 사이의 간격을 극복하기 위한 전략과 방법이 중요함을 알 수 있다.

【그림 10-16】 문제란 무엇인가?

문제의 수준과 난이도, 문제 해결의 과정과 방법, 문제의 파급효과 등에 따라 문제의 종류에도 다양한 형태가 있다. 이렇게 변화무쌍한 형태의 문제를 창의적 방법으로 효과적으로 해결하기 위해서는 창의력이 무엇보다도 중요함을 깨달을 수 있다. 창의력 이외에도, 전문 지식의 이해력, 의사소통 능력, 집중력, 실행력 등 다양한 역량이 요구된다. 창의적 문제 해결은 인간의 종합적 사고 능력의 최상의 경지라고 할 것이다.

창의적 문제 해결 절차

창의적 문제해결이란 현재 상태와 도달해야 하는 목표 상태의 차이를 인식하고 그 차이를 유발시키는 장애물을 전혀 새로운 아이디어로 효과적으로 해결하는 것이라고 할 수 있다. 창의적 문제 해결을 위해서는 문제가 존재하여야 하고 도달하고자 하는 목표가 있어야 하며, 그 목표에 도달하고자 나가는데 필요한 방법과 도구가 있어야 한다. 목표로 나가는 과정에는 많은 장애물과 예기치 못한 난관이 출현하는데, 이들의 정체를 정확하게 파악하여 지식, 경험 때로는 엉뚱한 발상으로 도전을 극복하여야 한다. 이러한 문제 해결 과정이나 절차를 체계화할 수 있는데, 이를 창의적 문제 해결 모델이라고 한다. 창의적 문제 해결 모델에는, 앞서 언급한 것처럼, 오스본-파니스 모델을 비롯하여 수많은 모델이 제시되어 있다. 여기서는 이들 모델들이 추구하는 핵심 개념을 수용하면서 효과적으로 활용 가능한 창의적 문제해결 모델로 [그림 10-17]을 활용한다.

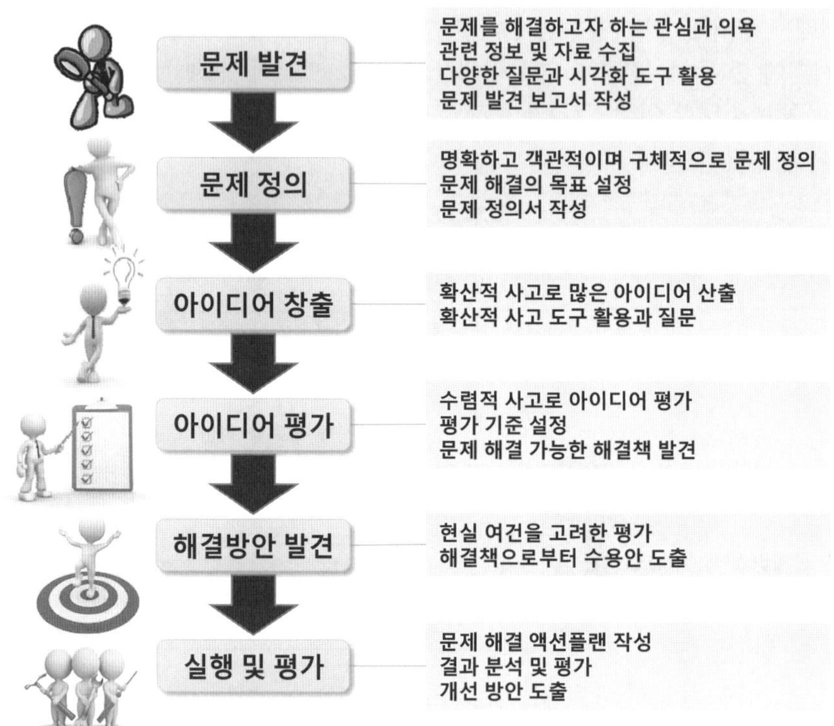

【그림 10-17】 창의적 문제 해결 모델

① 문제의 발견

문제 해결은 문제의 발견으로부터 시작한다. 문제를 발견하여야 창의적 문제 해결의 길로 나갈 수 있다. 그런데, 일반적으로 학습에서는 문제를 주고 이것을 해결하도록 함으로, 학습자가 문제를 자발적으로 발견하는 과정이 생략된다. 때문에 학습자는 자신이 문제에 봉착해 있는 경우에도 그 문제를 인식하지 못하는 경우가 많다.

학습, 연구, 업무, 일상생활 등 인간의 모든 활동은 문제와 직간접으로 연결되어 있다. 세심한 관찰, 분석, 생각으로 무엇이 문제인가를 파악할 수 있어야 한다. 어떤 사건이나 상황이 문제인지를 인식할 수 있도록 의식이 늘 깨어 있어야 한다. 문제는 우연하게 발견될 수도 있지만, 일반적으로 문제 발견은 다음과 같은 3단계 과정을 거친다.

- **관심 단계**: 뉴튼이 관심이 없었다면 떨어지는 사과를 보고 운동법칙을 발견할 수 있었을까? 하늘을 날아 보고자 하는 관심이 있었기 때문에 라이트 형제가 항공기를 발명할 수 있었다. 관심은 무심코

넘기기 쉬운 현상이나 상황에서도 문제를 발견하도록 동기유발 시켜준다. 관심이 있다면 사소한 사건 속에서도 문제를 발견하게 된다.

- **자료 습득 단계**: 관심 단계에서 솟아난 호기심을 채우기 위해 관련되는 자료와 정보를 찾아 보고 무엇이 문제인가를 이해하려고 노력한다. 기존의 지식으로 해결 가능한 것인지 아니면 새로운 방법이 필요한 것인지를 검토하게 되고, 문제를 보다 명확하게 이해하려고 노력한다.
- **문제 발견 단계**: 자료와 정보 분석을 통해 해결하고 싶거나 해결할 수 있는 문제를 발견한다. 발견된 문제를 구체적으로 명확하게 정의할 수 있게 된다.

문제를 발견하는 첩경은 '왜'라고 질문하는 것이다. '왜'라는 질문을 계속하게 되면, 문제가 무엇인지 윤곽을 잡을 수 있다. 또한, 다양한 질문을 통해서 숨어 있는 문제가 드러나게 할 수 있다. 질문은 숨어있는 문제를 찾아내는 탐지기이다.

- 왜, 이런 일이 발생하는가?
- 언제 이런 일이 발생하는가?
- 어떻게 이런 일이 일어나게 되었나?
- 어떤 영향을 미치게 될까?
- 이것을 해결하려면 무엇이 필요한가?
- 누구와 관련 있는가?
- 어떤 문제와 유사한가?

문제를 효과적으로 발견하기 위해서는 [그림 10-18]과 같은 계층도를 비롯하여 다양한 시각화 도구를 활용하는 것이 좋다. 전체적 관점에서 문제의 본질을 파악할 수 있어 문제를 체계적으로 발견할 수 있게 된다.

이런 질문과 시각화를 통해 문제를 인식하게 되면, 발견한 사항을 명확하고 이해하기 쉽게 '문제 발견 보고서'로 작성하여야 한다. 보고서를 작성하지 않으면 유명무실해지기 쉽고, 문제를 정확하게 이해하지 못하여 효과적으로 문제 해결을 할 수 없게 된다. '문제 발견 보고서' 작성 시에는 발견 당시의 상황을 다양한 관점에 비교적 자세하게 서술하도록 한다. 또한 관련된 자료나 정보에 대하여도 서술하도록 한다. '문제 발견 보고서'는 문제를 이해하는 원초적 자료가 되기 때문이다.

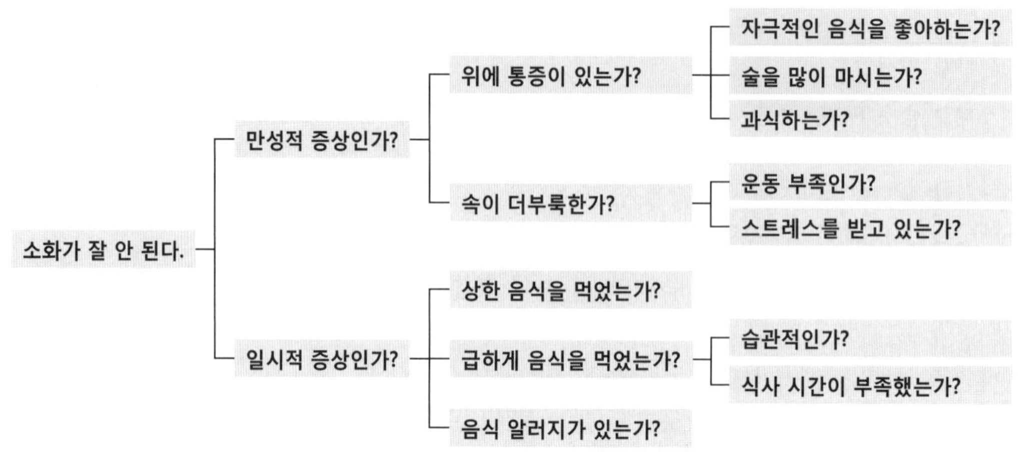

【그림 10-18】 문제 발견을 위한 시각화

② 문제의 정의

우리는 학교에서 수많은 문제를 풀어 왔다. 문제는 명확하게 잘 정의되어 있어 주어진 조건에 따라 기억된 지식을 바탕으로 정답을 찾아내도록 훈련되었다. 주어진 문제만 풀다 보니 문제를 정의하는 능력이 상실되었고 창의적으로 생각하는 능력도 미약하게 되었다. 창의적 문제 해결에서는 자신이 문제를 정의하고 창의적으로 해결하여야 한다.

정확한 문제의 정의는 올바른 문제 해결로 나갈 수 있는 길을 제시해 준다. 문제의 정의와 관련하여 잘 알려진 에피소드가 있다. 1957년 10월 4일, 소비에트 연방이 세계 최초로 인공위성 스푸트니크Sputnik를 성공적으로 발사하여 우주 시대를 열었다. 냉전의 상대였던 미국은 커다란 충격을 받았고 본격적인 우주 경쟁에 뛰어들게 된다. 세계 최고의 석학들이 모인 NASA는 인공위성 개발에 총력을 기울였고, 그 과정에서 제기된 문제 중에 하나가 무중력에서 사용할 수 있는 볼펜의 개발이었다. 지상과 달리 우주 공간은 무중력이기 때문에 볼펜 잉크가 밀려나오지 않아서 지속적인 사용이 불가능하였다. 이 문제를 해결하기 위해서 수많은 박사, 기술자들이 연구개발에 투입되었고, 거금 80만 달러를 들여 우주볼펜을 개발하였다. 우주 볼펜의 목적은 필기도구이다. 그렇다면, 볼펜 대신 우주에서 사용할 수 있는 필기 도구는 없는 것일까? 당연히 연필은 무중력에서도 사용할 수 있는 훌륭한 필기도구이다. 그럼에도 불구하고 문제를 올바르게 정의하지 못하였기 때문에 많은 노력과 비용을 낭비하였던 것이다.

문제를 정확하게 정의하는 것만으로도 문제의 반은 해결되었다고 할 수 있다. 대부분의 사람들은 시간에 쫓기면서 문제를 풀던 경험 때문에 문제의 정의를 무시하고 성급하게 문제 해결 방안을 찾으려고 한다. 누군가 아인슈타인에게 "세계를 구할 시간이 1시간 주어진다면 무엇을 하겠습니까?"라고 물었을 때, 아인슈타인은 "문제가 무엇인지 규정하는 데 55분을 쓰고, 해결책을 찾는 데는 5분만 쓰겠소."라고 말하였다. 문제를 정확하게 정의하여야만 올바른 방향에서 문제를 해결할 수 있다.

그렇다면 어떻게 문제를 정의하여야 할 것인가? "무엇에 어떠한 문제가 발생하고 있다."라고 '명확하고 객관적이며 구체적으로' 문제를 정의하여야 한다.

- **명확**: 문제 발생의 대상과 문제의 내용을 분명하게 정의하여야 한다. 모호한 문제 정의는 해결을 방해할 뿐이다.
- **객관적**: 문제의 내용은 객관적이어야 하며, 상황에 따라 변동되거나 상대적이어서는 안 된다. 예를 들어, "A사 제품보다 효율이 떨어지고 있는 보일러의 성능을 해결한다."와 같은 상대적 문제 정의는 올바른 해결책을 찾아 낼 수가 없다.
- **구체적**: 문제의 범위를 가능하면 좁게 정의하여야 해결책 발견에 집중할 수 있다. 문제의 내용이 산만하지 않도록 분명하여야 한다.

이러한 3가지 요소를 고려하여, '문제 정의서'를 작성한다. 문제 정의서를 작성하여야 확실하게 문제의 내용을 이해할 수 있다. 문제 정의서에는 "무엇에 어떠한 문제가 발생하고 있다."뿐만 아니라 해결 수준까지 포함되어야 한다. 예를 들어, [그림 10-19]처럼 문제 정의서를 작성한다.

문제 정의서

문제	스마트폰 리튬이온 배터리의 전류 누출 문제를 해결하여
목표	배터리 용량이 4,500mAh가 되도록 한다.

【그림 10-19】 문제 정의서의 예

문제 정의서는 문제 해결 단계에서 브레인 스토밍 등을 할 때, 누가 보더라도 확실하게 이해할 수 있어야 한다. 문제를 잘 정의하는 것만으로 문제의 절반이 해결된다는 것을 명심하여 충분한 시간을 가지고 문제를 정의하도록 '명확하고 객관적이며 구체적으로' 문제를 정의한다.

③ 아이디어 창출

정의된 문제에 몰입하여, 가능한 많은 아이디어를 생산하도록 한다. 다양한 확산적 사고 기법을 활용하여 새롭고 특이한 아이디어를 많이 만들어 내는 단계이다. 아이디어의 질적 수준을 고려하지 않고 가능한 많은 아이디어를 만들어 내는 것이 중요하다. 좋은 아이디어는 많은 아이디어 중에서 발견되기 때문이다. 따라서 아이디어를 낼 때는 미리 판단하거나 평가하지 말고 자유스럽게 많은 아이디어를 생각하는 것이 중요하다. 아이디어를 평가하게 되면 생각이 제한되어 자유스런 확산적 사고를 할 수 없게 된다.

아이디어가 잘 생각나지 않을 때는 다양한 확산적 도구를 찾아 활용하도록 한다. 확산적 사고 도구는 문제에 집중하여 아이디어를 생산할 수 있도록 자극하므로 효과적으로 아이디어를 창출할 수 있다. 유효 적절한 확산적 사고 도구의 활용은 생각을 집약하여 아이디어를 창출하는 추진제가 된다.

대표적인 확산적 사고 도구인 스캠퍼SCAMPER에서 보는 것처럼, 다양한 질문은 아이디어를 생산하는 길라잡이가 된다. 다양한 상황과 관점에서 끊임없는 질문을 통해 아이디어를 발견하도록 한다.

- 만약 이렇게 한다면?
- 왜 이렇게 되는 것일까?
- 다음에는 어떻게 될까?
- 무엇을 더하면 좋을까?
- 무엇을 삭제하면 좋을까?
- 이렇게 바꾸면 어떻게 될까?
- 원인이 무엇일까?
- 결과를 바꿀 수 없을까?
- 어떻게 변화시킬 수 있을까?

질문은 아이디어가 나오도록 두뇌를 두드린다. 먼저, 질문하자. 그러면 아이디어가 나올 것이다. 많은 질문을 하자. 그러면 많은 아이디어가 나올 것이다.

④ 아이디어 평가

창출된 아이디어를 평가하여 적용 가능한 적합한 아이디어를 발굴하는 과정이다. 창출된 아이디어를 목록하고, 아이디어를 평가할 기분을 설정한 후에, 수렴적 사고로 아이디어를 분석적으로 평가한다.

다양한 수렴적 사고 도구를 활용하여 아이디어의 특성을 상세하게 분석한다. 이때는 아이디어 평가 기준이 중요하다. 문제의 특성을 분석하여 적합한 평가 기준을 작성하고, 아이디어와 관련된 지식, 사례, 전망 등을 고려하여 아이디어를 평가한다. 아이디어 평가는 단순히 한 가지 아이디어만을 선택하고 나머지를 버리는 것도 아니고, 정확한 아이디어exact idea만을 찾는 것도 아니다. 문제 해결에 가장 가능성이 있다고 생각되는 것을 합리적인 아이디어reasonable idea를 발견하는 것이다. 즉, 문제 해결이 가능한 해결책solution을 찾도록 한다.

⑤ 해결방안 발견

아이디어 평가를 통해 얻어진 해결책을 검토하여 실제적으로 문제 해결에 적용할 최적의 수용안acceptance을 발견한다. 해결책 발견은 아이디어 중에 문제 해결 가능한 것을 발견하는 반면에, 수용안 선정은 문제 해결 목표에 초점을 둔다. 따라서, 해결책이 도출되면, 현실 여건, 실용성, 효과성 등 문제 해결 행동을 하는데 영향을 미치는 요인들을 확인하여 수용안을 선정한다. 수용안을 선정할 때도, 적합한 평가 기준을 작성하여 수렴적 사고 도구를 활용하여 해결책을 평가하도록 한다.

수용안을 선정할 때는 문제 해결에 방해가 되는 요인과 제한점을 확인하고 그것을 극복하는 방법도 함께 고려하여야 한다. 또한 수용안을 실행하기 위해 취해야 할 행동 단계를 산출하고 실행계획을 검토해야 한다.

⑥ 해결방안 적용 및 평가

최종적으로 선택한 수용안을 적용하여 문제를 해결하는 단계이다. 수용안을 적용할 때 발생할 수 있는 문제점을 검토한다. 수용안 적용에 필요한 지식이나 이론을 찾아 수용안 적용의 문제점을 보완하고 필요에 따라 수용안을 현실 여건에 적합하도록 수정한다.

수용안이 정형화되면 수용안 적용 계획action plan을 세워 문제를 해결한다. 문제 해결 후에는 도출된 결과가 예상 목표를 만족하는지를 검토하고 문제 해결 과정에서 얻어진 다양한 지식을 정리하여 보다 더 효과적인 해결 방안이 있는지 생각해 본다.

창의적 문제 해결 과정은 일반 문제 해결 과정과 별반 차이가 없다. 창의적 문제 해결에서는 각 단계마다 창의적 사고로 창의적인 아이디어를 산출하는 것이 다르다. 그러므로, 창의적 사고 능력의 배양이 무엇보다 중요하다. 창의적 문제 해결 역시 급하게 서두르지 말고 차분하게 각 단계별로 점진적으로 문제 해결에 접근하도록 한다.

문제의 성격이나 분야에 따라, 다양한 형태의 창의적 문제 해결 모델에 있다. 기업 경영에서 당면하는 여러 문제를 해결을 목적으로는 맥킨지 방식의 MECEMutually Exclusive, Collectively Exhaustive 모델이 널리 활용되고 있다. 1950년대에 소련의 발명가 알츠슐러Genrich Altshuller는 창의적인 특허들로부터 문제 해결의 공통된 원리를 발견하여, 창의적 문제 해결 방법을 절차화한 트리즈TRIZ이론을 개발하였다. 트리즈는 주어진 문제에 대한 가장 이상적인 해결책을 얻어내는데 관건이 되는 모순을 찾아내고, 이를 극복함으로써 혁신적 해결안을 얻을 수 있는 방법론이다. 트리즈는 혁신적인 신제품 개발에 널리 사용되고 있다. 최근에는 이스라엘의 호르위츠Roni Horowitz박사가 트리즈의 적용의 어려움을 해결하여 새롭게 업그레드한 아시트ASIT:Advanced Systematic Inventive Thinking가 각광을 받고 있기도 하다. 이처럼 창의적 문제 해결을 위한 다양한 모델들이 활용되고 있으므로, 이런 모델을 참고하여 더욱 열린 창의 사고력을 갖도록 하자.

창의적 문제 해결 능력은 교육과 학습의 궁극적 목표이며, 누구나 갖추어야 할 인간의 기본 역량이라고 할 수 있다. 우리의 일상생활은 창의적 문제 해결의 연속이라 할 수 있다. 건축, 산업, 예술, 패션, 요리 등 모든 분야에서든지 혁신이 요구되고 있으며, 혁신은 창의적 문제 해결력에서 꽃피게 된다. 정보통신 기술을 비롯하여 과학기술이 고도로 성숙하게 되는 미래 사회는 창의적 문제 해결 능력이 사회를 선도하는 견인차이다.

미래는 과거와 같지않다.

요기 베라Yogi Berra

신명나는 스마트 창의 학습을 위하여…

뛰어난 발명가이자 컴퓨터 과학자이며 미래학자인 레이 커즈와일Ray Kurzweil은 <특이점이 온다The Singularity is Near.>에서 기하급수적으로 발전을 거듭한 과학기술이 인간의 능력을 초월하게 되는 시점인 특이점Singularity이 다가 오고 있다고 예견하고 있습니다. 과학기술의 진화가 가속화되어, 인류는 2045년경에는 특이점에 도달하며, 지금과는 차원이 전혀 다른 세계가 전개될 것이라고 주장하고 있습니다. 커즈와일의 이러한 예언이 아니더라도, 우리는 스마트 기술이 지배하고 있는 일상생활 속에서 엄청난 변화가 일어나고 있음을 실감하고 있습니다. 모든 사물과 상호 소통하는 사물 인터넷이 확산되고 있으며, 인간과 정보 기기가 합체하는 웨어러블 기술이 보편화 되고 있습니다. 자율주행 자동차가 거리를 활보하고 있고, 지능형 로봇이 의사, 변호사, 기자의 역할을 대신하고 있습니다. 또한 줄기세포의 유전공학은 인류를 질병에서 해방시키고 있으며, 인간의 육체적 한계를 극복해 가고 있습니다. 조금만 살펴보면, 인류 사회가 전에 없이 급격하게 변화하고 있음을 쉽게 느낄 수 있습니다.

이런 문명사적 변화는 사회 전반에 심대한 패러다임 전환을 야기하고 있습니다. 인터넷과 정보통신 기술의 비약적 발전으로 공간과 시간의 물리적 장벽이 무너지고 글로벌화가 촉진되고 있습니다. 인류의 숙원인 장애 없는 소통도 기계번역 기술의 고도화로 점차 실현되고 있어 조만간 막힘 없는 소통의 시대가 도래 할 것입니다. 뿐만 아니라, 지식의 개방과 공유로 지식 융합이 활성화되면서 학문 간의 경계도 사라지고 있습니다. 지식이 끊임없이 확대 생산되고 있고 생명주기도 짧아져, 학교에서 배운 지식은 낡은 지식이 되며 평생 학습을 하지 않으면 원시인으로 전락하기도 합니다. 기존의 사고 방식과 인식으로는 이와 같은 급격한 패러다임 전환을 수용할 수가 없습니다. 새 술은 새 부대에 담아야 하는 것처럼, 미래 사회는 혁신적인 사고 전환을 요구하고 있습니다.

이와 같은 거스를 수 없는 시대의 흐름에 적응하고 미래의 패러다임 변화를 선도하기 위해서는 어떻게 하여야 할까요? 교육부터 혁신하여야 합니다. 차원이 다른 미래 사회는 새로운 인재들이 미래 사회에 걸맞은 새로운 역량을 갖출 것을 강력하게 요구하고 있습니다. 과학기술이 고도로 발전해도 미래 사회를 주도할 새로운 역량 배양은 교육의 책무입니다. 또한, 미래 사회가 성숙되어 갈수록 교육의 책무는 더욱 중요해 지고 있습니다. 그래서 세계적 기업인 시스코Cisco 등에서는 미래 사회는 학습 사회가 될 것으로 예상하고 교육 3.0을 선도하고 있기도 합니다. 교육 혁신은 미래를 이끌어 가는 진정한 힘이라 할 것입니다.

이제 교육의 목표는 단순한 지식 습득이 아니라 능동적 학습과 지식 창조에 초점이 맞춰지고 있습니다. 자신의 분야 밖에서는 소통하지 못하는 전문가 양성 교육에서 제반 분야의 지식을 다학문적multidisciplinary 관점에서 아우르는 전인 교육으로 전환되고 있습니다. 이러한 개념적 변화뿐만 아니라, 정보기술과 인지기술 등이 융합된 스마트 러닝, 플립 러닝, STEAM, MOOC 등 교육 방식에도 혁신적 변화가 일어나고 있습니다. 이처럼 교육도 사회 발전의 지각 변동에 따라 엄청난 변화의 소용돌이 속에 있습니다. 교육의 주체인 교수자와 학습자는 교육 혁신의 본질을 파악하여 교수학습에 대한 획기적 인식 전환을 하여야 할 것입니다. 특히, 지식 습득중심 교육보다는 지식을 발견하고 활용할 수 있는 역량중심competence-oriented 교육의 중요성이 커지고 있습니다. 이에 따라, 교수학습 방법도 핵심 역량의 실천적 배양을 목표로 하여 혁신적인 변화가 일어나고 있습니다.

인간은 태어나면서부터 학습의 본성을 타고난다고 합니다. 태어나서 숨을 쉬기 시작하면서부터 세상을 배우도록 되어 있다는 것입니다. 학습은 인간의 숙명일 뿐만 아니라 생활 속 즐거움의 원천이며 인간을 가치 있는 존재로 만들어 주는 자존심이기도 합니다. 이제 학습 사회의 도래로 평생 학습이 생활화되고 있습니다. 무엇보다도 인간다운 자부심으로 학습에 열정과 긍지를 가지고 자기주도 학습 역량을 강화하여야 할 것입니다. 평생 학습은 평생 배워야 한다는 수동적 개념이 아닙니다. 평생토록 학습의 즐거움과 기쁨을 누릴 수 있는 지성과 감성의 세상이 열렸다는 의미입니다. 학습은 학업學業이 아니라 신나는 열정이며 즐거운 생활입니다. 평생 학습은 교수자와 학습자가 서로 분리된 존재로서가 아니라, 교수자인 동시에 학습자이고 학습자인 동시에 교수자가 되는 열린 학습을 의미하기도 합니다. 형식이나 격식에 구애되지 않고 적극적으로 학습을 주도하는 역량을 발휘하여야 합니다.

학습의 출발점은 호기심과 상상력입니다. 호기심과 상상력은 학습 욕구를 일깨워 학습의 길로 매진할 수 있도록 인도합니다. 또한, 호기심과 상상력은 그 자체가 최상의 학습 방법이기도 합니다. 호기심과 상상력은 문제의 발견과 창의적 문제해결에 감초 역할을 하기 때문입니다. 학습을 온전하게 시작하고자 하면, 호기심과 상상력으로 충만 된 학습 인지 역량을 지속적으로 배양하여야 합니다. 고정 관념을 두려워하지 않고 자유롭게 유연한 사고를 할 수 있을 때, 학습은 저절로 꽃피게 됩니다.

호기심과 상상력의 학습 인지 역량은 질문과 토론으로 연결되기도 합니다. 호기심은 질문을 유발하고 상상력은 다양한 시각에서 문제를 토론할 수 있게 합니다. 소수민족인 유대인이 위대한 업적을 성취할 수 있었던 비밀은 질문과 토론에 기반을 유대인만의 고유한 학습 방식에 있었음은 잘 알려진 이야기입니다. 질문과 토론은 호기심과 상상력이 실제적으로 발현될 수 있도록 하여 주는 학습 실천 역량이라고 할 것입니다.

이처럼 호기심과 상상력, 질문과 토론은 학습을 신명나게 시작할 수 있도록 생기를 불어넣는 아주 중요한 핵심 역량입니다. 이런 역량으로 자신 있게 학습을 추진해 나가야 하겠습니다.

지식의 변화 속도가 워낙 빠르다 보니 혼자 학습만으로는 변화를 따라 잡을 수 없게 되었습니다. 또한, 지식의 경계가 무너지고 있어 다양한 시각에서 관찰하여야 지식의 본질을 이해할 수 있습니다. 홀로 학습으로는 학습의 다양성을 잡을 수가 없습니다. 학습을 즐기는 사람들과 더불어 학습할 때, 학습은 신명나는 축제로 변신하고 즐거움과 학습성과가 말할 수 없이 커지게 됩니다. 학습은 지식을 배우는 것이 아니라, 공유하고 나누는 것입니다. 배웠으면 가르쳐야 하고, 가르쳤으면 배워야 합니다. 이러한 학습 소통 역량은 학습의 엔진입니다. 학습이 가속 질주할 수 있도록 학습 소통 능력을 강화하여야 합니다.

학습의 궁극적인 목적은 창의적 문제해결에 있습니다. 인터넷과 정보통신 기술의 혁신으로 지식의 빅뱅 시대가 되었습니다. 거대 지식이 끊임없이 생산되고 있습니다. 밑줄 쳐 암기하는 학습의 시대는 이미 끝났습니다. 잘 알려진 봐와 같이, 2011년 2월, IBM의 왓슨Watson 컴퓨터는 미국의 인기 퀴즈쇼 제퍼디Jeopardy!에서 전설적 퀴즈 챔피언들과의 대결에서 승리하였습니다. 컴퓨터가 인간의 기억과 지식을 능가할 수 있음을 보여 주었습니다. 우리는 인터넷과 스마트폰 등의 정보기기를 활용하여 거대한 지식의 창고에 언제든지 접근할 수 있습니다. 모르기 때문에 학습해야 하는 시대는 끝났습니다. 이제는 손안에 있는 거대한 지식을 활용하여 창의적으로 문제 해결하는 방법을 학습하여야 합니다. 미래 사회는 지식주도가 아니라 창의력 주도의 사회입니다. 실제로 창의력은 시대에 관계없이 인류 발전을 견인한 성장동력이며, 인류의 문화와 문명은 창의력의 산물입니다. 미래사회 역시 창의력을 기반으로 구축될 것이며, 새로운 가치를 창조하고 성과를 만들어내는 창조 계층인 <호모 크리엔스 Homo Creaens>가 주도할 것입니다.

창의력이 화두가 되면서, EU는 2009년을 <창의력 혁신의 해>로 선포하고 창의력 확산에 주력하는 등 모든 분야에서 창의적 문제해결 역량을 내실화하는 노력이 전개되고 있습니다. 창의력은 특정인만의 능력이 아닙니다. 우리 모두에게 부여된 천부적 능력입니다. 잠재된 창의력을 활성화하여 학습에 날개를 달고, 참신한 문제해결로 창조의 세상을 앞서 나가야 하겠습니다.

이 책은 학습의 자신감과 즐거움을 일깨우고 자기 주도적으로 학습을 이끌어 창의적 문제해결을 성취하는데 도움이 되는 스마트 학습 역량에 대하여 이야기하고 있습니다. 신명나게 학습하고 창의력을 발산하며, 평생 즐기는 학습을 실현하는 방법을 이야기하고 있습니다. 개인적 경험이나 근거 없는 자극적 노하우를 배제하고, 효과적 학습을 위한 보편적, 객관적, 과학적 접근 방식을 제시하고자 하였습니다. 스마트 학습 역량은 평생 써 먹을 수 있는 경쟁력입니다. 미래 사회의 레오나르도 다빈치나 미켈란젤로와 같은 창의 인재로 거듭 탄생하여, 새로운 르네상스를 주도하는 스마트 학습인이 되는데 도움이 되기를 희망합니다.

이 책에는 여러 분들의 지혜가 담겨 있습니다. 원유상 교수님과 박홍진 교수님은 새로운 교수학습법의 필요성과 접근 방식에 대하여 많은 아이디어를 주셨습니다. 교수학습센터의 이진중 선생님은 실제적 유용성 있는 학습 방법에 대하여 많은 자문을 주셨습니다. 박여삼 사장님과 김소인님은 스마트 학습법에 대한 지지와 격려를 보여 주셨으며, 김주리 교수님과 문희경 교수님은 자료 정리에 도움을 주셨습니다. 매주 한 권의 책을 읽고 함께 토론한 독서포럼 덕분에 유익한 학습 사례를 개발할 수 있었습니다. 편집을 도와 준 이창홍군에게도 감사의 말을 전합니다. 무엇보다도 출판을 흔쾌하게 맡아 주신 기한재 김형근 사장님과 산뜻하게 책을 만들어 주신 편집부 직원분들께 감사를 드립니다.

청람제에서

한성국

이 책을 저술하는데 참고한 자료로 추천 도서목록이 아닙니다. 이 밖에도 인터넷 상의 많은 자료를 참고하였으며, 참고자료의 저자들께 깊은 감사를 드립니다.

- 공선표 지음, 생각창조의 기술, 리더스북, 2008
- 김기영 지음, 창의력: 문제해결의 힘, 위즈덤하우스, 2008
- 김상두 지음, 인생 공부로 승부하라, 넓은들, 2008
- 김영채 지음, 생각하는 독서, 박영사, 2005
- 김영한, 김익철 지음, 생각의 지름길, 다산북스, 2008
- 김윤환 지음, 기억 (KBS 사이언스 대기획 인간탐구), 예담, 2011
- 나카이 다카요시 지음, 윤혜림 옮김, 잠자기전 5분, 전나무숲, 2008
- 노구치 유키오 지음, 김용운 옮김, 초 학습법: 실전편, 중앙 M&B, 1997
- 대니얼 T. 윌링햄, 문희경 옮김, 왜 학생들은 학교를 좋아하지 않을까? 도서출판 부키, 2011
- 댄 로암 지음, 정준희 옮김, 생각을 Show하라(아이디어를 시각화하는 6가지 방법), 21세기북스, 2009
- 데이비드 로렌스 프레스턴 지음, 김나현 옮김, 자신감 쌓기 연습: 매일매일 쌓아가는, 작은씨앗, 2011
- 도로시 리즈 지음, 노혜숙 옮김, 질문의 7가지 힘, 더난출판사, 2002
- 도쿠타 와카코 지음, 지세현 옮김, 도쿄대 공부법, 들녘, 2006
- 라이프 엑스퍼트, 박광종 옮김, 기억의 기술, 기원전, 2006
- 로버트 루트번스타인, 미셸 루트번스타인 지음, 박종성 옮김, 생각의 탄생, 에코의 서재, 2007
- 류재석 지음, 내 인생을 바꾼 멘토 Best 100, 한국학술정보, 2009
- 리처드 레스탁 저, 임종원 번역, 새로운 뇌, 휘슬러, 2004년05월
- 리타 카터 지음, 장성준 옮김, 뇌(The Brain Book), 21세기북스, 2010
- 모또야마 기쓰히로 지음, 황선종 옮김, 16배속 공부법, 웅진지식하우스, 2009
- 무쿠노키 오사미 지음, 민혜홍 옮김, 초고속 공부법, 위즈비즈, 2004
- 문정화, 하종덕 공저, (또하나의 교육) 창의성, 학지사, 1999
- 미이클 마쿼트 지음, 봉현철, 김종근 옮김, 액션 러닝: 최고의 인재를 만드는 기업교육 프로그램, 21세기북스, 2000
- 민혜리, 최경애 지음, 대학의 교수 학습방법과 실천 전략, 교육과학사, 2011
- 박문호 지음, 뇌: 생각의 출현, ㈜ 휴머니스트 출판그룹, 2008
- 박재선 지음, 세계를 지배하는 유대인 파워, 해누리기획, 2010

- 박지영 지음, 유쾌한 기억의 심리학, 너머북스, 2009
- 사이먼 블랙번 지음, 남경태 옮김, 철학을 낳은 위대한 질문들: 모든 위대한 사상은 질문에서 시작되었다, 휴먼사이언스, 2012
- 사이토 다카시 지음, 남소영 옮김, 질문의 힘, 루비박스, 2003
- 서상훈, 서상민 지음, 한번에 합격하는 올패스 공부법, 한언, 2008
- 서정수, 심광숙, 임유종 지음, 책과 논문 쓰기 길잡이, 동광출판사, 1998
- 손연아 외 지음, 성공적인 대학생활을 위한 학습전략, 학지사, 2007
- 송인섭 지음, 자기주도학습, 학지사, 2006
- 송하성, 전도근 지음, 수업 몰입자기주도학습으로 가는 최강 공부 전략, 북스타, 2011
- 스티븐 존슨 지음, 서영조 옮김, 탁월한 아이디어는 어디서 오는가, 한국경제신문사, 2012
- 시미즈 구미코 지음, 김소연 옮김, 프로의 공부법, 21세기북스, 2007
- 신준식, 폴리아가 들려주는 문제해결 전략 이야기, 자음과 모음, 2009
- 쓰키야마 다카시 지음, 이민영 옮김, 두뇌의 힘 100% 끌어올리기, 케이펍, 2008
- 아이자와 아키라 지음, 한은미 옮김, 결과가 나오는 발상법, 웅진싱크빅, 2007
- 야마시타 후미오 지음, 신미숙 옮김, 기억력을 기른다, 지식공작소, 2003
- 에란 카츠 지음, 박미영 옮김, 슈퍼 기억력의 비밀, 황금가지, 2000
- 오시마 기요시 지음, 서덕빈 옮김, 죽어가는 뇌를 자극하라, 평단문화사 2004
- 와다나베 겐스케, 지음, 이수경 옮김, 문제 해결의 기술, 삼성출판사, 2007
- 요코야마 타로 지음, 홍성민 옮김, 위대한 리더의 위대한 질문, 예인, 2011
- 이면희 지음, 지식의 재구성, 출판사 청년정신, 2008
- EBS 최고의 교수 제작팀 지음, 최고의 교수, 출판 예담, 2008
- 이상희, 아셸 나임 지음, IQ 100의 천재 IQ 150의 바보, 조선일보사, 1996
- 이시형 지음, 공부하는 독종이 살아 남는다, 중앙북스, 2009
- 이영직 지음, 세상을 움직이는 100가지 법칙, 스마트비지니스, 2009
- 이주연 지음, 노트필기 1등급 공부법, 웰북, 2008
- 이토 마코토 지음, 오석윤 옮김, 꿈을 이루어 주는 공부법: 석세스 코드, 젠북, 2007
- 이호철, 문제해결 로직트리: 맥킨지式 기획사고법, 비즈센, 2014
- 자크 아탈리 지음, 이인철 옮김, 미로: 지혜에 이르는 길, 영림카디널, 1977
- 전영록 지음, TRIZ를 활용한 창의적 문제해결방법, 전영록, GS인터비전, 2011
- 정종진 지음, 뇌기능과 학습력 향상을 위한 브레인짐, 학지사, 2007
- 조남호 지음, 스터디코드, 랜덤하우스 중앙, 2006년7월
- 조승연 지음, 그물망 공부법, 21세기북스, 2012

- 조연순 외, 창의성 교육: 창의적 문제해결력 계발과 교육 방법, 이화여자대학교출판부, 2008
- 존 레이티 지음, 김소희 옮김, 뇌 - 1.4킬로그램의 사용법, 21세기 북스, 2010
- 차갑부 지음, 예화로 푸는 공감 교수법, 교육과학사, 2013
- 케네스 그린 지음, 정신아 옮김, 아이비리그 천재들의 공부법, 황금가지, 2006
- 켄 블랜차드 외, 조천제 옮김, GAPS: 창의적 문제해결의 기술, 21세기북스, 2003
- 프란스 요한슨 지음, 김종식 옮김, 메디치효과(The Medici Effect), 세종서적, 2005
- 한기연 지음, 슬럼프! 너의 인생을 바꿀 기회야: 슬럼프를 즐겨라, 팜파스, 2005
- 한정선 지음, 엑셀런트 티칭, 랜덤하우스 중앙, 2005
- 고정민, 문화예술 및 콘텐츠 산업에서의 창의성 유형 및 사례, 문화경제연구, 한국문화경제학회, 제16권 제3호, 2013년12월
- 김도훈 외, 청소년의 시스템 사고 교육을 통한 창의성의 기반이 되는 사고의 확장 효과 분석, 한국시스템 다이내믹스 연구, 제7권 제1호, 2006년5월
- 김영철 외, 창의적 인재양성과 효율적 교육체제 구축, 21세기 한국 메가트렌드 시리즈4, 한국교육개발원, 2006년12월
- 부산광역시교육연구정보원, 부산교육정책 연구보고서, 교육연구정보원, 2012년11월
- 유현숙 외, 한국 대학생의 학습과정 분석연구(Ⅱ), 연구보고 RR 2011-13, 한국교육개발원, 2011년12월
- 이경순, 대학에서 배려하는 교수, 생각하는 이러닝 학생을 위한 수업 아이디어, 연구보고 RR 2008-5, 한국교육학술정보원, 2008년12월
- 최병연 외, 창의적 문제해결 모형(CPS)을 활용한 창의성 교육 프로그램의 효과분석, 교육방법연구 제16권 제2호, 2004년
- 최상덕 외, 21세기 창의적 인재 양성을 위한 교육의 미래전략 연구, 연구보고 RR 2011-01, 한국교육개발원, 2011년 12월
- 한국정보화진흥원, 변화하는 미래 새로운 인재, IT & Future Strategy제8호, 한국정보화진흥원, 2010년 10월
- Amabile, T. M., Creativity in context. Boulder, Westview Press: CO, 1996
- Andy Gray, Advanced Memory, Nook Ebook, 2011
- Armstrong, S. J. and Fukami, C. (Eds.), Handbook of Management Learning, Education and Development. Sage Publications: London, 2008
- Arthur B. VanGundy, 101 Activities for Teaching Creativity and Problem Solving, Pfeiffer, March 2008
- Biswas, G., Schwartz, D. L., Leelawong, K., Vye, N., & TAG-V. Learning by teaching: A new paradigm for educational software. Applied Artificial Intelligence, 19(3), 2005
- Brian Tracy, Accelerated Learning Techniques, Nightingale-Conant, 1996

- Chris Anderson, How to Give a Killer Presentation, Harvard Business Review, June 2013
- CISCO, The Learning Society, Cisco, 2010
- Colin Rose, Accelerated Learning, http://stimul.az/downloads/Accelerated_learning.pdf
- Dave Meier, The Accelerated Learning Handbook, McGraw-Hill, 2000
- Dominic O'Brien, How to develop a prefect memory, Pavilion Books, 1993
- Douglas Mason and Spencer Smith, The Memory Doctor, New Harbinger Publications, 2005
- Logan Fiorella and Richard E. Mayer, The relative benefits of learning by teaching and teaching expectancy, Contemporary Educational Psychology 38, 2013
- Logan Fiorella and Richard E. Mayer, Role of expectations and explanations in learning by teaching, Contemporary Educational Psychology 39, 2014
- Robert W. Lucas, The Creative Training Idea Book, AMACOM, 2002
- Robert W. Weisberg, Creativity, John Wiley & Sons, 2006
- Ronald M. Shapiro, Dare to Prepare: How to Win Before You Begin, Crown Business, February 2009
- Sam Tomas, Creative problem-solving: An approach to generating ideas, Hospital Materiel Management Quarterly; May 1999
- Sloane, Paul, The leader's guide to lateral thinking skills, Kogan Page, 2003
- Yingxu Wang and Vincent Chiew, On the cognitive process of human problem solving, Cognitive Systems Research, 2008

(ㅍ)

(ㅎ)

한성국 35여년을 교육 현장에서 학습자들과 생활하면서, 학습자 스스로가 자신의 학습 역량을 일깨워 창의적으로 문제를 해결하고 새로운 지식을 창조하도록 하는 학습 촉진자의 역할에 진력하여 왔다. 인공지능과 인지과학을 전공한 전문지식과 교육 경험을 기반으로 하여, 학습자의 핵심 학습 역량 강화를 위한 다양한 교수학습법 개발에 노력하여 왔다. 뿐만 아니라, 과학기술이 고도로 성숙된 스마트 사회에서 효과적으로 열린 평생 학습을 생활화 하는 스마트 학습 역량 개발에도 관심을 기우려 왔다. 학술활동을 통하여 이러닝과 스마트 러닝 등 새로운 교수학습 패러다임 변화를 확산하는데 주력하였으며, 창의적 사고 혁신의 교수학습 전략을 정립하고자 하였다. 교수자와 학습자가 함께 배우고 가르쳐, 청출어람의 교수학습 실현에 노력하고 있다.
문의: muhanuri@naver.com 또는 페이스북 그룹: Smart Learning Center 2045

스마트 러닝 포스

지 은 이 | 한성국

펴 낸 이 | 김형근

펴 낸 곳 | 도서출판 기한재

주 소 | 경기도 파주시 회동길 56
(파주출판문화정보단지)

전 화 | 031)955-0900~2

팩 스 | 031)955-0100

등 록 | 1990년 3월 15일 제2-968호

발 행 | 2015년 6월 30일 1판 1쇄

정 가 | 22,000원

Published by Kihanjae Co.
ISBN 978-89-7018-756-3
http://www.kihanjae.com
E-mail : kihanjae@hanmail.net